Riemann

Udo Gümpel
Ferruccio Pinotti
mit Dalbert Hallenstein

Berlusconi Zampano

Die Karriere eines genialen Trickspielers

Übersetzung der im Originaltext italienischen und englischen Teile von Elisabeth Liebl

Riemann

Umwelthinweis
Dieses Buch wurde auf 100 % Recycling-Papier gedruckt, das mit dem blauen Engel ausgezeichnet ist.
Die Einschrumpffolie (zum Schutz vor Verschmutzung) ist aus umweltfreundlicher und recyclingfähiger PE-Folie.

1. Auflage

Redaktion: Ralf Lay, Mönchengladbach
Satz: Barbara Rabus
Druck und Bindung: GGP Media GmbH, Pößneck
Printed in Germany
ISBN-10: 3-570-50071-3
ISBN-13: 978-3-570-50071-2

www.riemann-verlag.de

Inhalt

Vorwort

Europa schaut gelangweilt weg, während in Italien die Demokratie in Gefahr geraten ist. Und wie weit der Schaden durch eine andere Regierung noch behoben werden kann, ist angesichts seines Ausmaßes offen: Zu tief sind die Wunden, die unter Berlusconi ins soziale und politische Gewebe des Landes geschnitten worden sind. Ein Mann und seine unbedingt entschlossene Gefolgschaft haben es auf eine Weise verändert, die ein böses Omen für die Entwicklung der Demokratie auf dem ganzen Kontinent ist. Dabei hat es an warnenden Stimmen nicht gefehlt – aber passiert ist nichts.

Zwei Grundpfeiler einer modernen Demokratie des 21. Jahrhunderts stehen im Italien, das von Berlusconi verformt worden ist, nicht mehr gerade. Nach fünf Jahren seiner Herrschaft wird zwar niemand verhaftet, weil er auf der Straße Parolen gegen die Regierung ruft, aber der Zugang zu den Massenmedien ist auf eine beispiellose Art reglementiert.

Es gibt keine andere Demokratie auf der Welt, in welcher der Regierungschef gleichzeitig Eigentümer der wichtigsten privaten Medien ist und das Staatsfernsehen per Regierungsmehrheit nicht nur kontrolliert, sondern dirigiert – neben seinen großen direkten und indirekten Beteiligungen an Finanzdienstleistern, Banken und Versicherungen, selbst an der italienischen Zentralbank ist Berlusconi über die Capitalia-Bank beteiligt. Eine freie Presse ist jedoch die Grundlage einer modernen Demokratie. Sie muss das von den Mächtigen unkontrollierbare Korrektiv sein, unabhängig von Wirtschaft, Politik und Staat. So das Ideal – aber Italien ist davon so weit abgekommen, dass es in diesem spezifischen Punkt zum Outsider in Westeuropa wurde. In Italien ist die Presse in ihrer übergroßen Mehrheit nicht mehr frei im herkömmlichen demokratischen Sinne, vor allem auch nicht das Fernsehen, die wichtigste Informationsquelle der Italiener. Die Beobachter außerhalb des Landes sollten sich allerdings keine Illusionen machen: Die Konzentration im Medienbereich auch in anderen Ländern Europas ist im Jahre 2006 schon längst so weit, dass die Schwelle zur vorherrschenden Medien- und Meinungsmacht schnell erreicht und überschritten wird.

Die freie Meinungsbildung beruht auf dem uneingeschränkten Zugang zu unterschiedlichen Informationsquellen. In Italien wird dieser Zugang extrem eingeschränkt, weil die von neun Zehnteln der Bevölkerung genutzten Medien der Kontrolle eines Mannes und seiner auf ihn eingeschworenen Gefolgsleute unterliegen. Das Internet ist noch frei – aber vergleichsweise wenige Italiener informieren sich bei fremdsprachigen Quellen.

Ein zweiter Eckpfeiler der Demokratie ist eine unabhängige Justiz. Nach fünf Jahren Berlusconi-»Reformen« ist diese derart zurechtgestutzt worden im Sinne der Interessen des Regierungschefs, dass es wohl einfacher gewesen wäre, man hätte stattdessen gleich nur ein einziges Statut erlassen: »Berlusconi steht über dem Gesetz, egal, was auch immer er tut.« Nur das war der Sinn aller Abänderungen der Strafgesetze, der Verkürzung der Verjährungsfristen, der »Reformen«, die die Justiz Italiens von den gemeinsamen Werten Europas meilenweit entfernt haben.

Dass Italien nach den Jahren des furiosen Wachstums, nach der Rückkehr ins Herz Europas unter Romano Prodi, das Schlusslicht der wirtschaftlichen Entwicklung wurde, ein Land, das die Investoren meiden – auch dies ist ein Ergebnis der Berlusconi-Regierung.

In der Weltwirtschaft braucht man Verlässlichkeit gerade der Zahlenwerke, mit denen Unternehmen eingeschätzt werden können: In der Folge des Enron-Skandals haben die USA zum Beispiel die Strafen für Bilanzfälschung deutlich heraufgesetzt. Ganz anders hat sich Italien entwickelt, dort ist die Fälschung einer Bilanz unter Berlusconi beinah zum Kavaliersdelikt geworden.

Es ist ein seltsames Land, dieses Italien unter Berlusconi. Da beschließen die treuen Gefolgsleute des Regierungschefs ein Mediengesetz, das eine reguläre staatliche Ausschreibung der Sendefrequenzen annulliert – weil einer der drei Sender Berlusconis diesen öffentlichen Wettbewerb nicht gewonnen hat, sondern ein Outsider. Es ist fast wie im Wilden Westen: Es wird zwar nicht geschossen, aber man beschließt absurde, peinliche und offenkundig verfassungswidrige Gesetze. Bevor die Klagen auf Verfassungswidrigkeit dann durch die Instanzen gegangen sind, sind mehrere Jahre oder sogar Jahrzehnte ins Land gezogen. So lange aber gilt das Unrecht – und wird, scheint's, von allen akzeptiert. Wie ebenjener legalisierte Diebstahl der Fernsehfrequenzen – gegen den sich seinerzeit auch nicht der Protest der Opposition erhob.

Da beschließt die Regierung, einen digitalen Fernsehdecoder zu fördern, und vergibt einen Zuschuss von 130 Millionen Euro – den schließlich eine Firma des Bruders von Berlusconi erhält. Daneben gibt es andere Begünstigte. Hat sich daraufhin ein Proteststurm im Lande erhoben? Die Menschen sind müde, oder sie wissen vielfach nicht, dass man schon nach Weißrussland gehen muss, um eine ähnliche Macht des Regierungschefs über Volk und Parlament zu finden.

Schon einmal in der jüngeren Geschichte Italiens hat eine kleine, aber entschlossene Gruppe von Personen das Land überraschend schnell in den Griff bekommen. Darüber sind sich die Historiker heute einig: Im faschistischen Italien gab es wenige Faschisten, noch weniger Antifaschisten, dafür aber eine große Masse an willigen Mitläufern. Als der italienische Diktator Benito Mussolini 1931 von allen Universitätslehrern den Treueid auf den Faschismus verlangte, hoffte er, obgleich die große Masse der Professoren gar nicht Parteimitglieder waren, trotzdem auf eine Mehrheit. Es sollte mehr als das sein:

Von den abstimmungsberechtigten 1848 Professoren stimmten nur zwölf nicht für ihn.

Es war der ungeheure Sog der Macht, der die allermeisten Italiener damals dazu brachte, sich dem Diktator bereitwillig unterzuordnen. Nach dem Sieg der Alliierten blieben die 1836 Professoren, die für Mussolini gestimmt hatten, auf ihren Hochstühlen sitzen – viele werden ihren Kindern von heroischen Aktionen des Widerstandes, zumindest von »innerer Opposition« erzählt haben, werden die eigene Rolle als Stützen des Regimes kleingeredet, sich eine neue Biographie zurechtgelegt haben, wie es der Historiker Gianni Oliva treffend beschrieb, der von einer »grauen Linie« der Kontinuität zwischen der damaligen Mehrheit und dem heutigen Italien gesprochen hat, der Kontinuität einer Unterordnung, der braven Gefolgsamkeit.

Unter der Oberfläche des heutigen Italien liegen in weiten Bereichen noch immer die Grundstrukturen der faschistischen Gesellschaft. Die erste und augenfälligste ist dabei, dass die Parteien in Italien nicht vom Körper des Staates getrennt sind, dem Parteipolitiker steht nicht ein Staatsdiener der Republik gegenüber. Beide, die Parteien und der Staat, sind organisch verschmolzene Einheiten, die nur partiell in Konflikt geraten können, sich aber immer wieder finden werden. Es ist kein Verhältnis von Gleichberechtigten, es ist die Partei, die das Kommando führt, der sich der Staatsangestellte bereitwillig unterordnet, deren Mitgliedschaft er erwirbt, um deren Gunsterweise er buhlt, die ihn befördert, begünstigt, ihm die Privilegien zuordnet. Ein italienischer Staatsdiener, welcher der Mehrheitspartei in seinem Zuständigkeitsbereich – Gemeinde, Provinz, Region oder Staat – offen widerspricht, muss wohl noch geboren werden. So hat die abfällige Beschreibung des Systems der politischen Macht im Nachkriegsitalien als *catto-comunismo* den Kern durchaus getroffen: Die Großparteien waren in ihren jeweiligen Einflussbereichen absolute Herrscher, ungeachtet der scheinbaren Unterschiedlichkeit ihrer gekrönten oder virtuellen Oberhäupter, hier der Papst als spiritueller Orientierungspunkt und das Hauptquartier der Christdemokraten an der Piazza del Gesù als realer Anlaufpunkt – oder der einbalsamierte Lenin als Referenz und der Kreml als Weisungsgeber.

Tatsächlich ist das Primat der Politik südlich der Alpen ungebrochen. In den ersten Nachkriegsjahren war der staatlich geplante Wiederaufbau Italiens, die von Staatsfirmen durchgesetzte Industrialisierung des Südens, ein augenscheinlicher Pluspunkt, weil sie Arbeitsplätze schuf. Darauf kam es damals an. Bis heute zahlt Italien dafür die Zeche: mit einem ineffizienten Wirtschaftssystem, mit dem Niedergang der großen Industrie, mit dem Ende der italienischen Chemie und der Autoindustrie. Die staatliche Förderung hat tote Firmen über Jahrzehnte am Tropf gehalten, die im rauen Wind des Weltmarkts schon viel früher untergegangen wären, wenn Italiens Wirtschaftssystem in Wirklichkeit nicht halb sozialistisch, halb katholisch gewesen wäre. Berlusconi, der gegen den *cattocomunismo* gern Stimmung macht, vergisst dabei nur zu gern, dass er selbst einer der großen Nutznießer dieser Verschmelzung von Parteiinteressen mit dem Staate war: Ohne die Unterstützung der Sozialisten von Bettino Craxi, die den Staatsapparat unterwandert hatten wie keine andere Partei, wäre er nie der Fernsehmagnat geworden, der er im Jahre 2006 ist.

Wenn es eine Unzahl von Gesetzen gibt, die keine Anwendung finden, dann liegt das am Mangel an Staatsdienern im eigentlichen Sinne. Die Angestellten der Staatsverwaltung dienen nicht dem Staate, sondern dem Manne, der sie in den Staatsdienst gehievt hat, dem Rudelführer – diesem Manne ist die Dankbarkeit geschuldet, nicht dem Staat.

Die Freiheit der Staatsdiener besteht auch im heutigen Italien ganz wesentlich darin, sich diesen Anführer der eigenen Gruppe, mithin die Mitgliedskarte, aussuchen zu dürfen – wen man zum eigenen Rudelführer erwählt, ist ganz unwesentlich. Alle Organisationen funktionieren nach den gleichen Mustern der Machteroberung und -ausübung. Ohne *capo* zu sein – das ist, wie nackt auf dem Flur zu stehen.

Wobei Berlusconi bei der Eroberung der Schaltstellen der Macht im großen und verzweigten Staatsapparat Italiens neue Maßstäbe gesetzt hat. Eine derart schnell gewachsene und kapillare Kontrolle in allen Ganglien der Macht hat vor ihm nur Mussolini ausgeübt.

Der Einzelne hat keine wirkliche Entscheidungsbefugnis – das ist das Prinzip. Nehmen wir das Fernsehen. Nicht »Chefredakteure«, »Dienst habende Redakteure« oder sonst welche Träger hoch klingender Titel entscheiden im Fernsehen, ob ein Bericht gesendet wird oder nicht – oder mit welchem Text. Nein, es ist immer der Intendant des Senders, dem auch die kleinsten Probleme vorgelegt werden. Nur die Vertrautesten, die schon im Voraus wissen, was »oben« gedacht wird, nehmen sich die kleine Freiheit. Aber die müssen schon mindestens die Tochter des Chefs geheiratet haben, sonst trauen auch sie sich nicht. Alle anderen zaudern, wollen sich rückversichern, fragen nach oben, warten ab, entscheiden erst einmal, nicht zu entscheiden. Denn die Partei ist der Garant des Einzelnen, und sie allein entscheidet. Das ist die DNS staatlicher Organisation.

Nur vor diesem Hintergrund wird begreiflich, dass selbst der mächtigste und berühmteste Fernsehjournalist Italiens, der Anchorman des Fernsehprogramms RAI 1, Bruno Vespa, jemand, der nun wirklich Unabhängigkeit demonstrieren könnte, einst ganz offen aussprach, dass sein politischer Herausgeber *(l'editore di riferimento)* die *Democrazia Cristiana* sei – und das, obwohl nicht die Partei ihn bezahlte, sondern das staatliche Fernsehen. Aber selbst der Journalist Nummer eins brauchte einen Garanten, der ihn »schützte«, dem gegenüber er sich als zugehörig erklärt. Es hat sich nichts geändert, es ist im Prinzip wie im kalabresischen Bergdorf, wo die alten, noch immer in Schwarz gekleideten Frauen fragen: »Zu wem gehörst du?« Man gehört zu jemandem, man ist jemandes Untertan, Gefolgsmann, nicht Herr.

Jedermann braucht – wie selbst Bruno Vespa – seinen »politischen Herausgeber«, einen Referenten, Garanten, Bürgen, einen *capopopolo* (»Volkstribun«), dem man treu zu folgen hat. Je mächtiger der Garant ist, umso mehr Gefolgsleute schließen sich ihm freiwillig an. Auch darum hat es in Italien einen Sinn, einen Fußballklub zu kaufen, bevor man in die Politik geht.

Auch die so genannte freie Wirtschaft ist von vielen unfreien Formen des Zwangskollektivs durchzogen, die alle wiederum ihren kleinen Tribun haben, der einen ganz natürlich als die Gefolgschaft betrachtet, den man um Gefallen bittet, der Promotionen organisiert, Gefallen erweist – und Gefallen einfordert, die man schlechterdings verweigern kann. Es sind die Nachfolger des Korporativismus, die wie unter Mussolini die Regeln der in Italien gar nicht so freien Marktwirtschaft bestimmen, es sind dies übermächtige Berufsvereinigungen, die Interessenvertretungen der Freiberufler und der Industrieverbände, die Teile der staatlichen Macht verwalten, die selbst verlängerter Arm der Zentralmacht sind, welche von ganz oben alle Regeln bestimmt, die Bauern vorrücken oder stehen bleiben lässt.

Ohne politischen Schutzherrn läuft in Italien gar nichts. Wer dagegen klagt, kann auf das Ende seiner Zivilklage warten und den Prozess an die eigenen Erben weiterreichen – so lange mahlen in diesen Fällen die Mühlen der Justiz.

Die Wirtschaft wäre nun rein theoretisch der Bereich Italiens gewesen, in dem Europa noch am meisten hätte tun können, weil die Kompetenzen hier eben in Europa liegen. Doch auch in diesem Falle versagte Europa kläglich. Es war die Strafanzeige einer holländischen Bank, die das einbetonierte korporativistische Bankensystem Italiens aufbrach, die den Chef der italienischen Staatsbank am Ende zum Rücktritt zwang, es waren die Ermittlungen der Mailänder Staatsanwaltschaft, die sich bis 2005 mit Erfolg gegen alle Unterjochungsversuche durch die Zentralmacht wehrte, welche das System erstmals aufbrachen: ein Bankensystem, in dem der Chef der Zentralbank der absolute Dominus des Kredits ist.

Die Idee, ein Buch über die Geburt eines Regimes im Herzen Europas zu schreiben, hat ihren Grund in der tiefen Beunruhigung, die wir dabei empfunden haben, die langsame, aber stetige Verwandlung einer noch »unvollendeten Demokratie«, einer zwischen kommunistischer Opposition und christdemokratischer Regierung einzementierten Republik, in ein semidemokratisches Regime beobachtet zu haben. Schlimmer noch: Es ist beängstigend festzustellen, wie sehr Europa den Kopf vom »Fall Italien« abgewandt hat. Dieser Fall Italien zeigt aber auch, wie wenig die gemeinsam verstandenen Regeln der Europäischen Union wirkliche Korsettstangen des konkreten Verhaltens sind, wie dramatisch das Scheitern der Europäischen Verfassung ist, wie notwendig es ist, der Idee Europas mehr als nur den Euro und den freien Kapitalverkehr zu unterlegen.

Es ist beschämend festzustellen, wie wenig die europäischen Institutionen und die anderen großen Demokratien des Kontinents auf Italiens Entwicklung reagiert haben.

Schröder drohte einen Ferienstreik an, in einzelnen Berichten wurde auf Probleme beim Antitrust im Fernsehbereich hingewiesen, aber das alles blieb soft, sehr soft. Die dramatische Verwandlung Italiens hat man nicht zur Kenntnis nehmen wollen, weil sie eben nicht unter dem Druck von marschierenden Schwarzhemden stattgefunden hat, sondern ungleich sanfter, aber nicht weniger effizient ablief, über eine kapillar und fast militärisch zu nennende Besetzung der Schaltstellen des Staates bis hinunter in die letzten Gliederungen mit den Vertrauensleuten des großen Zampano.

Unsere Arbeitsmethode war dabei empirisch mit investigativen Zügen. Über Silvio Berlusconi sind viele Bücher geschrieben worden. Die lange prozessuale (Leidens)geschichte der ersten Journalisten, welche die Hintergründe von Berlusconis Aufstieg recherchiert haben, wird im Buch erzählt, weil sie auch einen Blick hinter die Kulissen wirft, der gerade für uns Kollegen recht erschreckend ist.

Unser Ziel war dabei, nicht nur die wichtigsten Erkenntnisse Dritter wiederzugeben, sondern vor allem ein Buch über unsere eigenen Erfahrungen und mit vielen Interviews, die wir im Laufe der letzten fünfzehn Jahre zum Thema Berlusconi selbst oder in Zusammenarbeit mit anderen geführt haben, zu schreiben.

Beim Recherchieren und beim Schreiben ist dabei ganz allmählich ein neuer Ansatz entstanden, eine neue Sicht auf bekannte und vielleicht weniger bekannte Fakten aus dem Leben des »Ritters der Arbeit«.

Viel wurde in Italien über Berlusconi geschrieben, aber die wirklich intensiven Recherchen stammen mit Ausnahme der Bücher von Giovanni Ruggeri und Mario Guarino, die sich mit ihm schon zu Zeiten beschäftigt haben, als er noch ein »einfacher Baulöwe« war, vom Ende der achtziger Jahre. So sind die Fragen nach der Herkunft Berlusconis relativ früh aufgetaucht, aber allein in den Arbeiten von Journalisten. Die Justiz hat sich erst spät damit beschäftigt.

Es klingt unglaublich, aber das erste Mal, dass sich eine Staatsanwaltschaft Italiens der Frage widmete, woher Berlusconi seine großen Anschubfinanzierungen in den Sechzigern und Siebzigern bekommen hat, ist erst wenige Jahre her: Die Quellen dieses ungeheuren Reichtums, die Methoden seiner Akkumulation, all das hat die Staatsanwaltschaft von Palermo schließlich so sehr interessiert, dass sie ab dem Jahr 2001 eine ernsthafte Untersuchung jener Fragen anordnete. Dabei bat sie die italienische Staatsbank um Mithilfe, die einen Superexperten »auslieh«, dessen Ermittlungen es zu danken ist, dass es fast vier Dekaden nach den Anfängen Berlusconis als Unternehmer die ersten juristisch abgesicherten Informationen über seine frühen Jahre gibt.

Auch diese Erkenntnisse haben einen Umweg genommen, denn die Fragen, welche die Staatsanwaltschaft von Palermo beantwortet wissen wollte, drehten sich darum, ob die Aussagen einer ganzen Reihe von abtrünnigen Mafiosi, die von Finanzspritzen der Mafia für Berlusconi sprachen, einen Kern Wahrheit enthielten – ob sie zumindest unter Betrachtung der Firmenbilanzen Berlusconis möglicherweise einen Kern Wahrheit enthalten könnten. So kam es, dass die Steuerpolizei auf die Jagd nach vierzig Jahre alten Akten ging.

Sie stellte die frühere Banca Rasini, in der Vater Berlusconi jahrelang Prokurist gewesen war, auf den Kopf, forderte uralte Unterlagen ein, weil die Steuerfahnder eben überprüfen mussten, ob Berlusconi in den siebziger Jahren große Einzahlungen in bar oder aus verdächtiger Quelle erhalten hatte, für die es keine »ordentliche« Erklärung gab: die von keinem Konto herkamen, die keine reguläre Herkunft als Kredit von normalen Banken hatten. Tatsächlich fanden die Fahnder solche unerklärlichen Einzahlungen, enorme Kapitalerhöhungen quasi über Nacht, sie hörten von verschwundenen Registern, Strohmännern und ausländischen Briefkastenfirmen.

All dies stellt für Berlusconi kein Problem mehr dar – seine Verwicklung wurde als randständig erklärt und das Verfahren gegen ihn eingestellt. Doch die unerklärten Kapitalerhöhungen und ihre Umstände waren ein entscheidender Grund für das Tribunal von Palermo, um Marcello Dell'Utri, den besten Freund, Gründer und jahrelangen Chef der Werbefirma Berlusconis, zu einer neunjährigen Haftstrafe zu verurteilen: Die Richter sahen es als erwiesen an, dass Dell'Utri im Interesse der Mafia bei der Geldwäsche in Mailand geholfen hatte. Die Absurdität des Urteils liegt auf der Hand: Der Mann, der das Geld beschafft hat, wird verurteilt, die Mafiosi auch, nur der mutmaßliche Nutznießer geht straffrei aus.

Italien – Absurdistan: Jene »Gleichung« hört man häufig in diesen Jahren. Wie geht es an, dass ein Mann, den die erste Instanz eines ordentlichen Gerichts in Italien wegen Geldwäsche für die Mafia verurteilt hat, dessen Mafiakontakte über Jahrzehnte andauern, der einen Mafiaboss einlädt, in Silvio Berlusconis Haus zu wohnen, was auch passiert – wie geht es an, dass dieser Mann dennoch nicht das Bedürfnis verspürt, von sich aus den Rücktritt anzubieten? Auch Berlusconi hat seinen Freund nicht zu diesem Schritt ermuntert, sondern ihn im Gegenteil darin bestärkt, Senator und Europaabgeordneter zu bleiben.

Eine Erkenntnis fiel uns wie Schuppen von den Augen, während wir die einzelnen Kapitel schrieben, nämlich welche Bedeutung die katholischen Kreise Italiens, das Machtzentrum der Kirche, für den Aufstieg Berlusconis gehabt haben. Das hat nicht nur etwas mit seiner sehr katholischen Erziehung bei den Salesianern zu tun. Bei unseren Recherchen kamen wir zu der Vermutung, dass die Banca Rasini so etwas wie eine kleine Vatikanbank war, und wir verfolgten die Spuren ihrer Gründerväter. Diese führten nach Sizilien, aber nicht zu Mafiabossen, wie so oft vermutet wurde, sondern zu Mitgliedern des Malteserordens, einer treu der Kirche ergebenen Gemeinschaft, die wir an vielen Schaltstellen der schwarzen Hochfinanz fanden.

Darüber hinaus erhielten wir während der Auswertung von Erkenntnissen der palermischen Staatsanwaltschaft wichtige neue Hinweise auf Schweizer und Liechtensteiner Briefkastenfirmen. Wir sind diesen Spuren nachgegangen und fanden weitere bis dato unbekannte und überraschende Querverbindungen zu alten Bekanntschaften italienischer Skandale sowie direkte Hinweise auf Finanziers mit besten Beziehungen zum Vatikan, auf Leute, die in der Kurie höchstes Ansehen genießen, genauso wie Hinweise auf üble Gestalten aus der Vergangenheit des Vatikans, die Papst Benedikt XVI. sicher als Gespenster von anno dazumal verbannt sehen möchte, wie den 1982 in London ermordeten »Bankier Gottes« Roberto Calvi und den noch übleren Bankier der Mafia und des Vatikans Michele Sindona.

Die Förderung aufzuzeigen, die Berlusconi vonseiten der katholischen Hierarchie zuteil wird, wurde zu einer Konstante des Buches. Abgesehen von der Erziehung des jungen Silvio ist das ein erstaunlicher Fakt, wenigstens für den durchschnittlichen Gläubigen – lebt Berlusconi doch nach landläufigen Vorstellungen nicht gerade nach katholischem Reglement: Er ist zum zweiten Mal verheiratet, seine Kinder gingen auf eine anthroposophische Rudolf-Steiner-Schule, und auch sein eigenes Weltbild, wie es aus dem selbst errichteten Mausoleum deutlich erkennbar ist, hat mit christlichen Überzeugungen herzlich wenig zu tun. Es ist das Monument eines Freimaurers, der Berlusconi ja auch einst war, in der dann gesetzlich aufgelösten Geheimloge P2 des faschistischen Großmeisters Licio Gelli, aber nicht das Monument christlichen Glaubens. All diese »Details« haben die Kirchenfürsten nicht davon abgehalten, auf die Regierung Berlusconi zu setzen.

Wir haben die Spuren Berlusconis in ganz Europa verfolgt. Fernsehsender kontrolliert er nur noch in Spanien, alle anderen Expansionsversuche sind gescheitert. Aber dafür gibt es zum Ausgleich umso mehr Briefkastenfirmen, die in Europas Steuerparadiesen und jenen im Rest der Welt verstreut sind, von denen wir die wichtigsten »Domizilgesellschaften«, wie sie das Steuerrecht nennt, nebst ihren Aufgaben skizzieren. Die Mailänder Staatsanwaltschaft hat sich im Laufe der Jahre auf diese Art von Prozessen spezialisiert und Hunderte solcher Firmen entdeckt – bei deren Schöpfung in den meisten Fällen ein englischer Anwalt, Ehemann der britischen Ministerin für Kultur, Medien und Sport, eine zentrale Rolle gespielt hat.

Nicht vergessen haben wir auch die enge Freundschaft von Berlusconi zum Exmagnaten des deutschen Privatfernsehens, zu Leo Kirch. Die Spur aus Mailand führte uns dabei wieder ins liebliche Liechtenstein, einen echten Dreh- und Angelpunkt der Recherchen. Die Akten zweier Liechtensteiner Firmen erzählen dabei die Geschichte, wie Kirch mit Berlusconis Hilfe die deutschen Mediengesetze ausgehebelt hat, eine Moritat nach der Rekonstruktion der Mailänder Staatsanwälte, gewürzt mit den Zeugenaussagen einiger weniger geständiger Berlusconi-Manager und unterstützt durch die Datenanalyse der Finanzdetektive einer weltweit bekannten Bilanzprüfungsfirma.

Ein wenig erfreulicher roter Faden des Buches, neben dem »schwarzen« der Unterstützung durch katholische Kreise, sind die Kontakte Berlusconis mit Exponenten der Mafia.

Ein italienischer Journalist, der seit Berlusconis Machtantritt dem absoluten Fernsehverbot unterliegt, fragte einmal provokant: Was wäre wohl passiert, wenn ein Boss der New Yorker Mafia ein Jahr auf der Ranch von George W. Bush gelebt, am Esstisch gesessen und seine Tochter nach dem Namen von Bushs Tochter getauft hätte – ein Boss, der dann frischweg von der Ranch direkt ins Gefängnis geschafft worden wäre, für dessen Anwesenheit der beste Freund von Bush die Begründung gefunden hätte, dass er den Präsidenten vor Entführungen durch andere Mafiafamilien hätte beschützen sollen? Ein Traum für einen Journalisten. Der Mann wäre politisch tot, mausetot gewesen. In den USA. Doch nicht so in Italien.

In der Vergangenheit von Berlusconi gibt es aber nicht nur diesen Boss am Frühstückstisch, sondern auch viele andere Figuren, von denen man sich besser fern halten, mit denen man weder Firmen gründen noch Geschäfte machen sollte. Einige dieser Personen werden wir vorstellen und beweisen, dass die heutigen Cäsaren weit entfernt sind von den Cäsaren des Altertums, die sogar von ihren Frauen verlangten, dass diese über jeden Zweifel erhaben sein müssten, wollten sie eines Cäsaren würdig sein. Nun denn, seitdem sind zweitausend Jahre vergangen.

Das mag der Grund sein, warum wir im italienischen Parlament fast neunzig Abgeordnete finden, die entweder bereits für schwere Straftaten rechtskräftig verurteilt worden oder noch in Prozesse auch wegen Verbindungen zur Mafia und ähnlicher Vorwürfe verwickelt sind, von denen aber bisher keiner aus Respekt vor der Würde des Parlaments freiwillig zurückgetreten ist. Sie kleben am Abgeordnetenstuhl, selbst wenn sie die Hälfte der Legislaturperiode in Haft sind.

Es ist ein erschreckendes Bild, das dieses Buch zeichnet. Man will es nicht glauben, man kann es gar nicht glauben. Alles scheint maßlos übertrieben. Dabei haben wir uns beschränken müssen, jeden Tag kam ein neuer Fall dazu, ein absurdes Theater verdrängte das nächste, den einen Tag erklärt Berlusconi dem Euro den Krieg, weil er verhindert habe, dass Italien mit regelmäßigen Lira-Abwertungen seine Exporte fördert; dann zeigt er Europa die kalte Schulter, indem er wieder einmal 45 Minuten zu spät zum Gipfeltreffen erscheint und so auch das Gruppenfoto verpasst. Er ist, wie er ist. Im besten Falle einer, der sich wie ein Tourist in Europa benimmt. Man könnte über ihn lachen, wenn er nicht eine so große Nation führte, wenn Italien nicht Gründungsmitglied der Union wäre, wenn die Römischen Verträge nicht am Tiber unterzeichnet worden wären.

Europas kleiner Cäsar ist leider keine Lachnummer, sondern ein politischer Krebs; er führt ein »softes Regime« – verträglicher als die Schwarzhemden, aber nicht weniger gefährlich. Schon einmal hat Italien den Weg gewiesen, andere Nationen sind gefolgt. Europa muss sich seiner Verantwortung bewusst werden und die Einhaltung der viel beschworenen ethischen Grundlagen der europäischen Demokratie auch konkret einfordern. Die Demokratie in Europa wird im Jahr 2006 weniger von radikalen Schreihälsen gefährdet als vielmehr durch die schleichende Aushöhlung von innen – dafür ist das Italien Berlusconis ein dramatisches Beispiel.

KAPITEL 1

Silvio Berlusconi – Die Legende

Eine Mischung aus Bewunderung und Neid

Silvio Berlusconis Herkunft wäre das erste Stichwort der Musterbiographie eines Selfmademans: Geboren in einem keineswegs schicken Viertel Mailands, in der Via Volturno hinter den Gleisen des Zentralbahnhofs, wird er aufgezogen von den strengen Salesianern, die unweit ein Kolleg führen.

Sparsam bis auf die Knochen ist er, und schon als Dreikäsehoch haut er andere übers Ohr, wenn man den Worten der Milchfrau der Familie Berlusconi in seiner Straße glauben darf: »Der kleine Silvio kam immer zu uns, kaufte ein und rundete um ein paar 10-Lire-Stückchen zuungunsten der *mamma* ab. Jedes Mal, wenn er nach Hause ging, behielt er den Rest für sich. Einmal fragte sie ihn: ›Sag mal, Silvio, wird die Butter eigentlich jeden Tag teurer?‹ Da lachte er dann und steckte die 10 Lire Differenz ein – das war damals übrigens noch richtig viel Geld!«[1]

Das ist doch herzig – die richtige Gründerlegende für den heute mit Abstand reichsten Mann Italiens mit einem vom *Forbes Magazine* geschätzten Privatvermögen von 12 Milliarden Euro. Nach Meldung der *Financial Times* vom 13. November 2004 ist Silvio Berlusconi nach Bill Gates, Rupert Murdoch und George Soros der vierteinflussreichste Mann auf der Welt.[2] Er ist die Nummer 31 auf der Liste der reichsten Männer der Erde.[3] Die eigentliche Legende Berlusconis entsteht jedoch woanders, nämlich an den Schnittstellen seines Lebens – wenn er, wie so oft, beinah vor dem Ruin steht und sich wie Münchhausen jedes Mal am eigenen Schopf aus dem Sumpf zieht. Die Geschichtchen um ihn sind dann genauso erfunden wie die des Lügenbarons, aber sie werden gern geglaubt. Vielleicht sind sie ja sogar wahr? Wer weiß das bei ihm schon so genau? Berlusconi umweht die Aura des Geheimnisvollen, sagen seine Bewunderer. Andere meinen, es sei der Geruch der Loge »Propaganda Zwei«, des verbotenen Geheimbundes eines Meisters der Intrige, des ewigen Faschisten Licio Gelli, der sich rühmte,[4] eigentlich das Copyright auf viele der Ideen Berlusconis beanspruchen zu können.

Wahr ist: Silvio wollte immer zur Elite gehören, ein Auserwählter sein.

Ein Salesianerschüler musste hart lernen, er würde ein Angehöriger der zukünftigen Führungsschicht sein. Berlusconi war Klassen- und Jahrgangsbester an der Uni, schloss mit der Höchstnote sein Studium ab, gewann sogar einen Preis für die Abschlussarbeit – über die Werbung, natürlich um den damit verbundenen Preis einzuheimsen.

Berlusconi hatte immer viele Neider. Das war der Neid der Erfolglosen, meint einer seiner ältesten Freunde, Guido Possa, dieser habe ihn zeit seines Lebens verfolgt.

Berlusconis Psyche, seine Ticks und Manien – sie haben ihre Wurzeln im Gymnasium, bei den Salesianern: Kaum einer kennt sie wohl so gut wie ebenjener Klassenkamerad Possa, der Berlusconi immer treu blieb – und dafür auch belohnt wurde. Sechs Jahre lang (von 1988 bis 1994) leitete er das persönliche Sekretariat Berlusconis, und in dessen zweiter Regierungszeit ab 2001 war er stellvertretender Forschungs- und Bildungsminister.

Possa erzählt: »Silvio Berlusconi wurde in der Schule von seinen Klassenkameraden mit einer Mischung aus Bewunderung und Neid angesehen. Weil er gut aussah und Erfolg bei den Mädchen hatte – und weil er ein guter Schüler war. Eines Tages kaufte er sich einen schönen Montgomery, einen langen Mantel mit einer Kapuze, der damals sehr in Mode war. Ein Mitschüler setzte in einer Pause heimlich eine Fledermaus in den Mantel. Und als Silvio dann den Mantel anzog und sich die

Kapuze hochzog, erschreckte ihn die lebende Fledermaus ganz furchtbar.«[5]

Viele hätten hämisch gelacht, aber Berlusconi habe daraus nur den Schluss gezogen, den Kreis der Freunde enger zu ziehen – diesen aber richtig zu vertrauen. Wie eben ihm, Guido, dem Weggefährten der ersten Stunde.

Das Verkaufstalent habe Berlusconi schon von Anfang an gehabt, erzählt Possa. Auch wenn's zunächst mehr der Versuch war, anderen etwas anzudrehen, als ein wirklich großes Geschäft zu machen. Bemerkenswert war eher, dass es ihm gelang, alle für sich einzuspannen. Dies sollte tatsächlich ein dauerhafter Charakterzug Berlusconis werden. Eine seiner absoluten Stärken.

Possa erzählt: »In der Schule habe ich zum Beispiel in seinem Auftrag Staubsaugerbürsten verkauft. Diese Bürsten waren damals eben auf den Markt gekommen. Er zeigte mir, wie sie funktionieren und wie ich sie verkaufen musste. Ich sollte in die Wohnungen der Leute gehen, die Hausfrau darum bitten, auf einem frisch gesäuberten Teppich die Bürsten ausprobieren zu dürfen. Und ihr zeigen, dass dort noch viel Dreck herauszuholen war. Wirklich, das traf auch zu. Doch mir gelang es nur, wenige Bürsten zu verkaufen. Meiner Mutter, meiner Oma, einigen Tanten, die mir etwas Gutes tun wollten, aber nicht mehr.«

Silvio war noch Schüler bei den Salesianern, erzählt Possa weiter, da ging er bereits »im Sommer mit achtzehn Jahren, in der elften, zwölften Klasse, als Unterhalter auf Schiffe oder in Tanzpaläste, wo er sang. Er sang wirklich gut und erzählte Witze – dafür wurde er auch gut bezahlt. Schon mit achtzehn Jahren konnte er ein Publikum unterhalten, auf den Schiffen oder da, wo die Leute in Rimini tanzten, indem er sang, vor allem französische Chansons, oder Witze erzählte.«

Giovanni Ruggeri, Mailänder wie Berlusconi, hat sich als erster Journalist ab Anfang der achtziger Jahre kritisch mit Berlusconi auseinander gesetzt. Auch er kommt nicht umhin, dessen rhetorisches Talent anzuerkennen. Er tut dies jedoch mit einem Blick des Entsetzens, nicht der Bewunderung: »Berlusconi hat so einen Erfolg bei den Italienern, weil er ihre schlechtesten Seiten verkörpert. Auf eine bestimmte Weise verkörpert er auch die Hoffnungen der Ärmsten, der Arbeitslosen: Viele Leute denken, wenn er es geschafft hat, dann kann ich das auch schaffen. Berlusconi regt zum Träumen an, wie einst die Diven von Hollywood die kleine Schneidergehilfin zum Träumen brachten, eine bessere Zukunft zu haben. Aber das ist alles ein Traum: In der Wirklichkeit ist Berlusconi eine diabolische Gestalt. Ich glaube, dass er die Medien mit einer unglaublichen Meisterschaft beherrscht. Ihm ist die Realität völlig egal. Er formt die Realität nach seinen eigenen Wünschen. Und wenn die reale Wirklichkeit anders ist, hat sie eben Pech gehabt. Das macht seine Faszination aus: Er ist einfach ein großartiger Verkäufer. Wenn man es so will: Das größte Talent Berlusconis ist es eben, die Leute zu leimen.«[6]

Berlusconis Auftreten ist maßlos überzogen – aber es überzeugt viele. Dank einer Garantie der Banca Rasini, in welcher der Vater Luigi Berlusconi Geschäftsführer ist und mit der wir uns im nächsten Kapitel ausführlich beschäftigen werden, kann er 1962 ein Gelände in der Via Alciati am Stadtrand Mailands aufkaufen. Von den 170 Millionen Lire legt Berlusconi 10 Millionen selbst hin: der Anfang des Milliardenvermögens.

Zusammen mit dem Mailänder Bauunternehmer Pietro Canali gründet er seine erste Firma, die Cantieri Riuniti Milanesi. Canali aber sieht einen 25-jährigen Jungakademiker vor sich und weigert sich, ihm die Hälfte der neuen Firma zuzugestehen.

Silvio protestiert vehement: »... denn ich hatte ja schließlich das Bauland, vergünstigte Kredite, hatte mich um die Baugenehmigungen gekümmert und auch eine Bankbürgschaft gefunden. So nahm ich eines Tages meinen ganzen Mut zusammen und ging zu ihm und sagte: ›Beim Bau in der Via Alciati kommt es mir doch gerechter vor, wenn wir 50/50 machen.‹

Canali schaute mich an, als wär ich verrückt geworden, und antwortete, er sei doch nicht geistesgestört, mit jemandem zusammen eine Firma zu gründen, der noch grün hinter den Ohren sei wie ich. Dann aber fügte er hinzu: Wenn jemand so frech und sicher zugleich auftrete wie ich, dann sei es aber doch wohl anders und er wüsste schon, was ich täte. Und er nahm den Vorschlag an.«[7]

Diese erste kleine Firma soll dann auch erst einmal für lange Zeit die einzige sein, die offen auf Berlusconis Namen geführt wird. Die nächsten Bauprojekte werden über Schweizer Briefkastenfirmen gegründet, in denen Berlusconi offiziell nur die Eigenarbeit als Anteil einbringt und dafür mit »1 Prozent des Gewinns«[8] belohnt wird.

1963 beginnt der Reigen der Schweizer Firmen[9], die in den Registerakten als die wahren Eigentümer des Berlusconi'schen Immobilienimperiums erscheinen: Das Geld aus der Schweiz wird in Mailänder Firmen investiert, die aber alle wiederum von Strohfiguren geleitet werden, wie die Edilnord Centri Residenziali sas, die zuerst auf die Cousine Berlusconis eingetragen wird, Lidia Borsani, dann auf die Tante Maria Bossi verwitwete Borsani – und die Italcantieri srl, die von einem Notar im Berufspraktikum namens Renato Pironi sowie von der Hausfrau Elda Brovelli gegründet werden.

Die extreme Geheimhaltung wird zu einem Grundzug des Lebens von Silvio Berlusconi. Er will sich nicht in die Karten schauen lassen.

»Heute tritt Berlusconi auf wie der Champion des freien Marktes«, sagt Ruggeri. »Damals war er genau das Gegenteil. Er verbarg seine Aktivitäten hinter Strohmännern jeder Art, Verwandten, Steuerberatern, seine Firmen waren im beständigen Wechsel, der Firmensitz, der Geschäftszweck, alles wurde immer geändert. Ein vollständiges Bild würde eine riesige Menge an Namen umfassen. Alle seine Verwandten, die Cousine, die Tante, aber auch die Cousins, der Onkel Luigi Foscale, einer der Leute, die am Anfang am häufigsten auftauchen, all diese Leute sind Strohmänner, auch Dutzende Steuerberater, auf deren Namen viele Firmen eingetragen werden. Es war alles andere als ein Verhalten der Transparenz. Diese Methode wird erst dann ad acta gelegt, am Anfang der achtziger Jahre, als Berlusconi einen wichtigen politischen Schutz errungen hat, den durch den Chef der italienischen Sozialisten, Bettino Craxi. An dieser Stelle hat er die billigen Tricks nicht mehr nötig, und langsam beginnt er, die normalen Geschäftsmethoden anzuwenden. Aber bis zu diesem Zeitpunkt war das die Regel: regelmäßig den Namen der Firmen zu ändern, den Firmensitz, sich hinter Schutzschirmen wie den Strohmännern zu verbergen.«[10]

Nun gut, das waren harte Zeiten. Entführungen drohten, die Steuern waren hart, und Berlusconi wollte schnell reich werden. Später hat er dies als Strategie der Steuervermeidung bezeichnet – ein freundliches Wort für Steuerhinterziehung. Was in Wirklichkeit dahintersteckt, darauf versuchen wir in diesem Buch eine Antwort zu geben. Aufgrund von erst im Jahr 2005 bekannt gewordenen Tatsachen, neuen Untersuchungen. Erst dreißig Jahre später scheint sich der Vorhang lüften zu lassen.

Der springende Punkt ist jedoch die folgende Frage geblieben: Wer steckte da Ende der siebziger Jahre und auch schon vorher so viel Geld in die Firmen Berlusconis? Und gehörten sie damals alle ihm, gehören sie ihm denn heute wenigstens? Genau dieser Punkt ist so dunkel und unklar. Bis heute. Berlusconi hat ihn niemals mit der Vorlage von Dokumenten erhellen wollen. So kommt es, dass dies die große offene Frage im Leben von Silvio Berlusconi geworden ist – jedenfalls für diejenigen, die ihm nicht alles a priori und ungeprüft glauben.

Woher hatte er das Geld?

Die Legende von Silvio Berlusconi, dem Baulöwen, der in und um Mailand die erste Milliarde verdient, beginnt mit dem Bau der drei Trabantenstädte, dessen er sich noch heute rühmt.

Das Bauvorhaben Berlusconis in Brugherio bei Mailand für viertausend Einwohner wird offiziell realisiert von der Edilnord sas, einer Firma, die zwei Gesellschafter hat: den Bankier Carlo Rasini, Aktionär der gleichnamigen Bank, in der auch Berlusconis Vater Prokurist ist, dazu den Schweizer Anwalt Carlo Rezzonico, der treuhänderisch die Finanzierungsgesellschaft für Residenzen AG aus Lugano vertritt.

Die Schweizer Finanziers mit ihren Geldern unbekannter Herkunft sollen Berlusconi noch eine Weile begleiten.

Er baut, doch es läuft nicht so wie erhofft. Der Verkauf schleppt sich dahin. Berlusconi aber sucht den Erfolg. Er riskiert: noch so ein Teil der Legende. Wie ein Spieler. Wenn es nicht klappt, wird verdoppelt. Bis der Erfolg kommt. Und wenn er nicht kommt, wird der Erfolg organisiert. Auch wenn das »Wie« sich in einer Biographie dann gar nicht mehr so gut liest und wenig mit dem – unzweifelhaften – Verkaufstalent Berlusconis zu tun hat, sondern mit etwas ganz anderem.

In Brugherio passiert nämlich etwas, was sich bei Milano 2 wiederholen soll: In Ermangelung der vielen kleinen Käufer findet Berlusconi unverhofft einen Großaufkäufer, den Pensionsfonds[11] der leitenden Angestellten des Handels.[12] Wie der Fonds zum Kauf überzeugt wird, das ist heute nicht mehr in allen Einzelheiten nachzuvollziehen. Bei Milano 2 können wir den »Verkaufserfolg« aber besser verfolgen und die vermeintliche Legende vom Baulöwen eher begreifen.

Auch Milano 2 ist ungeachtet der schönen Anlage zu Anfang schwer verkäuflich. Das Gelände ist sumpfig, mückengeplagt bis in diese Tage, verkehrstechnisch noch schlecht angebunden, und überdies macht der Fluglärm von Linate trotz der Verlegung einiger Routen noch immer Probleme.

Die Wohnungen von Milano 2 waren Luxusdomizile mit großzügigem Umfeld – Tennisplätzen, Schwimmbädern –, aber trotzdem nur schwer an die Kundschaft zu bringen. Das hatte zwei Gründe. Zum einen wollten die Mailänder Reichen in diesen Jahren lieber nicht durch ausgestellten Wohlstand auffallen, machte man sich so doch zur Zielscheibe der terroristischen Rotbrigadisten. Zum anderen waren auch die Entführerbanden der sizilianischen Mafia nicht wenig aktiv, und diese suchten sich die Opfer sicher nicht in den Armenvierteln.

Dazu kam das Problem des neu eingeführten Mietenspiegels in Italien *(equo canone)*, der den Wohnungsvermietern eine anständige Rendite vermiest. Also warum teure Eigentumswohnungen kaufen?

Berlusconis Strohfirmen scheinen dem Ruin nahe. Da tritt wieder der Großkäufer auf, der für Berlusconi mehr als ein Problem löst. Es erscheint die Rettung in Gestalt des ENPAM, des Pensionsfonds der Ärzte, unter Leitung eines gewissen Ferruccio De Lorenzo, einst liberaler Staatssekretär unter dem Christdemokraten Giulio Andreotti. De Lorenzo kauft für 33 Milliarden Lire Wohnungen in Milano 2 für seinen Pensionsfonds.

Wohnungen, die wie Blei liegen geblieben waren. Auch das Theater Manzoni in Mailand – in dem die spätere zweite Frau Berlusconis Veronica als Schauspielerin leicht bekleidet auftreten und Silvio für sich gewinnen wird – gehört dem Pensionsfonds der Ärzte und wird von deren Präsidenten De Lorenzo der Edilnord Berlusconis vermietet.

Dieser Käufer ist eine mehr als glückliche Fügung.

Berlusconi ist seit 1976 Mitglied der später vom Parlament als verfassungsfeindlich eingestuften und aufgelösten Geheimloge P2 unter Leitung von Großmeister Licio Gelli. Hinzugefügt werden muss nun nur noch, dass auch der Exstaatssekretär und Fondspräsident De Lorenzo[13] sowie der damalige Chef der italienischen Steuerfahndung, der »Guardia di Finanza«, General Raffaele Giudice,[14] Mitglieder der P2 waren. Wie übrigens auch sehr viele der Bankiers, die Berlusconi in den Folgejahren großzügige Kredite einräumten. Aber so weit sind wir in der Chronologie noch nicht.

Die wahre, echte Männergemeinschaft der *piduisti*, wie die ehemaligen Mitglieder der P2 heute in Italien beiläufig-abfällig genannt werden (dürfen), ist derjenige Teil der Erfolgsbiographie, die die vielen seltsamen Rettungsaktionen zugunsten Berlusconis in letzter Minute erklären könnte. Dass auch die Steuerfahndung nichts Anstößiges an den Schweizer Transfers in seinen Firmen auszusetzen hat – das ist nur noch ein nettes Detail und ein schöner »Zufall«, der die glückliche Fügung abrundet ...

Berlusconi habe gewusst, dass De Lorenzo oft mit dem Schnellzug von seinem Wohnort Neapel nach Rom gefahren sei. Da habe er es arrangiert, im selben Abteil zu sitzen, das Vertrauen des Fondschefs errungen und ihn davon überzeugt, einen Riesenbatzen Wohnungen in Mailand als sichere Geldanlage für den Fonds zu erwerben – heißt es.

Die Story mit De Lorenzo hat noch eine Fortsetzung, die mit dem Prinzip der Treue zusammenhängt, welche sich wie ein roter Faden durch Berlusconis Lebensgeschichte zieht. Der Sohn des so freundlichen Ferruccio bekleidet bald auch ein Regierungsamt. Anfang der neunziger Jahre ist der den Italienern wohl bekannte Francesco De Lorenzo Gesundheitsminister. Er lässt sich von Pharmafirmen bestechen, um deren Medikamente in Listen des Ministeriums aufnehmen zu lassen. In den Prozessen gegen De Lorenzo (Sohn) kommt auch zutage, dass ebendieser Francesco Berlusconis TV-Sender bei der Zuteilung von Anti-Aids-Spots, die das Ministerium auf Staatskosten im Fernsehen schaltet, deutlich bevorzugte.

Eine Hand wäscht eben die andere. Für die Bestechung des Ministers mit 300 Millionen Lire wird übrigens ein ehemaliger Priester und langjähriger Mitarbeiter von Fininvest-Chef Fedele Confalonieri, Aldo Brancher, rechtskräftig verurteilt. Wer treu zu Berlusconi steht, die Schuld auf sich nimmt, wird immer belohnt. Brancher akzeptiert die Schuld und bekommt eine Strafreduzierung. Im Jahr 2001 wird er ins italienische Parlament gewählt, und zwar für die *Forza Italia*.

Selbst wenn es heute nicht mehr so aussieht: Auch das Berlusconi-Fernsehen stand mehrmals vor dem Scheitern. Und wieder half ihm die Fähigkeit, sich in den entscheidenden Stellen der Macht Freunde verschafft zu haben.

Berlusconi gründet das Kabelfernsehen Telemilano[15] in seiner Trabantenstadt Milano 2 und macht daraus Canale 5, den fünften Kanal, auf dem man sein Programm sehen konnte. Die Verkabelung wollte er, damit die unästhetischen Einzelantennen auf den Häusern verboten werden konnten.

Das Verfassungsgericht Italiens hatte ab 1976 lokale Sendungen erlaubt, 1980 dürfen die Sendungen auch frei ausgestrahlt werden, aber immer nur lokal. Berlusconi sucht die Gesetzeslücke und findet sie. In ganz Italien kauft er sich Frequenzen zusammen, schaut dabei nicht penibel, mit wem und wo. Hauptsache, er bekommt die Sendemasten – und sendet.

Die Lösung ist der Trick mit der verzögerten Ausstrahlung: *in differita*. Um das Verbot einer gleichzeitigen nationalen Sendung zu umgehen, strahlt er mit einer kleinen Zeitverzögerung häppchenweise über die ganze Halbinsel aus. Wenn die Sendung in Mailand um 20.00 Uhr anfängt, dann in Mittelitalien ein paar Minuten später – und so weiter. Wie eine Wellenbewegung über den ganzen Stiefel. Für den Zuschauer ist das völlig unerheblich, denn zu diesem Zeitpunkt gibt es noch keine teuren Live-Nachrichten auf seinen Sendern, die pünktlich und wirklich überall gleichzeitig beginnen müssten. Und am Ende sind es Sekunden *in differita* – wer merkt die schon noch?

Berlusconi baut sich auf diese Weise bereits Ende der siebziger Jahre ein echtes Monopol im Privatfernsehen auf, denn er kann ab 1980 mit der neu gegründeten Publitalia 80, deren

Chef der Sizilianer und Studienfreund Marcello Dell'Utri wird, Werbezeit in ganz Italien anbieten. Er wird damit zum bevorzugten Partner der Werbeagenturen, die es sich so ersparen, in allen Regionen mit anderen TV-Sendern verhandeln zu müssen. Allen ist klar, dass es sich hierbei um einen »Trick« handelt, der den Sinn des Fernsehgesetzes aushebelt. Aber solange kein Richter dem Treiben ein Ende macht, geht es munter weiter.

Dann kommt die Katastrophe: Am 16. Oktober 1984 lassen Gerichte von Rom, Turin und Pescara die Sendungen Berlusconis – er hat nun drei nationale TV-Kanäle (Canale 5, Retequattro und Italia 1) – abschalten, weil sie gegen die vom Verfassungsgericht erlassenen Regeln verstoßen.

Aber für eine Rückkehr zu den legalen Zuständen »ante Berlusconi« ist es zu spät. Der Wilde Westen der vollendeten Tatsachen hat über das Verfassungsgericht gesiegt. Berlusconi hatte sich quasi ein Gewohnheitsrecht auf nationale Sendungen verschafft. Nach 48 Stunden verdunkelter Sender greift der sozialistische Regierungschef Bettino Craxi zugunsten Berlusconis ein und legalisiert nachträglich dessen Verhalten – und schafft so die Grundlage des Medienimperiums.

Die italienischen Gesetze »fotografieren« die eroberten Claims. Nicht mehr und nicht weniger. Weil Berlusconi die richtigen Freunde an der richtigen Stelle hat. Was also steckt hinter der Legende des »Medientycoons«, der einfach das bessere Fernsehen macht? Es besser als die langweilige und schwerfällige RAI zu machen, war nicht schwer. Zum Aushebeln der Rechtslage half Bettino Craxi.[16]

Das nachfolgende Mediengesetz, nach dem damaligen Postminister Oscar Mammì »Legge Mammì« genannt, ist dann nichts anderes als die Fotokopie der realen Machtverhältnisse.

Unfähige Gegner

Das nächste Mal stand Berlusconi im Oktober 1993 vor dem Ende. Es war ein dunkler und regnerischer Sonntag, der erste im Oktober 1993, als Silvio Berlusconi seine Vertrauten zum Treffen in die Villa San Martino in Arcore einlud. Die Lage war verzweifelt. Die Berlusconi-Familienfirma Fininvest hatte bei einem Umsatz von 11 550 Milliarden Lire die immense Schuldenhöhe von 4000 Milliarden Lire angehäuft. Die Zinszahlungen im Jahre 1992 (556 Milliarden Lire) hatten den Gewinn vor Steuern von 500 Milliarden Lire übertroffen. Der ausgewiesene Gewinn von 20 Milliarden Lire betrug nur noch 0,17 Prozent der Einnahmen. Eine Katastrophe. De facto war Berlusconis Firma in den Händen der Banken.

In dieser Lage, an diesem Abend, entstand der Plan, die Berlusconi-Firmen an die Börse zu bringen. Ohne dabei die Kontrolle zu verlieren. Großaktionäre sollten etwa 20 Prozent der neuen Firma, die später dann »Mediaset« genannt wurde, übernehmen, die Kleinaktionäre an der Börse, die man in Mailand etwas abfällig die »Ochsenherde« nennt, sollten 30 Prozent kaufen. Die Berlusconi-Firma Fininvest würde trotz alledem die Kontrolle übers Fernsehen behalten. Das konnte klappen – schließlich kassierte Berlusconi jedes Jahr rund 5000 Milliarden Lire an Werbung. Das war der Cashflow, den man in frisches Kapital ummünzen konnte, mit dem man die Investoren locken wollte – trotz der Überschuldung. Im Juli 1996 – eben erst hat Romano Prodi die Wahlen für die Mitte-links-Koalition *Ulivo* gewonnen – läuft die Operation schon: Die Aktien gehen bei 7000 Lire pro Stück weg wie warme Semmeln, es herrscht ein Boom an den Börsen. Der Ochsenstall kauft jede Neuemission. Die Banken und die Emissionäre reiben sich die Hände. Der Coup ist gelungen.

Am Ende kassiert Berlusconi rund 4000 Milliarden ein. Die Schulden sind weg, und er kontrolliert weiterhin »seine Kreatur«. Die Fininvest hält mit knapp 50 Prozent nach wie vor das

Kommando in der Hand, und Minderheitsaktionär Al-Waleed ist ein treuer Verbündeter.

Einige Jahre später sagte der führende Politiker der Demokratischen Linkspartei Italiens, Luciano Violante, im Parlament, dass sie, die Linke, Berlusconi damals garantiert habe, seinen Besitz nicht anzurühren.[17] DS-Parteichef Massimo D' Alema erklärte die Fernsehsender Berlusconis gar für »Allgemeingut Italiens«, das keineswegs in ausländische Hände fallen dürfe.

Die Linke glaubte offenkundig, Berlusconi habe den Bettlerhut in der Hand. Die Regierung Prodi überging alle Bedenken aus Bankenkreisen, man könne doch nicht eine Firma an die Börse bringen, deren kontrollierender Hauptaktionär, die Fininvest, in Händen unbekannter Treuhänder sei. Da wisse der Aktionär doch gar nicht, wer die Firma eigentlich wirklich kontrolliere. So etwas würde doch im heutigen Europa gegen jeden Grundsatz der Transparenz verstoßen. Aber so modern und demokratisch dachte die Mitte-links-Regierung damals nicht, sondern eher in den feudalen Kategorien des »Do ut des«.

Das ist also ein weiteres »Geheimnis« hinter der Legende Silvio Berlusconi: die absolute Unzulänglichkeit seiner Gegner.

Ein Berlusconi in den Händen der Banken hätte zum Verkauf der Sender, zur Enteisung des ganzen Medienbereichs, zu mehr Konkurrenz und Pluralismus geführt. Also hat Berlusconi wieder einmal Glück gehabt und sein majestätisches Können bewiesen?

Nun, glücklich schätzen kann sich tatsächlich jemand, der Feinde hat wie Berlusconis Gegner. Können sei aber auch schon viel dabei gewesen, erkennt der Berlusconi-kritische Mailänder Journalist Giovanni Ruggeri an. Denn Berlusconi kenne die Seele der Italiener, auch die seiner Kontrahenten, und – wie gesagt – eines seiner größten Talente sei eben, die Leute zu leimen.

Doch es gibt eben das gewisse Etwas in seiner Biographie, das ihn verfolgt wie ein Albtraum. Das ist die Frage, die der in

Italien sehr bekannte und beliebte Journalist Giorgio Bocca schon zu Zeiten stellte, als Berlusconi noch »der Baulöwe« war: »Hier in Mailand gibt es einen Bauunternehmer, der eine Baustelle [Milano 2] unterhält, die jeden Tag 500 Millionen Lire kostet. Wer hat ihm bloß das Geld dafür gegeben?«[18]

Das fragte man sich übrigens auch in der Mailänder High Society, mit deren Angehörigen Berlusconi ja ins Geschäft kommen wollte. Die Contessa Emilia Bonzi del Pozzo erinnert sich an diesen unbekannten Mann mit den für die Mailänder Upper Class nicht so richtig fein geschnittenen Sakkos: »Es war mein Vater, der Conte Leonardo Bonzi, der zusammen mit seinen Schwestern Berlusconi das Land für das Projekt Milano 2 verkauft hat. Die Sorge der Schwestern meines Vaters war groß. Sie sagten, also, hört mal her, wer kennt den Typ eigentlich? Vielleicht hat er gar kein Geld, um das Land zu bezahlen? In Wirklichkeit hat er immer alle Raten pünktlich bezahlt, alles vertragsgetreu. Mein Vater hat ihm einfach getraut, obwohl er eine unbekannte Person war.«[19]

Die Londoner Wirtschaftszeitung *The Economist* griff die Frage nach der Herkunft des Geldes auf. »Dafür wurden wir bereits zweimal von ihm verklagt«, erzählt Chefredakteur Bill Emmott, »doch das hält uns natürlich nicht im Geringsten davon ab, uns weiter mit ihm zu beschäftigen. Wir sehen darin einen Versuch der Einschüchterung, dem wir aber standhalten können. Anders mag es für kleine Verlage aussehen: Die könnten dem Druck schon nachgeben.«[20] Und darauf verzichten, sich auch mit den dunklen Seiten des Werdegangs von Silvio Berlusconi zu beschäftigen.

Außerhalb Italiens ist dies ein Standardverhalten eines Journalisten: die Dinge zu hinterfragen und das Bewusstsein eines »vierten Standes« zu vertreten, die Stellung der unabhängigen Kontrolle der Macht einzunehmen. Für italienische Journalisten ist dies ein höchst riskantes Unternehmen. Und so unterlassen es die meisten gleich. Sie haben Berlusconi daran gewöhnt, nur liebedienerische »Fragen« serviert zu bekommen.

Pressekonferenzen Berlusconis mit italienischen Journalisten laufen ab wie Weihnachtsfeiern bei Berlusconis Familien-Holding Fininvest.

So können wir ein weiteres Erfolgsrezept des *mitico Berlusconi,* des mythischen Berlusconi, benennen: die unbedingte und brutale Einschüchterung seiner Kritiker vermittels Klagen und nochmals Klagen.

»Das Problem mit den Klagen ist eben dies: Sie zwingen dich, dich über Jahre mit seinen Anwälten vor Gericht herumzuquälen, du hast hohe Kosten, lebst in der Unsicherheit und wirst eben einfach eingeschüchtert – ich selbst habe, wenn ich mich recht besinne, glaube ich, vier Klagen mit zusammen rund 20 Millionen Euro Schadenersatz am Hals«, erzählt Daniele Luttazzi,[21] ein Mailänder Satiriker, der in einer Sendung über die ungeklärte Herkunft der Gelder Berlusconis zu sprechen und gar noch zu witzeln wagte. Entlassen und seit dem Machtantritt Berlusconis nie wieder auf dem Bildschirm der RAI gesehen wie die besten TV-Journalisten und alle Satiriker von Format, egal ob sie nun einen Nobelpreis vorweisen können wie Dario Fo oder »nur« riesige Marktanteile gewinnen, jedes Mal, wenn sie auftreten – durften.

Ganz anders bei Hofe: Umgeben von Menschen, die ihn anhimmeln und umschmeicheln, die über jeden Witz lachen, den er macht, hat Berlusconi die kritische Distanz zu sich, so er sie einmal gehabt haben sollte, längst verloren.

Einer der furchterregendsten Anhimmler ist der ehemalige kommunistische Bürgermeister von Fivizzano, Sandro Bondi, Sprecher der Berlusconi-Partei *Forza Italia*: »Ich habe Berlusconi sehr gern. Ich verspüre eine tiefe Zuneigung zu ihm. Er ist ein außerordentlicher Mensch.« – »Nennen Sie mir doch bitte einen Fehler von Berlusconi.«

»Er wird verteufelt, und ich muss ihn verteidigen«, sagt Giuliano Ferrara (Journalist im Berlusconi-Fernsehen). »Berlusconi ist wie Mozart: die reine Genialität zusammen mit kindlicher Zärtlichkeit.«[22]

»Wenn Sie sich zwischen Berlusconi und Ihrer eigenen Familie entscheiden müssten: Wen lieben Sie mehr?« – »Ich hoffe, mich niemals entscheiden zu müssen.«

Umgeben von Menschen vom Schlage eines Sandro Bondi, erklärt sich auch ein Satz wie dieser aus dem Munde unseres Protagonisten: »Auf der politischen Weltbühne gibt es nicht einen, der es wagen könnte, es mit mir aufzunehmen, der meine Vergangenheit, der so eine Geschichte hat wie ich. *Rein* persönlich bin ich der Auffassung, dass es jemanden gibt, der bei diesem Vergleich im Vorteil ist – und dieser Jemand bin ich.«[23]

Ein Zitat unter vielen ähnlich lautenden. 1994, nachdem er zum ersten Mal die politische Macht erobert hatte, zeigte sich noch ein Anflug von Selbstkritik bei ihm: »Wenn ich mich so umschaue, dann gibt es doch nirgendwo eine bessere Regierung: Ich muss mein Überlegenheitsgefühl aber dennoch bremsen.«[24]

Ein Mann, der hinter die Kulissen des Erfolgs von Silvio Berlusconi geschaut hat, ist Luigi (Gigi) Moncalvo. Einer direkt aus dem Stall Berlusconis. Er hat eine mehr als bewegte Karriere hinter sich. »Ich war bei Mediaset [Berlusconis Fernsehholding] Reporter, aus dem Nahen Osten, aus Moskau.« Gigi Moncalvo war ein Mann der ersten Stunde bei Berlusconi. Er musste ihn verlassen, wurde Chefredakteur der *Lega-Nord*-Zeitung *La Padania*, machte alle Wendungen der *Lega Nord* vom engsten Verbündeten zum ärgsten Gegner und zum erneut treuesten Paladin mit und wurde 2004 dann mit einem Chefposten in der RAI belohnt. Also durchaus kein Gegner. Aber ein Kenner seines alten und neuen Chefs: Berlusconis Aufstieg könne nur verstanden werden, meinte Moncalvo bei einem Interview zu einem Zeitpunkt, als er einmal nicht auf Berlusconis Payroll stand: »Die Erlaubnis zum Börsengang war der größte Fehler der Linken. Die Linke glaubte [1996, nach den gewonnenen Wahlen], ihn mit der Geschichte der [von der *damaligen* Mitte-links-Regierung zu erteilenden] Fernsehlizenzen in der Hand zu haben, glaubte, sein Wohlwollen mit diesem oder jenem Gefallen zu kaufen, dachte, ihn ruhig stellen zu können. Sie sagten: ›Genehmigen wir ihm doch den Gang an die Börse, dann wird er nett und uns dankbar sein: Dann wird er brav sein und nicht mehr drängen.‹ Berlusconi darf man nie freie Zügel lassen. Denn dann wird er zum Pferd im freien Galopp und ziemlich weit kommen. Er kennt seine eigenen Stärken sehr genau, aber vor allem eines kann er meisterlich: die Schwächen und das Zögern der anderen ausnutzen. Und die Linke hat sich als schwach und unsicher erwiesen.«[25]

Der Börsengang war tatsächlich ein Meisterstück.

Politisch lag Berlusconi 1996 am Boden – bot aber gleichzeitig dem ihm an Arroganz in nichts nachstehenden Parteichef der Demokratischen Linkspartei Massimo D'Alema die Friedenshand für eine große Reform Italiens. Der nahm an. So entstand 1997 die Bicamerale, eine Art große Koalition der Staatsreform. Kaum hatte Berlusconi seine Firma saniert, ließ er die Kommission platzen und rüstete für die Rückeroberung der Macht – mit der geballten Kraft seiner nun schuldenfreien Sender.

Wie's dann weiterging, ist bekannt: Die Mitte-links-Koalition zerfiel in tausend Streitigkeiten, dreimal musste sie neu gebildet werden; und am Ende, im Jahr 2001, gewann Berlusconi triumphal die Wahlen.

Der Mann, der alles vermag, hatte es geschafft, wie Phönix aus der Asche wieder an die Spitze der Macht zu steigen, und macht sich Anfang 2006 schon wieder Hoffnung, eines Tages vielleicht auch das höchste Staatsamt Italiens einzunehmen, nämlich Staatspräsident zu werden. Ein Amt mit echten Vollmachten – kein Repräsentationsjob.

Die Lage innerhalb des Landes ist am Ende von Berlusconis zweiter Amtszeit so schlimm wie in keiner anderen Demokratie der Welt. Der UNO-Experte für die Pressefreiheit Ambeyi Ligabo schreibt in seinem Bericht: »Die Medienkonzentration in den Händen des Regierungschefs hat die Meinungs- und Ausdrucksfreiheit in Italien auf schwere Weise beeinträchtigt.«[26]

Nicht weniger ernst ist das Urteil von Ligabo über die Lage, in der sich die italienischen Journalisten befinden. Er erinnert daran, dass die Freiheit der Journalisten und die Demokratie voneinander untrennbar sind, und dringt darauf, dass die italienische Regierung handeln möge, »um das Kaltstellen und die Entlassung« von Journalisten zu verhindern, die kritische Auffassungen vertreten.[27]

Die Kritik aus dem Ausland perlt an Berlusconi ab. Zum einen war er es persönlich gewesen, der den Anstoß zur Hetzjagd auf seine Kritiker im Fernsehen gab, mit dem in Italien so genannten »Ukas aus Bulgarien«. Was war passiert? In einer Pressekonferenz aus Bulgarien forderte er die Entfernung seiner schärfsten Kritiker aus dem staatlichen Fernsehen, darunter eines Mannes wie Enzo Biagi, der als der Doyen des italienischen Journalismus gilt. Er wurde regelrecht gedemütigt: »Mir hat man die Nichtverlängerung meines Vertrages per Einschreiben mit Rückschein mitgeteilt, mit Rückschein, stellen Sie sich das bloß mal vor ... Nicht ein Anruf des Direktors, nichts.«[28]

Biagi wurde geschasst, weil er nicht kontrollierbar war. Weil er als Mittachtziger ein Alter erreicht hatte, das ihn für die Einflüsterungen der Macht unsensibel machte.

Ohne sich mit kritischen Stimmen auseinander setzen zu müssen, hat Berlusconi somit überall ein Heimspiel; und es ist gesichert: Seine Landsleute werden es in ihrer übergroßen Mehrheit nie erfahren, was die Welt von ihrem Regierungschef und der durch ihn bedrohten Pressefreiheit denkt. Verhältnismäßig wenige Italiener sprechen Fremdsprachen, und terrestrisch sind nur landeseigene Sender zu sehen, die zu 95 Prozent Berlusconi gehören oder ihm politisch unterliegen.

Auf Berlusconis Psyche hatte der »Erfolgsmarsch« von 2001 bis 2005 schlimme Auswirkungen. Das eh schon bedenklich groß gewordene Ego nimmt hypertrophe Ausmaße an. Nun muss sich in ihm jeder Zweifel an der göttlichen Billigung seiner irdischen Mission verflüchtigt haben.

Berlusconi weiß, dass er es einem Teil der Italiener – den (aus seiner Sicht) Verstockten, den Kommunisten und Ultrakatholiken – nie wird recht machen können. Schon vor zehn Jahren sagte er: »Auch wenn ich übers Wasser ginge, dann würden am Tag darauf *La Stampa, Corriere della Sera, La Repubblica* und *L'Unità*, nachdem sie sich miteinander telefonisch abgesprochen hätten, gemeinsam titeln, dass ich nicht schwimmen könne!«[29]

So sind sie eben, die Neider und Nichtskönner.

Italiens Nobelpreisträger für Literatur von 1997, Dario Fo, weiß um die szenische Begabung und die rhetorischen Einfälle des Menschen, den er für das größte Unglück Italiens seit Mussolini hält, aber gleichermaßen sei es doch ungeheuer wichtig, bei der Beurteilung der »Legende Berlusconi« die Akzente richtig zu setzen: »Was auch immer als Erklärung für den Erfolg Berlusconis vorgebracht wird: Es steckt doch vor allem die Kontrolle über ein ganz außerordentliches Instrument dahinter, um Werbung für sich zu machen. Damals, beim Machtantritt, hatte er drei Fernsehsender, dazu Zeitungen und Zeitschriften. Seit der Machtübernahme kontrolliert er sieben Fernsehsender – alle Kanäle hat er in der Hand. Das gibt es sonst nirgendwo auf der Welt. Bedenken Sie, mit welcher Wucht er seine Sicht der Dinge erzählen, er die Menschen konditionieren kann: Das ist ein Unikum nicht nur in unserer, europäischen Geschichte, sondern selbst für Südamerika wäre es das – nicht ganz zufällig hat ihm ein italienischer Komiker den Beinamen ›Banana‹ gegeben, Signor Banana, Chef einer Bananenrepublik.

In Italien geht's heute wirklich zu wie in einer Bananenrepublik: Der Betrüger bekommt den Beifall, ihm gelingt es, zu täuschen, zu ergaunern, zu foppen, egal, wie und wo – und ihm wird Beifall gezollt, er bekommt den Applaus, den Applaus der Gaunerschläue!«[30]

In unseren Tagen herrsche eine Machiavelli'sche Kultur, aber nicht die echte, sondern eine verballhornte, meint Dario und ist schon fast ein bisschen böse auf diesen Mann, der ihm das Metier raubt: »Bedenken Sie: Machiavelli selber überzeichnete die Gaunertricks bis ins Groteske – um sie an den Pranger zu stellen. Was er im *Fürsten* sagt, ist eine ungeheuer brutale Kritik der Hinterfotzigkeit, der Trickserei, der Lügen der Mächtigen. Machiavellisch zu sein, ist heute eine negative Schläue geworden – doch das ist eine kulturelle Transposition: Wir sind machiavellisch geworden, das heißt aber ins Heute übersetzt: Wir haben Hinterlist und Korruption als Grundlage unserer Gesellschaft anerkannt!«

Fos Urteil über diejenigen seiner Landsleute, die Berlusconi die Treue halten, ist vernichtend. Der größte Wunsch des Nobelpreisträgers, der im Zentrum Mailands wohnt, ist es, das politische Ende Berlusconis noch zu erleben. Er selbst stürzt sich sogar noch einmal direkt in die Politik: Bei den *primarie*, den Vorwahlen der Wählerschaft des Mitte-links-Bündnisses *l'Unione*, trat er als einer der beiden großen Kandidaten für das Amt des Bürgermeisters von Mailand an, der im Mai 2006 neu gewählt wird.

Fo: »Weiß Gott, mich interessiert nicht das physische Ende Berlusconis. Aber das Ende der Herrschaft dieses Mannes über Italien. Ich will Italien wieder neu aufleben sehen, wie damals, als der Duce endlich weg war und Italien wie aus einem bösen Traum erwachte.«

Und weiter: »Wir leben unter Berlusconi wirklich in einer Gesellschaft, die der Korruption applaudiert. Wenn einer gewitzt ist und besticht, raubt, sich der Justiz mit allen denkbaren Tricks entzieht – dann ist das im heutigen Italien positiv. Schlimmer: Man sagt, wenn er für sich stiehlt, dann wohl auch für mich. Das ist der Gipfel des Wahnsinns!«

Ist das der Schlüssel zum Erfolg Berlusconis?

»Ja, weil er nur das aufgreift, was eine armselig gebildete und moralisch skrupellose Bourgeoisie als eigenes Ideal ansieht. Hauptsache erfolgreich – völlig egal ist es, wie und durch welche Mittel. Der Applaus gebührt dem Erfolgreichen. Das ist ein schreckliches Italien, ein Land *Nieder-Italien*, wie es schon Dante Alighieri verspottete und angriff, wo Lüge und Korruption angehimmelt werden.«

Doch der Wind hat sich gewendet. Auch dank des Engagements von Dario Fo, Franca Rame und deren Sohn Jacopo: Sie unterstützen mit aller Kraft jede Form unabhängigen Fernsehens, auf den Straßen, im Internet, auf kleinen Satellitenkanälen. Unter jungen Leuten ist Berlusconi längst nicht mehr sonderlich populär. Er versprach Vollbeschäftigung – Ende 2005 ist Italien das wirtschaftliche Schlusslicht Europas. Und als Gegenreaktion auf das Fernsehmonopol sind Hunderte Straßenfernsehsender entstanden, die zwar kein dauerhaftes Massenpublikum haben, aber als ein Ventil der Befreiung angesehen werden müssen.[31]

Berlusconi selbst nimmt die »Street-TVs« und die Minikanälchen gar nicht mehr wahr. Zwar schickt er ihnen die Postpolizei, um die Sender einzukassieren, aber das sind Kinkerlitzchen für jemanden, der »Freund George« und »Freund Vladimir«, bei aller Freundschaft, haushoch überlegen ist: »Ich bin ein Mann, mit dem sich niemand auf der europäischen oder Weltbühne in puncto persönliche Geschichte und Können vergleichen kann – ich weiß es, schließlich habe ich schon einen G7/G8-Gipfel organisiert.«[32]

Da stellt sich natürlich die Kardinalfrage: Wie konnte ein Mann dieses Kalibers überhaupt schon einmal von der Macht vertrieben werden? Wie war es möglich, dass er 1994 gewählt, schon im Dezember 1994 gestürzt und erst 2001 wieder in den Regierungspalast Chigi zurückkommen konnte? Wir wagen die Antwort: nur deswegen, weil ein im Grunde genommen treuer Weggefährte einen Augenblick des Zweifels hatte. Wie es den Gefährten großer Führer immer schon passiert ist. Die Rede ist natürlich von Umberto Bossi, dem Chef der ausländer- und süditalienerfeindlichen *Lega Nord*, durch dessen Vertrauensentzug Berlusconi Ende 1994 stürzte. Bossi wagte es im Jahr 1998, im dunkelsten Augenblick des Berlusconi'schen Exils in der Wüste der Opposition, dem Mann, der ihn in die Regierung aufgenommen hatte, eine Frage wie diese zu stellen: »Herr Berlusconi, Sie haben uns einmal versichert, dass die 22 Holdings an der Spitze Ihres Firmenimperiums nur deswegen von Umberto Previti gegründet wurden, damit Sie weniger Steuern zahlen müssen. Daran wird niemand jemals mehr zweifeln, wenn Sie uns gleichfalls erklären können, warum Sie beträchtliche Anteile der oben genannten 22 Holdings von der Mailänder Treuhandfirma Par.Ma.Fid. verwalten lassen, dieselbe Treuhandfirma, die zur selben Zeit auch das Vermögen von Antonio Virgilio verwaltete, einem Finanzier der sizilianischen Cosa Nostra und großem Geldwäscher im Auftrage der Bosse Giuseppe Bono, Salvatore Enea, Gaetano Fidanzati, Carmelo Gaeta und anderer sizilianischer Bosse, die in Mailand aktiv waren. Warum gerade die Par.Ma.Fid.?«[33]

Selbst die katholische Tageszeitung *L'Avvenire*[34] stellte sich 1994 einmal die Frage, wer denn eigentlich die Mitgesellschafter Berlusconis in den anonymen Firmen seien. Eine Frage, die übrigens mit beträchtlicher Verzögerung auftauchte, denn sie ging auf die Feststellung der italienischen Anti-Trust-Behörde vom 22. Januar 1992[35] zurück, in der in einem Anflug von Transparenz beiläufig im Rahmen einer Genehmigung für die Übernahme der Werbefirma Manzoni festgestellt wird, dass Silvio Berlusconi nur 50,36 Prozent der allein für sich reklamierten Familienfirma Fininvest wirklich persönlich hält. Mithin die anderen 49,64 Prozent in unbekannter Hand liegen.

Kaum hatte die Bischofszeitung ins Wespennest gestochen, ihr Bericht wurde von der Berlusconi-kritischen Presse sofort aufgenommen, antwortete der Geschäftsführer der Berlusconi-Firma Fininvest Fedele Confalonieri erbost, dass »100 Prozent der Gruppe direkt oder indirekt der Familie Berlusconi gehören« und dass die Finanzwelt seit über einem Jahrzehnt die Besitzverhältnisse bei den Berlusconis kennen würde, dass der Einsatz von »Treuhandfirmen« rechtlich »völlig einwandfrei« sei und man nichts und abernichts entdecken könnte. Berichte wie dieser seien »nur Teil einer Desinformationskampagne seitens einer bestimmten Presse mit ganz bestimmten politischen Zielen«.[36]

Wie einfach wäre es also für die »Gruppe Berlusconi« gewesen, all die seltsamen Treuhandfirmen – wenigstens diejenigen innerhalb Italiens – aufzulösen und die Aktien, die Berlusconi bei der »offenen«, sprich börsennotierten TV-Firma Mediaset und nicht mehr bei 22 (in Wirklichkeit waren es zeitweilig sogar 38 solcher Schachtelfirmen) Treuhandfirmen führen zu lassen, sondern sie namentlich und direkt Silvio Berlusconi zu übertragen.

Doch bis ins heute hat sich an dem seltsamen Gebaren nichts geändert. Das nährt natürlich den Verdacht, dass das Problem, das Berlusconi mit den »Holdings« genannten anonymen Schachtelfirmen – ein freundliches Wort für Briefkastenfirmen – hat, doch größer sein muss als das einer simplen »Steuervermeidung«.

Dass es sich doch um nicht freiwillig nennbare Mitgesellschafter handeln könnte, die eben nicht freiwillig ihre Anteile an Berlusconis Imperium aufgeben wollen, wo sie schön verdienen und zudem unter dem Schutze der Anonymität leben.

Nach dem Wahlsieg von 2001 versank die Frage nach den Miteigentümern Berlusconis in Italien sofort in der Versenkung. Sie wurde zur absoluten Tabufrage, die im italienischen Fernsehen zur sofortigen Entlassung des Fragestellers führte wie im Fall Luttazzi oder von Sabina Guzzanti. Nicht weniger tabuisiert ist die Frage des Moderators Michele Santoro, »ob er denn Berlusconi nicht wenigstens mit Mussolini vergleichen dürfe« – auch die wurde mit der Verbannung vom Bildschirm bestraft.

Fragen ist im Italien von Silvio Berlusconi mehr als riskant: Bei Journalisten wird es mit einem De-facto-Berufsverbot belegt.

Das Dumme ist nur, dass die Frage nach der Herkunft des Geldes immer wieder auftaucht. Sie ist einfach nicht unter der Decke zu halten, weil sie wohl die Kardinalfrage Italiens in diesem neuen Jahrzehnt geworden ist.

Es war nun der Strafprozess im Jahre 2004 vor dem Gericht von Palermo gegen den ehemaligen Geschäftsführer der Werbefirma Publitalia, Marcello Dell'Utri, wegen Beihilfe für eine kriminelle Vereinigung mafiösen Charakters, der die Frage nach der Herkunft der Gelder wieder ganz nach oben gespült hat. Zwar nicht in der Wahrnehmung der breiten Öffentlichkeit, aber doch bei den aufmerksamen Beobachtern.

Viele Italiener haben von den unglaublichen Details wieder einmal nichts erfahren, außer dass es dort in Palermo viele kommunistische Staatsanwälte und eine politische Justiz gebe. Hat sich jemand im Fernsehen die Mühe gemacht, den Italienern den Untersuchungsbericht der italienischen Staatsbank-Inspektoren zu erklären, die genau diese seltsamen Anschubfinanzierungen erläutert haben?

Eine Sachlage, die so kompromittierend ist, dass selbst die Anwälte des Berlusconi-Managers am Ende nur zugeben mussten: »Die Herkunft der Anfangsmilliarden [Lire] konnte nicht geklärt werden.« Ungesagt ist nur noch, dass Berlusconi selbst bei dem Prozess wohlweislich nicht erschienen ist, um seinem Freund vielleicht aus der Klemme zu helfen und die Anklagen der Mafiabosse, die behaupten, ihm Geld übergeben zu haben, direkt und nachhaltig zu entkräften. Nichts hat er getan. Was nicht beweist, dass die Behauptungen der Bosse richtig sind, aber doch ein weiteres schräges Licht auf diese ersten

Jahre Berlusconis wirft. Und auf die Quellen seiner primären Akkumulation.

Nichts hat das Massenpublikum in Italien vom Prozess erfahren. Davon, dass der engste, langjährige Mitarbeiter des Regierungschefs, der Mann, der jahrelang die *money-making machine,* wie Publitalia bewundernd immer genannt wurde, geleitet hat, seit 2004 erneut Europaabgeordneter für die *Forza Italia,* von den Richtern diese Urteilsbegründung mit auf den Weg bekam – ein Rücktrittsgrund in jeder Demokratie der Welt –: Die Richter sind der Auffassung, dass das Verhalten des Senators von *Forza Italia* »die Cosa Nostra gestärkt hat«, er habe die Aufgabe gehabt, »ein Verbindungsglied zwischen den Interessen der Mafia und jenen von Berlusconi zu sein«. Das ist die Urteilsbegründung des Gerichtes von Palermo. Die Richter sahen diese Verbindung als erwiesen an und verurteilten Dell'Utri deswegen zu einer hohen Haftstrafe – zu neun Jahren wegen Beihilfe für eine kriminelle Vereinigung mafiösen Charakters«.[37]

Das Urteil der ersten Instanz ist noch nicht rechtskräftig. Es muss ein Berufungsgericht (Corte d'Appello) über den Fall urteilen, und dann hat der Angeklagte auch noch das Recht, das Urteil auf formaljuristische Logik und die Einhaltung allgemeiner Rechtsprinzipien vom allerhöchsten Gericht Italiens (Corte di Cassazione) überprüfen zu lassen – ein Ablauf, der aber im Falle einer Verurteilung nach spätestens drei Jahren zur Beendigung der politischen Karriere führen würde.

So viel an dieser Stelle, es werden sich noch mehrere Kapitel mit dem Problem der Kontakte zwischen Berlusconi und der Mafia, den Umständen und Hintergründen des Prozesses gegen diesen wohl wichtigsten Manager des Berlusconi-Firmenimperiums beschäftigen. Bemerkenswert ist jedoch vor allem eines: die unglaubliche Geheimniskrämerei Berlusconis. Selbstverständlich wollten ihn die Staatsanwälte von Palermo als Zeugen vorladen. Es ging ja nicht darum, dass Berlusconi die Mafia um Geld gebeten hatte, sondern darum, zu überprüfen, ob nicht Marcello Dell'Utri und seine Mafiafreunde Berlusconi »billiges Geld« angeboten hätten, in Zeiten, als dieser solche Finanzspritzen durchaus gut gebrauchen konnte. Große Männer sind nicht immer zimperlich bei der Auswahl ihrer »Hilfstruppen«. Es hätte ja sein können, dass Berlusconi, aus Nachlässigkeit, aus Angst, die Wahrheit zu erfahren, einfach nicht nachgefragt haben mag, als ihm die Sizilianer Geld anboten. Wenn sie ihm denn Geld angeboten haben. Doch vor Gericht wurde diese interessante Frage nie geklärt; Berlusconi hat die Aussage unter Berufung auf seine institutionellen Pflichten verweigert. So konnte diese Frage nie unter seiner Beihilfe geklärt werden. Dennoch kamen die Richter zu einer einhelligen Interpretation der Vorgänge um die Finanzierung der Berlusconi-Firma Fininvest. Sie sahen die Beweislage als ausreichend klar an, um den heutigen Europarlamentarier zu verurteilen.

Doch Berlusconi war zufrieden. Erstens stellt ihm kein italienischer Journalist, der seinen Job beim Fernsehen behalten möchte, solch eine Frage. Und zweitens haben sich Zeitungsjournalisten, die es tun, daran gewöhnt, dass Berlusconi nicht antwortet, sondern stattdessen beim Herausgeber anrufen – lässt.

Hauptsache, das Fernsehen sprach nicht darüber. Was nicht im Fernsehen stattfindet, gibt es nicht.

Während die *Lega-Nord*-Zeitung *La Padania* von Umberto Bossi 1998 noch ungestraft die, wie wir annehmen müssen, Kernfrage der Geschichte Berlusconis stellen durfte, ohne dafür verklagt zu werden (nämlich die Frage nach der Herkunft der Anfangsfinanzierung Berlusconis), weil Berlusconi – zu Recht – hoffen konnte, den verlorenen Sohn wieder für den Hof zurückzugewinnen, verklagt er seit vielen Jahren die Journalisten, die ihm dieselben kritischen Fragen stellen.

Allein das Fragen ist schon klagewürdig, wie die englische Zeitschrift *The Economist* feststellen musste. Auf 28 unbequeme Fragen nach der Herkunft des Geldes, seinen vielen Prozessen, der Beziehung zu Mafiabossen und dem Interessenkonflikt antwortete Berlusconi mit Klagen in Mailand und Rom. Verklagt wurde zuletzt auch der englische Mitarbeiter des Blatts David Lane,[38] der in Italien eine kritische Biographie Berlusconis bei Laterza veröffentlicht hatte – nachdem die englische Ausgabe bei Penguin von Berlusconis Anwälten nicht mit einer Klage beantwortet worden war.

Was im Ausland über ihn gesagt wird, ist ihm recht egal. Längst weiß Berlusconi, dass er dort nicht ernst genommen wird. Wichtig ist ihm allein, die volle Kontrolle über Italien zu behalten. Dabei ist die Geschichte dieser Klagen gegen die kritischen Journalisten keineswegs eine Erfolgsstory für ihn. Aber auch hier gilt wieder: Wer weiß das schon im Berlusconi-Country? So dienen die Klagen vor allem als Abschreckung im eigenen Lande. Die kritischen Fragen nach der Herkunft seines Geldes waren ja auch der Grund, warum die Autoren des ersten großen investigativen Recherchebuches über Silvio Berlusconi, *Inchiesta sul Signor TV*,[39] bis ins Jahr 2000 durch alle Instanzen verklagt worden sind.

Um dann am Ende die Klage wegen Verleumdung gegenüber den Autoren kleinlaut zurückzuziehen – unter Ausschluss der Öffentlichkeit, versteht sich. Viele Jahre nachdem der oberste Gerichtshof Italiens, das Kassationsgericht, schon am 30. März 1993 die beiden Autoren von der seitens Berlusconi behaupteten Verleumdung endgültig freigesprochen hatte.[40]

Die Geschichte der Klagen gegen kritische Journalisten ist sicherlich eines der interessantesten Kapitel überhaupt in der Biographie Berlusconis – und in diesem Buch. Im Verlaufe einer dieser zahlreichen Prozesse gegen die kritischen Fragesteller ist Berlusconi auch die bis ins Jahr 2005 einzige rechtskräftige Verurteilung seiner gesamten Karriere unterlaufen – vor dem Appellationsgericht von Venedig, am 23. Oktober 1990, wegen Meineids.[41]

Den »vom Herrn Gesalbten«, in dessen Herrschaft »schon etwas Göttliches liegt, weil er von den Leuten erwählt worden ist«[42], zum bisher ersten und letzten Male zu einer rechtskräftigen Verurteilung gebracht zu haben, das ist ein Verdienst von Journalisten, die nicht klein beigaben.

Am 21. April 1998 schreibt der ehemalige Leiter der Anti-Mafia-Staatsanwaltschaft von Palermo Antonino Caponnetto, der erste große Vorkämpfer gegen die Mafia, der Mann, der die Cosa Nostra auf Sizilien enorm geschwächt hat, der in Italien und über die Landesgrenzen hinaus legendäre Leiter der Ermittlergruppe von Palermo, dessen »Schüler«, die Staatsanwälte Giovanni Falcone und Paolo Borsellino, ihren Einsatz für Recht und Demokratie in grausigen Bombenanschlägen 1992 mit dem Leben bezahlten, an *La Repubblica*. Ein Brief, der auf Silvio Berlusconis andauernde Beschwerde antwortet, von einer feindlich gesinnten Presse als Lügner diffamiert zu werden, eine Lage, die ihn, Berlusconi, dazu zwinge, sich gegen die Lügen der Presse per Anzeige wegen Diffamierung zu schützen. Caponnetto schreibt ihm darauf eine Antwort, die es wert ist, am Ende dieses Einführungskapitels eines Buches über die »Legende« Silvio Berlusconi zitiert zu werden:

»Ich möchte an dieser Stelle daran erinnern, dass, wenn es einen ›Dauerlügner‹ gibt, der von der Justiz dieses Landes auch als solcher erkannt und definiert wurde, es dann genau der ›Ehrwürdige‹[43] Silvio Berlusconi ist.

Tatsache ist es nämlich, dass dies in einem Rechtsstreit zwischen dem Vorgenannten und zwei Journalisten, Giovanni Ruggeri und Mario Guarino, festgestellt wurde, ein Verfahren, in dem die beiden Journalisten Recht bekommen haben. Es sei daran erinnert, dass Berlusconi vor dem Landgericht von Verona unter Eid am 27. September 1988 ausgesagt hatte, in Bezug auf seine Mitgliedschaft in der Geheimloge P2, dass sich diese Vorgänge 1981 abgespielt hätten, dies in Wirklichkeit aber 1978 stattgefunden hatte, wie die Journalisten behauptet hatten. Ebenfalls eine Lüge war es gewesen, dass er unter Eid behauptete, dem ›ehrenwerten‹ Logengroßmeister Licio Gelli niemals den Mitgliedsbeitrag entrichtet zu haben.

Angesichts dieser Lügen unter Eid hatten die beiden Journalisten Berlusconi bei der Staatsanwaltschaft von Verona wegen meineidlicher Falschaussage angezeigt.

Das Berufungsgericht von Verona schreibt in seiner Urteilsbegründung:[44] ›Das Gericht ist der Auffassung, dass die Behauptungen des Angeklagten [Berlusconi] nicht der Wahrheit entsprechen ... Daraus folgt zwingend, dass Berlusconi vor dem Landgericht von Verona in seiner Funktion als Zeuge und Beleidigter die Unwahrheit bezüglich Dingen gesagt hat, die direkt mit dem Gegenstand der Klage und deren Umständen zusammenhängen, er hat Aussagen zur Sache gemacht, die das Gericht in die Irre führen sollten, ganz unabhängig davon, dass sich das betreffende Gericht von den lügnerischen Erklärungen nicht hat inhaltlich beeinflussen lassen, hat er die ihm vorgeworfene Straftat (Meineid) begangen ...‹«[45]

Einer Haftstrafe entging Silvio Berlusconi. Sie fiel unter eine damals gerade wieder proklamierte allgemeine Amnestie. So kam es, dass er offiziell eine »weiße Weste« behielt.

KAPITEL 2

Ein Mann der Familie und der Kirche *oder* Silvio, der brave Katholik

»Meine Tanten, die ins Kloster gegangen sind, sagen immer, ich hätte einen guten Kardinal abgegeben. Tatsächlich hätte ich der heiligen Mutter Kirche wohl vieles geben können.«[1] Dieses wunderschöne, bislang allerdings in seiner Bedeutung verkannte Statement, das Berlusconi spontan vor einigen Journalisten äußerte, wirft ein geradezu spektakuläres Licht auf den Mann und seinen außergewöhnlichen Aufstieg in Politik und Wirtschaft.

Berlusconi ist zweifelsohne ein sehr heller Kopf. Schon als junger Mann hat er begriffen, welch enorme, keineswegs nur politische und moralische, sondern schlicht ökonomische Macht die Kirche[2] besitzt. Machtverhältnisse, die längst sprichwörtlich geworden sind: »Wer hat das Sagen in Italien? Geldsäcke und Pfaffen.« Die lebenskluge Erkenntnis der ökonomischen Zusammenhänge, die hinter diesem Sprichwort steckt, wurde zum steten Leitmotiv Silvio Berlusconis.

Ganz sicher prägten diese geflügelten Worte den Charakter und die intellektuelle Entwicklung des jungen Silvio schon zu einer Zeit, als er – unmittelbar nach dem Zweiten Weltkrieg – die katholische Schule besuchte.

Wir schreiben das Jahr 1948, das Jahr, in dem Mahatma Gandhi ermordet wurde, in dem es in Prag zum kommunistischen Staatsstreich kam, in dem in Europa der Marshallplan in Kraft gesetzt wurde. Silvio, damals zwölf Jahre alt, schließt die Grundschule ab und kommt nun als Internatsschüler zu den Salesianern. Der Salesianerorden wurde von Don Giovanni Bosco gegründet und 1869 von Papst Pius IX. bestätigt.

Pius IX. war ein ausgesprochen konservativer Papst, der das Dogma der Unfehlbarkeit des katholischen Kirchenoberhaupts formulierte.

Den Salesianern oblag also fortan die Erziehung des jungen Silvio, der nun im spartanischen Mailänder Institut Sant'Ambrogio[3] lebte. Das Internatsgebäude, das noch aus dem Ende des 19. Jahrhunderts stammt, liegt in der Nähe des Hauptbahnhofs. Ein hartes Leben, dem der Junge nur zu Weihnachten, Neujahr, Ostern und für die Sommerferien entkam.[4]

Das Salesianer-Gymnasium in der Via Copernico 9 in Mailand wurde 1897 erbaut und später renoviert. Es gilt als sehr strenges Internat, das von geistlichen und nicht minder unbeugsamen weltlichen Lehrern geführt wird. Die Schüler kommen aus Familien der unteren Mittelschicht. In der Anstalt herrscht eine eiserne, beinah klösterliche Disziplin. »Wecken morgens um sieben, Frühstück, Frühmesse und danach Unterricht; am Nachmittag wurde der Rosenkranz gebetet, dann hatten wir erneut Unterricht. Um neun Uhr abends mussten alle ins Bett«, erinnert sich ein Schulfreund Berlusconis namens Giulio Colombo, der heute als Unternehmer im Maschinenbau tätig ist. Die Disziplin im Internat unterscheidet sich in nichts von der in den Zentren der konservativen religiösen Bewegung des *Opus Dei* geübten. Dort erhebt sich der harte Kern, die Numerarier, ebenfalls zu früher Stunde und küsst als Erstes den Erdboden, bevor man das Serviam rezitiert, das Morgengebet des Opus Dei.

Auch der junge Silvio muss zu jener Zeit viel beten. Doch großer Glaubenseifer scheint ihn nicht zu verzehren: »Ich erinnere mich noch, dass er während der Gebete immer abwesend war. Er bewegte die Lippen, ohne etwas zu sagen, und dachte an etwas anderes«,[5] berichtet sein Schulkamerad.

Mag der Glaube an Gott auch nicht allzu stark gewesen sein, am rechten Glauben an sich fehlt es dem jungen Silvio jedenfalls nicht: Er hat exzellente Noten in Griechisch, Latein, Philosophie und Mathematik. Sein erstes Geld verdient der Junge, indem er seine Hausaufgaben an seine weniger begabten Mitschüler verkauft. Der Tarif bewegt sich zwischen 20 und 50 Lire. Bekommt der Mitschüler nicht wenigstens eine Vier, gibt Silvio das Geld zurück.

»Einmal überraschte ich ihn, wie er seinen ›Schatz‹ an Kleingeld zählte, das er in einem Geldbeutel aufbewahrte, den ich ihm als Gegenleistung für die Lösung einer Mathematikaufgabe gegeben hatte. Er sah auf und beschwerte sich, dass das Geschäft so schlecht liefe. Am besten, so meinte er, habe er mit einer Theateraufführung zu Hause verdient: Seine Eltern, Verwandten und Freunde mussten alle Eintritt bezahlen, um ihn auf der ›Bühne‹ sehen zu dürfen«, erinnert sich Giulio Colombo.

Das Leben als Internatsschüler bei den Salesianern währte acht Jahre. Erst im letzten Jahr am Gymnasium erlaubte man Silvio, nach der Schule zu seinen Eltern nach Hause zu kommen. »Sein Vater hatte Schwierigkeiten, das Schulgeld zu bezahlen. Und so durfte der Junge abends heim«, erinnert sich ein ehemaliger Lehrer Silvios, Don Erminio Furlotti.

Doch in diesen Jahren schließt Silvio auch Bekanntschaften, die für sein weiteres Leben prägend werden sollten. Dazu zählt zum Beispiel Fedele Confalonieri (der spätere Topmanager der Fininvest), der zwei Jahre jünger ist als Silvio und ebenfalls aus bescheidenen Verhältnissen stammt.

Don Furlotti, Lehrer für Kunstgeschichte, blickt zurück: »Silvio war acht Jahre lang bei uns, von der ersten Mittelschulklasse bis zum Abitur. Ich unterrichtete ihn in der Gymnasialstufe, doch auch danach haben wir uns nicht aus den Augen verloren: Das gehört bei uns einfach dazu, dass wir mit den ehemaligen Schülern auch nach der Schulzeit in Kontakt bleiben.

Silvio ist nicht nur mit dem Salesianer-Institut in Verbindung geblieben, sondern auch mit seinen ehemaligen Schulkameraden. Bis 1986 traf er sich mindestens einmal im Jahr mit ihnen. Einige von ihnen sind später seine Mitarbeiter geworden, wie zum Beispiel der Betriebspsychologe der Fininvest, Adalberto Spinelli, mit anderen hat er einzelne Projekte realisiert. Sonntagmorgens bestellte er gewöhnlich seine engsten Mitarbeiter zu sich in seine Villa in Arcore und ließ sie von Spinelli analysieren, vielleicht um sie für ihre Aufgaben als Manager psychologisch zu schulen. Ob er diese Gewohnheit bis heute beibehalten hat, weiß ich nicht ...«[6]

Mit neunzehn Jahren verlässt Berlusconi das Institut mit dem altsprachlichen Abitur in der Tasche. Ein paar Jahre später trat Paolo, sein jüngerer Bruder, in seine Fußstapfen – im selben Internat. Die kleinbürgerlichen Schichten Mailands, welche sich die teuren Schweizer Privatschulen nicht leisten konnten, schätzten das Institut Sant'Ambrogio sehr: Man lernte fleißig, achtete auf Disziplin und brachte den jungen Leuten gute Manieren bei.[7]

Der junge Silvio hat sich dort den höchst passenden Spitznamen »Mandrake« erworben; war »Mandrake«, ein amerikanischer Comic-Held der dreißiger Jahre, doch ein Zauberer, der mit Scharfsinn und illusionistischen Kunststücken äußerst komplizierte Kriminalfälle löste, in die er nolens volens immer wieder verwickelt wurde.

Schon bei den Salesianern verliebte Mandrake sich in die Filmleinwand. Am liebsten mochte er die Filme, die jeden Sonntag im Institut gezeigt wurden. Und er verpasste nicht einen einzigen: Unter dem Vorwand, dem Filmvorführer zu helfen, eroberte er sich einen bevorzugten Platz in der Vorführkabine.

Sein Vater Luigi Berlusconi, der am 28. Februar 1989 im Alter von 81 Jahren gestorben ist, beschrieb den Tatendrang seines Sohnes so: »Ich kann nur sagen, dass Silvio immer ein sehr aktiver Junge war: Immer wenn er mit einer Sache beschäftigt war, dachte er bereits an die nächste. Schon als junger Bursche war er die treibende Kraft innerhalb seines Freundeskreises, im Handumdrehen wurde er zum Anführer der Gruppe. Geltungsdrang? Nein, eher Tatendrang, würde ich sagen, sehr viel guter Wille und Beständigkeit ...

Wenn man ihn in seinem Ehrgefühl verletzt, dann gute Nacht. Ein Beispiel: Die Schulferien verbrachte er bei uns zu Hause. Ich gab ihm 500 Lire Taschengeld pro Woche fürs Kino und andere kleine Ausgaben. Einmal fragte ich ihn beim Abendessen, wofür er denn sein Taschengeld ausgegeben hätte. Verwundert schaute er mich an und sagte dann, wenn ich von ihm eine Abrechnung wollte, dann würde er lieber auf das Taschengeld verzichten – er war zutiefst beleidigt, als handelte es sich um eine ungerechtfertigte Einmischung. Von da an wollte er kein Geld mehr annehmen. Ich tat so, als wäre nichts geschehen, und in der darauf folgenden Woche ließ ich 500 Lire auf der Kommode liegen – sie blieben da liegen. Seine Mutter erinnerte Silvio daran, dass das Geld für ihn bestimmt sei, aber er wollte nichts davon wissen. Ein Sturkopf ... Damals war er fünfzehn Jahre alt. Diese Episode drückt den ganzen Charakter meines Sohnes aus: seinen Stolz, seine Unabhängigkeit, seine Eigensinnigkeit.«[8]

Nach dem Abitur schreibt Silvio Berlusconi sich an der juristischen Fakultät der staatlichen Universität Mailand ein. Er verdient sich ein wenig Geld, indem er kleinere Aufträge für die Familie erledigt und der Nachbarschaft Staubsauger verkauft. Wer sein Arbeitgeber ist, bleibt im Dunkeln, aber es ist doch interessant, dass der damalige Bezirkschef der Vorwerk-Folletto, des Vorwerk-Vertriebs in Italien, gleichzeitig einer der wichtigsten Männer der Milano-Connection ist: Luigi Monti. Er wird bei der nächtlichen Blitzaktion am Valentinstag 1983 verhaftet. Die von den italienischen Behörden, dem FBI und der amerikanischen Drogenpolizei durchgeführten Ermittlungen ergeben, dass der frühere Staubsaugervertreter Kontakte zu Mafiosi vom Kaliber eines Joe Adonis (Stellvertreter von Michele Sindona in den USA), Giuseppe Bono, Antonio Enea, Stefano Fidanzati und Giuseppe Ganci pflegte. Außerdem stand Luigi Monti in enger Verbindung zu Marcello Dell'Utri.[9]

Mit seinen Staubsaugern macht Berlusconi Karriere: Vom Bezirkschef im Außendienst wird er zum Vertriebsleiter, wie

Camilla Cederna schreibt, die 1977 als Erste ein kontroverses Porträt Berlusconis zeichnet.[10]

Der junge Silvio aber hat mittlerweile sein drittes Studienjahr an der Universität begonnen. Er findet Arbeit in einer Baufirma und verdient dort so viel, dass er von nun an wirtschaftlich unabhängig ist. In den Sommermonaten verdingt sich der findige Student als Entertainer auf den Kreuzfahrtschiffen der Reederei Costa.

Trotz dieser Abstecher ins Ausland bleibt Mailand Dreh- und Angelpunkt seiner Aktivitäten, bei denen Berlusconi sich immer wieder um das katholische Ambiente bemüht. So knüpft er bereits während der Studienzeit Kontakte zur ultrakonservativen Gruppe des *Opus Dei* an und lässt sich des Öfteren in der Residenza Universitaria Internazionale (Rui) Torrescalla blicken, dem Studentenwohnheim des Opus Dei in Mailand.

Dieses Wohnheim ähnelt in seiner Organisation dem Internat der Salesianer in der Via Copernico. Auch hier gibt es »Interne«, die auf Kosten des Opus Dei dort leben. Einige von ihnen werden später zu »Numerariern« aufsteigen, ehelosen Laienanhängern, die sich zum Ziel gesetzt haben, dem Opus Dei zu dienen. Andere werden »Supernumerarier«. Diese müssen sich zwar an das Treuegebot halten, dürfen jedoch heiraten. Wieder andere werden »Assoziierte« oder »Kooperatoren«. Alle finden im Wohnheim spirituelle Leitung und berufliche Beratung. Man unterstützt die eigenen Anhänger und vermittelt ihnen wichtige Bekanntschaften in den richtigen Kreisen, vor allem in der Finanzwelt des Vatikans.

Berlusconi ist häufiger Gast im Torrescalla. Über das Opus Dei lernt er schon während seiner Studienzeit den Mann kennen, der einmal sein engster Mitarbeiter werden wird: den Sizilianer Marcello Dell'Utri.

Die Angaben zum Ort dieser Begegnung sind widersprüchlich. Einigen Quellen zufolge sollen die beiden sich zum ersten Mal eben im Haus Torrescalla begegnet sein. Dell'Utri allerdings berichtet, das erste Treffen sei 1961 in einem sizilianischen Zentrum des Opus Dei erfolgt. Er sagt voller Dankbarkeit, dass er die wichtigste Begegnung seines Lebens dem Opus Dei verdanke: »Silvio Berlusconi wurde mir vom Direktor des Wohnheims Segesta in Palermo vorgestellt, von Bruno Padula, der heute Vikar der Prälatur von Sizilien ist.«[11]

Was aber machte der junge Silvio in Sizilien, im Wohnheim des Opus Dei? Vielleicht hatte Papa Luigi – der für seinen Sohn eine Karriere als Bankier erträumte[12] – ihn dorthin geschickt, damit er die künftigen Teilhaber der Banca Rasini kennen lerne, die Familie Azzaretto. Die ihrerseits enge Kontakte zum Vatikan pflegte. So war Giuseppe Azzaretto mit Goffreda Baldoni verheiratet, deren Familie im Finanzsystem von Papst Pius XII. eine bedeutende Rolle spielte. Pius XII., der mit bürgerlichem Namen Eugenio Pacelli hieß, war von 1939 bis 1958 Papst. Er wagte es zwar nicht, sich den Nazis zu widersetzen, doch schuf er für den Vatikan ein ökonomisches Imperium aus Industrie- und Finanzbeteiligungen. Zweifellos besaß Goffreda Baldoni viele schätzenswerte Qualitäten, unter anderem ihre zahlreichen – teils verwandtschaftlichen – Kontakte zu wichtigen Persönlichkeiten im Vatikan, ja, zum Papst persönlich. Doch wie wir gesehen haben, hatten die Azzaretto nicht nur gute Verbindungen zu dem einen oder anderen Finanzmanager der Kurie, sondern auch zu Giulio Andreotti, dem »Mister Finance« des Vatikans.

Doch zurück zu Silvio und seiner ersten Begegnung mit Dell'Utri. Als er Marcello 1961 in Palermo kennen lernt, steht Silvio kurz vor dem Universitätsabschluss, Marcello hat sich gerade erst eingeschrieben. Doch im Umfeld von Opus Dei stellt dies kein Problem dar. Allein die beiderseitige Zugehörigkeit zu dieser Organisation ist Anlass genug, dass sich die Älteren und Erfahreneren um die jüngeren Kameraden kümmern – Mitglieder einer verschworenen Gemeinschaft, deren wechselseitige Treue der in Sizilien gepflegten gleichkommt. Die beiden sind sich sofort sympathisch, und aus der Sympathie wird eine Freundschaft, die ein Leben lang dauern wird.

An der staatlichen Universität von Mailand sehen sie sich wieder. Auch Dell'Utri ist dort zu Beginn der sechziger Jahre als Student der Rechtswissenschaft eingeschrieben. Als Berlusconi und Dell'Utri sich 1961 kennen lernen, hat Silvio bereits einen Posten in der Banca Rasini abgelehnt, den ihm sein Vater vermitteln wollte. Stattdessen hat er einen Kredit für ein erstes Bauprojekt in der Via Alciati, am Stadtrand von Mailand, erhalten. Dort errichtet Berlusconi vier Mietshäuser für Einwanderer aus dem Süden Italiens, die in den Norden kamen, um dort zu arbeiten. 1963 baut er mit Carlo Rasini zusammen den Wohnkomplex von Brugherio (viertausend Wohnungen) und gründet die Edilnord. Und so kann er seinem sizilianischen Freund, dem wohlerzogenen jungen Mann, der sich wie er im Umfeld des Opus Dei bewegt, schon Arbeit anbieten.

Es blieb weitgehend unbekannt, dass – wie die Richter in Palermo herausfanden – Marcello Dell'Utri bereits von 1964 bis 1965 für Silvio Berlusconi arbeitete, und zwar »bei der Edilnord sas als Sekretär des Präsidenten der Firma, Silvio Berlusconi«.

Dies sind die Jahre der ersten Immobilienspekulationen, des Kapitals unbekannter Herkunft, der Tourneereisen in den Libanon mit seinem Freund Fedele Confalonieri. Berlusconi verdient zum ersten Mal Geld – Geld, von dem niemand so genau weiß, woher es kommt.[13]

Die Richter in Palermo merken an, dieses erste Arbeitsverhältnis mit Berlusconi – das Dell'Utri unbegreiflicherweise während zweier langer Vernehmungen verschwiegen habe – sei für den gegenwärtigen Prozess durchaus von Bedeutung. Tatsächlich lassen die Ermittlungen der Mailänder Staatsanwaltschaft in den siebziger und achtziger Jahren vermuten, dass die Banca Rasini in den sechziger und siebziger Jahren Dreh- und Angelpunkt der wirtschaftlichen Interessen der Mailänder Kriminellen im Allgemeinen und der Mailänder Cosa Nostra im Besonderen war.

Unmittelbar nach Ende dieses ersten Arbeitsverhältnisses

lässt Dell'Utri sich in Rom nieder, wo er während der Jahre 1965, 1966 und 1967 bleibt. Er arbeitet als Sportdirektor des Centro Elis (Abkürzung für »Bildung, Arbeit, Fortbildung, Sport«) des Opus Dei. In der Folge geht er nach Palermo, wo er in derselben Funktion für das Sportzentrum Bacigalupo tätig wird.

Im Anschluss an seine Tätigkeit für das Opus Dei (das im Leben Dell'Utris ohnehin immer eine bedeutende Rolle spielen wird) wendet Dell'Utri sich erneut dem Fußball zu: Er träumt davon, Teamchef zu werden, Schiedsrichter oder Trainer. 1967 kehrt er nach Palermo zurück. Er will in der Nähe des Vaters sein. Seine Leidenschaft für den Sport schlägt sich in der Gründung eines neuen Clubs nieder: Athletic Club Bacigalupo. Dieser wird in nur wenigen Jahren zum Treffpunkt des wohlhabenden Palermo – aber auch der palermitanischen Mafia.

Der Kontakt zwischen Silvio und Marcello reißt nicht ab, auch wenn er sich immer noch hauptsächlich um Opus Dei dreht: Als ehemaliger Habitué des Hauses Torrescalla in Mailand gründet Dell'Utri eine Fußballmannschaft mit dem Namen »Torrescalla-Edilnord«. Er selbst wird Trainer, Silvio Präsident, dessen Bruder Paolo Mittelstürmer.

Ein junger und guter Ehemann

Früh heiraten und möglichst viele Kinder bekommen: Dies ist der Leitspruch eines Katholiken, vor allem wenn er vom Opus Dei kommt. Silvios Leben als Junggeselle sollte also nicht lange dauern.

Nachdem er mit nur 25 Jahren seinen Universitätsabschluss erworben hatte, lernte er als 28-Jähriger seine spätere erste Frau kennen: Carla Elvira Dall'Oglio.[14] Sie wurde am 12. September 1940 als Tochter von Angelina Salvaterra (Hausfrau) und Laerte Dall'Oglio (Angestellter einer Firma für Tauchausrüstungen in Genua) in La Spezia geboren. In den fünfziger

Jahren zog die spätere Signora Berlusconi mit ihrer Familie nach Mailand. Wie so viele andere kamen auch die Dall'Oglio auf der Suche nach Aufstiegsmöglichkeiten in die lombardische Metropole.

Berlusconi und Carla Dall'Oglio lernen sich auf dem Platz vor dem Mailänder Hauptbahnhof kennen. Der künftige Herr des Privatfernsehens entdeckt Carla Elvira an der Straßenbahnhaltestelle. Später wird er sagen, dass Anblick, Haltung und Klasse des Mädchens ihn wie ein Blitz getroffen hätten. Auch zu jener Zeit verstand Berlusconi es schon, Frauen anzusprechen. Also bietet er Carla an, sie nach Hause zu begleiten. Anscheinend blieb Fräulein Carla von der überfallartigen Galanterie des Stegreif-Papagallo nicht unberührt. Im Übrigen hat Silvio ein angeborenes Gefühl für Eleganz. (Sein Kleiderschrank ist bereits recht gut ausgestattet: Hemden im englischen Stil, klassische Krawatten, Doppelreiher-Jacketts mit vergoldeten Knöpfen – Überbleibsel jener Tage, da er als Entertainer für die Gäste der Reederei Costa tingelte.) Und eine junge Frau wie Carla Dall'Oglio wird sich der Faszination, die von ihm ausgeht, sofort bewusst.

Zwischen den beiden entbrennt eine heftige Leidenschaft: zuerst eine Blitzverlobung. Und ein paar Monate später, am 6. März 1965, wird die stürmische Liebe von der Hochzeit gekrönt. Am 10. August 1966 kommt die Tochter der Eheleute zur Welt: Maria Elvira (Kosename: Marina). Drei Jahre später, am 28. April 1969, folgt der Sohn Pier Silvio.

Ein Jahr zuvor hat Berlusconi die Edilnord 2 gegründet, Eigentümerin der 712 000 Quadratmeter Bauland in Segrate, im Osten Mailands, wo bald das neue Viertel Milano 2 entstehen wird. Berlusconi kann seiner Familie bereits einen gewissen Lebensstandard bieten. Er wünscht, dass Carla als Ehefrau und Mutter zu Hause bleibt und sich um die Kinder sowie um die Wohnung im Viale San Gimignano 12, einer Vorortstraße mit neuen, luxuriösen Wohnhäusern, kümmert. Das Familienoberhaupt hat als überzeugter Katholik eine fest verankerte

Vorstellung von der Rolle der traditionellen Familie. Dies geht so weit, dass seine Eltern (Luigi Berlusconi und Rosa Bossi), seine Tante Maria mütterlicherseits (Witwe von Attilio Borsani) sowie deren Tochter Lidia im selben Haus wohnen. Lidia taucht in der Folge in verschiedenen Gesellschaften Silvios als Teilhaberin auf.

Die ersten Ehejahre werden von den klassischen Rhythmen der Mittelschichtfamilie geprägt: Berlusconi widmet all seine freie Zeit Frau und Kindern. Doch gegen Ende der sechziger Jahre vollzieht sich in Silvio ein psychologischer Bruch.

Einerseits pflegt er weiter seine Kontakte zu den einflussreichen Persönlichkeiten der katholischen Welt. Hier nützt ihm der Umstand, dass eine seiner Tanten Nonne ist, enorm. Und so steht er in enger Verbindung mit Vertretern der »vatikanischen Rechten« wie dem Kardinal Silvio Oddi,[15] dem ultrakonservativen Purpurträger, der dem Opus Dei nahe steht und der zeit seines Lebens von Berlusconi nur in den höchsten Tönen sprechen sollte.

Andererseits beginnt nun eine Zeit, in der von Silvios Doppelleben und immer häufiger werdenden Fluchten in die Arme kleiner Schauspielerinnen und Sängerinnen gemunkelt wird. Ebendiese »gespaltene Persönlichkeit« schildert uns nun ein Zeuge, der bis dato geschwiegen hat.

Der Hauslehrer vom Opus Dei

Berlusconis Verbindung zum Opus Dei beschränkte sich keineswegs auf das Engagement von Marcello Dell'Utri, einem erklärten Anhänger des Opus Dei, als seiner rechten Hand.

Für seine Villa in Arcore wählt Silvio Berlusconi einen Hauslehrer aus dem Umfeld des Opus Dei – eine Tatsache, die bis heute unbekannt war, doch auf die Persönlichkeit Silvios ein bezeichnendes Licht wirft. Der Mann, den er anstellt, um Bildung und Erziehung seiner Kinder in die Hand zu nehmen, ist

Nando Cito, heute ein anerkannter Manager bei IBM in Paris, damals noch ein brillanter junger Mann aus einer Familie, die dem Opus Dei traditionell nahe steht. Sein Bruder, Davide Cito, gehört heute zu den einflussreichsten Priestern der erzkatholischen Organisation.

Davide Cito ist Dozent für Strafrecht an der Fakultät des Opus Dei und Vizedirektor des Ateneo Romano della Santa Croce, der Universität des Opus Dei im Vatikan. Außerdem ist er der Verantwortliche für die Disziplinarkommission des Kirchenstaats.

Uns ist es gelungen, Nando Cito zu kontaktieren und ihn dazu zu bringen, mit uns über seine Zeit bei der Familie Berlusconi zu sprechen. Was er über seine Jahre als Hauslehrer in der Villa in Arcore zu erzählen weiß, ist höchst interessant.[16]

Cito begann zwischen 1976 und 1977 für Berlusconi zu arbeiten: »Ich kam nach der Affäre um Vittorio Mangano [dem Mafioso, der in der Villa Berlusconi als Stallmeister arbeitete] nach Arcore. Vittorio Mangano habe ich erst später, unter ganz anderen Umständen, kennen gelernt. Zu jener Zeit war Berlusconi noch nicht zum *Cavaliere del Lavoro* [Ritter der Arbeit] ernannt worden. Ich war bei ihm tätig, als er den Titel verliehen bekam [1977]. Berlusconi und seine Familie waren erst wenige Jahre zuvor nach Arcore gezogen. Vorher hatten sie eine einfache Zweizimmerwohnung von etwa 50 Quadratmetern in der Via Aliciati bewohnt. Ich weiß noch, wie seine Frau immer sagte: ›Warum gehen wir nicht einfach zurück? Es war so viel besser dort.‹ Denn sie fühlten sich in dem großen Haus alle ein wenig verloren. Berlusconi erfüllte die Villa in Arcore immer mit ein wenig Befremden. Ich weiß noch, dass er sie komplett, mit Möbeln und allem, gekauft hatte.«

Die Nummer zwei in Arcore war Marcello Dell'Utri: »Berlusconi stand ein junger Mann von ausgezeichnetem Geschmack und vollendeter Bildung zur Seite: Marcello Dell'Utri. Ihm erteilte er den Auftrag, ein paar wichtige Bilder und Kunstgegenstände von hoher Qualität zu erstehen. Dell'Utri half ihm, seinen Geschmack zu verfeinern. Viel Kultur hatte Silvio nie. Er war ein bisschen ... wie soll ich sagen ... grobschlächtig ...

Ich kann mich noch gut an einen bestimmten Abend erinnern, an dem eines der ersten wirklich wichtigen Feste im Haus Berlusconi gegeben wurde – mit Gästen aus der wirklichen Oberschicht. Dagegen wirkte Berlusconi wie ein Nichts, ein echter Herr Niemand. Um seine Gäste zu beeindrucken, öffnete er eine der Vitrinen, nahm einen der kostbaren Teller heraus und verkündete: ›Seht nur, das ist echtes Silber. Und wie schwer es ist.‹ Er war richtig aufgeregt, als hätte er in der Lotterie gewonnen. Wie ein Kind erstaunt über sich selbst und seinen unglaublichen Erfolg.«

Treffsicher analysiert Cito die tieferen Beweggründe des Mannes und Unternehmers Berlusconi: »Ich glaube nicht, dass Berlusconi ehrgeizig im herkömmlichen Sinne ist. Sicher wünscht er sich zum einen Unmengen von Geld, doch letztlich geht es ihm nur darum, der Welt zu zeigen, dass er der Beste ist. Und das ist das ganze Geheimnis um Silvio Berlusconi: Er glaubt wirklich, der Beste zu sein.«

Was die privaten Gewohnheiten des »guten Katholiken« Berlusconi angeht, so weist der ehemalige Hauslehrer des Opus Dei darauf hin, dass sich eine gewisse Neigung zum Doppelleben bei dem lombardischen Magnaten schon recht früh bemerkbar gemacht habe.

Nando Cito erzählt: »Eines Tages verbrachten wir einen Abend in Portofino, Marcello Dell'Utri, Fedele Confalonieri, Berlusconi und ich. Man redete über alles Mögliche, als mit einem Mal die Rede auf die Ausstrahlung eines Mannes kam, auf seine Fähigkeit, Frauen zu verführen. Da stand Berlusconi auf und sagte: ›Der faszinierendste Typ bin ich. Wenn ihr wollt, können wir ja wetten. Ich gebe jedem von uns 2 Millionen Lire [damals etwa 1000 Euro], dann ziehen wir uns genau gleich an und ziehen los. Wer nach 24 Stunden mit der schönsten Frau zurückkommt, hat gewonnen. Aber ich weiß ja jetzt schon, dass ich gewinne.‹ Und das wiederholte er voller Selbstsicherheit so oft, dass wir auf die Wette schließlich verzichteten.«

Unter dem Deckmäntelchen katholischer Hilfsbereitschaft und Nächstenliebe will Berlusconi letztlich nur eines: gewinnen, immer und überall. Den anderen schlagen, um jeden Preis.

»Einmal waren wir mit seinem Sohn Pier Silvio schwimmen gegangen, als der Junge meinte: ›Warum schwimmt ihr beide nicht einmal um die Wette?‹ Berlusconi flüsterte mir zu, ich müsse ihn auf jeden Fall gewinnen lassen, obwohl ich größer und stärker war als er. Ich antwortete, dass das doch Unsinn sei, und prompt fand der Wettkampf erst gar nicht statt. Er konnte einfach nicht ertragen, dass ich ihn schlagen könnte, schon gar nicht vor den Augen seines Sohnes. Das wäre für ihn unerträglich gewesen. Berlusconi ist der Typ Mensch, der unter allen Umständen gewinnen muss. Aber zu jener Zeit hatte sein Überlegenheitswahn noch keine krankhaften Züge angenommen, wie das meiner Ansicht nach jetzt der Fall ist.«

Und damit der Anekdoten noch nicht genug. Auch aus der Zeit, als Berlusconi längst in die Politik gegangen war, weiß Nando Cito noch zu berichten: »Vor etwa zwei Jahren traf ich Marcello Dell'Utri auf dem Flughafen und fragte ihn: ›Wie geht es Silvio?‹ Er antwortete: ›Wenn er sich aus der Politik zurückziehen könnte, würde er es wohl tun. Aber wie die Dinge jetzt liegen, kann er das nicht mehr.‹ Ich hatte den Eindruck, als wolle er damit sagen: Es ist, als würde man einen Tiger reiten. Du kannst einfach nicht absteigen, weil der Tiger dich sonst auffrisst. Also musst du immer weitermachen. Aber glaub' mir, er bedauert es zutiefst, in die Politik gegangen zu sein. Heute wäre er überglücklich, wäre er nur Geschäftsmann geblieben.«

Über seine beruflichen Erfahrungen mit Berlusconi berichtet Nando Cito: »Anfangs war ich Hauslehrer seiner Kinder, dann habe ich als Produzent für seine Fernsehsender gearbeitet. In Arcore habe ich etwa zweieinhalb Jahre verbracht, als Hauslehrer aber war ich nur zu Anfang beschäftigt. Später habe ich zwei Drittel meiner Zeit für Telemilano aufgewendet. Ich kümmerte mich zwar immer noch um die Kinder, aber letztlich nur in Teilzeit.«

Der Berlusconi, den uns Nando Cito beschreibt, ist eine Art Dr. Jekyll und Mr. Hyde.

Der Hauslehrer und Manager fährt fort: »Häusliche Probleme löste er auf ganz einfache Art. Er lief davon. Er war ja immer weg. Die Aufgabe, seine Kinder zu erziehen und ihnen ein wenig Bildung beizubringen, hatte er mir überlassen. Wenn er in Portofino war, rief er mich ständig an und erkundigte sich, wie es denn laufe. Einmal wollte ich von ihm wissen, warum er denn nicht seine Frau frage. Da gab er zurück: ›Weil sie wahrscheinlich wissen möchte, wo ich bin!‹«

Obwohl er diese eine Frage mit der gewohnten Phantasie zu beantworten wusste, wie Cito weiter berichtet: »Wenn ich ihn fragte, wo er denn sei, antwortete er Dinge wie ›Ich lerne gerade Englisch‹ oder ›Ich bin auf Studienreise‹ und andere Ausflüchte von dieser Sorte. Das Problem war, dass er ein guter Vater sein wollte, aber eben auf die Art, wie er es gelernt hatte. In seinen Augen war ein guter Vater einer, der seine Familie ernährte, der dafür sorgte, dass es ihr an nichts fehlte. Im Großen und Ganzen also ein Mensch, der Probleme löste, sobald sie auftauchten. Andererseits fühlte er sich vollkommen im Recht, wenn er aus diesen Gründen keine Zeit für seine Familie aufbrachte. Die Kinder wurden nicht verwöhnt. Ehrlich gesagt war er kein schlechter Vater. Auch wenn er von seinen Kindern – wie von allen anderen Menschen – nur eines wollte: bewundert werden.«

Arbeit, Arbeit, Arbeit. Als würde die Arbeit ihm irgendwann eine Heiligsprechung eintragen: Auch dies ist einer der Charakterzüge, die im Opus Dei gefördert werden. »Wonach er wirklich strebte, war Anerkennung für das, was er tat oder baute. Auch von seinen Kindern wünschte er sich Anerkennung ... Er wollte einfach der Erste sein, wollte, dass die Leute in ihm den Besten sahen, der einfach mehr arbeitete als jeder andere.

Denn er arbeitete tatsächlich mehr als jeder Mensch in seiner Umgebung.«

Arbeit und Ehrerbietung gegenüber der Kirche. »Sonntags feierte man in Arcore die Messe in der kleinen Kapelle der Villa. Das Mausoleum gab es damals noch nicht, denn sein Vater lebte ja noch. In seiner Familie gab es noch keine Toten.«

Nando Cito hat die Charakterzüge Berlusconis genau analysiert: »Einer seiner größten Fehler ist, dass er gebildete Leute nicht bei sich behalten kann. Seine Arbeit erledigt er mit viel Engagement, aber er besitzt kein bisschen Bildung oder Kultur. Eines Tages hatte er ein Vorwort für ein Buch zu schreiben und bat mich, es Korrektur zu lesen. Es war voller Schreibfehler. Ich konnte es gar nicht fassen. Als ich Marcello Dell'Utri darauf ansprach, meinte er nur: ›Lass nur. Das ist eben Silvio.‹ Und es ist ja auch wirklich nebensächlich, weil er ja die besten Leute anheuern kann, um seine Reden schreiben zu lassen.«

Zum Verhältnis zwischen Berlusconi und Craxi weiß Cito Folgendes zu berichten: »Der Unterschied zwischen Craxi und Berlusconi ist, dass Craxi wahnsinnig arrogant war. Berlusconi war das nicht, und trotzdem waren die beiden sehr gute Freunde. Nein, ich habe Craxi nie in Arcore gesehen. Berlusconi hielt Privat- und Geschäftsleben streng voneinander getrennt. Diesbezüglich nahm er es recht genau. Das war ihm sehr wichtig, er hat diesen Zug von seinem Vater übernommen. Tatsächlich besitzt er viele gute Eigenschaften. Das Problem ist nur, dass niemand von ihm weggehen darf, absolut niemand.«

Auch der Hauslehrer von Arcore bestätigt, wie wichtig Marcello Dell'Utri und Fedele Confalonieri für Berlusconi waren: »Nur Marcello Dell'Utri war ständig bei ihm, trotz der strengen Trennung von Beruf und Privatleben. Er war ständig anwesend, auch in Arcore. Die beiden waren sehr eng befreundet, obwohl sein bester Freund sicherlich Fedele Confalonieri war. Zu dieser Zeit waren Fedele und er einander ebenbürtig. Fedele ist ein ziemlich kluger Kopf. Er hatte eine böse Panne erlebt und war danach Bankrott gegangen. Fedele hatte eine kleine

Schuhfirma sein Eigen genannt. Doch sein Partner war ein Gauner, obwohl er selbst ehrlich und geradlinig war. Danach schloss er sich seinem alten Freund und Schulkameraden an, und seitdem sind die beiden dicke Freunde. Fedele ist kein Typ, der gern angibt. Er ist ein sehr gebildeter Mensch und ein guter Musiker. Wie Marcello Dell'Utri, der einer der kultiviertesten Menschen ist, die ich je kennen gelernt habe.«

Als die Rede auf Tanino Cinà kam, den Mafioso, der 1974 das Gipfeltreffen zwischen Berlusconi und den Spitzen der Cosa Nostra arrangierte, meinte Nando Cito: »Sagten Sie Tanino Cinà? Auch er ist einer meiner Freunde. Sehen Sie, was Marcello Dell'Utri betrifft, so weiß ich einfach nicht, was da passiert ist. Hinterher habe ich so allerhand gehört und gelesen. Seit jener Zeit habe ich hin und wieder mit ihm telefoniert. Er hat mir seine Visitenkarte gegeben, ich kann ihn anrufen, wann immer ich will. Ich weiß, dass er mich innerhalb weniger Minuten zurückrufen würde. Aber was sich danach abgespielt hat, weiß ich wirklich nicht. Ich kann Ihnen nur sagen, was geschehen ist, während ich für Berlusconi arbeitete.«

Dann schneidet Nando Cito ein heikles Thema an: die Entführungen und die Beziehungen Berlusconis zur Mafia. Verständlich, dass es ihm auch nach Jahren nicht leicht fällt, darüber zu sprechen. Dabei hat er Wesentliches zum Thema beizutragen.

»Zu jener Zeit hatte Berlusconi große Angst vor Attentaten bzw. Entführungen, sowohl seinetwegen als auch um seiner Familie willen. Er war drauf und dran, Italien zu verlassen. Ständig erhielt er Drohungen und Erpresserbriefe, in denen man Geld forderte. Er war total eingeschüchtert und wusste nicht, wie er reagieren sollte. An diesem Punkt begann Marcello, erste Kontakte zu Kriminellen zu knüpfen. Marcello war klug. Er sagte immer: ›Wenn du erst einen bezahlst, bezahlst du in alle Ewigkeit. Letztlich hast du nur eine Chance. Du musst zur Mafia gehen und fragen: Wie viel muss ich bezahlen, um in Ruhe gelassen zu werden?‹«

Dass er sich auch an die Polizei wenden und Anzeige gegen die Verbrecher erstatten könnte, kam Berlusconi nicht einen Augenblick lang in den Sinn. Lieber setzte er auf den Schutz durch die Cosa Nostra: »Das war der Rat, den Marcello Dell' Utri ihm gab. Er war Sizilianer, kam aus guter Familie und hatte vermutlich die richtigen Verbindungen. Sein Rat war gut, und Silvio folgte ihm«, enthüllt Nando Cito.

Berlusconi ging mit Cinà, Teresi, Bontate und Francesco di Carlo einen Pakt ein, aus dem eine Art tödlicher Umarmung erwuchs. Doch damit ist das Wissen Nando Citos noch nicht erschöpft. Auch über die Verbindungen zwischen Dell'Utri und dem Finanzier Filippo Alberto Rapisarda weiß er zu berichten. Und diese Ausführungen sind nicht minder bedeutsam: »Ich war mit Marcello Dell'Utri befreundet, als er beschloss, Silvio zu verlassen und zu Rapisarda zu gehen. Er forderte mich auf mitzukommen, und so begannen wir beide, für Rapisarda zu arbeiten. Ich war etwa ein Jahr lang für ihn tätig. Ich kann mich noch gut an den Tag erinnern, an dem wir Silvio unseren Beschluss mitteilten. Wir sagten ihm, dass uns die Arbeit zur Routine geworden war und wir etwas Neues anfangen wollten. Das passte ihm gar nicht, doch ein paar Jahre später berichtete man mir, ein Fotograf habe sich ihm mit den Worten vorgestellt: ›Ich bin ein Freund von Nando.‹ Darauf soll er geantwortet haben, ich sei ein ›guter Mann‹. Daher weiß ich, dass er mir nichts nachtrug. Er ist überhaupt kein nachtragender Mensch. Sein Zorn hält nie lange an. Bald darauf rief er sogar bei meinem Vater an und meinte, ich sei wirklich tüchtig und ich solle mich doch mal bei ihm melden.«

Die Verbundenheit des ehemaligen Hauslehrers und heutigen Managers mit seinem früheren Arbeitgeber scheint trotz all der Jahre, die seitdem vergangen sind, ungebrochen.

»Berlusconi ist schon in Ordnung. Er ist kein böser Mensch. Er ist extrem stark und extrem mächtig. Er weiß einfach, wie man an die Spitze kommt, und ist bereit, alles dafür zu tun. Er kann wirklich gut zuhören und versteht die Menschen. Blitzschnell begreift er, was man will, und geht darauf ein mit dieser für ihn typischen Lockerheit: ›Hey, wie kann ich dir helfen?‹ Auf diese Art überzeugt er letztlich alle.«

Auch dies ist, nebenbei gesagt, eine der Methoden, die man beim Opus Dei lernt: Menschen zu überzeugen, indem man in ihr Leben eindringt, ihre innersten Bedürfnisse erkundet und so ihre Seele gewinnt.

Doch der brave Katholik Silvio Berlusconi will nicht nur die Seele, er will auch den Körper. Zumindest lässt eine der von Nando Cito erzählten Begebenheiten darauf schließen: »Eines Tages, als ich schon längst bei IBM tätig war, rief er mich an und sagte: ›Warum nimmst du dir nicht eine Auszeit, ein paar Tage Ferien, und arbeitest eine Woche lang für mich, um mir zu helfen?‹ Damals zog er gerade die Werbe- und Vermarktungsagentur Publitalia 80 hoch. Das war zu Beginn der achtziger Jahre, also etwa 1981 oder 1982. Als Marcello bei *Rapisarda* kündigte und zu Silvio zurückkehrte, begann ich, für IBM zu arbeiten. Man muss Berlusconi hundertprozentig ergeben sein. Das war der eigentliche Grund, warum ich ging: Ich wollte nicht 24 Stunden am Tag arbeiten.«

Was die Mafiakontakte von Silvio Berlusconi angeht, meint Nando Cito allerdings: »Es stimmt nicht, dass Berlusconi Teil eines klug angelegten Mafianetzwerks ist. Ich sage nicht, dass er immer hundertprozentig ehrlich ist, aber hinter seiner Karriere steckt ganz sicher keine Mafiaverschwörung, wie manche glauben. So als wäre Berlusconi der Geschäftsmann der Mafia.«

Aber auch Nando Cito muss eingestehen, dass sein ehemaliger Arbeitgeber mitunter recht unorthodoxe Methoden anwendet: »Hinsichtlich der Beziehungen zu Rapisarda kann ich nur sagen, dass Berlusconi Telenord kaufte, einen Fernsehsender, der von Rapisarda kontrolliert wurde. Ich glaube, auch Rapisardas Grundstück in Peschiera Borromeo gehörte am Ende Berlusconi.«

Zu den Gründen, weshalb Marcello Dell'Utri und er weggingen, um für Rapisarda zu arbeiten, merkte er an: »Eines der Dinge, unter denen Marcello und ich gleichermaßen litten, war, dass Silvio jeden, der zu seinem Hofstaat gehört, unweigerlich wie seinen kleinen Bruder behandelt. Man kann sich nie wirklich einen Namen machen oder eine Stellung aufbauen. Sie sind stets verfügbar, arbeiten sich zu Tode und sind trotzdem immer nur der kleine Bruder. Was immer Sie brauchen, Sie bekommen es, denn er liebt Sie tatsächlich wie seinen kleinen Bruder. Aber im Unternehmen steigen Sie nicht auf. Bevor Fedele Confalonieri Vorsitzender von Mediaset wurde, war er einfach nur der Assistent Berlusconis. Er hatte kein offizielles Amt inne. Aus Berlusconis Sicht teilt sich das Universum in ihn selbst und den Rest der Welt. Für ihn stehen alle außer ihm auf einer Stufe. Seine Maxime könnte man etwa so umreißen: ›Ich bin der Boss. Ihr helft mir. Ich liebe euch alle. Alles, was ihr braucht, sollt ihr haben, doch eine besondere Stellung erhaltet ihr nicht.‹ Aus diesem Grund ging Marcello zu Rapisarda, wo er Breciano leitete, eine große Baufirma.

Ich glaube im Übrigen, dass die Sozialisten hinter dem Mord an Roberto Calvi standen. Meiner Ansicht nach hatte dieser Mord mehr mit Politik zu tun als mit der Mafia.«

Nando Cito kannte offenkundig die gesamte mafiöse Entourage rund um Berlusconi: »Zum ersten Mal traf ich Tanino Cinà im Büro von Rapisarda. Er war gekommen, um Marcello Dell'Utri einen Besuch abzustatten, und ich war zufällig gerade anwesend. Cinà hatte eine sehr schöne Tochter. Sie sah so gut aus, dass sogar Paolo Berlusconi ihr den Hof machte. Eines Tages hatte ich ein rechtliches Problem mit einer kleinen Firma aus Arezzo, zu deren Vorstand ich gehörte, und Marcello fragte Tanino Cinà, ob er mir helfen könne. Tanino löste mein Problem im Handumdrehen. Er besaß viel Macht, stand er doch der Cupola der Cosa Nostra[17] nahe und war für die Lösung interner Streitigkeiten verantwortlich. Er war so eine Art Ombudsmann der Mafia. Er war es, der Mangano ›aus dem Hut zauberte‹ und ihn zu Marcello brachte.«

An den Stallmeister von Arcore erinnert er sich noch gut: »Persönlich habe ich ihn nur einmal getroffen. Marcello Dell' Utri sagte mir, dass er in der Stadt sei, und fragte mich, ob ich ihn kennen lernen wolle. Ich bejahte. Als er mir dann gegenüberstand, fiel mir sofort auf, wie bleich er war. Leichenblass, sozusagen. Er war ja ein echter Killer. Ja, er war ein Profikiller. Daran besteht kein Zweifel. Ich glaube nicht, dass Marcello mit ihm eng befreundet war. Außerdem lernte ich noch andere Personen aus dem Umfeld der Mafia kennen. Ich habe sofort aufgehört, mich mit solchen Leuten zu treffen, als der Anwalt von Marcello Dell'Utri mir sagte, dass die Polizei Alberto [Dell'Utri] im Gefängnis aufgesucht und ihm Fotos von mir und Leuten wie Tanino Cinà gezeigt habe. Die Polizei wollte von ihm wissen, wer ich sei und was ich mit solchen Leuten zu tun habe. Von diesem Moment an zog ich mich aus diesen Kreisen vollständig zurück.«

Doch in den Augen Nando Citos waren weder Rapisarda noch Marcello Dell'Utri und schon gar nicht Silvio Berlusconi wirklich Teil der Mafia: »Sehen Sie, wenn Sie Geschäftsmann sind und wissen, dass jemand Ihnen wirklich helfen kann, ist es schwer, dem zu widerstehen. Daher ist es unsinnig, wenn die Leute meinen, Berlusconi wasche Mafiageld. Wenn er das täte, wäre er so reich wie Bill Gates. Sicher, ein Teil des Geldes, das er von der Banca Rasini hatte, war sicher recycelt. Doch die Banca Rasini recycelte für Berlusconi. Er hatte somit einen Weg gefunden, schnell und ohne Fragen an viel Bargeld zu kommen. Aber da ich ihn kenne, glaube ich nicht, dass er selbst damit etwas zu tun hatte. Er würde sich auf so etwas nicht einlassen. Niemals würde er sich solchen Risiken aussetzen.

Es stimmt schon, dass einer seiner Freunde, Romano Comincioli, viel in Sardinien zu tun hatte. Vielleicht machte Berlusconi auch Geschäfte mit Flavio Carboni. Schlug Comincioli ein sehr gutes Investment in Sardinien vor, dann gab Silvio ihm vielleicht sein Einverständnis, ohne allzu viele Fragen zu stellen. Ich glaube nicht, dass er Comincioli gefragt hätte, wer noch daran beteiligt war. Sie wären überrascht, wie naiv Berlusconi zu jener Zeit war. Ihn interessierte einfach nur eines: Geld zu machen. Und er vertraute seinem alten Schulfreund Comincioli. Geld war alles, worum es damals ging.«

Auch dazu, was die Eigenarten von Silvio, dem guten Katholiken, bzw. Silvio, dem vollkommenen Ehemann, anging, hat der Hauslehrer von Arcore Interessantes zu berichten: »Berlusconi machte immer viel Aufhebens um Frauen. Natürlich gab es im Fernsehsender schöne Frauen im Überfluss. Seine Frau hätte wohl nie zugelassen, dass Silvio eine feste Geliebte hat. Wenn er sich jedoch nur eine Nacht lang amüsiert hätte, bei einem so genannten One-Night-Stand, diskret und ohne es zur Gewohnheit ausarten zu lassen, hätte dies seine Ehe sicher nicht gefährdet. Hätte aber eine Zeitung ein Foto von Berlusconi veröffentlicht, auf dem er ein Mädchen küsst, so wäre das einer Katastrophe gleichgekommen. Andererseits, wer kann schon widerstehen, wenn er eine schöne Frau sieht, eine Frau mit einem tollen Busen.«

Doch Nando Cito meint, dass Berlusconi sich seit der Zeit, in der er ihm noch nahe stand, sehr verändert habe: »Eines der Dinge, die mich wirklich erstaunt haben, war das Buch, das er vor den Wahlen von 2001 veröffentlichte. Sie wissen ja: *Die Geschichte meines Lebens*, die jeder italienische Haushalt zugestellt bekam. Das Buch ist eine Quelle plattester Lügen. Vor allem, wo es um seine Scheidung ging. Er behauptet, er wäre längst geschieden gewesen, als er seine zweite Frau kennen lernte. Tatsächlich hatte er von seiner zweiten Frau schon eine Tochter, als er geschieden wurde. Man hat mir erzählt, dass er seiner ersten Frau so viel Geld gab, wie sie brauchte, und ihr noch eine Art Boyfriend in London besorgte. Nach außen hin aber sah alles ganz proper aus. Seine erste Frau war ein recht einfacher Mensch. Sie hatte sich in Arcore mit seinen High-Society-Gästen nie wohl gefühlt.

Damals habe ich zehnmal so viel Zeit mit seiner Frau verbracht wie mit ihm. Sie ging seinerzeit immer wie eine ganz normale Hausfrau in Jeans einkaufen. In Portofino gab es meist kein Küchenpersonal. Wir kochten selbst. In Arcore gab es zwar einen Koch, doch dessen Hauptaufgabe bestand darin, uns aus seiner Küche zu vertreiben. Berlusconis erste Frau liebte das Kochen. Sie war wirklich ein bescheidener Mensch. Es gab auch einen Butler, doch der gehörte quasi zur Familie und schimpfte häufig mit uns. Als Silvio dann zum zweiten Mal heiratete, war ich schon nicht mehr in Arcore.«

Die persönlichen Erfahrungen Nando Citos lassen die Atmosphäre, die zu jener Zeit rund um Silvio Berlusconi herrschte, noch greifbarer werden: »Tatsächlich flog ich bei Telemilano hinaus, als ich Generalmanager war. Einer der Gründe war, dass ich versuchte, mir etwas Eigenes aufzubauen und dabei meine Beziehungen zu Berlusconi zu nutzen, was er nicht akzeptieren konnte. Eine der massivsten Auseinandersetzungen, die ich je hatte, drehte sich um mein Verhältnis mit einem der Showgirls, die gerade Zweite bei der Miss-Italia-Wahl geworden war. Ich weiß noch, wie einer der leitenden Angestellten zu mir sagte: ›Warum stellst du sie nicht Silvio vor? Sie ist genau sein Typ.‹ Ich schickte ihn zum Teufel mit den Worten, ich sei besser als der Boss und außerdem liebe mich das Mädchen. Es kam zu einem saftigen Streit ... Ich fragte ihn, wieso er sich da überhaupt einmische. Er antwortete, dass er für Berlusconis Moral zuständig sei.

Berlusconis Prinzip war: ›Ich kümmere mich um dich, wenn du loyal zu mir stehst.‹ Daher gelang es ihm nicht, gute Manager wie Tatò oder Passera zu halten. Doch er hat es auch ohne Topmanager geschafft, weil er tatsächlich etwas kann. Dabei geht es nicht nur darum, dass er Gesetze missachtet. Er glaubt, Gott so nahe zu sein, dass seinem Selbstbewusstsein fast keine Grenzen gesetzt sind. Und er ist der festen Überzeugung, dass der Zweck die Mittel heiligt – unter allen Umständen.«

Auch an Luigi Berlusconi kann der Hauslehrer sich erinnern: »Als sein Vater noch lebte, trat Berlusconi nie ins Rampenlicht. Sein Vater hatte ihm stets geraten, sich im Hintergrund zu halten. Erst nach dessen Tod kaufte er den Fußballclub AC Mailand und wurde zu einer landesweit bekannten Persönlichkeit. Vor dem Tod seines Vaters hatten die beiden über das Thema noch gestritten. Er meinte, es sei problematisch für seinen Sohn, den Club zu kaufen, weil er dann berühmt werden und zahlreichen Gefahren ausgesetzt sein würde. Solange sein Vater lebte, wünschte sich Silvio nur Anerkennung von ihm.«

Eine Leidenschaft fürs Kurvige

Obwohl das Alltagsgeschäft, die Obliegenheiten in seinen unzähligen Firmen, die Politikerbeziehungen und Probleme jeder Größenordnung Berlusconi beinahe auffressen, findet er immer noch Zeit, seinem wahren Hobby zu frönen: seiner Leidenschaft für üppige, vollbusige Frauen. »Wenn sie Kurven haben, verliert er den Kopf«, bestätigt einer der Techniker der Fernsehstudios in Cologno Monzese, wo Tag für Tag Ansagerinnen und Showassistentinnen, Balletteusen und Showgirls, Schauspielerinnen und solche, die es werden wollen, sowie Pin-ups mit ausladenden Rundungen aus und ein gehen – nicht selten recht spärlich bekleidet.[18]

Böse Zungen tuscheln, dass Berlusconi lange Zeit selbst die Damen für seine Shows ausgesucht und engagiert hat und sich so als Talentscout und -förderer betätigte. Tatsächlich erobert bald eine vollbusige und ansonsten eher unbekannte Schauspielerin aus Bologna, Miriam Bartolini, mit Künstlernamen Veronica Lario, geboren im Juli 1956, das Herz von »Mr. Privatfernsehen« und verurteilt so seine Ehe mit Carla Dall'Oglio zum Scheitern.

Die erste Begegnung der beiden findet im Teatro Manzoni in Mailand statt, wo die Lario 1980 in einer Komödie von Fernand Crommelynk spielt: »Il magnifico cornuto«, zu Deutsch: »Der prächtig Gehörnte«. Ein Titel, der sich als prophetisch erweisen wird, denn zwanzig Jahre später wird Berlusconi in der Öffentlichkeit scherzhaft auf eine Beziehung zwischen seiner Frau und dem Philosophen und Schriftsteller Massimo Cacciari anspielen. Der linke Politiker war Bürgermeister von Venedig und soll über einen gewissen Charme verfügen.[19]

Auf dem Höhepunkt der Vorstellung im Teatro Manzoni entblößt die von der Natur sehr gut ausgestattete Veronica ihre majestätischen Brüste, was im Parkett Tumulte hervorruft und auch Berlusconi nachhaltig zu beeindrucken scheint. Am Ende der Vorstellung begibt er sich in die Garderobe der hoffnungsvollen Darstellerin, um sie seiner innigsten Bewunderung zu versichern. Wie in einer der Seifenopern seiner Fernsehanstalten entflammt zwischen den beiden eine heftige Leidenschaft. Der aufsteigende Stern am Himmel des Privatfernsehens zerstört Silvios Ehe, und mit ihr findet auch die künstlerische Karriere von Veronica Lario ein vorzeitiges Ende.

Anfangs wissen nur Berlusconis engste Mitarbeiter über die Love Story zwischen ihrem Boss und Frau Bartolini Bescheid, da er sein Privatleben mit peinlichster Sorgfalt gegen neugierige Blicke abschirmt. Vor der Ehefrau Carla und den beiden Kindern, Maria und Pier Silvio, wird das Verhältnis natürlich geheim gehalten. Die Familie lebt in der großen Villa in Arcore, während Veronica heimlich eines der Appartements in der Bunkervilla in der Via Rovani 2 in Mailand bezieht. Einer der Gründe für diese Heimlichkeit ist die Tatsache, dass Berlusconi viel Wert darauf legt, nach außen hin als perfekter Ehemann und untadeliger Familienvater zu erscheinen, als einflussreicher und respektabler Mann.

Und doch lädt Silvio, der gute Katholik, verschiedenen Presseberichten zufolge scheinbar Schuld auf sich. Nicht nur begeht er die Sünde des Ehebruchs, er belastet sein Gewissen mit einer Tat, die in den Augen der heiligen Mutter Kirche noch sehr viel schwerer wiegt: einem Schwangerschaftsabbruch. Die

Enthüllung stammt von keiner Geringeren als Veronica Lario selbst, die lange danach (im April 2005) ihrer Freundin, der *Corriere-della-Sera*-Journalistin Maria Latella, ein hochexplosives Interview gibt.

Signora Berlusconi, die in der Öffentlichkeit immer noch als Veronica Lario auftritt, wird zum bevorstehenden Referendum über künstliche Befruchtung und freiwilliger Schwangerschaftunterbrechung befragt, mit dem die Mitte-rechts-Regierung Berlusconis zusammen mit dem Vatikan das Recht der Frauen auf Abtreibung möglichst einschränken möchte. Und sie lässt ganz Italien teilhaben an einer sehr dramatischen persönlichen Erfahrung, einem Schwangerschaftsabbruch im siebten Monat. Den Angaben von Signora Berlusconi nach erfolgte der Abbruch aus gesundheitlichen Gründen: »Ich musste mich vor vielen Jahren aus medizinischen Gründen einem Schwangerschaftsabbruch unterziehen. Im fünften Monat erfuhr ich, dass das Kind missgebildet zur Welt kommen würde. In einem Augenblick, in dem viele von uns nicht wissen, wie sie sich beim bevorstehenden Referendum entscheiden sollen, weil sie das aktuelle Gesetz gar nicht genau kennen, denke ich, könnte es sinnvoll sein, zu erfahren, wie es damals war, vor zwanzig oder dreißig Jahren, als die Wissenschaft noch nicht so weit fortgeschritten war wie heute.«

Das Bekenntnis Veronica Larios hinsichtlich ihrer persönlichen Angelegenheiten trug ihr viel Beifall vonseiten der Linken ein,[20] Silvio allerdings reagierte auf das Outing seiner Frau mit blankem Zorn. Wütend flog er nach Sardinien, um sich im grünen Paradies seiner Villa Certosa wieder ein wenig zu beruhigen. »Warum muss sie das ausgerechnet am Tag von Wojtylas Beerdigung erzählen?«, soll der Ministerpräsident getobt haben.

Doch kehren wir zu unserer Romanze zurück. Ende 1983, nach gemeinsamen Aufenthalten in der Via Rovani und Wochenenden in St. Moritz und Portofino, wird Veronica Lario (erneut?) schwanger. Berlusconi, der immer noch verheiratet ist, sieht ein, dass er sich entscheiden muss. Die gesamte Zeit ihrer Schwangerschaft verbringt Bartolini in ihrem Appartement in der Via Rovani. Nur gelegentlich macht sie einen Abstecher in die Villa in Portofino. Um eventuellen Indiskretionen von vornherein aus dem Weg zu gehen, begibt sich die heimliche Gefährtin des Fernsehmagnaten kurz vor der Geburt ohne Aufsehen in eine Privatklinik im schweizerischen Arlesheim, wo sie am 30. Juli 1984 ein gesundes Mädchen zur Welt bringt, das man auf den Namen Barbara tauft. Berlusconi eilt von Mailand nach Arlesheim und erkennt das Mädchen offiziell als seine Tochter an. Der Taufpate der kleinen Barbara wird niemand anderer als Bettino Craxi, damaliger Ministerpräsident Italiens sowie Freund und politisch-ökonomischer Weggefährte Berlusconis.

Wann und wie die legitime Frau Berlusconi von der »neuen Familie« ihres Mannes erfährt, ist nicht bekannt. Sicher ist nur, dass aus dem inneren Kreis des Familien- und Firmenklans nichts nach außen dringt, denn schließlich will man das öffentliche Bild Berlusconis als treuer Ehemann, guter Katholik und perfekter Familienvater nicht beschädigen. Und so leben Veronica Lario und ihre Tochter Barbara vier Jahre lang von Montag bis Freitag im goldenen Käfig der Via Rovani. Auf ausdrücklichen Wunsch von Mister Privatfernsehen lebt Miriams Mutter Flora bei ihnen, die ihre Wohnung in Bologna aufgegeben hat, um zur Tochter zu ziehen: Hätte doch eine Außenstehende als Babysitter möglicherweise für unerwünschten Informationsfluss gesorgt! In derselben Villa in der Via Rovani nämlich arbeitet Berlusconi mit seinen engsten Mitarbeitern. Er bringt dort Gäste unter und hält Pressekonferenzen ab. Fremde Augen und Ohren wären hier eine stete Gefahr gewesen.

In jener Zeit ist die Villa in der Via Rovani eine kleine Festung aus zwei getrennten Lagern: Im einen Flügel werkelt man hart für den Konzernkoloss Fininvest, während im anderen eine Parallelfamilie aus Mutter, Tochter und Großmutter sich eines relativ unabhängigen Daseins erfreut.

Bindeglied zwischen den beiden Sphären ist der Vater und Herr Berlusconi, der seiner künftigen Schwiegermutter auch verzeiht, wenn sie die Verwandtschaft aus der Emilia Romagna einmal zu oft in den exklusiven Palast einlädt.

Mitte der achtziger Jahre wird die Trennung von Carla Dall' Oglio unvermeidlich, und die neue Familie Berlusconi zieht in Arcore ein. Sobald das neue Familienquartett vollständig ist, verwandelt der Herr über zahlreiche Privatkanäle sich wieder in einen zärtlichen Papa, der sogar die Zeit findet, mit Frau und Kindern kurze Ferien in Portofino oder St. Moritz zu verbringen – natürlich immer unter strenger Bewachung durch seine Leibwächter.

Nach der Trennung zieht Carla Dall'Oglio in eine Dreizimmerwohnung im Erdgeschoss der Via Alciati 7, in ebenjenen Wohnblock, mit dem das Bauunternehmerduo Berlusconi/ Canali vor zwanzig Jahren anfing. Immer wieder legt Signora Dall'Oglio längere Aufenthalte in England ein.

Nach unbestätigten Presseberichten führte das Ende ihrer Ehe bei Carla Dall'Oglio zum Nervenzusammenbruch. Auch ihre beiden Kinder wandten sich zunächst gegen die neue Beziehung ihres Vaters mit Veronica Lario.

Am 8. Oktober 1985 wird vor dem Mailänder Gericht die einvernehmliche Scheidung des Ehepaares Berlusconi-Dall'Oglio verhandelt. Carla Dall'Oglio lässt ihre persönlichen Sachen und alles, was nicht Teil ihrer Mitgift war, aus dem gemeinsamen Wohnsitz in Arcore abholen. Der minderjährige Sohn Pier Silvio, der damals erst sechzehn Jahre alt ist, wird dem Vater zugesprochen. Er wird auch weiterhin bei ihm wohnen. Die Eltern einigen sich darauf, dass sie von Fall zu Fall einen Besuchsplan aushandeln, der der Mutter erlaubt, mit ihrem Sohn Ferien in Italien bzw. im Ausland zu verbringen und ihn von Zeit zu Zeit zu sehen. Berlusconi verpflichtet sich, für Pier Silvio auch dann Unterhalt zu zahlen, wenn er bei der Mutter ist. Die Tochter Maria Elvira ist mittlerweile volljährig.

Im Besitz von Carla Dall'Oglio verbleiben zwei Wohnungen

im Gebäude Via Alciati 7, die bereits auf ihren Namen eingetragen sind, und sechs Ladenlokale im Anwesen in der Via Nino Bixio 32 in Mailand. Berlusconi hingegen werden einige Unternehmensbeteiligungen zugesprochen, die auf die Ehefrau lauten: eine Beteiligung über 45 Millionen Lire am Kapital der Five Viaggi GmbH in der Satellitenstadt Milano 2 sowie eine über 25 Millionen Lire an der Edilnord Servizi Aerotrasporti Milano. Um seiner ehemaligen Gattin einen angemessenen Lebensunterhalt zu sichern, erhält sie Schuldverschreibungen des staatlichen Energieversorgers ENEL im Wert von 3,2 Milliarden Lire mit einer Laufzeit von drei bis fünf Jahren. Dafür verpflichtet Carla Dall'Oglio sich, bei Fälligkeit der Schuldverschreibungen die gesamte frei werdende Summe sofort wieder in dieselben Titel zu reinvestieren.

Die Überlassung von 3,2 Milliarden Lire in ENEL-Schuldverschreibungen an seine Gattin zielt darauf ab, diese nach Ablauf von fünf Jahren mit einem Kapitalstock von 5,4 Milliarden Lire ausreichend zu versorgen. Erhält Dall'Oglio nach Ablauf von fünf Jahren weniger, verpflichtet sich ihr Exgatte, die fehlende Summe nachzuschießen. Außerdem überlässt Berlusconi ihr noch 1 Milliarde Lire zusätzlich, damit sie eine ihrem Lebensstil angemessene Wohnung als Hauptwohnsitz sowie eine weitere in London als Zweitwohnsitz erstehen kann. Während vor dem Mailänder Gericht die Scheidung von Berlusconi und Dall'Oglio ausgehandelt wird, klopft in der Via Rovani zum zweiten Mal der Storch an.

Am 7. Mai 1986 wird Veronica Lario in Arlesheim von einer Tochter entbunden, die den Namen Eleonore erhält. Am 18. Oktober 1988 bringt Lario das fünfte Kind des Fernsehmagnaten zur Welt. Doch an diesem Tag kann Berlusconi dem freudigen Ereignis nicht beiwohnen, da das Gericht in Verona ihn zur Aussage in seinem Prozess gegen zwei italienische Journalisten vorgeladen hat: Giovanni Ruggeri und Mario Guarino,[21] jene beiden, die das erste Enthüllungsbuch über ihn geschrieben haben. Er wird diesen Prozess verlieren.

Heute lebt Veronica Lario, in der Zwischenzeit zur gesetzlich angetrauten Gattin des Ministerpräsidenten avanciert, mit ihren drei Kindern in einer Villa aus dem 18. Jahrhundert in Macherio. Der Familienvater verbringt seine Zeit teils in Macherio, teils in Arcore, wo die beiden Kinder aus erster Ehe leben.

Und wieder gelang es Berlusconi, sich als guten Familienvater zu präsentieren. Er geht jeden Sonntag zur Messe, auch wenn die Kirche ihm als geschiedenem und wiederverheiratetem Mann die Kommunion verweigert. Bei jeder Gelegenheit müht er sich, als überzeugter Katholik aufzutreten und die traditionellen Werte zu predigen. Darüber allerdings sollte man nicht vergessen, dass er mit der Kirche und durch die Kirche glänzende Geschäfte macht. Wie wir im folgenden Kapitel sehen werden.

KAPITEL 3

Die Vatikan-Connection

Die »Wunder« des heiligen Silvio

Berlusconi, der sich ja als »verhinderten Kardinal« betrachtet, glaubt fest daran, Teil eines göttlichen Plans zur Veränderung der Weltgesellschaft zu sein. Und Wunder wirken zu können. So erzählt er gern folgende groteske Episode: »Vor einigen Jahren kam ich zur Feier des TV-Oscar ins Teatro Nazionale in Mailand. Eine Dame hielt mich vor dem Eingang auf und nötigte mich geradezu, ihrem blinden Sohn die Hände über die Augen zu legen ... Ich weiß ja nicht, was ich damals bewirken konnte ... Ein anderes Mal lag mein Sohn Pier Silvio im Krankenhaus, weil er am Blinddarm operiert werden musste. Während er im Operationssaal lag, verbreitete sich im Krankenhaus wie ein Lauffeuer die Nachricht, dass ich dort sei. In kürzester Zeit umringen mich viele Menschen. Eine Dame ist besonders flink. Ihr gelingt es, mich zur Seite zu nehmen. Dann sagt sie zu mir: ›Herr Ministerpräsident, ich bitte Sie. Mein Sohn ist ein leidenschaftlicher Anhänger des AC Mailand. Man hat ihn an den Beinen operiert, und er ist auf dem Wege der Besserung. Die Ärzte sagen, er sei vollkommen geheilt, doch er redet sich ein, dass er nicht mehr gehen kann. Er will einfach nicht aus dem Rollstuhl aufstehen und sagt dauernd, er werde sein Leben lang gelähmt bleiben. Nur Sie können ihn überzeugen, dass er geheilt ist.‹«

Berlusconi fragt: »Wo ist Ihr Sohn? Los, gehen wir!« Die Dame ist zutiefst gerührt und nimmt ihn mit in die Abteilung zwei Stockwerke tiefer, in der ihr Sohn liegt. Bevor er sich zum Zimmer des jungen Mannes führen lässt, will Berlusconi wissen, wie der junge Mann heißt. Dann befiehlt er seiner Begleiterin: »Sie lassen sich nicht blicken!« Berlusconi schreitet durch den Krankenhausflur, während die Kranken, die ihn erkennen, sich um ihn sammeln. An der Tür des Krankenzimmers angekommen, ruft er: »Giacomo, du bist Giacomo aus dem ›Löwengraben‹ von San Siro. Steh auf und geh! Komm zu deinem Präsidenten.« Der Junge sieht ihn ungläubig an. Doch es ist wirklich Berlusconi, und er nennt ihn beim Namen. Woher kennt der Mann ihn überhaupt? Woher weiß er, dass er einer der hartgesottensten Fans aus dem »Löwengraben« in der Südkurve des Milan-Stadions ist, dem wichtigsten Fanclub neben den »Commandos« und den »Brigate Rossonere«? Giacomo vergöttert seinen Präsidenten. Er ist bereit, alles zu tun, was dieser ihm befehlen mag. Und so gehorcht er. Er steht auf und geht. Er lässt den Rollstuhl hinter sich und läuft auf die ausgebreiteten Arme seines Präsidenten zu, der ihn an die Brust drückt und zu ihm sagt: »Nun bist du geheilt. Am Sonntag erwarte ich dich zum Spiel im Stadion. Und erzähl deinen Freunden, dass Silvio Berlusconi hierher gekommen ist und dich mit sich genommen hat. Du glaubst an mich, und auch sie sollen an mich glauben.«[1]

Der heilige Silvio, der Mann der Wunder, der verhinderte Kardinal ... Doch das einzige wahre Wunder, das Silvio Berlusconi je gewirkt hat, war, den Vatikan dazu zu bringen, ihn trotz seiner fragwürdigen Moral stets zu unterstützen. Und auf diese Unterstützung konnte sich Berlusconi, wie wir sehen werden, auch in den kritischsten Momenten unbedingt verlassen.

Er hat für die Unterstützung des Vatikans in klingender Münze bezahlt. Und zwar mit einer Reihe von »Gefälligkeiten« – Finanzierungen, Steuererleichterungen, Verbesserungen im Verhältnis von Kirche und Staat, Hilfen für katholische Bankiers und Geschäftsleute –, was die Macht der Kirche noch weiter verstärkte, und zwar in einem Ausmaß, dass einige scharfe Beobachter wie Sergio Romano, ehemaliger Botschafter und Leitartikler des *Corriere della Sera*, schon von »zwei souveränen

Herrschern« sprechen, welche sich die Macht über das italienische Volk teilen: Kirche und Staat.[2]

Wie aber hat der heilige Silvio dieses Wunder vollbracht? Wie hat er es geschafft, die Uhr in Italien um sechzig Jahre zurückzudrehen, in einem Land, das von den siebziger bis in die neunziger Jahre als Zivilgesellschaft bedeutende Fortschritte machte: zum Beispiel mit dem Gesetz über die Ehescheidung (Mai 1970, Volksentscheid 1974), dem Gesetz über den Schwangerschaftsabbruch (Mai 1978, Volksentscheid 1981) und dem Gesetz über die künstliche Befruchtung?

Berlusconi durfte sich also stets der Unterstützung und Protektion durch die Kirche erfreuen, schon damals, als er noch ein junger Mann war. Doch in politischer Hinsicht lässt sich der Quantensprung in seinen vatikanischen Beziehungen präzise festmachen: in der ersten Hälfte der neunziger Jahre, genauer gesagt zwischen 1992 und 1994.

In diese Zeit fällt nämlich ein Ereignis von historischer Tragweite: das Ende der *Democrazia Cristiana* als staatstragender Partei Italiens, die das Land ein halbes Jahrhundert regiert hat, einer Partei, welche direkt und programmatisch (man fühlt sich fast versucht zu sagen: »mit wissenschaftlicher Akribie«) die Interessen der katholischen Kirche und des Machtzentrums Vatikan vertrat.

Wie heute weithin bekannt ist, brachte die umfangreiche Ermittlungstätigkeit des mutigen Untersuchungsrichters Antonio Di Pietro und der Mailänder Staatsanwaltschaft – diese Ermittlungen sollten später unter dem Namen »Mani Pulite« in die Annalen eingehen – die unglaubliche Korruptheit der *Democrazia Cristiana* und des italienischen Parteiensystems ans Licht. Die katholische Partei, die Italien vom Ende des Zweiten Weltkriegs bis an die Schwelle des dritten Jahrtausends geführt hat, bricht in sich zusammen und löst sich in zahlreiche politische Untergruppen auf, die ihre alte Kraft nicht mehr erreichen.

Für die Katholiken Italiens, die sich mit dieser – wenn auch häufig zerstrittenen – Partei identifizierten, bricht eine harte Zeit an.

Berlusconi ergreift die Gelegenheit, die dieser historische Wandel bietet, beim Schopf und versucht, die Leerstelle zu füllen, die sich im politischen System des Landes formiert hat. Zu jener Zeit beginnt das riesige Bauunternehmen, das er aufgebaut hat, zu wanken. Zu schnelles Wachstum hat zu einer enormen Schuldenlast geführt. Dies und die immer drängenderen Anfragen der Ermittlungsrichter gefährden die Existenz des Kolosses. Der politische Pate, Bettino Craxi, wurde vom Sturm der Mani Pulite hinweggefegt und musste sich nach Tunesien flüchten, nach Hammamet. Die Mafia wiederum verlangt von Berlusconi zuverlässigere politische Unterstützung, als die *Democrazia Cristiana* sie bieten kann, welche längst nicht mehr in der Lage ist, Urteile und Prozesse »in Ordnung zu bringen«. Auch die sozialistische Partei Italiens PSI, für die der Mafiaboss Totò Riina in einer konzertierten Aktion bei den Wahlen von 1987 stimmen lassen wollte, ist mittlerweile durch Haftbefehle, Gefängnisaufenthalte und Selbstmorde dezimiert.

Marcello Dell'Utri schlägt seinem Boss vor, eine Partei zu gründen, welche den Platz der *Democrazia Cristiana* einnehmen soll. Antonio Gozzo und Domenico Ingoia, Staatsanwälte in Palermo, schreiben in ihrer Anklagerede: »Schließlich ist bewiesen, dass das politische Projekt, das zur Gründung von *Forza Italia* führen sollte, bereits 1992 erste Gestalt annahm, da Dell'Utri meinte, der Fininvest-Konzern brauche wieder mehr ›politische Protektion‹. Und genau darum kümmerte sich Dell' Utri seit Frühling 1992.«[3]

Das Projekt der politischen Partei nimmt 1993 konkrete Formen an, stehen doch für das Jahr 1994 Wahlen ins Haus. Den Richtern zufolge ist Dell'Utri in dieser Phase der »erste Ansprechpartner der Mafia, noch vor der Gründung der neuen politischen Vereinigung«.[4] Wichtige »Kronzeugen« wie Antonino Giuffré berichten, dass die Gründung der Partei *Forza Italia* ein Gesamtkunstwerk von Dell'Utri und der Mafia ist, die sich auf diese Weise einen neuen, verlässlichen politischen Partner schaffen wollte.

Die Richter schreiben: »Giuffré sagt aus, dass die Cosa Nostra Berlusconi in der zweiten Hälfte des Jahres 1993 in die Schlacht schicken wollte. Was hinreichend erwiesen ist. Aber noch ein weiteres Faktum ist ausreichend belegt: Dell'Utri stellte schon 1992 diesbezüglich Überlegungen an, als im Rahmen der Cosa Nostra klar wurde, dass nach dem Mord an Lima[5] nun ein Kapitel abgeschlossen war und jetzt ein anderes aufgeschlagen werden musste und man neue Alternativen, neue Bezugspunkte brauchte.«[6]

Trotz dieser höchst bedenklichen Begebenheiten im Vorfeld wird das Projekt Berlusconis vom Vatikan mit Sympathie betrachtet. Man studiert seine Schachzüge, um seine Großzügigkeit und Vertrauenswürdigkeit als politischer Partner zu prüfen. Silvio seinerseits lässt keine Gelegenheit aus, um sich die »Schwarzröcke« geneigt zu machen. Als man ihn am 16. Oktober 1993 anlässlich des fünfzehnten Jahrestages der Papstwahl von Karol Wojtyla zusammen mit Fiat-Chef Gianni Agnelli und dem Journalisten und Schriftsteller Enzo Biagi interviewt, meint Berlusconi, der Papst sei »die außergewöhnlichste Fernsehpersönlichkeit der letzten Jahre«.

Bewundernd lässt Berlusconi sich über die Sprechpausen von Karol Wojtyla aus, über »die Momente der Stille, die der Papst sich erlaubt, auch wenn dies den Gesetzen des Fernsehens mit seinem hektischen Rhythmus widerspricht. Doch er nimmt uns trotzdem gefangen und fesselt unsere Aufmerksamkeit.«[7] Der heilige Silvio verpasst also keine Gelegenheit, die Kirche zu beweihräuchern. So signalisiert er dem Vatikan, dass dieser erhebliche Vorteile zu gewärtigen hätte, wenn er das Projekt von Berlusconis Partei unterstützen sollte.

Der Vatikan und die Gründung der Forza Italia

Es ist immer noch weitgehend unbekannt, dass der Vatikan die Berlusconi-Partei *Forza Italia* schon in ihren Gründungsjahren 1993/94 unterstützte. Wenn man sich die Stellungnahmen anschaut, die ranghohe Vertreter des Vatikans und deren treues Sprachrohr, der *Osservatore Romano*, zu jener Zeit abgaben, wird deutlich, wie sehr dies der Fall war. So macht sich der Einfluss des Vatikans schon vor den Wahlen von 1994 bemerkbar. Am 7. Januar 1994 beispielsweise verkündet Kardinal und Opus-Dei-Protektor Silvio Oddi, der Berlusconi seit jeher nahe steht, vor der Presse: »Sicher ist Berlusconi kein praktizierender Katholik, aber er ist auch kein Kirchengegner. Wie wir setzt er sich dafür ein, die Werte der Demut und des Fleißes zu fördern und zu bewahren.«

Auf diese Weise bereitet der Kardinal aus Piacenza, ehemaliger Präfekt der Vatikanischen Kongregation für den Klerus, die Presse darauf vor, dass Silvio Berlusconi sich eventuell zur Wahl stellen könnte. Auf die Frage, ob der Eintritt des Mailänder Unternehmers in die Politik die Schwierigkeiten der *Democrazia Cristiana* verstärken könne, antwortet Kardinal Oddi geheimnisvoll: »Das könnte schon sein.«

Am 10. Februar 1994 verstärkt Kardinal Oddi die Schützenhilfe für seinen Freund Berlusconi noch ein wenig und lehnt sich dabei ein Stück weiter aus dem Fenster: »Ich nehme an, dass Silvio Berlusconi das Vertrauen der Wähler erringen wird. Und wenn er erst an der Regierung ist, wird er die beste Lösung für die Probleme Italiens finden.«

Der Kardinal, der sich mit Strömungen auf dem ultrarechten Flügel wie den »Kreuzrittern der Lieben Frau von Fatima« einlässt, erklärt in einem Interview mit der Zeitung *Voce di Mantova*,[8] er sehe den politischen Zusammenschluss von *Forza Italia* mit der *Alleanza Nazionale* positiv. Die *Alleanza Nazionale* ist Nachfolgepartei des *Movimento Sociale Italiano*, eines Zusammenschlusses ehemaliger Mussolini-Faschisten.

»Ich persönlich«, so ergänzt der 83-jährige Purpurträger, »schätze klare Verhältnisse. Berlusconi hat sich eindeutig gegen die Linke ausgesprochen. Meiner Ansicht nach hat er unser Vertrauen verdient.« Was die Einheit der Katholiken angeht, so meint Oddi, sei es wichtig, auf grundsätzliche Einigkeit in religiöser Hinsicht zu achten: »In politischer Hinsicht muss man eben den richtigen Mann wählen, ganz egal, welcher Partei er angehört.«

Aber nicht nur Kardinal Oddi betreibt für Berlusconi Wahlkampf. Kurz darauf weist ein Artikel in der Zeitschrift *Avvenire Sette Giorni*[9] auf Berlusconis »Effizienz« hin. Dies sei die Meinung von Kardinal Camillo Ruini, dem mächtigen Vorsitzenden der italienischen Bischofskonferenz.

Die Wahlen im April 1994 werden für Berlusconi ein voller Erfolg. *Forza Italia* gewinnt überlegen, Berlusconi wird zum Ministerpräsidenten ernannt und bildet eine Mitte-rechts-Regierung. Unmittelbar darauf lässt Kardinal Oddi in einem Interview mit der Bistumszeitung von Rom, *Roma Sette*, verlauten, dass die Kirche mit Berlusconi in Kontakt treten müsse. Wenn es stimme, dass der Artikel mit Billigung von Kardinal Ruini erschienen sei, könne er als Signal gelten, dass in Hinblick auf diesen Kontakt nunmehr Achtsamkeit geboten sei, kommentiert der *Corriere della Sera*.

Die von Berlusconi angekündigte »Revolution« allerdings gestaltet sich schwierig, denn zusammen mit *Forza Italia* kam eine weitere neue Partei an die Macht, die *Lega Nord*. Da der *Lega* zahlreiche Parlamentssitze zugefallen sind, spielt sie in der neuen Mitte-rechts-Koalition eine bedeutende Rolle. Und ihr Führer, Umberto Bossi, springt mit Berlusconi nicht gerade sanft um. Er hat sich im Vorfeld von ihm mit deutlichen Worten abgegrenzt: Ein Mann der Mafia sei er, ein Produkt der Ausbreitung der Cosa Nostra von Sizilien nach Mailand.

Und so sieht sich der Vatikan am 5. April 1994 gezwungen, zugunsten des Gesalbten einzugreifen, als die Probleme zwischen Berlusconi und Bossi die Regierungsbildung behindern.

»Dies ist nicht die Zeit für fruchtlose und die Öffentlichkeit verwirrende Streitereien. Vielmehr sind nun Überlegung, Besonnenheit und Ausgewogenheit von allen Seiten gefragt«, schreibt der *Osservatore Romano* in einem Artikel mit der Überschrift »Die jüngsten Erklärungen Bossis scheinen die Regierungsbildung zu erschweren«.

Auf dem Fundament dieser inneren Widersprüche entsteht die Regierung Berlusconi. Die Kirche unterstützt die neue Regierungsmannschaft, doch natürlich nicht ohne Gegenleistung. Auf die Frage »Was erwartet der Vatikan von der neuen Regierung?« antwortet anlässlich der Versammlung der italienischen Bischofskonferenz im Mai 1994 Monsignore Attilio Nicora, Erfinder der Kirchenabgabe »Otto per Mille«[10] und künftiger Kardinal bzw. Präsident der Apsa:[11] »Wir erwarten die Maßnahmen, die wir schon 1992 und 1993 gefordert haben, weil sie für das Wohl des Landes von Bedeutung sind: Förderung von Familie, Schule und Bildung, den Schutz der Schwächsten im Lande und eine dynamische Wirtschaft, die den Abbau der enormen Staatsschulden erlaubt.«[12]

Während der Bischofskonferenz äußert sich Nicora auch zum Verhältnis von Staat und Kirche – zehn Jahre nach der Revision der Lateranverträge, welche die Unterschrift von Bettino Craxi trägt: »Diese Jahre waren geprägt von Wandel und Beschleunigung.« Mit anderen Worten: »Es wird Zeit, mal wieder etwas für die Kirche zu tun.« Und Kardinal Camillo Ruini kündigt an, dass »in einem Monat eine Schrift der Bischofskonferenz zu den Themenbereichen ›Demokratie, Wirtschaft, Entwicklung und Gemeinwohl‹ erscheinen werde«.

Und sogleich schickt die Bischofskonferenz ihr Streitross in die Schlacht: Es geht um den Religionsunterricht an den Schulen. »Die Chancen und Möglichkeiten des neuen Gesetzes«,[13] meint Monsignore Pietro Nonis, Bischof von Vicenza, »wurden geprüft und teilweise bereits umgesetzt. Die gegenseitige Verpflichtung zur Zusammenarbeit zwischen Kirche und Staat hat sich also als fruchtbar erwiesen. Doch natürlich sind auch zahlreiche Probleme der aktuellen Gesetzeslage ans Licht getreten. Aus diesem Grund blieben viele schwierige Fragen noch offen.« Klartext: mehr Geld für die katholischen Schulen.

Am 21. Mai 1994 besucht Berlusconi den Papst in der Klinik Agostino Gemelli und macht erste Versprechungen: »Wir sprachen auch über die aktuelle Situation, die Beziehungen unseres Landes zum Heiligen Stuhl. Ich habe Zusammenarbeit gelobt, und ich glaube auch, dass diese zustande kommen wird, denn die Werte der Tradition und des christlichen Glaubens sind auch die meinen, wie ich gestern bei meiner Rede vor dem Abgeordnetenhaus verdeutlicht habe. Wir werden also einen Weg der wechselseitigen Zusammenarbeit suchen, der nur gute Ergebnisse für alle Beteiligten zeitigen kann.«

Der neue Ministerpräsident gilt nämlich – trotz seiner beiden Ehen, der Schwangerschaftsabbrüche, der Bilanzfälschungen und der Mafiakontakte – als guter Katholik. Doch zu seinem großen Kummer darf er, der wieder verheiratete Geschiedene, nicht zur Kommunion gehen. Auch hier sollte sein Freund, Kardinal Oddi,[14] für ihn ein gutes Wort einlegen. Und tatsächlich gibt Oddi einige recht schwülstige Erklärungen ab: »Ich glaube, er lebt für die Liebe, die Zuneigung. Er ist eben Katholik, soweit ich weiß, sogar praktizierender Gläubiger.«

In einem Interview beim Radiosender GR2 lässt Oddi sich über die Frage der Kommunion für den kirchenrechtlich ausgeschlossenen Berlusconi aus, die ein Leser der katholischen Wochenzeitung *Famiglia cristiana* gestellt hat: »Ich kann nur sagen, dass ich einige Briefe von Berlusconi gelesen habe, in denen er sich als überzeugter Freund der katholischen Kirche erweist, der ihr von ganzem Herzen dient«, antwortet Oddi. Der Journalist hakt nach: Ob dies vor der Wahl geschehen sei?

»Nein. Ich besitze einen Brief von ihm, den er geschrieben hat, als er bereits Präsidentschaftskandidat war. In diesem Brief geht es um ein anderes Problem, doch er spricht auch seine persönliche Situation an. Anscheinend gibt es in seiner Familie mehr als eine Person, die ihr Leben dem Herrn gewidmet hat. In seiner Familie gibt es Ordensschwestern und auch Geistliche, die ich allerdings nicht kenne.«[15]

Bald kann Berlusconi eine weitere Gelegenheit wahrnehmen, seine guten Beziehungen zum Vatikan unter Beweis zu stellen. Die UNO hält vom 5. bis zum 13. September 1994 in Kairo eine Konferenz ab über das Wachstum der Weltbevölkerung und die Frage der Geburtenkontrolle. Bruno Bottai, der Botschafter Italiens im Vatikanstaat, lässt verlauten, in den heiligen Hallen sei man neugierig, welchen Standpunkt der neue Ministerpräsident Berlusconi diesbezüglich vertreten werde. Und sofort echot dieser zurück: »Eine wachsende Mehrheit von Menschen glaubt, dass bestimmte Vorschläge in Kairo niemals angenommen werden dürfen. Dazu gehört beispielsweise die Möglichkeit zum Schwangerschaftsabbruch zur Geburtenkontrolle.« Und so reihte Italien sich unter jene Länder ein, die sich dem Vorschlag der UNO zur Geburtenkontrolle widersetzten.

In dieser Phase kann nichts die Beziehungen zwischen dem Vatikan und der Regierung Berlusconi trüben. Am 19. Oktober 1994 nimmt die vormals nicht mit Reizen geizende Schauspielerin Veronica Lario, mittlerweile angetraute Gattin des Ministerpräsidenten, mit Kardinal Joseph Ratzinger, dem Pressesprecher des Vatikans, Joaquin Navarro Valls, und Irene Pivetti, der Präsidentin des Abgeordnetenhauses, an der offiziellen Vorstellung des neuen Buches von Johannes Paul II. teil: *Die Schwelle der Hoffnung überschreiten.* Diese Buchpräsentation fand statt in der Klinik San Raffaele in Mailand, einem riesigen Krankenhaus, das der Managerpriester Don Luigi Verzé bauen ließ, ein Freund Craxis und Berlusconis.

Berlusconi unter Anklage: Kein Problem für den Vatikan

Am 22. November 1994 erhält Berlusconi von der Staatsanwaltschaft Mailand einen Ermittlungsbescheid zugestellt, der ihn darüber informiert, dass gegen ihn eine Untersuchung wegen des Verdachts auf Korruption im Gange ist. Ironie des Schicksals, dass dies just in dem Moment passiert, da der Ministerpräsident in Neapel die Weltministerkonferenz der Vereinten Nationen gegen das organisierte Verbrechen ausrichtet.

Doch der Vatikan gewährt sofort seinen geistlichen Beistand. Wenige Stunden nachdem Berlusconi das Dokument in Händen hält, erachtet Kardinal Dionigi Tettamanzi, ein hochrangiges Mitglied der Bischofskonferenz und Sympathisant des Opus Dei, es offenkundig für angebracht, sich vor Berlusconi zu stellen. »Als Professor für Moraltheologie kann ich nur darauf hinweisen, dass die Zustellung eines Ermittlungsbescheides noch keine Feststellung über eine etwaige begangene Straftat und somit auch kein Urteil ist«,[16] unterstreicht der Generalsekretär der italienischen Bischofskonferenz auf Nachfragen der Journalisten. Und der Gottesmann gibt der Mailänder Justiz gleich noch einen guten Rat mit auf den Weg: »Die Justiz sollte ihre Ermittlung so objektiv wie irgend möglich durchführen und dabei auch auf Diskretion achten, vor allem im Hinblick auf den unersättlichen Hunger nach schockierenden Skandalen.«

Das Erdbeben, das die Mailänder Richter ausgelöst haben, irritiert den Heiligen Stuhl, der sofort eine obskure politische Intrige gegen den Ministerpräsidenten vermutet. »Die Spannungen im Land sind dem Mangel an Prinzipien geschuldet, der die aktuellen politischen Manöver inspiriert.« So jedenfalls denkt der *Osservatore Romano* und fügt hinzu: »Das geht zumindest aus den zahlreichen Debatten in Fernsehen, Rundfunk und Printmedien hervor, die in diesen Tagen unser Land überziehen. Strategien werden angedacht, doch niemand weiß, ob diese Strategien auch in Ideen und Kräften verankert sind, welche dem politischen Handeln Herz und Seele geben können. Dabei entgeht niemandem, dass das Volk gerade in dieser Hinsicht eine Antwort erwartet.«[17]

In der Rubrik »Die politische Situation« druckt das Sprachrohr des Vatikans die Rede des Ministerpräsidenten im Teatro Manzoni in Mailand ab und die Reaktionen, die diese hervorgerufen hat. Der Artikel macht deutlich, dass »die Christdemokraten und die *Alleanza Nazionale* hinter Berlusconi stehen«. Kommentar: »Also klare Vorstellungen und Einigkeit hinsichtlich der gemeinsamen Haltung. Eine Einmütigkeit, der die *Lega Nord* sich allerdings zu entziehen scheint.«

Die *Lega Nord* darf sich nicht der uneingeschränkten Unterstützung durch die Kirche erfreuen, denn die Partei von Umberto Bossi beabsichtigt, Hand an eine der lukrativsten Finanzierungsquellen der Kirche zu legen: die Otto-per-mille-Abgabe, die jeder Italiener freiwillig zahlt. Silvio Berlusconi hat dieses Vorhaben des Koalitionärs Bossi sofort auf Eis gelegt. Mit einem Auge immer auf den Vatikan schielend, verkündet der Ministerpräsident lautstark, in seiner Koalition habe es nie die Absicht gegeben, diese Abgabe abzuschaffen. Dann zählt er deren Vorteile auf und nimmt einmal mehr die Gelegenheit wahr, auf die guten Beziehungen zwischen seiner Regierung, dem Heiligen Stuhl und der Bischofskonferenz hinzuweisen: »Ich freue mich, dass viele Bischöfe mir bestätigt haben, dass keine Regierung bislang in zahlreichen Themenbereichen, die der Kirche am Herzen liegen, so konkrete Ergebnisse geschaffen hat.«

Berlusconis Strategie ist es, sich möglichst schnell als wichtigster Partner des Vatikans zu etablieren. Ein bedeutender Schritt auf diesem Weg ist die endgültige Zerschlagung dessen, was von der *Democrazia Cristiana* übrig blieb. Nach den durch die Mani Pulite ausgelösten Skandalen gibt es immer noch einige Repräsentanten der alten Partei, die politisch unbeschädigt geblieben sind. Diese sammeln sich im *Partito Popolare Italiano* (PPI). Als es darum geht, sich für die Regionalwahlen vom April 1995 neue Verbündete zu suchen, gerät Berlusconi ins Blickfeld des PPI. Doch die Vorstellung, mit einem Mann von solch dunkler Vergangenheit ein Bündnis einzugehen, ruft in der Partei heftige Proteste hervor.

Trotzdem wird am 8. März 1995 der Bündnisvertrag unterzeichnet. Für den PPI unterschreibt Rocco Buttiglione, Professor für politische Philosophie und persönlicher Berater Johannes Pauls II. Berlusconi weiß sich dafür beim Vatikan zu bedanken, dessen Loblied er singt. »Wir wissen, dass unser politisches Handeln dort sehr geschätzt wird«, lässt er bei einer Parlamentsdebatte verlauten.[18]

Zu der Nachricht, der Vatikan stehe dem Bündnis zwischen dem *Polo*[19] und dem PPI positiv gegenüber, meint Berlusconi: »Es gibt nun einmal ganz normale Kontakte zu Menschen, die man im weitesten Sinne als zum Vatikan gehörig betrachten kann.«[20]

Die Tageszeitung *La Stampa* berichtet von »Telefonaten« und »ermutigenden Äußerungen« zu seinem Bündnis mit *Forza Italia,* die den Generalsekretär des PPI, Buttiglione, aus dem Vatikan erreichen. Der Bischof von Vicenza, Pietro Nonis, und Don Claudio Giuliodori, Sprecher der Bischofskonferenz, greifen jene Mitglieder des PPI, die sich gegen den neuen Partner aussprechen, scharf an.

Trotz alledem kommt es innerhalb des PPI zu heftigen Kontroversen, bei denen nicht wenige führende Politiker des PPI verlauten lassen, ein echter Katholik könne sich schon aus moralischen Gründen nicht mit einem Mann wie Berlusconi einlassen. Also schaltet sich der Vatikan am 13. März 1995 noch einmal in die Debatte ein. Der *Osservatore Romano* bringt einen Leitartikel, der eine klare Sprache spricht: »Die am Samstag erfolgte interne Spaltung des Nationalen Rates des PPI ruft Besorgnis hervor.« Und da man schon einmal dabei ist, hält der Vatikan auch mit seiner Meinung über Staatsanwalt Di Pietro und die ganze Staatsanwaltschaft von Mailand nicht hinter dem Berg. Die gegen Berlusconi eingeleitete Untersuchung rufe, wie der *Osservatore Romano* meint, »in der Öffentlichkeit nur neue Fragen, Enttäuschungen und Misstrauen hervor«.

Die Haltung des Vatikans gegenüber Staatsanwälten und Untersuchungsrichtern ist so feindselig, dass die Betroffenen sich gezwungen sehen, dagegen öffentlich Protest einzulegen. Ihrer Ansicht nach, so heißt es, müsste die Kirche doch mit jenen sein – und nicht gegen sie –, die sich für Gerechtigkeit einsetzen.[21] Und so liest man denn am 29. April 1995 im *Osservatore Romano* eine Stellungnahme recht harscher Natur: »Dann stimmt es also. Der Pool [der Staatsanwälte und Untersuchungsrichter] hat vollkommen Maß und Ziel verloren. Und zwar in einem Umfang, dass er sich vermisst, die Kirche anzugreifen, die sich stets für die Gerechtigkeit und ihre Organe eingesetzt und sie respektiert hat.«

Mario Agnes selbst, der verantwortliche Direktor der Zeitschrift, hat den Artikel unterzeichnet: »Solch ein aggressiver Angriff hätte in einem fernen Land schon einen gravierenden Mangel an Stil offenbart. Wir aber sind in Italien, und wenigstens hier hätten sich die Mailänder Untersuchungsrichter an eine lieb gewordene Gewohnheit halten können«, bemerkt Agnes sarkastisch, »und wie es üblich ist, die Kanäle der sozialen Kommunikation nutzen und Zuflucht beim italienischen Volk nehmen können ...

Die Worte des Obersten Untersuchungsrichters und seiner Mitarbeiter kommen überraschend und zeigen, wie wenig sie über den Heiligen Vater wissen, der stets auf strikte Aufklärung drängt. In der Sache Borrelli–Berlusconi jedoch werden die Bürger Tag für Tag mit Verdachtsmomenten bombardiert und vergiftet, die nichts und niemanden ungeschoren lassen. Ein Fischen im Trüben, in einer Atmosphäre, die regelmäßig undurchsichtiger wird, sobald man sich der Aufklärung der gravierendsten Unklarheiten, der Lösung wirklicher oder angeblicher Krisenfälle zu nähern scheint. Die öffentliche Meinung hat nicht nur Schwierigkeiten, der Parforce-Jagd der täglichen Schreckensmeldungen zu folgen, sondern zeigt sich auch deutlich überstrapaziert von den ununterbrochenen polemischen Debatten und Zusammenstößen. Das Land braucht wieder Ruhe. Das Volk will regiert und nicht auf der Schiffsschaukel der – echten oder eingebildeten – Skandale bis zur Übelkeit gebeutelt werden. Es wird Zeit, dass die Protagonisten des öffentlichen Lebens in Italien, darunter auch gewisse Untersuchungsrichter bzw. Staatsanwälte, in den Spiegel sehen und erkennen, dass auf solche Weise nichts Positives entstehen kann in diesem Land, das ohnehin schon zu viele ungelöste Probleme hat.«

Eine recht klare Stellungnahme vonseiten des offiziellen Sprachrohrs des Vatikans, vor allem wenn man bedenkt, wie weit die Korruption des politischen Systems in Italien damals gediehen war und welch krasse Wende im italienischen Wirtschaftsleben Berlusconi sich einzuläuten anschickte.

Das öffentliche Bild Berlusconis leidet unter den gerichtlichen Untersuchungen, die gegen ihn im Gange sind. Bald erfassen die Spannungen auch die Regierungsgeschäfte, und Ende 1994 – nach etwa acht Monaten – ist die Regierung gescheitert. Die Kündigung des Koalitionsvertrags seitens der *Lega Nord* und die Spaltung im PPI lassen die erste Regierung Berlusconi scheitern.

Im Parlament besitzt die Mitte-rechts-Regierung keine Mehrheit mehr. Präsident Carlo Azeglio Ciampi ernennt Romano Prodi zum Ministerpräsidenten. Romano Prodi war einst überzeugter Christdemokrat und hat unter verschiedenen Regierungen als Minister gedient. Außerdem war er Präsident der größten italienischen Staatsholding IRI. Es ist die Zeit der politischen »Wende«, die Berlusconi zum Thema einer gigantischen Medienkampagne macht, welche ihn später erneut ins Amt des Ministerpräsidenten bringen wird.

Der Vatikan ist von der Wahl Ciampis nicht gerade begeistert. Dass Italien nun von einem »linken« Katholiken regiert wird, stört die Vertreter des Heiligen Stuhls. Die Spitzen der vatikanischen Hierarchie hatten auf Berlusconi gesetzt. Er war ihr Mann.

Die Mitte-links-Regierung geht mit einem großen Handicap an den Start: Sie ist nicht durch demokratische Wahlen legitimiert. Und so macht sich der Vatikan daran, in mühevoller Kleinarbeit ihre Fundamente zu untergraben. Am 22. Oktober 1995 verkündet die Zeitschrift des Heiligen Stuhls, dass in der neuen Koalition »die Dinge nicht so glatt gehen, wie so mancher glauben machen möchte«. Man urteilt recht harsch: »Die Situation ist wenig durchsichtig und ziemlich verwirrend.« Die Einmütigkeit, die neuerdings am rechten Rand zu herrschen scheint, reißt den *Osservatore Romano* zu Zukunftsvisionen hin, die Beschwörungscharakter haben. Man spricht vom »Sturz der Regierung Prodi und von Neuwahlen«.

Die Achse Berlusconi–Vatikan ist also ungebrochen, was die Fakten auch belegen. Im Januar 1996 beginnt in Palermo der Prozess gegen Pino Mandalari, der als »kaufmännischer Berater« des einflussreichen Mafiabosses Totò Riina gilt.[22] Ein Prozess, in dem auch Berlusconis Partei *Forza Italia* eine zentrale Rolle spielt. Denn die Anklage vertritt die Ansicht, dass Mandalari nicht nur die Geschäfte der Mafiazelle aus dem sizilianischen Corleone führte, sondern auch seine zahlreichen Kontakte zu Mafiosi und Freimaurern spielen ließ, um die Kandidaten des Berlusconi-Bündnisses bei den Wahlen 1994 zu unterstützen. Als Entlastungszeugen zugunsten Mandalaris ruft die Verteidigung auf: Kardinal Camillo Ruini, den Vorsitzenden der italienischen Bischofskonferenz, Silvio Berlusconi, Giulio Andreotti, Licio Gelli, sowie die Mafiagrößen Totò Riina, Leoluca Bagarella, Salvatore Greco, Raffaele Ganci, dazu den ehemaligen Präsidenten der ersten Kammer des Berufungsgerichtes, Corrado Carnevale. Eine wahrhaft erlesene Truppe, die sich da zusammenfindet. Glücklicherweise beweist die sechste

Kammer des Gerichts in Palermo so viel guten Geschmack, wenigstens Kardinal Ruini und Silvio Berlusconi als Zeugen abzulehnen.

Romano Prodi, dem praktizierenden Katholiken, gegenüber aber kennt der Vatikan keine Gnade. Am 5. Oktober 1996 organisiert Berlusconis Bündnis eine große Demonstration gegen die Regierung Prodi, die den ungeteilten Beifall des Vatikans findet. Zumindest in der Berichterstattung des *Osservatore Romano*: »Unter beeindruckender, so nicht erwarteter Beteiligung zeigt der *Polo*, dass er in der Politik ein Faktor ist, mit dem man jenseits aller Debatten rechnen muss. Die Opposition ist stark und durchaus in der Lage, Hunderttausende Bürger zu mobilisieren.«

Die Tageszeitung des Heiligen Stuhls spricht von »einer komplexen, tief greifenden Motivation« der Protestierenden, die das »zunehmende Unbehagen der Mittelschicht und nicht nur dieser« ausdrücke. Am 10. Oktober 1998 ist es vollbracht: Die Regierung Prodi zerbricht. Der damalige Präsident Oscar Luigi Scalfaro ernennt Massimo D'Alema, den Führer der Linksdemokraten, zum Ministerpräsidenten. Doch auch diese neue Wendung der Ereignisse missfällt dem Vatikan. Dort sieht man die Regierungsmacht in Händen eines »ehemaligen Kommunisten« und fürchtet, dass bei einer ganzen Reihe anstehender Probleme der Standpunkt der Kirche nicht in ausreichendem Maße im Gesetzgebungsprozess berücksichtigt werden wird.

Nun sucht der Vatikan – verstimmt und alarmiert – die Entscheidung. Ein Lieblingskind des Heiligen Stuhls sind die katholischen Schulen, sind sie doch zugleich lukrative Einnahmequelle und höchst effiziente Multiplikatoren kirchlicher Positionen. Und so inszeniert der Vatikan am 30. Oktober 1999 eine Kraftprobe mit der neuen Regierung im Hinblick auf die so genannte »Gleichbehandlung der Schulen«. Das Ziel ist klar: Der Vatikan fordert für kirchlich geführte Privatschulen, die häufig hohe Schulgebühren verlangen müssen, öffentliche

Fördermittel. Praktisch geht es darum, dass der Staat auch solche Familien wirtschaftlich unterstützt, die ihre Kinder in katholischen Privatschulen erziehen lassen.

Für die Regierung D'Alema ist dies eine heikle Entscheidung, denn jeder Euro, der an katholische Privatschulen fließt, fehlt in staatlichen Instituten, die ohnehin schon unter der Konkurrenz der nichtreligiösen Privatschulen zu leiden haben.

Nun ruft auch der Vatikan zur Demonstration auf. Am 30. Oktober 1999 versammeln sich 200 000 Menschen – Kinder, Schüler, Eltern und Lehrer – auf der Piazza San Pietro. Und der Papst höchstpersönlich fordert endlich die »Anerkennung der vollen juristischen und ökonomischen Gleichheit von staatlichen und nichtstaatlichen Schulen, bevor die Situation in Italien ins Unerträgliche abgleitet«.

»Die jüngsten Schritte in dieser Richtung verdienen zwar in mancherlei Hinsicht unsere Anerkennung, reichen aber bei weitem nicht aus«, setzt Johannes Paul II. seinen Frontalangriff fort. Frenetischer Applaus für das gealterte Kirchenoberhaupt. Die Nonnen haben sich auf ihre Stühle gestellt, die Schüler von der ersten bis zur letzten Klasse jubeln, Eltern und Lehrer skandieren lauthals: »Freiheit, Gleichheit«[23] und meinen damit die Staatsfinanzierung der katholischen Institute.

Auch der Applaus der Politiker, die unübersehbar unter seinem Balkon Aufstellung genommen haben, ist dem Papst sicher: Silvio Berlusconi, Gianfranco Fini, Rocco Buttiglione. Und der Vorsitzende der italienischen Bischofskonferenz, Kardinal Camillo Ruini, kritisiert, dass die katholischen Schulen in Italien heute wieder mit »Hemmnissen zu kämpfen haben, die sie an der Erfüllung ihrer Mission hindern«. Bei Silvio Berlusconi fallen diese Worte auf fruchtbaren Boden. Er registriert mit sicherem Instinkt, worauf es ankommt, wenn er politisch bald wieder im Sattel sitzen will: Gib dem Vatikan, was er haben will, und lass diese deine Bereitschaft in blumigen Anspielungen durchklingen.

KAPITEL 4

Du sollst deinen Vater ehren

Die Geschichte, die nun erzählt wird, handelt von Familienbanden, aber auch wieder von der Mafia, der Hochfinanz und brisanten Verbindungen ins Umfeld des Vatikans. Eine Geschichte, die wie keine andere den »amoralischen Familiensinn« zum Thema hat, von dem der Schriftsteller Leonardo Sciascia sprach, als er in einem seiner Artikel den deutschen Wissenschaftler Henner Hess[1] zitierte: »Der Mafioso hält sich nicht für einen Mafioso in dem Sinne, wie wir die Mafia *von außen* wahrnehmen; er ist der gute Bürger eines Staates, den die *Außenwelt* Mafia nennt und von dem sie behauptet, er stünde außerhalb des Gesetzes, sei *ex lege*.«[2] Vor dieser Kulisse entrollt sich die Geschichte vom Aufstieg des Silvio Berlusconi, um die der italienische Staatschef den Glanz der Legende webt.

Silvio Berlusconi hat immer betont, wie viel er seiner Mutter Rosa[3] und seinem Vater Luigi[4] verdanke. Natürlich kommt so viel kindliche Liebe nicht von ungefähr. Er will damit seinen Wählern und Zuschauern signalisieren, er sei einer von ihnen, denn er empfinde genauso wie sie.

So nimmt der Ausdruck seiner Sohnesliebe immer wieder einen sentimental-süßlichen Geschmack an. Und nirgendwo ist dies augenfälliger als in *Una Storia Italiana*[5], zu Deutsch »Eine italienische Geschichte«, seiner persönlichen Biographie, die er im März 2001 herausbrachte und kostenlos an alle elf Millionen Haushalte Italiens verteilen ließ – vor den Wahlen im Juni dieses Jahres, aus denen er als italienischer Ministerpräsident hervorging: »Nachdem ich meine Hausaufgaben gemacht hatte, wartete ich, bis mein Vater von der Arbeit nach Hause kam. Wenn ich ihn an der Tür sah, war es, als ginge die Sonne auf. Mein lieber, wunderbarer Papa! Manchmal arbeitete er bis spät in die Nacht, nur weil er die Familienfinanzen ein wenig aufbessern wollte.«[6]

Doch bisweilen teilt sich der sentimentale Schleier, der wie eine Dunstglocke über Berlusconis Biographie liegt, und man spürt tatsächlich den tiefen Respekt und die Liebe, die er diesem Menschen entgegenbringt, der ihm geholfen hat, der reichste und mächtigste Mann Italiens zu werden.

»1943, nach dem Sturz des Faschismus und der Kapitulation der italienischen Armee, befand sich mein Vater, der damals Infanterist war, in Mailand, wo die Deutschen nach Leuten wie ihm suchten, um sie in ihre Arbeitslager zu stecken. Zu Recht entschied er sich, in die Schweiz zu fliehen, wo er bis Kriegsende blieb. Als die Menschen, die vor der Deportation geflohen waren, allmählich wieder nach Italien zurückkehrten, ging ich Tag für Tag zum Mailänder Hauptbahnhof und wartete auf Züge, die aus der Schweiz kamen. Für mich war dies eine schwere Zeit. Gewöhnlich versteckte ich mich, damit niemand mich weinen sah, doch eines Tages kam mein Vater tatsächlich mit einem dieser Züge. Ich erkannte ihn schon von weitem, lief auf ihn zu und warf mich in seine Arme. Dieser Moment war der emotionalste und glücklichste in meinem ganzen Leben.«[7]

Nach seiner Rückkehr am 7. Juni 1945 nahm Luigi Berlusconi jene Tätigkeit wieder auf, die er aufgegeben hatte, als er zur Armee gegangen war. Er war Angestellter der Banca Rasini gewesen, einer kleinen, 1920 gegründeten Bank[8] im Zentrum von Mailand. Dort hatte er seine Karriere als einfacher Angestellter begonnen, sich jedoch bald das Vertrauen und den Respekt des Präsidenten Graf Carlo Rasini erworben. Er erinnert sich an Luigi Berlusconi als »höchst loyalen Mitarbeiter, der in seinem Beruf geradezu aufging. Bevor er einen neuen Bleistift an einen Mitarbeiter ausgab, musste dieser ihm den Stummel des alten Stiftes bringen. Wenn er durchs Büro ging, machte er stets alle Lampen aus, die unnötig brannten.«[9]

Am 4. April 1957 wurde Luigi Berlusconi zum Direktor der Bank ernannt, wodurch er volle Prokura[10] erhielt. Das heißt, er durfte Schecks und Verträge unterzeichnen, ohne diese vorher von Carlo Rasini absegnen zu lassen. Als er sich 1973 aus dem Arbeitsleben zurückzog, war er leitender Direktor der Bank.[11]

Luigi Berlusconis Rolle als Direktor der Banca Rasini ist von zentraler Bedeutung für den unerhörten Aufstieg seines Sohnes zu Macht und Reichtum, vor allem, was den Zeitraum zwischen 1960 und 1973 angeht. Er betreute nämlich all jene komplexen geschäftlichen Unternehmungen seines Sohnes, die über die Banca Rasini liefen.[12] Jede finanzielle Transaktion, jedes Darlehen, jeder Vertrag Silvio Berlusconis wurde von seinem Vater geprüft. Und gerade diese Aktivitäten trugen Silvio damals Unmengen Anlagegelder aus der Schweiz ein, deren Herkunft er bis heute nicht ausreichend erklären konnte.

»Sogar nach seinem Rückzug aus dem Bankgeschäft«, meinte Silvio Berlusconi, »half er mir noch, die Hypotheken zu bekommen, die ich für meine Bauvorhaben benötigte. Er kontrollierte die Buchführung und stand mir stets mit seinen wertvollen Ratschlägen zur Seite.«[13]

Eine »kleine Bank des Vatikans«

Die Banca Rasini war so klein, dass ihre einzige Filiale im selben Gebäude untergebracht war wie die Zentrale. Beide befanden sich in einem schönen Palazzo an der Piazza dei Mercanti Nr. 8, dem »Platz der Händler«, mitten im Zentrum Mailands und nur einen Katzensprung vom Dom entfernt. Bis zum Ende des Zweiten Weltkriegs waren die Hauptkunden der Bank Angehörige der oberen Mittelschicht, der Industrie und des Adels von Mailand. Dies änderte sich, als 1956 der Sizilianer Giuseppe Azzaretto[14] einen substanziellen Anteil der Aktien der Bank erwarb und so Partner von Carlo Rasini[15] wurde.

Die beiden waren ein merkwürdiges Paar. Graf Rasini gehörte zu einer der angesehensten Adelsfamilien Mailands, deren Wurzeln bis ins 14. Jahrhundert zurückreichen, wo sie

Fürsten des Heiligen Römischen Reiches waren. Giuseppe Azzaretto hingegen war Sohn von Rosario Azzaretto, eines einfachen Schuhmachers aus Misilmeri, einer winzigen Stadt 15 Kilometer südöstlich von Palermo. Er war ein Mann, der sich trotz seiner bescheidenen Herkunft im Sizilien der dreißiger Jahre, in dem Mafia, Kirche und Faschismus darüber bestimmten, welche Familien oder Klans prosperierten und welche nicht, schnell einen Namen gemacht hatte. Ende der fünfziger Jahre war er bereits ein anerkannter Unternehmer mit guten Kontakten zu Politik und Vatikan.[16]

In Misilmeri war die lokale Mafia immer stark präsent, nach dem Zweiten Weltkrieg aber machte sich dort vor allem die Cosa Nostra aus Palermo breit. Cosa Nostra ist der Name der sizilianischen Mafia, die aktuell von Bernardo Provenzano geführt wird, der seit mehr als vierzig Jahren vor den italienischen Strafverfolgungsbehörden auf der Flucht ist. In und um Misilmeri kam es in den letzten Jahren zu mehr als zwanzig gewaltsamen Todesfällen mit mafiösem Hintergrund.[17]

Dies ist also das Umfeld, in dem Giuseppe Azzaretto aufwuchs und in dem der Sohn eines Schuhmachers mit mysteriöser Geschwindigkeit so reich wurde, dass er nicht nur einen substanziellen Anteil an einer exklusiven Mailänder Privatbank aufkaufen, sondern auch noch die adelige Nichte von Papst Pius XII. ehelichen konnte. Seine Frau Goffreda Baldoni war mit Kardinal Paolo Marella (1895–1984) verwandt, Sohn von Luigi Marella und Vincenza Baldoni. Kardinal Marella war der Privatkaplan des künftigen Papstes Pius XII., bis er 1923 Mitglied der Apostolischen Delegation in den Vereinigten Staaten wurde. Von 1933 an war er persönlicher geistiger Beistand von Papst Pius XII. Ein Verwandter von Goffreda Baldoni, Rosolino Baldoni, zählte lange zu den Aktionären der Banca Rasini.

In den sechziger Jahren war Giuseppe Azzaretto Besitzer einer großen Fabrik für elektrotechnische Bauteile in Melegnano, im Südosten Mailands: die Elettrocarbonium. Die Fabrik beschäftigte mehr als 250 Arbeiter und hatte einen Exklusivliefervertrag für ihre Produkte mit dem Vatikan.[18] 1970 war Azzaretto bereits Träger mehrerer Titel und Auszeichnungen.

Uns interessiert hier besonders die Zugehörigkeit Azzarettos zum Malteserorden,[19] einer sehr mächtigen »Lobby« (der im Übrigen auch Licio Gelli und Umberto Ortolani angehören) im finanziell-politischen Bereich. Der Orden ist dem Vatikan eng verbunden und seit 1927 auch in den USA stark vertreten. Dort betätigt sich vor allem der mächtige Kardinal von New York, Francis Spellman, als »Beschützer« des Malteserordens. Unmittelbar nach dem Krieg arbeitete Spellman eng mit Erzbischof Giovanni Battista Montini zusammen, dem späteren Papst Paul VI., der zu jener Zeit Staatssekretär im Vatikan war. Wie Spellman gehörte auch James Jesus Angleton, der später Chef der Abteilung »Gegenspionage« bei der CIA werden sollte, zu den Malteserrittern, sowie Alexander Haig, der Generalsekretär der Nato, General Vernon Walters und der legendäre Chef des Office of Strategic Service (Vorläufer der CIA), »Wild« Bill Donovan.

In Sizilien haben wir eines der wenigen Fotos von Azzaretto im Gewand des Malteserritters aufgetrieben. Ein anderes Bild zeigt ihn zusammen mit Papst Pius XII. – ein weiterer Beleg für die engen Beziehungen zwischen dem Vatikan und der Familie Azzaretto.

Auch die Zugehörigkeit zum Orden vom Heiligen Grab ist für unsere Recherchen bedeutsam. Dieser Orden wurde lange Zeit von Kardinal Giuseppe Caprio von der Apsa[20] geführt, jenem hochrangigen Prälaten, der im New Yorker Prozess zum Zusammenbruch der Franklin Bank zugunsten von Michele Sindona ausgesagt hat. Zum Ritterorden vom Heiligen Grab gehörten – einmal mehr – auch Umberto Ortolani, Licio Gelli und viele weitere Mitglieder der Geheimloge P2. Auch Giuseppe Mandalari, »kaufmännischer Berater« des Mafiabosses Totò Riina, war im Orden vom Heiligen Grab vertreten.[21]

Es waren also nicht nur Azzarettos finanzielle Ressourcen, die ihn zum idealen Partner für Carlo Rasinis Bank machten, sondern auch seine direkte Verbindung ins Herz des vatikanischen Finanzzentrums. Diese sollte sich für die künftigen Aktivitäten der Banca Rasini als höchst wertvoll erweisen.

Die letzte Spur, die Giuseppe Azzaretto in Misilmeri hinterließ, sind seine Angaben bei der Volkszählung von 1930.[22] Damals war er 21 Jahre alt und gab seinen Beruf mit *contadino* an. Das heißt schlichtweg »Bauer«. Sonst erinnert sich niemand mehr in diesem Dorf an ihn. Er hatte einen Bruder namens Antonio,[23] der nach New York[24] ging. Von ihm weiß die Dorfgeschichte[25] zu berichten, er sei ein *uomo d'onore* gewesen, ein »Mann von Ehre« – wie sich die Mitglieder der Mafia nennen.

Giuseppe Azzaretto hatte in die Banca Rasini also noch andere Aktivposten einzubringen. Seine geschäftlichen und politischen Kontakte nach Sizilien sowie zur sizilianischen Auswanderergemeinde in Südamerika bzw. nach New York, wo sein Bruder Antonio lebte, waren sicher ausgezeichnet und sollten sich für die Bank als lebenswichtig herausstellen. Man kann darüber spekulieren, ob sie auch beim Aufstieg des Silvio Berlusconi eine Rolle spielten.

Als Giuseppe Azzaretto nämlich am 12. Juli 1956[26] Partner der Banca Rasini wurde, organisierte er eine Anfangseinlage von 100 Millionen Lire. In den folgenden fünfzehn Jahren wurde das Stammkapital der Bank allmählich auf 750 Millionen Lire erhöht. Im Juni 1974 nahm er eine erneute Einzahlung vor, welche seinen Anteil an der Banca Rasini auf 240 950 000 Lire oder umgerechnet 212 000 Euro ansteigen ließ.[27]

Etwa ein Jahr zuvor hatte die Bank ihre Gesellschaftsform geändert und sich von der Kommanditgesellschaft zur Aktiengesellschaft[28] gewandelt. Im Vorstand saßen nun hauptsächlich Verwandte und Mitarbeiter Azzarettos.[29] Auch der römische Rechtsanwalt Mario Ungaro[30] gehörte zum Vorstand. Ungaro wiederum stand in enger Verbindung zu Michele Sindona, dem berüchtigten Mafiafinanzier, der die US Franklin National Bank in den Bankrott getrieben hatte. Sindona fand den Tod in einem italienischen Gefängnis, nachdem er eine Tasse mit Arsen versetztem Kaffee getrunken hatte. Mario Ungaro wurde 1984[31] im Zusammenhang mit Ermittlungen gegen mehrere Personen verhaftet, die Mitglieder der Mafia waren und Konten bei der Banca Rasini hatten.

Der neue, 1973 ernannte Präsident der Banca Rasini, Carlo Nasalli Rocca di Corneliano, war Neffe von Kardinal Nasalli Rocca, des mächtigen Erzbischofs von Bologna.[32] Zu jener Zeit investierte der Vatikan massiv in Industriebetriebe und Banken, vorzugsweise in prosperierenden Städten Norditaliens wie Mailand, Bergamo, Brescia, Verona und Vicenza.[33] Später wurde der Verdacht geäußert, dass Giuseppe Azzaretto in der Banca Rasini auch die Interessen Giulio Andreottis[34] und des Vatikans vertrat.

In diesem Zusammenhang erscheint uns eine Zeugenaussage der Baronin Maria Giuseppina Cordopatri[35] bedeutsam, einer Dame aus dem Adel Süditaliens, die lange Zeit Kundin der Banca Rasini gewesen war. Die Baronin schreibt: »Ich hatte von 1980 bis 1989 ein Konto bei der Banca Rasini. Außerdem hatte man mir einen Kredit über 100 Millionen Lire gewährt. Sicherheiten musste ich nicht beibringen, weil ich dem damaligen Präsidenten und Generaldirektor Dario Azzaretto von Freunden des Mehrheitsaktionärs der Bank vorgestellt worden war. Diese war zwar formal auf die Familie Azzaretto eingetragen, in Wirklichkeit aber wurde die Bank von Giulio Andreotti kontrolliert. Commendatore Giuseppe Azzaretto, der Vater von Dario, war damals der Vertrauensmann Andreottis. Der springende Punkt ist aber, dass die Bank, als sie in die Hände der Mafia geriet, bereits Giulio Andreotti gehört hatte. Ich ging von der Banca Rasini weg, als die Azzaretto sie verließen. Ihnen folgte, so glaube ich, eine Schweizer Gesellschaft.«[36]

In der Banca Rasini liefen also viele Fäden zusammen. Die wichtigsten aber hießen: Mafia und Kirche.

Bis zur Nacht vom 14. Februar 1983 war die kleine Bank an der Piazza dei Mercanti den meisten Italienern ohnehin kein

Begriff. Damals verhaftete die Polizei eine Gruppe von Geschäftsleuten, fast durchweg Sizilianer, die im Verdacht standen, die »Abteilung Weiße Kragen« der sizilianischen Mafia in Mailand zu bilden, die sich der lukrativen Wirtschaftsdelikte annimmt. Diese Polizeiaktion wurde als »Aktion Valentinstag« bekannt, weil die Verhaftungen in der Nacht des 14. Februar erfolgten. Unter den Verhafteten war auch der geschäftsführende Leiter der Banca Rasini, Antonio Vecchione. Vecchione hatte Luigi Berlusconis Nachfolge angetreten, als dieser sich 1973 im Alter von 65 Jahren[37] zur Ruhe setzte.

Die polizeilichen Ermittlungen,[38] die der Aktion am Valentinstag vorausgegangen waren, hatten ergeben, dass die Banca Rasini Mafiagelder wusch. Wenig später stellte sich zudem heraus, dass die meisten der Verhafteten hochrangige Mitglieder der sizilianischen Mafia waren und alle ein Konto bei der Banca Rasini besaßen. Die dicksten Fische unter den Festgenommenen waren zweifellos Giuseppe Bono, ein wichtiger Mafiaboss, sowie Antonio Virgilio, Salvatore Enea und Luigi Monti. Letztere hatten enorme Geldsummen auf ihren Konten bei der Bank hin und her geschoben.[39]

Einige der Verhafteten[40] hatten millionenschwere Konten bei der Bank unterhalten, offensichtlich für die Klans der Fidanzati, der Bono sowie für Carmelo Gaeta und verschiedene Mafiamitglieder aus Palermo. Michele Sindona, der 1984 wegen des Zusammenbruchs der Franklin Bank in den USA im Gefängnis saß, traf dort regelmäßig einen Journalisten der *New York Times*, Nick Tosches. Dieser besuchte Sindona auch im Mai, August und September 1985.

Zu jener Zeit aber saß Sindona bereits in Italien ein und empfing seinen amerikanischen Besucher im bestabgesicherten Trakt der Haftanstalt in Voghera. Aus diesen Begegnungen, die zwei Jahre und einen Ozean umspannten, entstand ein Buch mit dem Titel *Il mistero Sindona*.[41] Dort berichtet Sindona, dass seine Bank eine erstklassige Bank mit erstklassigen Kunden vorzugsweise aus der Aristokratie gewesen sei. Die Mafia, so meinte Sindona, wickle ihre Geschäfte jedoch immer über weniger renommierte Institute und Bankiers ab.

Weiter heißt es im Buch: »Verschlagen kniff er die Augen zu. ›Und welche Banken sind das?‹ Er lässt sich für seine Antwort Zeit. ›Eine gefährliche Frage‹, gibt er zurück. Manchmal ist es der Banco di Sicilia, wenn es um Sizilien geht. In Mailand aber war es eine kleine Bank an der Piazza dei Mercanti.«

Die kleine Bank an der Piazza dei Mercanti, die Sindona preisgab, kurz bevor er ermordet wurde, war natürlich die Banca Rasini. Denn nur die Banca Rasini hatte 1985, als Sindona dieses Gespräch mit Tosches führte, an der Piazza dei Mercanti, zwei Minuten vom Mailänder Dom entfernt, ihre Geschäftsräume. Sonst gab es dort keine Bank, ja nicht einmal eine Zweigstelle oder Ähnliches.

Wie lange aber war die Banca Rasini nun tatsächlich in den Händen der Mafia? Hatte die organisierte Kriminalität sich dort schon vor 1973 eingenistet, als Luigi Berlusconi noch Direktor und Carlo Rasini Präsident waren? Geht der Einfluss der Mafia auf die Bank gar in die sechziger Jahre[42] zurück, als Silvio Berlusconi mit tatkräftiger Unterstützung seines Vaters enorme Geldsummen mysteriöser Herkunft von der Bank und von einem ebenso mysteriösen Schweizer Investor erhielt, um damit seine erste Baufirma gründen zu können?

Sogar heute, Jahrzehnte später, zögert man in Mailand, alle Fakten über die Banca Rasini und Berlusconi auf den Tisch zu legen. Vermutlich werden diese Zusammenhänge nie ganz geklärt werden, denn die Ermittlungen, die schließlich zu der Aktion Valentinstag führten, konzentrierten sich auf die siebziger Jahre.[43] Dasselbe gilt für den Polizeibericht, auf den sich der Untersuchungsrichter bei seinen Ermittlungen stützte.[44]

Die Geheimnisse der Banca Rasini und der Schatten Sindonas

Das Mysterium um die Bank nimmt seinen Anfang unmittelbar nach Silvio Berlusconis ersten Schritten als Bauunternehmer 1961. Sein erstes Projekt war noch ganz regulär finanziert. Carlo Rasini, der Arbeitgeber seines Vaters, hatte Silvio eine Stelle als Kassierer in der Bank angeboten, als der junge Mann seinen Abschluss der Universität Mailand in der Tasche hatte. Doch Silvio lehnte dankend ab. Als er aber einige Monate später einen Kredit für ein kleines Bauprojekt in der Via Alciati in einem Vorort Mailands beantragte, wurde ihm dieser gewährt.

Die Darlehenssumme benutzte er, um Land zu kaufen, auf dem er vier Wohnblocks für die Einwanderer aus dem italienischen Süden errichten wollte, die damals in Scharen nach Mailand strömten, der italienischen Boomtown. Ein paar Jahre später wurde das Projekt fertig gestellt, allerdings hatte es den jungen Berlusconi nicht gerade reich gemacht.[45]

Das änderte sich jedoch im Jahr 1963, als Berlusconi vom wenig erfolgreichen 27-jährigen Teilzeit-Bauunternehmer zum Tycoon mutiert. Zusammen mit Carlo Rasini und anderen Investoren beschließt er, einen riesigen Wohnkomplex für etwa viertausend Menschen zu bauen. Er wählt dafür Brugherio, einen Ort im Norden Mailands. Woher, genauer gesagt von wem, die finanziellen Mittel dafür kamen, ist bis heute unbekannt. Sicher pumpte die Banca Rasini viel Geld in das Projekt, doch wem dieses gehörte, wird vermutlich immer ein Geheimnis bleiben.

Einer von Berlusconis Partnern bei dem Projekt, der Bauunternehmer Giovanni Botta, erzählte 1994 den Journalisten Mario Guarino und Giovanni Ruggeri: »Es gab ein paar Finanzierungskredite durch die Banca Rasini, aber was den Rest der Finanzierung angeht, davon weiß ich nichts.«[46]

Im selben Jahr wurde die Kommanditgesellschaft Edilnord gegründet, welche das Projekt in Brugherio finanzieren und leiten sollte. Die beiden Hauptfiguren hinter der Edilnord waren Carlo Rasini und Renzo Rezzonico.

Jüngere Nachforschungen haben ergeben, dass Rezzonico für Michele Sindona als Anwalt seines Vertrauens tätig war. Dies beweist ein Polizeibericht der Guardia di Finanza von Mailand.[47] Dort heißt es, dass Renzo Rezzonico, »Notar in Lugano, die Interessen von Sindona vertritt«.[48] Dies ist eine wichtige Entdeckung, die belegt, dass das Finanzsystem, das Berlusconi in seinen Anfängen mit Geld versorgte, auch später weiterbestand. Berlusconi sicherte sich zusätzlich die Dienste einer weiteren mit Sindona in Zusammenhang stehenden Firma mit Namen Servizio Italia.[49] Diese nutzte der Mafiabankier Sindona als Operationsbasis, um für den Vatikan eine verlustreiche Beteiligung an der Firma Ceramiche Pozzi loszuschlagen.

Renzo Rezzonico, ein Schweizer Unternehmensberater, war für eine mysteriöse Schweizer Holding namens Finanzierungsgesellschaft für Residenzen AG[50] tätig. Diese Holding, deren Hintermänner vom Schweizer Bankgeheimnis geschützt sind, investierte über die Banca Rasini beträchtliche Summen in die Edilnord und finanzierte damit Berlusconis Projekt in Brugherio. Obwohl die italienische Zentralbank eine sich lange hinziehende Untersuchung zum Ursprung dieses Geldes einleitete, blieb dieser im Dunkeln.[51]

Erst 1968, als Berlusconi 712 000 Quadratmeter Land in Segrate, im Osten von Mailand und in der Nähe des Flughafens, erstand, wurde die Herkunft seiner Finanzmittel ein wenig transparenter. Auf dem erworbenen Areal sollte ein neuer, hochwertiger Wohnkomplex für zehntausend Menschen entstehen, den man heute als Milano 2 kennt.[52] Auch hier war eine Finanzierung von enormen Ausmaßen erforderlich, und Renzo Rezzonico, der Schweizer Unternehmensberater, gründete zu diesem Zweck am 19. September 1968[53] eine neue Schweizer Holding in Lugano, die Aktiengesellschaft für Immobilienanlagen in Residenzzentren AG.

Eine Woche später gründet Berlusconi in Italien eine neue Firma, welche das Projekt Milano 2 managen soll. Diese Kommanditgesellschaft trägt den Namen Edilnord Centri Residenziali sas Lidia Borsani & Co. Überhaupt sind Berlusconis Anfänge von häufig wechselnden Firmenbezeichnungen begleitet, in denen nicht selten die Namen anderer Leute figurieren. Dies sollte sich in den folgenden Jahren nicht ändern. Erst 1975 erscheint Berlusconis eigener Name, soweit es um die Funktionen des Präsidenten bzw. Hauptaktionärs einer seiner Firmen geht.[54]

Lidia Borsani, die als Eignerin der neuen Firma auftritt, ist eine 31-jährige Cousine Berlusconis. Sie hatte mit dem Unternehmen nicht das Geringste zu tun und diente dem wahren Eigner, Silvio Berlusconi, lediglich als »Strohfrau«. In seinem in der Folgezeit entstehenden Firmenimperium stolpert man immer wieder über die Namen von Verwandten, Angestellten, Hausfrauen und sogar Rentnern, die dort angeblich als Geschäftsführer oder Vorstand tätig sind. Sehr viel später wird er sogar einen halb gelähmten Pensionär als Präsidenten einer seiner Holdings einsetzen, der zur Vorstandssitzung im Rollstuhl erscheinen müsste.[55]

Und dies war nur einer der von Berlusconi so zahlreich angewandten Tricks zur Verwirrung von Steuerbehörden und Finanzaufsicht. 1979 ermittelte die Guardia di Finanza, die italienische Steuerfahndung, gegen die angeblich im Eigentum von Lidia Borsani stehende Firma. Auf Anfragen der Steuerfahnder antwortete Berlusconi bezeichnenderweise, er wisse von nichts, sei er doch nur ein »einfacher externer Berater«.[56]

Woher aber bezog ein junger und unerfahrener Geschäftsmann wie Silvio Berlusconi solch außerordentliches finanztechnisches Know-how, diese Gewieftheit, die ihm erlaubte, enorme Risiken einzugehen, ohne selbst in die Schusslinie zu geraten? Die Antwort hierauf liegt vielleicht bei seinem Vater Luigi und dessen einschlägigem Wissen. Luigi Berlusconi half seinem Sohn nämlich bis zu seinem Tod 1989 bei der Führung der Geschäfte. Der Vater muss die finanziellen Geheimnisse seines Sohnes gekannt haben. Vor allem muss er gewusst haben, woher die ominösen Schweizer Gelder kamen, die über die Banca Rasini in die Unternehmungen des jungen Silvio flossen. Da er mehr als drei Jahrzehnte für eine Bank tätig war, die ohnehin einen leicht zweifelhaften Ruf genoss,[57] kannte er alle nötigen Kniffe und gab sie an seinen Sohn weiter.

Doch was wir über die Persönlichkeit Luigi Berlusconis wissen, passt nicht so ohne weiteres in das Bild des skrupellosen Finanzhais. Nando Cito, der uns bereits in Kapitel 2 begegnete, lernte Luigi Berlusconi als bescheidenen, einfachen Mann kennen, der sich mit seiner Frau Rosa in dem luxuriösen Ambiente von Arcore nie ganz wohl fühlte. »Sie waren wirklich einfache, bescheidene Leute«, erzählte Cito uns. »Als sie während eines Empfangs in der Villa mit Indro Montanelli, dem damals berühmtesten Journalisten Italiens, bekannt gemacht wurden, waren sie sichtlich überwältigt. Sie baten ihn sogar um ein Autogramm. Es war eine wirklich rührende Szene.«[58]

Und doch besteht kein Zweifel daran, dass Luigi Berlusconi seinem Sohn bei allen geschäftlichen und finanziellen Entscheidungen mit Rat und Tat zur Seite stand und daher tatsächlich ein abgebrühter Finanzhai gewesen sein muss, den sein Sohn über alles bewunderte und dem er nachzueifern suchte.

Schweizer Geld

Das Meisterstück von Berlusconis meist recht erfolgreicher Geschäftspolitik, die wahren Besitzverhältnisse sowie die Geldquellen seiner Firmen zu verschleiern, war die Gründung der beiden Schweizer Holdings, mithilfe deren er Brugherio und Milano 2 finanzierte.

Aus den Unterlagen der Handelskammer Lugano geht hervor, dass seine Firmenaktien fast vollständig im Besitz der israelischen Discount Bank Overseas Limited waren, einer Bank, die heute nicht mehr unter diesem Namen existiert.[59] Damals hatte die Bank ihren Hauptsitz in Tel Aviv mit Zweigstellen in New York, Genf, Mailand und Lugano.[60]

Wer aber stand hinter der Discount Bank, die offensichtlich so leicht enorme Geldmittel bereitzustellen vermochte, um sie über die Schweizer Holdings und die Banca Rasini in Berlusconis Bauprojekte fließen zu lassen? – Drei hypothetische Möglichkeiten sind denkbar:

Szenario A: Die Discount Bank finanzierte Berlusconi mit eigenem Geld. Doch angesichts der enormen Summen und der Unerfahrenheit des jungen Unternehmers ist dies die unwahrscheinlichste Hypothese. Denn beim Brugherio-Projekt war Berlusconi eine unbekannte Größe ohne jede Erfahrung im Baugeschäft.

Als das Darlehen für Milano 2 bewilligt wurde, waren die letzten Wohnungen in Brugherio immer noch nicht verkauft, und das änderte sich nicht bis 1969, ein Jahr nachdem die Discount Bank das Milano-2-Projekt – zumindest offiziell – zu finanzieren begonnen hatte. Dass Berlusconi enorme Schwierigkeiten hatte, Käufer zu finden, war wohl bekannt.[61] »Es ging nicht darum, dass ich wenig verkaufte«, erklärte er Giuseppe Turani, einem führenden italienischen Finanzjournalisten. »Ich verkaufte überhaupt nichts. Können Sie sich vorstellen, wie es ist, wenn man eine Stadt für viertausend Menschen baut und nicht eine einzige Wohnung verkauft?«[62]

Wochenlang hatte er verzweifelt versucht, dem Präsidenten des Pensionsfonds der leitenden Angestellten in Rom seine Wohnungen als Anlageobjekte anzudienen, doch dieser war nicht interessiert und ließ dem jungen Berlusconi ausrichten, er möge ihn doch im Büro bitte nicht mehr stören. Letzterer aber setzte auf seinen Charme und seinen selbst diagnostizierten Sex-Appeal, um das Problem zu lösen. Er kümmerte sich intensiv um die Sekretärin des Präsidenten, die ihm irgendwann einmal verriet, dass ihr Arbeitgeber in einem bestimmten Zug von Rom nach Mailand fahren würde. Dazu gab sie noch Abteil- und Sitzplatznummer preis.

Berlusconi buchte auf der Stelle den Platz gegenüber dem Herrn. Als er sich bei der Zugfahrt seinem erhofften Retter erneut vorstellte, erzählte er ihm bei dem folgenden Plausch von den üppigen Frauen im Kaukasus, wo er erst kürzlich seine Ferien verbracht habe. Der alte Mann war hellauf begeistert. Als sie in Mailand ankamen, waren beide halb betrunken und die besten Freunde geworden. Resultat: Der Pensionsfonds investierte in Berlusconis Wohnungskomplex und rettete diesen so vor der Pleite.[63]

Das Brugherio-Projekt war also vor dem Bankrott bewahrt geblieben, doch es erscheint recht unglaubhaft, dass dies allein genügte, um einem so jungen Geschäftsmann ungehinderten Zugriff auf derart enorme Darlehen zu verschaffen.

Szenario B: Die Gelder der Discount Bank stammten womöglich aus massiven illegalen italienischen Kapitaltransfers ins Ausland, die in den Fünfzigern und Sechzigern (hauptsächlich in die Schweiz) getätigt wurden, weil die begüterte Klasse in Italien befürchten musste, die Kommunisten könnten die Macht im Lande übernehmen. Um 1963 aber war das italienische Nachkriegswirtschaftswunder in vollem Gange, und es wurde Zeit, das außer Landes gebrachte Kapital zu repatriieren, um es sicher in das boomende Baugeschäft zu investieren.

Doch so ganz gefahrlos gestaltete sich das leider nicht, denn gerade 1963 diskutierte man in der Öffentlichkeit immer wieder eine für die besitzende Klasse beängstigende Möglichkeit: eine Regierungsbeteiligung der Sozialisten. Im Dezember 1963 wurde diese Koalition Wirklichkeit und sorgte unter den begüterten Konservativen vom rechten Flügel für erdbebenartige Erschütterungen. Und so fuhr man fort, Kapital illegal außer Landes zu schaffen, was die italienische Wirtschaft in den sechziger Jahren beträchtlich schwächte. Zu dieser Zeit also hatten gerade jene, die ihr Kapital im Ausland parkten, wenig Interesse, es in die Heimat zurückzuholen.[64]

Selbst wenn man annimmt, das Geld sei repatriiert worden, so spricht doch nichts dafür, dass seine Eigentümer es ausgerechnet in die Unternehmungen eines 27-Jährigen stecken würden, der bis dato keineswegs umwerfende Erfolge aufzuweisen hatte.

Szenario C: Wie wir später genauer im Kapitel über die »Nahost-Connection« sehen werden, ist die wahrscheinlichste Hypothese, dass das Geld der Discount Bank direkt aus den Geschäften der sizilianischen Mafia stammt. Grundlage dieser Annahme ist die Erkenntnis, dass die Mafia in Sizilien in den sechziger Jahren enormen Bedarf an Geldwäsche hatte.[65] Zu diesem Zweck investierte man massiv in legale Unternehmungen wie Hotels, Industriebetriebe und Baugeschäfte. Vor allem eine Familie, die Gruppe um Caruana-Cuntrera,[66] machte zu jener Zeit mehrere Millionen Dollar, weil sie den Kokainanbau in Venezuela, Kolumbien und Brasilien sowie den Verkauf nach Europa und die USA kontrollierte.

Im Jahr 1983, nach der Verhaftung wichtiger Mitglieder der Mailänder »Weißen-Kragen-Mafia« während der Aktion Valentinstag, kam ans Licht, dass diese schon seit mehreren Jahren Mafiagelder wuschen.[67] Es lagen unwiderlegbare Beweise vor, dass die führenden Mitglieder der Gruppe enge Kontakte zum Klan Caruana/Cuntrera pflegten und dass jene Gelder, die von ihnen in der Banca Rasini gewaschen wurden, größtenteils aus der Schweiz kamen. Was jedoch all jene, welche Szenario C für die wahrscheinlichste Option halten, am meisten in ihrer Ansicht bestärkt, ist die Tatsache, dass zwischen der israelischen Discount Bank und der Caruana-Cuntrera-Gruppe enge Beziehungen bestanden. Das würde so einiges erklären, denn der Zweck solcher Geldwäscheaktionen liegt ja nicht im Erzielen hoher Gewinne, sondern im effektiven Verschleiern der Herkunft der bereits eingenommenen Gelder, sodass sie hinterher rein und »blütenweiß« erscheinen. Natürlich stellte es ein Risiko dar, dieses Kapital einem unbeschriebenen Blatt wie Berlusconi anzuvertrauen. Doch erscheint dem Geldwäscher dieses Risiko natürlich bei weitem akzeptabler als dem gewöhnlichen Investor, der aus seinem Kapital größtmöglichen Profit ziehen will. Natürlich muss auch der Geldwäscher mit einem möglichen Totalverlust rechnen, doch er hatte ja immer noch die Discount Bank und die Banca Rasini als Garanten.

Gute Beziehungen

Im Jahr 1973 wechselte die Edilnord Centri Residenziali sas Lidia Borsani & Co. die Firmenbezeichnung und nannte sich fortan »Italcantieri srl«.[68] In der Folgezeit sollten Berlusconis Unternehmen noch des Öfteren den Namen wechseln. Dieses Mal wurde kein Verwandter Präsident, sondern Umberto Previti, ein rücksichtsloser Firmenanwalt aus Kalabrien, der – zusammen mit seinem Sohn Cesare – in Berlusconis zentralem Firmenimperium, der Fininvest-Holding, eine wichtige Rolle spielen sollte. Auch hier erscheint Berlusconis Name weder in der Liste der Vorstandsmitglieder noch in der der Hauptaktionäre.

Die Discount Bank mit ihren mysteriösen Schweizer Holdings[69] verschwand 1973 gleichfalls plötzlich von der Bildfläche. Doch blieb weiterhin die Schweiz die Quelle, aus der Berlusconis immenser Finanzbedarf stets prompt gedeckt wurde. Renzo Rezzonico, der Unternehmensberater aus Lugano, der zuerst mit der Discount Bank zusammengearbeitet hatte, konzipierte auch die neue Firmenarchitektur, über deren Kanäle Berlusconi Gelder zufließen sollten.[70]

Zu diesem Behufe mussten zwei neue Schweizer Holdings gegründet werden, die Cofigen SA, die ihren Sitz in Lugano hatte, und die Eti AG mit Sitz in der Nähe von Chiasso. Auch hier blieb Berlusconi sich treu und bestimmte eine vermögenslose Hausfrau und einen jungen, aufstrebenden Notar, der gerade erst seinen Abschluss gemacht hatte, zu Präsidenten.[71]

Woher das Geld kam, das in die beiden Holdings floss, bleibt wie eh und je ein Geheimnis. Interessant an diesen beiden Firmen aber sind die Hauptaktionäre, denn zwei von ihnen sind wichtige Köpfe in der politisch rechtsgerichteten, antikommunistischen Führungsschicht der europäischen Bank- und Geschäftswelt.

Der eine, Tito Tettamanti,[72] war einer der mächtigsten Unternehmens- und Bank-Tycoons der Schweiz. Der politisch extrem einflussreiche Freimaurer ist auch ein frommer Unterstützer des Opus Dei. Über diese Organisation und seine Freimaurerkontakte[73] stand er natürlich in enger Verbindung mit Italiens konservativsten Politikern und Finanzmagnaten sowie dem grundsätzlich antikommunistisch ausgerichteten rechten Flügel der Sozialistischen Partei Italiens, der politischen Heimat Bettino Craxis.

In diesem Ambiente sollte Silvio Berlusconi, nun ein aalglatter 33-Jähriger mit Schnurrbart à la Mandrake und glatt nach hinten gekämmtem Haar, das in einen kleinen Perückenteil mündete, die Geldgeber für seine künftigen Vorhaben finden. Seine Kontakte zur Politik und zu Freimaurerkreisen garantierten ihm Zugang zu einem nahezu unerschöpflichen Reservoir finanzieller Mittel. Denn diese Herren kontrollierten damals die Banken im Besitz des italienischen Staates,[74] und das bedeutete praktisch: extrem langfristige Kredite zu extrem niedrigen Zinsen. Und aus der Schweiz kam ja auch noch Geld.

Der zweite wichtige Aktionär[75] war Ercole Doninelli. Er war dafür bekannt, dass seine politischen Sympathien am äußersten rechten Rand lagen. Er hatte 1956 eine eigene Holding namens Fimo gegründet. Ihre Spezialität war, Finanzmittel anonym von einem Land ins andere zu verschieben.[76] Doninelli war über die Jahre hinweg in zahllose polizeiliche Ermittlungen und Prozesse verwickelt, doch der größte Skandal war sicher der von 1989, als Giuseppe Lottusi angeklagt wurde, in Mailand Drogengeld gewaschen zu haben. Dieses Geld stammte von der Fimo. Während des Prozesses stellte sich heraus, dass es sich dabei um Einnahmen des Caruana-Cuntrera-Drogensyndikats handelte. Lottusi wurde zu zwanzig Jahren Haft verurteilt.[77]

Wieder liefen die Gelder aus den beiden Schweizer Holdings über Konten der Banca Rasini. Bis Berlusconis Vater sich 1973 von seinem Posten als Bankdirektor zurückzog, kümmerte er sich persönlich um die Bankgeschäfte seines Sohnes. Ohne das finanzielle Know-how seines Vaters und ohne dessen Beziehungen innerhalb der Bank wäre es Silvio Berlusconi nie gelungen, der reichste und mächtigste Mann Italiens zu werden. Er ist also keineswegs Selfmademan, wie er immer prahlt, sondern vielmehr das klassische Vatersöhnchen.

Ermittlungen gegen die Banca Rasini

Im Jahr 1991 wurde die Banca Rasini an die Banca Popolare di Lodi verkauft, ein Institut, das bis heute in obskure Finanztransaktionen verwickelt ist und als »Berlusconi-nah« gilt, also seinem Unternehmen und seiner Partei nahe stehend. Doch auch die *Lega Nord* hat Verbindungen zur Banca Popolare di Lodi. Der Vertrag über den Aktienkauf der Banca Rasini ist auf den Dezember 1991 datiert, die Fusion zwischen der Bank aus Lodi und der Banca Rasini fand am 19. Dezember 1992 statt.

Etwa sechs Jahre später, am 16. Juni 1998, alarmierte die Staatsanwaltschaft von Palermo im Laufe des Prozesses[78] gegen Marcello Dell'Utri wegen Beihilfe zu einer kriminellen Vereinigung mafiösen Charakters die örtlichen Vertreter des Anti-Mafia-Pools der Polizei. Die Staatsanwälte Antonio Gozzo und Domenico Ingoia vertrauten den finanztechnischen Teil der Ermittlungen einem Beamten der italienischen Zentralbank an: Francesco Paolo Giuffrida. Wir haben mit Giuffrida gesprochen und dabei einige wichtige Informationen erhalten. Er ist Experte für die Verquickungen von Mafia und Hochfinanz. Er berichtete vor allem über die Widerstände, die ihm bei seinen Ermittlungen gegen die einst von Luigi Berlusconi geleitete Bank begegneten, und über den Druck, dem er sich ausgesetzt sah.

Doch zurück zu den Ermittlungen gegen die Banca Rasini. Die Staatsanwaltschaft von Palermo stellte ein offizielles Auskunftsersuchen an die Banca Popolare di Lodi in Bezug auf die »Risikoeinschätzung« von Silvio Berlusconi, Paolo Berlusconi, Marcello Dell'Utri, Miranda Ratti (Ehefrau Dell'Utris) sowie die Publitalia 80. Außerdem verlangte man Auskunft über eine Reihe von Firmen und Personen, die mit Berlusconi und Dell' Utri in Kontakt standen: den Anwalt Renzo Rezzonico, die Par.Ma.Fid., die Finanzierungsgesellschaft für Residenzen AG (Schweizer Recht), die Aktiengesellschaft für Immobilienanlagen in Residenzzentren AG (Schweizer Recht), Tito Tettamanti, Ettore Doninelli, die Fimo, die Cofigen, die Eti AG Holding, die Fininvest, die Mediaset, die R.T.I., die Videotime, die Elettronica Industriale, die Fernsehsender Canale 5, Italia Uno, Telepiù, die Holding Italiana Prima (1) bis zur Holding Italiana Ventiduesima (22) spa, die Edilnord, die Idra Immobiliare, über Valter Donati und Renato della Valle. Es handelte sich um Gesellschaften und Mitarbeiter, die zusammen das »Universum Berlusconi« ausmachen. Doch die Direzione Antimafia hat trotz des Auskunftsersuchens die allergrößten Schwierigkeiten, die wahre Geschichte der Banca Rasini und ihrer Beziehungen zum jungen Silvio Berlusconi zu rekonstruieren. Denn wie der für die Speicherung und Aufbewahrung von Daten zuständige Abteilungsleiter der Banca Popolare di Lodi, Giovanni Battista Calegari, den Beamten mitteilt, wurden »im Rahmen einer von Dezember 1994 bis Januar 1995 erfolgten Umstellung der Archive bestimmte Daten und Dokumente gelöscht bzw. vernichtet«. Die betroffenen Daten waren ebenjene der Banca Rasini.

Antonio Scudellaro, Angestellter der Banca Popolare di Lodi, erklärt: »Mit Schreiben vom 24. Juli 1997 haben wir der Firma Arxin den Auftrag erteilt, die Akten der Banca Rasini zu vernichten.«

Was die geheimnisumwobenen Holdings angeht, die Silvio Berlusconi mithilfe der Banca Rasini gegründet hat, so heißt es weiter: »Die Dokumente, welche die Holdings Italiana 1 bis Italiana 22 betreffen, wurden im Rahmen der Fusion von der Banca Rasini an die Banca Popolare di Lodi übergeben. Diese Daten betrafen Geschäftsbeziehungen, die alle am 12. 12. 1983 ihren Abschluss fanden.«

Umberto Cerruti, der von der Banca Rasini 1974 als Vizedirektor eingestellt wird, erinnert sich: »Die wichtigsten Gesellschaften, die ihre Konten bei uns führten, waren: Calderara, Botta, die Società Italiana Resine und andere. Wir verwalteten auch die ›Berlusconi-Gruppe‹, aber ich weiß nicht mehr, welche Konten da bei uns lagen. Sie alle wurden von Luigi Berlusconi, Silvios Vater, selbst geführt. Die Konten der Berlusconi-Holdings hatte Armando Minna eröffnet, Diplomkaufmann und Aufsichtsrat der Banca Rasini. Er selbst sagte mir, dass hinter all diesen Firmen letztlich Silvio Berlusconi stecke.«

Ignazio Torre, der am 1. August 1980 als Angestellter der Abteilung »Kredite und Kundenbetreuung« in die Banca Rasini eintrat, berichtet: »Im Zuge einer internen Umstrukturierung bat man mich, mich um die Privatkunden der Bank zu kümmern. So erhielt ich als verantwortlicher Leiter ein Büro in der Hauptniederlassung. In dieser Funktion habe ich einen großen Teil der Privatkunden persönlich kennen gelernt. Dies gilt natürlich vor allem für die größten Kunden der Bank, die damals in so genannte Gruppen eingeteilt wurden. Die Gruppen waren die besten Bankkunden, zu ihnen gehörte auch die ›Gruppe Berlusconi‹. Wir unterhielten geschäftliche Beziehungen vor allem zu den Familienmitgliedern: Mutter, Schwester, Bruder, Verwandte, die bei uns Sparbücher, Girokonten, Depots und Schließfächer unterhielten. Was die Kontobewegungen anging, so floss jedoch vor allem Geld auf das Konto von Herrn Silvio Berlusconi. Dort gingen Gelder von beträchtlicher Größenordnung ein, mitunter auch mehr als 1 Milliarde Lire. Sie wurden für Vorauszahlungen und/oder Steuerzahlungen verwendet. Diese Zahlungen wurden hauptsächlich per Scheck oder über eine Clearingstelle getätigt. Die Kontobewegungen wurden veranlasst von Herrn Giuseppe Spinelli und später von Herrn Giorgio Beretta, einem Angestellten der Rasini-Bank, der später zum Schwager von Silvio Berlusconi wurde, da er seine Schwester ehelichte.« Torre fügt hinzu: »Die einzige Gesellschaft, deren Konten wir führten, war die Publitalia, für die wir etwa 1 Milliarde Euro verwalteten. Diese dienten als jederzeit verfügbare Einlage, wenn die Bewilligung von Krediten auf sich warten ließ. Dann stellten wir über diese Summe eine Bankgarantie aus.«

Als wir Ignazio Torre um ein Gespräch baten, war er recht aufgeschlossen. Er erzählte uns, dass er Luigi Berlusconi nie kennen gelernt hatte, weil dieser ja seit 1973 nicht mehr für die Bank gearbeitet habe, wohingegen er selbst erst 1980 eingetreten sei. Seinen Sohn aber habe er in der Bank des Öfteren gesehen. Er stimmte zu, uns in seinem Mailänder Büro[79] zu empfangen, doch als wir uns dann gegenübersaßen, erschien er mit einem Mal recht angespannt, um nicht zu sagen ängstlich. Er meinte, über die Banca Rasini könne er uns leider gar nichts sagen, weil dies unter das Bankgeheimnis falle. Er leugnete sogar, uns am Telefon erzählt zu haben, dass er Silvio Berlusconi häufig in der Bank gesehen habe. Angesichts dieser Sachlage war nichts mehr zu machen. Wir mussten gehen.

Auch die Aussagen von Dario Azzaretto, Sohn von Giuseppe Azzaretto, dem früheren Teilhaber und von 1973 bis 1984 sogar Geschäftsführer der Bank, waren mehr als ausweichend. Bei seiner Aussage vor der örtlichen Dienststelle des Anti-Mafia-Pools gab er zu Protokoll: »Zu den wichtigsten Einlagenkunden der Bank gehörten die Gruppen Botta, Bellani, Fabbri, Mondadori, Società Italiana Resine, Berlusconi und andere.

Ich persönlich hatte nur mit Herrn Luigi Berlusconi zu tun, dem Vater von Silvio, der jahrzehntelang für die Bank gearbeitet hatte, bis er in Pension gegangen war. Herrn Luigi Berlusconi oblag auch die Führung eines Kontos der Edilnord, das im Zusammenhang mit dem ersten Immobilienprojekt in den sechziger Jahren in Brugherio stand. Ich weiß noch, dass Armando Minna, Aufsichtsrat der Bank, zu den Angestellten gehörte, die direkt mit der Berlusconi-Gruppe zu tun hatten. Minna tätigte bis zu seinem Tod verschiedene finanzielle Operationen für diese Gruppe, zum Beispiel die Gründung einzelner Gesellschaften bzw. Holdings. Nach dem Tod von Minna wurde diese Aufgabe, wenn ich mich recht erinnere, von Luigi Foscale übernommen.« Foscale war Rentner, ehemaliger Fiat-Angestellter und Onkel von Silvio Berlusconi. Und so bleibt wieder einmal alles schön in der Familie.

Die Eigentümer der Banca Rasini

Wer die Kontrolle über die Rasini-Bank ausübt, ist schon deshalb von Interesse, weil sich hinter den Schaltern dieser kleinen Bank im Laufe der Jahre die Einflüsse zahlreicher Interessengruppen überschneiden: zuerst Aristokratie und Großbürgertum von Mailand, repräsentiert von den Grafen Rasini, dann das mit dem Vatikan in enger Verbindung stehende Großbürgertum Siziliens und schließlich die schnell reich gewordenen Industriellen wie die Rovellis, Chemieunternehmer, die in einen spektakulären Fall von Richterbestechung verwickelt waren – gemeinsam mit Cesare Previti übrigens, dem persönlichen Anwalt Silvio Berlusconis und Abgeordneten von dessen Partei *Forza Italia*.

In der Banca Rasini treffen also die verschiedensten Kräfte aufeinander. Alles vor dem stets präsenten Hintergrund aus dunklen Mafiaverbindungen und Geldern obskurer Herkunft, für welche die Banca Rasini als Girozentrale fungiert.

Aus dem Bericht des Anti-Mafia-Pools der Polizei geht hervor, dass am 14. Dezember 1973 ein wichtiger Schritt in diese Richtung vollzogen wurde, als man die Rasini-Bank in eine Aktiengesellschaft umwandelte. Die erste Registrierung der Namen der Aktionäre enthüllt, dass die größten Anteilspakete sowohl von Einzelpersonen (darunter Giuseppe und Dario Azzaretto aus Misilmeri) als auch von diversen Gesellschaften gehalten wurden. Drei dieser Gesellschaften hatten ihren Sitz im Ausland: die Wootz-Anstalt in Eschen, die Brittener Anstalt in Mauren und die Manlands Financiere SA in Schaan – alles Liechtensteiner also. Diese Gesellschaften werden im nächsten Kapitel genauer durchleuchtet, denn mit ihnen eröffnen sich ganz neue Horizonte.

Doch ist damit die Aufzählung der Aktionäre der Banca Rasini noch längst nicht erschöpft. Später kommen noch hinzu: die Padana Partecipazioni spa in Mailand (seit 1974), die Eurocredit Investimenti e Partecipazioni spa in Rom und (seit Dezember 1991) die Banca Commerciale di Lugano der Familie Rovelli. Natürlich waren mit dem Eintritt neuer Gesellschafter auch zahlreiche Kapitalerhöhungen verbunden. So heißt es im Bericht der Direzione Investigativa Antimafia (DIA), dass das Stammkapital der Banca Rasini spa von 1974 bis zum 31. Dezember 1991 von 750 Millionen Lire auf 15 Milliarden Lire anwuchs.

Als die Banca Rasini Ende 1991 an die Banca Popolare di Lodi verkauft wird, liegt die Aktienmehrheit nach Aussagen der italienischen Zentralbank[80] bei der Familie Rovelli, den Chemieunternehmern, die so enge Verbindungen zu Giulio Andreotti pflegen. Nach dem Mafiaskandal von 1983 verkauften die Azzaretto die Bank an Nino Rovelli, von dem wir noch hören werden.

Unter den Aktionären finden sich die Flaminia srl (34,21 Prozent), die Manlands Financiere (17,50 Prozent) und die Banca Commerciale di Lugano (27,49 Prozent). Letztere wird bis heute von der Familie Rovelli kontrolliert.[81]

Die geheimnisvollen 38 Holdings von Silvio

Im Laufe der Ermittlungen im Dell'Utri-Prozess fragte Dott. F. P. Giuffrida von der italienischen Zentralbank bei der Banca Popolare di Lodi an, ob die von ihr übernommene Banca Rasini Beziehungen irgendwelcher Art zu den 22 Gesellschaften namens »Holding Italiana« (1, 2, 3 etc.) hatten, die Silvio Berlusconi mithilfe des Aufsichtsrates der Rasini, Armando Minna, in den Jahren vor den Verhaftungen am Valentinstag 1983 gegründet hatte.

Wie wir in den folgenden Kapiteln sehen werden (siehe zum Beispiel Kapitel 5 und 8), entstehen diese 22 Holdings, um auf »verdeckte« Weise Firmenbeteiligungen zu realisieren und der Fininvest Kapital zuzuführen, jener Gesellschaft, unter deren Dach Berlusconi sein Imperium aus Baufirmen und Fernsehsendern aufgebaut hatte. (Die Fininvest ist offiziell erst 1975 gegründet worden, existierte jedoch schon 1974 als Offshore-Gesellschaft auf den Caymaninseln.)

Dass die Holdings zum Zwecke der Verschleierung gegründet wurden, geht aus einem Detail hervor, das Anlass zum Schmunzeln gäbe, wäre das Thema nicht so ernst. So schreibt Giuffrida in seinem Bericht (auf S. 51): »Aus der Überprüfung der Bücher der Holdings geht eindeutig hervor, dass die Banca Rasini – wie von der Banca Popolare di Lodi angegeben – tatsächlich sowohl aktive als auch passive Beziehungen zu den Holdings unterhalten hatte, und dies bereits seit 1978. Weiter geht aus Aufzeichnungen der Banca Rasini hervor, dass als geschäftlicher Zweck der Holdings 1–22 bei deren Registrierung stets ›Frisiersalon und Kosmetikinstitut‹ angegeben wurde. Ferner haben wir festgestellt, dass es keineswegs nur 22 Holdings gab, sondern insgesamt 38, wie wir schon aus den Einträgen ins Handelsregister ersehen konnten.«

Wer also war – außer Silvio Berlusconi und seinen Bankerfreunden (zu denen auch die »Bankiers Gottes« Michele Sindona und Roberto Calvi gehörten, von denen im nächsten Kapitel die Rede sein wird) noch an seinen Unternehmungen beteiligt? Die Ermittlungen der Staatsanwaltschaft Palermo jedenfalls ergaben, dass zu seinen Teilhabern zwei äußerst fragwürdige Figuren des Mailänder Geschäftslebens gehörten, die bereits genannten Luigi Monti und Antonio Virgilio, die beide in der Nacht vom Valentinstag aufgeflogen waren.

Monti und Virgilio stand die Par.Ma.Fid. zur Seite, eine Gesellschaft von höchst zweifelhaften Aktivitäten. »Die Par.Ma.Fid., Treuhand- und Wirtschaftsprüfungsgesellschaft, hatte zahlreiche Beteiligungen inne, darunter auch an einer Gruppe von Aktiengesellschaften, deren Namen recht ähnlich klangen (Holding Italiana 1, 2, 3 ...) und ihren Sitz in Mailand hatten. Gesetzlicher Vertreter dieser Firmen ist Luigi Foscale, geboren in Mailand am 9. Mai 1915«, heißt es in der Anklagerede[82] der Staatsanwälte Gozzo und Ingoia im Prozess gegen Dell'Utri, der schließlich zu dessen Verurteilung führte.

Das Konstrukt aus Schachtelfirmen rund um die Banca Rasini und die mysteriösen 38 Holdings verbirgt enorme Geldflüsse, zu denen Silvio Berlusconi persönlich niemals klare Angaben gemacht hat. Von 1975 bis 1983 fließen mehrere Milliarden Lire in Berlusconis Unternehmen, deren Herkunft bis heute unbekannt ist – auch nach den akribischen Nachforschungen durch Francesco Giuffrida.

Berlusconi und Armando Minna (der Diplomkaufmann, der Aufsichtsrat bei der Banca Rasini war) hatten eine Methode gefunden, Gelder in die Holdings fließen zu lassen, ohne die Finanzaufsicht der Zentralbank auf den Plan zu rufen. Diese Technik ist dieselbe, mit der Michele Sindona operierte, um mit Mafiakapital seine Banken zu retten. Damals hieß die Mittlerfirma »Finambro«.[83]

In ihrer Anklagerede im Dell'Utri-Prozess führen die beiden Staatsanwälte Gozzo und Ingoia aus, dass bei der Fininvest genau dieselbe Technik der Kapitalerhöhungen angewandt wurde, wie man sie bei der Finambro Sindonas bereits festgestellt hatte: »häufige Kapitalerhöhungen unterhalb der Grenze von

2 Milliarden Lire, um die Zustimmung des Finanzministeriums nicht einholen zu müssen«. Diese Zustimmung, so die beiden weiter, war auch schon zu Sindonas Zeiten erforderlich.[84]

Von der Banca Rasini zur Banca Popolare di Lodi

Als die Banca Rasini 1991 verkauft wird, weil sie als der Öffentlichkeit ruchbar gewordene »Mafiabank« für geheime Finanzspiele nicht mehr zu gebrauchen ist, gerät sie wie gesagt in die Hände eines ganz besonderen Geldinstituts, der Banca Popolare di Lodi. Deren Direktor ist ein höchst fragwürdiger Bankier namens Gianpiero Fiorani, der bald zur Hauptfigur einer Reihe von Skandalen wird, die Italien während der Regierungszeit Silvio Berlusconis erschüttern.

Die Historie dieser norditalienischen Bank spricht Bände. Während der gesamten neunziger Jahre, ja sogar bis 2005, tätigt die Bank aus Lodi eine Reihe von Akquisitionen, die den Analysten zu denken geben.[85] Verdächtig wirkt vor allem, dass eine Bank, die in der reichen Lombardei ihre Wurzeln hat, plötzlich in winzige Finanzinstitute in Sizilien investiert: Banken mit womöglich nur einer einzigen Filiale, wie sie nach Einschätzung von Experten häufig von der Mafia zum Geldwaschen benutzt werden.

Die Bank aus Lodi kauft kurz nacheinander: die Banca Popolare di Belpasso[86] in der sizilianischen Provinz Catania, die enge Beziehungen zu Giuseppe Pulvirenti hat, dem obersten Mafiaboss von Catania; die Banca Popolare di Carini in der Provinz Palermo, deren gesamter Aufsichtsrat vor einigen Jahren wegen Bilanzfälschung vor Gericht stand; die Banca Commerciale di Mazara del Vallo in der Provinz Trapani (eine Filiale); die Banca Popolare di Credito e Servizi di Vittoria in der Provinz Ragusa (eine Filiale); die Banca Operaia di Pescopagano in der Provinz Potenza (sieben Filialen); die Credito Molisano (sieben Filialen); die Banca popolare di Bronte in der Provinz

Catania (acht Filialen); den Banco di Credito Siciliano (der lange Zeit vom ehemaligen Europa-Abgeordneten der *Forza Italia* Pietro Di Prima geleitet wurde; 119 Filialen). Dies sind Akquisitionen, deren strategischer Sinn zumindest zweifelhaft ist.

Doch damit nicht genug. Die Akquise geht auch im Ausland weiter: So kauft man 60 Prozent der Adamas Bank (die sodann mit all ihren Leichen im Keller in die Bipielle Bank Suisse überführt wird). Die Adamas wurde 1962 gegründet und hat zwei Hauptsitze: einen in Zürich, einen in Lugano. Hauptsächlich im Private Banking tätig, verfügte sie über 1700 Milliarden Lire Kundeneinlagen. Vor Gericht standen die gesetzlichen Vertreter der Adamas nicht nur einmal. Zum Beispiel beim Skandal um die Telekom Serbien, bei dem im Zusammenhang mit dem Verkauf der Telekommunikationsnetze im ehemaligen Jugoslawien Schmiergelder an Mitglieder der italienischen Regierung flossen. Doch auch beim Waffenhandel zwischen der Regierung von Peru und den ehemaligen Sowjetrepubliken, die in den letzten Jahren die Arsenale der früheren UdSSR an den Meistbietenden verscheuerten, spielte die Adamas eine bedeutsame Rolle. Hierbei fließen die Schmiergelder in Strömen. Die Korruption im Waffengeschäft ist enorm.[87] Natürlich müssen diese Summen gewaschen und dann ins »Trockene« gebracht werden. An einer dieser turbulenten Kapitalverwirbelungen sind einige uns bekannte Banken beteiligt: neben dem Schweizer Koloss UBS auch die Adamas Bank (heute Bipielle Bank Suisse) und die Banca Popolare di Lodi. Zwei ehemalige Direktoren der Bank, die später zur Bipielle Bank Suisse überwechselten, wurden wegen Betrugs, Unterschlagung und anderer Delikte verhaftet. Interessant ist, dass beide von der Fimo kamen, jener Unternehmensberatung aus Chiasso, die Anfang der achtziger Jahre im Mittelpunkt des Skandals um den Finanzier Giuseppe Lottusi stand, den man verdächtigte, Geld für den internationalen Drogenhandel zu waschen. Bei dieser Affäre, die im Laufe des Tangentopoli-Skandals[88] ans Licht kommt, geht es ebenfalls um einen Teufelskreis aus Schmiergeldern und Schwarzkonten in der Schweiz, den die italienischen Ermittler der Mani Pulite sukzessive ans Tageslicht bringen. Danach macht die Adamas Bank Bipielle Suisse erst wieder 2005 von sich reden: als die bekannte italienische Tageszeitung *Corriere della Sera* von Agenten aufgekauft werden soll, denen man nachsagt, sie stünden Silvio Berlusconi nahe.

Beim Übergang der Banca Rasini in den Schoß der Banca Popolare di Lodi begegnet uns der Brechstangenbankier Gianpiero Fiorani in einer Hauptrolle. Auch ihm, den man bisweilen den »Sanford Weill der Poebene« nennt (nach dem legendären Gründer der Citigroup, der größten Bank der Welt), sagt man eine gewisse Nähe zu Silvio Berlusconi nach. Und er akquiriert weiterhin mit geradezu Schwindel erregendem Tempo: 21 Banken und dreizehn Gesellschaften in acht Jahren mit einer Gesamtinvestitionssumme von 5,3 Milliarden Euro, auch hier wieder nach dem bewährten Muster der fortgesetzten Kapitalerhöhung. Analysten meinen, dass das maßlose Wachstum der Bank aus Lodi (deren Aktiva sich in sieben Jahren versechsfacht haben) auf Sand gebaut sei. Oder auf Schulden, die mittlerweile die stolze Summe von 9,4 Milliarden Euro betragen und damit das 1,1fache der Kundeneinlagen.

Fiorani tritt seinen Dienst bei der Popolare di Lodi 1978 an. Er ist Katholik, vor allem aber Anhänger der *Democrazia Cristiana*, die zu jener Zeit auf die Ernennung der diversen Bankenchefs massiven Einfluss nimmt. Die Partei fördert ihn. Er ist rücksichtslos (von sich selbst sagte er einmal: »Sicher komme ich nicht in die Hölle, aber tausend Jahre Fegefeuer sind schon drin«) und macht Karriere, indem er schwierige Projekte managt: Er restrukturiert die sizilianischen Bankentöchter der Gruppe, kauft die Banca Rasini und erwirbt die Banca Mercantile von der Fondiaria-Gruppe. Als so genannte »Volksbank« unterliegt die Bank aus Lodi strengen Regeln, was die eigenen Aktienbeteiligungen angeht. Doch diese umgeht Fiorani, indem er Iccri kauft, das Istituto Centrale Casse di Risparmio, das er in »Banca Federale Europea« und später in »Reti Bancarie« umtauft. Mit dieser neuen Holding im Portfolio geht Fiorani dann auf Shoppingtour und finanziert diese mit ständigen Kapitalerhöhungen. Er kauft kleine, abgewirtschaftete Banken, saniert sie und bringt sie wieder ins Geschäft. Die Banca Popolare di Lodi wächst und wächst. Bald gehört sie zu den zehn größten Banken Italiens. Als 1997 Angelo Mazza stirbt, der letzte wirkliche Padrone der Bank, übernimmt Fiorani allein das Ruder. Zum ersten Mal bläst ihm eine steife Brise entgegen, als er unter der Hand die Aktien der Banca Popolare di Crema aufkauft, um eine Mehrheitsbeteiligung zu erwerben – ein Meisterwerk an Intransparenz: Sämtliche Transaktionen laufen über die Schweiz ab. Die Protagonisten sind ausschließlich Offshore-Gesellschaften, was am Ende die Finanzaufsicht Consob auf den Plan ruft – der Staatsanwalt ermittelt wegen Bilanzfälschung und Insiderhandel.

Doch schließlich wandern die Ermittlungsakten in den Keller: außer Spesen – und einer bescheidenen Geldstrafe – nichts gewesen. Fiorani gelang es nämlich, einen einflussreichen Beschützer zu finden: Antonio Fazio, den superkatholischen Zentralbankchef Italiens – auch er »Kooperator« des Opus Dei, der die Protektion des Vatikans genießt.

Der Finanzkünstler Fiorani freundet sich mit der Frau des Zentralbankdirektors an und bietet dessen Sohn und Schwiegersohn einen Praktikumsplatz in der Banca Popolare di Lodi an.

Darüber hinaus erwirbt er sich noch die ewige Dankbarkeit der heiligen Mutter Kirche mit seiner schriftlichen Zusicherung gegenüber der italienischen Bischofskonferenz, vertreten durch Kardinal Camillo Ruini, er werde kulturelle Initiativen fördern und die Renovierung von Pfarrkirchen finanziell unterstützen.

Seine Beziehungen zu Silvio Berlusconi könnten nicht besser sein: Zum einen war Luigi Berlusconi, Silvios Vater, lange Zeit in der Direktion der Banca Rasini tätig, die am Ende von der Bank aus Lodi geschluckt wurde. Diese wiederum hält heute noch den Daumen auf allen etwaigen Dokumenten zu »vertraulichen« Vorgängen. Zum anderen arbeitet Ennio Doris, der Topmanager von Mediolanum (der Banken- und Versicherungsgruppe des Berlusconi-Imperiums), eng mit der Bank aus Lodi zusammen, von der Paolo Berlusconi wiederum einen 50-Milliarden-Kredit bekommen hat. Schwere Zeiten schweißen Freundschaftsbande ohnehin noch enger zusammen. Fiorani erwirbt ein erkleckliches Pfund, mit dem er politisch wuchern kann, als er eine Bank vor dem Bankrott bewahrt, die von der *Lega Nord* gegründet wurde, dem engsten politischen Verbündeten Berlusconis.

Am 5. Oktober 2004 verleibte Gianpiero Fiorani mithilfe des Zentralbankdirektors Fazio seiner Bank in Lodi die CrediEuronord ein. Diese *Lega*-Bank war im Januar 2001 gegründet worden und stand nach nur drei Jahren am Rande des Bankrotts, wobei sie die dreitausend Sparer aus der Poebene, die auf deren vollmundige Versprechungen hereingefallen waren, mit sich zu reißen drohte. Die Bank entstand aus einer breit angelegten Zeichnungsaktion in den einzelnen Büros der *Lega Nord*, die von Umberto Bossi, dem Generalsekretär der Partei, initiiert worden war. Man gewann dreitausend Zeichner, die teilweise Einlagen bis zu 100 Millionen Lire zeichneten. Das Geschäftsziel der Bank wurde mit den Worten formuliert: »Sie soll die Ideale der *Lega* unterstützen, das Ersparte der Familien sowie kleiner und mittlerer Unternehmen schützen.« Man eröffnete eine Filiale in Mailand, eine zweite in Treviso. Doch die Bilanz von 2003 weist 8 Millionen Euro Verlust aus sowie 12 Millionen Euro notleidende Kredite, und dies bei einem Gesamtanlagevermögen von 47 Millionen Euro. Der Zusammenbruch der Bank bliebe für etwa ein halbes Dutzend *Lega*-Abgeordnete nicht ohne Konsequenzen.

Eine Überprüfung seitens der Zentralbank bringt im Mai 2003 den Stein ins Rollen. Die Inspektoren stellen fest, dass die

Bank in eine erhebliche Schieflage geraten ist, und sprechen von »Auferlegung administrativer und finanzieller Sanktionen aufgrund gravierender Versäumnisse«. Dann aber kommt der Ritter in goldener Rüstung: Auftritt Fiorani. Manche munkeln heute noch, dass er vom Zentralbankchef Fazio persönlich aufgefordert wurde, in die Bresche zu springen. Sicher hat die Banca Popolare di Lodi viele Volksbanken aufgekauft, doch aus welchen Gründen sie dies auch mit einer Bank tun sollte, die außer zwei Filialen und immensen Schulden nichts zu bieten hatte, bleibt bis heute rätselhaft.

Doch damit ist die Skandalchronik um die CrediEuronord noch keineswegs vollständig geschrieben, denn die Staatsanwaltschaft hat auch hier Ermittlungen wegen Verdachts auf Geldwäsche in die Wege geleitet. Die Nachforschungen lassen den Schluss zu, dass die Bank von Berlusconis engstem Verbündeten dazu benutzt wurde, mehrere Milliarden Lire zu waschen, die im Zusammenhang mit den »aufgeblähten Insolvenzen« am Mailänder Insolvenzgericht anfielen. Die diesbezüglichen Untersuchungen brachten ans Licht, dass die CrediEuronord diese unterschlagenen Gelder auf ihren Konten »säuberte«.

Der Skandal war perfekt.[89] In den Führungsgremien der bankrotten Bank saßen prominente Persönlichkeiten der *Lega*, darunter drei Parlamentsabgeordnete: Schatzmeister Maurizio Balocchi (Staatssekretär im Innenministerium unter der Regierung Berlusconi und Mitglied des Verwaltungsrates der Bank). Ihm zur Seite standen Stefano Stefani (der später in den Skandal um die »Rülpswettbewerbe deutscher Touristen« verwickelt wurde)[90] und Giancarlo Giorgetti. Für sie steht viel auf dem Spiel: ein Strafverfahren wegen betrügerischen Bankrotts und eine Milliardenstrafe von der Zentralbank wegen Geldwäsche. Doch der Freund Fioranis, der Chef der italienischen Zentralbank Antonio Fazio, greift vorsorglich ein und bringt alles wieder ins Lot: Die Verantwortlichen müssen keine Geldstrafe bezahlen, und Fiorani rettet das Institut.

CrediEuronord ist mittlerweile in ein zweites Verfahren verwickelt. Es geht um Subventionsbetrug an der EU durch Fälschung der Daten über die Milchproduktion. Das Institut wird in eine Aktiengesellschaft umgewandelt. So lässt es sich besser an die Bipielle-Gruppe verkaufen.

Ein großer Gefallen, den Fiorani da der *Lega* und mittelbar auch Berlusconi erweist. Natürlich wird die Beziehung zwischen den beiden dadurch noch gestärkt. Und die Geschichte wiederholt sich: Hatte der gute Gianpiero nicht vor einigen Jahren dasselbe für zwei andere Banken getan, mit denen der Ministerpräsident in geschäftlichen Beziehungen stand – mit der Banca Rasini, in der Berlusconis Vater gearbeitet und in der die Mafia ihr schmutziges Geld gewaschen hatte (nach Aussagen von Michele Sindona), sowie mit der *Efibanca*, der Handelsbank der *Banca Nazionale del Lavoro*, die durch den P2-Skandal in Mitleidenschaft gezogen wurde. Diese hatte Berlusconi in den achtziger Jahren Milliardenkredite gewährt, mit denen er sein Fernseh-Imperium aufbaute.

Gianpiero Fiorani und die Banca Popolare di Lodi (die mittlerweile ganz pompös in »Banca Popolare Italiana« umbenannt wurde)[91] sind die Hauptakteure einer weiteren Episode, welche belegt, dass es zwischen den Aktivitäten Sindonas bzw. der Banca Rasini und denen Silvio Berlusconis bzw. des Vatikans keinen wirklichen Bruch gegeben hat. Ende 2004 beginnt Fiorani, sich für die Banca Antonveneta zu interessieren, ein Kreditinstitut mit Sitz in Padua, das zu allen wichtigen Industrieunternehmen im Nordosten Italiens gute Beziehungen pflegt.

Die Banca Antonveneta wurde lange Jahre von Silvano Pontello[92] geführt, Privatsekretär von Sindona und Assistent des Vizepräsidenten des Sindona-Instituts Banca Privata Italiana. Diese Bank wurde nach der erklärten Insolvenz von Giorgio Ambrosoli abgewickelt, dem mutigen Anwalt, den Sindona im Juli 1979 ermorden ließ. Die Ermittlungen des Staatsanwalts ergaben, dass Pontello die 2 Milliarden Lire Schwarzgeldreserve der Bank verwaltete. Pontello gestand, diese Summe dem Sekretär der *Democrazia Cristiana* ausgezahlt zu haben. Trotzdem kam er ungeschoren davon. Dieses eine Mal missachtete er die eherne Maxime des Bankwesens, die ein sizilianischer Bankier formuliert hatte, den er sehr bewunderte: Enrico Cuccia, legendärer Gründer der mächtigsten Bank Italiens, der Mediobanca. Die Worte des Finanzmagnaten waren: »Mit der Kasse durchzubrennen, ist für einen Banker eine lässliche Sünde, eine vertrauliche Information weiterzugeben, aber eine Todsünde.« Doch Pontello nahm diese Todsünde auf sich. Nach Sindonas Sturz wurde Pontello 1976 Assistent des Generaldirektors der Banca Antonveneta. Dort machte er schnell Karriere. In der Folge gelang es ihm, die Antonveneta zur siebtgrößten Bank Italiens aufzubauen.

Sindona ist ein Kapitel seines Lebens, über das Silvano Pontello nicht gern spricht (er meint nur bisweilen, er habe von Sindona all das gelernt, was man keinesfalls machen dürfe). Trotzdem ist interessant, dass Pontello lange Zeit Vizepräsident der sizilianischen Banca Popolare di Siracusa war. Wie wir schon von der Banca Rasini wissen, haben sich die Kontakte zwischen der Hochfinanz Siziliens und Norditaliens als äußerst fruchtbar erwiesen. Die Banca Antonveneta ist das Schmuckstück des Nordostens und steht als solche für ein Geschäftsgebaren, in dem Analysten gewisse Parallelen zu sizilianischen Methoden zu erkennen glauben.[93] Das Ethos zumindest ist ganz das gleiche.

Ausgerechnet auf die durch Pontellos Tod im Jahr 2002 schutzlos zurückgebliebene Bank stürzt sich nun die Banca Popolare di Lodi von Gianpiero Fiorani zum Zwecke der feindlichen Übernahme. Im November 2004 beginnt an der Börse der Tanz ums goldene Kalb Antonveneta mit geheimen Absprachen und einem ständigen, undurchschaubaren Hin und Her von Aktienpaketen. Die Bank aus Lodi hamstert mithilfe verschiedener Kommissionäre[94] an der Börse so viele Aktien zusammen, wie sie nur bekommen kann. Doch zu den Aktionären der Antonveneta gehört seit vielen Jahren der holländische Multi ABN Amro. Die niederländischen Profis riechen Lunte und machen am 30. März 2005 als Hauptaktionär ein offizielles Übernahmeangebot. Am 29. April 2005 kommt das Gegenangebot der Banca Popolare di Lodi. Am 11. Mai 2005 stellt die Finanzaufsicht Consob Geheimabsprachen zwischen Fiorani und einigen Antonveneta-Aktionären fest und zwingt die Bank aus Lodi zu einem offiziellen Kaufangebot.

Seit dem 17. Mai 2005 ermittelt die Mailänder Staatsanwaltschaft gegen Fiorani und weitere 21 Personen. Am 4. Juli 2005 nimmt die Staatsanwaltschaft von Rom im Rahmen ihrer Untersuchungen zum Fall Antonveneta Ermittlungen gegen Francesco Frasca auf, den Chef der Börsenaufsicht der italienischen Zentralbank.

Doch diese lässt sich davon nicht beirren. Am 12. Juli 2005 gibt die Zentralbank ihre Zustimmung zum Kaufangebot der Banca Popolare di Lodi, die gerade erst in »Banca Popolare Italiana« umbenannt worden ist. Nun nimmt Rom auch Ermittlungen gegen Fiorani auf. Am 14. Juli 2005 fordern die EU-Kommissare für Wettbewerb und Binnenmarkt die italienische Zentralbank auf, Aufklärung über ihre Rolle bei der Übernahme der Antonveneta und der Banca Nazionale di Lavoro (BNL) zu geben. Der EU-Kommissar für den Binnenhandel, Charlie McCreevy, ist davon überzeugt, dass der Zentralbankchef bei der Beurteilung der beiden Übernahmeangebote für Antonveneta und BNL nicht gerade unparteiisch vorging.

Am 19. Juli 2005 tritt der interministerielle Ausschuss für den Schutz des Kredit- und Sparwesens zusammen. Wirtschaftsminister Domenico Siniscalco verkündet, dass er die von Notenbankdirektor Fazio gegebenen Erklärungen nicht als ausreichend betrachtet. Am 22. Juli 2005 läuft das Übernahmeangebot der ABN Amro aus, ohne dass bislang etwas geschehen ist. Ab 25. Juli 2005 tauchen plötzlich in den italienischen Tageszeitungen Mitschnitte von Telefongesprächen auf, die Zentralbankchef Antonio Fazio wegen seiner Verbindungen zu

Fiorani und seiner Rolle bei den beiden Übernahmen unter Druck setzen. Am 30. Juli 2005 entscheidet die Zentralbank, ihre Zustimmung zum Angebot der Popolare di Lodi kurzfristig auszusetzen. Am 3. August 2005 legt Siniscalco dem Ministerrat einen Bericht vor und bestätigt, dass die Handhabung der Übernahmen von Antonveneta und BNL die Glaubwürdigkeit des Wirtschaftsstandorts Italien schwer beschädigt haben. Dann beruft er einen neuen Ausschuss ein, um Fazio nochmals Gelegenheit zu Erläuterungen zu geben. Dieser tritt am 26. August zusammen und befragt den Zentralbankchef: Fazio verteidigt sich, er habe alle italienischen und alle EU-Vorschriften eingehalten. Siniscalco allerdings beschuldigt ihn, Italien als Wirtschaftsstandort geschädigt zu haben.

Am 1. September 2005 wird der Fall der Europäischen Zentralbank vorgetragen. Die Notenbankchefs fordern Fazio auf, sein Verhalten bei den beiden Übernahmefällen zu erklären. Auf der abschließenden Pressekonferenz verkündet der Chef der EZB, Jean-Claude Trichet, man werde den Fall weiterverfolgen. Am 2. September 2005 beschließt der Ministerrat die Reform der italienischen Zentralbank: Künftig ist das Mandat des Zentralbankchefs zeitlich begrenzt. Am 4. September verkündet Siniscalco, es seien formale Schritte eingeleitet worden, um den aktuellen Zentralbankchef Fazio zum Rücktritt zu bewegen. Doch Fazio zeigt sich uneinsichtig.

Am 15. September 2005 nimmt sich die EZB offiziell des Falles Fazio an. Das Direktorium nimmt einen zweiseitigen Brief Fazios zu den Akten, der die Affäre Antonveneta klären soll. Am 19. September sickert aus der Staatsanwaltschaft in Rom durch, dass bis Ende des Monats feststehen wird, wann Fazio zum Fall Antonveneta aussagen soll. Am 22. September 2005 tritt Wirtschaftsminister Siniscalco zurück. Ministerpräsident Silvio Berlusconi entzieht dem Notenbankchef offiziell sein Vertrauen, weil er mittlerweile »der internationalen Gemeinschaft nicht mehr glaubwürdig zu vermitteln« sei. Unmittelbar darauf aber hört er auf, wegen des Rücktritts Druck auf Fazio auszuüben. Am 29. September 2005 sickert erneut etwas aus der römischen Staatsanwaltschaft durch. Nun heißt es, man ermittle bereits seit Anfang August gegen Fazio wegen Amtsmissbrauchs. Am 6. Oktober 2005 stimmt die EZB der Änderung der Statuten der italienischen Zentralbank zu, verlangt aber Änderungen, welche die Ernennung des Notenbankchefs bestimmen und das Kollegialitätsprinzip festschreiben. Das Direktorium soll künftig die Entscheidungen gemeinsam treffen. Am 10. Oktober 2005 wird Fazio von der Staatsanwaltschaft Rom vernommen. Diese Eskalation unterminiert den letzten Rest von Glaubwürdigkeit der italienischen Finanzwelt im Ausland, die auf ein historisches Tief sinkt. Aber Berlusconi macht munter weiter, als sei nichts gewesen. Denn er will seinen machiavellistischen Plan abschließen.

Die Übernahme des Corriere *und der Schatten Berlusconis*

Ebenjenen Gianpiero Fiorani, von dem hier die Rede ist, treffen wir auf höchster Ebene wieder. Dieses Mal geht es um die Übernahme der wichtigsten Tageszeitung in Italien, des *Corriere della Sera*. Branchenkenner vermuten hinter diesem Übernahmeversuch ohnehin Silvio Berlusconi.

Der Angriff auf Italiens journalistisches Prunkstück wird in klassischer Manier vorgetragen. Das Verfahren nennt sich »Portage«: Man kauft durch einen Strohmann Aktien, die man dann in einem zweiten Schritt weiterverkauft. Hier begegnet uns nun eine Gestalt, die aus einem Film Fellinis stammen könnte: Stefano Ricucci, ein vormaliger Zahntechniker, der mit Krediten von Fioranis Bank zum Immobilienhändler aufgestiegen ist. Der Jungunternehmer ohne ökonomische Vorbelastung und mit einer von der Natur ausgesprochen gut ausgestatteten Frau (der Schauspielerin Anna Falchi) soll sich also ganz allein auf die Jagd nach einer der ältesten und renommiertesten Tageszeitungen Europas begeben haben. Eine italienische Farce, möchte man meinen, doch dahinter steckt ein ausgeklügeltes Manöver: Ziel ist, nach der Abschaffung der Informationsfreiheit im Fernsehen nun auch die Pressefreiheit in Italien einzuschränken.

Fiorani unterstützt Stefano Ricucci, der im Sommer 2005 gleich an drei Fronten Aktien aufkauft: die des *Corriere della Sera*, der Banca Antonveneta und der Banca Nazionale di Lavoro. Die BNL war es, die – zusammen mit dem Banco Ambrosiano Roberto Calvis – die Anfänge Berlusconis finanzierte. Die BNL steckt im Sommer 2005 in enormen Schwierigkeiten, ist jedoch nach wie vor eine große Bank, die man möglichst in Freundeshand wissen möchte – in den Händen von Berlusconi & Partnern. Auch hier gab es den totalen Krieg. Fazio, der Zentralbankchef, verhindert ein offizielles Kaufangebot vonseiten des spanischen Banco Bilbao Vizcaya unter dem Vorwand, er wolle sicherstellen, dass solch eine große Bank auch weiterhin den Interessen des italienischen Volkes diene. Doch zur selben Zeit scheint ihm auch das Kaufangebot der italienischen Versicherungsgruppe Unipol nicht zuzusagen. Die Unipol gilt als »Mitte-links-nah«. Seltsame Verschiebespiele folgen, merkwürdige Allianzen bilden sich in diesem Niemandsland der Hochfinanz. Und so gehört ab dem 6. Dezember 2005 auch Giovanni Consorte, der Chefunterhändler der Unipol-Gruppe,[95] zum illustren Kreis jener, gegen die vonseiten der Staatsanwaltschaft Rom Ermittlungen aufgenommen werden.

Der Kampf um den *Corriere della Sera* nimmt derweil verrückte Formen an. Ricucci greift an, und zwar über die Garlsson, seine Offshore-Gesellschaft mit Hauptsitz auf den britischen Virgin Islands. Diese wird von der Banca Popolare di Lodi Suisse finanziert. Mit dem Kapital ersteht die Garlsson Aktien der RCS, der Verlagsgruppe, zu welcher der *Corriere* gehört, und der Antonveneta. Doch – wie der *Espresso* enthüllt[96] – steht die Garlsson keineswegs alleine da. Ricucci findet Unterstützung beim römischen Bauunternehmer Caltagirone, der zum Umfeld Andreottis gehört und sich seinerseits durch einige saftige Skandale hervorgetan hat.

Ricucci kauft immer weiter Aktien der RCS, offensichtlich in dem Bestreben, eine Unternehmensbeteiligung von 30 Prozent zu erreichen, was ihm erlauben würde, ein offizielles Übernahmeangebot zu machen. Das Kapital scheint ihm nicht auszugehen. Dies weckt nun in der Medienwelt den Verdacht, dass hinter ihm – neben Fiorani – noch eine wesentlich mächtigere Gruppe stehen könnte: Finanziers aus dem Umfeld von Silvio Berlusconi. Die Nachricht, dass Ubaldo Livolsi, Geschäftsbanker und Vorstand der Fininvest, Ricucci berät, sickert durch. Der Ministerpräsident dementiert natürlich, doch Livolsi zeigt sich weniger verschlossen, als er im *Corriere* ein Interview gibt: »Ich sehe kein Problem darin, für Ricucci zu arbeiten. Dass neue Aktionäre aus der Finanzwelt und der Industrie die RCS übernehmen könnten, ist Teil des Spiels. Ich wiederhole: Daran ist nichts Schlimmes. Die Finanzwelt dient den Interessen der Unternehmen, die global gesehen durch Übernahmen stärker werden.« Offensichtlich spricht Livolsi von Finanzierungspartnern, die Ricucci bei seinem Übernahmevorhaben zur Seite stehen könnten. Wer damit gemeint sein könnte, bleibt jedoch im Dunkeln. Der katholische Teil der Finanzwelt – allen voran Fazio – blickt mit Wohlwollen auf die mögliche Übernahme des *Corriere* durch »Heuschrecken« unbekannter Herkunft. Es heißt sogar, der Schwiegersohn des ehemaligen spanischen Premierministers José Aznar, der Finanzier Alejandro Agag, sei beteiligt. Er ist Generalsekretär des *Partito Popolare Europeo* und ein Anhänger des Opus Dei.

Dass Berlusconi der Übernahme wohlwollend gegenübersteht, geht aus einem Telefonmitschnitt hervor, der am 12. Juli 2005 gemacht wird und in der Folge in die Tageszeitungen gelangt. Fiorani telefoniert mit Emilio Gnutti, einem Kompagnon, mit dem er schon mehrere Übernahmen getätigt hat. Gnutti isst mit Berlusconi zu Abend. Er spricht mit dem Ministerpräsidenten über die mögliche Übernahme des Verlagshauses Rizzoli-Corriere della Sera (RCS). Zu Fiorani meint er: »Ich habe ihm gesagt, dass wir mit der RCS weitermachen und dass er uns dabei helfen muss.« Fiorani antwortet: »Sag ihm, er soll die Nummer eins anrufen.« Gnutti: »Ich habe Berlusconi gesagt, wenn er uns nicht hilft, reißt die Linke alles an sich.«

Ricuccis Aktienkäufe finden kein Ende mehr. Ende August aber wird der Immobilienmakler wegen Kurstreiberei und Behinderung der Finanzaufsicht angeklagt. Denn die Staatsanwaltschaft Rom hat längst Ermittlungen im Fall RCS aufgenommen.[97] In der Zwischenzeit geht aus geheimen Telefonmitschnitten bei der italienischen Zentralbank hervor, dass diese in einem Ausmaß in die Vorgänge verwickelt ist, das jenseits aller Legalität steht. Die Staatsanwaltschaft Mailand ermittelt.

Ricucci steht mittlerweile bei der Bank Fioranis, der Banca Popolare Italiana, ziemlich in der Kreide. Zwischen Januar und Dezember 2005 sind 290 Millionen Euro auf sein Konto geflossen. Die Bank allerdings legt weiter nach. Ricucci soll die entscheidende 30-Prozent-Marke durchstoßen. Sein Schuldenberg wächst auf 850 Millionen Euro an.[98] Aber ein bisschen kann er auch für die Familie weglegen. Nach Zeitungsberichten beträgt das Sümmchen, das Fiorani und er beiseite schaffen, etwas mehr als 200 Millionen Euro. Zumindest ist das die Summe, auf welche die Mailänder Staatsanwaltschaft kommt, als sie diverse Konten mit verschiedenen Treuhändern prüft. Den Anklägern zufolge stammt dieses Kapital aus »Geheimoperationen«, aus so genannten Triangel-Operationen, bei denen die Gelder mithilfe der BPL Suisse und der Bank aus Lodi mehrfach hin und her verschoben werden. Man spekuliert mit Aktien von Firmen, an denen die BPL hohe Beteiligungen besitzt, weshalb sie über Insiderinformationen verfügt. Diese »persönliche Reserve« erlaubte Fiorani zum Beispiel, seine zwei Villen (eine in Sardinien, eine an der Côte d'Azur) zu erwerben und zahlreiche Immobilienspekulationen erfolgreich abzuschließen. Doch die Berechnungen der Ermittler ergeben noch höhere Beträge, welche die Leitung der Bank durch Insiderhandel an sich brachte. Da nicht nur auf die Aktien der Antonveneta spekuliert worden war, beläuft sich der Gewinn aus diesen Transaktionen etwa auf 1 Milliarde Euro.

Am 7. Dezember 2005 wird bekannt, dass die Staatsanwaltschaft Mailand gegen sämtliche Mitglieder des Vorstands und des Aufsichtsrates der Banca Popolare Italiana (BPI) wegen Kurstreiberei bei den eigenen Aktien ermittelt. Die Aktien der Antonveneta werden vom Handel ausgesetzt.

Gianpiero Fiorani, der aller Ämter bei der Banca Popolare Italiana enthoben wurde, verbringt seine Zeit mit den Mailänder Staatsanwälten. Ein derartiger Skandal hätte wahrscheinlich jede Regierung in jedem beliebigen Staat Europas ins Wanken gebracht. Auch der Zentralbankchef hätte wohl oder übel seinen Hut nehmen müssen. Am 13. Dezember 2005 erlässt Clementina Forleo, Ermittlungsrichterin der Voruntersuchung, einen Haftbefehl für Fiorani und weitere vier Führungskräfte der Banca Popolare Italiana.[99] Die Anklagepunkte wiegen schwer: Bildung einer kriminellen Vereinigung und Betrug. In der Begründung des Haftbefehls finden sich aussagekräftige Vokabeln wie »enorme persönliche Bereicherung« und »Finanzpiraterie«. Es geht um einen »geraubten Schatz« von mehreren hundert Millionen Euro, Gelder, die direkt von den Konten der Sparer abgezogen worden sein sollen. Auch die Namen jener Geschäftsleute kommen ans Licht, welche als Bindeglieder zwischen Fiorani und der Politik dienten, zum Beispiel der Name des Staatssekretärs im Innenministerium Aldo Brancher *(Forza Italia)*, eines ehemaligen Priesters, der später zum mächtigen Politiker wurde. Der Name eines Senators der *Forza Italia*, Luigi Grillo. Und die Namen zweier Abgeordneter des UDC *(Unione dei Democratici Cristiani)*, Ivo Tarolli und Vito Monsignore. Wir erfahren, dass der Staatssekretär im Justizministerium Giuseppe Valentino den Immobilienunternehmer Ricuccio informierte, dass das Gericht sein Telefon abhören ließ. Aber auch prominente Politiker der Linken wie zum Beispiel der ehemalige Ministerpräsident Massimo

D'Alema pflegten offenkundig besondere Beziehungen zur Banca Popolare di Lodi. Dort hat D'Alema ein Konto, von dem die Raten für seine 18 Meter lange Jacht abgebucht werden: 8000 Euro pro Monat. Der Kaufpreis für das Boot, das er gemeinsam mit zwei »Freunden« gekauft hat, betrug fast 1 Million Euro[100]. Natürlich ist die Betroffenheit der Linken groß.

Doch die Mailänder Richter, die diese Ermittlungen in Gang gebracht haben, welche von vielen als »letzter Akt« der Mani Pulite betrachtet werden, geben sich damit nicht zufrieden. Sie wenden sich der Spitze der italienischen Zentralbank zu. Ihr Leiter, Antonio Fazio, erhält einen Bescheid über die Eröffnung von Ermittlungen wegen gravierender »Unregelmäßigkeiten« in der Amtsführung. Der Mann, der Gianpiero Fiorani bei seiner Übernahme der Banca Antonveneta unterstützt hat und dem der mittlerweile inhaftierte Bankier mit wärmsten Worten dankt (»Tonino, ich bin völlig weg ... ich danke dir ... am liebsten würde ich dir die Stirn küssen«[101]), setzt dem Skandal, der da auf ihn zurollt, einige Tage lang Widerstand entgegen. Dann aber nutzt ihm auch die Unterstützung des Vatikans und des Opus Dei nicht mehr: Am 19. Dezember 2005 gibt er seinen Rücktritt bekannt.

Die Glaubwürdigkeit Italiens in der Welt ist schwer erschüttert. Die Institutionen des Landes sind in der weltweiten Einschätzung auf einen Tiefpunkt gesunken. Doch der Präsident bemüht sich in erster Linie um seine Wiederwahl. Die wirtschaftliche Krise des Landes interessiert ihn nicht.

KAPITEL 5

Die »Bankiers Gottes« und das Finanzparadies Liechtenstein

Der Titel »Bankier Gottes« gebührt im Prinzip nur einem Mann, nämlich Roberto Calvi, dem Chef des Banco Ambrosiano aus Mailand, ermordet aufgefunden unter der Blackfriar's Bridge in London am 17. Juni 1982. Calvi war der Mann, der den Vatikan mit dem Zusammenbruch der größten katholischen Bank fast an den Rand des Ruins gebracht hatte. Ein Bankrott, dessen Name über viele Jahre immer wieder mit dem Vatikan in Verbindung gebracht wurde, nicht zu Unrecht, war doch der Vatikanbankier Erzbischof Paul Casimir Marcinkus gemeinsam mit Calvi für ein Loch von 1,2 Milliarden Dollar verantwortlich. Calvis Karriere endete nach der Flucht über Österreich und die Schweiz in London an einem Gerüst unter besagter Brücke. Dort baumelte er morgens an einem Strick, damit es wie ein Selbstmord aussah, der es aber nicht war.

Roberto Calvi war nicht der erste Bankier mit dem vollen Vertrauen des Vatikans nach dem Kriegsende. Calvi hatte einen Vorgänger im Amt des Vertrauensbankiers Seiner Heiligkeit.

Diesen Vorgänger Calvis möchte man »jenseits des Tibers«, wie man den Vatikan in Rom ehrfürchtig umschreibt – den Namen zu oft zu nennen, bringt Unglück –, gern in der Kiste der Versenkung verschwinden lassen. Sind die Vatikanfinanzen doch im Jahre 2005, endlich, so dürfen wir es sagen, nicht mehr in Händen von windigen Geschäftemachern, von echten Gangstern und Geschäftsfreunden der Mafia, wie über mehrere Jahrzehnte, sondern von international wirklich angesehenen Bankern.

Doch so weit weg von der Aktualität ist dieser heute verfemte und vergessene Geschäftspartner über Jahrzehnte nicht. Auf dem Weg der Spuren zu den ersten Finanziers von Silvio Berlusconi haben wir auch Hinweise auf Michele Sindona gefunden, den Bankier der Mafia und des Vatikans.

Michele Sindona, Bankier der Mafia und des Vatikans

Sindonas Rolle als Bankier der Mafia bekommt ihre letzte Weihe, so viel ist heute aus Dokumenten und den Erkenntnissen der Ermittler bekannt, beim großen Cosa-Nostra-Treffen zwischen sizilianischen und amerikanischen Bossen unter Leitung von Lucky Luciano und Joe Bonanno im Jahr 1957 in Palermos Grand Hotel delle Palme.

Das erste Gipfeltreffen der Cosa Nostra von beiderseits des Atlantiks hatte darüber zu entscheiden, ob die Cosa Nostra in den Drogenhandel einsteigen wolle, und wenn ja, würde zu entscheiden sein, wie der Handel organisiert und wie das Geld gewaschen wird. Für dieses Detail hat man den aufstrebenden Don Michele eingeladen, dessen engster Mitarbeiter und Schwager Carlo Bordoni ihn später ganz einfach »den Banker der Mafia« nannte.

Die Wahl der Mafiabosse fiel auf den Anwalt aus Pattí, Jahrgang 1920, weil er schon ab 1943 bewiesen hatte, dass er sich gut zu bewegen wusste, als er einige Millionen Dollar des amerikanischen Geheimdienstes verschwinden ließ. Gelder, die eigentlich für die Vorbereitung der Landung der Alliierten auf Sizilien gedacht waren. Noch während des Krieges handelte Sindona mit Weizen, den er beim Mafiaboss Calogero Tinebra einkaufte, den wiederum die Amerikaner zum Bürgermeister von Regalbuto ernannt hatten, aus Dankbarkeit für die Rolle der Mafia bei der Invasion in Sizilien.

Für Sindona sprach auch, dass er bereits der Treuhänder für Lucky Lucianos Gelder in der Schweiz geworden war. Und

Lucky empfahl seinen Anwalt den anderen Bossen wärmstens.[1]

Sindona hatte die Nützlichkeit der Schweiz, vor allem aber Liechtensteins, für die Geldwäsche sehr früh erkannt – darin war er seiner Zeit wirklich voraus. Schon 1950 gründete er seine erste Briefkastenfirma in Vaduz, die Fasco AG. Sie sollte später die zentrale Drehscheibe seiner Geschäfte in der ganzen Welt werden.

Lucky Luciano lebt zwar in Italien, die USA hatten ihn ausgewiesen, aber seine Urheimat ist die amerikanische Cosa Nostra. Und die will ihr Geld in Italien waschen, saubere Investitionen suchen.

Dazu kommt der Boss Daniel Antony Porco nach Italien. Sindona macht sich nützlich: Er vermittelt ihm den Kauf der Stahlwerke Acciaierie Vanzetti in Mailand; und so ist es nur folgerichtig, dass sich auch der US-Mafiaboss Joe Adonis im Februar 1956 mit Sindona trifft, um den Drogenhandel in Deutschland und Holland zu organisieren.

Im Auftrag von Adonis kehrt Sindona 1959 in die USA zurück und nimmt dort Kontakt auf mit Don Vito Genovese, für den er als Anlageberater tätig wird – und die Geldwäsche organisiert.

Es ist John McCone, der republikanische CIA-Direktor, ein glühender Antikommunist und Erzkatholik, der Sindona an den Vatikan weiterempfiehlt. Bald darauf übernimmt die Vatikanbank einen Anteil von 24,5 Prozent an der Mailänder Bank von Sindona, der Banca Privata Finanziaria.

Weitere Anteilseigner sind die Continental Illinois Bank, deren Präsident David Kennedy ist, Freund und Landsmann von Erzbischof Paul Casimir Marcinkus, dem Chef der Vatikanbank IOR, und dann ist da noch Dan Porco, der Cosa-Nostra-Boss aus New York. Über die Vermittlung Porcos übernimmt die Continental Illinois Bank 24,5 Prozent des Kapitals der Banca Privata Sindonas.

Mitgesellschafter Sindonas ist ebenso die angesehene Hambro's Bank aus London, die Sindona als Aushängeschild in der Finanzwelt braucht, genauso wie die Vatikanbank. Kennedy wird übrigens auch Mitgesellschafter der Fasco AG in Vaduz; und so ist der Kreislauf des Geldes geschlossen.

In Mailand lernt Sindona einen sehr mächtigen Mann kennen, den Italien-Repräsentanten der englischen Hambro's Bank Ltd., John Mac Caffery, ein Mann mit besten Verbindungen zu den englischen und amerikanischen Geheimdiensten. Dank Mac Caffery lernt Sindona auch den amerikanischen Milliardär John McCone, kennen, den Chef der CIA.

Im Jahr 1963 kommt Sindona auch in Kontakt mit dem amerikanischen Anwalt Richard M. Nixon, Gegner John F. Kennedys und späterer US-Präsident.

Sindona ist nun ein mächtiger Mann. 1964 kontrolliert seine Fasco AG ein Immobilienimperium von geschätzten 50 Millionen Dollar. Das US-Magazin *Time* widmet dem sizilianischen Banker einen langen Artikel, worin sein »spektakulärer Erfolg« gewürdigt wird.

In Italien hingegen hat er einen großen Feind, den Chef von Mediobanca, Enrico Cuccia, Oberhaupt der nichtkatholischen Bankenwelt, der ihn schlicht einen »Bilanzfälscher« nennt. Wie bekannt, soll Cuccia am Ende Recht behalten.

Doch bis diese Erkenntnis in Italien Allgemeingut wird, soll es noch zehn Jahre dauern.

In Rom wird Sindona dank der Empfehlungen der amerikanischen antikommunistischen Lobby zum Vertrauensmann des Vatikans, weil er dabei hilft, die Besitztümer des Vatikans zu Geld zu machen. Papst Paul VI. hat die Vatikanbank nämlich beauftragt, sich von einzelnen Firmen zu lösen, und möchte das Geld möglichst in anonymer Form auf den Finanzmärkten anlegen. Im Vatikan will man nicht mit einer einzelnen Firma und deren Handlungen identifiziert werden können, in den politisch unruhigen Zeiten Ende des Jahres 1968 will die katholische Kirche im Hintergrund bleiben. Und dafür wendet man sich an Sindona.

Sindona bekommt den Auftrag, das angelegte Vermögen des Vatikans zu versilbern und anonym, möglichst im Ausland, anzulegen. Je weniger der Kirchenstaat sichtbar ist, desto besser. Denn man will Peinlichkeiten verschleiern wie die, dass der Papst über das IOR bei einer Antibabypillenfirma (Serono) beteiligt war, und vermeiden, dass man in Italien sagt: »Ich geh beim Papst tanken« oder »Ich lebe in einer Papstwohnung«.

Also wurden die großen Firmen – meist hatte der Vatikan sie mit den Geldern aus dem Konkordat mit Benito Mussolini von 1929 erworben – so schnell und so gewinnbringend wie möglich verkauft. Mithilfe des Mannes, der nichts anderes als ein Geldwäscher der Mafia in großem Stile war.

Im Gegenzug für die großen Dienste, die Sindona der Kirche erwiesen hat, wird das IOR, die Vatikanbank, Partner in fünf Banken Sindonas, in verschiedenen Firmen sitzt man gemeinsam – wie in der Cisalpine Overseas Bank von Nassau, der Dreh- und Angelscheibe des großen Bankrotts der katholischen Finanzwelt Italiens, oder des Banco Ambrosiano in Mailand –, aber das soll erst der nächste Zusammenbruch eines Vatikanbankers sein, wir wollen nicht vorgreifen, bleiben wir beim ersten Bankrotteur Michele Sindona.

In der Bank auf den Bahamas, Tochter des Banco Ambrosiano, sind alle Protagonisten der Bankskandale der Mafia-Vatikan-Connection der folgenden fünfzehn Jahre friedlich im Verwaltungsrat vereint: Michele Sindona, Roberto Calvi und Erzbischof Paul Casimir Marcinkus.

Genau zu der Zeit, Ende der sechziger Jahre, als Sindona mit beiden Händen damit beschäftigt ist, die Firmen des Vatikans zu verkaufen, verdächtigt ihn das amerikanische FBI, ein Geldwäscher der Mafia zu sein. Über Interpol lässt die US-Polizei am 16. November 1967 bei der italienischen Polizei Ermittlungen über Sindona und seinen Geschäftsfreund Dan Porco anstellen. Doch die Mailänder Polizei, die vom Verdacht der US-Behörden und deren Ermittlungserkenntnissen informiert werden, finden nichts, was gegen »Don« Michele Sindona spricht. Der Polizeipräsident von Mailand antwortet am 31. Januar 1968, dass Sindona und Dan Porco zusammen Verwaltungsräte bei einem Mailänder Stahlunternehmen gewesen seien, aber sonst sei nichts bekannt. Don Michele hat einflussreiche Freunde, wie man sieht. Sechs Jahre später begriff auch die Mailänder Polizei, dass Sindona ein Geldwäscher und Dan Porco ein Mafiaboss aus New York war.[2]

Don Micheles Leben hat Spuren hinterlassen, die wir deswegen verfolgen, weil es eben nicht wenige und der Öffentlichkeit bis heute großenteils unbekannte Berührungspunkte mit den Firmen und Banken gibt, die bei Silvio Berlusconis Aufstieg eine wichtige Rolle gespielt haben.

Michele Sindonas Niedergang beginnt 1974, als seine Franklin National Bank, eine Großbank der USA, in New York Bankrott macht. Noch im März 1974 gilt Sindona als einer der Erfolgsmänner Italiens, Giulio Andreotti definiert ihn gar als »Retter der Lira«, weil er die Spekulationen gegen die italienische Währung abgewiesen hätte. Andreottis Partei war Sindona auf besondere Weise verbunden – Letzterer finanzierte die *Democrazia Cristiana* (DC) mehr als großzügig. Selbst schon fast am Rande des Abgrundes, zahlt er den Christdemokraten am 9. April 1974 die Summe von 2 Milliarden Lire in bar aus, direkt an den Anwalt des DC-Sekretariats, wie es die Untersuchungskommission des italienischen Parlaments über den Fall Sindona ermittelt hat.[3] Diese Gelder setzten die Christdemokraten im Kampf um die Volksabstimmung gegen das Scheidungsgesetz ein, ein Gesetz, welches vom Vatikan mit allen Mitteln bekämpft wurde und das über einen Volksentscheid im Mai 1974 wieder gekippt werden sollte.[4] Diese Kampagne wurde also bezahlt mit Geldern des Mafiabankiers Sindona.

Die Liebe zur Verschwiegenheit der Liechtensteiner Banken ist so groß, dass Sindona den römischen Christdemokraten sogar zwei Briefkastenfirmen dort überlässt, über die man doch bitte in Zukunft die geheime Parteienfinanzierung abwickeln solle, damit sie einfacher über die Bühne gehe: die Usiris AG in Triesen und die Polidar AG in Mauren.[5] Denn er wollte die riskante Cash-Übergabe vermeiden.

Doch das Unglück ist nicht aufzuhalten. Schon am 10. Mai desselben Jahres ist Sindonas Franklin National Bank in New York zahlungsunfähig. Die Krise wird unaufhaltsam, als wenige Monate später auch seine Mailänder Bank, die Banca Privata Italiana, die Tore schließen muss.

Am 8. September 1978 wird Sindona in den USA wegen des Bankrotts der Franklin Bank verhaftet und nach Zahlung einer Kaution von einer halben Milliarde Lire freigelassen.

Als Sindona sich von Roberto Calvi, seinem Geschäftspartner und, wie er es sieht, Lehrling in der Kunst der planetarischen Geldwäsche, verraten sieht, lässt er Mailand mit Plakaten bekleben, in denen er einige peinliche Geheimnisse ausplaudert – und diese haben alle mit den Geheimkonten Sindonas und Calvis in der Schweiz und Liechtenstein zu tun. Demnach hatte auch Calvi mindestens eine »Anstalt« Liechtensteiner Rechts zur privaten Verfügung, die Ehrenkreuz-Anstalt in Vaduz, auf deren Konto Sindona 1971 einmal kapp 3,4 Millionen Dollar überweisen lässt. Die Behauptungen Sindonas sind von der Mailänder Justiz alle als korrekt angesehen worden.

Im Jahr 1979 flieht Sindona nach Sizilien, wo er 75 Tage bleibt. Dort organisiert er eine fingierte Entführung – seiner selbst. In Wirklichkeit befindet er sich die ganze Zeit in Freiheit, in Begleitung und unter dem Schutz sizilianischer und amerikanischer Exponenten der Mafiafamilien Gambino, Spatola, Inzerillo, Di Maggio. Bosse, die ihr Geld auch Sindona anvertraut haben und nun versuchen, die von ihm investierten Summen wieder zurückzubekommen.

Im Jahr 1980 wird Sindona, der sich am 23. September 1979 in New York hat »wiederfinden lassen«, zu 25 Jahren Haft wegen des betrügerischen Bankrotts der Franklin National Bank verurteilt. Von den USA wird Sindona dann im September 1984 wegen des Mordes an Ambrosoli ausgeliefert.

Und hier geschieht etwas sehr Beunruhigendes: Am 22. September 1984 veröffentlicht der Geheimdienstmann Francesco Pazienza, der für die italienischen Dienste und für die CIA arbeitet, ein Dossier unter dem Titel »Wie Sindona eliminiert werden wird«. Darin wird der Giftmord an Sindona in einem Gefängnis bis ins Detail vorweg beschrieben. Woher der Spion Pazienza seine Informationen erhalten hat, ist nie geklärt worden.

Sindona stirbt am 20. März 1986 im Frauengefängnis von Voghera in der Abteilung V., die extra deswegen ausgewählt worden war, weil man sie besonders gut überwachen konnte. Er stirbt, obgleich unter totaler Beobachtung durch Kameras und Wärter, an einer Tasse vergifteten Kaffees. Seine letzten Worte sind: »Sie haben mich vergiftet.« Mit Arsen.

Sindona stirbt, nachdem er zwei Tage zuvor erklärt hatte, er wolle nun auspacken. Ihm widerfährt das gleiche Schicksal wie seinem alten Geschäftsfreund Roberto Calvi, der vier Jahre zuvor, 1982, kurz vor seinem Tod erklärt hatte, er wolle alles über die Hintergründe des Bankzusammenbruchs und der unsauberen Vatikanfinanzen ans Tageslicht bringen, zu Beginn des Berufungsprozesses, der zwei Tage nach dem Tode Calvis hätte beginnen sollen.

Im italienischen Gefängnis sollte Sindona eine lebenslange Haftstrafe absitzen, aber nicht wegen des Bankrotts seines Bankenimperiums, dafür hatte er nur ein Urteil zu dreieinhalb Jahren Gefängnis bekommen, sondern weil er den Insolvenzverwalter seiner Firmen ermorden ließ.

Der Anwalt und Steuerberater Giorgio Ambrosoli wurde am 12. Juli 1979 vor dem Eingang seines Hauses in Mailand aus Rache ermordet. Ambrosoli war bedroht worden, er wusste, dass Sindona immer noch mächtige Freunde in der italienischen Politik[6] hatte, vor allem natürlich bei den Christdemokraten, aber auch bei der Sozialistischen Partei, die er ebenfalls kräftig mitfinanziert hatte, doch er wollte sich nicht einschüchtern lassen und schrieb schon vier Jahre vor seiner Ermordung einen Abschiedsbrief an seine Angehörigen, in dem er den eigenen gewaltsamen Tod vorausahnte. Der Killer Ambrosolis, der US-Mafioso William Aricò, stirbt einige Jahre später, gleich seinem Auftraggeber, unter mysteriösen Umständen in einem US-Gefängnis.

Der Schützling der »schwarzen Hochfinanz«

Im Jahr 2005, knapp zwanzig Jahre nach dem Tod von Michele Sindona, gibt es die Vatikanbank noch immer. Sie beschäftigt 120 Mitarbeiter, und zu ihren rund zehntausend Kunden gehören wie damals im Wesentlichen Diözesen, Privatunternehmen mit religiösen Anliegen und vor allem Frauenorden. Experten wie Sandro Magister, der Vatikankorrespondent des italienischen Wochenmagazins *L'Espresso*, weisen darauf hin, wie gut das IOR nach dem Ende der Skandalzeit in der internationalen Finanzszene wieder vernetzt ist.

Rat holt sich der Nachfolger des tief in die übelsten Skandale verwickelten Erzbischofs Marcinkus,[7] der IOR-Kontrollratspräsident Angelo Caloia, bei einer Gruppe von Top-Finanzexperten, die achtmal im Jahr nach Rom reisen. Dazu gehören neben dem Deutschen Theodor E. Pietzcker, früher Direktor der Deutschen Bank in Essen, der ehemalige Präsident der Union de Banques Suisses (UBS) Robert Studer, der seinen Kollegen im Amte bei der UBS, Philippe de Weck, auch beim IOR im Amte ablöste.

Sie haben die vatikanischen Bankiers auf Effizienz getrimmt – ein Verdienst vor allem de Wecks, wie Caloia erklärte: »De Weck war von absoluter Strenge, für ihn standen Effizienz und Transparenz an erster Stelle.«[8] Es müsse sorgfältig gearbeitet werden nach den bitteren Erfahrungen mit Roberto Calvi: »Ich muss vorsichtig sein, weil es nicht mein Geld ist, sondern das des Heiligen Stuhls.« Persönlich würde er forscher investieren. Diese Entscheidung obliegt nun Papst Benedikt XVI.

Die Beziehungen Berlusconis zu den vatikanischen Finanzkreisen sind eine Konstante der siebziger und achtziger Jahre, der Phase seines kometenhaften Aufstiegs zuerst im Immobilienbereich, dann im Fernsehen. Wie wir in Kapitel 4 gesehen haben, war auch die Hausbank Berlusconis ein Finanzinstitut im katholischen Einflussbereich.

Viel ist über die Geldgeber der ersten Finanzierungen Berlusconis spekuliert worden. Gerade die sizilianische Herkunft des Gründers Giuseppe Azzaretto hat immer wieder Anlass zur Vermutung gegeben, es handele sich um eine Bank der Mafia. Die Indizien, die wir gefunden haben, sprechen da eine andere Sprache. Über die Person Azzarettos ist dieser Nachweis sicher nicht zu führen. Der Angehörige des Malteserordens[9] hatte andere Referenzstellen – den Vatikan, der seit den Lateranspakten mit Mussolini 1929 Geld in Italien anlegen wollte, diskret, aber einträglich.

Die Angestellten der Banca Rasini sind ihrem Ruf als diskrete Privatbanker treu geblieben. Den Fahndern der Staatsanwaltschaft Palermo gaben sie wie bereits gesagt nur die Informationen heraus, die nicht zu vermeiden waren. Doch aus dem ältesten Dokument über die Eigentümer der Banca Rasini, welches die Staatsanwaltschaft von Palermo in den Archiven der Bank noch finden konnte, die an die Banca Popolare di Lodi verkauft worden ist, ergibt sich eine neue interessante Spur: jenseits der italienischen Staatsgrenze, Richtung »Autostrada dei Laghi«, in die Schweiz und von dort nach Liechtenstein, in das Paradies der Treuhandfirmen, von denen bereits Michele Sindona regen Gebrauch gemacht hat.

Es ist schon mehr als absurd, dass die erste ernsthafte Untersuchung der Finanzflüsse, die Silvio Berlusconis Aufstieg ermöglicht haben, das Jahr 2001 abwarten musste. Erst in jenem Jahr begannen die Ermittlungen bei der Privatbank Rasini, für die der Vater Luigi so lange Jahre nach dem Krieg bis 1973 als Prokurist gearbeitet hatte.

In zwei sehr »jungen« Ermittlungen, im Prozess gegen Marcello Dell'Utri wegen Beihilfe zur Mafia und im Prozess gegen die Mörder von Vatikanbankier Roberto Calvi, sind »ganz beiläufig« Informationen aufgetaucht, die ein völlig neues Licht auf die ersten Finanziers von Silvio Berlusconi werfen. Diese Erkenntnisse stammen aus Gutachten, die ein Angestellter der italienischen Staatsbank erstellt hat, ein allseits geschätzter Experte auf seinem Gebiet: Professor Francesco Paolo Giuffrida. Die vielen hundert Seiten Gutachten des Professors sind eine qualifizierte und bisher auch von der Verteidigung Dell'Utris nicht widerlegte Grundlage der Anklagen.

Die Erkenntnisse über die Eigentümer der Banca Rasini trug die Antimafia-Abteilung der Staatsanwaltschaft von Palermo in einer mehrjährigen Arbeit von 1998 an unter Leitung des Maresciallo dei Carabinieri Giuseppe Ciuro zusammen.[10] (Eine Auflistung der Aktionäre zum Zeitpunkt des 14. Dezember 1973 finden Sie im Anhang, S. 548.)

Demnach hält die Familie Azzaretto zusammen 236 Millionen Aktien, aber genauso bedeutend als Aktionär sind drei Firmen aus Liechtenstein, die Brittener, Wootz und Manlands: Sie halten zusammen 245 Millionen Aktien, nur noch übertroffen von der Padana Partecipazioni spa, einer anonymen italienischen Beteiligungsfirma.

Wer seine Herkunft richtig verbergen will, der geht ins Ausland, am besten in die Schweiz, noch besser nach Liechtenstein.

Liechtenstein – Keiner wäscht reiner

Vom Schloss hoch über den Dächern Liechtensteins blickt Fürst Hans-Adam II. auf sechzehn Banken des Fürstentums und auf eine Heerschar von rund 75 000 Briefkastenfirmen, die sich auch hochtrabend »Aktiengesellschaften« nennen dürfen, aber meist nur die unscheinbareren Titel »Anstalt«, »Stiftung«, »Trust« oder »Holding« tragen. Mit einer Stiftung, im normalen Sprachgebrauch eine Einrichtung der Wohltätigkeit, haben sie nichts gemeinsam. Wohltätig sollen sie sich nur für den Stifter auswirken, sein Geld unsichtbar machen. Ein großer Unterschied zeichnet die Gesellschafterformen in Liechtenstein nicht aus, denn eines haben sie alle gemein: Sie sind sehr diskret. Geschätzte 125 Milliarden Euro liegen hier abseits der gierigen Hände der Steuerbeamten in vieler Herren Länder, Gelder, die aber nicht immer nur hinterzogene Einkünfte sind, sondern in vielen Fällen die Gewinne aus Korruption und Verbrechen. Auch CDU-Spender Flick gründete in Vaduz die beiden Stiftungen Hospiz und ROC-Foundation.[11]

Der Finanzplatz Liechtenstein war über Jahrzehnte Drehscheibe für alle Arten von Verbrechern, Diktatoren und Mafiabossen. Auch der Mafiabankier Michele Sindona hatte Liechtenstein zu seinem wichtigsten Finanzplatz in Europa erkoren, hier siedelte er seine »Anstalten« oder »Aktiengesellschaften« an, die für ihn die geheimen Geldströme lenkten, wie die Fasco AG. Ein Vorteil der Firmen: Die Muttergesellschaft in Liechtenstein kann ungestört weitere Töchter in anderen Finanzparadiesen der Welt einrichten. So machte es eben auch Sindona.

Zu Zeiten Sindonas und des »Bankiers Gottes« Roberto Calvi war das Bankgeheimnis sowohl in der Schweiz als auch in Liechtenstein zu 100 Prozent garantiert. Calvi zog Schweizer Firmen vor, Sindona die in Liechtenstein. Das Fürstliche Landgericht arbeitete mit keiner internationalen Behörde zusammen, die Eigentümer der Liechtensteiner Firmen konnten sicher sein, dass niemand hinter ihre Geheimnisse kommen würde.

Während die Schweiz seit einigen Jahren mit Staatsanwaltschaften aus den EU-Ländern bei allen Fällen zusammenarbeitet, die nicht nur die reine und klassische Steuerhinterziehung oder »Vermeidung« bei Steuerausländern betrifft (natürlich nur bei Nichtschweizern!),[12] wie es im Schweizerdeutsch heißt, so ist dies bei Liechtenstein noch längst nicht im gleichen Maße der Fall. Liechtenstein stand für ein Jahr, vom 22. Juni 2000 bis zum 22. Juni 2001, auf der von der »Financial Action Task Force« der OECD erstellten schwarzen Liste der »nicht kooperierenden Länder«[13]: eine Strafzeit, die vor allem durch einen Bericht des Bundesnachrichtendienstes vom 8. April 1999 bedingt war, in dem Liechtenstein zum Tummelplatz des internationalen Gangstertums ernannt wurde. Mafia, Drogenkartelle und organisierte Kriminelle aus aller Welt würden Vaduz zum Umschlagplatz ihrer Gelder nutzen, schrieb der BND seinerzeit. Der damalige Justizminister des Fürstentums, Heinz Frommelt, wies die Vorwürfe energisch zurück und meinte, der BND bleibe die Beweise für seine Behauptungen schuldig. In der Tat hatte der BND bei seinem Bericht mit Details gegeizt und musste sich den Vorwurf gefallen lassen, nicht in jedem Falle korrekt recherchiert zu haben. Doch das Gesamtbild des BND-Berichtes, so das Urteil vieler Ermittler, die immer wieder an den Mauern Liechtensteins gescheitert waren, ist trotzdem bis heute in seinen Grundzügen korrekt geblieben.

So müssen die Treuhänder Liechtensteins zwar seit dem 1. Januar 2001 die Namen der Gründer von Liechtensteiner Briefkastenfirmen per Ausweis kontrollieren, dies soll der Geldwäsche vorbeugen, aber das Bankengeheimnis bleibt davon unbenommen wie eben auch die Amtshilfe bei der Verfolgung aller ausländischen Straftaten, die nach Liechtensteiner Definition rein fiskalischer Natur sind. Als Ergebnis der Einführung einer »Sorgfaltspflicht« der Treuhänder kam Liechtenstein schnell wieder von der Liste der »Bösen« herunter, wenigstens offiziell trägt das Land den Makel als Geldwäscheland also nicht mehr.

Wie viel die Streichung von der OECD-Geldwäscher-Liste wirklich wert ist, mag der Betrachter daran erkennen, dass gleichzeitig mit Liechtenstein auch noch zwei weitere Länder von der Liste der Geldwäsche-Finanzplätze genommen wurden: die Bahamas und die Cayman Islands. Nun sind Umkehrschlüsse zwar manches Mal trügerisch, aber dass die Bahamas und die Caymaninseln den Strafverfolgern der Welt zuarbeiten, gar überhaupt auf Anfragen reagieren, ist eine unter Ermittlern schwer aufrechtzuerhaltende Behauptung. Sie sind bis heute die klassischen Drehscheiben der Geldwäsche geblieben.

Im letzten veröffentlichten Bericht der OECD ist die Liste der nichtkooperierenden Länder auf der ganzen Welt übrigens auf nur noch sechs zusammengeschmolzen: Cook Islands, Indonesien, Myanmar, Nauru, Nigeria und die Philippinen.[14] Wir schlussfolgern daraus: Entweder gibt es nun praktisch keine Geldwäsche auf der Welt mehr, oder die einst brisante Liste ist durch politischen Druck so verwässert worden, dass sie nichts mehr wert ist.

Tatsache ist aber bis heute, dass ein deutscher Steuerzahler eine Rechnung seitens einer Liechtensteiner Firma am besten gleich in den Papierkorb wirft, denn sie ist steuerlich gesehen nichts wert: Dort haben nach einhelliger Steuerrechtsprechung bis heute im Regelfalle nur reine Domizilgesellschaften in Massenadressen ihren Sitz, ohne eigene Geschäftstätigkeit.[15]

Das Fürstentum unterscheide sich in Hinsicht auf Geldwäsche keinen Deut von Russland oder dem Libanon, so hatte die OECD im Jahre 2001[16] direkt gewarnt. Drei Jahre später machen OECD und Liechtenstein, auch auf Druck der deutschen Regierungsstellen, gemeinsam freundliche Stimmung, und OECD-Direktor Jeffrey Owens erklärte: »Liechtenstein hat seither bemerkenswerte Fortschritte gemacht. Die Fortschritte in Sachen Transparenz sind beispielhaft«, wie das *Liechtensteiner Volksblatt* seinen Lesern erfreut mitteilte.[17] Für Verstimmung unter den Liechtensteinern sorgte aber, dass die OECD das Fürstentum noch immer in der umfassenden Liste der Steuerparadiese führt. Owens schien dies, so mutmaßten die Liechtensteiner, keine Freude zu bereiten. »Ich würde diese Liste eher als unrühmlich bezeichnen«, bekannte der OECD-Direktor freimütig.[18] Die Liste der »Offshore-Finanzzentren« der Welt[19] nennt – natürlich – auch Liechtenstein als ein Finanzparadies, und schamhaft heißt es im Bericht, dass die Inspektoren der Finanzmarktaufsicht im Falle von Treuhändern bei der

Informationserhebung behindert seien: So freundlich kann man ausdrücken, dass das Treuhandgeheimnis in Liechtenstein trotz aller offiziellen Hochstufungen immer noch gewahrt ist. Und das zählt schließlich, nicht der Listenplatz bei der OECD.

Regierungschef Otmar Hasler nennt die Geldanlage in Liechtenstein euphemistisch einen »Steuerwettbewerb«, die Frage sei nur, wie dieser Wettbewerb stattfinde.

Die Spitzen des Kleinstaates sind direkt in den Kreislauf des Geldes mitverwickelt. So ist kaum einer stärker involviert als Seine milliardenschwere Durchlaucht höchstpersönlich, Fürst Hans-Adam II.: Ihm gehört die größte Bank des Landes. Er muss befürchten, dass eine Reform des Liechtensteiner Finanzsystems über die bereits eingeleiteten Maßnahmen hinaus zumindest einen Teil des 120 Milliarden Schweizer Franken schweren Anlagekapitals gefährdet. Von Reformen betroffen wäre vor allem die LGT Bank. Das Kreditinstitut verwaltet mehr als ein Drittel des gesamten Anlagekapitals in Liechtenstein. Der Verdacht auf illegale Machenschaften bescherte der Bank im Jahr 2004 schon eine Razzia.

Es deutet einiges darauf hin, dass die internationale Kritik anfängt, Früchte zu tragen. Die Vermögensverwalter des Fürstentums verzeichneten 2004 einen Anstieg ihres Anlagekapitals um nur 0,11 Prozent auf 112,54 Milliarden Franken. Das Anlagekapital von Julius Bär Holding AG, der größten Privatbank der Schweiz, kletterte dagegen im gleichen Zeitraum um 46 Prozent auf 19 Milliarden Franken. »Bislang sah sich Liechtenstein als eine Insel der Seligen. Ein kleines, beschauliches Fürstentum, an dem die Stürme vorbeiziehen«, so Paul Vogt von der Freien Liste Liechtenstein erschüttert darüber, dass Liechtenstein als Geldwäscheland geoutet worden war, aber auf einmal sei dann alles anders geworden.[20]

Der Fürst, der Wirtschaftswissenschaften an der Universität von St. Gallen studierte, stellte sich nach dem Desaster der

Einstufung des Landes als Geldwäscheplatz durch die OECD damals den Medien. Zu groß wurde der Druck der Öffentlichkeit, als dass Seine Durchlaucht die internationalen Proteste übersehen konnte. »Die Steuerhinterziehung in den OECD-Ländern summiert sich auf 10 bis 20 Prozent vom Bruttoinlandsprodukt«, wusste der Fürst zu berichten und spielte die Rolle seines Landes bei der internationalen Geldwäsche herab: »Was wir davon bekommen, sind Peanuts«, meinte er noch salopp nach der Einstufung als Geldwäscheland.[21] Peanuts für ihn, viel Geld für die betroffenen Staaten.

Wie weit Liechtenstein die internationalen Regeln gegen die Geldwäsche respektieren wird, das ist noch längst nicht entschieden. So wurde Premierminister Mario Frick im Februar 2005 kurzerhand abgewählt, weil er sich offen für eine Reform des Finanzsektors ausgesprochen hatte. Das schien dem Fürsten – und mit ihm wohl auch der übergroßen Mehrzahl der Firmen-Treuhänder des Fürstentums – ein wenig zu riskant für den Finanzplatz Liechtenstein. Man befürchtete eine Flucht der Anleger. Schließlich habe gerade der Fürst und seine Bank über Jahre vom »System Liechtenstein« profitiert, meinte schon im Jahr 2000 der Vorsitzende der OECD-Arbeitsgruppe gegen Korruption und Geldwäsche in Finanzoasen, Prof. Dr. Mark Pieth von der Juristischen Fakultät in Basel,[22] auf dessen Rat hin das Fürstentum auch auf die Geldwäscherliste gesetzt wurde.

Fricks Nachfolger an der Spitze der Liechtensteiner Regierung, Otmar Hasler von der Fortschrittlichen Bürgerpartei, ist den alten Gepflogenheiten (»Einkassieren und Schweigen«) eher zugetan.

So ist der Kelch am Finanzplatz Liechtenstein einmal mehr vorbeigegangen. Noch hält der Damm des Schweigens. Der Fürst sucht nach Entlastungen und wünscht den Kontakt mit seinen schärfsten Kritikern: Am 6. und 7. April 2005 besuchte eine Delegation deutscher Parlamentarier das Fürstentum, der Finanzausschuss. In Berlin waren zudem im Jahr 2004 schon der damalige Außenminister Joschka Fischer und Ernst Walch aus Vaduz zusammengekommen. Gesprächsthema dabei: die Bekämpfung der Wirtschaftskriminalität und die Einhaltung der Standards für internationale Finanzplätze. Dennoch, »unterschiedliche Auffassungen zwischen beiden Staaten bestehen weiter im Bereich von Steuern, beim Bankgeheimnis und beim Schutz der Privatsphäre in Steuerfragen«.[23] Also in den Kernfragen, um es deutlich zu machen. Man redet zwar miteinander, aber das Grundproblem bleibt: Während die EU offenen Zugriff auf die Konten und Firmen fordert, im Falle des begründeten Verdachtes auf Straftaten, so will das Fürstentum diesen Zugriff auf wenige kapitale Straftaten beschränkt wissen, aber nicht auf die Taten mit fiskalischem Hintergrund.

So muss der Versuch, die internationalen Standards des Kampfes gegen die Geldwäsche mit der gewohnten Verschwiegenheit der Steueroase Liechtenstein zu vereinen wie der erneute Versuch einer Quadratur des Kreises anmuten – zum Scheitern verurteilt.

Doch kehren wir zurück zur Spur der ersten Finanziers von Silvio Berlusconi. Wir erinnern uns, bei den Ermittlungen der Staatsanwaltschaft aus Palermo gegen den ehemaligen Manager der Berlusconi-Firma Publitalia, Marcello Dell'Utri, entdecken die Fahnder im Jahre 2001, dass drei Liechtensteiner Firmen seit Anfang der siebziger Jahre Großaktionäre der Banca Rasini sind, der Bank, in der Berlusconis Vater bis 1973 Prokurist war.

Wer versteckt sich hinter den drei Liechtensteiner Briefkastenfirmen? Dies zu erfahren, war den Fahndern der Staatsanwaltschaft von Palermo nicht möglich, denn das Liechtensteiner Recht schützt die Anleger im kleinen Fürstentum vor den neugierigen Blicken von Fremden. Die Register in Vaduz bleiben geschlossen, es sei denn, es handelt sich um Mord oder Drogenhandel.

Und was ist über die drei Firmen, die die Bank von Berlusconis Vater finanzierten, bekannt? Bislang sind es eher spärliche Informationen, denen die Polizei in der Vergangenheit nie nachgegangen ist, es schien ja auch keinen Grund für Ermittlungen in diese Richtung zu geben – und aus Liechtenstein erfuhr man sicher nichts.

Zuerst einmal wäre da die Firmierung: »Brittener Anstalt« ist ein Name, der den Ermittlern aus dem Fall des Bankrotts des Banco Ambrosiano von Roberto Calvi und den Ermittlungen gegen Michele Sindona nicht unbekannt ist.

Eine Firma namens »Brittener Anstalt« mit Tochtersitz in Nassau stand in direktem Kontakt mit dem Ableger des Banco Ambrosiano in Nassau, der Cisalpine Overseas Bank, die später in Banco Ambrosiano Overseas Limited (BAOL) umbenannt wurde. Zu deren Gründungsvätern gehörten wie bereits erläutert neben dem ermordeten Roberto Calvi auch der Chef der Vatikanbank Erzbischof Paul Casimir Marcinkus sowie Michele Sindona.

Die Brittener Anstalt von Nassau spielte nach Informationen aus amerikanischen Ermittlerkreisen eine wichtige Rolle bei der Geldwäsche der Drogengelder zwischen den Bahamas und New York, wo Sindona die Franklin National Bank kontrollierte, eine der amerikanischen Großbanken der sechziger und siebziger Jahre. Welche Beziehung zwischen der Brittener Anstalt aus Nassau und der Brittener Anstalt aus Vaduz besteht, darf getrost vermutet werden: Das Gesellschaftsrecht Liechtensteins erlaubt es den dort ansässigen Firmen, überall auf der Welt Ableger zu gründen. So halten es viele, auch Sindona hat dies bei seiner Fasco AG, zu der er sich öffentlich auch als Eigentümer bekannte, getan. Ein Ableger in Luxemburg nannte sich dann Fasco International.

Sindona selbst spricht in einem Interview mit Nick Tosches,[24] kurz bevor er vergiftet im Gefängnis von Voghera stirbt, davon, dass die Mafia zur Geldwäsche eine kleine Bank an der Piazza Mercanti in Mailand nutzen würde, eben genau die Banca Rasini.

Doch beschäftigen wir uns noch eingehender mit der Brittener Anstalt, der ältesten der drei Liechtensteiner Briefkastenfirmen, die sich als Großaktionäre der Banca Rasini entpuppt haben. Ein Umstand, der bis Ende 2004 völlig unbekannt war, und eine Information, die sich in einem Gutachten von mehreren tausend Seiten in einem Prozess verbarg, über den in Italien nicht gern berichtet wird.

Gegründet wurde die Brittener Anstalt am 13. Dezember 1965 von zwei Treuhändern, einem Anwalt aus Chiasso, Gian Vittorio Morselli, und einem anderen Strohmann, dem Prokuristen Otto Krank aus Liechtenstein. Das Kapital von 200 000 Schweizer Franken wird voll eingezahlt, und die Repräsentanz der Firma übernimmt sogar die Liechtensteiner Landesbank – es ist, danach zu urteilen, eine Briefkastenfirma erster Klasse mit viel Geld in der Kasse und der besten Adresse in Vaduz. Zu diesem Zeitpunkt können die Gründer sich auch sicher fühlen, dass wenigstens für die nächsten 25 Jahre niemand auch nur den geringsten Einblick in ihre Akten haben wird. Die Gründungsurkunde enthält die Statuten, sie sind standardmäßig abgefasst und beschreiben als Zweck des Unternehmens »die Durchführung von Transaktionen und Geschäften mit Waren aller Art, die Finanzierung solcher Geschäfte und Transaktionen ...«. Es ist eine Firma, die alles tun und lassen kann, was sie möchte.

Der Gründungsurkunde liegt eine Bescheinigung des Credito Svizzero (Schweizerische Kreditanstalt) aus Chiasso vom 9. Dezember 1965 vor, der Grenzstadt zu Italien, wonach jemand die 200 000 Schweizer Franken für die Brittener Anstalt eingezahlt hat.

Das Statut sieht ebenso im Paragraphen 2 vor, dass »durch Beschluss des Gründers oder dessen Rechtsnachfolgers Zweigniederlassungen im In- und Ausland errichtet werden können ...«: Eine von diesen Zweigniederlassungen, vermuten wir, ist die Brittener Anstalt zu Nassau auf den Bahamas.

Die Gewinne der Firma fließen übrigens, so sagt es das Statut bei Paragraph 6, den so genannten »Destinatären« zu, die ganz formlos von den Gründern bestimmt werden können. »Es steht dem Gründer anheim, in welcher Art und Weise er die Destinatäre bestimmt.«

Am 12. Dezember 1969 wird der Prokurist Krank durch Engelbert Schreiber aus Vaduz abgelöst. Ansonsten passiert erst einmal nichts Auffälliges – Chefverwalter bleibt weiterhin der Anwalt Morselli aus Chiasso.

Verfolgen wir weiter den *paper trail*, die papierne Spur, wie die Ermittler in Geldwäschefällen diese Arbeit nennen. Am 8. März 1973 findet sich ein Dokument im Register des Fürstentums, welches unsere höchste Aufmerksamkeit auf sich zieht.

An diesem Tag schreibt der Gründungs-Treuhänder, Anwalt G. Vittorio Morselli, eine Erklärung mit dem Briefkopf eines Büros in Chiasso: »Betrifft: Brittener Anstalt mit Sitz in Mauren. In meiner Eigenschaft als Gründer der Brittener Anstalt mit Sitz in Mauren (Liechtenstein), gegründet am 10. Dezember 1965 und registriert am 13. Dezember 1965, und als Verwaltungsrat derselben und Inhaber des Einzelzeichnungsrechtes erkläre ich hiermit meinen Rücktritt und meine gleichzeitige Bereitschaft, meine Aufgaben dem Liechtensteiner Kollegen Herrn Engelbert Schreiber zu übergeben, der gleich mir Verwaltungsrat ist, aber mit Kollektivzeichnungsrecht, wie aus dem Auszug aus dem Handelsregister von Vaduz sichtbar ist. Ich erkläre unter meiner eigenen Verantwortung, dass die Brittener Anstalt niemals andere Aktivitäten unternommen hat als jene, die mit dem Kauf von 1226 ›Carature‹ der Banca Rasini von Carlo Rasini & C. S.a.S. mit Sitz in Mailand bestanden haben, die auf den Namen der Brittener eingetragen sind und deren Eigentümer die Brittener ist. In Treue, Morselli.«[25]

Die Erklärung ist aus mehreren Gründen hochinteressant. Zum einen ist damit klipp und klar, dass die Brittener Anstalt als Daseinszweck die Finanzierung der Banca Rasini hatte – und zwar zu einem Zeitpunkt, an dem der Vater von Silvio Berlusconi, Luigi, zusammen mit dem Gründer Carlo Rasini der absolute Dominus der Bank in Mailand war. Eine gleich lautende Erklärung befindet sich übrigens auch bei den Akten der Wootz AG, nur dass die Wootz Anstalt damals nicht 1226 »Carature« der Banca Rasini ihr Eigentum nannte, sondern nur 600. Aber ansonsten ist alles gleich.[26] Wie vielen Aktien diese »Carature« entsprechen, wird aus den Dokumenten nicht deutlich und kann auch nicht mehr nachvollzogen werden, da die Bank alle Unterlagen aus der Zeit vor 1973 vernichtet hat, wie sie den Ermittlern aus Palermo gegenüber erklärte.

Klar ist aber, dass die Bank, die den Aufstieg von Silvio Berlusconi bis 1993 maßgeblich finanziell mitbegleitete, einen erheblichen Teil ihrer Mittel von diesen beiden Liechtensteiner Briefkastenfirmen erhalten hatte.

Verfolgen wir die Spur weiter: Vom 4. Juli 1973 an bis zum 8. Februar 1993 werden die Brittener Anstalt, die Wootz Anstalt und ab 1981 auch die Manlands Financière SA, alle drei sind bis zum Verkauf der Banca Rasini 1991 Großaktionäre der Mailänder Bank, wie aus deren Unterlagen ersichtlich ist, alle gleichermaßen von ein und demselben Treuhänder verwaltet, von Herbert Batliner. Und hier handelt es sich nun wirklich nicht um einen Unbekannten: Batliner ist in Liechtenstein so etwas wie der König der Treuhänder gewesen.

Der König der Treuhänder

Herbert Batliner, Jahrgang 1928, ist der wichtigste Treuhänder des Fürstentums seit Ende des Zweiten Weltkriegs: Bis zu seinem freiwilligen Rückzug aufs Altenteil Anfang 2002 war er zu dessen Aushängeschild geworden. Nur wenige auserwählte Kunden werde er noch weiter betreuen, erklärte er, der »prominenteste und umstrittenste Treuhänder Liechtensteins«, wie ihn die Schweizer *Weltwoche* im Augenblick seines Rücktritts vom Geschäft definierte.[27]

Nun habe er endlich Zeit für die kleinen Freuden des Alltags, er könne »spüren, wie der frische Schnee unter den Füßen knirscht«. Nun werde er sich noch mehr dem Eishockeyclub von Davos widmen, natürlich nicht als Spieler, sondern als Sponsor. Das dürfte Batliner nicht schwer fallen. Sein geschätztes Privatvermögen beläuft sich auf mindestens 250 Millionen Pfund Sterling, der Gewinn aus fast fünfzig Jahren Tätigkeit. Sein Treuhandbüro Dr. Dr. Batliner & Partner gab er ab, das 4 Meter hohe Namensschild wurde abmontiert und die Website vom Netz genommen. Die Kunden aber blieben nicht treuhänderlos: Deren Firmen wurden an die First Advisory Group übergeben.

Im Jahr 1999 geriet der fürstliche Kommerzienrat und Senator honoris causa, Träger der goldenen Pfadfinderlilie, des Komturkreuzes des Fürstlich Liechtensteinischen Verdienstordens, des Großen Tiroler Adlerordens, des Großen Silbernen Verdienstkreuzes der Republik Österreich, um nur einige seiner 29 Ehrenorden zu erwähnen, und Stifter des »Herbert-Batliner-Europainstitutes« in Salzburg ins Licht der deutschen Öffentlichkeit, weil er in den Skandal der Schwarzkassen der CDU verwickelt war.

Weltweit war Batliners Kanzlei von jenen Kreisen gesucht, die ihre Vermögen steuerschonend anlegen wollten, auf erhöhte Diskretion bedacht waren oder ihre Erbfolge am Staat vorbei regelten. Die Vorteile einer Stiftung liegen in der Verschleierung der Eigentümer, hinzu kommt ihre schnelle Auflösbarkeit: Innerhalb weniger Tage kann der Eigentümer die Konten abräumen und die Stiftung auflösen – Konkurs- und Erbrecht werden ausgehebelt. Es besteht keine Buchführungspflicht. So ist es leicht möglich, dass, wie der heutige Ministerpräsident und damalige hessische CDU-Vorsitzende Roland Koch vermutete, der festgestellte »Schwund« auf dem Geheimkonto der CDU von 8 Millionen DM mit »persönlicher Bereicherung« zu erklären war. Wie das geschehen ist, kann natürlich keiner mehr nachvollziehen. Die Treuhänder handeln, aber ihre Handlungen sind kaum noch rechtlich überprüfbar.

Ein weiterer Vorteil einer Liechtensteiner Stiftung ist: Die anfallenden Steuern sind minimal. Der Gewinn wird nicht besteuert; nur auf das eingezahlte Kapital wird ein Promille erhoben. Der größte Vorteil aber ist und bleibt: Der Zwergstaat in den Alpen gewährt so gut wie keine Rechtshilfe, eben nur bei Kapitalverbrechen oder Drogenhandel. Den muss man aber erst einmal nachweisen. Im Falle der CDU-Gelder aus Hessen ging es jedoch weder um Drogenhandel noch um Mord, soweit bekannt. Die CDU hatte »nur« 18 Millionen DM aus nicht verwendeten Spenden der »Staatsbürgerlichen Vereinigung von 1954 e.V.« genommen und damit beim Herrn Batliner eine Stiftung eröffnet. Dessen Sorgfaltspflichten war damit Genüge getan. Liechtensteiner Depots waren dabei eine alte Tradition der Christdemokraten: Schon Konrad Adenauer hatte die Partei über Liechtensteiner Stiftungen finanziert.[28]

Im Jahr 1990 ließ der Partner eines Drogenbarons aus Ecuador durch Batliner eine Briefkastenfirma einrichten, die USA beschlagnahmten das Geld später. So etwas kommt schon einmal vor, bei so vielen Kunden, dass auch ein Drogenhändler mit dabei ist. Es sollte nicht der letzte Ausrutscher des Doppeldoktors aus Vaduz bleiben.

Im Jahr 2001 untersuchten brasilianische Staatsanwälte die Firma Sanud, von der man annahm, dass sie die Schwarzgelder des Chefs des brasilianischen Fußballbundes Ricardo Teixeira gesammelt habe. Dr. Batliner dazu: »Ich bin nicht der Beichtvater, der seine Kunden zu befragen hat, ob sie den Gesetzen ihrer Heimatländer gehorcht haben.« Dann unterstrich er, dass 80 Prozent der Kunden ihm von Banken empfohlen worden seien. Das mögen wir gern glauben, denn meistens werden die Konten nicht im Fürstentum, sondern bei Schweizer Banken geführt. So geschah es auch beim »Zaunkönig«: 1983 hatten Weyrauch, Prinz Wittgenstein und der damalige CDU-Landesvorsitzende Kanther 19,2 Millionen DM in bar vom CDU-Konto bei der Frankfurter Metallbank abgehoben und auf drei Konten einer Züricher Bank eingezahlt; diese

Konten wurden 1993 für die Liechtensteiner Stiftung »Zaunkönig« weitergeführt.

Gegen den Expräsidenten des Verfassungsgerichts von Liechtenstein und engen Freund von Helmut Kohl wurde auch wegen des Verdachts auf Geldwäsche ermittelt.[29] Darüber hinaus soll er Beihilfe zur Steuerflucht geleistet haben, meinte Bernd Bienioßek, Sprecher der Staatsanwaltschaft in Bochum. Batliner hat diese Vorwürfe immer zurückgewiesen, und die Verfahren gegen ihn wurden eingestellt.

Lange Jahre war der ehemalige Präsident des fürstlichen Staatsgerichtshofes als findiger Jurist, feinsinniger Kunstfreund und freigebiger Mäzen geachtet. Papst Johannes Paul II. ernannte ihn zum Präsidenten der Päpstlichen Akademie der Sozialwissenschaften, mit Sitz in der Vatikanstadt, zu der so illustre Persönlichkeiten gehören wie der Wirtschaftsprofessor Paul Kirchhof, kurzzeitig als Wirtschaftsexperte von Angela Merkel im Wahlkampf 2005 zur allgemeinen Bekanntheit gekommen, aber auch der Exbanker Hans Tietmeyer und der US-Wirtschaftswissenschaftler Joseph E. Stieglitz, Exchef der Weltbank, sowie eine ganze Reihe weltbekannter Sozialwissenschaftler und Juristen.

Im Vatikan hält man so große Stücke auf Batliner, dass der Treuhänder aus Liechtenstein in seiner Funktion als Präsident der »Peter-Kaiser-Stiftung« der Sixtinischen Kapelle eine neue Orgel schenken durfte.

Die Zeremonie war eine einzige Lobpreisung auf den »Gentiluomo di Sua Santità«, den Ehrenmann Seiner Heiligkeit, wie sein offizieller Titel im Vatikan ist, ein Mitglied des »Ritterordens des Papstes«: Es ist der höchste Ehrentitel, der einem Nichtpriester im Kirchenstaat überhaupt verliehen werden kann. Batliner gehört damit zur »Famiglia Pontificia«, der päpstlichen Familie, dem innersten Kreis der Vertrauten des Papstes.

Die Weihung der Orgel war eine Zeremonie, an der auch Kardinalstaatssekretär Angelo Sodano, zweithöchster Würdenträger im Vatikan, teilnahm, um die Bedeutung der Ehrung für Batliner zu unterstreichen. »Verehrter Herr Professor, wir danken Ihnen für die Effizienz, die Höflichkeit und die Großzügigkeit, die Sie dem Heiligen Stuhl gegenüber erwiesen haben«, erklärte Bischof Piero Marini.

Es fällt schon auf, dass sich der Vatikan zuallererst für die »Effizienz« des Treuhänders bedankt. Die Wortwahl hat in dieser ältesten staatlichen Ordnung der Welt die allergrößte Bedeutung: Effizienz. Dafür dankt der Vatikan ihm, dem größten Treuhänder Liechtensteins. Und wo zeigt ein Treuhänder seine Effizienz?

Sicher ist, Batliners Tätigkeit muss für den Vatikan von außerordentlicher Bedeutung gewesen sein. Hier bedankt man sich nicht für eine Orgel, so schön sie auch klingen mag, hier wird ein Lebenswerk geehrt.

Die Frage, die sich unweigerlich stellt und auf die wir eine Antwort zu geben versuchen, ist, wofür hat man sich da in Rom bedankt?

Im Vatikan ist man Batliner tief dankbar, in der breiten Öffentlichkeit allerdings wurde der gläubige Katholik mit weniger schmeichelhaften Beziehungen bekannt.

Zwar wurden alle Verfahren wegen Geldwäscherei gegen Batliner eingestellt. Doch die negativen Schlagzeilen waren Gift für sein Geschäft, dessen höchstes Gut absolute Diskretion ist. Verheerender noch war, dass ein ehemaliger Mitarbeiter Kundendaten stahl und die heiklen Informationen auch bei der Staatsanwaltschaft Bochum landeten. »Schlimmeres«, sagte ein Konkurrent, »kann einem Treuhänder nicht passieren.« Die Behörden stießen auf Hunderte von Deutschen, die mit Batliners Hilfe, so der Verdacht, Geld am Fiskus vorbeigeschmuggelt hatten. Einige Dutzend seiner Klienten wurden deswegen in Deutschland bisher belangt. Im Durchschnitt hatten sie laut dem Bochumer Oberstaatsanwalt Eduard Güroff jeweils Steuern in »ein- bis zweistelliger Millionenhöhe« hinterzogen.

Ein untreuer Mitarbeiter Batliners entwendete eine CD-ROM mit Daten, die 15 000 DIN-A4-Seiten gefüllt hätten. Allesamt Daten, die die Staatsanwaltschaften von Düsseldorf und Bochum auswerteten. Es kam reihenweise zu Hausdurchsuchungen und sogar Verhaftungen. Einer der aufgedeckten Steuerhinterzieher war ein ehemaliger deutscher Springreiter, der in Deutschland dann ab 1997 in die Mühlen der Finanzämter geriet.

Die Vorwürfe des Bundesnachrichtendienstes – die zwar schludrig recherchiert waren, in der Tendenz aber ins Schwarze trafen – hatten einen internationalen Skandal ausgelöst.

Heute, darf man vermuten, wäre es für Prof. Dr. Dr. Batliner doch ein wenig komplizierter, seinen Geschäften nachzugehen. In seinem Abschiedsbrief an die Kunden wollte er sich noch ein Denkmal setzen: »Zu wissen, dass ethische und moralische Grundsätze das größte Gut in meiner Berufsauffassung waren, erfüllt mich mit berechtigtem Stolz für das Geleistete und das Erreichte.«

In die Gläser der Feierstunde zum dienstlichen Abschied des Treuhänders Nummer eins des Fürstentums müssen wir ein paar Wermutstropfen gießen. Denn ab dem Zeitpunkt, als der Liechtensteiner Doppeldoktor zum gemeinsamen Treuhänder aller drei Liechtensteiner Briefkastenfirmen wird, scheint in Mailand bei der Banca Rasini der Teufel los zu sein. 1981 halten die Firmen in Händen von Batliner knapp ein Drittel des Grundkapitals der Rasini-Bank, eine bequeme Kontrollposition – ohne ihre Zustimmung konnte die Bank keine wesentlichen Entscheidungen fällen. Eine Position, die sie bis zum Verkauf an die Banca Popolare di Lodi 1991 beibehalten sollten. Als die Banca Rasini im Dezember 1991 verkauft wird,[30] besitzen die drei Liechtensteiner Firmen weiterhin ein rundes Drittel, wie die DIA-Polizisten akribisch festhalten. Die Beteiligung bleibt also trotz der Verzehnfachung des Kapitals konstant.

Die Ermittlungen über die Mafia in Mailand werden ergeben, dass die Banca Rasini nach dem Ausscheiden von Berlusconi-Vater zu einer echten Bank der Mafia geworden ist (siehe auch die Kapitel 4, 7 und 8). Die berüchtigtsten Mafiafamilien Italiens wie die Enea, Fidanzati, Calò, Bono, Monti und Virgilio eröffnen Konten bei der Bank, zu deren Kunden auch weiterhin Silvio Berlusconi gehört. Es kommt so weit, dass der Direktor der Bank wegen dieser Aktivitäten von seinen Aufgaben entbunden werden muss.

All das geschieht in der Zeit, in der Herbert Batliner der Treuhänder der drei Großaktionäre bei der Banca Rasini ist. In wessen Auftrag?

Wie viel Geld die Liechtensteiner Firmen in sich tragen, kann man ein einziges Mal in der Firmengeschichte der Brittener und der Wootz erkennen. Als nämlich beide Firmen 1976 von einer Anstalt in die Form der Aktiengesellschaft umgewandelt werden, am 12. Oktober 1976 geschieht das bei der Brittener, steht dort eine Bilanzsumme aus Grundkapital und Kreditoren von 993 572,70 Schweizer Franken. Es ist also keine arme Firma.

Dann muss es am 26. März 1982 zu einem Zerwürfnis zwischen Batliner und den Eigentümern gekommen sein; es ist dies wie eine Vorwegnahme des »Blitzes vom Valentinstag« in der Nacht des 14. Februar 1983, als die Mailänder Polizei in einer Großaktion Unternehmer und Mafiabosse in Mailand verhaftet – im Mittelpunkt der Geldwäsche steht dabei die Banca Rasini. Batliner tritt zurück, Alex Wiederkehr übernimmt die Treuhänderschaft Batliners für wenige Tage, bis zum 2. April 1982, dann kehrt Batliner als Verwaltungsrat mit Alleinzeichnungsrecht zurück. Und alles ist wieder eitel Sonnenschein.

Erst am 8. Februar 1993 tritt Batliner als Verwaltungsrat zurück. Am 21. Juli 1993 übernehmen neue Verwaltungsräte die Firmen Brittener, Wootz und Manlands: Diesmal sind es keine Strohmänner, jetzt sind es Personen, von denen wir annehmen dürfen, dass sie die drei Liechtensteiner Firmen persönlich übernommen haben. Personen, die in den größten Korruptionsskandal zulasten des italienischen Staates seit seiner Gründung im Jahre 1861 verwickelt wurden, als aktive Nutznießer – und dafür auch bereits vom Tribunal Mailand und vom Berufungsgericht zu hohen Haftstrafen verurteilt worden sind.

Die Eigentümer der Brittener AG, Wootz AG und Manlands SA sind Felice Rovelli und seine Mutter Primarosa Battistella, die ab dem 21. Juli 1993 zu den Verwaltungsräten aller drei Firmen werden (siehe auch Kapitel 17).

Unklar ist, ob die Rovellis auch schon zum Zeitpunkt des Verkaufs der Banca Rasini an die Banca Popolare di Lodi die Eigentümer waren, es ist dies aber zu vermuten. Der Grund: Nach dem großen Polizeieinsatz gegen die Mafia in Mailand war die Banca Rasini als Geldwäscheanstalt dem Rufe nach ruiniert – kein »anständiger« Mafioso hätte mehr sein Geld bei dieser Bank anlegen können, ohne nicht sofort als Geldwäscher verdächtigt zu werden. Ein Konto bei der Rasini war ja fast zu einem Markenzeichen für Mafianähe geworden – auch Berlusconis Firmen fuhren nach dem großen Polizeieinsatz ihre Geschäfte mit der Rasini gewaltig herunter.

Da war die Bank günstig zu haben. Und zugegriffen hat dann, diesen Schluss lassen die Akten aus Liechtenstein zu, der Chemieunternehmer Nino Rovelli aus Sizilien. Rovellis Firma SIR Rumianca hatte beim Zusammenbruch von 1982 zwar ein Loch von 3500 Milliarden Lire hinterlassen, dies bedeutete aber nicht, dass Rovelli persönlich pleite war. Der christdemokratische Politiker und dauerhaft von Staatsbanken subventionierte Unternehmer aus Sizilien hatte noch Geld in der Schatzschatulle – genug wenigstens, um eine Kleinbank am Rande des Ruins in Mailand zu kaufen.

Und so erwarben die Rovellis die Banca Rasini. Nach dem Tode von Nino übernehmen der Sohn Felice und die Witwe Primarosa die Geschäfte.

Sehen wir uns die Kapitalzuflüsse der Banca Rasini doch einmal genauer an.

Die drei Liechtensteiner Gesellschaften machen im Laufe der Zeit alle Kapitalerhöhungen der Rasini-Bank mit. Die Banca Rasini spa hebt ihr Stammkapital von 1974 bis zum 31. Dezember 1991 von 750 Millionen auf 15 Milliarden Lire an. Als die Aktien der Rasini-Bank im Dezember 1991 an die Banca Popolare di Lodi (BPL) verkauft werden, sind die Hauptaktionäre der Rasini:

Firma	*Sitz*	*Geburtsdatum (natürliche Personen)*	*Investiertes Kapital in Lire*
Eurofinanz Investimenti e artecipazioni spa	Rom		4 123 125 000
Flaminia spa (vormals Padana Partecipazioni)	Mailand		5 123 129 000
Brittener Anstalt	Mauren		1 533 000 000
Wootz Anstalt	Eschen		750 000 000
Manlands Financière SA	Genf		2 625 000 000
Lazzaroni, Giuseppe	Mailand	18. 5. 1931	750 000 000

Folgende Personen sind bei der Banca Commerciale di Lugano (welche bei diversen Aktienverkäufen an die BPL eine Vermittlerrolle spielte) als zum Verkauf dieser Aktienpakete berechtigt aufgeführt:

Vollmacht erteilende Gesellschaft	*Bevollmächtigter*	*Bevollmächtigter*
Flaminia spa	Rovelli, Felice – 11. 5. 1959	Munari, Pier Francesco – 19. 5. 1936
Marfin SA	Rovelli, Felice – 11. 5. 1959	Munari, Pier Francesco – 19. 5. 1936
Pro.fi spa	Rechtsanwalt Mario Are – 30. 8. 1930	***
Plenit srl	Rechtsanwalt Mario Are – 30. 8. 1930	***
Manlands Financière SA	Batliner, Herbert	Wiederkehr, Alex
Wootz Aktiengesellschaft	Batliner, Herbert	Wiederkehr, Alex
Brittener Aktiengesellschaft	Batliner, Herbert	Wiederkehr, Alex

Auch hier sind vor allem die Namen der Beteiligten interessant. Häufig sagen sie mehr als die beliebig erscheinenden Siglen der Firmenbezeichnungen. So erinnert uns der Name Felice Rovelli[31] an eine Korruptionsaffäre aus dem Jahr 1982, an der nicht nur zwei Richter beteiligt waren, sondern auch Berlusconi-Anwalt Cesare Previti. Eine Arabeske am Rande: Als Cesare Previti zu der Sache befragt wird und der Mailänder Ermittlungsrichter von ihm wissen will, wie denn die fraglichen 21 Milliarden Lire auf sein Schweizer Bankkonto gekommen seien, berichtet er, er habe ja schon vor dem Zusammenbruch von Rovellis Chemiekonzern lange Zeit als Anwalt für diesen gearbeitet. Dabei habe er übersehen, seinem Mandanten eine Rechnung zu stellen. Mit Zins und Zinseszins sei die Forderung nun über die Jahrzehnte eben angewachsen.

Previti sagte vor dem Mailänder Gerichtshof am 28. September 2002 aus: »Ich kenne Ingenieur Rovelli schon seit Beginn der siebziger Jahre. Mit ihm verbindet mich eine lange und außergewöhnliche Beziehung, denn zu jener Zeit wurde Ingenieur Rovelli Opfer einer zerstörerischen, von den Medien befeuerten Justizkampagne, vielleicht einer der ersten, die es in dieser Form in Italien gab. Sie richtete sich gegen eine Persönlichkeit, welche zu den bedeutendsten Unternehmergestalten Italiens gehört. Die Vorwürfe gegen Ingenieur Rovelli waren unerträglich: Man klagte ihn einer Reihe von Verbrechen an, die durchweg mit seiner Unternehmertätigkeit zu tun hatten ... Der Angriff richtete sich besonders gegen die Finanzierung seiner Unternehmungen, vor allem, wenn er vergünstigte Finanzierungen aus dem Bankensektor in Anspruch nahm ...

Tatsächlich nahm die italienische Chemieindustrie damals einen enormen Aufschwung, was nur auf die Fähigkeiten von Ingenieur Rovelli und natürlich auch auf den Markt in Italien zurückzuführen ist, der sich zu jener Zeit für Europa und die ganze Welt öffnete. Diesen Markt teilten sich damals zwei Unternehmen: Rovellis SIR und Montedison ... Schließlich stellte man sogar einen Haftbefehl gegen Rovelli aus und durchleuchtete seine Vermögensverhältnisse und seine unternehmerischen Aktivitäten. Ich bekam diesen Skandal hautnah mit, weil eines der beteiligten Kreditinstitute die Efibanca war, für die ich damals tätig war. Das andere beteiligte Kreditinstitut war die Banca Nazionale di Lavoro. Und so fand sich auch der damalige Präsident beider Institute, Professor Antigono Donati, plötzlich in die Untersuchung um diese angeblichen Unregelmäßigkeiten in der Unternehmensfinanzierung verwickelt ... Mir kam in dieser Sache eine besondere Rolle zu, da ich als Anwalt die Entwicklung (nicht die Entstehung, die vor meiner Zeit lag) der Efibanca als Institut zur Zwischenfinanzierung begleitet hatte. Auch nahm ich an den bankinternen Nachforschungen zur Verwendung der besonderen Finanzierungsmittel des Staates teil ... Es ging dabei um Dutzende finanzieller Transaktionen, an denen die Efibanca, soweit ich weiß, beteiligt war ... nur an etwa zwanzig Transaktionen war die Efibanca allein beteiligt, denn diese Transaktionen wurden normalerweise aufgeteilt ... und ich war ja in gewisser Weise mit der Efibanca groß geworden, war ich doch der einzige von außen kommende Berater, den das Kreditinstitut hatte ...

Als die Angelegenheit geklärt war, wurde Rovelli freigesprochen, doch er verlor dabei die SIR. Wie das passierte, ist ja bekannt. Was alles geschehen ist, das Konsortium, der Versuch, alles wieder ins Lot zu bringen, dann die Transaktionen, die nicht getätigt wurden, nun also, so war die Lage nun einmal. In dieser Situation hat sich meine Beziehung zu Rovelli entwickelt. Es war eine von absolutem beruflichem Respekt getragene Beziehung. Natürlich hat sich daraus auch eine persönliche Bindung entwickelt. Ich habe den Mann in einem Moment seines Lebens kennen gelernt, in der um ihn nur Wüste war, und ich war in seinen Augen der Einzige, der ihn dort herausholen oder zumindest die Lage ein wenig verbessern konnte. Außerdem habe ich ihn einige Male aufgesucht, als er untergetaucht war. Er hatte nämlich noch ein weiteres Problem, nämlich, wie er sein persönliches Vermögen, das ja nicht unerheblich war, vor der Beschlagnahme retten konnte. Wenn ich mich recht erinnere, gab es sogar eine offizielle Verfügung zur Beschlagnahme seiner Güter. Alles in allem nahm ich also nicht nur die Interessen der Efibanca, sondern auch die von Ingenieur Rovelli wahr, denn das Efibanca-Problem war nur ein winziger Teil des Rovelli-Problems. Am Ende hat Ingenieur Rovelli mir ein beträchtliches Honorar zugesagt, das er auch bezahlt hat. Ich kann sogar sagen, wie das geschehen ist, sollte dies hier von Interesse sein. Es ging um eine Summe von 3750 Milliarden alter Lire, die er bezahlen wollte, sobald er in der Schweiz ausreichend Liquidität aufgetrieben habe. Da Rovelli damals nicht sofort bezahlen konnte, aber sicher war, dass er irgendwann dazu in der Lage sein würde, sagte er zu mir: ›Ausgezeichnet. Ich werde dich bezahlen, sobald es mir möglich ist. Bis dahin sollst du 10 Prozent Zinsen pro Jahr bekommen.‹«

Der Untersuchungsrichter hakt nach: »In dem Schreiben, das uns Ihre Schweizer Anwälte haben zukommen lassen, steht aber, dass die Bezahlung vonseiten der Familie Rovelli über eine Spende für Ihre Partei, *Forza Italia,* erfolgt sei. Und zwar im Jahr 1990. Warum, glauben Sie, haben Ihre Anwälte diese Angabe gemacht? Haben Sie die 18 Millionen Schweizer Franken in Italien denn versteuert?«

Antwort des Abgeordneten Cesare Previti: »Nein.«

Es ist dies eine überaus interessante Verbindung: Sollte Cesare Previti mit seiner Erklärung wenigstens teilweise Recht haben, dass nämlich die 21 Milliarden Lire, die er 1994 erhalten hat, eine Bezahlung für anwaltliche Tätigkeit gewesen sind, dann könnten damit auch durchaus die Dienste des Anwalts Berlusconis im Interesse der Hausbank Berlusconis, der Banca Rasini, gemeint sein: Alle Beteiligten muss der Wunsch geeint haben, einen Bankrott der Banca Rasini zu verhindern, der die Behörden direkt dazu eingeladen hätte, die Bank wie einen Handschuh umzustülpen. So war die Übernahme einer schwer angegriffenen Bank durch eine »befreundete Familie« die beste und im italienischen Kapitalismus immer wieder geübte Form der Selbstrettung.

Bis zum 5. September 2003 existierten die drei ehemaligen Großaktionäre der Banca Rasini noch als Firmen in Liechtenstein weiter, dann wurden sie rechtskräftig aus dem Handelsregister gelöscht. Ihre Todeserklärung besteht in einem für alle drei gleich lautenden Satz: »Die Firma hat weder Aktiven noch Passiven.«

Das Geld der vergangenen Jahrzehnte ist woanders. Vielleicht noch in Liechtenstein, vielleicht aber auch sehr viel weiter weg. In einem noch entfernteren Finanzparadies, wo es nicht einmal einen waschechten Fürsten gibt oder ein Handelsregister – oder die schönen Schweizer Franken.

Herbert Batliner ist ein wahrer König der Treuhandgesellschaften. Aber auch Wiederkehr, der andere Bevollmächtigte der Brittener, ist ein Name, der im Zusammenhang mit dem Vatikan und der Banca Rasini immer wieder fällt. Er gehört zu einer Familie »Schweizer Wichtel« – wie man in Italien die hilfreichen Treuhänder der Eidgenossenschaft nennt –, welche in viele zweifelhafte Finanztransaktionen verwickelt war. (Der bekannteste Vertreter der Familie ist zweifellos Arthur, der 1936 in Zürich die Kanzlei Wiederkehr & Foster gründete, die heute noch aktiv ist.)

In diesem Zusammenhang ist interessant, was wir entdeckten, als unsere Nachforschungen uns nach Montreal führten, zu Carlo Calvi, dem Sohn Roberto Calvis. Seinen Aussagen zufolge ist Wiederkehr ein reinrassiger Opus-Dei-Zögling.

»In dieser Angelegenheit hieß es immer wieder, das Opus Dei habe seine Finger im Spiel. Zwischen dem Opus Dei und dem Banco Ambrosiano [meines Vaters] gab es zahlreiche Verbindungen. Im Besonderen gingen diese auf Rechtsanwalt Wiederkehr von der Nordfinanzbank zurück. Er war in Zürich tätig und hat viele der panamaischen Gesellschaften gegründet, von denen in den Briefen Marcinkus'[32] die Rede ist. Dazu gehörte vor allem die Credit Overseas, eine Briefkastenfirma, die mit der Vatikanbank zusammenarbeitete und Aktionärin des Banco Ambrosiano war. Die Nordfinanzbank gehörte im Übrigen zu den Hauptfinanziers des Banco Ambrosiano in Nassau. (Die anderen beiden waren die Banca Nazionale del Lavoro und der staatliche Energieversorger ENI.)

Das Opus Dei war also schon vor den letzten Lebensjahren meines Vaters präsent. In diesen letzten Jahren aber machte die Organisation sich noch einmal verstärkt bemerkbar«, erzählt Carlo Calvi.

Wiederkehr gehörte zu den Gründern der berüchtigten United Trading Corporation (UTC) in Panama, die am 22. Februar 1974 ins Leben gerufen wurde. Die UTC war ein gigantisches Sammelbecken für Kapital verschiedenster Quellen, das aus Dutzenden von Scheinfirmen in Liechtenstein, Luxemburg und Panama stammte. Auf dem Markt trat diese Firma als klassische Black Box auf, die vor allem zum Zwecke der Verschleierung geheimer Finanztransaktionen gegründet worden war. Unter der Kontrolle von Anwalt Wiederkehr dämmerte die United Trading Corporation monatelang vor sich hin, ohne irgendwelche Anzeigen von Aktivität zu zeigen. Bis aus Lugano die Leiter der Banca del Gottardo kamen, um die Gesellschaft aus ihrem Dornröschenschlaf zu wecken.

Und wer stand hinter der Bank aus Lugano? Die Vatikanbank (das Istituto per le Opere di Religione [IOR]). Diese begleitet die UTC in den Jahren ihres Ruhmes von 1975 bis 1978. Staatsanwalt Pierluigi Dell'Osso macht in seiner Anklagerede vom 28. Juli 1988 deutlich, dass das Institut mithilfe zweier Geldkreisläufe arbeitete: Im ersten wurde Kapital von der Banca del Gottardo über die Vatikanbank an die Banco Ambrosiano Overseas Ltd. (BAOL) überwiesen. Im zweiten Durchgang floss dieses Geld an die UTC weiter, die es auf das Netz von Offshore-Gesellschaften in Panama, Liechtenstein und Luxemburg verteilte. So verschleiert man effektiv Kapital: Mit den Jahren sollte sich die Summe, die über diese Kanäle bewegt wurde, auf 1,2 Millionen Dollar belaufen.

Die United Trading Corporation fungierte seit 1975 als echte »Dachgesellschaft« für die Offshore-Gesellschaften von Roberto Calvis Banco Ambrosiano. Die Richter hielten es im Prozess um den Bankrott der Ambrosiano-Bank für erwiesen, dass von der UTC aus auch substanzielle Beträge auf die Schweizer Bankkonten von Licio Gelli und Umberto Ortolani (einem Mitglied der P2 und des Malteserordens, der im Vatikan aus und ein ging) transferiert wurden.

Was die Bank Roberto Calvis angeht, spielte Arthur Wiederkehr also eine entscheidende Rolle. Und seine Aktivitäten überkreuzen sich mit denen eines anderen Opus-Dei-Mitglieds namens Walther Pierre Siegenthaler, der sich als Direktor der Banco Ambrosiano Overseas Ltd. in Nassau um den ungehinderten Kapitalfluss von den Bahamas zu den panamaischen Gesellschaften (vor allem auf die Konten der Astolfine, deren Präsident er war) zu kümmern hatte. Von dort aus versickert das Kapital dann ins Nirgendwo.

Am 9. Februar 1973 rief Wiederkehr eine weitere Gesellschaft ins Leben: die Manic. Auch sie diente als Bindeglied zwischen der Vatikanbank, dem Banco Ambrosiano und Michele Sindona.

So urteilte das Kassationsgericht am 14. Juli 1998 (Urteil Nr. 8327): Die Manic war »eine weitere Holding unter der Schirmherrschaft der Vatikanbank. Die Manic, 1973 in Luxemburg gegründet und ebenfalls von der Banca del Gottardo geleitet, war als ausländischer ›Tresor‹ für die Banco-Ambrosiano-Aktien angelegt. Sie arbeitete stets mit Krediten vonseiten dieser Bank.«[33]

Obwohl die Hausbank der Manic die Banca del Gottardo war, wurden ihr über den Banco Ambrosiano Andino mehr als 150 Millionen Dollar gutgeschrieben.

Außerdem kontrollierte die Manic die Bellatrix-Gesellschaft, die am Ende 184 Millionen Dollar verschlang, welche ebenfalls vom Banco Ambrosiano Andino kamen.

Die Manic ihrerseits kontrollierte die Firma Laramie in Panama, die formal von der Banco Ambrosiano Overseas Ltd. verwaltet wurde. Aus deren Einlagen erhielt die Laramie einen Kredit über 20 Millionen Dollar, um von der Vatikanbank Aktien der Firma Vianini zu kaufen, eines Unternehmens, das der Vatikan loswerden wollte.

Die United Trading Corporation, die Manic und die Gesellschaft Zitropo (die von Calvi und Sindona für deren gemeinsame Geschäfte gegründet wurde) waren also ein Netzwerk zur Abwicklung der weniger durchsichtigen Geschäfte des Vatikans mit den Partnern Michele Sindona und Roberto Calvi. In technischer Hinsicht war es Wiederkehr, der für die notwendigen Strukturen sorgte.

Man kann somit davon ausgehen, dass Wiederkehr innerhalb der Banca Rasini nicht nur die Interessen von Michele Sindona wahrnahm, sondern auch die des Vatikans und im Besonderen des Opus Dei, dem Wiederkehr eng verbunden war. Denn das Opus Dei besaß damals überall Unternehmen. Das bekannteste ist vermutlich die Limmat-Stiftung, die 1972 in Zürich von Rechtsanwalt Arthur Wiederkehr gegründet wurde, dem Präsidenten der Nordfinanzbank in Zürich. Diese war die Schweizer Hausbank der Rumasa-Gruppe, des Firmenkonglomerats von José Ruiz Mateos, welches in einem mit dem Opus Dei in Zusammenhang stehenden Skandal zerfiel.[34]

Silvios Anfänge und die »Gottesbankiers«

Neue und gründliche Recherchen[35] brachten viele Indizien ans Tageslicht, die vermuten lassen, dass Berlusconis Firmenimperium auch mit Kapital von Michele Sindona bzw. Roberto Calvi gegründet wurde, welche später beide einem vorgetäuschten Selbstmord zum Opfer fielen.

Der Investigativjournalist Mario Guarino schreibt: »Schon bei der Gründung einer der ersten Gesellschaften der künftigen Berlusconi-Gruppe, der am 16. September 1974 gegründeten Immobiliare San Martino, stoßen wir auf das Markenzeichen der Banca Nazionale di Lavoro (BNL) und Michele Sindonas. Die Hauptgesellschafter sind: Servizio Italia spa, vertreten durch das Mitglied der Geheimloge P2, Gianfranco Graziadei, und die Saf (Società azionaria fiducaria), vertreten durch den 87-jährigen Federico Pollak. Beide Gesellschaften sind Treuhandgesellschaften der Banca Nazionale di Lavoro. Ihnen vorausgegangen waren zahlreiche Immobiliengesellschaften, die ebenfalls ihren Sitz in der Via Nazionale hatten.«[36]

Bei der Gründung der Immobiliare San Martino in Rom

(Adresse: Salita San Nicola da Tolentino 1b) ist auch Marcello Dell'Utri anwesend, der zu jener Zeit schon Kontakte zu Mafiamitgliedern wie Vittorio Mangano pflegt. Der ehemalige sizilianische Banker Dell'Utri, der dem Opus Dei nahe steht, wird zum alleinigen Geschäftsführer der Firma ernannt.

Guarino fährt fort: »Interessant sind in diesem Zusammenhang die topographischen Details: Die Mailänder Niederlassung der Servizio Italia und der Saf liegt in der Via Albricci 7. Dort hat in den frühen siebziger Jahren auch Michele Sindona sein Büro. Und es gibt noch andere ›Zufälle‹: Anfang der Siebziger ist Sindona als Berater für die Interbanca tätig, die ihren Sitz am Corso Venezia 56 in Mailand hat. Die römische Niederlassung der Interbanca hingegen liegt am Largo del Nazareno 3 – wo ab Mitte der achtziger Jahre auch die Fininvest ihre Büros haben wird.«

Und das ist noch nicht alles: »Wenige Monate nach der Gründung der Immobiliare San Martino trifft sich das Duo Graziadei und Pollak erneut und legt den Grundstein für die Fininvest srl mit Hauptsitz in der Salita San Nicola da Tolentino. Zwei Monate später erfolgt die erste Kapitalerhöhung von 200 Millionen Lire auf 2 Milliarden. Auch in diesem Fall kommt das Geld ausschließlich von der Servizio Italia und der Saf. Und dies ist keineswegs die letzte Kapitalerhöhung, die die Fininvest erleben wird.«

Die beiden Treuhandgesellschaften der BNL, welche zu Geburtshelfern der Fininvest werden, sind »zwei Beteiligungsgesellschaften, die nicht nur mit der P2 in engem Zusammenhang stehen, sondern auch zum Umfeld Sindonas gehören, des Sizilianers mit den Augen aus Eis«, schreibt Guarino. Und weiter: »Die Geburt der Fininvest erfolgte also von Anfang an unter dem Zeichen der Erbsünde, das sich nicht mehr abwaschen lässt. Denn die Beteiligungsgesellschaft Servizio Italia ist in den siebziger Jahren bei jedem Geschäft Sindonas dabei. Auch hier ist entscheidend, wer hinter all den Schachtelfirmen steht. Der Präsident der Schatzkammer Sindonas, der Capitalfin, ist Alberto Ferrari, Präsident der Banca Nazionale di Lavoro, Mitglied der P2. Assistent und Generaldirektor der Treuhandgesellschaft ist Gianfranco Graziadei, auch er P2-Mitglied.«

Wie wir jedoch bald sehen werden, wurde die Fininvest in Wirklichkeit schon viel früher gegründet. Und hinter ihr stehen nicht nur die P2 und Michele Sindona, sondern auch Roberto Calvi.

Am 13. Oktober 2002 bestätigt Carlo Calvi, der Sohn des Bankiers: »Die Staatsanwälte Monteleone und Tescaroli baten mich, weitere Einzelheiten über die Kapitalbewegungen auf den Auslandskonten des Banco Ambrosiano in den siebziger Jahren zu enthüllen. Außerdem befragten sie mich zu den Beziehungen zwischen Francesco di Carlo [ein Londoner Mafiaboss, der sich später zur Zusammenarbeit mit der Justiz entschloss] und Marcello Dell'Utri ... In diesem Zusammenhang ging es auch um das Geld, mit dem die Fininvest gegründet wurde.«[37]

Bei anderer Gelegenheit erwähnt Carlo Calvi Berlusconi nochmals. Angeblich habe Calvi bei einem Treffen mit Marcinkus im Dezember 1976 auf den Bahamas gesagt: »Wir werden künftig die Fernsehaktivitäten von Silvio Berlusconi finanzieren.«[38]

Diese Enthüllung hat die Fininvest zu einer wütenden Reaktion veranlasst.[39] Die Geschichte der Beziehungen zwischen Roberto Calvi und Silvio Berlusconi ist erst in jüngster Zeit ans Licht gekommen. Mittlerweile laufen mehrere Ermittlungen, die den hauchdünnen roten Faden suchen, der sich von den geheimnisvollen Kapitalzuflüssen zu Beginn von Berlusconis Karriere zu Roberto Calvi spinnt.[40]

Erst bei diesen Rundum-Untersuchungen fanden sich Beweise für die Tatsache, dass am Ursprung von Silvio Berlusconis Vermögen nicht nur die Beziehung zu Michele Sindona stand, sondern auch die zu Roberto Calvi.

Der lange Bericht, den der Zentralbankermittler Francesco Paolo Giuffrida für die beiden Staatsanwälte zusammentrug, enthält jedenfalls ein höchst explosives Kapitel: »Der Finanzkreislauf: neue Formen der Kapitalbeschaffung durch die Capitalfin International Ltd.«.

Der Sachverständige der Zentralbank schreibt darin: »Zahlreiche Finanztransaktionen Roberto Calvis wurden über Gesellschaften seiner Gruppe oder über das ›ausländische Netzwerk‹ des Banco Ambrosiano getätigt.«

Die genannten Gesellschaften wiesen, wie die Liquidationskommissare und später auch der Staatsanwalt Pierluigi Dell' Osso festgestellt hätten, erhebliche operationale Anomalien auf, und zwar bereits bei ihrer Entstehung. Dies gilt vor allem für den Gründungsort und den Sitz der Gesellschaften. Zu den von den Gesellschaften getätigten Transaktionen gehöre auch der Erwerb einer Beteiligung an der Capitalfin International Ltd., der »All 12«, über die Dr. Dell'Osso schrieb: »Im November 1977 erwarb die Belrosa von anderen, zum Banco Ambrosiano gehörigen Gesellschaften (Banco Ambrosiano Overseas und Promotions) 4,9 Millionen Aktien der Capitalfin International Ltd. in Nassau. Die Hauptaktionäre dieser Gesellschaft waren zu jener Zeit:

- Hydrocarbons International Holding, Zürich,
- Banca Nazionale del Lavoro Holding, Luxemburg,
- IFI International, Luxemburg,
- Montedison Holding, Luxemburg,
- Bodry AG, Zürich (die vermutlich von der BNL abhängig war).

Für diese Operation brauchte die Belrosa 25 Millionen Dollar. Diese kamen von der AGBC (Ambrosiano Group Banco Comercial) in Nicaragua. Capitalfin war eine Finanzierungsgesellschaft, die hauptsächlich auf dem Sektor Schifffahrt tätig war. Außerdem hielt die Firma eine Beteiligung an der Gesellschaft Acqua Marcia.«

Die Capitalfin sei im September 1981 liquidiert worden. Bis

dahin habe die Gesellschaft etwa 100 Millionen Dollar Verlust angesammelt. Zum Liquidator wurde M. Onorati ernannt, Geschäftsführer der Acqua Marcia und Vertreter der ENI-Gruppe im Aufsichtsrat der Capitalfin, schreibt Giuffreda.

»Über die Gesellschaft sagte Filippo Leoni[41] im Verhör vom 7. April 1983 aus: ›Ich kann mich noch an eine andere Transaktion der Capitalfin erinnern, von der Calvi mir erzählte. Sie fand 1979 oder 1980 statt, denn die Finanzierung wurde damals von der Gesellschaft Andino übernommen, die erst im Oktober 1979 gegründet worden war. Nach der Finanzierung vonseiten der Belrosa meinte Calvi mir gegenüber, dass wir uns im Auftrag der Vatikanbank um die Capitalfin kümmern müssten, die an der Gesellschaft beteiligt war. Also kaufte die Belrosa mit einer Finanzierung der Andino diesen Anteil an der Capitalfin auf. Die Capitalfin war eine Gesellschaft mit Sitz auf den Bahamas, daher mussten die Aktionäre nicht namentlich genannt werden. Von Costa[42] erfuhr ich dann, dass die Capitalfin allerlei finanzielle und wirtschaftliche Probleme hatte, was sich erst nach dem Aktienerwerb herausstellte. Deshalb benötigte sie nach der anfänglichen Finanzspritze durch die Andino immer wieder Kapitalnachschub. Die Altaktionäre verlangten nämlich, dass auch wir uns an den Kapitalerhöhungen beteiligten. Dies geschah immer über Finanzierungen vonseiten der Belrosa. Soweit ich weiß, hat Calvi sich nie gegen diese Nachschussaufforderungen gewehrt, auch wenn er hin und wieder ein wenig zögerte und die Firma warten ließ. Im Laufe des Jahres 1981 trat Costa dann zurück, weil er genug hatte. Diese Art von Arbeit, die ihm darüber hinaus auch politische Probleme bereitete, lag ihm nicht.‹«

Der Sachverständige der Zentralbank zieht daraus folgenden Schluss: »Die Aussage Leonis macht deutlich, dass die Beteiligung an der Capitalfin eher negativ eingeschätzt wurde und dass Calvi sich vermutlich nur daran beteiligte, um seinen Freunden von der P2 einen Gefallen zu tun, nicht aber aus einer effektiven Gewinnerzielungsabsicht heraus.«

Dem Gutachter der Staatsanwaltschaft Rom zufolge besaß die Capitalfin zu ihrer aktiven Zeit folgende Beteiligungen:

Gesellschaft	*Höhe der Beteiligung*	*Dauer der Beteiligung*
Capitalfin Internazionale spa	100 Prozent	1971–1974
Società dell'Acqua Pia Antica Marcia spa	27 Prozent	seit 1972
Capitalfin International Bank	100 Prozent	1973–1976
Navcot Shipping Ltd.	50 Prozent	1973–1978
First Europe Holding sa	51 Prozent	1973–1975
Signal Companies Inc.		1974–1976
Incas Bonna spa	18 Prozent	1973–1980
Incas Bonna Saudi-Arabien	33 Prozent	1977–1980
Fininvest Ltd. auf der Grand-Cayman-Insel	100 Prozent	1974
Brascapital – Industria Comercio & Partecipaciones sa	100 Prozent	1979
H. Clarkson Holding Ltd.	75 Prozent	1975–1978
Capital Industrial Bank or Capital Bank Ltd.	100 Prozent	1973–1982
Finservice sa	100 Prozent	seit 1977

Hinter diesen dürren Zahlen verbirgt sich eine aufsehenerregende Tatsache: Eine Gesellschaft, die von Roberto Calvi zu einem nicht geringen Anteil finanziert wurde, hält 100 Prozent Anteile an zwei Gesellschaften von Silvio Berlusconi: der Fininvest Ltd. auf der Grand-Cayman-Insel und der Finservice. Im Gutachten der Zentralbank heißt es weiter: »Präsident der Capitalfin war der Direktor der Banca Nazionale di Lavoro, Alberto Ferrari (P2), zu den Mitgliedern des Verwaltungsrates gehörte Gianfranco Graziadei (P2), der Geschäftsführer der Servizio Italia, die ihresteils eine Treuhandgesellschaft der BNL war.«

Der Sachverständige fährt fort: »Die Lavoro Bank Overseas, Tochtergesellschaft der BNL, war in den fraglichen Jahren an der Capitalfin beteiligt und finanzierte sowohl die Capitalfin International (von 1972 bis 1976, bis zu einem Maximum von 110 Millionen Dollar im Jahr 1973) als auch die Banco Ambrosiano Holding aus Luxemburg (mit 50 Millionen Dollar 1979). Diese Ereignisse wurden jüngst auch von Robinson Geoffrey Wroughton untersucht, der für die Wirtschaftsprüfungsgesellschaft Touche [Touche & Ross] die Liquidation der Banco Ambrosiano Holding in Luxemburg prüfte. Dieser erklärt, dass seine Prüfergebnisse, was die Gesellschaften betrifft, die von der Banco Ambrosiano Holding finanziert wurden bzw. an denen sie beteiligt war, in einem vorläufigen Bericht festgehalten wurden. Der zeigt für jede einzelne Gesellschaft, welche Summen sie erhalten hat und woher diese stammten. Der Prüfer gibt an: ›Jene Gesellschaften, die Aktien des Banco Ambrosiano erworben hatten, erhielten das dafür notwendige Kapital von vier Gesellschaften, die man als ›externe Holdings‹ bezeichnen könnte: der United Trading Corporation, der Manic, der Anli und der Zitropo. Diese wiederum bekamen ihr Kapital, wie aus dem Bericht eindeutig hervorgeht, von der Vatikanbank, der Banca del Gottardo und der Banco Ambrosiano Overseas Ltd.‹«

Da haben wir also den unwiderlegbaren Beweis, dass der »Bankier Gottes« Roberto Calvi und der Vatikan sowie der Geheimloge P2 nahe stehende Banken die ersten unternehmerischen Aktivitäten von Silvio Berlusconi finanziert haben.

Trotzdem soll hier noch einmal unterstrichen werden, dass

die Capitalfin in den Umkreis von Vatikanbank und Roberto Calvi gehörte. Wie das Urteil des Kassationsgerichtes von 1998 über die strafrechtlich relevanten Aspekte vom Bankrott des Banco Ambrosiano klarstellt, erwarb die Belrosa, eine Gesellschaft aus Panama, die zum Geheimzirkel von Vatikanbank und Calvi gehörte, im November 1977 die Beteiligungsgesellschaft Capitalfin[43] – und zwar mit einer Teilfinanzierung des Ambrosiano Group Banco Comercial.

Für diese Operation erhielt Umberto Ortolani von Calvi 1,2 Millionen Dollar. 500 000 Dollar gab dieser an Licio Gelli weiter. Wir befinden uns also immer noch im düsteren Umfeld der Kontakte zwischen Vatikan, Freimaurertum und Hochfinanz.

Capitalfin, die Gesellschaft Roberto Calvis, welche die Fininvest und die Finservice zu 100 Prozent finanzierten, ist eine Art »Fass ohne Boden«, in das Roberto Calvi ständig Geld pumpt, um den »Freunden der Freunde« unter die Arme zu greifen, zum Beispiel Silvio Berlusconi, der sich der Protektion durch die P2-Mitglieder Gelli, Ortolani und Ferrari erfreut. Alberto Ferrari ist zu jener Zeit Geschäftsführer der Banca Nazionale di Lavoro.[44] Die Gesellschaft verursacht unglaubliche Verluste und macht Schulden, für die der »Bankier Gottes« Deckung auftreiben muss. 1977/78 müssen, wie eine ausführliche Studie[45] schreibt, »Calvis Gesellschaften Gelder in die Capitalfin pumpen«. Als im Februar 1977 das Istituto Finanziario Italiano sich weigert, die nächste Kapitalerhöhung mitzutragen, kauft eine Briefkastengesellschaft namens Pueblo 3,92 Millionen Anteile der Capitalfin auf. Im November desselben Jahres wird eine neue Kapitalspritze fällig. Dieses Mal werden für 25 Millionen Dollar Aktien der Capitalfin an die Cisalpine und die Promotions verkauft. All diese Gesellschaften sind letztlich auf Calvi bzw. den Banco Ambrosiano zurückzuführen. Doch das Geld scheint nie genug zu sein. Ein drittes Mal muss Calvi intervenieren. Dieses Mal gewährt er der Capitalfin einen Kredit von 8 Millionen Dollar. Auch diese Transaktion läuft wieder über die Cisalpine und den Banco Comercial Managua in Nicaragua. Die Überweisungen werden im üblichen Back-to-Back-System getätigt, das bereits Michele Sindona anwandte, also über Treuhandgesellschaften.

Doch kehren wir zur Fininvest Ltd. zurück, die ihren Sitz auf der Grand-Cayman-Insel hat und zu 100 Prozent von der Capitalfin kontrolliert wird. Denn auch Gründungszeitpunkt und -ort der im Bericht des Zentralbanksachverständigen erwähnten Firma ist von Interesse. Offiziell wurde die Fininvest nämlich am 23. März 1975 in Rom gegründet. Die Firmenbezeichnung lautete »Finanziaria d'investimento Fininvest srl«. Das Stammkapital kam von zwei Treuhandgesellschaften der Banca Nazionale di Lavoro, der Servizio Italia und der Saf. An den Schalthebeln dieser Bank finden wir die P2-Mitglieder Alberto Ferrari und Gianfranco Graziadei.

Den uns vorliegenden Dokumenten zufolge müsste also die Entstehung der bekanntesten aller Berlusconi-Gesellschaften mindestens um ein Jahr zurückdatiert werden. Außerdem hatte sie ihren ersten Sitz keineswegs in Italien, sondern im Offshore-Paradies der Caymaninseln.

Und das ist wohl kaum dem Zufall zu verdanken. Denn wie jüngere Recherchen ergaben,[46] sind die Caymaninseln auch der finanzielle Hauptstützpunkt der Vatikanbank: »Es ist unmöglich, sämtliche Auslandsbeteiligungen der Vatikanbank aufzulisten. Ein Grund dafür liegt sicher auf den Caymaninseln: Dort, im Finanzparadies mitten in der Karibik, sind die Geheimnisse des Vatikans in sicherer Obhut und werden vom amerikanischen Kardinal Adam Joseph Maida überwacht, der praktischerweise auch im Wächterrat der Vatikanbank sitzt.«

»Die Caymaninseln wurden der Kontrolle der jamaikanischen Diözese in Kingston entzogen, indem man sie offiziell zur *missio sui iuris* machte. Diese werden direkt vom Vatikan geführt«, schreibt Marina Marinetti in einem Artikel für die Zeitschrift *Panorama Economy*,[47] der vom Vatikan nie dementiert wurde. Interessanterweise sind die 500 Millionen Euro beim jüngsten italienischen Finanzskandal um den Nahrungsmittelkonzern Cirio – geführt von Sergio Cagnotti, der wie Berlusconi Besitzer eines Fußballvereins (Lazio Rom) ist – ebenfalls im Bermudadreieck der Caymaninseln[48] verschwunden. Und von den Caymaninseln gingen auch die geheimen Transaktionen aus, die letztlich zu den Bilanzlöchern in der Nahrungsmittelgruppe Parmalat führten. Deren Präsident, Callisto Tanzi, steht wiederum dem Vatikan und im Besonderen dem Opus Dei nahe.

Die Fininvest Ltd. Grand Cayman könnte also durchaus eine der ersten Gesellschaften des Offshore-Systems vom heutigen Fininvest-Konzern gewesen sein. Doch auch eine von Michele Sindona kontrollierte Firma, die Edilcentro Sviluppo International, hatte auf den Caymaninseln ihren Sitz. Eine Schwestergesellschaft gleichen Namens gab es ebenso in Nassau auf den Bahamas. In jedem Fall würden wir sehr viel mehr über diese und ähnliche Verflechtungen erfahren, wenn das Gutachten der Firma Touche & Ross veröffentlicht würde, das beim Zusammenbruch des Banco Ambrosiano angefertigt wurde. Leider ist das nicht möglich, denn auf den Druck Bettino Craxis hin hat die englische Regierung es zum Staatsgeheimnis erklärt,[49] was bedeutet, dass niemand Einsicht nehmen kann, um festzustellen, ob in der Analyse der Wirtschaftsprüfer noch andere Finanzierungskanäle auftauchen, deren sich das aufsteigende Firmenimperium Berlusconis bedient hat.

Doch das Gutachten, das die italienische Zentralbank für die Staatsanwaltschaft in Rom anfertigte, hat uns ja zumindest einen unwiderlegbaren Beweis geliefert.

Eine interessante Verbindung besteht darüber hinaus zwischen dem Schweizer Netz des Opus Dei und verschiedenen Persönlichkeiten der Finanziers-Entourage der Sozialistischen Partei Italiens (PSI), in deren Schatten Berlusconi groß geworden ist.

Zwei Welten, die auf den ersten Blick weit voneinander entfernt scheinen, in Wirklichkeit jedoch eng zusammenarbeiten, um die Fäden der Macht in der Hand zu behalten: Die dubiosen Geschäfte der PSI und die Geschichte um das berüchtigte »Schutzkonto« (mit dem der Banco Ambrosiano Bettino Craxi und seine Partei finanzierte) führen uns nämlich direkt in die Schweiz, dorthin, wo die Fäden der Finanztransaktionen zu Beginn der Ära Berlusconi zusammenlaufen.

Und auch hier stoßen wir wieder auf zahlreiche Personen, die im Mosaik der Beziehungen zwischen Calvi und Berlusconi eine ganz besondere Rolle spielen. Zu diesen gehört zweifelsohne der Finanzier Tito Tettamanti, der wegen unlauterer Geschäfte aus der liberalen Partei des Schweizer Bezirks Tessin ausgeschlossen wurde. Er ist Besitzer der Treuhand-, Beratungs- und Wirtschaftsprüfungsgesellschaft Fidinam in Lugano.

Tettamanti ist ein interessanter Typ. Die Beschäftigung mit ihm bringt uns weiter. Er gehört in den Umkreis des Opus Dei, pflegt aber auch zum Freimaurertum gute Kontakte. Als Finanzier ist er international bekannt, als glühender Antikommunist ebenfalls. Sein Name findet sich im Umkreis zahlreicher Finanzaffären und -skandale. Kenner beschreiben ihn als mächtigen Mann,[50] der einer der wichtigsten internationalen Lobbygruppen mit Sitz in der Schweiz vorsteht, nämlich der Saurer-Gruppe. Diese wiederum ist Teil eines umfassenden Netzwerks von Freunden und Geschäftspartnern in der europäischen Hochfinanz.

Auf Tettamanti folgte die Banca della Svizzera Italiana.[51] Diese kontrollierte ihrerseits die Cofigen SA, die zu den Kapitalgebern der Italcantieri Berlusconis gehörte.

In einem Artikel, der am 9. Februar 1994 in der Wochenzeitung *Avvenimenti* erschien, haben die Journalisten Michele Gambino und Christopher Hefti das Finanznetz rekonstruiert, das die Sozialistische Partei Italiens mit dem Opus Dei verbindet. Das Bindeglied ist offenkundig der Finanzier Jean Faber, der seinerseits Kontakte zu Mauro Giallombardo pflegte, einem der Sekretäre von Bettino Craxi, dem Generalsekretär der Partei.

Über Faber hatte *Avvenimenti* am 26. Januar 1994 einen weiteren Artikel veröffentlicht: »Jean Faber war Geschäftsführer der Luxemburger Finanzierungsgesellschaft. Im Oktober 1997 wurde er in polizeiliche Ermittlungen verwickelt, die das feine ökonomische Netz zutage treten ließen, welches die kalabresische Mafia, die 'Ndrangheta, in Mailand gesponnen hatte. Im Zentrum dieser Untersuchung stand die Gesellschaft Eurosuisse, zu deren Geschäftsführern Jean Faber gehörte. Diese Gesellschaft wurde von der 'Ndrangheta benutzt. Auch Enrico Cilio, der Schwager Michele Sindonas, stand mit dieser Firma in Verbindung.« Die Eurosuisse in Italien ist eine Tochtergesellschaft der Eurosuisse AG in Lugano, einer Stadt, die, sobald es um das Privatvermögens Silvio Berlusconis geht, immer wieder auftaucht.

Im Umfeld der Züricher Finanzkontakte der PSI Craxis treffen wir auch auf Alfred Hartmann, Mitglied des Vorstands der Lavoro Bank in Zürich, die ihrerseits von der »sozialistischen« Banca Nazionale di Lavoro kontrolliert wurde.

Hartmann, ehemaliger Generaldirektor der Union de Banques Suisses (siebziger Jahre), wird Anfang der achtziger Jahre Generaldirektor der Rothschild-Bank in Zürich. 1983 wendet er sich dann einer neuen Aufgabe zu: Man ernennt ihn zum Präsidenten der Banque de Commerce et de Placements in Genf (BCP). Die BCP ihrerseits wird von der Bank of Credit and Commerce International kontrolliert (BCCI), einer internationalen Bank, die im traurigen Ruf steht, Geld zu waschen und die finanziellen Transaktionen im Zusammenhang mit Waffen- und Drogenhandel durchzuführen.

Auch im Vorstand der Banca del Gottardo und der Royal Bank of Scotland in Zürich finden wir Herrn Hartmann wieder. Möglicherweise ist dieses Detail von Interesse, ist doch bekannt, dass Calvi in London Kontakt zur Privatbank William & Glynn's pflegte, welche sich die Royal Bank of Scotland später einverleibte.

1991 ist Hartmann Vizepräsident der Rothschild-Bank in Zürich. Im Februar 1993, einige Monate nach der Schließung der BCCI, muss Hartmann aufgrund des Skandals um seinen engen Mitarbeiter Jürg Heer den Posten bei der Rothschild verlassen. In einem Interview mit dem *Wall Street Journal* erklärte Heer im Herbst 1992, den Mördern Roberto Calvis eine Aktentasche mit 5 Millionen Dollar übergeben zu haben.

Heer sagte aus, diese enorme Summe (anscheinend von einem Mann aus dem Umfeld der P2) zusammen mit einem halben 100-Dollar-Schein erhalten zu haben. Er habe den Auftrag gehabt, sie zwei Personen auszuhändigen, die ihm die andere Hälfte der Banknote zeigen würden. Heer befolgte die Instruktionen und übergab den Koffer zwei Männern, die mit einer gepanzerten Limousine vor der Rothschild-Bank vorfuhren. Er habe jedoch erst später erfahren, dass dies das Geld gewesen sei, mit dem die Killer Roberto Calvis bezahlt worden seien. Die Summe stammte unter Umständen aus dem Rizzoli-Kapital, welche der Banco Ambrosiano mithilfe der Rothschild-Bank ins Ausland verschoben hatte.[52]

Ein anderes Detail aus dem Fall um Roberto Calvi und seinen Banco Ambrosiano jedoch ist in unserem Zusammenhang noch bedeutsamer, weil es Verbindungen zu Silvio Berlusconi aufzeigt. So schreibt der spanische Journalist Rossend Domenech Matillo: »Wenige Wochen vor seinem Tod hatte Roberto Calvi einen Brief von Licio Gelli erhalten: Der Chef der P2 bestätigt ihm, dass zwei Herren namens Finetti und Siegenthaler, ihrerseits ›Kassierer‹ des Opus Dei in Rom, sich um alles kümmern würden, sodass die Bank vor dem Bankrott bewahrt bliebe.«[53]

Walther Pierre Siegenthaler kennen wir bereits: Er ist Direktor der Banco Ambrosiano Overseas Ltd. in Nassau und somit »der leitende Angestellte mit dem heimlichen Laster der Geldwäsche«, der Hunderte von Millionen Dollar ins geheime Netz des Banco Ambrosiano verschiebt, damit deren Spuren sich sodann in Südamerika verlieren.

KAPITEL 6
Der Napoleon aus Arcore

Die Villa Casati Stampa

Wir sind im Mailand Ende der sechziger Jahre: Noch war Berlusconi ein Niemand, *un signor nessuno*, in der vornehmen Mailänder Gesellschaft, noch war er nicht mehr als ein Baulöwe, der sich anschickte, auf einem sumpfigen Gelände vor den Toren der Stadt und unter der Einflugschneise des Flughafens Linate eine Trabantenstadt zu bauen. Die Siedlung von Brugherio mit ihren tausend Wohnungen war soeben fertig gestellt. Noch war Berlusconi nicht im Besitz von TV-Sendern, noch hatte er nicht einmal eine Zeitung, doch eines war dem zukünftigen *Cavaliere del lavoro*[1] klar: Die selbst gebauten Trabantenstädte und ihre Apartments waren nicht die richtige Residenz für ihn. Da musste Größeres, Bedeutenderes her. So ging Berlusconi in der Umgebung auf die Suche nach alten Adelssitzen.

»Tatsächlich war es so, dass Silvio Berlusconi zuerst versucht hat, die Villa der Familie Borromeo d'Adda zu kaufen, doch die Gemeinde hat die Villa und den Park dann selbst erworben.«[2]

Heute ist die Villa, die wirklich hochherrschaftlich über Arcore thront, der Sitz des Bürgermeisters und der Park ein bei Kindern und Erwachsenen beliebter Ausflugsort.

Die schönste Villa mit der besten Position war nicht mehr zu haben, aber der zweitschönste Prachtbau von Arcore stand zum Verkauf: die Villa des Fürstengeschlechts Casati Stampa. Dass das Anwesen zu verkaufen war, hatte seine Erklärung in einer Familientragödie, die Berlusconi mithilfe seines Anwalts Cesare Previti für sich zu nutzen wusste.

Es ist dies eine Geschichte, die Giovanni Ruggeri in seinem Buch über die »Geschäfte des Präsidenten«[3] meisterlich beschrieben hat. Es ist eine Geschichte, wie Ruggeri sagt, von »Sex, Blut und Geld«. Gönnen wir uns die Zeilen, sie nachzuerzählen.

Die Tragödie geschieht in Rom, in der Via Puccini Nr. 9, nahe der Villa Borghese, und zwar am Sonntag, dem 30. August 1970: Der Graf Camillo Casati Stampa di Soncino (44 Jahre) erschießt seine Frau Anna Fallarino (41) und den Studenten Massimo Minorenti (25), den Geliebten seiner Frau. Danach richtet der Graf die Waffe gegen sich selbst.

Wer ist nun der Erbe des Vermögens? Diese Frage hängt davon ab, welcher der beiden Eheleute zuerst das Zeitliche segnete. Wenn er zuerst starb, dann erben die Schwester der Gräfin und deren Eltern, wenn der Graf zuletzt starb, erbt die 1951 geborene Gräfin Annamaria, Tochter aus erster Ehe.

Die Schwester der Gräfin Anna Fallarino nimmt sich einen jungen Anwalt aus Rom, ebenjenen Cesare Previti. Sie hoffen natürlich auf das Erbe, von dem man damals annahm, es könne auch einige hundert Milliarden Lire schwer sein. Die Gerichtsmediziner in Rom haben keinen Zweifel: Der Graf starb als Letzter. Die Dynamik der Familientragödie ist klar, ergo erbt die junge Gräfin.

Nun tritt Cesare Previti in Aktion, wie er leibt und lebt: Obgleich er eigentlich die Interessen einer anderen um das Erbe konkurrierenden Klientin, der Schwester der toten Gräfin Anna Fallarino, in Casati Stampa zu vertreten hätte, dient er sich der jungen Gräfin Annamaria an, der nun sicheren Erbin. Annamaria ist gerade neunzehn Jahre alt, nach dem damaligen Gesetz noch minderjährig. Das Gericht überträgt das Sorgerecht dem Anwalt Giorgio Bergamasco, einem Senator der liberalen Partei, einem alten Freund der Familie. Bergamasco wird der Tutor, Previti der Protutor, der Stellvertreter. Annamaria verlässt Italien sehr bald, weil ihr die Skandalpresse zusetzt – es zirkulieren Fotos von Sexpartys unter Beteiligung ihrer Eltern –, das Leben in Italien wird ihr zur Hölle. Das Vermögen der jungen Gräfin wird vom Steuerfachmann Bergamasco zum Mai 1972 auf die damalige Summe von knapp 2 Milliarden Lire geschätzt. Im Alter von 22 Jahren kann sie dann frei über ihr Vermögen verfügen. Sie will nichts mehr mit Italien zu tun haben und gibt dem Anwalt Cesare Previti den Auftrag, das Familienanwesen von Arcore zu verkaufen – eine Entscheidung, die sie bitter bereuen sollte.

Aber sehen wir weiter. Im Verkaufsauftrag schließt die Gräfin ausdrücklich »die Einrichtungen des Hauses, die Pinakothek, die Bibliothek und das umliegende Ackerland« aus. Sie will also nur die nackte Villa verkauft wissen. Es soll aber ganz anders kommen. Previti findet sehr bald einen Käufer. Er ruft in Brasilien bei der Gräfin an und meint, er habe »einen gewissen Berlusconi« von der Villa überzeugen können, der Kaufpreis sei 500 Millionen Lire.

Der Preis scheint mehr als gut – freilich nur für den Käufer, angesichts einer Villa aus dem 18. Jahrhundert mit 3500 Quadratmeter Wohnfläche, komplett eingerichtet mit Bildern aus dem 15. und 16. Jahrhundert, einer Bibliothek mit über zehntausend antiken Büchern und einem immensen Park. Die Gräfin weiß zu diesem Zeitpunkt noch gar nicht, dass all diese Dinge mitverkauft werden sollen, hatte sie doch um Veräußerung allein der »nackten Mauern« gebeten. Der Kaufpreis ist der, das mag die Gräfin nicht wissen, für ein zentral gelegenes Apartment in Mailand. Es handelt sich keineswegs um ein Geschäft für die junge Erbin, sondern nur für Berlusconi. Auch bezahlt dieser nicht sofort, sondern über vier Jahre verzögert. Die Gräfin wird allmählich sauer.

Am 4. Mai 1977 wird in Rom die Immobilienfirma »Idra srl« gegründet, in deren Aufsichtsrat der Vater Previtis, Umberto, sitzt, und bis zum 28. Juni 1979 auch der Sohn Cesare. Der Mann, der eigentlich die Interessen der Gräfin wahrnehmen sollte, ist Aufsichtsrat der Firma, die die Villa der Gräfin kaufen wird. Das nennt man wohl einen Interessenkonflikt. Zugunsten Berlusconis. Am 2. Oktober 1980 wird die Villa dann notariell der Firma Idra übertragen.

Wie viel die Villa Casati Stampa, die von Berlusconi in »Villa San Martino« umbenannt wurde, nach der gleichnamigen Straße in Arcore, wert war, ist leicht zu erfahren. Sofort nach der Übernahme durch Berlusconi schätzt die Bank Cariplo den Wert als bedeutend höher denn 7,3 Milliarden Lire. Die Firma Idra leiht sich nämlich bei der Bank Geld, um es dann der Berlusconi-eigenen Firma Cantieri Riuniti Milanesi weiterzureichen. Als Garantie muss die Villa in Arcore herhalten. Wie man weiß, wollen Banken gern Realgarantien – am liebsten Häuser. Eine weitere Bank befindet, dass die ehemals gräfliche Villa von Arcore noch mehr wert ist, und gibt einem weiteren Kredit statt: diesmal von 680 Millionen Lire. Zusammen bekommt Berlusconis Firma also in Windeseile umgerechnet über 8 Milliarden Lire für die Villa geliehen. Banken aber beleihen Häuser nie »über den Schornstein hinaus«. Mithin beläuft sich eine vorsichtige Schätzung des damaligen Wertes auf mindestens 10 Milliarden Lire – bezahlt hatte Berlusconi aber nur 500 Millionen.

Der zweite Reinfall – für die Gräfin, versteht sich – folgt sogleich. Die umliegenden Ländereien, die nicht zum Haus gehörten, werden ebenfalls am 2. Oktober 1980 verkauft, und zwar an die Immobiliare Briantea srl, die von einem Strohmann aus Milano 2 vertreten wird. Es handelt sich um zirka 70 Hektar Land sowie 32 Gebäude, die sich darauf befinden. Doch die Marchesa Annamaria Casati Stampa di Soncino in Donà Dalle Rose, wie ihr kompletter Titel lautet, in Brasilien soll nicht in bar ausgezahlt werden, sondern in Aktien der Infrastrutture Immobiliari spa mit Sitz in der Via Rovani Nr. 2, das ist dieselbe Adresse wie die von Berlusconis Hauptquartier – es handelt sich eben um eine weitere Firma aus seinem Imperium. Das Kapital der Infrastrutture beträgt 400 Millionen Lire, der Wert, den die Gräfin bekommen sollte, wäre 250 Millionen Lire, also müsste ihr eigentlich die Aktienmehrheit von 62,5

Prozent übertragen werden. Doch dies geschieht mitnichten. Die 55 000 Aktien werden ihr vielmehr zu einem Wert von 13,75 Prozent der Firma zugeschrieben. Einer Firma, die keinen Markt hat und deren Wert allein direkt von den Aufkäufern bestimmt wird.

Auch ein anderes Gelände im Eigentum der Gräfin zieht Berlusconi dank Previtis Dienste an sich. Es sind 246 606 323 Quadratmeter in Cusago. Darauf sollen dann in der Folge Apartments und Häuser gebaut werden. Für das Filetgrundstück bekommt die Gräfin kein Geld, sondern 800 000 Aktien der Firma Cantieri Riuniti Milanesi spa zum angeblichen Tauschwert von 1,7 Milliarden Lire. Ein Jahr später, als die Gräfin die eingetauschten Aktien zu Geld machen will, es ihr aber nicht gelingt, bietet ihr die Firma den Rückkauf der eben zu 1,7 Milliarden Lire bewerteten Aktien zum »Sonderpreis« von 850 Millionen Lire ein. Mit anderen Worten: Sie ist um die Hälfte der Summe gebracht worden. Was sie zu diesem Zeitpunkt immer noch nicht weiß, ist, dass ihr Anwalt Cesare Previti gleichzeitig Firmen des Berlusconi-Imperiums vertritt.

Um wie viel zu wenig die Gräfin erhalten hat, kann sie aus einem anderen Verkauf eines Grundstücks abschätzen: eine Liegenschaft, von der Anwalt Cesare Previti glücklicherweise keinen Wind bekommen hatte, weil sie nicht in der Liste des Nachlasses auftauchte, aber von ähnlicher Größe wie das von Cusago war, verkaufte die Gräfin direkt: zum Preis von 6 Milliarden Lire.

Cesare Previti, der sich die schlechten Geschäfte für seine Klientin ausheckt, ist eine der wichtigsten Gestalten im Leben von Silvio Berlusconi. In der Regierung von 1994 soll Previti sogar Justizminister Italiens werden – der Staatspräsident verweigert sich dem Wunsche im letzten Augenblick und will die Ernennungsurkunde nicht unterschreiben. Stattdessen wird Previti Verteidigungsminister.

In der zweiten Legislaturperiode Berlusconis bekommt Previti, der Abgeordneter für die *Forza Italia* ist, die Ehre, dass ein Gesetz nach ihm benannt wird. Wenn dies auch als bittere Ironie gemeint ist. Ganz Italien nennt ein Gesetz zur Verkürzung der Verjährungsfristen »Salva Previti« (»Rettet Previti«), weil der Anwalt Berlusconis der Hauptbegünstigte dieser Neuregelung sein soll: In zwei Instanzen hatten die Gerichte (jeweils Tribunal und Appellationsgerichtshof in den Sachen »SME« und »IMI-SIR«) den Anwalt bis zum Jahre 2005 bereits wegen Richterbestechung zu einer hohen Haftstrafe verurteilt – jetzt droht dem prominentesten Mitstreiter Berlusconis, für diese Straftat ins Gefängnis zu müssen. Wenn da nicht die Parlamentsmehrheit noch schnell in allerletzter Minute ein Gesetz verabschiedet. Aber dazu später mehr.

Dank der Dienste Previtis bekommt Berlusconi das Gelände von Arcore zum Geschenkpreis von 357 Lire pro Quadratmeter, Nutznießer des Plans ist eine Firma der Gruppe Fininvest, für die Previti als Anwalt tätig ist. Durch Eingliederung geht das Gelände dann später in die »Immobiliare Idra srl« über, die 1993 wiederum selbst direkt in das Eigentum von Berlusconi eingeht. Die Beute ist also sichergestellt.

Aus dem fernen Brasilien hat die Gräfin noch wiederholt versucht, wenigstens in den Besitz der Familienbilder zu kommen, sie widerruft die Mandate für Previti, will die Verkäufe rückgängig machen. Doch es ist alles sinnlos. Berlusconi bleibt Eigentümer der Villa einschließlich der Familienbilder.

Die Gräfin kann sich ja neue malen lassen ...

Das Mausoleum im Garten

Berlusconi ist nach Lenin, Stalin und Mao Tse-tung der einzige Mensch auf der Erde, mit absoluter Sicherheit der einzige in der westlichen Welt, der sich ein Grabmal mit über- und unterirdischem Teil in den Garten seiner Villa gestellt hat, das auch die Mausoleen ebenjener Führer des Kommunismus schon allein hinsichtlich der Monumentalität in den Schatten stellt. Es ist dies, so denken viele, die ihn näher kennen, die zutreffende Spiegelung seines Selbstbilds.

Kehren wir zur Aktenlage zurück. Der Bürgermeister von Arcore erzählt: »In den neunziger Jahren hat Dr. Berlusconi um die Genehmigung für den Bau eines Familiengrabes ersucht. Diese Genehmigung haben wir erteilt, denn die Abstände der Gräber von Häusern waren so groß, wie sie das Gesetz damals vorschrieb, mehr als 200 Meter.«[4]

Dieser Mindestabstand zwischen Wohnhäusern und Friedhöfen geht in Italien, wie im Rest Europas, auf den napoleonischen Kodex zurück, der die Grabstätten aus hygienischen Gründen deutlich von den Städten trennen wollte. Für gewöhnlich bedeutete diese Regel, dass die Gräber eben außerhalb der Stadt liegen mussten. Das Grundstück Berlusconis war ausreichend groß, um auch dieser Regel noch zu genügen.

Doch mitten in den Bauarbeiten stellt Berlusconi einen Änderungsantrag: »Er wünschte eine Abweichung von den Regeln für Grabstätten, diese war aber nicht vom Gesetz erlaubt, weil das Grab nun näher am Haus liegen sollte. Also erteilte die Gemeinde die Baugenehmigung für das Grabmal, das nun aber nicht mehr als letzte Ruhestätte dienen durfte, sondern nur noch als Familienkapelle mit einem unterirdischen Raum, der offiziell bautechnisch als ›Abstellkammer‹ definiert wurde.«[5]

Die Grabkammer der Familie Berlusconi und seiner Treuesten von »seiner« Gemeinde mit der Nutzungsbestimmung »Abstellkammer« festgelegt? Ein Affront für den Bauherrn!

Fast zehn Jahre sollte die Bezeichnung »Abstellkammer« bleiben. Bis zum Jahr 2003, als Pietro Lunardi, der Bauminister in Berlusconis Regierung, auch dieses Problem löste: Im Artikel 28 des Gesetzes über die Bebaubarkeit von Gelände in der Nähe von Friedhöfen werden die alten Regeln des französischen Kaisers beerdigt. Nun darf Berlusconi seine Grabstätte endlich auch als letzte Ruhestätte nutzen.

Leider ist das Grab nicht öffentlich zugänglich. Der letzte offizielle Besucher war der ehemalige Staats- und Parteichef der früheren UdSSR Michail Gorbatschow im Jahre 1993. Dabei soll er gesagt haben: »Ich dachte immer, wir allein hätten ein Problem mit dem Personenkult!« Direkt überliefert ist dies aber keineswegs, also nicht garantiert.

Dennoch gibt es viele Menschen, die das monumentale Grab schon gesehen haben. Curzio Maltese war Anfang der neunziger Jahre ein junger Sportreporter; und als solcher gehörte die Berichterstattung über die erfolgreichste Fußballmannschaft der letzten Jahrzehnte, den AC Milan, im Eigentum Berlusconis, zu seinen normalen Pflichten.

Er sagte: »Berlusconi hatte uns zu sich in seine Villa in Arcore eingeladen und uns dann herumgeführt. Er hat uns sein Schwimmbad gezeigt, am Beckenrand waren dreißig Fernseher aufgestellt, über die er seine Sendungen und die der Konkurrenz kontrollierte, den Park, wo er mit dem Hubschrauber landete, die überall verstreut aufgestellten Denkmäler; und dann zeigte er uns diese Art Mausoleum, voller Symbole. Das war schon merkwürdig. Es war ein Mausoleum, wo er seine letzte Ruhestätte finden würde, und um ihn herum, zusammen mit ihm, sollen dort auch die engsten Mitarbeiter begraben werden, geordnet nach Wichtigkeit.«[6]

Nach der Frage »Hat er auch Ihnen angeboten, dort begraben zu werden?«, lacht Curzio Maltese: Das nicht, meint er, ihm habe man aber Geld angeboten, wenn er zu Berlusconis Sendern wechseln sollte. »Ich muss sagen: Auf mich hat das einen zweifachen Eindruck gemacht. Auf der einen Seite lächerlich, gleichzeitig aber auch gefährlich. Das war mein erster Eindruck von Berlusconi – ich war ein Sportreporter, er war noch nicht so berühmt, so bekannt, er sprach aber schon damals von Visionen, die er hatte.«

Auch Sandro Bondi, im Jahr 2005 Sprecher der *Forza Italia*, hat das Mausoleum von Berlusconi gesehen: »Das Mausoleum, errichtet vom Maestro Pietro Cascella, ist eins der monumentalsten Werke unserer Zeit, es zeigt den Kreislauf des Lebens; und es wurden diese wundervollen Votivgaben geschaffen von Cordelia von den Steinen, der Frau des Meisters.«[7]

Bondi ist dem Mausoleum auf eine besondere Weise verbunden, denn es war Ende der achtziger Jahre, als er einmal den Meister Pietro Cascella aus Fivizzano, dem Ort in der Toskana, in dem er lebte, nach Arcore begleitet hat. »Und so habe ich Berlusconi persönlich kennen gelernt. Er begrüßte mich und schenkte mir ein Buch über Adolf Hitler, mit einer wunderschönen Widmung: ›Für Sandro Bondi, den Freund der Utopie, ihm widme ich dieses Buch über die perverse Utopie.‹«

Die Begegnung mit Berlusconi ändert Bondis Leben.

Der Kommunist Bondi, Bürgermeister von Fivizzano, kehrte der KPI den Rücken und wurde bekennender, glühender Anhänger von Berlusconi. Seit 1993 arbeitet er für die *Forza Italia*, seit 1999 hat er auch sein Büro in der Villa in Arcore. Er ist ein Mann, der Berlusconi so glühend liebt, dass er sagt: »Ich bin bereit, für Berlusconi ins Gefängnis zu gehen. Nicht an seiner Stelle, aber mit ihm zusammen.«

Pietro Cascella, Jahrgang 1921, ist einer der berühmtesten Bildhauer des 20. Jahrhunderts. Zusammen mit seinem Bruder Andrea und dem Architekten La Fuente ist er der Autor des Monuments für die Opfer von Auschwitz, Schöpfer zahlreicher monumentaler Werke zeitgenössischer Kunst wie des Friedensbogens in Tel Aviv, des Monuments für Europa in Straßburg, Sonne und Mond in Riad, Bella Ciao in Massa, für Giuseppe Mazzini in Mailand. Er galt immer als Künstler, der seine Werke besonders Freiheitskämpfern, Partisanen, den Opfern der Nazis und der Faschisten widmete.

Seit vielen Jahren lebt Cascella zusammen mit seinem Sohn und seiner Frau, Cordelia von den Steinen, einer Schweizer Bildhauerin, die er in den Steinbrüchen von Massa Carrara kennen gelernt hatte, auf dem Schloss Verruccola in der toskanischen Berggemeinde Fivizzano – deren kommunistischer

Bürgermeister eben einmal jener Sandro Bondi war, der seit 1993 die Lobeshymnen auf Silvio Berlusconi singt.

Cascella ist ein gastfreundlicher Mensch und gern bereit, über seine Freundschaft mit Silvio Berlusconi und dessen monumentale Kapelle zu sprechen: »Ich habe ihn auf eine sympathische Art kennen gelernt. Ich wusste gar nicht, dass er einen Künstler suchte. Er hat mich über eine Mailänder Kunstgalerie gesucht für Entwürfe für einen Platz in der Trabantenstadt Milano 3. Er baute damals Städte, die wohl auch ein gutes Beispiel für Zusammenleben waren, weil es dort keine Autos gibt, sondern Orte der Ruhe, mit Seen und Schwänen drauf, ein wenig kitschig, aber dies ist nun einmal ein Teil der angenehmen Seiten des Lebens.«[8]

Tatsächlich gestaltete Cascella dann einen Platz am Rande eines solchen Teiches mit Schwänen und einer Brücke im japanischen Gartenstil im Zentrum von Milano 3, dem letzten Bauprojekt Berlusconis.

Cascella war sofort von Berlusconi eingenommen: »Er ist ein illuminierter Mensch, der begriffen hat, wohin man gehen muss, wenn man ein großer Bauherr werden will: Dann muss man die menschlichen Gefühle ansprechen, lebenswerte Orte schaffen. Er lud mich dazu ein, ein deutlich sichtbares Signal am Eingang dieser Stadt Milano 3 zu schaffen. [Das war eine große Kugel am Kreisverkehr.] Ich zeichnete einen Entwurf, wir trafen uns, und dann, erinnere ich mich ... also ihm hatte der Entwurf gefallen, und ich war schon dabei wegzugehen, also, wir haben uns auch sofort geduzt, da sagte er mir, warte, warte, wir müssen uns wiedersehen. Und seit jenem Mal haben wir uns viele, viele Male wiedergesehen und zusammengearbeitet.«

Es war im Jahre 1988, als Berlusconi ihm dann vorschlug, eine Kapelle im Stile einer altrömischen Patrizierfamilie in seinem Garten in Arcore zu errichten. Ursprünglich war geplant, sie allein als Grabstätte für den Vater Luigi Berlusconi zu errichten. Doch dann wurde es zur Kapelle der Gens Berlusconi.

Das Mausoleum besteht wie gesagt aus zwei Teilen: einem oberirdischen und einem unterirdischen, der eigentlichen Grabkammer. Alles sollte sich am Lebendigen orientieren, meinte Berlusconi zu Cascella: »Er sagte zu mir: Schaff mir bloß keine Grabesstimmung, also Kreuze, Tote oder ähnliche Figuren. Im 16. oder 17. Jahrhundert machte man so etwas. Da herrschte der Tod überall. Da hatte Berlusconi die richtige Person gefunden für sein Grabmal, denn niemals will ich den Tod abbilden, sondern nur das Leben.«

Cascella erinnert sich sehr gut an den Berlusconi, der mit ihm über mehrere Jahre hindurch das Monument errichtete. Seine erste Skulptur im Park der Villa von Arcore war eine sechs Meter hohe Säule mit Kapitell und einem klaren Titel: »Die Blume Silvios«.

Dann begannen die Arbeiten am Mausoleum. »Berlusconi griff sogar zur Maurerkelle und packte selbst mit an. Das machte ihm großen Spaß. Er ist ja ein athletischer Typ, er liebte es, im Park zu joggen, Sport zu treiben. Auch wenn er ja kein großer Mensch ist, eher klein, aber sehr wohl geformt.«

Cascella war beinah täglich mit Berlusconi zusammen, als dieser sich Anfang der neunziger Jahre entschloss, in die Politik einzutreten.

»Ja, genau in jenen Jahren arbeitete ich an seiner Familienkapelle. Er kam zu mir und erzählte mir, dass er diese Partei gründen wollte, und ich dachte mir nur, das wird aber ein wenig schwierig werden, aber er bestand darauf. Ich fragte ihn immer wieder: Aber willst du wirklich in die Politik gehen? Ich hatte meine Zweifel. Offenkundig habe ich mich geirrt, er hat schließlich sein Ziel erreicht, er hat, bei allen Problemen, es doch geschafft, das zu machen, was er wollte.«

Angesichts der engen Freundschaft zwischen den beiden war es für Berlusconi nur natürlich, dass er auch Cascella fragte, ob dieser nicht wie sein Freund und ehemaliger Bürgermeister Bondi in die Politik gehen und für die nun neu gegründete Partei *Forza Italia* kandidieren wolle.

»Ich wollte nicht, weil ich es vorzog, Bildhauer zu sein. Wenn ich Politik machen würde, käme ich nicht mehr dazu, Skulpturen zu bearbeiten. Ich wäre sicher ein schlechter Politiker geworden. Also lehnte ich ab. Aber wenn ich heute an Silvio denke, dann mit großer Zuneigung.«

Cascella führt uns in die große Halle im ersten Stock, dort, wo die Modelle der meisten seiner Werke noch heute stehen. Es sind maßstabsgetreue Bauten, die den Bauherrn als Ansicht dienten. Dort, vor dem Modell des oberirdischen Teils des Grabmals von Silvio Berlusconi, bleiben wir stehen, und Cascella erläutert das Werk: »Sie wissen, die eigentliche Kapelle liegt darunter. Dieser obere Teil heißt ›Konstellationen‹. Es ist eine Himmelsmaschine, die Höhe der einzelnen Bauteile beträgt etwa 8 Meter – es ist alles aus Marmor. Es ist für unsere Zeit ein epochales Werk.«

Es sind gigantische Sterne, Monde, Planeten. Sie sind miteinander verbunden wie ein unsichtbares Räderwerk, werden gelenkt von einer geheimnisvollen kosmischen Energie. Die ganze Himmelsmaschine steht auf einem Sockel, den man, wie eine Pyramide, über Einzelstufen erreichen muss. Um die Himmelsmaschine herum ist eine Art offener Tempelbau errichtet, in dessen Innerem die einzelnen Elemente eingefügt sind.

»Die Idee ist die, dass der Mensch nicht nur ein flüchtiger Augenblick im Weltenlauf ist, sondern dass man in ein fernes Jenseits geht, in eine Konstellation. So habe ich diesen Entwurf gemacht, der einen Kubus umschließt, worin sich diese Himmelsmaschine befindet, mit all ihren Weltenkugeln, Sternen. Damit man die Schönheit dieser Anlage begreift, müsste man eigentlich nach Arcore gehen, es sich direkt von unten anschauen.«

Cascella ist wie verzaubert von Berlusconi: »Er hat einmal gesagt, dass wir zwei gefährliche Größenwahnsinnige sind, aber das hat er natürlich nur im Scherz gesagt – in Wirklichkeit hat er ein großartiges und wichtiges Kunstwerk geschaffen.

Zum Glück gibt es Persönlichkeiten wie ihn, sonst würden wir uns mit Dosenfleisch als Kunst abgeben müssen oder nur Pissoirs konstruieren – er ist kein kommerzieller Mensch!«

Cascella teilt uns auch die Philosophie eines großen Menschen mit: »Er ist ein großer Intuitiver. Es gab viele Regierungschefs. Die haben wir alle schon vergessen. Er hingegen hat so ein Werk errichtet, weil er ›Il Presidente‹, der Chef, ist. Er wollte ein unvergängliches Zeichen als Präsident hinterlassen. Wie ein ›Presidente‹ eben sein muss. Ich will das nicht politisch missverstanden wissen. Aber er ist doch jemand mit enormen Ambitionen – und das mit großer Demut. Er ist eben als Präsident auf die Welt gekommen, zweifellos. Und er möchte, dass sein Leben etwas hinterlässt, eine Furche, ein geistiges Erbe.«

Es ist nun so, dass der obere Teil, die »Konstellation«, der Kubus in Form eines antiken Tempels mit der Himmelsmaschine darin, seine Energie aus dem unteren Teil des Monumentes bezieht. Übertragen gesagt ist es so, dass die Himmelsmaschine den Kosmos darstellt, ihn in Bewegung hält: Die eigentliche Energiequelle der Himmelsmaschine, die die Mechanik des Kosmos in Bewegung hält, kommt von unten – aus dem unterirdischen Teil des Monumentes.

»Der untere Teil, das ist die Familie, die hier zusammengekettet ist, verkettet, der Kreis der Familie, der sich um das Grab herum schließt«, sagt Cascella und weist auf die im Gruße verschränkten stilisierten Hände, die die innere Grabkammer umschließen, nur unterbrochen von den Nischen für die Urnen der Familienangehörigen, der engsten Freunde. »Und im Mittelpunkt des Grabraumes steht eine Art Altar, es ist das wichtigste Grabmal, von dem ich annehmen muss – wir kreuzen die Finger –, dass es sein allerletzter Wohnort sein wird.«

Berlusconis Grabmal. Es ist das Zentrum der Grabkammer, leicht erhöht auf einem Sockel errichtet. Umgeben von den Urnen seiner Familie, seiner Freunde.

Platz haben in dieser Kapelle neben Vater Luigi und Mutter

Rosa vor allem die Treuesten der Treuen. Fedele Confalonieri hat hier seine Stätte, ebenso Marcello Dell'Utri. Auch dem ersten Chefredakteur von *Il Giornale* hatte Berlusconi einen Platz angeboten, er antwortete darauf aber nur lapidar: »Ich bin dessen doch nicht würdig, ich gebe meinen Platz frei.«[9]

Kurz darauf brach der Veteran des italienischen Journalismus mit Berlusconi, weil er dessen Gang in die Politik nicht mittragen wollte. Oder wollte er nicht zwangsweise ins Mausoleum eingelegt werden?

Am Ende war Berlusconi mit Cascellas Werk zufrieden.

»Er wollte etwas Würdiges ausdrücken, und das haben wir ohne Zweifel realisiert. Es ist etwas Ernstes, wie es der Tod ist. Wir gehen ins unbekannte Jenseits, in eine andere Welt, wer weiß, wohin die Reise geht? Deswegen haben Berlusconi und ich eine ewige Ruhestätte geschaffen, für diese letzte Reise.«[10]

Der Besuch bei Pietro Cascella und der merkwürdige Eindruck, den das monumentale Mausoleum mit seinem oberen und unteren Teil auf uns gemacht hat, bringt uns auf die Idee, einen Psychologen um Rat zu fragen. Zu viele Symbole, zu viel Mystik – wie sieht ein Fachmann diese enorme Anhäufung von kulturellen Zeichen in diesem Monument Berlusconis? Mit anderen Worten: Wie viel verrät das Mausoleum selbst über seinen Bauherrn, denn aus der Erzählung Cascellas wird klar, wie sehr Berlusconi seine eigenen Vorstellungen im Denkmal eingebracht hat, wie sehr die Geisteswelt Berlusconis mit dem Mausoleum zusammenhängt.

Wir fragen einen Psychologen und Experten für Kommunikation, der sich seit Jahren mit dem »Phänomen Berlusconi« beschäftigt hat, Alessandro Amadori. Wir zeigen ihm den Film vom Mausoleum, wie es bei Cascella maßstabsgetreu steht. Amadori ist hochinteressiert an den Details. Für ihn, den Experten, ist es eine wahre Fundgrube für Interpretationen.

Er meint: »Wenn ich den oberen Teil, diese Himmelsmaschine, anschaue, dann bemerke ich, dass es beinah eine Art Supermarkt der Symbole ist. Da gibt es alles: Halbmonde,

Sphären, Schneckenhäuser. Diese Akkumulation der Symbole ist für mich eine Metapher für die Reichtümer, die der Premier in seinem Leben angesammelt hat. Dann ist es doch bemerkenswert, dass die meisten Symbole dieses Grabdenkmals nichtreligiöser Natur sind, sondern astrologisch, Symbole eines laizistischen Weltbildes, es gibt keine Spur traditioneller Religionen.«

Für jemanden, der die Kapelle der Benediktinernonnen des alten Klosters San Martino am Orte der Villa Casati Stampa hat wieder neu weihen lassen, den Zögling der Salesianer, der ungeheuer viel auf seine Katholizität hält, ist das schon eine echte Überraschung: das eigene Grabmal frei von den Merkmalen christlicher Religion zu halten.

Nach den Bildern der Himmelsmaschine, die für Amadori »infantile Spuren einer sehr simplen Beziehung zum Kosmos« seien, konzentriert sich das Interesse des Fachmanns auf den Eingang zur Grabkammer.

Gebaut wie eine Kammer im Tal der Könige der ägyptischen Pharaonen, schreitet man eine Reihe von Stufen in die Tiefe, um dann im rechten Winkel in den Eingangstunnel einbiegen zu müssen. Über dem Eingang thronen die Symbole der Kammer – in der Mythologie ist hier der Platz für die alles übergreifenden wichtigsten Symbole, für gewöhnlich wachen dort die Schutzgötter über den Schlaf der Einliegenden. An dieser prominenten Stelle über dem Grabeingang hängen eine Reihe von Symbolen, die für den Psychologen sehr interessant sind. Es ist eine komplexe Architektur, aber mit einer sehr genauen Symbolik. Über allem thront ein stilisierter Widder, der die gesamte Figur der Einzelelemente dominiert. Vom Widder geht eine Achse lotrecht nach unten, rundherum sind Meeressymbole angebracht, Muscheln, an der Seite finden wir eine Sphäre, Symbol der Erde.

Amadori ist fasziniert: »Wir erkennen hier in dieser komplexen Struktur der Elemente über dem Eingang ein Prinzip der Autorität. Das wird eindeutig symbolisiert durch den Widder, der über eine vertikale Achse die anderen Elemente miteinander verbindet und kontrolliert: Himmel, Erde und das Meer, es ist eine Art Unterordnung unter ein ordnendes Element. An der Spitze dieser Struktur finden wir ein tierisches Symbol, den Widder.«

Nun stockt Amadori, denn natürlich weiß er genau, was der Widder in der Anthropologie symbolisiert, aber er scheut sich beinah, es auszusprechen. Nach einer kleinen Pause verrät er es dennoch: »Ja, der Widder, das muss ich schon sagen, ist natürlich in unserer europäischen Tradition der Symbole immer ein mephistophelisches Element, es ist satanisch.«

Nun spürt Amadori den Atem der Anwälte Berlusconis im Nacken, auch uns will er schützen, so einen Vorwurf mag er natürlich nicht erheben, aber das Symbol wird nun einmal gemeinhin so interpretiert: »Damit will ich natürlich nicht sagen, dass es eine Beziehung zwischen satanischen Sekten und der Psychologie von Silvio Berlusconi gibt, aber es beeindruckt doch sehr, dass unter den vielen Symbolen, die man hätte wählen können, gerade der Widder gewählt wurde – ein Symbol, das nun wirklich sehr selten auf europäischen Grabstätten ist.« Um es einmal freundlich auszudrücken.

Nach einer Weile des ruhigen Nachdenkens meint Amadori dann: »Der Widder, das ist natürlich auch das Symbol der Fruchtbarkeit, der sexuellen Kraft, des Lebens an sich.« Eine Interpretation, die durchaus in Richtung der Worte von Cascella gehen würde: Beide wollten ein Monument des Lebens, nicht des Todes. Und nun ist der Widder auch ein Symbol der Sexualität, der unbändigen Lebenskraft.

Amadori ist sehr nachdenklich geworden. So einen Einblick in das Innenleben Berlusconis hatte er sich nicht vorgestellt: »Mit unserem Wissen von heute können wir wohl sagen, dass dieses Mausoleum ein Zeugnis der Persönlichkeit Berlusconis ist. Heute sehen wir, dass es schon damals in ihm angelegt war, hierarchische Machtstrukturen anzulegen, Strukturen, die vollkommen einem Prinzip untergeordnet sein sollten.«

Der Innenteil des Mausoleums gewährt nun einen Blick auf die innere Welt Berlusconis, meint Amadori. Auch wenn die Interpretation dieser Welt uns heute leichter fällt, als es vor 1993 geschehen wäre, weil wir nun wissen, wie Berlusconis Welt aussieht – das konnte man damals noch nicht so deutlich erkennen.

»Über Berlusconi erfahren wir viel: Wir erfahren, dass es ein einziges Zentrum der Macht gibt, das alles kontrollieren muss. Das die gesamte Himmelsmechanik kontrollieren muss. Das ist ein Abbild der politischen Ziele von Silvio Berlusconi. Eine streng hierarchische Gesellschaft mit einer starken Konzentration der Macht, einem engen Zusammengehörigkeitsgefühl der Machtelite, gleichzeitig geprägt von einer Entpersonifizierung des Menschen.«

Wie Amadori am Eingang den Widder schon »beeindruckend« findet, so ist seine Impression der Grabkammer »nur die reine Kälte«. Es gibt weder religiöse noch gefühlsmäßige Symbole. »Es ist ein mechanisches Grab, es sieht fast aus wie eine Fabrik, ein Atomreaktor, ein Techniklabor – es ist ein kaltes Grab. Das einzige Symbol, das auftaucht, ist der Haken, eine mechanische Einheit, anstatt zweier Hände. Dies ist ein Symbol der Herrschaftsausübung, der Tendenz Berlusconis, Strukturen zu bauen, die dauerhaft sind.«

Der Blick Amadoris fällt auf die Bilder aus der Grabkammer, die Nischen am Rande, die umschlungenen Hände, die wie Ketten aussehen.

»Es fehlen die Körper, die Lebendigkeit des Körpers. Nichts lässt uns erahnen, dass hier ein Sarg liegt oder menschliche Körper aufbewahrt werden. Berlusconi will in einer extrem geometrischen Struktur liegen, die anderen Körper werden eingeäschert und in Lokuli eingebracht.«

Die Beziehung, die hier architektonisch zwischen Berlusconi und den Mitarbeitern aufgebaut wird, ist die Beziehung zwischen dem Chef und seinen Untergebenen. »Die einzige Struktur, die einen Körper aufnimmt, ist die in der Mitte, die für Berlusconi. Die anderen Körper sind unsichtbar, sie sind am Rande untergebracht, nicht neben ihm, hier wird nicht der Tod geteilt, sondern es bleibt die Zentralität eines Körpers, während die anderen verborgen werden. Den anderen Familienangehörigen wird die Körperlichkeit nach dem Tode verweigert, ihre Körper sind negiert: Es ist, auch im Tode, ein Verhältnis von Herrschaft und Unterordnung.«

Das ist tatsächlich sehr auffällig. Das einzige Grab für einen ganzen Leichnam ist das Grab in der Mitte, auf dem Altar. Alle anderen Gräber am Rande der Kammer in den Nischen sind nur Urnengräber. Amadori: »Der tiefere Sinn dieser Struktur ist die Negation der Körperlichkeit des Todes, als wäre es ein Versuch, der Realität des Todes zu entfliehen, indem man eine mechanische Struktur schafft, die ewig dauert, die nicht mehr sterben kann, die aber auch nicht mehr authentisch menschlich ist.«

Amadori ist sichtlich erschrocken, diesen Blick in die innere Geisteswelt Berlusconis bekommen zu haben. So hatte er es sich auch nicht vorgestellt. Beim Mausoleum hatte er an eines der üblichen Familiengräber gedacht, nur eben ein wenig größer. Mit Puttenengelchen, mit Gebetsnischen, mit Madonnen und Jesusfigürchen an allen Ecken und Enden. Doch der Berlusconi, der sich hier begraben lassen will, der ist anders. Beängstigender.

»Dieses Grab ist unter psychologischen Aspekten wirklich sehr interessant, seltsam und zugleich faszinierend. Eine der möglichen Interpretationen ist wohl die, dass dieses Grab in extremer Form Bindungskräfte zwischen verschiedenen Einheiten vereinheitlicht, ein moralisches Prinzip wird in ein festes Objekt verwandelt. Sicher kann man sagen, in der Welt Berlusconis müssen die Dinge geschlossen, kontrolliert, vereint und ewig sein. Und wenn man das in Zusammenhang mit einer Sekte bringen will, dann wäre das eine der möglichen Interpretationen, rein von der psychologischen Gestaltung des Grabes aus gesehen natürlich und ohne daraus irgendeine reale Interpretation der Figur Berlusconis entwickeln zu wollen. – »Wenn man es so sehen will, haben wir hier ein paar psychologische Handübungen gemacht«, meint Amadori, durchaus besorgt um eine zu freie Sprache, die ihn und uns vielleicht in juristische Querelen verwickeln könnte.

Deswegen überlassen wir das Schlusswort gern dem Baumeister, er ist ein unverfänglicher Zeuge: »Sich solch ein Mausoleum zu bauen, das ist das Zeichen eines über alle Maßen hohen Selbstwertgefühls, das können wir ruhig sagen. Wenn das Monument so machtvoll daherkommt, dann ist das mehr meine als seine Schuld. Wir sind eben, wie man es in der Toskana ehrlich sagt, zwei gefährliche Größenwahnsinnige. Ja, wenn ich darüber nachdenke, dann ist es schon leicht wagnerianisch.«

KAPITEL 7
Die Milano-Connection

Italiens Hauptstadt der Moral

Mailand gilt in Italien seit jeher als Inbegriff einer Stadt, in der Fleiß, ernsthaftes Streben und Bürgersinn ihren angestammten Platz haben. Silvio Berlusconi instrumentalisiert dieses Image, seit er 1993 als Politiker »den Kampf aufgenommen« hat. Er missbraucht es für seine Zwecke, wenn er sich als Galionsfigur eines Mailänder Unternehmertums präsentiert, das von den Straßenräubern der römischen Regierung, von den Mafiosi des Südens, von der Geldverschwendung und den Faulpelzen aus Sizilien und Kalabrien die Nase voll habe.

Er, Silvio, ist das wahre, das einzige Symbol der *milanesità*, wie der Geist Mailands in Italien genannt wird. Das Symbol seiner TV-Sender ist der *biscione* (die Riesennatter), derselbe, der auch im Wappen der Stadt prangt. Ihm gehört der AC Mailand, volkstümlich »Milan« genannt. Die wohlhabenden Mailänder sind meist Fans von Inter, die Arbeiter aber tragen Rot und Schwarz, die Farben des AC.

Berlusconi, der Milliardär, der aus dem Nichts kam, signalisiert seiner Umwelt, dass er das kranke italienische System retten werde. Am Geist Mailands soll Italien gesunden. Um Berlusconi, seine Manien, seine Ticks zu begreifen, aber auch die dunkle Seite seines Aufstiegs, müssen wir uns mit Mailand beschäftigen, der Umgebung, in der er groß wurde.

Im Gegensatz zu Rom, das einerseits zwar als *caput mundi*, als »Haupt der Welt«, seinen Platz in der Geschichte einnahm, andererseits aber auch sämtliche Übel des Landes in seinen Mauern zu beherbergen schien,[1] übte Mailand schon seit Ende des 19. Jahrhunderts eine Führungsrolle auf den Gebieten Industrie, Finanzen sowie Kunst und Wissenschaft aus. Diese Führungsrolle schien sich schnell auch mit den moralischen Werten des Bürgertums zu füllen, schenkte die Stadt Italien und Europa doch Literaten, Philosophen und Wissenschaftler von Weltruhm. Es ist sicher kein Zufall, dass dieses Bürgertum die umfassendsten und weitreichendsten Ermittlungen gegen die organisierte Kriminalität in ganz Europa in die Wege leitete – den Pool Mani Pulite.

Dass Mailand so lange Zeit das Primat der Moral für sich beanspruchen konnte, hat gute Gründe. Mailand ist die Hauptstadt der Reformer des 18. Jahrhunderts: des Aufklärers Pietro Verri, des Juristen und Ökonomen Cesare Beccaria, denen im 19. Jahrhundert der Philosoph Carlo Cattaneo und der Romancier Alessandro Manzoni folgten. Es ist die Stadt des neuen politischen und literarischen Geistes. Ihre Künstler und Philosophen gehen aus dem Umfeld eines der berühmtesten Opernhäuser der Welt hervor, der Scala. Dort entsteht eine der Hochburgen des liberalen Denkens in ganz Europa. Im Mailand des 18. Jahrhunderts bildet sich ein bürgerliches Ethos heraus, das einen hohen sozialen Konsens in Bezug auf Werte wie Modernität, wissenschaftlich-technologischen Fortschritt, sozialen Aufstieg und kulturelles Wachstum stiftet. Der Unternehmergeist Mailands steht in deutlichem Kontrast zum »Schlendrian« Roms, das in den Jahrhunderten des Papsttums immer auch Menschen innerhalb seiner Stadtgrenzen versammelt hat, die lieber essen als arbeiten.

Seit den letzten Jahrzehnten des 19. Jahrhunderts erfreut sich Mailand eines wirtschaftlichen Aufschwungs, der die Stadt in kurzer Zeit zum Zentrum Italiens machte. So läuft Mailand Neapel den Rang als bevölkerungsreichste Stadt ab, überrundet Genua als Finanzzentrum und Rom als ethisch-politischen Mittelpunkt. Große Kreditinstitute entstehen, so zum Beispiel 1894 die Banca Commerciale Italiana (Comit).

Motor dieses unglaublichen Wandels ist ein unternehmungslustiges Bürgertum, das sich wandlungsfähig zeigt und über die Grenzen der jeweiligen Geschäftsfelder hinweg gemeinsame Vorhaben verwirklicht. Die von dieser Schicht angestoßenen Veränderungen betreffen nicht nur wirtschaftliche und technologische Aspekte, sondern auch das soziale Leben der Stadt. Die Lebensbedingungen der gesamten Bevölkerung verbessern sich.

Die Unternehmer – eine soziale Gruppe, die mit den traditionell herrschenden Klassen der Aristokratie und des Militärs wenig zu schaffen hat – sind in allen Sektoren des städtischen Lebens präsent. Auf ihre Initiative hin entstehen Institutionen wie das Polytechnikum, die Universität La Bocconi, die Forschungsgesellschaft Fondazione Carlo Erba sowie technische Lehranstalten wie das Feltrinelli-Institut. Die Mailänder warten nicht darauf, dass die öffentliche Hand tätig wird, sondern packen selbst mit an, ja machen diese mitunter gar überflüssig.

Natürlich schlägt sich der neue Reichtum der Stadt auch in der Architektur nieder. Immer mehr Bauwerke entstehen, die nicht mehr der Ausübung von Religion oder ziviler Herrschaft dienen, sondern die Macht der Wirtschaft feiern: Die Paläste der Banca Commerciale, der lombardischen Cassa di Risparmio, der Börse, die Türme der Snia und der Toro-Versicherung, auch der von Pirelli errichtete Wolkenkratzer sind Symbole einer Macht, die repräsentieren will. Mit Gestalten wie Angelo Rizzoli, einem armen Jungen, der in Schulen für Bedürftige erzogen wurde und später einen der größten Verlage Italiens begründete, entstand die Mailänder Verlagslandschaft. An der Spitze der großen Banken standen Persönlichkeiten, die sich auch um das kulturelle Leben der Stadt verdient machten, wie der Literat und Bankier Raffaele Mattioli.

Die Unternehmen geben die Marschrichtung vor, und das keineswegs hinter vorgehaltener Hand. Familien des Großbürgertums europäischen Zuschnitts wie die Pirelli, Colombo, Riva, De Angeli und Salmoiraghi sind wie selbstverständlich in regionalen und städtischen Institutionen präsent, wo sie der

Entwicklung von Stadt und Umland ihren Stempel aufdrücken. In Zeitungen und Zeitschriften von hohem journalistischem Niveau findet die Mailänder Gesellschaft ihr intellektuelles Forum: *Il Sole* (später *Il Sole 24 Ore*) ist heute die meistverkaufte Wirtschaftszeitung in Europa. Dazu gesellen sich *Il Secolo* und das Flaggschiff des italienischen Journalismus, die Tageszeitung *Corriere della Sera*. Jede dieser Zeitschriften erlangte in ihrem Sektor nationale Bedeutung.[2]

Im Jahr 1901 zählt Mailand 538 000 Einwohner und wird als wirtschaftliches und industrielles Zentrum Italiens von Jahr zu Jahr bedeutsamer. So sind hier bereits sechzehn Konsulate als offizielle Repräsentanten für 33 verschiedene Staaten vertreten. Schon Ende des 19. Jahrhunderts lebten in Mailand mehr als 150 000 Industriearbeiter. Bereits damals verzeichnete die Stadt einen enormen Zufluss von Arbeitern aus der Lombardei, aber auch aus den angrenzenden Regionen Piemont, Veneto, Emilia und Toskana. Dies sind die Jahre der wirtschaftlichen, industriellen und demographischen Expansion. Die deutsche Siemens, die Schweizer Brown Boveri, die französische Siry-Chamon – alle eröffnen sie Niederlassungen am Stadtrand Mailands. Dazu kommen die italienischen Unternehmen Brera, Alfa Romeo, Bianchi, Isotta Fraschini, Pirelli, Marelli und Edison. Auch die Riesen der europäischen Stahlindustrie finden Interesse am Standort. So siedelt sich beispielsweise die Falck-Gruppe dort an. Der Aufschwung ist gigantisch und wird sich so nicht mehr wiederholen.

Diese Phase dauert etwa bis in die zwanziger Jahre. Im Umfeld des Mailänder Unternehmertums bildet sich eine Ethik aus, die sich ganz auf soziale Legitimation durch Arbeit gründet, ein Wertesystem, das schließlich ebenso von der Arbeiterbewegung übernommen wird. Soziale Verantwortung auch für den Gesamtorganismus »Stadt« geht einher mit einem sozialistischen Reformeifer, der in Mailand seinen nationalen Höhepunkt erreicht. So entstehen Bewegungen (zum Beispiel die *Società Umanitaria*), welche den Dialog zwischen den verschiedenen gesellschaftlichen Schichten suchen, um den Sprengstoff sozialer Konflikte zu entschärfen.

Der Faschismus bereitet diesem Dialog zwischen Unternehmertum und Gesellschaft ein Ende: Die maßgeblichen Figuren der Partei Mussolinis und ihrer diversen Unterorganisationen weigern sich, zwischen den sozialen Gruppen zu vermitteln. In der Folge zieht sich das Großbürgertum Mailands von der politischen Bühne zurück und beschränkt sich darauf, seinen Einfluss bei wichtigen Entscheidungen hinter den Kulissen geltend zu machen.

Der Faschismus und damit die Tatsache, dass das politische Mandat nun auf die Masse mit ihren neuen sozialen und politischen Organisationsformen übergeht, führten zu einem Verschwinden der bürgerlichen Komponente im politischen Leben, ein Prozess, der sich auch nach dem Krieg fortsetzt. Das Ende des Krieges markiert in gewisser Hinsicht eine Zäsur. Nun ist Mailand nicht mehr länger die Bürgerstadt aufgeklärten Geistes, als die sie ihren Aufschwung nahm.

Doch die Wirtschaftskraft der Stadt bleibt ungebrochen. In den fünfziger und sechziger Jahren findet Mailand seinen Schwung wieder und wird zum Zentrum des italienischen Booms. Die Stadt wird zum Laboratorium, in dem Hochfinanz, Industrie, Design, Mode, Fernsehen und Kino gedeihen. Tausende privater Geschichten machen aus dem Mailand des 19. Jahrhunderts die Stadt, wie sie uns heute entgegentritt: voller Vitalität, Reichtum und Innovationskraft, aber auch voller sozialer Konflikte, die sich in den Jahren des Booms Bahn brechen.

Mailand in den Jahren unmittelbar nach dem Zweiten Weltkrieg ist eine Stadt, die immer vorne dran ist, die alle Tendenzen vorwegnimmt. Bis zu einem gewissen Punkt galt dies nur für ihre guten Seiten, mittlerweile aber ist sie auch zur Vorreiterin einiger höchst besorgniserregender Entwicklungen geworden.

Die Ankunft der Mafia

Dies ist die Geschichte der rabenschwarzen Seele Mailands, wo sich Gangster tummeln, Mafiosi im Zweireiher, skrupellose Manager und Politiker sowie viele kleine Gauner. Eine Geschichte, die man nicht so recht glauben will, weil sie von Schmutz, Blut und Korruption handelt. Das Ende dieser Geschichte ist noch nicht geschrieben, denn in ihrem Zentrum steht jener Mann, dem hier unsere Aufmerksamkeit gilt: jener Unternehmer, der sich einerseits für den Mailänder par excellence hält, für den Erben jener großen bürgerlichen Tradition, der andererseits in allerlei obskure Machenschaften verwickelt ist, die er heute nur zu gern aus seinem Leben tilgen würde.

Wenn wir den unaufhaltsamen Aufstieg des Silvio Berlusconi, seine schnelle Expansion, seine mysteriösen Kapitalquellen und unfassbaren Allianzen begreifen wollen, wenn wir verstehen wollen, wie und warum seine persönlichen Kontakte zu einigen der mächtigsten Männer der Cosa Nostra zustande gekommen sind, wenn wir also die Biographie des Napoleon aus Arcore ergründen wollen, dann müssen wir uns mit dem Mailand der sechziger Jahre beschäftigen, in dem Selfmademänner wie Berlusconi das ideale Ambiente finden. Denn in dieser Stadt spielt die Zugehörigkeit zu adligen oder großbürgerlichen Familien keine Rolle mehr. Auch die einstige Ethik des lombardischen Kapitalismus, Wiege der Finanzwelt des alten Kontinents, wurde längst über Bord geworfen. Im Mailand der sechziger Jahre zählt nur noch eines: Erfolg. Und Berlusconi ist keineswegs der einzige aufsteigende Kapitalist, der sich zum neuen Mailänder Credo bekennt, das da lautet: »Freie Bahn für mich!«

Denn im Laufe der sechziger und siebziger Jahre hat sich in Mailand unbemerkt etwas verändert. Ein Krebsgeschwür hat sich ausgebreitet und legt sich über das feinmaschige Netz der Zivilgesellschaft, frisst sich tief ins gesunde Gewebe von Finanzinstitutionen und Wirtschaftsbeziehungen.

Es ist schon auffällig, dass niemand aus der verflochtenen Gemeinschaft der Geschäftsleute, Börsenmakler und Marktanalysten sich über diese Veränderung Gedanken gemacht hat. Kein Historiker, kein Philosoph hat je versucht zu begreifen, was damals geschah. Dies ist eine der Wurzeln des italienischen Übels, einer der Gründe für das Absterben seiner Hauptstadt der Moral: der eiserne Vorhang des Schweigens. Denn in den sechziger und siebziger Jahren erobert die Mafia Mailand und die Lombardei. Und sie ist dabei keineswegs zimperlich.

372 Mitglieder der Mafia werden zwischen 1961 und 1972 in die Lombardei beordert. Sie spinnen in Mailand das erste stabile wirtschaftliche Netz der organisierten Kriminalität.

Wenn man es genau betrachtet, hat diese Praxis ihre Wurzeln in der »Verbannungspolitik« Benito Mussolinis. Seine Idee war es, die Mafia von ihren sizilianischen Wurzeln zu trennen. Stattdessen sorgte er dafür, dass dieses Krebsgeschwür seine Metastasen über ganz Italien streuen konnte und zudem noch in die Vereinigten Staaten auswanderte.

Die erste große Emigrantenwelle wurde von einem noch recht primitiven »Industriezweig« der Mafia getragen, der Abteilung »Erpresserische Entführung von Personen«. So kommt es zwischen 1973 und 1983 allein in der Lombardei zu 103 Entführungsdelikten, der größte Teil davon geht auf das Konto der kalabresischen 'Ndrangheta und der sizilianischen Mafia.

Zu Hunderten werden Unternehmen bedroht, erpresst und durch Entführungen ihrer Führungskräfte beraubt. Das so verdiente Kapital muss – auf möglichst legale Weise – reinvestiert werden: in Hotels, künftiges Bauland und Restaurants. Diese Art von halb legalen Geschäften hat Hochkonjunktur im Mailand jener Zeit, in dem Mafiosi vom Kaliber eines Luciano Liggio in der Stadt leben. Liggio war der erste große Mafiaboss, der einem breiteren Publikum bekannt wurde, als die Cosa Nostra sich allmählich immer besser organisierte und daher immer gefährlicher wurde.

Zusammen mit Liggio kommen andere Bosse in die Stadt,

weniger bekannt vielleicht, aber darum nicht weniger gefährlich: Gerlando Alberti, Tanino Fidanzati, Alfredo und Giuseppe Bono, Stefano »Mimmo« Teresi sowie Stefano Bontate.

Zu jener Zeit glitt Mailand ohne nennenswerte Gegenwehr in die Illegalität ab: aus Desinteresse, aus Zynismus und aus der ausschließlichen Beschäftigung mit dem Streben nach noch mehr Reichtum. Die Stadt scheint sich dieser Entwicklung erst bewusst geworden zu sein, als die ersten Toten auf ihren Straßen lagen. Wie der mutige Rechtsanwalt Giorgio Ambrosoli, der es übernimmt, die bankrotten Banken von Michele Sindona abzuwickeln, und dafür am 11. Juli 1979 von einem Mafiakiller getötet wird, den ihm ebenjener Bankier auf den Hals hetzt. Dem wirklich »wohlanständigen« Mailand kommen die ersten Zweifel, als man 1982 vom angeblichen Selbstmord Roberto Calvis hört. Oder vom Quasisuizid Michele Sindonas. Der Niedergang Sindonas vom gefeierten Nationalhelden zum einfachen Bankrotteur war für die Mailänder Oberschicht ein Schock. Man weigerte sich zu glauben, dass der Magier der Finanzwelt, der Vertraute der Vatikanbank als Geldwäscher für die italoamerikanische Mafia tätig war.

Als im Juli 1993 der Zampano der italienischen Chemieindustrie Raul Gardini, der das Ferruzzi-Imperium leitete, angeblich bei einem Selbstmord starb und man kurz darauf feststellte, dass auch er mit der Cosa Nostra verbunden war, ja sogar Kontakte zur Führungsebene der sizilianischen Mafia pflegte, erschütterte dies das Selbstbewusstsein der Mailänder Oberschicht noch mehr.

Zu den wenigen, die in diesen Jahren nicht den Mantel des Schweigens über die Ereignisse breiteten, gehört Piero Bassetti, der 1970 zum ersten Präsidenten der Region Lombardei ernannt wurde und in den achtziger und neunziger Jahren Präsident der Mailänder Handelskammer war. Bassetti hat in den letzten Jahren immer wieder Alarm geschlagen und die Präsenz der Mafia in Wirtschafts- und Finanzwelt beklagt: Wir seien dabei, uns an ethische Standards zu gewöhnen, die einem Drittweltland noch schlecht anstünden. Wenn ein lebender Organismus über lange Zeit geringe Dosen eines tödlichen Giftes zu sich nehme, werde er am Ende dagegen resistent. Mittlerweile wissen alle, dass ein Drittel des Kapitals, das in der Welt unterwegs ist, dreckiges Geld sei. Das gelte für Mailand ebenso wie für London oder New York. In Mailand aber scheine man sich so sehr an diesen Gedanken gewöhnt zu haben, dass niemand mehr sich aufrege.

Tatsächlich erheben nur einige wenige Wächter der Mailänder Gesetzestreue ihre mahnende Stimme. Basilio Rizzo zum Beispiel, der Führer der Grünen im Stadtrat, der schon zu Zeiten Bettino Craxis sagte: »Es erstaunt mich nicht im Geringsten, dass die Cosa Nostra, welche damals die Finanzsysteme der Stadt unterwandert hat, auch Kontakt zu den wichtigsten Männern gesucht hat. Wie wir wissen, wurde Mailand in der Folge zu einem der großen Zentren der Mafia.«[3]

Nando della Chiesa, Senator der unter dem Namen *Margherita* versammelten Mitte-links-Parteien und Sohn des Generals Alberto Dalla Chiesa, der von der Mafia in Palermo erschossen wurde, war einer der ersten Intellektuellen, die schon in den achtziger Jahren die Frage nach der Mafia in Mailand aufwarfen, als noch keiner davon etwas wissen wollte. »Mailand ist doch nicht Palermo«, hielt man ihm damals entgegen.

Heute ist es schwierig geworden, Zeitzeugen zu finden, die über diese Periode, in der das Krebsgeschwür der Mafia sich anschickte, Mailand zu zerstören, noch etwas aussagen können. Antonio Fiori ist mittlerweile Pensionär. Er führt ein ruhiges Leben und muss sich nur noch um seine gesundheitlichen Probleme kümmern. Gegen Ende der siebziger und zu Beginn der achtziger Jahre aber war er einer der Vorkämpfer, als der Staat zum Frontalangriff auf die organisierte Kriminalität überging. Ein fähiger Polizist, der zu jener Zeit Chef der Criminalpol von Mailand war, der Mailänder Kripo. Er war es, der die erste große Ermittlung gegen die Mafia der Stadt leitete. Er fand heraus, welche Bosse von Palermo hierhin abbeordert worden waren, und stellte fest, dass die Cosa Nostra ihre Operationsbasis in der zentral gelegenen Via Larga hatte. Vom dortigen Büro aus leitete die »Weiße-Kragen-Mafia« ihre Geldwäschetransaktionen.[4]

»Unsere Ermittlungen begannen zwischen 1978 und 1979 und zogen sich bis etwa 1982 bzw. 1983 hin«, berichtet Fiori. »Damals war die Vorstellung, das organisierte Verbrechen, also die Mafia, könnte sich bis in den Norden Italiens ausgebreitet haben, noch ziemlich neu. Man zeigte sich eher über die Kriminalität im Allgemeinen besorgt. Und natürlich über die politische Gewalt: Es waren die Jahre der gewaltsamen Demonstrationen und des Terrorismus ... Doch eben zu jener Zeit begann die Mafia, sich in Mailand festzusetzen. Wir haben die Untersuchung quasi auf gut Glück eingeleitet. Im Grunde begann alles beim Pferderennen: Dort waren damals merkwürdige Gestalten unterwegs, die unsere Aufmerksamkeit auf sich zogen. Da nahmen unsere Nachforschungen, die uns bis nach Sizilien, nach Rom und in die USA führten, ihren Ausgang. Wir fanden heraus, dass die Mafia sich in Mailand angesiedelt hatte – mit teils legalen, teils illegalen Aktivitäten: Drogen, Glücksspiel, Erpressung, Kidnapping. Viele Jahre waren die Entführungen das größte Problem. Sie fragen, ob unsere Arbeit in der Stadt Unterstützung fand? Nein. Nur hin und wieder bekamen wir einen anonymen Hinweis, manchmal deutete man uns dies oder jenes an. Aber keine einzige Anzeige, nie.«

Floriano De Angeli, Spross der Familie der Pharmaunternehmer De Angeli-Frua und damit dem besten Mailänder Bürgertum entsprungen, erzählt uns von dieser Zeit. Er bringt eine Persönlichkeit ins Spiel, die wir bereits kennen: Marcello Dell'Utri, der später für die Entwicklung des Berlusconi-Imperiums eine so fundamentale Bedeutung erlangen sollte. Eine Schlüsselfigur auch hinsichtlich der Verdachtsmomente, hinter dem schnellen Aufstieg Berlusconis stecke nicht nur ein reger Unternehmergeist, sondern etwas weit weniger Greifbares und Strahlendes – Mafiagelder zum Beispiel. Dieser Verdacht führte später zu weiteren Ermittlungen und zu einer Verurteilung in erster Instanz vor dem Gericht von Palermo.

Dell'Utri, so berichtet De Angeli, wurde in die Salons der Mailänder Gesellschaft eingeführt von einem gewissen Filippo Alberto Rapisarda, einem Immobilienmagnaten. Rapisarda hatte häufig einen jungen, schweigsamen Mann im Schlepptau: Marcello Dell'Utri. Ein Teil des wohlsituierten Mailänder Bürgertums begegnete dem Sizilianer Rapisarda mit Misstrauen. Schließlich war er nicht gerade ein Intellektueller. Aber er hatte Geld. Viel Geld. Erst nach der Aktion am Valentinstag 1983, als man in Mailand die Geldwäscher mit dem »weißen Kragen« verhaftete, begriff man in den heiligen Hallen der guten Gesellschaft, dass diese Herren wirklich keine weiße Weste hatten.

Als in der Nacht zum 11. Juli 1979 Rechtsanwalt Giorgio Ambrosoli getötet wurde, der Licht in den Bankrott der Sindona-Bank bringen sollte, ließ sich auf der bald darauf stattfindenden Beerdigung niemand blicken, der in Mailand auch nur im Entferntesten Rang und Namen hatte. Die einzige Ausnahme war der Finanzier Marco Vitale, der diesen Skandal danach im *Giornale* publik machte. Ambrosoli, Monarchist und Ehrenmann, hatte sich weder den Drohungen des Mafiabankiers noch den Befehlen Andreottis beugen wollen. Letzterer gab sich die größte Mühe, das ganze fragile System vor dem Zusammenbruch zu retten.

Zehn Jahre später kam Raul Gardini nach Mailand. Als er sich am Morgen des 23. Juli 1993 in einem schönen Mailänder Palazzo an der Piazza Belgioioso mit einem Schuss aus einer Walther PPK das Leben nahm, hatte er einige ausgewachsene Probleme am Hals. Problem eins war das Tagesgespräch in Mailand: Gardinis Schmiergeldzahlungen an verschiedene Politiker, welche der unbestechliche Mailänder Staatsanwalt Antonio Di Pietro mit seinen Ermittlungen sukzessive ans Licht gebracht hatte.

Von Problem zwei wusste zu jener Zeit nur Gardini selbst: Er war in den Sog der Mafia geraten. Zumindest behauptete dies der »Beauftragte für öffentliche Ausschreibungen« der Cosa Nostra, Angelo Siino, im Prozess gegen Marcello Dell'Utri in Palermo: »Sie glauben, dass Raul Gardini sich erschossen hat, weil er einen Ermittlungsbescheid von Di Pietro oder eine Verhaftung wegen der Schmiergeldaffäre Tangentopoli erwartete? Ausgeschlossen, ein starker und gewissenloser Typ wie er! Nein, ich glaube, dass er Angst bekam, weil die Mafiafamilie, mit der er sich einlassen musste, immer stärkeren Druck auf ihn ausübte. Das waren vor allem die Brüder Nino und Salvatore Buscemi, die eng mit Totò Riina zusammenarbeiteten, der sich am Ende seines langen Lebens im Untergrund auf ihrem Terrain versteckte. Meiner Ansicht nach hatte Gardini begriffen, dass er sich aus dem Mafiaumfeld, in das er geraten war, nicht mehr befreien konnte.«[5]

Dem Vertreter des respektablen, wohlanständigen Mailand, Raul Gardini, drohte also die Bloßstellung als Handlanger der Mafia. Seine Baustofffirma Calcestruzzi spa aus Ravenna hatte die Calcestruzzi Palermo spa von Nino Buscemi und Giovanni Bini geschluckt, zwei Mafiagrößen aus der »Dachorganisation« der Cosa Nostra. Damals waren es diese beiden, die Kontakt zum mächtigsten Führer der Mafia auf Sizilien hielten, um ihm Bericht zu erstatten. Anders gesagt: Der renommierte Ferruzzi-Konzern, dessen Haupt Gardini war, war längst in Geschäfte mit dem organisierten Verbrechen verwickelt. Gardini erhielt dafür auf Druck der Mafia 60 Prozent der öffentlichen Aufträge in Palermo – behauptet Siino.

Gardini, dem keine Massenmedien zur Verfügung standen, keine Zeitungen, keine Partei, nicht einmal ein winziger Fernsehsender, sah keinen Ausweg mehr, als er die Verbindungen zur Cosa Nostra lösen wollte. Er nahm sich das Leben.

Wie wir sehen, sind geschäftliche Verbindungen zur Mafia in Mailand nicht gerade die Ausnahme. Und Silvio Berlusconi ist keineswegs der erste Mailänder Unternehmer, der sich mit solchen Vorwürfen konfrontiert sieht, die sich in den meisten Fällen als durchaus begründet erwiesen.

All dies hat die stillen Wasser des Mailänder Goldfischglases über die Jahre kein bisschen aufgewühlt. Erst Ende 2005 stellte man sich die ersten selbstkritischen Fragen. Bis zu diesem Zeitpunkt sah man im »Tycoon« Berlusconi die perfekte Verkörperung des eigenen Strebens. Eine Stadt, die sehenden Auges Zeugin des eigenen Niedergangs wird, die die Restaurierung des berühmten Opernhauses mit einer neuen Renaissance verwechselt. Die sich von Silvio Berlusconi erst abwendet, als er der Leitung des Mailänder Musentempels fehlende Kompetenz unterstellt und poltert, die Hälfte des Scala-Personals müsse wegen zu niedriger Produktivität entlassen werden.

Eine echte »Momentaufnahme« Mailands

Der Prozess in Palermo endete am 11. Dezember 2004 mit der Verurteilung Marcello Dell'Utris wegen Beihilfe für die Mafia. Dell'Utri ist die rechte Hand Berlusconis, der langjährige Chef der Marketingagentur Publitalia 80, der Geldmaschine des Berlusconi-Konzerns. Er war es, der – verlässlichen Aussagen zufolge – in den siebziger Jahren das Netz der Mafia in Mailand spann. Dieses Netz ist heute unter dem Namen »Milano-Connection« bekannt. In Italien bezeichnet man damit das Eindringen der sizilianischen Mafia in Italiens Hauptstadt der Moral.

Die Cupola der Cosa Nostra, eine Art »Dachorganisation« der sizilianischen Mafia, wurde in jenen Jahren von einem Triumvirat geführt: Stefano Bontate, Gaetano Badalamenti (der die Kontakte mit der amerikanischen Mafia hielt) und Luciano Liggio (der später von Salvatore – Totò – Riina ersetzt wurde). Darum herum waren noch weitere Familien tätig: die Riccobono, die Scaglione, die Inzerillo und die Madonia.

Nach einer Reihe innerer Auseinandersetzungen, die zu einer »Zwangsverschickung« Dutzender Mafiosi in den Norden führte, entscheidet die Cupola, dass es nun Zeit für einen Quantensprung sei. Man beabsichtigt, engere Kontakte zu den »weißen Kragen« zu knüpfen. Gemeint sind damit skrupellose Bankiers, Finanziers und Unternehmer. Man beschließt, sich fest in Mailand niederzulassen: einesteils, um das Kapital aus den illegalen Quellen (Drogen- und Waffenhandel, Prostitution) zu reinvestieren, anderenteils, um die einträgliche Kidnapping-Industrie weiter auszubauen. Besonders die erpresserische Entführung war ein Geschäftszweig, für den Mailand geradezu ideale Standortbedingungen bot.

Die Gründe dafür erläutert uns Gaspare Mutolo, ein Mafiamitglied, das mit der Polizei kooperiert und daher am 18. Mai 1998 im Prozess gegen Dell'Utri aussagt: »Sehen Sie, wir mussten von Sizilien aus aufs Festland expandieren, denn in Sizilien hatten wir uns zur Regel gemacht, dass Entführungen tabu sind. Wir wollten es vermeiden, all die wichtigen und reichen Leute zu kidnappen. Davon gab es in Palermo zwar mehr als genug, doch auf die eine oder andere Weise war jeder von ihnen mit einem Mafiamitglied befreundet. Daher haben wir uns geeinigt, alle – sogar die aus Corleone [kleines Dorf in der Provinz Palermo, Geburtsort von Totò Riina, aus dem die mächtigste Familie der Cosa Nostra stammte] akzeptierten das, wenn auch eher widerwillig. Wenn wir jedoch jemanden im Norden entführten, konnten wir das Lösegeld unter den sizilianischen Familien aufteilen. Nur die aus Corleone organisierten Entführungen auf eigene Rechnung. Aber sie hielten sich ja nie an die Regeln.« Damals gab es unter den Familien der Cosa Nostra harte Auseinandersetzungen.[6]

Also wird der Geschäftszweig »Erpresserische Entführung« in Mailand aufgebaut; weil Mailand eine reiche Stadt voll vermögender Unternehmer ist und weil zwischen den Mafiafamilien in Sizilien ein Abkommen besteht, das erzielte Lösegeld aufzuteilen.

Und so entsendet die Cosa Nostra ihre Statthalter nach Mailand, um sich dort niederzulassen und für die Mafia eine stabile Operationsbasis aufzubauen. Gaspare Mutolo nennt auch Namen: Nicola Milano aus der Familie von Pippo Calò, Kassier der Mafia in Norditalien; die Brüder Guzzardi, Gaetano Crollo, Pietro Vernengo, Franco Mafara, Tommaso Scaduto, Salvatore Contorno, Salvatore Micalizzi, Francesco Di Trapani, Salvatore Di Maio, Salvino Di Maio.

»Zu jener Zeit hielt sich auch Luciano Liggio ständig in Mailand auf«, erinnert sich Mutolo. Er pendelte zwischen Mailand und Neapel hin und her, bevor er in Mailand wegen der dort angezettelten Entführungen verhaftet wird.

Dazu kommen noch die Mitglieder der Familien Enea, Bono, Martello und Fidanzati, die Mailand quasi im Sturm nehmen. Ihr Hauptquartier haben sie in der Via Larga und am Corso XXII Marzo. Wenn die mächtigen Bosse aus Palermo wie Stefano Bontate oder Tommaso Buscetta nach Mailand kommen, suchen sie das Büro in der Via Larga auf. Mailand ist die Hauptstadt des Geschäftslebens. Dort nimmt man Kontakt zu dynamischen Unternehmern auf, die eine Unmenge an Ideen, aber nur wenige Skrupel haben: Zunächst werden sie bedroht, dann aber gelangt man meist zu einer beide Seiten zufrieden stellenden Einigung. Denn *piccioli* und *danée* – wie der Mailänder Dialekt großes und kleines Geld bezeichnet – stinken nicht, das weiß man in Mailand genauso wie in Palermo.

Gaspare Mutolo nennt die Orte, an denen die »Männer von Ehre« der Cosa Nostra vermögende Personen kennen lernen und Gewinn bringende Beziehungen knüpfen. Zu ihnen gehört auch der Tempel des Mailänder Pferdesports: »Ich entsinne mich vor allem der Rennbahn von San Siro, die von vielen Mafiamitgliedern besucht wurde, zum Beispiel von Alfredo Bono, Salvatore Enea und Vittorio Mangano.«

Drogen, Mord, Zigarettenschmuggel – alles spült Geld in die Kassen. Geld, das von unverdächtigen Männern in eleganten Anzügen und mit reinen Westen bzw. blütenweißen Kragen gewaschen werden muss. Doch dazu ist eine Bank nötig, eine

Bank, in der viele Mafiamitglieder ein Konto haben. Natürlich: Es geht um die bereits erwähnte Banca Rasini auf der Piazza Mercanti.

»Die von der Staatsanwaltschaft Mailand in den sechziger und siebziger Jahren durchgeführten Untersuchungen haben ergeben, dass die Banca Rasini zum Mittelpunkt der Geschäftstätigkeit des Mailänder Verbrechens im Allgemeinen wurde. Ganz besonders gilt dies für die Cosa Nostra in Mailand«,[7] heißt es in den Akten zum Strafverfahren gegen Marcello Dell'Utri. In diesem Zusammenhang sind vor allem drei Namen wichtig: Antonio Virgilio und Luigi Monti (beide sind Unternehmer und heute wegen Zusammenarbeit mit der Mafia angeklagt) sowie Salvatore Enea, »Robertino« genannt, der zur Mafiafamilie Bolognetta gehört.

Antonio Virgilio lebte im Hotel Plaza an der Piazza Diaz. Das Hotel war das logistische Zentrum der kriminellen Vereinigung, die am Valentinstag 1983 aufflog. Virgilio besaß noch weitere Hotels: das Napoleon in der Via Ozanam, das Virgilio in der Via Pier Luigi da Palestrina und das Bristol in der Via Scarlatti. Ein kleines Imperium also.

Interessanterweise fand die Zusammenkunft, bei welcher der Tod Roberto Calvis beschlossen wurde, 1982 im Plaza statt, das wiederum enge geschäftliche Verbindungen zur Banca Rasini pflegte. Der Kronzeuge Giuseppe Cillari sagte aus, die beiden Killer in das Hotel Antonio Virgilios gebracht zu haben: »Casillo und Iacolare trafen sich im Plaza mit Alfredo Bono, Antonio Virgilio und Luigi Monti. Dort vereinbarten sie, sich nochmals in London zu sehen.«[8]

Wie Virgilio war auch Luigi Monti eine herausragende Gestalt in der Mailänder Finanzwelt. Er besaß mehrere Immobilien- und Finanzunternehmen. Zu Beginn seiner Karriere scheint er Kontakte zu dem amerikanischen Mafioso Giuseppe Doto (Joe Adonis) gehabt zu haben, der seinerseits Michele Sindona nahe stand.

Die Ermittlungen ergaben, dass Monti und Virgilio gemeinsam verschiedene Gesellschaften leiteten, zum Beispiel die Realtyfin spa Milano, in der Virgilio seine wirtschaftlichen Aktivitäten bündelte. Diese wurden von der Par.Ma.Fid kontrolliert. »Die Par.Ma.Fid., eine Wirtschaftsprüfungs- und Treuhandgesellschaft, hielt verschiedene Unternehmensbeteiligungen, unter anderem an einer Gruppe von Aktiengesellschaften mit ähnlicher Firmierung (Holding Italiana 1, 2, 3 ...). Diese hatten ihren Sitz samt und sonders in Mailand. Ihr gesetzlicher Vertreter war Luigi Foscale [Onkel Berlusconis]«,[9] schreiben die Staatsanwälte Antonio Gozzo und Domenico Ingoia in ihrer Anklagerede. Natürlich geht es hier um die »Holdings, welche ihrerseits die Fininvest kontrollieren«[10] und von denen bereits die Rede war.

Die Entführungsdrohungen gegen Berlusconi

Dass die Gefahr, entführt zu werden, in Mailand ziemlich real war, ist einem aufmerksamen Beobachter wie Silvio Berlusconi also sicher nicht entgangen. Der junge Baulöwe zieht das Interesse der Mafiosi von der Milano-Connection auf sich.

»Alles fängt an, als Silvio Berlusconi zu Beginn der siebziger Jahre ins Blickfeld der Mafia gerät: Man erpresst ihn und droht mit Entführung. Zu dieser Zeit kommt es häufig zu Entführungen mit erpresserischem Hintergrund. So gab es zwischen 1973 und 1983 in der Lombardei 103 solcher Delikte. Berlusconi aber erstattet niemals Anzeige. Er bittet nicht um Polizeischutz, ja er schaltet die Polizei erst gar nicht ein. Stattdessen erinnert er sich seines sizilianischen Freundes, den er vor zehn Jahren kennen gelernt hat, und ruft ihn nach Arcore, in die Villa Casati Stampa, welche der Rechtsanwalt Cesare Previti dem Berlusconi'schen Familienvermögen gerade zugeführt hat«,[11] fasst Gianni Barbacetto zusammen.

»Berlusconi fürchtet, dass er oder seine Kinder entführt werden könnten. Daher begibt er sich mit der Familie nach Spanien, wo er eine gewisse Zeit bleibt«,[12] schreibt Marco Travaglio. Die Gefahr einer Entführung ist also konkret gegeben. Berlusconi hat in dieser Richtung klare Signale erhalten. Leider kann er nicht ständig in Spanien bleiben. Schließlich muss er sich in Italien um seine Geschäfte kümmern. Vielleicht wendet er sich nicht an die Staatsanwaltschaft oder die Polizei, womöglich folgt er dem Rat seines »Privatsekretärs« Marcello Dell' Utri und lässt der Mafia ein »Entspannungssignal« zukommen, was bedeutet, dass er um den Schutz der Organisation bittet.

Der Freund der Mafiosi

»Die ersten Kontakte zwischen Dell'Utri und einzelnen Mitgliedern der Cosa Nostra fanden nachweisbar im [Athletic] Club Bacigalupo [Palermo] statt«, heißt es in der Zusammenfassung der Richter aus Palermo. In diesen Jahren hatte er Vittorio Mangano und Gaetano kennen gelernt.

Zur selben Zeit wurde Dell'Utri auch mit Mitgliedern der Familie Malaspina bekannt (eine autonome Gruppierung innerhalb der Cosa Nostra). Die Malaspina standen Stefano Bontate nahe, einem der drei Superbosse der Cupola, der »Dachorganisation der sizilianischen Mafia«.

Dell'Utris Vater möchte seinen Sohn »versorgt« sehen, und so verschafft er ihm eine Stelle bei der Sparkasse der Provinzen Siziliens, der Sicilcassa. Verschiedene polizeiliche Untersuchungen lassen den Schluss zu, dass »die Sicilcassa von der Mafia zur Geldwäsche benutzt wird«.[13]

Zuerst arbeitet der junge Marcello in Catania, dann (am 25. Februar 1971) wird er in die Filiale Belmonte Mezzagno versetzt, die genau zwischen Palermo und Corleone liegt, einem der Hauptsitze der Cosa Nostra. Schließlich nimmt man ihn in der Hauptdirektion in Palermo auf, Abteilung »Agrarkredite«. Die Richter merken dazu an, dass er mit erstaunlicher Schnelligkeit Karriere machte.

Dann kommt die große Wende in Marcellos Leben. Sie fällt auf den März 1974.

Die Story dazu liest sich so: »Eines Morgens hörte Dell'Utri das Telefon läuten, während er die Rollläden hochzog. ›Hallo, Marcello? Erinnerst du dich an mich? Ich bin Silvio Berlusconi. Hör mal, ich bin zufällig hier in der Gegend und muss gleich zum Schiff. Hättest du nicht Lust, mit mir in den Norden zu kommen und für mich zu arbeiten?‹ Dell'Utri zeigte keine Überraschung und antwortete, ohne zu zögern, mit Ja. Er zog den Rollladen ganz auf, rief ein Taxi und begab sich zum Hafen.«[14]

Berlusconi ruft, und sein ehemaliger Kommilitone, der gerade Karriere macht, folgt. Sofort verlässt Dell'Utri Sizilien und geht nach Mailand – als Privatsekretär des Jungunternehmers. Am 5. März 1974 kündigt er in der Sparkasse. So beginnt eine Karriere, ein wirtschaftlicher und beruflicher Aufstieg, der ihn genau an den Punkt führt, an dem er heute ist. Ein Aufstieg, der – so die Richter aus Palermo – stets begleitet ist von Männern der Cosa Nostra.

Was uns jedoch verwundert, ist die Tatsache, dass Dell'Utri bei der Bank kündigt, um – wie er in seinem Kündigungsschreiben betont – »nach Mailand zu gehen und dort eine Anstellung bei einem Privatunternehmen anzutreten«.[15] Als er in Mailand ankommt, wird er – als Privatsekretär Silvio Berlusconis – mit der Überwachung der Renovierungsarbeiten der Villa in Arcore betraut, die Silvio gerade mit Cesare Previtis Hilfe erworben hat.

Ist es nicht merkwürdig, dass ein junger Mann, der auf dem besten Wege ist, eine steile Karriere bei einer angesehenen Bank zu machen, alles aufgibt, um »Privatsekretär« eines Jungunternehmers zu werden, selbst wenn dieser eine Ausstrahlung haben sollte wie Silvio Berlusconi? Ist es nicht vielmehr so, dass Berlusconi seinem ehemaligen Kommilitonen ein verlockendes Angebot machte, um sich seine Dienste bei der Vermittlung mit der Mafia zu sichern?

Silvio stellt einen Mafiaboss ein

Am 1. Juli 1974[16] stellt Berlusconi den Mafiaboss Vittorio Mangano ein. Wer ist Vittorio Mangano?

Auf jeden Fall eine der Schlüsselfiguren der Milano-Connection und folglich auch der Grauzonen im Leben von Silvio Berlusconi. Und ein Boss der palermitanischen Mafia. Salvatore Cancemi, ehemaliger Mafioso, der sich zur Zusammenarbeit mit der Polizei entschlossen hat, sagt am 25. Februar 1994 vor dem Staatsanwalt von Caltanissetta aus: »Anfang der siebziger Jahre lebte Mangano mehr in Mailand als in Palermo. Er hatte dort gewisse wirtschaftliche Interessen. Die Beziehung zwischen Mangano und Dell'Utri war jedenfalls sehr eng.«[17]

Als junger Mann passt Vittorio Mangano exakt ins klassische Bild des »Mannes von Ehre«: groß, von mediterranem Äußeren, mit melancholischem Blick. Er war Anfang der siebziger Jahre nach Mailand gekommen – seiner palermitanischen »Freunde« wegen. Und er machte sich nicht schlecht. Er bewohnte ein Zimmer im Hotel Gran Duca di York, fuhr tolle Autos und aß im Nobelrestaurant Toulà zu Abend, das damals en vogue war. Ständig traf er sich mit Angehörigen der Mailänder Hochfinanz wie Monti und Virgilio, die bald zu Protagonisten des ersten lombardischen Finanzskandals werden sollten.

Wie ein eifriger Schüler telefonierte Mangano jeden Abend mit Alfredo Bono oder Salvatore Inzerillo, die in den siebziger Jahren zu den wichtigsten Leuten der Cosa Nostra gehörten. Er erstattete Bericht darüber, was es Neues gab, und holte sich seine Instruktionen für den folgenden Tag ab.

Die Anwesenheit Manganos garantierte Ruhe und Ordnung. Den Sektor »Schutzgelderpressung« hatte er fest im Griff. So erzählt man sich bis heute immer wieder eine Geschichte: Eine Restaurantbesitzerin wurde von einer lokalen Bande erpresst, der »Com'asina«. Sie aber schafft sich die Mailänder Ganoven vom Hals, indem sie Schutz bei der Mafia sucht. Als die Kassierer der Com'asina auftauchen und Schutzgeld verlangen, antwortet die Signora ihnen: »Gut, aber ihr müsst es euch im Hotel Duca di York holen, bei meinem Freund Vittorio Mangano.«

Im Ermittlungsbericht der Criminalpol vom April 1981, der schließlich zur Aktion Valentinstag führen wird, wird das Netz der mafiösen Wirtschaftskriminalität bis ins Kleinste aufgedröselt. Die »Weiße-Kragen-Mafia« hat mithilfe zahlreicher Scheinfirmen schmutziges Geld gewaschen. In diesem Umfeld spielte Mangano eine zentrale Rolle.

»Ausgebildet« wurde Mangano von Gaetano Cinà, Spitzname: Tanino, der zur Familie Malaspina gehörte, die in Palermo zu den einflussreichsten Klans zählt. Cinà wurde im Rahmen des Dell'Utri-Prozesses am 11. Dezember 2004 ebenfalls zu neun Jahren Haft verurteilt.

»Cinà, der schweigsame Mann, der in den Jahren der Ermittlungen und Diskussionen immer im Hintergrund blieb, ist eine der Schlüsselfiguren bei diesen Vorgängen: Er stand Stefano Bontate nahe (der in den siebziger Jahren unbestrittener Boss der Cosa Nostra war) und fungierte als Bindeglied zwischen Dell'Utri und der Organisation. Für Dell'Utri wurde Cinà zum ständigen Ansprechpartner in der Welt der Mafia«,[18] schreibt der Journalist Gianni Barbacetto, einer der ausgewiesenen Experten, was das Phänomen Berlusconi betrifft.

Gaetano Cinà, Vittorio Mangano, Marcello Dell'Utri und Filippo Alberto Rapisarda (ein Finanzier, von dem gleich noch die Rede sein wird) kennen sich seit den Tagen ihrer Jugend, seit der Zeit, als sie gemeinsam im Resuttana-Viertel von Palermo Fußball spielten. Dort trainierte nämlich der Athletic Club Bacigalupo, ein Lokalverein, von dem wir bereits gehört haben. Cinàs Sohn Filippo spielte in der von Dell'Utri trainierten Mannschaft. »Seitdem bin ich eng mit Dell'Utri befreundet. Für mich ist er wie ein Sohn«,[19] erklärte Cinà den Richtern in Palermo.

Auch Mangano spielt Ende der sechziger und Anfang der

siebziger Jahre in Resuttana Fußball. Von dort aus geht Mangano direkt in die Lombardei – wie im Übrigen auch Tanino Cinà. Der kriminelle Sportverein verlagert seinen Schwerpunkt also in den Schatten des Mailänder Doms.

Vicequestore Antonio Fiori, dem wir bereits begegnet sind, schreibt in seinem berühmten Ermittlungsbericht vom April 1981: »Eine Schlüsselfigur, die mehr als jede andere zur Ausbreitung des organisierten Verbrechens beigetragen hat und dabei unwiderlegbare Beweise für die Bildung einer kriminellen Vereinigung lieferte, ist zweifelsohne Vittorio Mangano.

Bei dem Genannten, der bereits vorbestraft ist, handelt es sich um einen extrem gefährlichen und bekannten Mafioso, der schon mehrfach wegen schwer wiegender Delikte angezeigt wurde, im Besonderen wegen Erpressung. Er wurde am 6. Mai 1980 zusammen mit 54 anderen Personen verhaftet wegen Bildung einer kriminellen Vereinigung mafiösen Charakters zum Zwecke des internationalen Handels mit Drogen in einem besonders schweren Fall.«[20]

Auf S. 19 desselben Berichtes heißt es dann, Mangano sei als Krimineller »verwickelt, beteiligt oder maßgeblich beteiligt an wirtschaftlichen und finanziellen Unternehmungen auf nationaler und internationaler Ebene, bei denen hohe Geldsummen im Hintergrund bewegt werden. Mit solchen Unternehmungen wäscht die Mafia ihre Einnahmen aus illegalen Aktivitäten, die ihre Haupteinnahmequelle darstellen, und gibt ihnen so den Anschein von Legalität.«

Diesen Mann also stellt Berlusconi in seiner Villa in Arcore an.

Der junge, vielversprechende Mafioso aus der Familie der Porta Nuova (der zu jener Zeit Pippo Calò vorstand, der heute wegen Mordes an Roberto Calvi angeklagt ist), der Mann, der schon als Drogenhändler aufgefallen ist und dank einer Reihe von Verhaftungen, Anzeigen, Prozessen und Verurteilungen intime Kenntnis des italienischen Justizwesens besitzt, zieht nun in der Villa in Arcore ein. Er wird dort »Verwalter« und

»Stallmeister«. Ein »Mädchen für alles« – zumindest nach außen hin. In Wirklichkeit aber fungiert er als Bodyguard für den ob drohender Entführungen besorgten Hausherrn sowie seiner Kinder Marina und Pier Silvio.

Man kann sich schlecht vorstellen, dass ein Gangster vom Kaliber eines Mangano sich dazu herablässt, sich als Stallbursche und Leibwächter zu verdingen. Und doch zieht er samt Frau und kleiner Tochter in den Flügel der Villa, der einst die Dienstboten beherbergte.

»Mangano wurde angestellt, um die Beziehungen zwischen der Mafia, Dell'Utri und Berlusconi klar nach außen zu *signalisieren*, um so eine Entführung des Letzteren bzw. seiner Familienangehörigen zu verhindern«, schreiben die Richter aus Palermo.[21]

Wer zu jener Zeit nach Arcore eingeladen wurde, erinnert sich gut an Mangano. Es heißt, der sizilianische Mafiagangster kümmerte sich nur um die Pferde, die er über alles liebte. In Arcore war er der einzige Angestellte, den Silvio Berlusconi siezte. Auch die Bewohner der Villa erinnern sich an den dicklichen, schweigsamen Mann, der hin und wieder den Buggy auslieh und damit durchs Dorf kutschierte. Ein wirklich merkwürdiger Stallmeister, dessen Anwesenheit in Arcore der Ministerpräsident sogar eingesteht: »Ich brauchte in Arcore einen Verwalter, einen, der sich um das Gut kümmerte, um die Tiere, vor allem die Pferde. Ich bat Dell'Utri, die Sache in die Hand zu nehmen, und eines Tages stellte er mir Vittorio vor. Ich selbst habe ihn ausgesucht, unter einer Reihe von Namen, die Dell' Utri mir nannte. Nein, ich habe seine Vergangenheit nicht durchleuchten lassen, weil er mir den Eindruck eines fähigen und integren Mannes machte.«

Ein ziemlich folgenschweres Versäumnis für einen Unternehmer, der im Ruf stand, seine Mitarbeiter so sorgfältig auszuwählen wie seine Krawatten. Aber wie meint doch der Herr Ministerpräsident? »Mangano zog mit seiner Familie in Arcore ein, in meiner Villa. Kurz darauf geschah Folgendes: Einer meiner Gäste, Luigi D'Angerio, wäre nach einem Mittagessen in der Villa fast entführt worden. Nur das beherzte Eingreifen einer Carabinieri-Patrouille konnte dies verhindern. Natürlich kam es in der Folge zu Ermittlungen, bei denen sich herausstellte, dass Mangano vorbestraft war. Ich weiß nicht mehr, ob sein Arbeitsverhältnis endete, weil er verschwand oder weil die Polizei ihn mitnahm. Doch erinnere ich mich, dass Mangano kurz darauf ins Gefängnis musste.«

Diese Ausführungen erklären allerdings nicht, weshalb ein Mafiaboss, ein gefährlicher Drogenhändler, sich um den Posten eines Verwalters bei Silvio Berlusconi bemüht, den seine Angestellten immer den »Dottore« genannt haben. Wer ihn im Jahr 2006 immer noch so nennt, zeigt damit, dass er ein alter Bekannter ist – für alle anderen ist er nämlich mittlerweile »der Präsident« geworden. Denn Präsident von irgendetwas war er immer. Und sei es »nur« der AC Mailand.

Sehen wir uns also diesen dunklen Punkt in der Vergangenheit des »Dottore« noch einmal genauer an. Die Journalisten Michele Gambino und Claudio Fracassi kommen in ihrer Dokumentation[22] zu einer überzeugenden Erklärung dieser seltsamen Begebenheit, wobei ihre Version allerdings den Aussagen Berlusconis widerspricht.

Im Mittelpunkt dieser Geschichte steht die fehlgeschlagene Entführung Luigi D'Angerios, eines Adligen, der damals häufiger Gast in der Villa in Arcore war. Die Rekonstruktion der Fakten durch die beiden Journalisten ergab, dass die Aktion vor den Toren der Villa vermutlich vor der Anstellung Manganos stattfand, ja dass diese der eigentliche Grund für die seltsame Personalentscheidung war. Denn dieser Vorfall machte Silvio Berlusconi Angst. Vielleicht war er ja davon überzeugt, die Entführer hätten es eigentlich auf ihn abgesehen und nur aus Versehen den Falschen erwischt. Sicher ist, dass Berlusconi nach diesem Entführungsversuch mit seinem Freund und Mitarbeiter Romano Comincioli sowie mit Frau, Kindern und Gouvernante sofort in die Schweiz aufbrach.

Wenige Tage später kehrte der Unternehmer nach Arcore zurück – jedoch ohne seine Familie. Die Überwachung der Villa wurde verstärkt. Die Sicherheitsmaßnahmen in Arcore wurden von Maresciallo Nino Quartarone koordiniert, einem pensionierten Polizisten, der lange Zeit mit Vicequestore Allegra zusammengearbeitet hatte, einer der herausragendsten Persönlichkeiten der Mailänder Polizeidirektion zur Zeit von Kommissar Calabresi, der am 17. Mai 1972 von den Brigate Rosse getötet worden war.

In der Folge stellte man zur Verstärkung der Sicherheitsmaßnahmen einen Mann ein, der als Terrorist der rechten Szene bekannt war, Stefano Tiraboschi von den neofaschistischen NAR (*Nuclei Armati Rivoluzionari,* »Revolutionäre bewaffnete Zellen«). Dieser musste nach dem Attentat von Bologna[23] nach London fliehen. Ein gefährlicher Mann, der seine Dienste wahlweise der Mafia und den verschiedenen Geheimdiensten anbot. Will man den Aussagen Carlo Calvis glauben, den wir in Montreal interviewt haben, so gehörte Tiraboschi zum Umfeld jener Verbrecher, welche für die Ermordung seines Vaters Roberto verantwortlich sind.

Dass jemand wie Tiraboschi ebenfalls in Arcore ein und aus ging, was einige Fragen über den Umgang Berlusconis aufwirft, geht aus einer Aussage von Fedele Confalonieri im Prozess gegen Marcello Dell'Utri hervor, die er wohl aus Gedankenlosigkeit machte.

Aber kommen wir nochmals auf die Angst Berlusconis vor Entführungen zurück. Den Recherchen von Fracassi und Gambino zufolge tauchte Mangano erst nach der versuchten Entführung D'Angerios in Arcore auf. Er wurde Dell'Utri von Gaetano Cinà vorgestellt, einem anderen »Mann von Ehre« aus dem Klan von Mimmo Teresi bzw. Stefano Bontate.

So gesehen hätte die Ankunft Manganos Berlusconi zweifelsohne ein Gefühl der Sicherheit gegeben. Tatsächlich kehrt kurz darauf die Familie des Unternehmers nach Italien zurück. Alles, was wir letztlich mit Gewissheit sagen können, ist, dass

Mangano immer dort auf der Bildfläche erschien, wo es galt, für Ruhe und Ordnung zu sorgen.

Interessante Details zur Einstellung Manganos weiß Filippo Alberto Rapisarda zu berichten, ein Finanzier aus Sizilien, der hauptsächlich in Mailand tätig war und zur damaligen Zeit – wie Berlusconi – das Steckenpferd »Verlag« betrieb. Rapisarda kannte viele, vielleicht zu viele Menschen aus den unterschiedlichsten Milieus, die Mafia eingeschlossen.

Rapisarda hatte häufig Probleme mit der Justiz. Im Mai 1987 wird er vom Mailänder stellvertretenden Staatsanwalt Giorgio Della Lucia verhört. Als man ihn zu Gaetano Cinà befragt, sagt er aus: »Es war schwer, Cinà etwas abzuschlagen. Ich habe in den fünfziger Jahren zusammen mit Mimmo Teresi und Stefano Bontate [die im Übrigen nicht nur Mafiosi, sondern auch Freimaurer waren] kennen gelernt. Cinà arbeitete nicht auf eigene Rechnung. Er zählte zu einer Gruppe von Leuten, denen man nachsagte, zur Mafia zu gehören, zum Beispiel Bontate, Teresi und Marchese. Dell'Utri erzählte mir, er kenne all diese Mafiagangster, weil er zwischen der Mafia und Berlusconi vermittelt habe, denn die Organisation habe Berlusconi mit Entführung gedroht. Aufgrund dieser Drohungen habe Berlusconi seine Frau und seine Kinder ins Ausland geschickt. Und Dell'Utri fügte hinzu, dass er es durch seine Vermittlertätigkeit geschafft habe, die Geldforderungen der Mafia zu reduzieren.«

Bei dieser Einvernahme enthüllt Rapisarda noch weitere »heiße« Fakten. Was ihm allerdings den Vorwurf einträgt, im Kopf nicht mehr »alles beisammen« zu haben: »Ich erinnere mich, dass ich 1978 an der Bushaltestelle auf der Piazza Castello die Bosse Teresi und Bontate traf, die mich auf einen Kaffee einluden. Teresi erzählte mir, er würde jetzt Teilhaber von Silvio Berlusconi werden. Sie würden eine private Fernsehgesellschaft gründen. Dazu sei allerdings ein Kapital von 10 Milliarden Lire nötig. Daher bat er mich um meinen Rat. Er wollte, halb im Scherz, halb im Ernst, wissen, ob ich das für ein gutes Geschäft hielte.«

Natürlich ist es bei solchen Aussagen schwer, die Wahrheit von der Lüge zu trennen. Halten wir uns also an die Fakten. Denn sie sprechen eine klare Sprache: Im Juli 1974 nahm der bekannte Mafiaboss Vittorio Mangano eine Stelle als Stallmeister in der Villa Silvio Berlusconis in Arcore an. Er blieb dort bis zum Oktober 1976, als er die Villa definitiv verließ.

Der »Pakt« mit der Mafia sollte bald bei einem ungewöhnlichen »Gipfeltreffen« zwischen den Köpfen des organisierten Verbrechens und Berlusconi besiegelt werden.

KAPITEL 8

In den Klauen der Cosa Nostra

Das »Gipfeltreffen« mit den Mafiabossen

Allein die Vorstellung, ein Ministerpräsident treffe sich mit den Bossen der Cosa Nostra, ist mit den Prinzipien eines westlichen Demokratieverständnisses unvereinbar. Werden entsprechende Verdachtsmomente dann auch noch vom Justizsystem erhärtet, dann dürfte der betreffende Politiker sein Land wohl die längste Zeit vertreten haben. Italien aber ist kein »normales« Land mehr. Dort gilt ein neues, nie offiziell niedergeschriebenes Gesetz: Gebrauche niemals den Namen Berlusconis in Zusammenhang mit heiklen Fragen. Selbst wenn es sich dabei um nachgewiesene Tatbestände, Vorfälle oder klare Zeugenaussagen handelt. Im Berlusconi-Italien ist es geradezu verboten, Zweifel laut werden zu lassen. Schon harmloses Nachhaken gilt als Majestätsbeleidigung. Was wir Ihnen nachfolgend präsentieren, wurde denn auch im italienischen Fernsehen nie Thema eines politischen Magazins oder gar der Nachrichten. Nur ein winziges Verlagshaus mit dem sprechenden Namen »Kaos«,[1] das im Besitz seiner Mitarbeiter steht, hat den Mut gefunden, diese Informationen zu veröffentlichen. Der Mehrzahl der Italiener aber sind diese Zusammenhänge nicht bekannt. Und so kann Berlusconi immer noch so tun, als würde er von politisch »roten« Richtern aus persönlichen Gründen verfolgt, aus Neid auf den größten Staatsmann, der in Italien je geboren wurde, wie er so gern unterstellt.

Aus den Akten des Dell'Utri-Prozesses geht jedoch eindeutig hervor, dass Berlusconi sehr wohl ein »Gipfeltreffen« mit den Mitgliedern der Cosa Nostra hatte.

Einige der Zeugenaussagen wurden erst vor relativ kurzer

Zeit veröffentlicht. Sie zeichnen den »Gipfel«, der 1974 auf Betreiben von Gaetano Cinà stattfand, minuziös nach.

Aus Angst vor Entführungen und aufgrund der subtilen »Beziehungen«, die sich über Marcello Dell'Utri und Vittorio Mangano zum mafiösen Umfeld der Milano-Connection entspannen, scheint Silvio Berlusconi sich entschieden zu haben, die Cosa Nostra um Schutz für sich, seine Familie und seine unternehmerischen Aktivitäten zu bitten. Diese Schlussfolgerung legen zumindest die Akten zum Dell'Utri-Prozess nahe.

Dahingehende Aussagen stammen von Francesco Di Carlo, ranghoher Mafiaboss aus der Aristokratie Palermos, aber auch ein bekannter Killer. Er führte den Beinamen »Frankie, der Würger«, weil er sich seiner Feinde gern mit bloßen Händen entledigte.

Auch Di Carlo hat sich zur Zusammenarbeit mit der Justiz entschlossen. Er beschreibt das Ambiente der Milano Connection aufs genaueste. Dabei kommen auch die Beziehungen zwischen Dell'Utri, Mangano, Cinà, Berlusconi und den Bossen der Cosa Nostra ans Licht.

Domenico Gozzo und Antonio Ingoia, die Staatsanwälte im Dell'Utri-Prozess, schreiben in ihrer Anklagerede: »Di Carlo berichtet, persönlich an einem Treffen mit Berlusconi in Mailand teilgenommen zu haben. Das Treffen fand im Foro Bonaparte statt, dem Sitz des Berlusconi-Unternehmens Edilnord. Außer ihm und dem künftigen Ministerpräsidenten nahmen Stefano Bontate, Mimmo Teresi und Marcello Dell'Utri teil. Di Carlo und die anderen Mafiosi trafen sich zuvor in der Via Larga, die sich immer mehr als Zentrum der Milano Connection herausstellt. Dort war auch die Operationsbasis Ugo Martellos [eines anderen Mafiabosses, der in Mailand stark vertreten war]. In den Büros in der Via Larga trafen sich auch Pippo und Alfredo Bono, Pasquale Pergola [der 2005 im Gefängnis angeblich Selbstmord beging, nachdem er begonnen hatte, mit den Richtern zusammenzuarbeiten] und die anderen Mitglieder

der Cosa Nostra in Mailand. Bald darauf fuhren Di Carlo, Bontate, Teresi und Cinà gemeinsam mit dem Wagen zum Sitz der Edilnord. Damals waren Bontate und Teresi bereits sehr mächtig, sowohl innerhalb als auch außerhalb der Cosa Nostra. Bontate gehörte bereits zum ›Triumvirat‹, das die Mafia in Palermo und damit in ganz Sizilien anführte. Er stand in steter Verbindung zu anderen wichtigen ›Weiße-Kragen-Mafiosi‹. Teresi war nicht nur in der Cosa Nostra ein wichtiger Mann, er war zudem ein bedeutender Unternehmer.«[2]

Für die Richter ist kein Zweifel möglich: »Aus der Beschreibung des Gebäudes geht eindeutig hervor, dass es sich um die Büros der Edilnord im Foro Bonaparte handelt. Dort fand das ›Gipfeltreffen‹ statt. Außerdem berichtet auch Vittorio Mangano, er sei ins Foro Bonaparte bestellt worden, als Berlusconi ihn im Juli 1974 als Stallmeister einstellte.«

Was aber berichtet Di Carlo über das Treffen in den Räumlichkeiten der Edilnord?

In den Prozessakten heißt es weiter: »Dell'Utri empfing die Mafiamitglieder am Eingang und führte sie in einen Raum, wo man etwa eine Viertelstunde lang auf den Unternehmer Berlusconi wartete. Sobald dieser eingetroffen war, sprach man – auf Initiative von Mimmo Teresi – über verschiedene Bauprojekte, vor allem über die neue Berlusconi-Siedlung Milano 2. Kurz darauf brachte Berlusconi das Gespräch auf die ›Garantien‹ und meinte, an Bontate gewandt, Marcello Dell'Utri habe ihm berichtet, dass er – Bontate – für seine Sicherheit ›garantiere‹. Bontate versicherte ihm, dass er ›ganz beruhigt‹ sein könne, und wenn, sei ja immer noch Marcello da, der ihm helfen würde. Damit er, Berlusconi, aber völlig sicher sein könne, würde er ihm einen Mann seines Vertrauens ins Haus schicken. Di Carlo weiß nicht mehr, ob Mangano schon vor oder erst nach dem Treffen kam. Am Ende der Besprechung forderte Bontate Berlusconi auf, seine Unternehmungen doch nach Sizilien zu verlagern. Berlusconi aber wehrte sich: ›Da habe ich all diese Probleme mit den Sizilianern, und dann soll ich dort auch noch hingehen?‹ Das Treffen endete, indem man sich der gegenseitigen Hilfsbereitschaft versicherte.«

Dies ist eine Zusammenfassung, die jedoch kaum die Atmosphäre wiedergibt, die bei diesem Treffen herrschte. Daher wollen wir uns doch einige Abschnitte aus der Zeugenaussage von Francesco Di Carlo einmal genauer ansehen. Es geht um die Befragung vom 16. Februar 1998:

Di Carlo: »Wir sind reingegangen [in die Büros der Edilnord], als uns Marcello Dell'Utri entgegenkam, den ich bereits kannte. Er ist nicht allzu groß. Er begrüßte uns mit Händedruck. Tanino [Gaetano Cinà] und er gaben sich den obligatorischen Kuss auf die Wange. Auch mit den anderen tauschte er den Kuss, mit mir aber nicht. Die anderen duzten sich. Dann begaben wir uns in einen großen Raum, wo ein Schreibtisch, ein paar Sofas und Sessel standen. Dort ließen wir uns nieder. Nach einer Viertelstunde kam dieser Herr um die dreißig oder vielleicht auch über dreißig. Diesen stellte man uns als Dottore Berlusconi vor ...«[3]

Staatsanwalt: »Erinnern Sie sich noch, wer die Vorstellung übernahm?«

Di Carlo: »Dell'Utri. Doch Berlusconi kannte offensichtlich Gaetano Cinà.«

Staatsanwalt: »Können Sie Berlusconi vielleicht genauer identifizieren? Wie Sie wissen, gibt es ja zwei Brüder Berlusconi ...«

Di Carlo: »Mit ›Berlusconi‹ meine ich den, der heute Politik macht. Einen anderen kenne ich nicht.«

Staatsanwalt: »Sind Sie sich dessen völlig sicher? Auf welche Fakten gründen Sie Ihre Identifizierung?«

Di Carlo: »Weil ich ihn nach ein paar Jahren wieder gesehen habe ... außerdem habe ich ihn auch damals schon wieder gesehen, kurz nach dem Treffen. Und habe ich immer wieder von ihm reden hören, vor allem vonseiten Tanino Cinàs ...«

[...]

Staatsanwalt: »Nun zum Inhalt der Besprechung.«

Di Carlo: »Als Berlusconi kam, wurde Kaffee gereicht. Dann haben wir uns über ernsthaftere Dinge unterhalten. Über die Arbeit ... Dann gab er uns in zwanzig Minuten eine Lektion in Ökonomie und Organisation des Bauwesens, weil er gerade Milano 2 baute.«

Staatsanwalt: »Und dann?«

Di Carlo: »Dann ging es um die [Sicherheits-]Garantien, denn Berlusconi machte sich Sorgen. Bontate meinte: ›In Mailand hat man heute schon Grund, sich Sorgen zu machen.‹ Ich wusste nicht, warum; aber in Mailand gab es viele Entführungen ...«

Staatsanwalt: »Es ging also um Entführungen?«

Di Carlo: »Berlusconi hatte schon Recht, sich angesichts dieser Situation Sorgen zu machen.«

Staatsanwalt: »Was sagte Berlusconi dabei genau?«

Di Carlo: »Er meinte, er sei besorgt. Stefano (Bontate) ließ ihn von seiner Lage berichten. Er erzählte, er habe Kinder, Familienangehörige und mache sich Sorgen. Er wolle eine Garantie. Berlusconi sagte: ›Marcello hat mir gesagt, Sie könnten mir dies und noch mehr garantieren.‹ Daraufhin antwortete Stefano ganz bescheiden: ›Nein, ich, wissen Sie ... doch wenn ich es sage, dann können Sie wirklich beruhigt sein. Sie werden bald bestimmte Leute um sich haben. Was immer Sie wünschen, wird geschehen. Dann haben Sie ja auch Marcello in der Nähe. Wenden Sie sich an ihn, wenn Sie etwas brauchen.‹ Dann meinte Stefano, er werde ihm außer Marcello noch jemanden zur Seite stellen, der in seiner Nähe leben werde. Dann meinte er noch wörtlich: ›Marcello kann in jedem Fall für Sie garantieren. Er steht uns sehr nahe.‹«

Staatsanwalt: »Sagte Berlusconi, dass er Drohungen erhalten habe?«

Di Carlo: »Er meinte, er habe da etwas läuten hören, gewisse Anzeichen bemerkt. Das ist weiter nicht verwunderlich, denn wir von der Cosa Nostra drohten zuerst und boten dann unsere Sicherheitsgarantien an. Das war ein ganz normaler Vorgang bei der Cosa Nostra. Warum sollte einer sonst auch um Schutz bitten ...?«

Staatsanwalt: »Erklärte Berlusconi, was er genau befürchtete?«

Di Carlo: »Er hatte Angst vor den Süditalienern, vor den Sizilianern, vor allem vor denen aus Catania. Damals gab es in Mailand zahlreiche Einwanderer, die nichts mit der Cosa Nostra zu tun hatten – aus Messina, Siracusa, auch aus Kalabrien. Alle führten sie ihre Entführungen auf eigene Rechnung durch. Die Cosa Nostra aber hielt die Augen offen. Es passte ihr nicht, dass Entführungen ohne unsere Zustimmung gemacht wurden, und so erledigte die Cosa Nostra sie: Zu jener Zeit verschwanden in Mailand viele. Viele wurden erwürgt. All diese Leute gehörten nicht zur Cosa Nostra.«

Staatsanwalt: »Habt ihr dann über den Vertrauensmann gesprochen, der zu Berlusconi geschickt werden sollte?«

Di Carlo: »Ich weiß nicht, ob Mangano nicht schon dort war. Jedenfalls wurde über Mangano gesprochen. Als wir darüber redeten, meinte Stefano Teresi: ›Aber Vittorio ist doch schon dort. Dieser Vittorio ist ein Freund Dell'Utris. Wir können Mangano auch dort lassen. In der Cosa Nostra ist es die Präsenz, die zählt. Die Cosa Nostra bietet Schutz. Wenn jemand von der Cosa Nostra beschützt wird, kann er ganz beruhigt sein. Denn wer immer nun eine Entführung organisieren will, hat Schwierigkeiten. Es wird schwer für ihn, das Kidnapping auf die Beine zu stellen.‹ Und dann sagte (Bontate): ›Gut, dann bleibt es bei Mangano.‹ Vittorio Mangano ist die Cosa Nostra. Man hat mir Mangano 1972 oder 1973 vorgestellt. Er gehört zum Bezirk von Porta Nuova. Porta Nuova ist Pippo Calò.«

Staatsanwalt: »Berlusconi stellte Bontate dann noch Fragen, und dieser ihm?«

Di Carlo: »Man sprach über das Baugeschäft, und Bontate sagte zu ihm: ›Warum bauen Sie denn nicht mal in Palermo? Oder allgemein in Sizilien?‹«

Staatsanwalt: »Und was antwortete Berlusconi?«

Di Carlo: »Er zog alles ein wenig ins Lächerliche. Mit scheinheiligem Lachen antwortete er: ›Wie denn? Ausgerechnet nach Sizilien soll ich kommen? Hier habe ich die größten Probleme mit Süditalienern und Sizilianern und soll ausgerechnet dorthin ...?‹ Stefano Bontate gab zurück: ›Aber wenn Sie nach Sizilien kommen, sind Sie dort der Boss. Wir stehen vollkommen zu Ihrer Verfügung.‹«

Staatsanwalt: »Erinnern Sie sich, ob Berlusconi noch andere Dinge zu Bontate sagte?«

Di Carlo: »Am Ende des Gesprächs sagte auch Berlusconi, er stünde ihnen jederzeit zur Verfügung. Und ›zur Verfügung‹ ... ich weiß ja nicht, ob das für die Mailänder etwas anderes bedeutet als für die Sizilianer. Wenn bei uns nämlich einer ›zur Verfügung‹ sagt, dann heißt das, dass er wirklich für *alles* zur Verfügung steht.«

Staatsanwalt: »Könnten Sie das bitte wiederholen?«

Di Carlo: »Bei uns heißt das, dass man für alles zur Verfügung zu stehen hat.«

Dieser kurze Ausschnitt mit dem dramatischen Ende wirft reichlich Fragen auf, was die »Bekanntschaften« Silvio Berlusconis betrifft. Doch die hier rekonstruierten Fakten werden von mehr als einer Person bestätigt, und zwar auf eine Weise, welche die Richter des Gerichts in Palermo[4] für übereinstimmend und glaubwürdig ansehen. So steht es im Urteil vom 11. Dezember 2004.

Der Quantensprung: Die Holdings und ihre mysteriösen Kapitalströme

Mit dem Treffen von 1974 liefert Dell'Utri Berlusconi dem organisierten Verbrechen aus; denn die Cosa Nostra bietet zwar Schutz, doch normalerweise will sie dafür engere Kontakte knüpfen.

Den Berichten der Mafiamitglieder zufolge fand Berlusconi sogar Gefallen an Stefano Bontate,[5] dem »Prinzen von Villagrazia«, wie man ihn wegen seiner guten Manieren nannte. Er habe ihn ganz anders empfunden, als man sich einen Mafiaboss gewöhnlich vorstelle, kein bisschen rau und grob, sondern intelligent und »faszinierend«. Diese Aussage machte Antonino Galliano am 19. Januar 1998, wobei er sich auf vertrauliche Mitteilungen von Gaetano Cinà bezog. »Berlusconi dachte, er habe es mit einem ungehobelten Gauner zu tun, dabei sah er sich einem Profi gegenüber«, erzählte Galliano.

Tatsächlich pflegte Stefano Bontate einen eher »modernen«, weniger gewaltverliebten Stil der Infiltration der Mafia ins Allerheiligste der Mailänder Finanz- und Unternehmenswelt. Bontate trat sogar den Freimaurern[6] bei, um den Dialog mit Wirtschaft und Politik zu verbessern. Er hofierte diese Kreise also auf recht kultivierte Weise, doch dauerten jene Flitterwochen nicht allzu lange, denn wenige Jahre darauf wird er selbst Opfer eines brutalen Mordes im Rahmen einer blutigen Mafiafehde.

Berlusconi jedenfalls beginnt nach dem »Gipfelgespräch« von 1974 mit Schutzgeldzahlungen an die Cosa Nostra. Seit Mitte der siebziger Jahre wandert dafür Geld über Marcello Dell'Utri an Tonino Cinà, um schließlich in den Taschen von Mimmo Teresi und Stefano Bontate zu landen.

Den Aussagen von Filippo Alberto Rapisarda zufolge, der zu jener Zeit mit dem Umfeld der Palermitaner in Mailand sehr eng verbunden war, fordert die Cosa Nostra von Dell'Utri bzw. Berlusconi bald mehr: Sie bietet Geld aus ihren gigantischen

Profiten aus dem Heroinhandel an, das sie in saubere Geschäfte stecken und somit waschen will.

So kommt es zwischen 1975 und 1979 zu einer höchst komplizierten und intransparenten Reorganisation der Gesellschaften der Berlusconi-Gruppe. Am 21. März 1975 wird die Fininvest in Rom gegründet, die sich sogleich vervielfältigt. Bald gibt es drei verschiedene Fininvest-Gesellschaften, die aufeinander folgen und deren Geschäftsbereiche sich teilweise überschneiden. Am Ende jedoch scheinen sie die Kontrolle über ein eng verflochtenes System aus 22 Holdings auszuüben. Dieses Netz ist hochkomplex und kaum zu durchschauen. Wir werden aber trotzdem versuchen, einen Eindruck davon zu vermitteln:

21. März 1975: Zwei Treuhandgesellschaften aus dem Umfeld der Banca Nazionale del Lavoro (BNL) – die Servizio Italia und die Società Azionaria Finanziaria (Saf) – gründen die Fininvest srl, eine Gesellschaft mit beschränkter Haftung, welche den Kern des Imperiums Berlusconi[7] darstellt. 90 Prozent des Kapitals stammen von der Servizio Italia, 10 Prozent von der Saf.[8]

Die Fininvest srl wird also gar nicht in Mailand gegründet, sondern in Rom. Das ist die erste Besonderheit. Ihr Firmensitz wird erst später nach Mailand verlegt. Doch es kommt noch seltsamer. Das Kapital wird von zwei Treuhandfirmen beigesteuert, der Saf und der Servizio Italia. Die Gründung wird organisiert und begleitet von Umberto Previti, dem Vater des späteren Verteidigungsministers Cesare Previti, der wegen Richterbestechung verurteilt werden wird.

Giovanni Ruggeri, Mailänder Recherchejournalist und wohl bester Kenner des Berlusconi'schen Schachtelfirmenimperiums, versucht, auf die Frage nach der Herkunft der Initialfinanzierung eine Antwort zu finden. Bei der folgenden Erklärung kann er sich ein breites Grinsen nicht verkneifen: »Ich lache, weil ich bestimmte Dinge nur noch komisch finde. Da gibt es nun diese Fininvest Roma. Für einen Italiener ist es einfach ein Witz, dass dieses Prunkstück Mailänder Unternehmertums ausgerechnet in Rom entstand und dass es von Umberto Previti gegründet wurde. Der 1977 plötzlich beschließt, das Kapital von 20 Millionen Lire auf 52 Milliarden zu erhöhen. Das ist wirklich eine gewaltige Summe, damals wie heute. Previti schlägt also der Gesellschafterversammlung diese Erhöhung des Stammkapitals vor und erklärt die Gründe: Dieses Geld brauche man, um große Wohnanlagen wie Milano 2 zu bauen, große Handelszentren wie La Chiarella und Il Girasole. Dazu Finanzierungsgesellschaften und das Privatfernsehen. Umberto Previti hat also bereits im Jahr 1977 gewusst, wie Berlusconis Programm für die folgenden zwanzig Jahre aussehen wird.«[9]

Ruggeri betrachtet diesen Aufstieg mit einer Mischung aus Bewunderung und Angst: Berlusconi hat einen Plan, den er ins Werk setzt wie eine Dampfwalze. Doch dann kommt der Journalist wieder auf die Details zurück. Und die haben es in sich, denn nun geht es zur Sache: Woher kommen diese 52 Milliarden Lire Kapitalerhöhung? Wer zahlte sie ein?

»Das ist bis heute ein Geheimnis geblieben. Die Kapitalerhöhung der Fininvest wurde allem Anschein nach in bar geleistet, zumindest, was die ersten 18 Milliarden Lire angeht. Luigi Foscale, der Onkel Berlusconis, zahlte sie ein. Doch auch dieser Punkt ist nicht gesichert. Ich erkläre Ihnen gleich, weshalb.«

Ruggeri hat das Geschäftsgebaren Berlusconis genau durchleuchtet und bemüht sich, seine Erkenntnisse in leicht verständliche Worte zu kleiden. Der Anfang seines Imperiums reize zum Schmunzeln, er hat wirklich etwas Kabarettistisches: »Stellen Sie sich die Szene nur einmal bildlich vor: Da wendet sich Previti an die Gesellschafterversammlung, die eine gigantische Kapitalerhöhung für die Fininvest beschließen soll. Ihm gegenüber sitzen die beiden Vertreter der Treuhandfirmen, zwei sehr ergraute Herren. Der eine ist ein pensionierter Herr namens Pollack, ein ehemaliger Bankangestellter von sage und schreibe 92 Jahren. Der andere ist ein pensionierter

Oberst. Zwei sympathische alte Männer also. Previti wendet sich an diese Mini-Gesellschafterversammlung, um Dinge absegnen zu lassen, die er längst beschlossen hat.«

Denn diese Herren sind natürlich nichts anderes als nette Strohmänner.

Und von wem kommt nun das Geld? Diese Frage ist im Italien des Jahres 2006 das Tabu schlechthin. Wir stellen sie trotzdem und werden versuchen, eine glaubwürdige Antwort zu finden.

Zunächst einmal nimmt es Wunder, dass Berlusconi nicht zu denen gehört, die ihr Kapital in »ihre« Firma investieren. Die Gelder scheinen der Bank zu gehören, deren Führungskräfte Logenbrüder des verehrungswürdigen Großmeisters der P2, Licio Gelli, sind. Handelt es sich also um Geld der P2, das über die beiden Treuhandgesellschaften der Banca Nazionale di Lavoro recycelt wird? Möglicherweise. Oder kommt das Geld vielmehr von der Mafia? Vielleicht kommt es auch von Silvio Berlusconi selbst, der es in irgendwelchen Scheinfirmen geparkt hat, um es an der Steuer vorbeizuschleusen. Da der Hauptinvolvierte keine Buchungsunterlagen vorlegt, sind all diese Hypothesen gleich wahrscheinlich.

Sehen wir uns einmal die beiden Treuhandgesellschaften näher an. Sie sind auf jeden Fall an die Weisung von Giancarlo Foscale gebunden, einem Cousin Berlusconis. Foscale wird zum alleinigen Geschäftsführer erklärt, während die Rechnungsprüfung von Umberto Previti und seinem Sohn Cesare vorgenommen werden soll, dem künftigen Minister in der Regierung Berlusconi. Wenige Monate zuvor, am 16. September 1974, hatten die beiden Treuhandgesellschaften die Immobiliare San Martino gegründet (die ebenfalls Silvio Berlusconi gehört). Deren alleiniger Geschäftsführer ist Marcello Dell'Utri. Diese Gesellschaft wird am 15. September 1977 in die Milano 2 spa umfirmiert.

Ruggeri erklärt uns den (damals legalen) Buchhaltungstrick hinter diesem Manöver: »Die Frage nach der Herkunft der 52

Milliarden stellt sich immer wieder. Was aber wirklich wichtig ist, ist der Operationsmodus der zwei Treuhandfirmen. Wie sind diese beiden miteinander verbunden? Es gibt dabei einen Trick, den man ›ohne Valuta‹ nennt. Die beiden Treuhandfirmen sind auf dem Papier Eigentümer von Firmenanteilen des gerade entstehenden Imperiums. Dann entscheidet man, dass das Stammkapital dieser Firmen erhöht wird wie bei der Fininvest Roma, über die wir gerade sprachen. Denn in diesem Falle genügt es, wenn jemand aus dem Umfeld der Treuhänderfirmen erklärt, dass die Kapitalerhöhung stattgefunden hat. Die beiden Treuhandfirmen nehmen diese Mitteilung zur Kenntnis, ohne sie zu überprüfen. In der Bilanz steht dann: ›Kapital eingezahlt‹. Mit diesem völlig legalen Kunstgriff ist alles möglich. Auf jene Weise erfährt man nie, woher das Geld kam, wer über was verfügt und wer die Nutznießer sind. Die Methode ist in ihrer Schlichtheit genial.«

So beginnt also die Geschichte der Fininvest – mit Strohmännern und nicht überprüfbaren Einzahlungen gewaltiger Summen aufs Firmenkonto.

11. November 1975: Die Fininvest srl wandelt sich in eine Aktiengesellschaft und wechselt ihren Sitz. Sie zieht von Rom nach Mailand.

8. Juni 1978: Nun entsteht die Fininvest Roma, die ebenfalls von der Servizio Italia und der Saf gegründet wird. In der Folge tritt die Saf von der Bühne ab und macht Platz für die Par.Ma.Fid., eine Gesellschaft, die enge Kontakte zur Mafia pflegt.[10] Bis zum Jahr 1994 verfügt die Par.Ma.Fid. über eine respektable Beteiligung an jenen Holdings, welche die Fininvest kontrollieren. Wer aber steht hinter den beiden Treuhandgesellschaften der Banca Nazionale di Lavoro? Auch hier sind dies wieder keine natürlichen Personen, sondern Körperschaften: jene 22 Holdings, hinter denen sich Silvio Berlusconi verbirgt. Jede der 22 Holdings hält einen kleinen Anteil des Kapitals.

»Diesen Mechanismus haben sich die Handelsrechtsexperten Berlusconis in Mailand ausgedacht«,[11] enthüllt Cesare Previti gegenüber dem Journalisten Paolo Madron.

26. Januar 1979: Die Fininvest Roma verschlingt die Fininvest aus Mailand. Alleiniger Geschäftsführer ist Professor Umberto Previti, der schon betagte Unternehmensberater (78 Jahre) aus Kalabrien, der am 1. Januar 1978 die Berlusconi-Firma Edilnord aufgelöst hat.

Juli 1979: Die nun vereinte Fininvest zieht von Rom nach Mailand um, und zwar in die ehemalige Villa Borletti in der Via Rovani, die Berlusconi aufgekauft hat. Umberto Previti zieht sich zurück. Nun wird Silvio Berlusconi Präsident der Fininvest. Im Vorstand sitzen des Weiteren Bruder Paolo und Cousin Giancarlo Foscale. Zum ersten Mal taucht Berlusconi als Aktionär der Fininvest auf, doch mit einem geradezu lächerlichen Anteil von 3,9 Prozent. Die restlichen 96,1 Prozent gehören den mysteriösen 22 Holdings mit dem nahezu gleichen Namen. Wer aber sind die geheimen Teilhaber? Auch diese Frage wurde bislang nicht beantwortet.

Im Juni 1998[12] erteilen die Staatsanwälte Domenico Gozzo, Mauro Terranova und Umberto Di Giglio einem Experten der italienischen Zentralbank (Francesco Giuffrida) den Auftrag, Licht ins Dunkel der Besitzverhältnisse jener Holdings zu bringen. Die Ermittler finden Informationen bei der Banca Popolare di Lodi. Diese wiederum stammen aus den elektronischen Archiven der Banca Rasini, welche von der Lodi 1992 aufgekauft wurde. »Aus den Untersuchungen geht hervor, dass die Banca Rasini mit den verschiedenen fraglichen Holdings zwischen 1978 und 1983 zu tun hatte«,[13] schreibt David Lane, der Korrespondent des *Economist* in Italien. Wie wir schon erwähnt haben, wurde der Zweck dieser Gesellschaften mit »Frisiersalon« bzw. »Kosmetikinstitut« angegeben.

Lane merkt ganz richtig an: »Wie können Firmen, die den

Namen Holding Italiana tragen, als Frisiersalon oder Kosmetikinstitut eingestuft werden? Noch merkwürdiger ist allerdings, dass es von diesen mysteriösen Holdings gleich 22 gibt. In Wirklichkeit waren die Holdings Italiana 1 bis 22 keineswegs mit der Schönheit der Mailänder Frauen befasst. Es handelte sich vielmehr um Beteiligungsgesellschaften, die von Berlusconi kontrolliert wurden und jeweils geringe Aktienquoten an der Fininvest hielten.«

Doch damit ist die Politik der Verschleierung rund um die Holdings noch keineswegs erschöpft, denn wie gesagt gab es nicht nur 22 Holdings. Die Experten der Zentralbank fanden vielmehr 38 solcher Gesellschaften mit der Firmenbezeichnung »Holding Italiana«.

Dass die 38 Holdings von Berlusconi kontrolliert wurden, ist in der Finanzwelt kein Geheimnis, auch wenn es niemals handfeste Beweise dafür gab. Wer an den Holdings beteiligt war, wurde nie offen gelegt. Der Research-Bericht der Mediobanca vom 22. Dezember (eine Art Bibel der Analysten) lässt die Erklärung Berlusconi unhinterfragt: »Das gesamte Kapital der Fininvest stammt direkt oder indirekt aus den Taschen Silvio Berlusconis.«

Wahr ist allerdings auch, dass die Antitrustbehörde Autorità Garante della Concorrenza e del Mercato zur selben Zeit erklärt, die Fininvest stünde nur zu 50,36 Prozent im Besitz Silvio Berlusconis: »... die erwerbende Gesellschaft Fininvest wird von Dottore Silvio Berlusconi kontrolliert, die über einen Anteil von 50,36 Prozent des Stammkapitals verfügt.«[14]

Was die Besitzverhältnisse im Konzern Berlusconi angeht, so erklärt dessen Freund Leo Kirch vor der deutschen Kartellbehörde, der »Kommission zur Ermittlung der Konzentration im Medienbereich« (KEK),[15] dass die Fininvest, welche über die von ihr kontrollierte Mediaset Aktionär der Kirch-Gruppe ist, »im Mehrheitsbesitz der Familie Berlusconi« steht. Man beachte: »im Mehrheitsbesitz«, nicht im »Alleinbesitz«. Warum also erklärte Kirch, der so viele Geheimnisse Berlusconis kennt, der mit ihm so viele Gesellschaften gegründet hat, der KEK nicht, dass die Fininvest, das Herzstück des Berlusconi-Imperiums, zu 100 Prozent im Eigentum Silvio Berlusconis stehe? Ihm hätte diese Erklärung wohl kaum geschadet, wenn sie der Wahrheit entsprochen hätte. Oder musste Kirch etwa den deutschen Gesetzgeber fürchten, weil eine solche Angabe bezüglich der Eigentumsverhältnisse seiner Mitaktionäre schlicht falsch gewesen wäre?

Wir wissen also immer noch nicht, woher das Kapital der Holdings kommt, hinter denen sich damals wie heute Silvio Berlusconi verbirgt.

Die Experten der italienischen Zentralbank schreiben im Rahmen ihrer Untersuchungen, dass die Kapitalerhöhungen zugunsten der Fininvest stattgefunden hätten, dass allerdings die »nötigen verwaltungs- und buchungstechnischen Dokumente fehlen«. Die Einzahlungen seien von »Dritten vorgenommen worden, die aufgrund des Fehlens der Dokumente bislang nicht identifiziert werden konnten«.[16]

Das Geheimnis blieb also ungelöst. Die Staatsanwälte der Abteilung »Mafia und organisierte Kriminalität« in Palermo baten Herrn Berlusconi direkt um Aufklärung. Dieser jedoch verweigerte die Einsicht in Buchhaltung und Verwaltung der Holdings. Die Staatsanwälte erwirkten daraufhin eine Anordnung zur Beschlagnahme der entsprechenden Dokumente, doch die Anwälte von Herrn Berlusconi schafften es, deren Vollzug zu verhindern, da sie »seine Rechte nach Artikel 68 der Verfassung« verletze, der den Parlamentsmitgliedern Immunität garantiert. Nur weil er jetzt Staatsmann ist, konnte Berlusconi die Hintergründe seiner 38 Holdings bislang geheim halten. Viel Aufwand für ein paar »Frisiersalons«, nicht wahr?

In den entscheidenden Jahren zwischen 1975 und 1983 fließen Milliarden Lire in das Imperium Berlusconis. Milliarden, deren Ursprung sich nicht feststellen lässt.

Und dies, obwohl es zwei detaillierte Untersuchungen von

Experten zu diesem Thema gibt. Eine wurde bereits erwähnt, die Untersuchung des Zentralbank-Experten Francesco Giuffrida, der für die Anklage im Dell'Utri-Prozess tätig war. Die andere führte im Auftrag der Verteidigung Paolo Iovenitti durch, Dozent an der Università Bocconi in Mailand.

Sogar Professor Iovenitti, der seinen Auftrag von Marcello Dell'Utri selbst hatte, musste im Prozess in Palermo eingestehen, dass einige der finanziellen Transaktionen der Berlusconi-Gruppe unerklärlich und »potenziell intransparent« sind. Auch er konnte seine Gutachtertätigkeit nicht auf die entscheidenden Unterlagen stützen. Es handelt sich dabei um Dokumente, die ein von Berlusconi beauftragter Rechtsanwalt 1998 bei der Treuhandgesellschaft Servizio Italia abholt. Darin geht es um die Treuhandschaften, welche die Gesellschaft von 1975 an ausübte.

Ende 1992 setzte die Fininvest sich offiziell aus 168 Gesellschaften zusammen, von denen 44 ihren Sitz im Ausland hatten. Im Anhang finden Sie eine Aufzählung, worin die Gesellschaften je nach ihrer bilanztechnischen Integration in den Konzern in drei Gruppen unterteilt werden: Methode der Interessenzusammenführung, Nettokapitalmethode und Anschaffungswertmethode.

Wie wir sehen, ist der Zehnjahreszeitraum von Mitte der siebziger bis Mitte der achtziger Jahre die Phase der größten Expansion des Berlusconi-Imperiums. Woher jedoch das Geld für diese enorme Ausweitung kam, bleibt rätselhaft.

Glaubt man den Mafiosi, die sich zur Zusammenarbeit mit der Justiz entschlossen haben, war der geheime Teilhaber der Fininvest in den ersten Jahren ihrer Expansion der Mafiaboss Stefano Bontate. Er soll große Summen in Berlusconis Unternehmen investiert haben.

Beweisen lässt sich das allerdings nicht. Die diesbezüglichen Ermittlungen gegen Berlusconi und Dell'Utri wurden ad acta gelegt, auch wenn die Argumentation der Staatsanwaltschaft recht schlüssig war und lückenlos zu den Erklärungen der verschiedenen Zeugen von Rapisarda bis Francesco Di Carlo passte.

Der von Dell'Utri beauftragte Gutachter Iovenitti musste schließlich Anomalien in den Finanztransaktionen eingestehen und konnte seinerseits die Herkunft der Kapitalströme nicht erklären. Dabei hätte ihm dies als Gutachter der Verteidigung leicht fallen müssen. Doch dreißig Jahre später ist das Dunkel über den Geschehnissen im Zusammenhang mit Berlusconis Firmengründungen immer noch genauso undurchdringlich wie zu Beginn. Warum wohl? Der eigentliche Grund ist – den Staatsanwälten zufolge – nicht der Versuch der Verschleierung von Fiskaldelikten, die mittlerweile längst verjährt wären. Wenn man sich auch heute noch bemüht, die Fakten unter Verschluss zu halten, so könne das nur daran liegen, dass die gewollte Intransparenz zusammen mit der unleugbaren Präsenz der Mafia in den von der Fininvest erworbenen sizilianischen TV-Sendern eben durchaus den Schluss zulässt, dass in der Fininvest schmutziges Geld gewaschen wurde.[17] Berlusconi nämlich hat seine Position als Abgeordneter und Ministerpräsident weidlich ausgenutzt und sich stets geweigert, im Dell'Utri-Prozess auszusagen.

Die Mafiosi der Casa Berlusconi

Wie wir mittlerweile wissen, sind die Jahre von 1975 bis 1983 für die Gründung des Berlusconi'schen Firmenimperiums von entscheidender Bedeutung. Jene Jahre sind es auch, in denen Berlusconi engen Kontakt zu Mafiosi wie Mangano und Dell'Utri pflegt. Der Dell'Utri-Prozess warf ein bezeichnendes Licht auf die Mafiakontakte seines persönlichen Assistenten. Am Abend des 24. Oktober 1976 zum Beispiel feierte der Mafiaboss Antonino Calderone seinen Geburtstag in Mailand, im Restaurant Le Colline Pistoiesi. Zur Tafel sind geladen: Mafiosi wie Gaetano und Antonino Grado, aber auch Mangano und Dell'

Utri. Dell'Utri gab später an, an dem Abendessen zwar teilgenommen zu haben, von den Anwesenden habe er aber niemanden gekannt. Interessant ist, dass es die sonst im Drogenhandel tätigen Grado-Brüder waren, die einige Jahre zuvor die Entführung von Berlusconis Sohn Pier Silvio planten. Sagt zumindest der Kronzeuge Gaspare Mutolo.

Der »Stallmeister« Berlusconis aber macht ständig Probleme. Am 26. Mai 1975 explodiert eine Bombe im Geschäftshaus der Fininvest in der Via Rovani. Dell'Utri und Berlusconi verdächtigen sofort Mangano (einem bei einem späteren, ähnlichen Attentat mitgeschnittenen Telefongespräch zufolge). Trotzdem bleibt er weiter im Haus. Die Bombe in der Via Rovani hatte eher symbolischen Charakter. Denn dorthin begibt sich Berlusconi jeden Morgen, nachdem er in Arcore gefrühstückt und die Zeitungen gelesen hat.

Der Sitz der Fininvest in der Via Rovani ist eine Art Bunker. Dort gibt es elektronische Überwachungskameras und ähnliches Gerät. Schließlich ist dies das Hauptquartier von Silvio Berlusconi. Wenn er viel zu tun hat oder wichtige Besprechungen anstehen (was immer häufiger der Fall ist), übernachtet Berlusconi in einem Flügel der ehemaligen Luxusvilla. Außerdem trifft er sich dort mit seinen Freunden und Teilhabern, also mit Fedele Confalonieri, Giancarlo Foscale, Marcello Dell' Utri, dem Anwalt Vittorio Dotti und seinem Bruder Paolo Berlusconi. Die Telefone in der Via Rovani liefen heiß. Um keine Zeit zu verlieren, servierte man dort ein frugales Mittagessen, bei dem natürlich nebenher gearbeitet wurde. Meist gab es Berlusconis Lieblingsgerichte Risotto alla milanese, Kalbsrouladen oder Steak und zum Nachtisch Obst. Nachmittags empfing man in der Via Rovani Geschäftsleute, Politiker, Chefs von Fernsehanstalten oder Bankiers.

An diesem symbolträchtigen Ort lässt Mangano eine Bombe hochgehen, obwohl er immer noch in Arcore lebt. Ein Wink mit dem Zaunpfahl, dass die Mafia mit Berlusconi nicht zufrieden ist? Dass sie mehr will als nur ein substanzielles

Schutzgeld von 50 Millionen Lire pro Jahr (zahlbar in zwei Halbjahresraten)? Oder beginnen etwa andere Mafiagruppen, Berlusconi ins Visier zu nehmen, die mit Bontate nichts zu tun haben, Gruppierungen, die gewaltbereiter sind und weniger zimperlich in der Wahl ihrer Mittel?

Mangano jedenfalls wandert in diesem Umfeld auf einem schmalen Grat. Im Herbst 1976 sieht sich der Mafioso aus Arcore öffentlich kompromittiert. Nach seiner ersten Verhaftung am 27. Dezember 1974 und der darauf folgenden Freilassung am 22. Januar 1975 nahm man ihn in Arcore wieder auf. Doch am 1. Dezember 1975 wird er erneut festgenommen. Als man ihn wieder entlässt, gibt er auf dem Entlassungsformular folgende Adresse an: »Via San Martino 42, Arcore«. Das ist die Villa von Silvio Berlusconi.

Berlusconi und Dell'Utri nahmen ihn wieder in der Villa auf, obwohl sie zu jener Zeit mit Sicherheit wussten, dass Mangano ein Krimineller war, schreibt Travaglio. Die Situation ist jedoch untragbar geworden. Und so gibt Mangano im Oktober 1976 seine Anstellung bei Silvio Berlusconi auf. Ein paar Wochen später geht auch Marcello Dell'Utri, wie wir gleich sehen werden.

Berlusconi ist nun ein Unternehmer, der sich ein kleines Immobilienimperium geschaffen hat. Er weiß, dass ihm die Tatsache, in seinem Haus einen Mafioso beschäftigt zu haben, in den Augen der Öffentlichkeit schaden kann.

Im Übrigen drohen ihm polizeiliche Ermittlungen. Und so bricht er schleunigst mit dem Duo Mangano/Dell'Utri.

Bontate jedoch bezahlt er weiter: Alle sechs Monate schickt er sein »Geschenk« an die Cosa Nostra. (Nach dem Mord an Bontate übernimmt die Familie Pullarà den Schutz Berlusconis.) Aber mittlerweile braucht der Unternehmer neue Schutzherren.

KAPITEL 9

Die Venezuela-Connection

Im Jahr 1977, ein Jahr nach seinem Bruch mit Berlusconi, der – wie wir sehen werden – nur vorübergehend ist, verzichtet Marcello Dell'Utri auf ein Studium der Theologie in Spanien bei seinen Freunden vom Opus Dei. Der Sizilianer, der auf viel versprechende Karrierechancen sowohl im Bankwesen als auch innerhalb der Kirche verzichtet hat, sah sich zu jener Zeit offenkundig von seiner Rolle als persönlicher Assistent Silvio Berlusconis unterfordert. Er strebte nach größeren Herausforderungen. Für Dell'Utri ist es an der Zeit, beruflich neue Wege zu beschreiten, neue Erfahrungen zu sammeln. Zumindest scheint es auf den ersten Blick so.

Was weiß uns Berlusconi zu diesem Thema zu sagen? Hören wir seine Aussage, die er 1987 vor dem Staatsanwalt Giorgio Della Lucia macht: »Marcello Dell'Utri war zu mir gekommen, wollte aber, wie er mir sagte, nicht mehr länger als persönlicher Assistent und Verantwortlicher für das Haus in Arcore tätig sein. Er hatte sich eine Tätigkeit im Management gewünscht, zumindest etwas Aktiveres, eine Tätigkeit in einem Unternehmen seines Bereichs. Aus diesem Grunde habe er das Angebot von Rapisarda gerne angenommen, für diesen als Geschäftsführer zu arbeiten. Das lag nicht nur daran, dass er dort beinah das Doppelte verdiente.«[1]

Filippo Alberto Rapisarda, 46 Jahre alt, im sizilianischen Sommattino bei Caltanissetta geboren, hatte Marcello Dell'Utri in die gehobenen Kreise der Mailänder Gesellschaft eingeführt. Der Finanzier war vorbestraft und pflegte enge Kontakte zur Mafia, zum Beispiel zum Christdemokraten, Mafiafreund und Bürgermeister von Palermo Vito Ciancimino.[2] Rapisarda hatte sich zum Baulöwen gemausert, der seine Position vor allem drei Bau- und Immobilienunternehmen verdankte: der Inim (Internazionale Immobiliare), der Bresciano Costruzioni und der Immobiliare Venchi Unica. Die Immobiliare Venchi Unica entstand aus einem bankrotten Turiner Süßwarenunternehmen, für deren Werksgelände Rapisarda hohe Preissteigerungen erwartete – ein ideales Spekulationsobjekt also.

Die Rapisarda-Gruppe war ein echter Appetithappen für die Konkurrenz, war es ihr doch mithilfe von Banken und Politikern gelungen, Baugrundstücke von hohem Wert aufzukaufen. Auf dem Gelände der Venchi Unica zum Beispiel standen nur ein paar alte, baufällige Gebäude. Die Spekulation damit versprach Milliardengewinne.

Der Zwillingsbruder von Marcello Dell'Utri, Alberto, arbeitete bereits für die Rapisarda-Gruppe am Projekt Venchi Unica. Dem Anschein nach verließ Dell'Utri Arcore, um sich seinem Bruder anzuschließen. In Wirklichkeit aber verbargen sich hinter dieser Anstellung ganz andere Gründe: Die beiden Mafiabosse Stefano Bontate und »Mimmo« Teresi beschließen, sich die Rapisarda-Gruppe unter den Nagel zu reißen, um sie fähigeren Händen anzuvertrauen.

Rapisarda selbst äußerte sich vor den Staatsanwälten in dieser Richtung, wie schon im vorigen Kapitel erwähnt wurde. Vor Giorgio Della Lucia enthüllte er: »Irgendwann im Dezember 1978 bzw. Januar 1979 kam ich aus der Kanzlei von Notar Sessa und traf auf der Straße, nicht weit vom Gebäude der Edilnord, Stefano Bontate und Mimmo Teresi. Die beiden luden mich auf einen Kaffee in eine Bar an der Piazza Castello ein. Sie erzählten mir, sie seien auf dem Weg zu Dell'Utri, der ihnen vorgeschlagen habe, in den Fernsehsender zu investieren, den Berlusconi gründen wolle. Teresi erzählte, dass dazu 10 Milliarden nötig seien. Halb im Scherz, halb im Ernst fragte er mich, ob ich das für ein gutes Geschäft hielte. Das Ganze gefiel mir nicht, auch wenn ich nichts sagte. Dell'Utri arbeitete damals eigentlich nur für mich. 1977 hatte ich, mit ihm als Manager, den Fernsehsender Milano Tele Nord gegründet, die erste private Sendeanstalt der Stadt. Ich hatte einen Vertrag mit zwei Beratern unterschrieben, die uns beibringen sollten, wie das mit dem Werbefernsehen funktionierte ... Was Teresi mir da erzählte, bewies nur, was ich ohnehin schon vermutet hatte: Dell'Utri spionierte mich für Berlusconi aus.«[3]

Und tatsächlich pendelt Dell'Utri in jenen Jahren zwischen den beiden Konzernkapitänen quasi hin und her: Zuerst arbeitet er für Rapisarda, dann wird er Assistent Berlusconis, schließlich kehrt er für kurze Zeit zu Ersterem zurück, um am Ende bei Berlusconi zu bleiben.

Gianni Barbacetto schreibt: »Rapisarda hat seine Aussage mit vielen Einzelheiten untermauert, auch mir selbst gegenüber. Er erzählt außerdem, er habe mit eigenen Augen gesehen, wie Bontate höchstpersönlich Taschen voller Geldscheine auf dem Schreibtisch von Dell'Utri ausgekippt habe, als er eines Tages unangemeldet ins Büro seines Mitarbeiters kam. Dieses Geld sollte ins Geschäft mit dem Fernsehen investiert werden. 1998 bestätigte Rapisarda dann die Anklagepunkte gegen Dell'Utri im Prozess von Palermo.«[4]

Antonino Giuffré, seinerseits rechte Hand des Mafiabosses Bernardo Provenzano – der seit 1965 untergetaucht ist –, arbeitet heute mit der Justiz zusammen. Als man ihn am 7. Januar 2003 im Prozess gegen Dell'Utri vernimmt, sagt er aus: »Unter dem Vorwand, Vittorio Mangano besuchen zu wollen, reiste Stefano Bontate von Palermo nach Mailand, um sich dort – in Arcore – mit dem aufsteigenden Unternehmer Silvio Berlusconi zu treffen.«

Diese Zeugenaussagen unterstützen die Vermutung, dass es in jenen Jahren eine direkte geschäftliche Beziehung zwischen Berlusconi und der Mailänder Mafia (vor allem Bontate und Teresi) gab.

Die Rapisarda-Gruppe jedenfalls beginnt nach dem Eintritt des »Maulwurfs« Dell'Utri plötzlich zu schlingern wie ein leckgeschlagenes Schiff. Zuerst wird die Immobiliare Venchi Unica zahlungsunfähig und zieht die ganze Gruppe mit sich in den Abgrund. Bald wird dann Anklage wegen betrügerischen Bankrotts erhoben, und Alberto Dell'Utri muss ins Gefängnis (seine Verteidigung wird den Bruder Millionen kosten), während Marcello zwar angeklagt wird, aber auf freiem Fuß bleiben kann.

Filippo Alberto Rapisarda flieht nach Venezuela. Dort sucht er Hilfe beim Mafioso Giuseppe Bono und den Caruana-Brüdern, Drogenhändlern, die in großem Stil zwischen Sizilien, Nord- und Südamerika sowie Kanada aktiv sind.

Das Schreiben Rapisardas

Im Rahmen unserer Nachforschungen haben wir nach vielen Recherchen in den Archiven des Mailänder Gerichts das Schreiben gefunden, das Alberto Rapisarda an den Richter Felice Isnardi gerichtet hatte. Darin beschreibt er die Zeit, als er nach dem Bankrott der gemeinsam mit den Dell'Utri-Brüdern geführten Unternehmungen nach Venezuela geflohen war. Dieses Dokument ist wirklich hochinteressant, weil es die Verquickungen zwischen der Mafia in Palermo, Mailand und Venezuela beschreibt.

»Es ist mittlerweile bekannt, dass ich Italien am Abend des 16. Februar 1979 verließ, um mich dem Haftbefehl zu entziehen, den die Staatsanwaltschaft Turin gegen mich erwirkt hatte. Es ging dabei um eine Anklage wegen betrügerischen Bankrotts im Zusammenhang mit der Pleite der Venchi Unica 2000 spa«, beginnt Rapisarda.

»Seit dieser Zeit bin ich nicht mehr nach Italien zurückgekehrt. Bis heute halte ich es für besser, mit der Rückkehr zu warten, bis die anhängigen Rechtssachen im Zusammenhang mit dem Bankrott meiner Gesellschaften geklärt sind. Mein Anwalt hat mir jedoch mitgeteilt, dass Sie, verehrter Herr Richter, Folgendes wissen möchten: was ich über die Herren Antonio Virgilio, Giuseppe Bono, Romano Conte, Paolo Cuntrera und Francesco Paolo Alamia weiß; ob ich nach 1977 mit ihnen in geschäftlicher Beziehung gestanden habe bzw. mit ihnen bekannt gewesen sei; wenn ja, welcher Art diese Bekanntschaft bzw. Geschäftsbeziehungen gewesen seien«, wendet sich Rapisarda schriftlich an Richter Isnardi.

Giuseppe Bono, Paolo Cuntrera und Romano Conte sind bekannte Mafiagrößen. Francesco Paolo Alamia war Präsident der Rapisarda-Unternehmen Inim und Sofim, die ihren Sitz in der Via Chiaravalle 7 in Mailand hatten. Er ist ein guter Freund Dell'Utris. Die Freundschaft geht so weit, dass der »Assistent« Berlusconis in der Via Chiaravalle 7 übernachtet und von dort aus einige heikle Gespräche zum Beispiel mit Vittorio Mangano führt. Alamia ist der Mann Cianciminos, des korrupten Baustadtrats und Bürgermeisters von Palermo, der sich seinerseits als wahrer Besitzer der Inim spa zu erkennen gibt.

Antonio Virgilio, den wir bereits kennen gelernt haben, pflegte engen Kontakt zu Luigi Berlusconis Banca Rasini und wurde 1983 bei der Aktion Valentinstag verhaftet.

In seinem Schreiben rekonstruiert Rapisarda seinen komplizierten Werdegang. Der Mitgesellschafter der Dell'Utris beschreibt, wie er mit siebzehn oder achtzehn Jahren in der »Bar um die Ecke« Alfredo und Giuseppe Bono kennen lernt, die künftigen Mafiabosse, die er später in Mailand bzw. Venezuela wiedersehen sollte.

»1973 ließ ich mich dann endgültig in Mailand nieder, wo ich begann, mir als Finanzier und Immobilienhändler einen Namen zu machen. Ich weiß noch, wie ich – ich glaube, es war 1974 – in der Galleria Vittorio Emanuele II Alfredo Bono traf und wir einen Kaffee trinken gingen.« Zu jener Zeit wird die Milano-Connection von Bono, Bontate, Teresi und Martello kontrolliert. Nach seinem Bankrott verlässt Rapisarda Italien am 16. Februar 1979 und flieht zunächst einmal nach Paris, von dort aus nach St. Moritz und Zürich. Am 30. März 1979 verlässt er die Schweiz Richtung Venezuela.

Dort trifft er sich mit einem gewissen Renzo Rogai, einem

ehemaligen Fiat-Vertragshändler aus Florenz, der wegen betrügerischen Bankrotts verurteilt wurde. Gegen Rogai wurde, wie die Richter des Dell'Utri-Prozesses in Palermo ausführen, auch wegen »Geldwäsche in Zusammenhang mit erpresserischer Entführung« ermittelt.[5]

Rogai nimmt Rapisarda in seinem Haus in Maracay auf (100 Kilometer von Caracas entfernt) und stellt ihn Angelo Mongioví vor. Dieser betreibt angeblich eine Lampenfirma sowie eine Import-Export-Gesellschaft. Darüber hinaus hat er im Hafen seine Finger im Spiel. In Wirklichkeit aber verbirgt sich hinter seinen Unternehmen einer der gefährlichsten Klans aus dem Drogengeschäft, die Familie Cuntrera-Caruana.[6] Der Sohn Antonino Mongiovì ist mit der Tochter Paolo Cuntreras verheiratet, eines der mächtigsten Mafiabosse der Welt. Untersuchungen des FBI und der italienischen Drogenbehörde haben ergeben, dass die Familie Cuntrera-Caruano-Mongiovì »gewaltige Drogenmengen von Südamerika in die USA bzw. nach Europa lieferte«[7] und »die enormen Summen, die dabei anfielen, waschen ließ«.

Im Jahr 1985 erscheint der Name Silvio Berlusconi im Rahmen eines Berichts der Criminalpol über Geldwäsche (vom 28. März). Es geht um »Ermittlungen zu Vertretern des organisierten Verbrechens im Zusammenhang mit der Familie Cuntrera-Caruana bzw. Alberto Filippo Rapisarda«. Am Ende gerät Staatsanwalt Giorgio Della Lucia, der auch 1986 bei den Untersuchungen zum Bankrott der Inim und der Bresciano Costruzioni geringes Engagement an den Tag legte, schließlich selbst ins Visier der Polizei. Er wird wegen Korruption angeklagt. Die Staatsanwaltschaft Brescia wird ihm vorwerfen, 1 Milliarde Lire Schmiergeld und diverse Gefälligkeiten von der Fininvest angenommen zu haben, so Mario Guarino.[8]

Filippo Alberto Rapisarda gibt in seinem Schreiben an Richter Felice Isnardi weitere Informationen zur Venezuela-Connection: »Renzo Rogai wollte sich unbedingt mit Angelo Mongiovì treffen. So lud dieser uns zum Abendessen in sein Haus in

Valencia ein. Beim Dinner fiel mir auf, dass Mongiovì merkwürdigerweise über alles, was mir in Italien widerfahren war, bestens informiert war. Er erzählte mir, dass in Caracas ein Mann aus Palermo lebe. Er heiße Giuseppe Bono und wolle mich treffen, weil er meinte, mich zu kennen. Und so brachten Mongiovì und Rogai mich wenige Tage später nach Caracas, wo ich mit Giuseppe Bono im Restaurant zu Abend aß. Ich erkannte ihn sofort wieder, obwohl ich ihn seit mehr als dreißig Jahren nicht gesehen hatte. Es war der ältere Bruder von Alfredo Bono.«

Der Mitgesellschafter Dell'Utris traf in Venezuela also einen Mafiaboss, der auch in der Milano Connection aktiv war, in jenem Umfeld, in dem das Gipfeltreffen zwischen Berlusconi und der Mafia organisiert wurde. Wie aus den Aussagen zum Dell'Utri-Prozess hervorgeht, sieht Rapisarda Giuseppe Bono relativ häufig: »Ich traf ihn des Öfteren«, gibt Rapisarda zu.[9]

»Ich weiß noch, wie Giuseppe Bono zu mir sagte, ich hätte doch ein ansehnliches Vermögen, das es zu verteidigen gelte. Er stehe da ganz zu meiner Verfügung. Ich stand ob der Ereignisse in Italien immer noch unter Schock, und als ich seine Worte hörte, dachte ich, der Himmel habe ihn mir geschickt. Ich kam überhaupt nicht auf die Idee, dass dies nur ein weiteres Manöver war, mir meine Immobilien abzunehmen. Giuseppe Bono meinte, er stehe finanziell recht gut da und habe in letzter Zeit gute Geschäfte gemacht. In jenem Restaurant stieß dann noch ein anderer Mann zu uns, den er Paolo Cuntrera nannte. Mongiovì sagte mir, dass Cuntrera mit ihm verwandt sei, da sein Sohn Antonino Cuntreras Tochter geheiratet habe.«

Und so vertraut Rapisarda sich dem venezolanischen Mafiaboss aus Sizilien an: »Am Ende des Gesprächs erwähnte ich, dass ich mich aus meinen wirtschaftlichen Schwierigkeiten befreien könne, wenn es mir gelänge, eine meiner Gesellschaften, die Milano Santa Maria al Bosco spa, zu verkaufen. Im Besitz dieser Immobiliengesellschaft befand sich nämlich ein riesiges Stück Bauland in Peschiera Borromeo. Dieses hatte ich –

zusammen mit anderen Immobilien der Gruppe Facchin und Gianni – vom Mailänder Konkursgericht erworben.«

Dabei war es um eines der größten Konkursverfahren der siebziger Jahre gegangen. Wie Rapisarda im Dell'Utri-Prozess aussagte (am 22. September 1998), umfasste das Gelände »9 Millionen Quadratmeter Bauland und 90 000 Quadratmeter Wohnungen, dazu über 3,3 Millionen Quadratmeter Land genau neben dem Mailänder Flughafen.«[10]

Die Kronjuwelen Rapisardas in den Händen Berlusconis

Wohnhäuser und wertvolles Bauland also. Und eines dieser Appetithäppchen fällt am Ende einem Mann Berlusconis in die Hände: »Die Inim verkaufte die Wohnungen aus dem Vergleichsverfahren der Facchin und Gianni. Darunter war ein Appartementhaus am Corso Sempione 20 [einer der schönsten Straßen Mailands] mit 4600 Quadratmeter Wohnungen, genau gegenüber der Galleria Vittorio Emanuele II. Dieses Appartementhaus wurde treuhänderisch auf den Namen von Marcello Caronna eingetragen, einem Angestellten der Fininvest.«

Caronna war einer der engsten Mitarbeiter von Silvio Berlusconi, der im Übrigen auch mit Michele Sindona[11] in Geschäftsbeziehung stand. Bald darauf wurde Caronna leitender Angestellter der Publitalia, der Gesellschaft, deren Geschäfte Marcello Dell'Utri führte.

Das Immobilienvermögen der Rapisarda-Gruppe, das zu jener Zeit auf 600 Milliarden Lire geschätzt wurde, zieht die Haie an. Denn es umfasst nicht nur Juwelen wie die Milano Santa Maria al Bosco spa, sondern auch die Milano Telenord srl. Rapisarda will verkaufen und bittet seine Sekretärin, die Deutsche Yvette Grut, um Hilfe. Diese jedoch ist die Geliebte Alberto Dell'Utris.[12]

In Caracas schreitet derweil die »Rettungsaktion« voran.

»Im Haus von Mongiovì treffen sich Giuseppe Bono, der Anwalt Nicola Tucci Caselli, ein gewisser Romano Conte und der Buchhalter Giuseppe Sole.«

Rapisarda, der sich mittlerweile in erheblichen Geldnöten befindet, akzeptiert den Verkauf der Milano Santa Maria al Bosco spa und der Milano Telenord srl. Doch das Geschäft kommt nicht zustande. Stattdessen erhält Rapisarda massive Drohungen von Cuntrera und begreift, dass er sich zur Geisel von Verbrechern gemacht hat, die entschlossener und stärker sind als er selbst. Also flieht er ein weiteres Mal. Er durchquert Venezuela, überschreitet die Grenze nach Kolumbien. Von Bogotà aus fliegt er nach Madrid. Er kommt mit dem Leben davon, doch seine Immobiliengesellschaften werden in seiner Abwesenheit unter Mitwirkung gewissenloser Profis zerschlagen.

»Im Handelsregister des Mailänder Gerichts war die Akte nicht mehr auffindbar. Der Sitz der Gesellschaft war verlegt worden, und ich war nicht mehr Eigentümer der Firma. Der Rechtsanwalt Nicola Tucci Caselli erklärte, dass ›die Aktien in Händen sehr gefährlicher Leute seien, mit denen man nicht spaßen könne‹. Aus diesem Grunde sei da nichts zu machen. Der ganze Coup war von einem gewissen Agostoni eingefädelt worden, einem Steuerberater.«

Agostoni gehörte zu jenen Wirtschaftsprüfern, die in den Prozess um die »Weiße-Kragen-Mafia« verwickelt waren, welche bei der Aktion Valentinstag am 14. Februar 1983 aufflog.

Nebenbei war Agostoni noch Namenspate für einen umfangreichen Prozess, in dem es um die »Bildung einer kriminellen Vereinigung mafiösen Charakters zum Zwecke der Geldwäsche« ging: den so genannten »Agostoni-plus-28«-Prozess.[13]

Am 25. Februar 1988 wird Agostoni im Zusammenhang mit dem Bankrott der Concordia-Versicherungsgesellschaft zu vier Jahren Haft verurteilt. Die Concordia wiederum pflegte enge Beziehungen zur Banca Rasini. Dies bestätigte vor dem Gericht[14] ein Angestellter der Banca Rasini: Ignazio Torre, den wir in Mailand aufgesucht haben.

Rapisarda fährt in seinem Schreiben an Richter Felice Isnardi fort: »Monatelang wiederholte Rechtsanwalt Nicola Tucci Caselli mir gegenüber, dass, wer immer diese Vorgänge zur Anzeige bringen würde, sich in Lebensgefahr begäbe. Auch meine Schwester erstattete keine Anzeige, weil sie um ihr Leben fürchtete. Eines aber ist sicher: Früher war die Milano Santa Maria al Bosco spa zuerst von mir und dann von meiner Schwester ordentlich geführt worden. Am 2. April 1981 hingegen ging die Geschäftsführung, wie aus den Eintragungen im Handelsregister am Mailänder Gericht hervorgeht, auf einen gewissen Peppino Cardin über, der am selben Tag von der Eigentümerversammlung eingesetzt worden war. Diese wurde in der Via Fratelli Gabba 6 abgehalten. Vorsitzender war Romano Conte.«

»Die Namen, die hier fallen«, so schreiben die Staatsanwälte in ihrer Anklagerede im Dell'Utri-Prozess, »gehören zur Gruppe jener Mafiosi, die in der Via Larga ihr Hauptquartier hatten.« Diese standen vor allem mit Ugo Martello in Verbindung. Es ist daher wahrscheinlich, dass sich in den Papieren auch noch die Namen anderer Personen finden, die mit der Mafia in Verbindung standen – außer Rapisarda, Dell'Alamia und Dell'Utri.[15]

Rapisarda fügt hinzu: »Aus dem Grundbuch geht hervor, dass die Milano Santa Maria al Bosco, vertreten durch Herrn Peppino Cardin, am 16. April 1981 all ihre Immobilien im gutachterlich bestätigten Wert von 28 231 880 400 Lire an Herrn Romano Conte verkaufte.« An einen der Bosse der Milano-Connection, eine der Schlüsselfiguren des organisierten Verbrechens in Mailand.

Ein anderer Zeuge jedoch ist der Meinung, dass Rapisardas Kronjuwelen in erster Linie in den Besitz von Silvio Berlusconi übergingen. Nando Cito, der ehemalige Hauslehrer der Kinder Berlusconis in Arcore und spätere Manager bei Fininvest, hat uns im Interview bestätigt: »Ja, Berlusconi kaufte Telenord, den Fernsehsender Rapisardas. Ich glaube, dass auch das Bauland um Peschiere Borromeo schließlich Eigentum Berlusconis wurde.«

Im Jahr 1983 endet offiziell das Arbeitsverhältnis zwischen Dell'Utri und Rapisarda. Das Werk ist vollbracht. Doch die Beziehung zwischen den beiden bleibt auch nach der Rückkehr Dell'Utris in den Berlusconi-Konzern bestehen, obwohl die beiden schwere Vorwürfe gegeneinander erheben. Dies gilt zumindest für die Zeit von 1987 bis Ende der neunziger Jahre.

In diesem Zusammenhang ist die Aussage von Rosa Canevari interessant, der ehemaligen Sekretärin von Rapisardas Frau, der Anwältin Paola Emilia Mora. Rosa Canevari sagt am 30. Mai 1995 vor der Staatsanwaltschaft Mailand aus: »Die beiden haben sich immer wieder getroffen. Sie verbanden sowohl freundschaftliche als auch geschäftliche Beziehungen. Bis Ende 1993 gründeten sie zusammen eine Reihe von Unternehmen.«[16]

Recherchen ergeben, dass Dell'Utri und Rapisarda mehrere Gesellschaften gemeinsam gründeten: Petrarca srl, 14. Juli 1992, Sitz in Mailand, Corso Concordia; Ariete Immobiliare srl, 15. Dezember 1993, Sitz in Mailand, Corso Concordia 1; Pegaso Immobiliare srl, dasselbe Datum, derselbe Firmensitz; Capricorno Immobiliare, 21. Dezember 1993, derselbe Firmensitz; Saggitario Immobiliare, dasselbe Datum, derselbe Firmensitz. In Zusammenhang mit den Gesellschaften Capricorno, Sagittario und Petrarca taucht Rapisarda scheinbar nicht selbst auf , doch das Gründungsdatum und der Firmensitz lassen auch hier keinen Zweifel. Vor der Justiz in Turin gesteht Dell'Utri jedenfalls ein, von Rapisarda ein Darlehen in Höhe von 1,6 Milliarden Lire erhalten zu haben.[17]

Bei einer anderen Vernehmung (am 14. Juni 1995) antwortet Dell'Utri auf die Frage nach seinen Beziehungen zu Rapisarda: »Wir sind ganz normal befreundet. In den letzten Jahren haben wir uns wieder ausgesöhnt, nachdem es zunächst zum

Bruch gekommen war. Wir haben uns auch wieder öfter gesehen. Ich habe ihn sogar um einen Kredit gebeten, anfangs um 500 Millionen, dann noch einmal um 900 Millionen. Das muss so zwischen 1992 und 1994 gewesen sein.«[18]

Dell'Utri nennt auch den Grund, weshalb er Rapisarda um den Kredit bittet: »Ich hatte schon zwei Verbindlichkeiten bei der Banca Popolare di Lodi«, dem Institut also, das die Banca Rasini geschluckt hat.

Als Dell'Utri Rapisarda um einen Kredit bittet, arbeitet er bereits bei der Fininvest. 1982 fing er als kaufmännischer Leiter bei Publitalia an, dem Werbevermarkter der Fininvest. 1985 bis 1986 arbeitet er dort als stellvertretender Generaldirektor, 1988 bis 1989 als »geschäftsführender Vorstand«, und von 1994 an wird er Präsident der Gesellschaft.

In jenen Jahren tritt Dell'Utri auch in den Aufsichtsrat der Standa, der RTI,[19] des AC Mailand und der Fininvest ein. So steigt er im Berlusconi-Imperium zur rechten Hand des Chefs auf.

Dell'Utris Mitgesellschafter Filippo Alberto Rapisarda hatte in Venezuela recht zweifelhafte Beziehungen zum mächtigen Mafiaklan Cuntrera-Caruana geknüpft. Doch geht aus den Akten des Dell'Utri-Prozesses hervor, dass auch Dell'Utri selbst in Venezuela war.

Vor diesem Hintergrund stimmen einige andere »Zufälle« mehr als bedenklich. Im Februar 1987 sagt Alfonso Caruana, mittlerweile kanadischer Staatsbürger und als solcher in festem Gewahrsam der dortigen Justiz, als Angeklagter vor dem Gericht in Montreal aus. Der Staatsanwalt fragt ihn: »Aber gehören Ihnen nicht auch 60 Prozent der Aruba-Insel auf den Niederländischen Antillen?«

Grenzübergreifende Ermittlungen haben nämlich ergeben, dass die Insel Aruba in der Nähe der venezolanischen Küste mittlerweile zu einer Art Mafiastaat geworden ist, der von der Familie Caruana-Cuntrera kontrolliert wird. Dort befindet sich eines der wichtigsten Schaltzentren für Drogenhandel und Geldwäsche.[20]

Vielleicht ist das ja nur ein Zufall, doch auf den handtuchgroßen Inseln vor der venezolanischen Küste hatten 1994 auch einige Gesellschaften des Berlusconi-Konzerns ihren Sitz: Penta Entertainment Ltd. (zu 50 Prozent im Besitz der Fininvest), Reteuropa N. V. (100 Prozent) und Reteuropa International N. V. sowie Prisco International N. V.

Es gehört zu den gesicherten Erkenntnissen der Ermittlungsbehörden, dass Aruba keineswegs nur Fiskalparadies ist. Auf dieser Insel herrschen die Superbosse der Mafia. Dort wird das Geld gewaschen, das aus dem venezolanischen Drogenhandel stammt.

Exkurs: Dell'Utri und Berlusconi – Folge II

Doch zurück zu unserem Helden Marcello Dell'Utri und seinem höchst interessanten beruflichen Werdegang. 1983 hatte Dell'Utri seinen Abschied von Rapisarda (der dies als »Verrat« bezeichnete) genommen und war erneut in die Dienste Berlusconis getreten. Woher dieser Sinneswandel? Und weshalb nimmt Dell'Utri, vorher Privatsekretär Berlusconis, plötzlich so eine bedeutende Stellung ein?

Derselbe Dell'Utri, der jetzt ins Management von Publitalia aufstieg, musste sich 1976 bei seiner angeblichen »Entlassung« von Berlusconi noch sagen lassen, dass er nicht das Zeug dazu habe, eine Firma zu leiten. Dieser Dell'Utri hatte Signora Bresciano (von Bresciano Costruzioni, dem späteren Rapisarda-Unternehmen) gegenüber einmal eingestanden, dass er als Manager nicht viel tauge. Derselbe Dell'Utri, der sich seinerzeit bei Rapisarda mit dem Konkurs der von ihm gemanagten Bresciano Costruzioni nicht gerade als Unternehmensleiter empfahl. Und jetzt übernimmt er mit einem Mal Führungsaufgaben beim Umsatzmotor der Fininvest.

Um dies zu begreifen, müssen wir uns mit der »Krise« Berlusconis zu Beginn der achtziger Jahre beschäftigen. 1981 werden die Mitgliedernamen der Freimaurerloge P2 bekannt. Damit sieht sich Berlusconi erneut den Angriffen der Presse ausgesetzt. Wieder ermittelt die Justiz gegen ihn, unter anderem auch, weil er Kontakt zu P2-Mitgliedern hatte, die ihrerseits wiederum mit der Mafia in Verbindung standen. Jener Mafia, die Dell'Utri ihm sogar »ins Haus« gebracht hatte. Dell'Utri, den er ja eigentlich aus seinem Umfeld entfernen wollte, der berufliche Erfahrungen bei Rapisarda und dessen venezolanischen Freunden sammeln sollte.

Und damit ist das Maß der Schwierigkeiten, die nun auf Silvio Berlusconi niederprasseln, noch längst nicht voll. Denn gerade in jenen Jahren nimmt die Cosa Nostra ihn wieder ins Visier. Der erfolgreiche Unternehmer, der mittlerweile groß ins Fernsehgeschäft eingestiegen war, erregte das Interesse bestimmter Leute. »Sie waren dabei, ihn kirre zu machen«, erzählte der Kronzeuge Angelo Siino den Richtern in Palermo. Im Klartext: Sie stellten neue und wesentlich höhere Geldforderungen.

Denn in Sizilien hatten sich die Einflusssphären verschoben: Stefano Bontate – der Mafioso, den Berlusconi ob seines nüchternen und »professionellen« Stils schätzte – und sein Freund Mimmo Teresi (der ebenfalls am Gipfeltreffen mit dem lombardischen Unternehmer teilgenommen hatte) wurden 1981 bei einer Mafiafehde getötet. Sie hatten sich mit der Gruppe aus Corleone um Totò Riina angelegt. Das Fininvest-Geschäft Bontates wurde von der Familie Pullarà weitergeführt, die zwar mit Bontate verwandt, aber Verbündete der Corleone-Leute waren. Und die Pullarà kennen weit weniger Skrupel. Eine neue Mafia tritt auf den Plan – härter und brutaler.

Vittorio Mangano ist zu jener Zeit bereits aus dem Verkehr gezogen. Er wird 1983 im Zuge der Aktion Valentinstag verhaftet.

Berlusconi steht gleichsam zwischen Skylla und Charybdis,

findet er sich doch eingekeilt zwischen dem Skandal um seine Mitgliedschaft in der P2 und den neuen Forderungen der Cosa Nostra. Den Richtern in Palermo zufolge entkommt er jedoch auch dieses Mal der Gefahr: Er strukturiert die gesamten Beziehungen der Fininvest zur Mafia neu und holt auch Dell'Utri zurück, der sich mittlerweile auf das Spiel eingelassen hat.

Totò Riina, nach dem Tod Bontates der neue starke Mann in Sizilien, erbt die Kontakte Bontates und modelt sie nach seinen Vorstellungen um. Es beginnt eine neue Phase in der Beziehung zwischen Fininvest und Sizilien, die wieder einmal von Tanino Cinà gemanagt wird, dem »Paten« Dell'Utris. Er empfiehlt Dell'Utri den neuen Bossen der Cosa Nostra als den besten Mann zur Lösung der Krise.

Nach den Prozessakten gegen Dell'Utri aus Palermo hat die Fininvest seit Mitte der achtziger Jahre der Cosa Nostra 200 Millionen Lire pro Jahr zukommen lassen – als »Geschenk« an eine »befreundete Firma«. Diese milde Gabe wird auch in jenen Jahren regelmäßig abgeführt, in denen die Mafia in Italien ihre spektakulärsten Morde begeht:[21] zumindest bis 1993, andere Indizien (darunter die Terminkalender von Dell'Utri, in denen die Kontakte mit Cinà festgehalten sind) lassen gar vermuten, dass diese Zahlungen bis 1995 geleistet wurden.

Es gab also ständige wechselseitige Kontakte, bei denen Marcello Dell'Utri stets präsent war. Allein dies zeigt schon die Bedeutung des Prozesses gegen die rechte Hand Berlusconis.

Die Achse Mangano-Dell'Utri-Berlusconi erwies sich über die Jahre hinweg als recht dauerhaft – am Laufen gehalten von einem »Schmiermittel«, in dessen Mixtur sich immer wieder Kontakte Berlusconis zu außerhalb des Gesetzes stehenden Personen finden lassen. Am 28. November 1986 explodiert eine kleine Bombe vor dem Tor des Firmensitzes der Fininvest in Mailand in der Via Rovani. Es ist bereits die zweite: Eine ganz ähnliche Bombe war dort am 26. Mai 1975 hochgegangen. Aus Abhörprotokollen der Telefongespräche zwischen

Berlusconi und Fedele Confalonieri geht hervor, dass die beiden sicher sind, Mangano (der zu dieser Zeit im Gefängnis sitzt) habe mit der Sache zu tun. Zum Thema »Bombe« meint Berlusconi: »Eine brutale Sache, aber doch mit viel Achtung, ja Gefühl ...«

Und dann setzt er sich mit seinem zuständigen Angestellten in Verbindung, dem Spezialisten für brisante Geschäftsbeziehungen. Und Dell'Utri enttäuscht seinen Herrn nicht. Zwei Tage später ruft er ihn an: Mangano habe damit nichts zu schaffen. »Das ist vollkommen ausgeschlossen.« Und außerdem gebe es keinen Grund zur Sorge, man könne »völlig beruhigt« sein. Wieso? Dell'Utri erklärt: »Ich habe mit Tanino gesprochen ... der gerade in Mailand ist.« Berlusconi fragt erst gar nicht, wer denn Tanino sei. Anscheinend weiß er ganz genau, wer »Tanino« Cinà ist, was sich in seiner Antwort ausdrückte: ein schlichtes »Ah!«.

Das Attentat hat vielmehr mit dem Netz der Cosa Nostra zu tun. Die Gruppe um Nitto Santapaola aus Catania möchte sich vom Fininvest-Kuchen gern eine Scheibe abschneiden: Attentate, telefonische und briefliche Drohungen. Riina weiß Bescheid und ist einverstanden. Er lässt den Jungs aus Catania freie Hand. Sollen sie doch versuchen, ob sich aus der Fininvest noch mehr Geld herauspressen lässt. Ihm nutzt der Druck auf Berlusconi nämlich ebenso, auch wenn er selbst eher politische Ziele hat. Und so greift er nicht ein, damit der Druck auf Berlusconi wächst und dieser den Leuten, die das Problem schließlich für ihn lösen werden, Dell'Utri und Cinà, noch mehr zur Dankbarkeit verpflichtet ist. So wird die Beziehung zu Berlusconi, der für Riina in erster Linie das Bindeglied zu Craxi darstellen soll, noch enger. Und tatsächlich entzieht die Cosa Nostra 1987 ihre Stimmen zum ersten Mal der *Democrazia Cristiana* und lässt Craxis *Sozialistische Partei Italiens* wählen, der im Bereich der Justiz für eine liberale Handhabung der Gesetze eintritt.

Immer noch dient Dell'Utri als Vermittler zwischen den Forderungen aus Palermo und den sich in Mailand bietenden Möglichkeiten. Ein schwieriges Geschäft, das auch seine Krisenmomente kennt. Daher kommt es in den unbeständigen Beziehungen zwischen Dell'Utri und Berlusconi gegen Ende der achtziger Jahre erneut zu einer Abkühlung. Die Drohungen gehen weiter, offenkundig sind die Vertreter der Mafia mit den politischen Ergebnissen der Beziehung nicht zufrieden.

Und so macht Silvio Berlusconi dem befreundeten Unternehmer Renato Della Valle am 17. Februar 1988 ein dramatisches Geständnis, das von den Behörden mitgehört wird: »Es geht mir körperlich sehr schlecht. Außerdem habe ich derzeit überall Ärger. Eine Sache ist besonders schlimm. Darum schicke ich meine Kinder jetzt ins Ausland. Sie reisen bald ab. Ich werde nämlich erpresst [...] und zwar ganz schön brutal. [...] Das ist mir vor zehn Jahren schon mal passiert, und [...] damals sind sie heil davongekommen [...] Stell dir vor, man hat mir gedroht, wenn ich nicht eine bestimmte Sache bis zu einem bestimmten Zeitpunkt erledigt hätte, würde man mir den Kopf meines Sohnes schicken und seinen Körper auf dem Domplatz irgendwo gut sichtbar deponieren. [...] Das ist wirklich übel, wenn einem jemand so etwas sagt, also habe ich beschlossen, sie nach Amerika zu schicken – und aus.«

Wir wissen nicht, ob Berlusconi die »Sache«, die man »bis zu einem bestimmten Zeitpunkt« von ihm verlangte, getan hat. Sicher ist nur, dass die Beziehungen zu Dell'Utri einen neuen Tiefpunkt erreichten. Dieses Mal wird Marcello nicht entlassen, aber doch aus dem inneren Zirkel entfernt. Beleg dafür ist der Mitschnitt eines Telefonats, das Mariapia La Malfa, Gattin von Alberto Dell'Utri, im Juli 1998 mit Rita Della Chiesa führte: »Zwanzig Jahre lang hat Berlusconi Weihnachten immer mit Craxi und Dell'Utri verbracht. Aber seit Previti aufgetaucht ist, wird Marcello nicht mehr eingeladen ...«

Die Richter in Palermo glauben, dass sich hier derselbe Vorgang wiederholt wie in den Siebzigern: Dell'Utri hat Berlusconi der Cosa Nostra ausgeliefert, doch die Drohungen nehmen kein Ende, denn die Mafia erhöht ständig den Einsatz, und dieses Mal will sie an Craxi heran.

Im Jahr 1991 kommt Mangano wieder einmal aus dem Gefängnis. Sofort versucht er, die Beziehungen zu Dell'Utri und zur Fininvest wieder aufzunehmen. Doch er wird von Totò Cancemi zurückgepfiffen, dem Chef seines Klans, der ihn um Riinas willen bittet, auf diese Aktion zu verzichten: »... zum Besten der gesamten Cosa Nostra.« Der Kontakt zu Berlusconi wird nun von Riina höchstpersönlich gemanagt.

In der Zwischenzeit führen die Leute um Nitto Santapaola ihre Aktivitäten fort. Von 1990 an setzen sie die Kaufhauskette Standa in Catania, die ebenfalls zum Besitz Berlusconis gehört, mit Drohungen und Brandanschlägen unter Druck. Auch hier wird »privat« reagiert: keine Anzeige und – zumindest nach außen hin – kein Schutzgeld. In Wirklichkeit aber haben die Eigentümer von einzelnen Franchising-Kaufhäusern der Kette durchaus ihren Teil zum Schutzgeld beigetragen: 1 Milliarde Lire insgesamt. Berlusconi aber leugnet alles und spielt sogar die Schäden herunter. Will man den verschiedenen Kronzeugen glauben, welche in dieser Sache ausgesagt haben, ist es ein weiteres Mal Dell'Utri, der das Problem diskret löst: Er empfängt in Mailand einen Mittelsmann des Klans aus Catania und reist im Herbst 1991 nach Sizilien, wo er Santapaola, der sich zu jener Zeit vor der Polizei versteckte, in Messina persönlich trifft.

Wieder einmal ein »Gipfeltreffen«, das Eingang in die Akten der Richter findet. Zu jener Zeit, so schreiben die Staatsanwälte im Prozess von Palermo, erhält die Berlusconi-Gruppe »Aufträge der öffentlichen Hand in Sizilien zugesprochen, ohne mit der lokalen Mafia in Konflikt zu geraten. Stattdessen tritt man mit bestimmten Unternehmern, deren Verbindungen zur Mafia bekannt sind, in Geschäftsbeziehung«.

Außerdem geschieht zu dieser Zeit etwas, was ein bezeichnendes Licht auf die Methoden Dell'Utris und seine sizilianischen Beziehungen wirft. 1990 vermittelt der Manager der Publitalia einen Sponsoring-Vertrag mit der weiblichen Basketballmannschaft der sizilianischen Stadt Trapani. Der Sponsor ist Birra Messina, ein sizilianischer Bierbrauer, der für diesen Zweck etwa 1,5 Milliarden Lire bereitstellen will. Dell'Utri aber verlangt, dass die Hälfte der vom Sponsor bereitgestellten Summe an ihn zurückgeht – bar und unversteuert natürlich – als »Vermittlungsgebühr«. Der Besitzer der Mannschaft, Vincenzo Garaffa, weigert sich. An diesem Punkt fängt Dell'Utri an, ihm zu drohen: »Überlegen Sie sich das nochmal. Wir haben Mittel und Männer, die Sie zur Zahlung überreden werden.« Dann schickt er ihm, um die »Außenstände einzutreiben«, den Mafiaboss von Trapani, Vincenzo Virga, auf den Hals.

Dies war der Grund, weshalb Dell'Utri 2004 in Mailand erstinstanzlich zu zwei Jahren Haft wegen versuchter Erpressung verurteilt wurde.

KAPITEL 10

Die Nahost-Connection

Die libanesische Periode

Eines der rätselhaftesten Kapitel in der Vermögensbildung des Silvio Berlusconi ist zweifellos das seiner finanziellen Beziehungen zu der komplexen Welt des Nahen Ostens. Denn wenn man seine Lebensgeschichte von den sechziger Jahren bis heute verfolgt, entdeckt man recht bald, dass er stets mit Personen oder Institutionen aus Israel, dem Libanon, Tunesien oder Ägypten zu tun hatte – oder zumindest mit Unternehmungen, die in dieser Region des Mittelmeers ihre kapitalkräftigen Wurzeln haben.

Zunächst einmal ist da der Libanon, in dem Berlusconi einen gewissen Teil seiner Jugend verbracht hat. Weder als Unternehmer noch als Politiker konnte er sich je dazu durchringen, Auskunft über diese Zeit zu geben. Es finden sich lediglich vage Andeutungen, Bekenntnisse, die auf den engsten Freundeskreis beschränkt bleiben. Und hakt ein allzu neugieriger Journalist doch einmal nach – was selten genug passiert –, dann hat der Ministerpräsident flugs sein Dementi zur Hand. Doch es ist belegt, dass der künftige Medienmogul Mitte der sechziger Jahre sich im Libanon aufhielt. Was er dort gemacht hat, klingt abenteuerlich und erinnert irgendwie an einen Krimi. Denn was führt Silvio Berlusconi überhaupt in dieses Land?

Im Jahr 1954 schreibt Berlusconi sich – das Abitur in der Tasche – an der juristischen Fakultät der staatlichen Universität Mailand ein und macht dort 1961 seinen Abschluss. Wie wir wissen, verdient er sich während seiner Studienzeit ein bisschen Geld, indem er der ganzen Nachbarschaft Staubsauger zu verkaufen versucht. Im dritten Studienjahr findet er einen Job bei einer Baufirma, was ihn finanziell von seinen Eltern unabhängig macht. Aber das genügt ihm nicht. Er will kein einfacher Angestellter bleiben. Er will selbst zum Bauherrn, ja zum Baulöwen aufsteigen. Dazu aber braucht er Geld: möglichst viel und möglichst schnell.

Doch woher nehmen und nicht stehlen? Er selbst erzählt gern, dass er seine ersten Immobiliengeschäfte mit jenem Geld finanziert habe, das er als Sänger auf Mittelmeer-Kreuzfahrtschiffen verdient habe – von den Darlehen von Papas Bank einmal abgesehen.

In den Sommermonaten verdingt sich der junge Silvio als Entertainer auf den Kreuzfahrtschiffen der Reederei Costa. Der junge und vielseitige Unterhaltungskünstler hat bereits in verschiedenen Lokalen an der Adriaküste Erfahrungen gesammelt. Er gibt den Showmaster, macht Scherze und Musik – hauptsächlich im Lokal Tortuga in Miramare di Rimini. Schon damals ist ein künftiger Manager der Fininvest stets an seiner Seite: Fedele Confalonieri, gleichen Alters und ebenfalls aus bescheidenen Verhältnissen stammend, ist fest entschlossen, schnell leichtes Geld zu verdienen. Der Studienkollege Confalonieri begleitet Silvio bei seinen Gesangseinlagen auf dem Klavier.

Der Kontakt in den Libanon wird von Confalonieri hergestellt. Er findet ein Engagement in Beirut – zusammen mit dem Schlagzeuger Alberto Cicatiello, einem der künftigen Sicherheitschefs der Fininvest. Diese heikle Aufgabe wird Berlusconi angeblich später auch einem Rechtsterroristen anvertrauen, der in den Libanon gegangen ist.[1]

Wir schreiben die frühen sechziger Jahre. Confalonieri, Cicatiello und die anderen Musiker der Band »Die Vier Musketiere« verdienen 40 000 Lire pro Person und Abend. Dieser Gruppe schließt sich Berlusconi in Mailand als Sänger an.

Alberto Cicatiello, der genauso alt ist wie Silvio, erinnert sich an seine Zeit als Schlagzeuger: »Wir waren eine gut aufeinander eingespielte Band, die bald zu einem Sextett wurde: Gianni

Grilloni am Vibraphon, Riccardo Zinni an der Gitarre, Giordan Bargiggia am Bass und dann ich, Confalonieri und Silvio.«[2]

Die Band tritt auch im Libanon auf. Der künftige Präsident der Fininvest und sein wichtigster Manager, Fedele Confalonieri, sind offensichtlich der Meinung, dass dies ein interessantes Pflaster ist. Doch die Frage sei gestattet, ob sie sich in Beirut wirklich nur um ihre Auftritte kümmern.

Mario Guarino berichtet: »Im Juli 1977 schreibt *Prima Comunicazione* über ein Interview mit Berlusconi, das sich von Berlusconis Seite ausgesprochen schwierig gestaltete, denn das Mailänder Magazin musste alle Fragen im Voraus vorlegen und einige Wochen auf die Antworten warten. Eine Frage wurde vom Interviewten zensiert: ›Kennen Sie Michele Sindona? Halten Sie ihn für einen Dieb?‹ Das Magazin berichtet auch über den Gemütszustand des Interviewten, der sich zu jener Zeit schrecklich darüber aufregte, dass eine Presseagentur in Rom über ihn geschrieben hatte, Berlusconi habe sein Geld in der Gegend um Beirut gemacht und niemand wisse so recht, womit eigentlich, was zu jener Zeit vermuten ließ, dass es sich um Drogengeld handelte.«[3]

Natürlich dementiert Berlusconi diese Verdächtigungen in seinem Interview mit *Prima Comunicazione*. Er gibt an, nie in Beirut gewesen zu sein, sondern nur für die Edilnord ein Projekt für ein Wohnhaus in Beirut ausgearbeitet zu haben.

Am 7. Juni 1989, bei einem Kongress der Publitalia in der Villa Contarini in Piazzola sul Brenta, unterhält der Chef persönlich die Anwesenden. Die Begeisterung ob der eigenen Sangeskünste trägt ihn regelrecht davon, und so erklärt er: »Meine Sängerkarriere begann auf einer Libanon-Tournee. Fedele Confalonieri engagierte mich für seine Band als Sänger und Kontrabassist.«[4]

Auch 1993, kurz vor seinem Eintritt in die Politik also, bestätigte er nochmals seinen Aufenthalt im Libanon. Und erzählt, dass er mit seinen Auftritten dort seine ersten Projekte im Baugeschäft finanziert habe.

Was also trieben Berlusconi und Confalonieri tatsächlich im Libanon? Dass Berlusconi sein Geld in der Gegend um Beirut gemacht habe und niemand so recht wisse, womit eigentlich, unter Umständen mit Drogen, ist gar nicht so weit hergeholt und wird durch eine Reihe beunruhigender Indizien bekräftigt, unter anderem durch einen Bericht der Guardia di Finanza in Rom vom 30. Mai 1983: »Uns ist zur Kenntnis gelangt, dass der bekannte Silvio Berlusconi ... einen intensiven Handel mit Drogen finanzieren soll, der von Sizilien ausgeht und sich nach Frankreich bzw. in andere italienische Regionen ... erstreckt. Der Vorgenannte ... ist vor allem an der Costa Smeralda tätig, wobei er sich verschiedener Scheinfirmen bedient, die ihren Sitz in Vaduz und in anderen Städten im Ausland haben.«

Der Hinweis auf Vaduz lässt sämtliche Alarmglocken schrillen. Denn wie wir bereits in den Kapiteln zur Banca Rasini und ihrer Beziehungen zu Michele Sindona sahen, haben verschiedene Finanzierungsfirmen Sindonas und der Geldgeber der Banca Rasini ihren Sitz im winzigen Liechtenstein, über die (neben der Sicilcassa) die Geldwäsche der Cosa Nostra lief.

Es gibt also durchaus zu denken, dass Berlusconi die Frage der Zeitschrift *Prima Comunicazione* nach Michele Sindona einfach strich, als er das Interview »vorbereitete«. Sindona müsste Berlusconi eigentlich bekannt sein.

Noch beunruhigender allerdings ist der Inhalt des Berichts der Guardia di Finanza zum Drogenhandel, der auch die Operationen »Nova Atlantida« und »Mato Grosso« betrifft, welche der Schweizer Fahnder Fausto Cattaneo aufgedeckt hat. Beide Ermittlungsberichte erwähnen den Namen Silvio Berlusconi im Zusammenhang mit Drogenhandel.

Ein durch nichts zu begründender Verdacht? Möglicherweise. Doch wie man weiß, liegen im Libanon auch die größten Haschischpflanzungen der Welt: 500 000 Morgen, allein 30 000 im Tal von Bekaa. Drogenplantagen machen in manchen Regionen des Libanon 85 Prozent der kultivierten Fläche aus. In Bekaa und Syrien liegen im Übrigen auch die Labors, in denen aus Opium – sowohl aus lokaler Produktion als auch aus Importen aus dem Iran, aus Afghanistan, Pakistan und der Türkei – Heroin hergestellt wird. Aus dem Libanon, der von 1975 bis 1990 von einem langen Bürgerkrieg destabilisiert wurde, stammen die größten Heroinlieferungen nach Europa.

Im Libanon bewegen sich die internationalen »Vermittler«, die meist Beziehungen zur Hochfinanz haben.[5] In Bezug auf den libanesischen Drogen- und Waffenhandel ermittelte in den achtziger Jahren Staatsanwalt Carlo Palermo, der sich daraufhin einer wahren Verfolgungsjagd seitens seiner Standeskollegen ausgesetzt sah, weil er es gewagt hatte, seine Untersuchungen auf den Ministerpräsidenten Bettino Craxi auszudehnen, den politischen Paten Berlusconis. Richter Palermo war Ziel eines brutalen Attentats, bei dem er wie durch ein Wunder verschont blieb, obwohl drei Menschen dabei ihr Leben verloren.[6]

Graziano Verzotto, der Mann Sindonas

Im Umfeld der Nahost-Connection stoßen wir auf einige beunruhigende »Zufälle« mehr. Denn Ende der sechziger bis Mitte der siebziger Jahre ergeben sich im Libanon verschiedene Überschneidungen mit der eifrig betriebenen Vermögensbildung des Silvio Berlusconi.

Der Libanon war für Italiens Industrielle und Bankdirektoren immer ein sicherer Hafen, wenn es um schmutziges Geld ging. Die »Schweiz des Nahen Ostens« bot Geldwäschern, Waffen- und Drogenhändlern und all jenen, die ihr Geld mit geheimen Erdöllieferungen machten, ein ideales »Finanzklima«. Beirut wimmelte von Spionen, Killern und windigen Geschäftemachern, die für Geld alles taten. Der erste Italiener, der sich in den Libanon absetzte, war Felice Riva, ein Mailänder Textilindustrieller und Präsident der Fußballmannschaft Milan Club, der sich in den sechziger Jahren so einer Verhaftung wegen betrügerischen Bankrotts entzog.

Im Libanon finden wir auch eine andere fragwürdige Gestalt, die Michele Sindona, dem Bankier der Mafia, eng verbunden war, den Senator der *Democrazia Cristiana* (DC) Graziano Verzotto, dessen Rolle beim Tod des Erdölindustriellen Enrico Mattei[7] nie geklärt wurde. Völlig klar hingegen ist, dass Verzotto Verbindungen zur Mafia hatte, die im Verlauf des Prozesses gegen Michele Sindona ans Licht kamen.

Graziano Verzotto ist also durchaus einen zweiten Blick wert. Er wurde 1922 in Santa Giustina in Colle bei Padua geboren. Mit 25 Jahren geht er nach Sizilien. Er folgt Enrico Mattei, mit dem er im antifaschistischen Widerstand zusammengearbeitet hat. In den Wirren der Nachkriegszeit macht Verzotto sich eines Mordes schuldig, doch der mächtige Mattei deckt ihn und nimmt ihn trotzdem mit nach Sizilien. 1947/48 macht Verzotto in Kalabrien Karriere in der *Democrazia Cristiana*. Er wird leitender Angestellter bei der Agip (dem größten Tankstellennetz Italiens, das damals von der ENI kontrolliert wurde) und Provinzsekretär der DC. Verzotto ehelicht eine Erbin, Maria Nicotra, die aus einer der reichsten Familien Catanias stammt. Diese wiederum ist Assistentin von Amintore Fanfani, dem bekannten Politiker der DC, der mehrfach Kabinettsmitglied und einmal sogar Ministerpräsident Italiens wird. Bald stärkt Verzotto seine Position auch in Siracusa und dehnt seinen Einfluss auf ganz Sizilien aus. Stets aber segelt er zum eigenen Vorteil im Schatten Enrico Matteis. Irgendwann jedoch kühlen die Beziehungen zum Erdölmagnaten ab. Einige Quellen vertreten die Auffassung, dass er sich auf die Seite der italoamerikanischen Mafia schlägt, die Mattei feindlich gesinnt ist, weil dieser den Interessen der »Seven Sisters«[8] im Nahen Osten im Weg steht. Mattei wollte Italien aus der Abhängigkeit von den großen Konzernen befreien und strebte danach, die gesamte Ölindustrie Italiens in italienische Hände zu legen.

Pikant ist, dass ausgerechnet Verzotto sich als Letzter von Mattei verabschiedet, als dieser am Tag des 27. Oktober 1962 das Flugzeug besteigt, das ihn in den Tod tragen wird. Der Regisseur Francesco Rosi hat über diese Ereignisse einen Film gedreht, in dem auch Verzotto vorkommt: »Der Fall Mattei«. Bei den vorausgehenden Recherchen über Verzotto sprach Rosi mit dem Journalisten Mauro De Mauro, der später von der Mafia getötet wurde. 1967 wird Verzotto Präsident der EMS, der Ente Minerario Siciliano, eines großen staatlichen Bergbauunternehmens mit etwa sechstausend Angestellten. Im Jahr darauf wird er Senator der *Democrazia Cristiana*.

Diese zweifache Machtposition macht Verzotto zum Dreh- und Angelpunkt gefährlicher Geschäfte. So legte er beispielsweise für die EMS 10 Milliarden Lire bei der Sindona-Bank Banca Unione an, deren Zinsen auf ein Schweizer Bankkonto auf seinen Namen fließen. Während Sindona auf den Abgrund zusteuert, steht Verzotto ihm bei. Als Sindona aus Sizilien fliehen muss, wird er von einem Mann Verzottos begleitet. In jedem Fall gilt Verzotto als Bindeglied zwischen der Sektion Sizilien der *Democrazia Cristiana* und der Cosa Nostra. Er pflegt enge Beziehungen zum Mafiaboss Giuseppe Di Cristina, der am 30. März 1978 ermordet wird. Aber auch der Familie Calderone aus Catania steht er nahe. Diese wiederum gehören zum Klan von Nitto Santapaola, der in den siebziger und achtziger Jahren sehr mächtig ist und aus dessen Umfeld die Mörder von Roberto Calvi kommen.

Verzotto, so der Kronzeuge Antonino Calderone, nahm im Juli 1970 an zwei Gipfeltreffen der Mafia in Zürich und Mailand teil. Bis 1975 geht für Verzotto alles glatt, dann aber wird im Zusammenhang mit der Affäre Sindona ein Haftbefehl gegen ihn ausgestellt. Grund: Unterschlagung von Geldern der EMS. Doch Verzotto versteht es, sich der Justiz zu entziehen, und flieht in den Libanon, wo er mit dem Iran des Schahs und dem Libyen Ghadaffis weiterhin Geschäfte macht.

Man sieht ihn in der Schweiz, in England, Kanada und Frankreich. Nach mehreren Stationen scheint er sich unter falschem Namen in Paris niedergelassen zu haben: Franco Forte.

Verzotto erfreut sich trotz all seiner Machenschaften immer noch höchster Protektion. Heute lebt er als über Achtzigjähriger in Mailand, wo er – wie sein ehemaliger »Beschützer« Enrico Mattei – im Erdölgeschäft tätig ist.

Verzotto wiederum steht mit einer anderen zweifelhaften Gestalt in Verbindung, seinem »Thronfolger« Giancarlo Parretti.[9] Parretti war es, der die Übernahmeschlacht um die MGM gewann und später den Zusammenbruch der französischen Bank Crédit Lyonnais verursachte. Er ist ein alter Genosse Silvio Berlusconis, der die Attacke auf die Hollywood-Traumfabrik MGM unterstützte.

Verzotto, den der Chef der französischen Anti-Mafia-Kommission, François D'Aubert, als »Mann der Mafia«[10] bezeichnet hat, ist deshalb so wichtig, weil er auch in den Unterlagen des mutigen Rechtsanwalts Giorgio Ambrosoli auftaucht. Dieser hatte es übernommen, die Banken Sindonas abzuwickeln. Ambrosoli, den Sindona am 11. Juli 1979 ermorden lässt,[11] schreibt einen bewegenden Brief an seine Frau,[12] in dem er Andeutungen macht, dass man ihn vermutlich töten wird. In diesem Brief erwähnt Ambrosoli vor allem Graziano Verzotto und stellt die Vermutung an, dass die Spur seines Mörders im Umfeld Sindonas zu suchen sein wird. Rechtsanwalt Umberto Ambrosoli, der Sohn des couragierten Ermittlers im Auftrag der italienischen Zentralbank, hat uns dieses Dokument gezeigt. Auch er ist der Ansicht, dass der Plan zur Ermordung seines Vaters in einem Umfeld totaler Korruption reifte, das bis in die Spitzen von Politik und Finanzwelt reichte.[13]

Beirut spielte Mitte der siebziger Jahre eine Schlüsselrolle bei der Geldwäsche, weil gerade dort viel Kapital aus dem Drogen- und Waffenhandel umgesetzt wurde. Und wieder treffen wir hier jene Figuren an, die wir bereits aus den dunklen Anfängen des Berlusconi-Imperiums kennen. Die Zeitschrift *The Middle East Review*[14] beispielsweise schreibt, dass auch Calvi und der Banco Ambrosiano dort als Geldwäscher aktiv waren.

Eine der Auslandsfirmen, die Calvi für sein »geheimes Netz« gegründet hatte, war der Banco Ambrosiano Middle East von Beirut.[15] Dass der libanesische Ableger des Banco Ambrosiano bei der Geldwäsche eine Rolle spielte, geht unter anderem aus den Einlassungen zum Prozess um die Ermordung Roberto Calvis hervor. Der Prozess begann am 6. Oktober 2005, die Anklage wird vertreten durch die Staatsanwälte Luca Tescaroli und Maria Monteleone.

Die *Middle East Review* geht davon aus, dass der Banco Ambrosiano finanzielle und logistische Unterstützung beim Waffenhandel zwischen Italien und dem Vorderen Orient leistete. Ein Schweizer Unternehmen, das mit Calvi in Verbindung stand, soll über den Iran – der gegen den Irak kämpfte – Waffen aus Israel gekauft haben. Die Zeitschrift zitiert Diplomaten aus der Bundesrepublik Deutschland und schreibt, Geschäftsleute aus dem Umfeld der christlichen Maroniten in Ostbeirut sowie Angestellte der Esso in Italien hätten diese Angaben bestätigt. Der Waffenhandel sei vom Schweizer Unternehmen Dreikot Driving and Financial Company organisiert worden. Dieses gehörte den Brüdern Hans und Albert Kunz, die in der Schweiz für Roberto Calvi agierten. Hans Kunz ist der ehemalige Schweizer Offizier, der Calvis Flucht nach London organisierte, doch gilt er auch als Waffenhändler, der Kontakte zur P2 von Licio Gelli pflegte.

Andere »Mittler« beim Waffenhandel seien, so die Middle East Review, einige schiitische Geschäftsleute aus dem Libanon gewesen, die in der Schweiz lebten[16]. Diese seien sowohl Israel als auch den libanesischen Falangisten verbunden, für die der Neofaschist Stefano Delle Chiaie als Söldner arbeitete.

Delle Chiaie hatte, der *Middle East Review* zufolge, sogar ein Büro in Teheran, bis er vom damaligen Präsidenten Bani Sadr ausgewiesen wurde. In Beirut sprach man damals viel von Mafiamitgliedern, die den Waffenhandel nach Syrien und Iran organisierten und Drogen nach Europa schmuggelten. Zwei italienische Journalisten, Graziella De Palo und Italo Toni, die nach Beirut gekommen waren, um diese Zusammenhänge zu untersuchen, verschwanden dort am 2. September 1980.[17]

Eine Geschichte, die auf den ersten Blick nichts mit Sindona, Verzotto, Calvi und Berlusconi zu tun hat, auf den zweiten Blick aber durchaus merkwürdige Querverbindungen aufweist. Der Richter zum Beispiel, der die Vorermittlungen im Falle der beiden im Libanon verschwundenen Journalisten einstellte, war Renato Squillante, ein Richter, den man als den Sozialisten »nahe stehend« kannte[18] und der in den Korruptionsskandal um die römische Justiz verwickelt war. In Rom war angeblich das »logistische Zentrum« der richterlichen Korruption angesiedelt.

Wohlgemerkt: Wir reden hier von dem nämlichen Richter, der sich einige Jahre später von Berlusconis Anwalt Cesare Previti in einer Milliardensache bestechen lassen wird. Zumindest gehen die italienischen Gerichte von dieser Sachlage aus.[19] Squillante nämlich war es, der eine große Bank, das Istituto Mobiliare Italiano, dazu verdonnerte, an die Familie Rovelli zirka 480 Millionen Euro Schadensersatz zu bezahlen.[20] Squillante wird verhaftet. So richtig pikant wird die Sache, wenn man weiß, dass die Familie Rovelli in den achtziger Jahren zu den Hauptaktionären der Banca Rasini gehört, als sie noch von Luigi Berlusconi geleitet wird.

Doch im Dickicht der Nahost-Connection stoßen wir noch auf andere zwielichtige Gestalten. Eine davon erlangt durch eine Erwähnung im Dossier der Staatsanwälte Tescaroli und

Monteleone zum Calvi-Prozess zweifelhaften Ruhm: Luciano Porcari, der wegen Mordes einsitzt. Dieser erklärte bei vier verschiedenen Vernehmungen vor den Carabinieri zum Mord an Calvi (die am 29. Juli, 28. Oktober, 8. November und 4. Dezember 1996 stattfanden), dass im Libanon Geld sowohl gefälscht als auch gewaschen worden sei. Er persönlich habe eine der Druckplatten für das Falschgeld besorgt. Diese Blüten seien sodann mithilfe geneigter Bankiers wie Calvi in Umlauf gebracht worden. Luciano Porcari berichtet, Calvis Aufgabe sei es gewesen, dafür zu sorgen, dass das Geld über Länder wie den Libanon oder das afrikanische Liberia zu »sauberem« Geld recycelt wurde. Dabei sei Calvi zunächst Komplize gewesen, später aber zum Opfer geworden.

In seiner Aussage vom 28. Oktober 1996 spricht Porcari über Graziano Verzotto, den Gefolgsmann Sindonas: »Er ließ die Dollarnoten im Libanon drucken. Calvi sorgte dafür, dass sie dort, wo das möglich war, ›gewaschen‹ wurden.« Porcari meinte auch, dass die Mörder Calvis aus dem Umfeld Verzottos und der nicht ganz legalen Geschäftemacher rund um die Sozialistische Partei stammten.

Eine weitere Querverbindung zu Berlusconi ergibt sich über die Israel Discount Bank, welche in die Ermittlungen um den Mafiaklan Cuntrera-Caruana verwickelt war.

Tatsächlich wurden die ersten Immobiliengeschäfte Berlusconis von zwei Treuhandgesellschaften finanziert, der Finanzierungsgesellschaft für Residenzen und der Aktiengesellschaft für Immobilienanlagen in Residenzzentren. Erstere wurde 1963 gegründet und finanzierte das Projekt Brugherio, Letztere rief man 1968 ins Leben, als es um Milano 2 ging. Wer aber stand hinter diesen beiden Scheinfirmen?

Die beiden Schweizer Treuhandgesellschaften wurden von der Discount Bank Overseas Ltd. kontrolliert, die ihren Hauptsitz in Tel Aviv hatte. Filialen gab es in New York, Luxemburg, Lugano, Genf und Mailand. Also müssen wir herausfinden, wer hinter der Discount Bank steht, wenn wir wissen wollen, wer die ersten beiden Immobiliengesellschaften Silvio Berlusconis finanziert hat.[21] Nachforschungen beim Handelsregister in Lugano zeigen nämlich, dass die beiden Schweizer Treuhandgesellschaften im ausschließlichen Eigentum der Luxemburger Filiale der Israel Discount Bank sind.

Wer also steckt hinter der Israel Discount Bank? Wen repräsentiert sie? Und warum finanziert sie ausgerechnet Silvio Berlusconi? Die Möglichkeit besteht, dass das Geld der Discount Bank vom reichen italienischen Großbürgertum stammte. Doch unsere Nachforschungen lassen auch noch eine andere Erklärung denkbar erscheinen, die weit beunruhigender ist. Denn die Discount Bank wird bereits in den achtziger Jahren von den Staatsanwälten als Bank der Mafiafamilien Cuntrera und Caruana bezeichnet, die ihr Geld mit Drogenhandel in Venezuela und im Rest von Lateinamerika machen.

Ende der achtziger Jahre gelang es dem Ermittlungsrichter Giovanni Falcone[22] – der 1992[23] von der Mafia ermordet wurde –, in einer konzertierten Aktion mit den französischen Drogenbehörden sowie den Polizeibehörden in Deutschland, Kanada, Thailand, Belgien und der Schweiz die Wege des von der sizilianischen Mafia kontrollierten Drogenhandels über elf Jahre hinweg nachzuzeichnen. Die Staatsanwaltschaft Palermo findet heraus, dass in diesem Zeitraum etwa 70 Millionen Dollar auf die Konten von Alfonso Caruana und Pasquale Cuntrera bei der Schweizer Discount Bank in Lugano sowie bei der Discount Bank Overseas in New York flossen. Dieses Geld wurde dann in »saubere« Geschäftszweige investiert.

Die Cuntrera-Caruana sind also Herren über ein wirtschaftliches Imperium, dessen Wert auf mindestens 500 Millionen Dollar geschätzt wird. Eine internationale Holding des Verbrechens, die mithilfe eines weltweiten Kontennetzes den immensen Geldstrom aus dem Drogenhandel säubert. Das ist das »Kerngeschäft« des Klans Cuntrera-Caruana.

Der Erste, der diese Geldwäscheaktivitäten untersuchte –

und dabei auf die Hilfe der Polizei in sieben Ländern bauen konnte –, war Ermittlungsrichter Falcone. Ihm gelang es, die Wege von 90 Millionen Narcodollars nachzuverfolgen, die über Banken und Gesellschaften dreier Kontinente verschoben worden waren. Seine Ermittlungen führten am 15. Dezember 1989 zur Blitzverhaftung der gesamten Finanz-Elite der Cosa Nostra und zum Zusammenbruch der mafiösen »Wall Street«.

In der Schweiz lief das Drogengeld vor allem in den Bankplätzen Lugano, Chiasso und Zürich zusammen. Dort wurde es auf ein dichtes Netz von Nummernkonten aufgeteilt, die Pasquale Cuntrera kontrollierte. Zu den Banken, denen der Klan sein Geld anvertraute, gehörten unter anderen: die Discount Bank, die UBS, die Credito Svizzero, die Banque de la Suisse, die Banque du Crédit Commercial, die Rohner Bank und die Bank Edmond de Rothschild. Von der Eidgenossenschaft aus floss das Geld in drei Richtungen: nach Thailand, in die Türkei und nach Sizilien. Damit bezahlte man die Heroinlieferanten. Die Gewinne hingegen wurden nach Venezuela abgeführt. Sie flossen in die fünfzig Treuhandgesellschaften der Caruana und auf die Konten der Cuntrera. Oder sie wanderten gleich in die Fiskalparadiese der karibischen Inseln, nach Aruba[24] zum Beispiel, wo der Klan ein Spielkasino betrieb und bei der Citibank Oranjestad[25] weitere Konten unterhält. Der Leiter der Abteilung »Wirtschaftskriminalität« der Polizei, Alessandro Pansa, erklärt nach Abschluss der Operation: »Wir haben auf drei Konten und bei 52 Banken die Bewegungen von 33 Millionen Dollar rekonstruiert. Und wir sind sicher, dass diese Summe nur etwa 20 Prozent der jährlichen Einnahmen des Klans Cuntrera-Caruana ausmacht.«

Dies würde bedeuten, dass der Klan einen jährlichen Umsatz von 165 Millionen Dollar erzielt. Außerdem soll der Klan die Verbindungen nach Sizilien und zur Discount Bank nie gekappt haben. Und dies ist nun die Bank, welche die immobiliaren Anfänge von Silvio Berlusconi finanziert. Sie wird der Geldwäsche verdächtigt[26] und findet ebenfalls im Dossier vom

28. Dezember 2004 Erwähnung, das die Staatsanwälte Tescaroli und Monteleone zum Mordprozess »Roberto Calvi« erstellt haben. In den Prozessakten wird im Zusammenhang mit dem Thema »Geldwäsche« auf die Drogengeschäfte verwiesen, die der Boss von Altofonte, Francesco Di Carlo, mit dem Klan Cuntrera-Caruana abwickelte.

Im Besonderen geht aus den Gerichtsakten hervor, dass nur wenige Tage nach der Ermordung Calvis am 18. Juni 1982 in Zürich vom 15. bis zum 28. Juli 1982 mehrere »Treffen« verschiedener Mitglieder der Cosa Nostra stattfanden, zu denen auch Alfonso Caruana gehörte. Diese Treffen dienten der »Aufteilung der Vermögenswerte des Banco Ambrosiano oder anderer, auf Calvi zurückzuführender Vermögensanteile«. Carboni, der Teilhaber Berlusconis an den Sardinien-Projekten (der heute wegen Beihilfe zum Mord an Calvi angeklagt ist), war zu jener Zeit in der Schweiz untergetaucht. Verhaftet wurde er dort interessanterweise nach dem letzten Meeting am 30. Juli 1982.

Damit sind die Verdachtsmomente bei weitem noch nicht erschöpfend aufgezählt. Auf Alfonso Caruana lautet das Konto Nr. L13492 bei der Discount Bank Overseas von Lugano,[27] von dem am 14. Juni 1982 100 000 Dollar an Francesco Di Carlo überwiesen wurden. Außerdem ist er Inhaber des Kontos Nr. AL160382 bei der Filiale der Discount Bank in Amsterdam, wo am 16. Juni 1982 50 000 Dollar von oben genanntem Konto der Discount Bank in Lugano eingingen.[28]

Nun, Francesco Di Carlo – vulgo »Frankie, der Würger« – wurde von mehreren Kronzeugen wie zum Beispiel Tommaso Buscetta als einer der Mörder Calvis bezeichnet. Und er nahm am »Gipfeltreffen« zwischen Stefano Bontate, Mimmo Teresi und Silvio Berlusconi teil, das 1974 in den Räumen der Edilnord stattfand (siehe Kapitel 8).

Anscheinend sind die Verbindungen zwischen Berlusconi und der Israel Discount Bank bis heute nie unterbrochen worden. Denn gründliche Recherchen haben ergeben, dass zu den

Aktionären der Discount Bank wiederum Gesellschaften zählten, welche zu den Vorgängerunternehmen des Berlusconi-Imperiums gehörten.

Zu den Top-Shareholdern der Israel Discount Bank rechnen heute Investmentfonds der Berlusconi-Gruppe wie zum Beispiel die Mediolanum International Fonds (Mediolanum Top Managers und Mediolanum Emerging Markets Alpha). Berlusconi ist heute Aktionär jener Bank, die einst seine Anfänge finanzierte.

Tarak Ben Ammar und Craxi … in Tunesien

Eine zentrale Bedeutung für Berlusconis Verbindungen in den Nahen Osten hatte stets der Finanzier Tarak Ben Ammar, Berater nicht weniger Milliardäre.[29] Ben Ammar wurde am 12. Juni 1949 in Tunis geboren. Zu dieser Zeit war Tunesien noch französisches Protektorat. Die Familie Ben Ammars tat sich in jenem politischen Prozess hervor, der schließlich 1956 zur nationalen Unabhängigkeit führte. Der erste Präsident der Republik Tunesien, Habib Bourguiba, ehelichte die Tante Ben Ammars. Dessen Vater wirkte zunächst als tunesischer Botschafter in Frankreich, dann in Deutschland und Italien. Bourguiba war der Mann, der die arabischen Länder dazu brachte, 1965 den Staat Israel anzuerkennen. Aus diesem Grunde wurden später auch auf Tarak Ben Ammar Anschläge verübt. Taraks Mutter war Katholikin, sein Vater Moslem. Der Junge machte sein Diplom an der Georgetown University, bevor er an der Harvard Business School angenommen wurde. Doch Tarak Ben Ammar nahm das Studium an der renommierten Wirtschaftsuniversität nicht auf. Er sah seine Zukunft im Filmgeschäft und gründete 1974 die Carthago Films, eine Produktionsgesellschaft, die unter anderem für George Lucas und Steven Spielberg arbeitete. Ben Ammar heiratet eine katholische Polin. Wie kein anderer versteht er es, seinen kosmopolitischen Hintergrund für das Knüpfen Gewinn bringender Kontakte zu nutzen. In den siebziger Jahren lernt er Leo Kirch kennen und produziert mit ihm Franco Zeffirellis Verfilmung von Verdis »La Traviata«. Das Filmbusiness bringt Ben Ammar in Kontakt mit sehr, sehr reichen Leuten.

Darunter ist auch Silvio Berlusconi. Dieser fliegt 1983 gar nach Tunesien, um Ben Ammar kennen zu lernen. Nach dem Shakehands in den Carthago-Studios begeben die zwei Geschäftsleute sich zum Abendessen bei einem gemeinsamen Freund: Ministerpräsident Bettino Craxi, der die Begegnung der beiden in die Wege geleitet hat.

Ammar berichtet, der italienische Botschafter habe ihn angerufen und ihn gebeten, sich mit Berlusconi, der etwa ein Jahr zuvor seinen zweiten Fernsehsender gegründet hatte, zu treffen: »Damals war Silvio noch kein großes Tier im Bereich von Kino- und Fernsehrechten. Aber er sagte mir, dass er ins Filmgeschäft wolle.«[30]

Im Jahr 1983 begannen Berlusconi und Ben Ammar ihre Zusammenarbeit. Zunächst produzierten sie gemeinsam eine Miniserie fürs Fernsehen. Das Teamwork funktionierte so gut, dass sie 1989 eine gemeinsame Firma aus der Taufe hoben, die Quinta Communications, eine Produktions- und Distributionsgesellschaft mit Sitz in Paris. Heute ist aus der ursprünglichen Gesellschaft für Auftragsproduktionen ein Imperium mit einem Jahresumsatz von mehr als 100 Millionen Dollar geworden.

Seit dieser Zeit sind die freundschaftlichen Bande, die Silvio und Tarak verbinden, gleichsam aus Stahl geschmiedet und halten auch neugierigen Ermittlerblicken stand. Als 1992 die Mailänder Staatsanwälte die Operation Mani Pulite starteten, geriet zusammen mit anderen Politikern auch Bettino Craxi in ihr Visier. Man ermittelte gegen ihn wegen Bestechlichkeit. 1994 floh Craxi nach Tunesien und wurde in Abwesenheit verurteilt.[31] Im selben Jahr wandte Berlusconi sich der Politik zu und wurde zum Ministerpräsidenten Italiens gewählt. Doch nicht allzu lange, und die Richter begannen, auch gegen ihn zu ermitteln. Unter den vielen Vorwürfen, die gegen ihn erhoben wurden, fand sich eine klärungsbedürftige finanzielle Transaktion, in die Tarak Ben Ammar verwickelt war.

Als die Staatsanwaltschaft Berlusconi beschuldigte, zum Zwecke der Politikerbestechung 10 Millionen Dollar auf ein Offshore-Konto eingezahlt zu haben, eilte Ben Ammar seinem Freund zu Hilfe und sagte aus, dieses Geld sei für ihn bestimmt gewesen – als Honorar für geleistete Dienste, denn er habe in den frühen neunziger Jahren einen Filmkatalog für Berlusconi verkauft und dafür Provision erhalten. Er bestätigte, dass Berlusconi selbst ihn gebeten hatte, das Geld auf ebenjenem Schweizer Konto zu hinterlegen, das für die Politikerschmiergelder benutzt wurde. Ben Ammar jedoch meinte, dieses Geld diene keineswegs der Bestechung, sondern der Unterstützung der PLO, welche von 1982 bis 1994 ihre Operationsbasis in Tunesien hatte.[32]

Ben Ammar erzählt, dass Berlusconi ihn 1994 beauftragte, neue Investoren für den Konzern zu finden.[33] »Ich bin Berater einiger ›Big Boys‹, die ihre Geschäftsprobleme mithilfe der großen Investmentbanken einfach nicht lösen können. Meine Aufgabe ist es, Silvio, Murdoch und dem Prinzen Al Waleed jene Informationen zukommen zu lassen, die sie sich gegenseitig nicht geben könnten«, beschreibt er seine Rolle.

Rupert Murdoch hat dies bestätigt: »Tarak kennt weit mehr Leute als jeder Investmentbanker.« Ben Ammar, der fließend Arabisch, Englisch, Französisch und Italienisch spricht, erhält Provisionen von bis zu 3 Prozent der gigantischen Summen, für die er lukrative Anlagestrategien vermittelt. Der Durchschnitt liegt bei 1,5 bis 2 Prozent.

Und so blätterte Berlusconi 1995 eine gewaltige Summe hin, damit Ben Ammar den deutschen Medienmogul Leo Kirch, den Prinzen Al Waleed und andere Geldgeber dazu brachte,

1 Milliarde Dollar in Berlusconis Fernsehunternehmen Mediaset zu investieren.

Außerdem verhalf Ben Ammar Murdochs News Corporation zu einem Investment von 400 Millionen Dollar vonseiten Al Waleeds. Und Kirchs Pay TV 1999 zu einer Finanzspritze von 1,4 Milliarden Dollar. Dieses Mal bezahlte Murdoch. Kirch seinerseits bezahlte Ben Ammar, weil dieser Berlusconi, die Lehman Brothers Holding und Al Waleed überzeugt hatte, 1,4 Milliarden Dollar in die KirchMedia GmbH zu stecken. 2003 schließlich schließt Tarak Ben Ammar endlich zur italienischen Hochfinanz auf. Er wird Berater des Finanziers Vincent Bolloré, des Großaktionärs von Mediobanca, der sich gerade in einer Übernahmeschlacht um die Mediobanca (eine der größten Handelsbanken, die jahrzehntelang von Enrico Cuccia geleitet wurde) befindet, sowie um deren Tochtergesellschaft, die Generali-Versicherung,[34] einer der größten Versicherungsgesellschaften Europas.

Doch die Ratschläge Ammars zeitigen nicht immer die gewünschte Wirkung, denn die Kirch-Gruppe ging 2002 bankrott. Es handelte sich um eine der schlimmsten Unternehmenspleiten seit Kriegsende. Kirch hinterließ Schulden von knapp 1,9 Milliarden Dollar. Und die von Ben Ammar beratenen Investoren verloren alles. Dennoch besitzt Tarak Ben Ammar immer noch das Vertrauen der »Big Boys«.

Ammar selbst hat erzählt, dass er von Berlusconi gebeten wurde, nach dem spektakulären Sturz Bettino Craxis neue Investoren für dessen Konzern zu suchen. Es war nur zu offensichtlich, dass der Konzern ohne die schützende Hand seines politischen Paten unter die Räder zu geraten drohte, war er doch hoch verschuldet und in mehrere Ermittlungsverfahren verwickelt. Tarak Ben Ammar wird aktiv. Er nimmt Kontakt mit seinem Jugendfreund Al Waleed auf. »Er stammt aus Saudi-Arabien, ist jedoch ein eher amerikanischer Typ. Daher brachte ich ihn zu Silvio.«[35] Tatsächlich war Al Waleed am Menlo College in Kalifornien ausgebildet worden und war der erste nichtkörperschaftliche Aktionär der Citigroup Inc. und des Vergnügungsparks Eurodisney in Paris.

Interessanterweise hat Al Waleed auch mit dem Libanon zu tun, denn er gehört zu den größten Auslandsinvestoren beim Wiederaufbau des Landes. Der saudische Prinz, dessen Privatvermögen auf etwa 12 Milliarden Dollar geschätzt wird, beteiligt sich mit 110 Millionen Dollar am Bau eines 260-Zimmer-Hotels mit Einkaufszentrum. Dazu kommen weitere Projekte. Die Beteiligungen des Prinzen und Neffen von König Fahd umfassen unter anderem Computerfirmen, Luftfahrtgesellschaften, Hotels und Fernsehgesellschaften.

Al Waleed machte in der Finanzwelt zum ersten Mal von sich reden, als er 1990 eine 4-Prozent-Beteiligung an der größten Bank der USA, der Citicorp Inc., erwarb, die er später mit einem Gewinn von 150 Prozent wieder verkaufte – um andere Transaktionen zu tätigen. Seit damals hat er ein Beteiligungsportfolio zusammengetragen, das sogar manche Handelsbank vor Neid erblassen ließe. Dabei legte er stets starkes Interesse an Radio- und Fernsehgesellschaften an den Tag.

Im Mai 1995 brachte Tarak Ben Ammar Prinz Al Waleed zum Essen in die Casa Berlusconi in Arcore mit. Es scheint sofort gefunkt zu haben, denn Al Waleed investierte insgesamt 100 Millionen Dollar in Mediaset, damals die größte Gruppe von privaten Fernsehsendern in Italien. Doch Ben Ammar ließ es damit nicht genug sein. Er setzte die nötigen Hebel in Bewegung, damit 1995 ein Konsortium 1 Milliarde Dollar in den Konzern investierte. Die meisten Aktien kauften Leo Kirch und die niederländische Nethold-Gruppe, die heute zu Canal Plus gehört, dem größten Pay-TV-Betreiber Europas.

1996 ging Berlusconi an die Börse und bot einen Teil seiner Aktien zum Verkauf an. Durch dieses komplexe Manöver gelang es ihm, die Mediaset-Gruppe zu retten. Das Privatfernsehen setzte sich in Italien durch, und im Jahr 2000 hatte sich der Wert der von Al Waleed erworbenen Aktien versiebenfacht. Der

Prinz bat Ben Ammar, ihn im Vorstand der Mediaset zu vertreten, eine Bitte, der dieser auch nachkam, bis Al Waleed 2003 seinen Anteil am Berlusconi-Fernsehen wieder abstieß.

Doch Ben Ammar ist noch weiter in der italienischen Fernsehlandschaft tätig. So verhalf er Rupert Murdoch zum Eintritt in den italienischen Markt. Dieser gründete die Sky Italia TV. Zu diesem Zweck erwarb er vorher nach dreijährigen Verhandlungen zwei italienische Pay-TV-Gesellschaften, eine von der Telecom Italia (Stream TV) und eine von Vivendi (Telepiù).

Heute führt Ben Ammar seine Geschäfte vom Pariser Sitz der Quinta Communications aus. Seine Holland Group beteiligt sich an Filmproduktionen und besitzt Produktionsstätten in Rom und Hammamet. In Italien, Frankreich und Spanien kauft und verkauft Ben Ammar Fernsehrechte. Inzwischen ist er nicht mehr länger nur Mittler zwischen den Medienmoguln, sondern selbst einer der großen Player im europäischen Fernsehen geworden.

Tarak Ben Ammar setzt sich dafür ein, dass Silvio der mächtigste Mann Italiens und einer der einflussreichsten in Europa bleibt, verfügt er doch über ein Geflecht von Allianzen, das ihn mit Medienzaren wie Rupert Murdoch und den Spitzen der Finanzwelt verbindet. Aber Tarak will offenkundig noch höher hinaus, denn er bemüht sich, die Macht Berlusconis durch Begründung einer Art »europäischer Dynastie« dauerhaft zu festigen.

Finanzanalysten[36] deckten einen Masterplan auf, dem zufolge eine Fininvest 2 entstehen soll, deren Vorsitz Berlusconis Kinder aus erster Ehe, Marina und Pier Silvio, übernehmen sollen. Damit hätte der Berater Tarak zwei Fliegen mit einer Klappe geschlagen: Die Grundlage für den Interessenkonflikt, den die politischen Gegner Silvio Berlusconi ständig vorhalten, wäre beseitigt. Und er hätte das Vermögen des Magnaten elegant zwischen den Kindern aus erster und zweiter Ehe aufgeteilt. Da sind zum einen Marina und Pier Silvio, die Kinder aus der Ehe mit Carla Dall'Oglio. Und zum anderen die drei Nachkommen aus der Verbindung mit Veronica Lario. Die beiden Kinder aus erster Ehe würden das Industrie-Imperium erben, also vor allem Mediaset und später auch Mondadori. Luigi, Barbara und Eleonora hingegen bekämen die Fininvest, die vor Liquidität nur so strotzt und eine Beteiligung an der Mediolanum (Versicherungen, Banken, Finanzprodukte) hält. Würde die Fininvest Mediaset verkaufen, so brächte ihr dies etwa 4,5 Milliarden Euro ein. Die erforderlichen Transaktionen obliegen einmal mehr Tarak Ben Ammar, dem französisch-tunesischen Geschäftsmann.

Und tatsächlich wurde der Plan mit viel Gefühl für gutes Timing in die Tat umgesetzt. Mitte April 2005[37] platzierte die Fininvest einen 17-prozentigen Anteil an der Mediaset an der Börse, wofür sie die unglaubliche Summe von 2 Milliarden Euro erhielt. Nun hält sie nicht mehr 50,9 Prozent an der Mediaset, sondern nur noch 34,3 Prozent. Die Gruppe kündigte am 13. April 2005 an, die Platzierung von 197 Millionen Stammaktien der Mediaset, entsprechend 16,68 Prozent des Stammkapitals, an institutionelle und ausländische Anleger[38] ordnungsgemäß gemeldet zu haben: »Mit dem so aufgebrachten Kapital«, heißt es in der Unternehmensmeldung weiter, »will die Fininvest die eigenen Verbindlichkeiten ausgleichen und Liquidität für neue Transaktionen schaffen«.

Also für den Erwerb von Banken, Versicherungen, bedeutenden Zeitschriften. Was man halt so braucht, um in Italien an der Macht zu bleiben.

Instrument dieser Macht ist eine Unternehmensgruppe, die mit dubiosem Kapital und zweifelhaften politischen Beziehungen aufgebaut wurde. Nach dem Verkauf des 17-Prozent-Paketes ließ die Fininvest verlauten, dass sie ja immer noch eine direkte und indirekte Beteiligung von 34,3 Prozent an der Mediaset halte und so als verlässlicher Aktionär die entsprechenden Managementqualitäten sicherstellen könne. Die Kinder Berlusconis, Pier Silvio und Marina, sprachen ihre Zustimmung zu der Transaktion aus und ließen so durchblicken, dass Europa noch lange Zeit mit der Berlusconi-Dynastie zu rechnen haben wird.

Farouk Agrama

Neben Tarak Ben Ammar und Prinz Al Waleed findet sich in Berlusconis Nahost-Connection noch eine Figur, die einem Roman mit exotischem Ambiente entsprungen sein könnte: der libanesische Ägypter Farouk Mohammed Agrama mit dem schlichten Beinamen »Frank«. Er ist von zentraler Bedeutung, was die Schwarzgeldkassen Berlusconis angeht. Agrama wurde in Ägypten geboren, seine Ausbildung machte er jedoch im Libanon, wo er bald als Regisseur bekannt wurde. Gegen Ende der sechziger Jahre kommt er nach Rom, gründet dort die Film Associates of Rome (Far) und beginnt mit der Produktion von Trashfilmen, bei denen er auch Regie führt; zum Beispiel »Der Freund des Paten«, »Sex und Wahnsinn«, »Queen Kong« oder »Was man mit sieben Frauen alles machen kann«.

Während Berlusconi im Juli 1979 etwa dreihundert Filme der Produktionsgesellschaft Titanus aufkauft, um das Abendprogramm seines Senders Canale 5 zu füllen, kauft Agrama die Rechte an verschiedenen Fernsehformaten. Wenige Monate später geht er nach Kalifornien, wo er für die Paramount arbeitet. 1983 gründet er die Produktionsgesellschaft Harmony Gold mit Sitz am legendären Sunset Boulevard.

Ein umfangreiches Ermittlungsverfahren der Mailänder Staatsanwaltschaft, das 2001 in die Wege geleitet wurde, ergab, dass der 75-jährige Agrama vermutlich geheimer Teilhaber Berlusconis war. Zusammen schufen sie mithilfe enormer Steuerhinterziehungen gut gefüllte »schwarze Kassen«. Gegen den Geschäftsmann ägyptischer Abstammung und weitere fünfzehn Angeklagte wurde ein Verfahren eingeleitet, in dem es um An- und Verkauf von Fernsehrechten der Mediaset geht.

Die Staatsanwälte Alfredo Robledo und Fabio De Pasquale

legen Agrama folgende Delikte zur Last: Unterschlagung, Steuerhinterziehung und Bilanzfälschung. In Bezug auf diese Anklagepunkte wurde gegen ihn ein Verfahren beantragt, der Ermittlungsrichter Fabio Paparella gab dem Antrag statt.

Genau dieselben Delikte werden auch Silvio Berlusconi vorgeworfen. Die Guardia di Finanza von Mailand hat im Herbst 2005 die Räumlichkeiten von Mediatrade durchsucht, der Vermarktungsfirma von Mediaset. Alle Verträge über den Ankauf von Fernsehrechten zwischen Agrama und der Mediatrade wurden beschlagnahmt. In diesem Zusammenhang hat die Mailänder Staatsanwaltschaft am 28. November 2005 neue Ermittlungen gegen Farouk Agrama eingeleitet.

Wie aber begann dieses neue Justizabenteuer Silvio Berlusconis? Und wer ist eigentlich dieser Agrama?

Der Geschäftsmann ist auf der Halbinsel Sinai geboren, also zwischen Ägypten, dem Libanon und Israel. Nach kurzem Erfolg mit Billigfilmen wie einem Remake von »In achtzig Tagen um die Welt« verschwindet er künstlerisch in der Versenkung. Auf dem Tiefpunkt seiner Karriere verkauft Agrama Hemden in den Büros der Paramount. In ebenjenen Büros aber begegnet ihm in den achtziger Jahren auch das Glück, denn der charismatische Verkäufer fügt seinen zahlreichen Aktivitäten noch eine weitere hinzu: Er wird bei Lizenzverhandlungen großer Filmgesellschaften auf internationaler Ebene als Mittler tätig, zum Beispiel für die Fininvest.

Berlusconi braucht für seine mittlerweile drei Privatsender Filme? Kein Problem. Genau dafür ist Farouk Agrama da. Der Filmproduzent hat seinen Geschäftssitz in Kalifornien, doch seine Jahre in Rom hat er nicht vergessen.

Nun betreten einige Vertraute Berlusconis die Szene. Wie Giorgio Vanoni, der die Auslandsgeschäfte der Fininvest managt. Oder Carlo Bernasconi, der ehemalige Verantwortliche für die Silvio Berlusconi Communications, der im Jahr 2001 den Tod fand. Wie Daniele Lorenzano, der in Los Angeles sitzt, der Filmstadt schlechthin. Aber auch andere werden für Berlusconi tätig, Leute, die später von Staatsanwälten als »geheime Teilhaber« bezeichnet werden. Wie Agrama. Wieder andere haben von Anfang an nur die Funktion von Strohmännern inne. Zu ihnen zählt Paolo Del Bue, Angestellter der Arner Bank in Lugano, der »persönlichen« Bank der Berlusconi-Familie. Oder Erminio Giraudi,[39] ein Italiener, der in Monte Carlo sein Glück gemacht hat.

Den Ermittlungen[40] der Mailänder Staatsanwaltschaft zufolge stehen hier zwei mysteriöse Auslandsgesellschaften im Fokus, die mit der luxemburgischen Silvio Berlusconi Finanziara zusammenarbeiten: die Century One und die Universal One. Auf deren Schweizer Konten landete ein Großteil des Schwarzgeldes (104 Milliarden Lire), die »auf Bankkonten in der Schweiz, auf den Bahamas, in Monte Carlo abgezweigt wurden. Über diese Gelder wurde von den Angeklagten verfügt.« Sie wurden von »Berlusconis Treuhandgesellschaften verwaltet«.

Wie kommt es nun zu den »schwarzen Kassen«? Sie sind das Resultat aus einem genial ersonnenen System von »Preisaufschlägen«, die im Zusammenhang mit dem Kauf von Filmrechten in Amerika anfallen. Mediaset kauft diese Rechte nämlich nicht direkt. Sie lässt sie vielmehr von Offshore-Gesellschaften wie der Century One und der Universal One erwerben, die sie wiederum an andere »Zwillingsgesellschaften« verkaufen – eine Art Schneeballgeschäft, bei dem der Preis mit jedem Zwischenschritt ansteigt. Natürlich nur zum Schein, so die Staatsanwaltschaft. Ein kleiner Aufschlag hier, ein kleiner Aufschlag dort, und schon haben wir den vollkommen überhöhten Endpreis, dessen Differenz zum realen Wert in die schwarzen Kassen fließt. Und nicht nur dorthin. Denn der Staatsanwaltschaft zufolge rollt der Rubel auch in die Taschen der Beteiligten. Vor allem in die Silvio Berlusconis.

Die Technik ist wirklich meisterhaft. Der Ursprungsvertrag, der »Master«-Vertrag, mit einer Laufzeit von fünf Jahren wird in zahlreiche Subkontrakte aufgeteilt und zu einem Preis weiterverkauft, der fast immer doppelt so hoch ist wie der von den großen Filmgesellschaften in Rechnung gestellte. In die Bilanzen der Fininvest hingegen fließt der durch die zahlreichen Wiederverkaufsvorgänge aufgeblähte Preis ein. Auf diese Weise bleibt in den Offshore-Gesellschaften der Fiskalparadiese das Kapital hängen, das die »schwarzen Kassen« füllt. Jenes Kapital, das Silvio Berlusconi eine Anklage wegen Unterschlagung, Bilanzfälschung und Steuerhinterziehung eingetragen hat. Es geht dabei um einen Betrag von 126 Milliarden alter Lire, umgerechnet also zirka 600 Millionen Euro.

Das System funktioniert prächtig und erlaubt Berlusconi, in seinen Bilanzen hohe Verluste zu deklarieren, welche seine Steuerlast senken. Die Staatsanwälte aber erblicken hierin schnöde Steuerhinterziehung. Mit dieser Preiskaskade häuft Berlusconi in sonnigen Steuerparadiesen fern aller Finanzaufsicht Talerchen auf Talerchen. Der Staatsanwaltschaft zufolge wird bei dieser Gelegenheit das eine oder andere Geldstückchen auch noch gewaschen. Und tatsächlich wird gegen die Kinder Berlusconis aus erster Ehe, Marina und Pier Silvio, diesbezüglich ermittelt.

In der Beziehung zwischen Berlusconi und Agrama gibt es gute und auch schlechte Zeiten. Gegen Ende der achtziger und Mitte der neunziger Jahre kommt es zu zwei eher hässlichen Szenen. Die von den Filmstudios erworbenen Rechte werden nur zögerlich bezahlt. Die Fininvest steckt in der Krise. Frank Agrama, der die Gesellschaft mit Filmen beliefert, beschwert sich beim Cavaliere. Silvia Cavanna, Angestellte der Mediaset-Gruppe, die sich zur Zusammenarbeit mit der Justiz bereiterklärt hat, berichtet, dass Agrama den großen Boss höchstpersönlich angreift: »Die pfänden mir doch mein Haus in den Staaten!« Aber sein alter Freund Silvio, den er aus den Tagen kennt, als er in Rom noch B-Movies produzierte, lacht nur.

Doch am Ende versöhnen Silvio und Farouk sich wieder, verbindet sie doch so manches, vor allem geschäftliche Interessen, welche die Staatsanwälte Robledo und De Pasquale so beschreiben: »Agrama ist der geheime Teilhaber Berlusconis in den Gesellschaften Harmony Gold und Wiltshire Trading[41] in Hongkong sowie der Melchers NV auf den Niederländischen Antillen.« Die beiden Letztgenannten erhielten zwischen 1988 und 1999 etwa 170 Millionen Dollar auf ihre Konten bei der Sanwa Bank in Los Angeles gutgeschrieben. Dieser Betrag stellt »die Differenz zwischen dem Betrag dar, den Agrama von der Fininvest bzw. der Mediaset für den Kauf von Produkten der Paramount erhalten hat, und dem Betrag, der wirklich an die Paramount ging.«

Was macht das schon, wenn die Muttergesellschaft Probleme hat, die gekauften Filmrechte zu bezahlen? Beim globalen Handel mit Filmrechten in den diversen Fiskalparadiesen bleiben letztlich doch ganz schöne Summen »hängen«. Und es gibt nicht wenige, die sich an diesen Schwindel erregenden Kapitaltransfers beteiligen.

Die Methode »Al Capone«

Wer den 500 000-seitigen (!) Ermittlungsbericht der Mailänder Staatsanwaltschaft liest, verliert leicht den Überblick angesichts Dutzender Gesellschaften, die für Silvio Berlusconi tätig wurden. Als spielte man »stille Post«, wobei ständig die Filmtitel geändert werden, während man die Rechte mithilfe zahlloser Offshore-Gesellschaften über den Globus verschiebt. Doch auch jene Affäre hat ihren »Deep Throat«. Das Vögelchen, das für den Staatsanwalt singt, heißt in diesem Fall Silvia Cavanna.[42] Sie hat fünfzehn Jahre lang für die Fininvest-Gruppe gearbeitet. Ihre Aussage steht im Ermittlungsbericht schwarz auf weiß zu lesen: »Als Bernasconi aus Arcore zurückkam, sagte er zu mir: ›Silvio haut bei den Preisen ganz schön was drauf.‹ Damit bezog er sich auf den Kostenanstieg.«

Und noch ein Vögelchen hat das Singen erlernt, seit die

Staatsanwälte Robledo und De Pasquale ihre Ermittlungen aufgenommen haben (Näheres zu dieser Quelle im 14. Kapitel). Beide Staatsanwälte sind der Auffassung, dass die Aussage dieses Mannes dazu beitragen könnte, Silvio Berlusconi und seine Helfershelfer endlich unter Anklage zu stellen. Der Herr heißt David Mills. Er gehört zu den renommiertesten Anwälten Londons. In der Downing Street Nr. 10, wo der britische Premierminister zu Hause ist, geht David Mills ein und aus. David Mills hat Silvio Berlusconi sein profundes Wissen zum Thema »Gesellschaftsrecht« zur Verfügung gestellt und sich – wie man in den 21 ihm gewidmeten Seiten der Anklageschrift lesen kann – »um die Unterzeichnung der Scheinverträge gekümmert, mit denen die Senderechte zwischen den verschiedenen Gesellschaften der Fininvest hin und her geschoben wurden«.

Das System funktionierte aufs prächtigste. Zwischen 1994 und 1995 erreichte es seinen Höhepunkt. Der Wert der zu jener Zeit erworbenen Senderechte wurde in dem undurchdringlichen Geflecht der Scheingesellschaften um die stattliche Summe von 300 Milliarden Lire, etwa 150 Millionen Euro, aufgebläht. Kein Wunder also, dass man innerhalb der Berlusconi-Gruppe sofort reagierte, als durchsickerte, dass diesbezüglich Ermittlungen eingeleitet werden sollten. Die Festplatten der Computer in Mailand wurden aufgeräumt. Ganze Container mit Dokumenten wanderten von Lugano nach Luxemburg – in die Festung des Opus Dei, wo die Geheimnisse Silvio Berlusconis gehütet werden. Natürlich mit einem One-Way-Ticket.

Die Mailänder Staatsanwälte haben schließlich die Methode »Al Capone« reaktiviert. Anders als die Staatsanwaltschaft in Palermo, die versucht, Berlusconis Beziehungen zur Mafia nachzuweisen (was naturgemäß nicht leicht fällt), setzen die Mailänder Ankläger auf Nachforschungen wegen Steuerhinterziehung. Man kontrolliert Rechnungen, Kontoauszüge und Überweisungen, um den »schwarzen Kassen« auf die Spur zu kommen. Dieselbe Technik nutzte Elliott Ness mit seinem

Team der »Untouchables«, um Al Capone dingfest zu machen, den legendären Mafiaboss aus dem Chicago der dreißiger Jahre.

Alfredo Robledo und Fabio De Pasquale erforschen seit dem Jahr 2001 unermüdlich den komplexen Mechanismus aus Scheinrechnungen und Scheingeschäften, der zuerst die Fininvest und später die Mediaset in die Lage versetzte, die italienischen Finanzbehörden um mehrere Millionen zu betrügen. Die Familie Berlusconi bereicherte sich dabei möglicherweise auf Kosten ihrer Unternehmen.

Bislang hat der italienische Regierungschef nie auf die zahllosen Fragen geantwortet, die dieses Ermittlungsverfahren aufwirft. Seine Kinder, Marina und Pier Silvio, stehen aktuell im Verdacht, Gelder zweifelhafter Herkunft gewaschen zu haben, und sind ebenfalls ins Visier der Ermittler geraten. Denn beide sind »wirtschaftliche Eigentümer« der Century One und der Universal One.[43]

Angesichts der Unmenge belastenden Materials schlug die Mediaset eine neue Verteidigungsstrategie ein: Man gibt zu, dass Berlusconi vor dem Börsengang an derartigen Manipulationen beteiligt war. Für jene Zeit ist unwiderlegbar bewiesen, dass die »Preisaufschläge« in die Taschen der Familie Berlusconi flossen. (Auch Marina und Pier Silvio Berlusconi haben diesbezüglich Unterschriften geleistet.) Aktionäre jedoch seien nicht geschädigt worden, weil die Firma damals zu 100 Prozent im Eigentum der Familie stand. Dass diese Geschäfte nach dem Börsengang der Mediaset weitergingen, wird jedoch in Abrede gestellt. Wenn sich jemand nach dem Going public auf diese Weise widerrechtlich Geld angeeignet hätte, dann könnten dies nur Frank Agrama und ein paar irregeleitete Manager bei Mediaset gewesen sein.

Die Prozesse werden zeigen, ob die Anklagepunkte der Mailänder Staatsanwaltschaft für eine Verurteilung ausreichen. Doch – wie wir bereits in anderen Kapiteln dieses Buches erläutert haben – es besteht die Gefahr, dass es nie zum Prozess kommt. Die Ermittlungen fanden in einem Umfeld steter Gesetzesänderungen statt, die dem Ministerpräsidenten das italienische Rechtssystem auf den Leib schneiderten: das Gesetz über Bilanzfälschung, Amnestie für Steuersünder, Amnestie und Steuergeschenke bei Rückführung von ins Ausland verlagertem Kapital nach Italien (das Tremonti-Gesetz), Behinderungen jeglicher Art bei Amtshilfeersuchen im Ausland (die zunächst per Gesetz deutlich erschwert werden sollten, um sodann vom Justizminister Roberto Castelli auf jede erdenkliche Weise blockiert zu werden) sowie der verfassungswidrige Versuch, die Inhaber der fünf höchsten Staatsämter während der Amtszeit von jeglicher Strafverfolgung auszunehmen. Und nun das Gesetz, das man in Italien »Salva Previti« nennt, also »Rettungsaktion für Previti«, bei dem es um die Verkürzung von Verjährungsfristen bei bestimmten Delikten (unter anderem Bestechung) geht. In Wirklichkeit sollte dieses Gesetz »Salva Berlusconi e Previti« heißen, denn es würde beiden Herren den Hals retten.

Dieses Gesetz wurde Ende November 2005 von der Mehrheit Berlusconis im Parlament verabschiedet. Wenn es vom Staatspräsidenten und vom Verfassungsgerichtshof gebilligt wird, wird es auch der letzten Ermittlung gegen Berlusconi den Todesstoß versetzen. Ein weiteres Mal (das siebte!) würde sich Berlusconi – gegen den wegen Unterschlagung, Steuerhinterziehung und Bilanzfälschung ermittelt wird – der Justiz entziehen, nicht etwa, weil er unschuldig ist, sondern weil die Straftat verjährt »worden« ist.

Eine bittere Pille für die Staatsanwälte Robledo und De Pasquale, die vier Jahre lang an der Aufklärung dieses Falls gearbeitet haben. Sie haben Amtshilfeersuchen in zwölf Ländern der Erde gestellt, 500 000 Seiten Bericht mit Ermittlungsergebnissen gefüllt und 21 Bescheide »über den Abschluss der Ermittlungen« ausgestellt.

Besonders bitter aber wäre dies für die Bürger Italiens und die europäische Justiz, der einmal mehr das Recht genommen würde, die Wahrheit herauszufinden.

KAPITEL 11
Silvios Welt

Der Don Quijote aus der römischen Vorstadt

Wir befinden uns auf dem Weg in die römische Peripherie, entlang der Via Tiburtina. Es ist ein Viertel nahe der römischen Ringautobahn »Raccordo Anulare«, welches nicht das Glück gehabt hat, Brugherio oder Milano 2 zu heißen, sondern nur nach der römischen Konsularstraße benannt wurde. Als Trostpflästerchen ließ der römische Bürgermeister Walter Veltroni schon einmal eine Metrolinie verlegen. Die Haltestelle ist direkt vor dem Eingang eines riesigen Hallenkomplexes.

Dort treffen wir den Eigentümer eines nationalen Fernsehkanals für Italien, Francesco Di Stefano, den Gewinner einer regulären Ausschreibung für landesweite Frequenzen, der aber nicht senden darf – weil die Ausschreibung »schief gegangen« war und er, der unabhängige Dritte, gewonnen hatte und nicht der von den großen Parteien aller Lager vorbestimmte. Da nicht sein kann, was nicht sein darf, wartet Di Stefano seit 1999 auf die ihm garantierten Sendefrequenzen.

»Unsere Geschichte ist so absurd, dass sie mir im Ausland meist zuerst gar nicht geglaubt wird. Die halten mich für einen armen Spinner, der unter Größenwahn leidet. So ein eklatanter Rechtsbruch – das kann doch gar nicht sein, sagen die ausländischen Korrespondenten, Europarlamentarier und Anwälte zu mir, wenn ich ihnen meinen Fall erkläre. Es ist aber alles wahr. Traurige Realität im Italien unter Berlusconi, ein Unglück, das aber schon vorher begann, unter der Mitte-links-Regierung.«[1]

Es ist die Geschichte eines Unternehmers, der an Recht und Gesetz in Italien glaubte.

»Es war 1999, also noch unter dem Regierungschef Massimo D'Alema, Exkommunist und Chef der PCI-Nachfolgepartei DS, als wir mit dem Zusammenschluss einer Reihe kleinerer Sender, Centro Europa 7, bei der öffentlichen Ausschreibung um eine der sieben nationalen Fernsehlizenzen mitmachten.«

Nobelpreisträger Dario Fo und seine Frau Franca Rame haben den Versuch von Di Stefano, eine TV-Lizenz regulär per Ausschreibung zu erlangen, mit großer Aufmerksamkeit verfolgt – es wäre das erste Mal für Italien gewesen.

Hier erzählen Dario Fo und Franca Rame das Abenteuer eines Don Quijote aus der römischen Vorstadt: »Der gute D'Alema ruft zu einem nationalen Wettbewerb, zu einer öffentlichen Ausschreibung für die Frequenzen auf. Die Auswahlkommission wird vom Minister berufen, als deren Vorsitzenden beruft die Mitte-links-Regierung einen Anwalt der Berlusconi-Firma Mediaset. Berlusconi hofft nun sicher, dass er für seine drei Fernsehsender jetzt endlich reguläre Fernsehlizenzen erhält.

Im Juli 1999 kommt es zur Endausscheidung. Um Bewerber abzuschrecken, werden enorme formale Hürden aufgebaut. Es scheint klar, dass es niemandem gelingen sollte, das vorkombinierte Spielchen zu stören.

Doch da passiert das Unglück. Zur Kommissionstür kommt ein Typ mit einem riesigen Karton voller Dokumente herein und sagt: ›Buon giorno, ich bin Francesco Di Stefano von Europa 7 und möchte gerne zwei nationale Sendelizenzen haben, grazie.‹

Es herrscht Panik in der Kommission. ›Was ist denn das für ein Verrückter?‹

Es ist kein Verrückter, es ist ihr schlimmster Albtraum. Sie fangen sofort an, ihm Knüppel zwischen die Beine zu schmeißen: ›Ihnen fehlt die Bescheinigung 3457!‹ – ›Nein, die ist hier!‹ – ›Und haben Sie das Formular 13 in acht Sprachen ausgefüllt?‹ – ›Ich habe zwei Kopien davon mit, reicht das?‹

Aber dann finden sie die Lösung: ›Die Ausschreibung sieht vor, dass Sie 12 Milliarden für jede nationale Frequenz eingezahlt haben müssen, Sie haben aber nur 12 Milliarden eingezahlt, also können Sie nur eine nationale Lizenz beantragen!‹

Doch Di Stefano gibt sich nicht geschlagen, geht vor Gericht und bekommt Recht. Er darf im Wettbewerb mitmachen.«[2]

Für Berlusconi ist dieser Vorstadt-Entrepreneur eine böse Überraschung. Es gibt Konkurrenz im heimischen Hinterhof! Wer hätte damit gerechnet? Wo das Establishment Italiens doch folgende Rechnung aufgemacht hatte: drei Lizenzen für die staatliche RAI, damals unter Kontrolle der Mitte-links-Regierung, drei Sender für Berlusconi, alles wie gehabt, dazu noch eine weitere für einen Verbündeten beider Lager, Vittorio Cecchi Gori, einen Florentiner Filmproduzenten, der von den Filmen Berlusconis abhängig ist und politisch im Mitte-links-Bündnis steckt – er ist Abgeordneter des Bündnisses *Ulivo*. Dessen kleiner Sender Telemontecarlo würde auch nicht aus der Reihe tanzen.

Da taucht Di Stefano auf. Berlusconi muss sich der Konkurrenz stellen und verliert prompt eine Lizenz. Seiner Firma Mediaset bleiben noch zwei nationale Lizenzen, für Canale 5 und Italia 1, aber eben nicht für den Sender Retequattro. Die ist verloren.

Das ist das Problem, und zwar ein gewaltiges. Jede Veränderung der einbetonierten Medienlandschaft Italiens käme einem Dammbruch gleich. Ein Sender, der sich nicht an die ungeschriebenen Regeln zum Schutze Berlusconis hält, kann das ganze System zum Einsturz bringen. Es reicht ein einziger Sender, der die Tabuliste des italienischen Fernsehens nicht respektiert, und die Zuschauer könnten begreifen, dass die Tabus eben kein Tabu sind. Wobei es eigentlich nur eins gibt: über die Geschäfte Berlusconis und die Herkunft seines Geldes zu reden, zu schreiben, nachzudenken.

Das Mitte-links-Bündnis Italiens hat sich in seiner Mehrheit dem Tabu längst unterworfen. Denn auch diese Parteien haben einen Vorteil davon. Zumindest die beiden großen, die Links- und ehemaligen Christdemokraten, bekommen ihren Teil vom

Kuchen ab. Zwar nicht bei Berlusconis Sendern, da werden Spitzenpolitiker vom Bündnis *Ulivo*, später *Union*, zwar hin und wieder zu Talkshows eingeladen, nein, das begehrte Stück ist ein Teil der RAI. Das italienische Staatsfernsehen ist fest in der Hand der großen Parteien. Jede bekommt Direktorenposten, Sendungen, Korrespondenten und Studios zugeteilt. Im eigenen Revier dürfen die Parteien dann ziemlich frei schalten und walten. So kommt es, dass die »politisch gefährlichen« Sendungen oft direkt von den Parteisekretariaten bestimmt werden. Die Direktoren wissen, was sie sagen dürfen; wenn nicht, hagelt es nach der Ausstrahlung Telefonate: Pro Nachrichtensendung rufen bis zu fünfzig Politiker den Redaktionsleiter an und beschweren sich im Detail über die Sendung, und zwar bis hin zur Sekundenlänge der einzelnen Auftritte.

Die Nachrichtensendungen in der RAI sind infolge dieses Proporzes zu einer Ansammlung von »sprechenden Köpfen« geworden, in denen der Kommentator sogar den Originalton abschneidet: dies alles, um auf die gleichen Sekundenlängen zu kommen. Es wird dann vom Studio aus »übergesprochen«.

Obwohl jeder Zuschauer von den Lippen ablesen kann, dass der interviewte Politiker ganz andere Dinge gesagt hat, wird ihm ein neuer, redaktionell ausgewogener Text übergestülpt. Für eine solche »Vergewaltigung« des Mediums Fernsehen würde der Verantwortliche wohl in allen anderen Sendern der demokratischen Welt fristlos entlassen werden, weil es gegen die elementarsten Grundsätze des Fernsehmachens verstößt – in Italien aber ist dies gang und gäbe, weil der Sekundenproporz eben wichtiger als alles andere ist.

Diese »Aufteilung« gestand dem Mitte-links-Bündnis bis Ende 2001 die knappe Hälfte der RAI zu. Damit gab sich die Regierung zufrieden, weil sie hoffte, Berlusconi wäre »saturiert« und würde ihnen doch die »eigenen« Sendungen lassen, wenn er wieder an die Macht käme, was absehbar war. Also wollte man ihn nicht »ärgern«, indem man ihm Retequattro wegnahm.

Solche Abkommen werden normalerweise nicht offen ausgesprochen, aber zum Glück für uns Chronisten geschieht dies doch hin und wieder, zum Beispiel erklärte der DS-Fraktionschef Luciano Violante in einer Sitzung des italienischen Parlaments[3] ganz offen, die Linke habe »Berlusconi die Garantie ausgesprochen, dass sein Besitz nicht angetastet werden würde«.

Im Tausch gegen so viel Großzügigkeit hatte die Linke Italiens natürlich gehofft, Berlusconi würde sich nach der ungeschriebenen Regel der »Aufteilung« *(lottizzazione)* der RAI richten. Möge er ruhig die Hälfte der Sendungen auch in der RAI behalten, die er ja auch schon vor dem Wahlsieg 2001 hatte, Hauptsache, die andere Hälfte bliebe bei ihnen, nachdem sie 2001 zur Opposition geworden wären.

Natürlich kam es nicht so: Nach dem Wahlsieg von 2001 wurde die RAI auf eine Weise »gesäubert«, die es bis dato noch niemals gegeben hatte: Nach wenigen Monaten blieben allein die Nachrichten im Dritten als Oppositionsreservat übrig. Ansonsten wurde die RAI mit fast militärischer Präzision umbesetzt, sogar die Radionachrichten wurden unter der Leitung eines Mitglieds der postfaschistischen Partei *Alleanza Nazionale* zentralisiert und inhaltlich gleichgeschaltet.

In das fein austarierte Proporzdenken gerade der Linken war nun Francesco Di Stefano 1999 mit seinem »unausgewogenen« und »nicht abgesprochenen« Vorschlag geplatzt. Vor diesem Hintergrund ist auch begreiflich, warum die Linke in der Regierung bis zum Jahr 2001 nichts tat, um ihm zur Lizenz zu verhelfen. Er war ein Störfaktor.

»Tja, das waren wir. Ein unbequemer Dritter. Nicht im Verteilungssystem drin. Doch wir hatten die Ausschreibung gewonnen. Das war Fakt. Aber die Regierung übergab uns nicht die Frequenzen, die weiterhin vom Berlusconi-Sender genutzt wurden – während wir zuschauen mussten. Stellen Sie sich vor: Es war nicht die Berlusconi-Regierung, es war die Mitte-links-Regierung, es waren der Exkommunist Massimo D'Alema und der nachfolgende Regierungschef, der Exsozialist Giuliano Amato. Bis zum Ende ihrer Regierung, im Frühjahr 2001, passiert nichts. Sie enthalten uns die Frequenzen vor – und lassen Berlusconis Sender auf unseren Frequenzen senden. Ein unerhörter Vorgang in einem Rechtsstaat.«[4]

Di Stefano ärgert sich noch immer, wenn er von diesem »Diebstahl« redet. Am meisten wurmt ihn nicht einmal der mediale Widersacher Berlusconi. Der habe seine »unternehmerische Pflicht« getan, indem er seinen Claim gegen einen Newcomer verteidigte. Nein, am meisten ärgert er sich über die laue bis fast feindliche Haltung der damaligen Regierungsparteien, die keinen Handschlag unternommen haben, um diesen Zustand zu beenden.

»Seit dem erneuten Wahlsieg Berlusconis 2001 aber regten sich dieselben Politiker, die mir die rechtmäßig gewonnenen Frequenzen vorenthalten hatten, darüber auf, dass Berlusconi ein Medienmonopol habe. Nicht, dass ich Propaganda für sie gemacht hätte. Genau das will ich gerade nicht tun, sondern unabhängiges Fernsehen. Aber gerade das hätte doch das Meinungsmonopol durchbrochen. Sie wissen es genau: Ein einziger nationaler TV-Sender, der nicht im Rudel mitheult, macht alles kaputt. Und wenn sie sich dann ausgeweint haben über die Gemeinheit Berlusconis, dann frage ich sie: ›Was habt ihr denn getan, als ihr es noch tun konntet?‹ Und was kommt dann als Antwort? Nur betretenes Schweigen!«

Während er über die politische Dummheit der Linken laut nachdenkt, läuft Di Stefano durch eine gigantische Produktionshalle. Über 2000 Quadratmeter groß sind die Hallen mit dem größten »Blue Room« Italiens: All dies ließ er schon vor der Ausschreibung errichten – das war Teil der Bedingungen. Auch kaufte er rund 3000 Stunden Programm ein, um einen vollen Sendebetrieb gewährleisten zu können. Das hat richtig viel Geld gekostet, weil der Sender sechs Monate nach dem Erhalt der Lizenz den Sendebetrieb hätte aufnehmen müssen, so sahen es immer die Buchstaben des Gesetzes vor.

»Sie kennen doch die Gegend hier. Hier wird Arbeit dringend gebraucht, und wir wollten siebenhundert neue Arbeitsplätze schaffen, hatten schon einige hundert Leute eingestellt. Auch das war ja Bedingung bei der Ausschreibung gewesen, dass wir sendebereit waren.

Mit unserem nationalen Sender hätten wir den Wind echter Konkurrenz in den italienischen Fernsehmarkt gebracht. Denn wir sind unabhängig. Und das auf einen Markt, der über viele Jahre von einem Duopol aus RAI auf der einen und Berlusconis Mediaset auf der anderen Seite beherrscht wurde, aus dem aber seit dem Regierungsantritt Berlusconis ein wirklich totales Monopol geworden ist.

Die Sendefrequenzen, die uns rechtmäßig zustehen, sind bis heute von Retequattro besetzt – das ist eben ein Sender von Silvio Berlusconi. Der hatte die öffentliche Ausschreibung aber verloren. Seitdem sind sechs Jahre vergangen – und seitdem haben wir die Frequenzen nicht bekommen.«

Für Di Stefano ist die Lage zum Verzweifeln. Alle bereits eingestellten Techniker, Journalisten, Kameraleute mussten wieder entlassen und ein Produktionszentrum in Mailand geschlossen werden.

Die Eigentümer der Frequenz kämpfen seit 1999 um ihr Recht. In zahlreichen Prozessen haben die höchsten Gerichte »Absurdistans« zugunsten von Di Stefano geurteilt – die Frequenzen hat man Europa 7 dennoch nicht überlassen.

»Wir sind vor das italienische Verfassungsgericht gegangen. Im Urteil 466 des Jahres 2003 hat es festgestellt, dass der Berlusconi-Sender Retequattro zum 1. Januar 2004 die Frequenzen räumen sollte, völlig unabhängig von allen anderen Fragen eventueller neuer digitaler Sendemöglichkeiten, ich zitiere das Urteil: ›Im Vergleich zum Urteil 420 von 1994 hat sich die Lage der eingeschränkten Verfügbarkeit von analogen Fernsehfrequenzen im Jahre 2003 noch verschlimmert, und dies hat weitere negativen Auswirkungen auf den Pluralismus und die freie Konkurrenz durch eine nochmals erhöhte Konzentration‹ gehabt, urteilten die obersten Richter Italiens.«

Schon 1994 hatte das oberste italienische Verfassungsgericht, die Consulta, festgestellt, dass die Herstellung eines realen Meinungspluralismus im Fernsehen eine Grundvoraussetzung für die Schaffung einer vollendeten Demokratie in Italien ist.

Doch wie sehr Berlusconi sich die Fernsehgesetze auf den Leib schneidern ließ, dafür ist der Fall der drei Pay-TV-Sender ein beredtes Beispiel. Sie sind übrigens auch der Anknüpfungspunkt zu Leo Kirchs TV-Imperium und werden noch an anderer Stelle besprochen.

Auch die Mediengesetze kann man ändern

Hier sei nun die Rede von der Entstehung eines Mediengesetzes, das Berlusconis Expansionsdrang zu beschneiden drohte.

Im Herbst 1992 hatte Berlusconi es dank des Einflusses seines Freundes Bettino Craxi geschafft, dass die nationalen Fernsehlizenzen von neun auf zwölf erweitert wurden – drei davon waren den neuen Pay-TV-Sendern Telepiù 1-2-3[5] zugedacht. Da aber die Anti-Trust-Regeln des Mediengesetzes »Mammì« es Berlusconi nicht gestatteten, sechs TV-Sender zu kontrollieren – die drei Sender in Berlusconis Händen plus die drei Pay-TV-Sender –, hätte er offiziell maximal 10 Prozent des Kapitals der neuen drei Sender halten dürfen. Doch der Trick war schnell gefunden: Freunde jeder Art, Briefkastenfirmen und andere Unbeteiligte übernahmen pro forma die überzähligen Anteile.[6]

Als es im Oktober 1994 immer deutlicher wird, dass Berlusconis Firma Fininvest die überzähligen Anteile bei Freunden geparkt hat, ihnen jede Art von Kosten dafür erstattete, er mithin absoluter *patrone* dieser Sender ist, in offener Missachtung des Mediengesetzes, erklärt Berlusconi, der in der Zwischenzeit zum ersten Mal Regierungschef geworden ist: »Ich begreife gar nicht, um was für einen Tatbestand es da gehen soll, was hier sowohl moralisch als auch strafrechtlich verurteilbar wäre ... Das Mediengesetz ›Mammì‹ hatte uns doch Gewalt angetan, indem es uns auferlegt hatte, 90 Prozent der Anteile an Telepiù zu verkaufen ... Genau deswegen habe ich mich dann an eine Reihe von Freunden gewandt, die ich um den Gefallen gebeten habe, die anderen Anteile zu unterzeichnen ... Ich begreife überhaupt nicht, wie es Staatsanwälte geben kann, die in dieser Hinsicht ermitteln können, ich habe da so meine Zweifel, in den nächsten Tagen werde ich mich damit eingehender beschäftigen ...« Die gar nicht so versteckte Drohung gegen die Justiz, die nur versucht, Recht und Gesetz auch auf ihn anzuwenden, ist nicht neu – und hat in der Regel auch keinen Einfluss. Gekonnter war schon die politische Lösung: Er änderte schlicht und ergreifend einen kleinen Absatz im Mediengesetz, und schon war das Problem gelöst, indem frühere Verstöße einfach als vergeben gelten durften.

So heißt es im *Espresso* weiter: »Diese Geschichte zeigt recht deutlich, mit welcher Nonchalance der Ministerpräsident jene Dinge handhabt, an denen er ein persönliches Interesse hat. Alles beginnt am 23. Februar 1994, als der damalige Ministerpräsident Carlo Azeglio Ciampi einer Aufforderung des Beauftragten für das Medien-Kartellrecht nachkommt und eine Gesetzesvorlage einbringt, in der die Pflichten der Eigentümer von Medienunternehmen wie Verlagen, Radio- oder Fernsehsendern neu festgelegt werden. Andere, veraltete Regelungen werden gestrichen. Dieses Gesetz wird nicht verabschiedet, weil kurz darauf das Parlament aufgelöst wird, um den Weg für Neuwahlen frei zu machen. Am 28. April 1994 legt Ciampi seinen Entwurf erneut dem Parlament vor, doch auch dieses Mal wird das Gesetz nicht verabschiedet. In der Zwischenzeit ist Berlusconi Regierungschef geworden. Und so bringt er am 10. Juli 1994 zusammen mit dem Minister für Telekommunikation Giuseppe Tartarella die Gesetzesvorlage ein drittes Mal zur Abstimmung. Dieses Mal kommen die Ferien dazwischen.

Am 6. September 1994 wird es erneut zur Abstimmung vorgelegt. Nur hat der Gesetzestext dieses Mal eine kleine Veränderung erfahren, und zwar in einem ganz entscheidenden Punkt. Berlusconi lässt sämtliche Konsequenzen, die sich ergeben würden, falls er falsche Angaben zu den Besitzverhältnissen seiner Medienunternehmen, seinen Teilhabern und den Bilanzen seiner Fernsehsender gemacht haben sollte, aus dem Gesetzestext streichen. Nur vier Zeilen, die in Artikel 6 eingefügt werden, wo es in Ciampis Text um veraltete Regelungen ging, die gestrichen werden sollen.

Wo Ciampis Entwurf nur zwei Absätze enthielt, finden sich in Berlusconis Entwurf vom September 1994 drei. ›Sollten die hier abgeschafften Vorschriften Regelungen enthalten, die eine etwaige Nicht-Erfüllung der von diesen Vorschriften geforderten Pflichten vor dem Inkrafttreten dieser Gesetzesänderung unter Strafe stellen, so werden diese hiermit ebenfalls abgeschafft.‹ Wenn man nun in Betracht zieht, dass der Beauftragte für das Medien-Kartellrecht bei Falschangaben in Bezug auf Bilanzen, Gesellschafter und andere Dinge bis zu diesem Zeitpunkt gravierende Sanktionen verhängen konnte, ja den Entzug der Sendeerlaubnis für den ganzen Sender oder nur für die verantwortlichen Personen verfügen konnte, dann wird klar, dass diese General-Amnestie Berlusconi gleich vor mehreren Ermittlungsverfahren bewahrt hat. Schließlich dürfen wir nicht vergessen, dass über seinem Kopf immer das Damoklesschwert der von ihm zu den Telepiù-Sendern gemachten Angaben hängt.

Man verdächtigt ihn ja schon seit Jahren, das Mammì-Gesetz verletzt zu haben, weil er an diesen Sendern wohl mehr als die erlaubten 10 Prozent besitzt. Außerdem enthält Artikel 6 des neuen Gesetzes im Vergleich mit dem Ciampi-Entwurf eine weitere Änderung. Er schafft Artikel 30, Absatz 6 des Mammì-Gesetzes ab, wo die Sanktionen für jene festgelegt werden, die das Gesetz brechen. Auch dies ist ein wahres Meisterstück: Noch nie gab es einen Ministerpräsidenten, der nicht nur Gesetze unterzeichnet, die das Geschäftsfeld regeln, in dem er selbst unternehmerisch tätig ist, sondern darüber hinaus auch noch Sanktionen für in der Vergangenheit begangene Übertretungen abschafft.«

Immer wieder aber urteilen Richter, und immer wieder sind es die höchsten im Lande, dass das Fernsehmonopol Berlusconis, ganz unabhängig von den nachträglichen Gesetzesänderungen, im Gegensatz zum Meinungspluralismus in Italien, zu den Grundrechten der Italiener auf freie und ungehinderte Information steht. Doch solange Berlusconi die politische Macht in Italien kontrolliert, kann er sich die Gesetze passgenau auf den Leib schneidern lassen.

So rückte die vom Verfassungsgericht gesetzte Frist für die Frequenzübergabe, der 31. Dezember 2003, bedrohlich näher – da änderte die Regierung Berlusconi das alte Mediengesetz »Mammì«,[7] das bis dato seinen Zweck erfüllt hatte, vollkommen und schuf ein neues, das in Italien »Gesetz Gasparri« genannt wird (nach seinem Unterzeichner, dem damaligen Minister Maurizio Gasparri). Es ist Berlusconi noch besser auf den Leib geschneidert als jenes, welches Craxi für ihn erlassen hatte, und wieder eines, das die direkte Aufforderung des Verfassungsgerichts von 1988, Urteil 826/88, missachtet, in der es heißt: »Der Pluralismus auf nationaler Ebene kann noch nicht als garantiert angesehen werden, wenn es [im Fernsehen] nur eine staatliche Gruppe von Sendern und ihnen gegenüber nur eine private Sendergruppe oder nur eine Gruppe gibt, die den Privatsektor beherrscht.«

Im Klartext heißt das: Berlusconi durfte nach Auffassung der Verfassungsrichter nicht den privaten Sektor monopolisieren. Und dieses Urteil stammt aus Zeiten, da Berlusconi noch nicht die Oberherrschaft über die staatliche RAI erlangt hatte wie nach 2001.

Doch das neue Mediengesetz Berlusconis missachtet die mehrfach unterstrichene Forderung nach mehr Pluralismus und bewirkt das genaue Gegenteil, es vernichtet sogar die letzten Pflänzchen des Pluralismus, indem es dem einzigen nicht kontrollierten Sender, Europa 7, nachträglich jedes Recht an einer analogen Sendelizenz verwehrt und auf nicht näher bestimmte digitale Kanäle in den nächsten Jahrzehnten verweist.

Es billigt im Nachhinein, in bester Tradition, natürlich auch die Jahre, die Berlusconis Retequattro ohne Lizenz gesendet hat. Im »Gesetz Gasparri« heißt es ganz direkt, »dass Unternehmen, die ohne gültige Frequenz gesendet haben«,[8] dies nun regulär weiter machen dürfen und dafür nicht mehr sanktioniert werden können.

»Das war in unseren Augen ein unglaublicher Rechtsbruch, ein Bruch mit allen Prinzipien aller Formen von Rechtsprechung – wir sollten alle ehrlich erworbenen Ansprüche verlieren und nicht einmal entschädigt werden!«[9]

Wer den Schaden hat, braucht für den Spott nicht zu sorgen. Das gültige Mediengesetz Italiens verhöhnt geradezu die Konkurrenz, indem es den Eigentümern von Europa 7 doch die Möglichkeit eröffnet, ab dem Jahr 2015, also sechzehn Jahre nachdem es mit allen erdenklichen Tricks um die nationalen Sendefrequenzen gebracht worden ist, eine der 48 neuen nationalen digitalen Frequenzen zu erwerben. Auch bei den 48 digitalen Frequenzen soll aber, so will es das »Gesetz Gasparri«, das alte Duopol erhalten bleiben: Die staatlich kontrollierte RAI bekommt neun, Berlusconi auch neun, und ab Kanal 19 können dann die kleinen Wurzelsender ausstrahlen. Ein gelungener Coup.

»Europa 7 hat übrigens zum heutigen Zeitpunkt [Oktober 2005] noch nicht einmal eine digitale Frequenz zugeteilt bekommen. Wir riskieren also wirklich, von allem ausgeschlossen zu bleiben«, meint Di Stefano verbittert.

Beim Kampf des Giganten Berlusconi gegen einen kleinen Medienunternehmer aus der römischen Vorstadt stand Dario Fo immer auf der Seite des römischen Unternehmers, den er vor der Ausschreibung gar nicht gekannt hatte. Aber Fo geht es um den Pluralismus im italienischen Fernsehen: »Es ist Berlusconi völlig egal, ob er lügt und dabei noch erwischt wird: weil niemand in Italien die Medieninformationen aus unabhängiger dritter Quelle kontrollieren kann. Was etwa eine französische Zeitung oder die *New York Times* schreiben – das wird hier nicht einmal mehr zitiert –, die Nachrichten muss man sich selbst im Ausland holen.« So unterstützt die Familie Fo alle Formen des alternativen Fernsehens. »Es gibt in Italien keine Meinungsfreiheit mehr, es gibt Zensur. Meldungen werden verdreht, verschwiegen oder einfach weggeschmissen, kommen gar nicht ins Fernsehen durch – deswegen machen wir nicht nur eine Show, sondern geben auch Informationen – in der besten Tradition des Theaters, der Satire. Wobei wir eine sehr scharfe Waffe gegen die Berlusconis dieser Zeit haben – die Groteske, das auf die Spitze getriebene Absurde. Auch wenn ich oft der Meinung bin, ich darf bestimmte Äußerungen Berlusconis über sich selbst gar nicht mehr auswalzen, überspitzen – das hat er ja schon alles für uns Hofnarren getan.«[10]

So organisierte Francesco Di Stefano im Sommer 2003 über den mühsamen Zusammenschluss dreißig lokaler Sender, über das Internet und freie Satellitenkanäle ein Großereignis: Ein Theaterspektakel von Dario Fo, den man im italienischen Staatsfernsehen nicht mehr sehen darf, wurde in diesem selbst gebastelten Samisdat-Fernsehen ausgestrahlt: »Am Ende hatten wir dann drei Millionen Zuschauer an dem Abend – die RAI und Berlusconis Mediaset ›maßen‹ unsere Zuschauer zwar nicht, aber die merkten, dass ihnen da plötzlich viele Leute abhanden gekommen waren.«[11]

Das Experiment war gelungen – doch der technische Aufwand immens gewesen. Berlusconi hatte auch etwas gelernt aus dem Abend: Er wusste nun definitiv, dass er diesen unabhängigen Fernsehmacher aus Rom zu fürchten hatte, und ließ Ende 2003 das Mediengesetz »Gasparri« verabschieden, mit dem alle Konkurrenz aus dem Felde geräumt war, gerade noch rechtzeitig, um die Frist des Verfassungsgerichtes ad absurdum zu führen – und zeigte den Richtern die lange Nase.

Wen interessierte es in Italien, dass der Europarat die italienische Regierung 2004 aufforderte, »geeignete Maßnahmen zu unternehmen, um dem Duopol RAI-Mediaset ein Ende zu bereiten, sowie Maßnahmen zur Garantie des Pluralismus bei der Einführung des digitalen Fernsehens« zu ergreifen?[12] Das hatte Berlusconi ja eben erst in einem Wettlauf mit der Zeit verhindert, dass es ein Minimum von Meinungsfreiheit im Fernsehen geben konnte.

Doch noch ist die Saga »Europa 7-Berlusconi« nicht zu Ende. Das letzte Wort über den unglaublichen Fall wird der Europäische Gerichtshof sprechen. Auf Einspruch von Di Stefano hat nämlich der Oberste italienische Berufungsgerichtshof für alle sonst unlösbaren innerstaatlichen Fragen der Kompetenzen und Interpretation der Rechtsnormen, der Staatsrat, »Consiglio di Stato«, am 19. Juli 2005 beschlossen,[13] den Fall vor den Europäischen Gerichtshof zu bringen, um überprüfen zu lassen, ob das italienische Mediengesetz bezüglich des Pluralismus und der freien Konkurrenz mit den Regeln der Europäischen Union vereinbar ist. Eine Entscheidung wird für das Jahr 2006 erwartet. Sieben Jahre werden dann vergangen sein, nachdem Di Stefano in der Ausschreibung offiziell als einer der Sieger erklärt worden war.[14]

Ohne Konkurrenz hat in Italiens Sendeplätzen nur der »Berlusconi-*pensiero*«, der Berlusconi-Gedanke, Platz. Man möchte ihm wünschen, dass er Konkurrenz bekommt, so würde er sich vielleicht wenigstens mehr zusammenreißen, wenn er sich politisch bzw. zur Geschichte äußert. Wie gegenüber zwei Journalisten des konservativen englischen Wochenblatts *The Spectator*,[15] die er wohl als »harmlos« eingestuft hatte und sie mit einem Interview ehrte, um ein wenig von seinem schlechten Ruf im Ausland abzubauen. Im August 2003 treffen sie sich im Nobelbadeort Portorotondo.

Doch wieder gehen die Gäule mit ihm durch. Auf die Frage »Welchen Unterschied sehen Sie zwischen Saddam Hussein und Benito Mussolini?« antwortet Berlusconi: »Der Unterschied? Mussolini hat niemanden getötet. Das Regime Mussolinis war nicht so grausam, weil es ...«

Hier suggeriert der Journalist Farrell: »... es freundlicher war?«

»Oder gutartig?«, fügt der Übersetzer des Regierungschefs hinzu.

»Ja«, meint Berlusconi, »Mussolini hat niemals jemanden ermordet, Mussolini schickte die Leute nur an die Grenzen, zum Ferienmachen.«

Ist es nur Ignoranz, die Namen ermordeter Oppositioneller wie des sozialistischen Parteiführers Giacomo Matteotti nicht zu kennen, nach dem in jeder Stadt Italiens ein Platz oder eine Straße benannt wurde, dessen Ermordung Mussolini persönlich angeordnet hatte, nichts von Massenhinrichtungen seiner Schwarzhemden, von Lagern, von der tätigen Mithilfe der Mussolini-Truppen beim Völkermord im besetzten Balkan, von Erschießungen der eigenen Zivilbevölkerung zusammen mit den Hitler-Truppen nach 1943 zu wissen? Oder will er die Geschichte nur so zurechtbiegen, um es seinem Verbündeten *Alleanza Nazionale* heute recht zu machen, in dessen Reihen zahlreiche Mussolini-Nostalgiker zu finden sind?

Fede, der Treue

Die Hartnäckigkeit, mit der Berlusconi die analoge nationale Sendelizenz von Retequattro verteidigt, hat sicher auch etwas mit dessen Direktor, dem Nachrichtenchef Emilio Fede, zu tun. Fede ist ein Mythos in Italien. Er ist Leiter der ersten politischen Nachrichten auf Berlusconis Sendern, des »Telegiornale Quattro (TG4)« auf Retequattro, das es seit 1991 gibt.

Das Wort *fede* heißt übersetzt »Treue«. Niemals war ein Name passender. Emilio Fede weiß, dass er von vielen Italienern für seine absolute Nibelungentreue zu Berlusconi verlacht wird. Aber das stört ihn überhaupt nicht. Jeden Abend hat er sein Publikum: zwischen einer und anderthalb Millionen Menschen. Wer wissen will, was Berlusconi in seinem Intimsten denkt und fühlt, bevor er es selbst noch gedacht und ausgesprochen hat, schaut Emilio Fedes Nachrichtensendung TG4.

»Mein Verhältnis zu Berlusconi ist das einer großen Freundschaft, einer großen, so glaube ich, auch gegenseitigen Wertschätzung.

Ich will Ihnen etwas sagen, was wenige wissen: Als Berlusconi mich als Direktor seiner Nachrichten einstellte, erzählte er mir eine traurige Geschichte, die ihn selbst betroffen hatte. Es ging um seinen Vater, der schwerkrank im Mailänder Poliklinikum lag. Während der Nacht ist der Papa aus dem Bett gefallen – bis zum Morgen blieb er auf dem Fußboden liegen, weil niemand nach ihm geschaut hat, vielleicht gab es nicht genug Schwestern, oder man hat ihn schlicht vergessen. Als Berlusconi mich in Arcore traf, erzählte er mir das und sagte mir nur: ›Ich will vor allem, dass du eine Tagesschau machst, die sich der Interessen der kleinen Leute annimmt, besonders des Gesundheitswesens. Wir müssen immer auf der Seite der Schwachen stehen.‹

Das ist das Erste und Einzige, was Berlusconi mir jemals gesagt hat – er hat mir niemals mehr vorgegeben. Auch als er in die Politik gegangen ist, hat er mir niemals irgendetwas befohlen. Ich bin immer frei gewesen, allein zu entscheiden.«[16]

Nachrichtensendungen richtet Berlusconi auf seinen Sendern ein, weil ihn das Mediengesetz dazu zwingt – und sie ihm 1991, als er damit anfängt, überaus nützlich sind. Noch ist das alte Parteiregime zwar nicht zusammengebrochen, aber ein Jahr später schwankt Italien bereits im größten Sturm der Nachkriegsgeschichte. Dramatisch für Berlusconi ist dabei, dass sein alter Schutzpatron in der Politik, derjenige, wir erinnern uns, der ihm das nationale Senden per Sonderdekret überhaupt erst erlaubt hatte, der Sozialistenchef Bettino Craxi, im Sumpf der Korruptionsskandale untergeht.

Berlusconi ist nun schutzlos, trotz des eben eroberten Monopols im Privatfernsehen: drei nationale Sender und 90 Prozent des privaten Marktes für ihn, die Brosamen für die anderen. So ist es in Italien bis zum Ende der zweiten Regierung Berlusconi geblieben.

Natürlich ist Fede ein Extremfall der Treue zu seinem Chef. Er lebt in Berlusconis Trabantenstadt Milano 2, geht täglich nur ein paar Schritte über feine Gehwege und gepflegte Brückchen an englisch gemähten Rasenstücken und einem wunderschönen Schwanenteich zur Arbeit in seinem zur Parkseite offenen »gläsernen Redaktionsstudio«, von dem aus er sein TG4 live produziert.

»Berlusconi ist ein Mensch, der es versteht, die anderen zu lieben. Und die anderen, die sich ehrlich geliebt fühlen – vorausgesetzt, dass diese anderen nicht dumm, unehrlich oder undankbar sind –, kommen gar nicht umhin, diese Liebe mit gleicher Intensität und gleichem Vertrauen zu erwidern.

Ich liebe ihn, wie ich alle Dinge liebe, die ich schätze. Ich liebe meine Familie, meine Arbeit: den Journalismus, dem ich mein Leben gewidmet habe. Ich liebe Berlusconi, mag ihn, schätze ihn. Was hat er so Besonderes? Das habe ich in einem Interview 1994 einmal erklärt, vielleicht war es der *Herald Tribune*: Ich hoffe, dass eines Tages die Wissenschaftler das Gehirn von Berlusconi analysieren, natürlich so spät wie möglich. Meiner Ansicht nach muss das Gehirn Berlusconis dauerhaft bewahrt, eingefroren und untersucht werden. Denn er hat einfach, wie man hier sagt, einen Gang mehr. Das nicht nur auf menschlicher Ebene, sondern er ist einfach genial.«

Von Emilio Fede muss Berlusconi nur eines fürchten: vor lauter Liebe erdrückt zu werden. Fede ist ein gütiger Mensch, der es sogar in einer Redaktion aushält, die, wie er sagt, großteils Berlusconi gegenüber feindlich eingestellt ist und die er trotzdem nicht entlassen hat. Weil sie ihre Freiheit hätten, sich zu irren. Über Berlusconi.

»Zum Beweis sage ich Ihnen dies: In dieser Redaktion arbeiten sehr viele Leute, die nicht nur linken Ideen folgen, sondern sogar gegen Berlusconi sind – von dem sie aber jeden Monat ein mehr als anständiges Gehalt bekommen. Und trotzdem stimmen sie bei den Wahlen nicht nur gegen ihn, sondern als es die Volksabstimmung gab, ob Berlusconi drei TV-Sender behalten durfte oder nicht, haben diese Leute auch gegen ihn gestimmt. Stellen Sie sich das vor: Als abgestimmt wurde, ob Berlusconi drei TV-Sender haben darf, haben diese Leute dafür gestimmt, dass drei Sender zu viel seien. Wenn die Abstimmung gegen Berlusconi ausgegangen wäre, dann hätte ein Teil dieser Leute hier drinnen ...«, dabei wendet er sich um und zeigt mit dem Arm auf seine Redakteure, die dem Interview aufmerksam zugehört haben, »dann wäre ein Teil dieser Journalisten hier arbeitslos – ich sage *arbeitslos*!«

Seine Redakteure kennen ihn ja schon, keiner regt sich mehr auf über eine derartige »Beschimpfung«. Alle wissen: Fede liebt seinen Chef. Wirklich und innig. Das glaubt ihm jeder. Mit einem Zwinkern in den Augen hatte Fede behauptet, Berlusconi würde sich nie in die journalistische Linie seiner Nachrichten einmischen. Doch allein an diesem Abend, während das TV-Team auf ihn wartet, er geschminkt und fürs Interview vorbereitet wird, ruft Silvio an. »Si, presidente«, antwortet Fede, »si, si. Lo facciamo così ...«[17]

Dafür kann man Emilio Fede doch gar nicht kritisieren. Zu tief geht seine Liebe – er ist halt der ideale Einwohner von »Silvios Welt«.

Narrenfreiheit in Silvios Welt

Wer keine Kritik zu fürchten hat, gewinnt Narrenfreiheit, Dummheiten bleiben folgenlos. Außer den eigenen Leuten erfährt es in der Regel sowieso niemand – wie eben damals in den siebziger und achtziger Jahren bei den legendären »Conventions« der Werbefirma Publitalia, als Berlusconi das Beste gab als Alleinunterhalter vor zweitausend Verkäufern der Werbezeiten in seinen Fernsehsendern. Witze, Zahlen, Sketche und direkte Ansprache prasselten ununterbrochen und einpeitschend auf die mit glänzenden Augen im Publikumsrang sitzenden »Berlusconi-Boys« nieder. Er spornte sie zur Höchstform an – und sie verkauften seine Werbeblöcke wie die Weltmeister: Perfekt in dunkelblauem Zwirn, mit besten Manieren, nett und sehr bestimmt legten sie den Kunden die TV-Werbung nahe – und machten aus Publitalia den Beinah-Monopolisten Italiens.[18]

Da war es völlig egal, was Berlusconi erzählte, auf welche Zahlen er sich stützte, welchen Gag er zum Besten gab. Allein auf die Stimmung kam es an. Die Verkäufer liefen wie elektrisiert aus den Shows – alle waren eine große Gemeinschaft und verkauften für Silvio und die guten eigenen Provisionen.

Das war Silvios Welt. In diesem seinem Universum hatte Berlusconi sogar einen Job ganz eigener Art zu vergeben, nämlich an Bebo Martinotti. Wir treffen Bebo in einem Mailänder Restaurant, in dem er Berlusconi kennen gelernt hatte. Berlusconi hatte ihn dort angesprochen, zwischen Risotto alla milanese und den hier bestens zubereiteten Bistecche alla fiorentina. Bebo ist ein lebensfroher, rotgesichtiger Mailänder, der Scherzen und Lachen über alles liebt. Darüber lernte er auch Berlusconi kennen.

»Das ging so: Ich kam oft hierher mit schicken Models, ein-, zwei-, dreimal, so lange, bis Berlusconi mich einmal ansprach und sagte: ›Wie machst du denn das bloß? Du tust den ganzen Tag nichts, ich schufte immer; und du kennst so tolle Mädchen, während ich nie so etwas zu Gesicht bekomme?‹ Da sagte ich ihm nur: ›Das ist doch einfach; du arbeitest ja auch den ganzen Tag – im Gegensatz zu mir!‹«[19]

Von der Modelagentur wechselte Bebo – »das geschah wohl vor rund 35 Jahren« – zu Berlusconi, wo er jene ganz besondere Aufgabe hatte: Er wurde unter anderem der »Witzevortester« für seinen neuen *capo*.

»Das mit den Witzen, das ist natürlich wahr. Ich habe immer sehr viele Witze erzählt. Und er erzählte sie dann den anderen Leuten weiter. Darin war er sehr begabt: Er ist einfach ein geborener Alleinunterhalter. Die Bühne ergreift ihn, er hat das Publikum wirklich im Griff. Darin ist er einzigartig, genial.«

Die Zeit als Tester ging jäh zu Ende, als Bebo einen Witz, der eigentlich für seinen Boss bestimmt war, schon vorher weitererzählt hatte. Auch wenn dies eigentlich sein Job gewesen war, Witze von und auch über Berlusconi »vorzukosten«.

»Es geschah während einer Aufsichtsratssitzung. Alle lachten über einen Witz, den er erzählt hatte, außer einem. Das war Mario Brugola, der dann zur RAI ging und heute bei TMC ist. Als Berlusconi ihn fragte: ›Sagen Sie mal, warum haben Sie nicht gelacht?‹, und dieser antwortete: ›Weil Bebo mir den Witz schon letzte Woche erzählt hat‹, ist Berlusconi böse geworden und sagte: ›Schluss jetzt, die Sitzung ist aufgehoben!‹«

Immer gut drauf zu sein, ist nicht so einfach. Da kann ein »Witzevortester« schon nützliche Dienste leisten. Und Bebo hat's nicht krumm genommen – ab und zu, wenn Silvio noch Zeit hat, sehe man sich beim Heimspiel des AC Milan, für den Bebo gelegentlich arbeitet.

Ohne einen eisernen Glauben an sich kann man weder eine Vertreterschar noch die Italiener begeistern. Und legendär ist eben der Glaube Berlusconis an sich selbst.

Siegesgewiss zog Berlusconi bereits in die erste Schlacht im Jahre 1994 um die Regierungsmacht in Rom, so wie er schon das italienische Privatfernsehen erobert hatte. Und wenn es einen Grund für die anhaltende Macht dieses Mannes über die Italiener gibt, dann ist es die Kontrolle über das Fernsehen, die er erreicht hat. Das Fernsehen spielt eine nicht zu unterschätzende Rolle bei der politischen Meinungsbildung in einem Land wie Italien, in dem laut Untersuchungsbericht des Bildungsministers Tullio De Mauro im Jahre 2000 »34,6 Prozent der Bevölkerung am Rande des funktionalen Analphabetismus sind und 30,9 Prozent zwischen 16 und 65 selbst einfache Texte nicht verstehen können, weil sie nur über einen extrem eingeschränkten Wortschatz verfügen«.[20] Folglich ist es nur logisch, dass sich jenes Drittel der Bevölkerung Italiens, welches maximal fünf Grundschuljahre besucht hat, ganz überwiegend über das Fernsehen informiert – leichte Opfer für Berlusconi, den Entertainer, der eine gute Hälfte aller Zuschauer Italiens auf sich und seine Programme fixiert, der ihnen bis zum Eintritt in die Politik nur Waschpulver und Autos verkaufte – und dann sich selbst.

Berlusconi hypnotisiert Italien. Solch einen Satz glauben alle Italiener. Die einen beklagen es, die anderen bejubeln das. Und das Mittel dazu ist das Fernsehen.

Der Journalist Gigi Moncalvo sagte: »Berlusconi hat das italienische Fernsehen revolutioniert: Indem er der Mattscheibe einen neuen Rhythmus aufgezwungen hat, er hat es amerikanisiert, in den Programmen, aber vor allem im Gebrauch der Farbe. Es sind kontrastreiche, starke Farben. Das Farbfernsehen gibt es überall auf der Welt, aber die Farben des italienischen Fernsehens, die Beleuchtung, die kleinen Details sind wichtig, zum Beispiel: Das Parteiabzeichen der *Forza Italia* – es wird erzählt, es sei aus Platin – brilliert auf besondere Weise: Er trägt es immer im Fernsehen. Es gibt nun Fernsehforscher, die sagen, dass dieses Brillieren, diese besonderen Reflexe, beim Zuschauer zu einer Art von Hypnose führen können.«[21]

Dem Rhythmus des Berlusconi'schen Fernsehens hat sich ebenso das Staatsfernsehen RAI angepasst. Nolente volente. Alles muss schnell gehen. Zeit zum Nachdenken gibt es nicht – mehr. Das Berlusconi-TV zeigt auch keine Dokumentarfilme, wie sie in anderen Ländern üblich sind. Wenn man einem Italiener sagt, man sei Dokumentarfilmer, muss man sich nicht wundern, falls der eine oder andere dann meint, man filme Tiere – weil es im Lande des Verlautbarungsjournalismus eben gar keine journalistischen TV-Dokumentationen oder investigativ-recherchierte Sendungen mehr gibt – außer in wenigen

Randprogrammen des dritten Staatskanals RAI kurz vor Mitternacht nach dem Sichtvermerk der internen Zensur.

Moncalvi weiter: »Berlusconi erklärt es seinen Journalisten so: In meinen Sendern, wenn ihr jemanden interviewt, egal, ob wichtig oder nicht, dann darf diese Person nicht mehr als 20 Sekunden reden. 30 Sekunden sind erlaubt, wenn er weint, und 40, wenn er vor der Kamera blutet.«

Wahr oder Anekdote? Egal, es beschreibt Berlusconis Denken treffend. Und trotz des Exils bei lombardischen Lokalsendern und aller Kritik an seinem alten Chef ist Gigi immer sein Bewunderer geblieben. Am Ende hat sich die Treue auch wieder ausgezahlt. Seit 2004 ist Moncalvo da angekommen, wo die Politiker ihre Freunde am liebsten unterbringen: auf einer Planstelle in der RAI. Dort hat Moncalvo nun eine eigene Sendung. Treue wird belohnt.

»Berlusconis Stärke ist es, dass es ihm gelingt, dich davon zu überzeugen, jedwedes Produkt zu kaufen, er verkauft deine Seele, bringt dich dazu, das zu machen, was er will, auf eine sehr einfache, gute und überzeugende Weise. Er sagt immer: ›Ihr müsst den Leuten das sagen, was sie hören wollen.‹ Und es gelingt ihm, den Leuten das zu sagen, was sie gern hören wollen.«

Ist das sein Erfolgsrezept?

»Das ist eines der vielen. Seine Rezepte sind viele: Er ist reich geworden, allein, und mit Hilfe, er hat eine glückliche Familie, er spielt die Rolle des Erfolgsmenschen: Er hat die Fähigkeit, seine Träume wahr werden zu lassen. Das ist das Überzeugendste an ihm. Wenn er sich etwas in den Kopf setzt, dann gelingt ihm das auch – um jeden Preis.«

Gigi Moncalvo ist ein kluger und kritischer Kopf, der auch heute noch selbständig denkt – trotz alledem. Als RAI-Journalist wurde er bestens belohnt, entschädigt für die Zeiten des Exils, wenn man so will. Etwas zynisch sagen die Neapolitaner dazu: »*Tengo famiglia* – ich habe Familie [an die ich denken muss].« Der Römer ist da weniger prosaisch. Er nennt die Leute, die sich das Parteiabzeichen anheften, um einen Job zu ergattern, »*Iscritti al partito della pagnotta* – Mitglieder der ›Brot-Partei‹«. Wes Brot ich ess …

Das Drama Moncalvos ist jedoch das vieler anderer seiner Kollegen: Spätestens seit 2001 gibt es in Italien im Fernsehen keine anderen Jobs außer bei Berlusconi, entweder bei dessen eigenen oder bei den von ihm kontrollierten Kanälen der staatlichen RAI. Moncalvo ist natürlich kein »Anti-Berlusconianer«. Das zu sein, kann sich kein TV-Journalist leisten, der noch auf Sendung gehen will. Moncalvi kennt seinen alten Chef in- und auswendig, seine Stärken und Schwächen. Er hat sie am eigenen Leib erfahren, als ihm das Fernsehen entzogen und als es ihm wiedergegeben wurde.

»Schwächen hat Berlusconi vor allem eine: Wenn er sich dazu entschieden hat, eine Person zu kaufen, anzustellen, sei es nun ein Fußballstar, ein Journalist oder ein Showman, muss diese Person vollkommen ihm gehören: Er muss ihm ganz gehören, und auch für immer. Er gestattet keine Kritik, keine Einwände – er will nur das Ja. Er will nur die Yes-men.«

Die Kehrseite der Medaille ist vor allem diese, und Gigi hat auch sie kennen gelernt: »Wenn er sich von Leuten kritisiert fühlt, vertauscht er die Rollen. Er nennt die Kritik, die ja auch motiviert sein kann, Aggression, Lüge, üble Nachrede. Er verschließt sich und tritt zum Gegenangriff an. Eines kann Berlusconi hervorragend: das Opfer spielen. Wenn er Opfer wird, einer Kritik, begründet oder nicht, einer Verleumdung, dann entfesselt er eine Gegenkampagne: Aus dem angegriffenen Küken wird dann ein Kampfhahn, der den Platz behauptet und alle Argumente niederringt.«

KAPITEL 12
Karotte und Knüppel

Der Satz »Silvio Berlusconi mag es nicht, wenn man ihn kritisiert« ist eine freundliche Untertreibung. Denn wie der reichste Mann Italiens versucht, seine Kritiker niederzuringen, das erlebte beispielsweise Giovanni Ruggeri über fast anderthalb Jahrzehnte. Zusammen mit Mario Guarino hat er sich als erster Journalist mit dem sagenhaften Aufstieg Berlusconis beschäftigt. Das gefiel diesem von Anfang an nicht.

Die Geschichte beginnt im September 1986, als Ruggeri und Guarino in der größten Tageszeitung von Neapel, *Il Mattino*,[1] einen Zweiteiler mit Auszügen über ihre Recherchen veröffentlichen, einen Vorabdruck zum Buch *Berlusconi. Inchiesta sul Signor TV*[2], welches wenige Wochen später auf den Markt kommen soll. Unter dem provokanten Titel »Wer ist der ›padrone‹ [Chef] über Berlusconi?« erläutern Ruggeri und Guarino die Ergebnisse ihrer Recherchearbeit. Dabei geht es um die Beziehungen Berlusconis zum sardischen Geschäftemacher mit besten Kontakten zur römischen Mafia Flavio Carboni (der im Jahr 2005 in Rom unter der Anklage steht, am Mord von Vatikanbankier Roberto Calvi beteiligt gewesen zu sein), es geht um die Mitgliedschaft Berlusconis in der verbotenen Geheimloge von Licio Gelli und um das Fiasko, das Berlusconi in Frankreich mit seinem dortigen Ableger »le Cinque« erlitten hatte.

Berlusconi reagiert mit einem endlosen Brief und verlangt eine Gegendarstellung in achtzehn Punkten. »Alle Behauptungen, die der Bericht von *Il Mattino* aus dem zu veröffentlichenden Buch von Ruggeri und Guarino zitiert, sind falsch«, schreibt er. Doch *Il Mattino* beugt sich nicht. Berlusconi klagt und verliert. Das Landgericht von Neapel weist die Klage als unbegründet ab.[3]

Da beginnen für Ruggeri und Guarino plötzlich Probleme mit dem Verlag Editori Riuniti. Seltsamerweise kommt es bei diesem damals von der KPI kontrollierten Verlag zu ständigen technischen Zwischenfällen bei der Drucklegung des Werkes, es gibt immer »technische Probleme«, die die Veröffentlichung des Buchs hinauszögern.

Die Autoren vermuten, dass Berlusconis Einfluss dahintersteht, können es aber nicht beweisen. Erst die Verhörprotokolle eines Leiters eines mit Berlusconi verbundenen Verlages, Flavio Di Lenardo von Ecolibri, im Zusammenhang mit anderen Verfahren klärt den Hintergrund dieser seltsamen Verzögerungen und »technischer Probleme« sechs Jahre später auf. Der Verleger gibt der Staatsanwältin Tiziana Parenti[4] Einblicke in die damalige Lage: »Mir wurde berichtet, dass Fedele Confalonieri [Geschäftsführer von Berlusconis Familienholding Fininvest] auf jede Weise versuchte, die Veröffentlichung des Buches zu verhindern, weil es von den Anfängen seines Aufstiegs erzählen würde. Confalonieri soll sogar darüber nachgedacht haben, ob man nicht den ganzen Verlag, die Editori Riuniti, einfach aufkaufen sollte.«

Der Druck auf den Verlag wird erhöht – gleichzeitig geht man auch auf die Autoren direkt zu. Ruggeri erzählt eine Begebenheit, die uns das Bild eines Mannes vermittelt, der einfach nicht verlieren kann, weil er davon ausgeht, dass alles und jeder käuflich sei: »Berlusconi hat dann versucht, die Rechte für das Buch aufzukaufen. Eines Tages kommt ein Angestellter der Fininvest zu mir in den Rusconi-Verlag, in dem ich arbeitete, es war ein enger Mitarbeiter von Berlusconi-Geschäftsführer Fedele Confalonieri. Sergio Roncucci hieß der Mann, der mir ein Scheckbuch vor der Nase aufblättert und mich dazu einlädt, einen der Schecks auszufüllen. Ich bin perplex, und da sagt er mir: ›Nur Mut, nur Mut, schreiben Sie recht viele Nullen, viele Nullen.‹ Natürlich habe ich das Scheckbuch genommen, es geschlossen, den Pförtner des Verlages herbeigerufen – all das passierte ja direkt bei mir in der Redaktion –

und ihn gebeten, diesen Besucher zum Ausgang zu begleiten.«[5]

Nun will der Verlag Editori Riuniti das Buch doch veröffentlichen. Der Hintergrund, den die Autoren wohl nicht ganz zu Unrecht vermuten: Zur gleichen Zeit, sozusagen als »Schadenersatz«, erhält die Berlusconi-Firma Fininvest im Westen die Exklusivrechte für den Verkauf von Werbezeiten in sowjetischen Medien. Und dieses Geschäft soll eben der Verlag Editori Riuniti eingefädelt haben, so interpretierte der Verlagsleiter die zugegangenen Informationen, um Berlusconi für das »unfreundliche Buch« eine Kompensation zu bieten.

Opposition, die keine sein will

Tatsächlich kommt es zu keiner Anzeige Berlusconis gegen den Verlag, sondern nur gegen die Autoren. Das ist schon ein ungewöhnliches Verhalten, denn bei dem Verlag hätte Berlusconi im Falle eines juristischen Sieges sehr viel leichter Geld machen können. Der Verlag selbst hat den Verdacht eines Kompensationsgeschäftes immer empört zurückgewiesen, Tatsache ist aber auch, dass die Autoren ihre nächsten Enthüllungsbücher woanders publizieren mussten, und zwar bei sehr viel kleineren Häusern. Der politische Gegner Berlusconis, die damaligen Kommunisten, entziehen den beiden nichtkommunistischen, aber kritischen Autoren die Unterstützung.

Das ist übrigens ein Verhalten, das in der nach außen hin so Berlusconi-kritischen Linken, insbesondere bei der KPI und deren Nachfolgeparteien PDS und DS, immer wieder auftritt. Darin scheinen sich kommunistische Apparatschiks und der Unternehmer Berlusconi einig: in der Ablehnung eines unkontrollierten, das heißt nicht von ihnen kontrollierten Medienzugangs, in der Angst vor unabhängigen Journalisten, in der Angst vor deren freiem Zugang zum Medium Fernsehen.

Wir sind jetzt wieder im März 1987. Das investigative Buch über Berlusconi wird endlich veröffentlicht und ist in wenigen Tagen ausverkauft. Auch wenn die Autoren sofort den Verdacht haben, größere Mengen an Büchern seien von interessierter Seite aufgekauft und eingestampft worden, so ist es doch ein verlegerischer Erfolg. Denn sie sind ja nun auf dem Markt und hoffen auf Reaktionen. Seitens der Justiz, die sich der zahlreichen ziemlich deutlich erkennbaren und auch noch längst nicht verjährten Verstöße gegen Steuergesetze und andere Paragraphen des gültigen Rechts annehmen würde. Auf Reaktionen aus der Politik, denn das Buch beschreibt ja durchaus eindringlich, wie Berlusconi sich politische Freunde »organisiert« hat, erwähnt als Erstes den Mafiaboss im Hause Berlusconi – ohne damals schon über all das andere Hintergrundwissen zu verfügen, das in späteren Ermittlungen und vor allem im Prozess von Palermo 2004 ans Tageslicht getreten war.

Doch die allgemeine Reaktion der so genannten Öffentlichkeit ist: Schweigen.

Dies erklärt sich zum Teil aus dem Zeitpunkt. 1987 sind wir in Italien noch inmitten der fest gezimmerten Mitte-links-Bündnisse mit Bettino Craxi, Giulio Andreotti und Arnaldo Forlani, dem »CAF«, das erst 1992 unter dem Eindruck Hunderter Anklagen wegen aktiver und passiver Korruption, wegen der Ausplünderung der italienischen Staatskassen für die Parteien dieses Bündnisses zusammenbrechen soll. Doch das wird erst fünf Jahre später passieren.

1987 herrscht das Schweigen der Mehrheit. Aber es gibt eine Kontinuitätslinie von damals bis heute. Und die betrifft eben die Opposition. Schon seinerzeit schwieg dieselbe. Die KPI, wie die Partei in diesen Tagen noch hieß, hatte ihren Frieden mit dem »CAF« gemacht, es sich in der Nische der Macht gemütlich eingerichtet, und gerade in Mailand wurden ihre Vertreter durchaus »gerecht« in die allgemeine Verteilung der Pfründe und Schmiergeldzahlungen mit einbezogen.

Diese Nähe zum korrupten System der Parteienmacht im

Staat mag auch erklären, warum ein solches Buch wie das von Ruggeri und Guarino, welches in jedem anderen Land der westlichen Welt wohl zu parlamentarischen Untersuchungskommissionen und der Eröffnung etlicher Vorermittlungsverfahren geführt hätte, in Italien quasi unter Verschluss blieb und niemals in das Bewusstsein der großen Mehrheit der Bevölkerung eindrang.

Das Problem ist nur: Diese Unkenntnis wurde bis heute nicht behoben.

Das Jahr 1987 zeichnet den Anfang dieser Schweigeverschwörung *(omertà)* um die Person Silvio Berlusconis – und sie wird getragen von den wichtigsten Parteien Italiens; der Begriff stammt aus dem Jargon der Mafia. Die *omertà* ist bis heute nur punktuell durchbrochen worden und genauso wirksam wie diejenige, die es um die Welt des organisierten Verbrechens gibt. Wer gegen die ungeschriebenen Regeln dieser Schweigeverschwörung verstößt, also über die dunklen Seiten von Berlusconis Vergangenheit schreibt, wird aus den Medien ausgestoßen. Darf allenfalls in einer Zeitung mit Miniauflage sein Dasein fristen, wird nie Karriere machen, keinen großen Verlag bekommen, wird nie eine Sendeminute, nicht einmal in einem Regionalsender, für diese Themen erhalten. Denn wo der lange Arm Berlusconis nicht hinreicht, dorthin reicht die Selbstbeschränkung der Exkommunisten.

Berlusconi selbst, so kolportieren es seine Mitarbeiter, lacht sich insgeheim eins ins Fäustchen ob der politischen Dummheit der Roten. Er weiß, er hat etwas, was sie wie Honig den Bären anzieht: einen ungeheuren Haufen Geld. »Piatto ricco mi ci ficco«, »An einen reich gedeckten Tisch setz ich mich gern ...«, heißt es im Sprichwort. So sind nicht wenige der treuesten Gefolgsleute Berlusconis ehemalige Kommunisten der härtesten Sorte, wie etwa sein Parteisprecher Sandro Bondi, ein ehemaliger KPI-Bürgermeister. Der Chefredakteur der Tageszeitung *Il Foglio* (Herausgeber: Berlusconis Frau Veronica) und wichtigster politischer Ratgeber, Giuliano Ferrara, Sohn eines kommunistischen Senators, wurde als jugendlicher KPI-Führer gar mit dem Knüppel in der Hand abgelichtet, wie er Andersdenkende beim Straßenkampf verfolgte und auf diese Weise zu bekehren versuchte.

Es gibt einen zweiten Teil der Schweigeverschwörung, der allein die Opposition betrifft. Wer sich »zu viel« mit Berlusconi und seinen Geschäften befasst, wird auch dort keine politische Karriere machen, er wird in der Partei – heute bei den Erben der KPI, den Linksdemokraten – wahrscheinlich nie aufsteigen und kein Parlamentsmandat bekommen.

Der Bauunternehmer und Medientycoon Italiens versuchte im Jahr 1987 weiter, die Journalisten einzuschüchtern. Vor Erscheinen des Buches von Ruggeri und Guarino lebte er ja noch völlig unbehelligt von der Öffentlichkeit in dem Gefühl, ein Vertreter des neuen Mailands, der Sunnyboy Italiens zu sein. Doch wer es wagt ihn anzugreifen, dem zeigt er eine ganz andere Seite.

Die Berufsvereinigung der Journalisten in der Lombardei wird damals von Pietro Giorgianni geleitet, dem Direktor der Tageszeitung *La Notte*, der die beiden Journalisten in der Öffentlichkeit gegen die Drohungen Berlusconis in Schutz genommen hat. Wie Giovanni Ruggeri erzählte, soll sich ein Telefonanruf Berlusconis bei Giorgianni so abgespielt haben: »Direktor, Sie haben über dieses Buch berichtet. Damit haben Sie meine Achtung verloren ... ich werde Sie arm machen.« – »Das können Sie gar nicht, ich bin schon arm.«

Berlusconi gibt nicht auf. Am 28. März 1987 verklagt er den Direktor von *La Notte*. Später soll er seine Haltung diesem gegenüber übrigens radikal ändern. Der Direktor wird zunächst einmal zum Abendessen in Berlusconis Villa San Martino in Arcore eingeladen. Divide et impera. Und Berlusconi zieht die Klage gegen Giorgianni zurück – aber nicht gegen die beiden Autoren des Buches.

Giorgianni wechselt daraufhin bald seinen Verlag. Er wird

Direktor der Programmzeitschrift *Telepiù* – und deren Verleger ist: Silvio Berlusconi. Verachtet sei, wer Arges dabei denkt ...

Die Klagen gegen die beiden Autoren werden am 27. April 1988 vom Mailänder Gericht[6] eingestellt, Berlusconi muss die Prozesskosten tragen. Auch die Klage gegen die *L'Unità* wird am 20. November 1989 eingestellt.[7]

Eines von vielen Verfahren, die Berlusconi verliert. Was ihn aber nicht davon abhält, weiter vor Gericht zu ziehen. Man darf getrost vermuten: Nicht zu gewinnen, ist der Zweck, sondern die Klagen selbst sind es. Treu dem Bernstein'schen Motto »Nicht das Ziel, sondern die Bewegung zählt«. Die Klagen halten die Journalisten in Schach. Deswegen wird geklagt, was der Geldbeutel hergibt. Und an Geld für die Gerichtskosten und Anwaltshonorare mangelt es ihm nicht.

Am 12. Mai 1987 verklagt Berlusconi den Direktor der politischen Wochenzeitung *Epoca*, weil auch sie über das Buch berichtet hat.

Der Prozess findet im Herbst 1988 vor dem Landgericht von Verona statt und wird in der Folge zur bisher einzigen rechtskräftigen Verurteilung von Silvio Berlusconi führen.

Im Rahmen des Verfahrens über zwei Instanzen wirft Berlusconi den Autoren vor, ihn durch eine behauptete Mitgliedschaft in der Geheimloge P2 schwer verleumdet zu haben. Unter Eid sagt Berlusconi aus, er sei weder Mitglied gewesen noch habe er jemals den Mitgliedsbeitrag bezahlt. Das war eine Dummheit. Denn die Autoren legen dem Gericht die Beweise für ihre Behauptungen vor, und so dreht sich der Prozess in sein Gegenteil. Vom Kläger wird Berlusconi zum Beklagten, zum Verurteilten. Wenn nicht eine noch gültige Amnestie von 1989 die Strafe annulliert hätte, wäre die Vorstrafe für Berlusconi perfekt gewesen.

Anmerkung an dieser Stelle: Kaum übernimmt Berlusconi den Mondadori-Verlag, in dem *Epoca* erscheint, wird der Direktor, Alberto Statera, gefeuert. »Die Rache ist ein Teller, der kalt gegessen werden muss«, heißt das italienische Sprichwort.

Berlusconis Auftritte vor Gericht sind ein Leckerbissen für die Chronisten. Sie sind echtes Melodrama wie in seinem Fernsehen: »Berlusconi, der sehr viel auf sein Image hält, war in der dritten Sitzung erschienen, trotz aller sonstiger Aufgaben, die er hat. Der Jury hatte er von den Tränen erzählt, die seine Mutter bei der Lektüre des Artikels vergossen habe. Sein Anwalt fügte die Tränen hinzu, die die kleinen Kinder Berlusconis ebenfalls vergossen hätten, weil Berlusconi unvorsichtigerweise das böse Buch auf dem Tisch in Arcore habe offen liegen lassen ... Es handele sich um ›Berufsverleumder‹ und Berlusconi fordere eine Entschädigung von 100 Millionen Lire. Der Staatsanwalt schloss sich dem Plädoyer an und fordert Haftstrafen von fünf bis neun Monaten ...«[8]

Die Klage gegen das erste Buch von Ruggeri und Guarino landet am 30. März 1993 vor dem obersten Berufungsgericht Italiens, la Cassazione.[9] Dort wird das beanstandete Urteil ohne Möglichkeit weiterer Revisionen aufgehoben.

»Das war der endgültige Sieg für uns. Nichts war an uns hängen geblieben, nicht einmal eine kleine Geldbuße, die wir uns im langen Verfahren in einer Instanz eingefangen hatten, die aber auch nicht berechtigt gewesen war, weil wir sehr sorgfältig gearbeitet hatten.«[10]

Giovanni Ruggeri schloss dann am 23. Februar 2000 einen endgültigen Vergleich mit Berlusconi, in dem Ruggeri die in der Zwischenzeit seinerseits gegen Berlusconi erstattete Anzeige wegen Verleumdung in der Sendung »Rosso e nero« zurückzog, Berlusconi dafür im Gegenzug auf alle weiteren Anzeigen gegen Ruggeri wegen seines Buches *Berlusconi. Inchiesta sul Signor TV* verzichtete und Ruggeri die Ehrenhaftigkeit und Korrektheit seiner Arbeit somit bescheinigte.

So geschehen nach vierzehn langen Jahren an Prozessen in den Gerichten halb Italiens.

Ruggeri: »Berlusconi ist es eben niemals gelungen nachzuweisen, dass ich in meinen Büchern etwas Falsches geschrieben habe. Deswegen hat er mich nie verurteilen lassen können.

In diesem ersten Prozess, der dann vor dem obersten Berufungsgericht, ›la Cassazione‹, endete, ist er die größere Gefahr gelaufen. Warum? Weil er vor dem Gericht in Verona unter Eid über seine Mitgliedschaft in der P2 Dinge ausgesagt hatte, die sich völlig anders lasen als das, was ich im Buch geschrieben hatte. Ich hatte geschrieben, dass er ›den Treueid geschworen‹ und den Mitgliedsbeitrag bezahlt hatte, alles Dinge, die er unter Eid ableugnete. Daraufhin habe ich ihn wegen eidlicher Falschaussage angezeigt.«

Vom Appellationsgericht von Venedig wurde Silvio Berlusconi für schuldig befunden: wegen der eidlichen Falschaussage, mit der er den Ausgang des Prozesses beeinflussen wollte. Die Richter erklären genau, wie sie sich davon überzeugt haben, dass Berlusconi lügt, um dann in den letzten Zeilen festzustellen, dass der Fall unter die damalige Amnestie fällt.

Ruggeri weiter: »In Voraussicht dieser Amnestie hatte Berlusconi schon vor dem Prozess erklärt, dass sie ihm das Vergnügen nehmen würde, einen vollständigen Freispruch in Venedig zu erwirken. Da aber sagte jemand zu ihm: Sie könnten doch auf die Amnestie freiwillig verzichten. Aber das tat er nicht. Wenn er das gemacht hätte, wäre er zu einer Strafe zwischen sechs Monaten und drei Jahren Gefängnis verurteilt worden.«

Die beiden waren fürs Erste abgehakt – und der Prozess gegen sie verloren. Die Methode aber blieb. Bis in die jüngste Zeit verklagt Silvio Berlusconi kritische Journalisten. Die Liste ist lang. Darunter sind auch ausländische Korrespondenten, die es wagten, in Italien Bücher über ihn zu veröffentlichen, wie David Lane, Italien-Korrespondent von *The Economist*; es sind aber vor allem die italienischen Journalisten, gegen die sich seine Klagewut richtet.

Eine der erstaunlichsten Legenden, die sich in der italienischen Öffentlichkeit, aber auch in den Medien hält, ist die von einem Silvio Berlusconi, verfolgt von der italienischen Justiz, dem Straftaten aller Art angehängt werden. So viel das auch aufseiten seiner Anhänger und auch unter seinen Gegnern geglaubt werden mag, so ist das gerade Gegenteil wahr. Denn wäre Berlusconi ein von der italienischen Justiz Verfolgter, würde er hier zu Unrecht von »heimtückischen Journalisten« mit üblen Verleumdungen geplagt, gegen die er sich kaum zur Wehr setzen könnte, dann würde er doch gewiss die Gelegenheit nicht ausschlagen, sich wenigstens einmal vor einem ausländischen Gericht Gerechtigkeit zu verschaffen. Der von der roten Justiz Italiens missachtete Berlusconi hätte also, wenn es noch irgendwo auf dem Planeten Gerechtigkeit für einen unermüdlichen Kämpfer gegen den Kommunismus gäbe, zumindest im Heimatland des Rechts, vor allseits anerkannten, unabhängigen Richtern wie in England, einmal Klage erhoben, um sich vom Vorwurf der Kontakte zu Mafiosi, vom absurden Vorwurf, monatelang einen Mafiaboss in seiner Villa beheimatet zu haben, vom Vorwurf, die Steuern hinterzogen, Craxi illegal finanziert und Richter bestochen zu haben ... befreien zu können.

Aber wir bleiben enttäuscht. Nichts von alledem ist jemals geschehen. Wieder einmal hat Silvio Berlusconi eine große Chance verpasst. Vor den italienischen Gerichten sind seine Anwaltshundertschaften – die besten und treuesten stellen ja auch das Rückgrat seiner Parlamentsfraktion – nie verlegen, wenn es um die Ausnutzung einer Frist geht. Doch die Frist, um gegen das Berlusconi-Buch meines englischen Kollegen David Lane vor einem englischen Gericht zu klagen, haben sie ungenutzt verstreichen lassen. In England hat er bei Penguin ein Buch über Berlusconi veröffentlicht. Das Jahr der Einspruchsmöglichkeit ist verstrichen. Ohne Klage vor einem englischen Gericht gegen ihn. Doch kaum hat er die italienische Übersetzung bei Laterza veröffentlicht, die übrigens durchaus noch sanfter war, auf Anraten der italienischen Anwälte des Verlages, wurden sie verklagt.

Gegen die italienische Übersetzung, die, um das Klagerisiko zu verringern, sogar noch einmal um einige Fakten erleichtert worden war – gegen die ist der große Zampano vorgegangen. Vor dem Tribunal von Rom. Natürlich, möchte man sagen. Die Zurückhaltung vor englischen, deutschen, französischen, spanischen oder amerikanischen Gerichten hat nur einen Grund: Dort kann er zwar die Veröffentlichung eines ihm unangenehmen Buches oder Filmes sofort verhindern – wenn er dafür eine eidesstattliche Erklärung ablegt, dass die von den Autoren behaupteten Fakten nicht wahr sind. Doch das ist genau der springende Punkt: Um die Veröffentlichung durch eine einstweilige Verfügung zu verhindern, müsste er zum Beispiel durch ebenjene eidesstattliche Versicherung oder durch Dokumentenvorlage glaubhaft machen, dass Fragen seiner Privat- oder Intimsphäre oder dritter, im Buch genannter Personen betroffen sind oder dass er und nicht die Kritiker Recht haben, was die dargestellten Fakten betrifft – wie den Mafioso bei sich zu Hause oder die Mitgliedschaft in der verbotenen Geheimloge P2, wie die Schachtelfirmen mit dem Geld aus der Schweiz oder die Bestechungsgelder für Bettino Craxi. Ja sogar wie das Treffen mit den Mafiosi in seiner Firma. All das müsste er als »nicht nachweisbar« deklarieren, als Frucht der Journalistenphantasie.

Zuerst einmal würde der Richter ihm das aufgrund der im Verfügungsverfahren beschränkten Beweislage vielleicht glauben, und bis zur Einreichung einer so genannten Hauptsacheklage hielte diese Barriere auch einige Wochen lang: So lange würde das Buch nicht erscheinen. Dann aber ginge es – spätestens – in den Hauptprozess. Und da könnten dann auch Zeugen vernommen werden, und zwar vor den Journalisten der ganzen Welt, was nach deutschem Prozessrecht zwar nicht live in »mondovision« übertragen werden, dennoch viel Aufsehen hervorrufen würde. Das wäre jedoch ein zu hoher Preis. Dann würde der Spieß nämlich umgedreht. Es ginge plötzlich um eidliche Falschaussage. Und was ein Meineid ist, das weiß Berlusconi natürlich. Und das ist der Grund, warum er so ungern im Ausland klagt.

Die italienische Justiz ist extrem langsam. Und um die Sache lange am Köcheln zu halten, wählt Berlusconi gern die langsamere Variante, die zivilrechtliche Klage auf Schadenersatz. Die Verleumdung ist ein Straftatbestand, also ginge es zuerst vor das italienische Landgericht. Im besten Fall gibt es auch in Italien nach ein bis zwei Jahren schon ein erstes Urteil. Im Zivilverfahren auf Schadenersatz dagegen dauert es im Regelfalle schon ein bis zwei Jahre, bis das Gericht überhaupt zur ersten Sitzung zusammentritt. So ein Zivilverfahren lässt sich dann problemlos – unter Einsatz der richtigen Menge an Anwälten – über Jahrzehnte am Leben erhalten. Das ist für Berlusconi durchaus nützlich. An Geld für die Anwälte mangelt es ihm ja nicht. Der Vorteil: Als Kläger kann er immer behaupten, die Verleumder ja verklagt zu haben. Politisch hat er die Vorwürfe also nicht akzeptiert. Und ökonomisch die Beklagten über Jahrzehnte unter Druck gehalten. So macht er es, so machen es viele seiner Mitstreiter – und so machen es auch Politiker der Opposition.

Sollte es dann, nach fünf verschiedenen Rechtsebenen, nach vielleicht zehn Jahren, doch noch zu einem Freispruch der beklagten vermeintlichen Verleumder kommen, so ist der Fall längst vergessen. Die Medien nehmen diese Fälle sowieso nicht wahr – hier gilt weiterhin die Schweigeverschwörung. Die Gerichts- und Anwaltskosten der Gegenseite, die er dann am Ende bezahlen muss, sind Peanuts für den Multimilliardär.

Alles in allem: Was kosten ihn die Prozesse? So gut wie nichts. Was bringen sie ihm ein? Alles – nämlich das Schweigen der Medien.

Ruggeri, längst pensioniert, lebt heute zurückgezogen in der Mailänder Peripherie, in der Wohnung, die er sich schon als Journalist gekauft hat, so wie vor zwanzig Jahren. Er schreibt keine neuen Bücher mehr, aber er nimmt auch kein Blatt vor den Mund. Er könne es sich ja leisten, meint er zufrieden. Er habe seinen Kampf mit Berlusconi geführt. Und gewonnen.

Ruggeri weiß es aus direkter Erfahrung: »Berlusconi liebt es, die Leute zu verklagen, dazu noch auf eine sehr aggressive Weise. So, sagt er, kapieren es die Leute endlich. Eine Klage mehr oder weniger – an Geld mangelt es ihm bestimmt nicht. Ihm geht es um anderes: Er möchte seine Vergangenheit auslöschen ... Wenn er könnte, würde er diese Dinge einfach alle streichen – nur das geht nicht, wie in vielen anderen Fällen. Die Vergangenheit, die immer wieder hochkommt, stört ihn sehr: Daher kommt diese aggressive Einstellung – gegen alle, die in seiner Vergangenheit herumwühlen, die über Berlusconis dunkle Seiten berichten. Das ist sein Stil. Es ist nichts anderes als eine Einschüchterungswaffe, um die anderen zum Schweigen zu bringen. Sein Problem: Das gelingt ihm nicht bei allen. Einige wenige widerstehen – sogar ihm!«[11]

Der nächste Stammfeind: Marco Travaglio

Nach Giovanni Ruggeri richtete sich die Klagewut vor allem gegen Marco Travaglio, einen jungen Turiner Journalisten.

»Als Justizreporter für *La Repubblica*«, sagt Travaglio, »habe ich ab 1992 viele Unternehmer getroffen, die in die Fälle von Korruption und Bestechlichkeit verstrickt waren, es waren Tausende, auf die sich die Ermittlungen der Mani Pulite ... erstreckten. Ich habe immer ihre Geschichte erzählt. Darunter waren auch VIPs, die haben sich aber an die Spielregeln gehalten. Es gibt eine Pressefreiheit, das Recht auf Berichterstattung; und wenn einer wahre Begebenheiten schildert, die dokumentiert sind, beschwert sich keiner, auch wenn sich die Betroffenen natürlich ärgern. Ich habe ein Buch über Fiat geschrieben, über den Fiat-Boss (CEO) Cesare Romiti, aber es ist nichts geschehen. Sie waren sauer, aber sie haben es nicht gewagt, mich anzuzeigen.«[12]

Doch wenn man sich mit Berlusconi und seinem Hofstaat beschäftigt, dann wird's komplizierter. Davon weiß Travaglio ein Lied zu singen. Dann wird man mehr oder weniger offen bedroht und mit Dutzenden von Klagen auf Schadenersatz überhäuft, die jeden Journalisten einschüchtern sollen.

»Von mir hat Berlusconi diverse Millionen Euro verlangt, wie viele es insgesamt sind, kann ich gar nicht mehr sagen. Das ist schon beeindruckend. Ehrlich gesagt, während du den Artikel schreibst, denkst du schon daran.«

Geradezu berühmt, bei anderen berüchtigt, wird Marco Travaglio durch einen Kurzauftritt im italienischen Fernsehen, nämlich am 14. März 2001 in der Satiresendung »Satyricon« des Komikers Daniele Luttazzi. »Als ich 2001 ein Buch über Berlusconi geschrieben habe,[13] ist es mir aus seltsamen Gründen gelungen, für 20 Minuten ins Fernsehen zu kommen und dort ein paar Dokumente zu zeigen und Sachen zu sagen, die allen Experten allgemein bekannt und bereits in vielen Büchern veröffentlicht worden waren. Doch der Umstand, dass man das im Fernsehen sagt, schafft das Chaos, einen nationalen Skandal.«

Travaglio stellt in der Sendung die Fragen, die man in Italiens Fernsehen nicht stellen darf, weil sie dort ein absolutes Tabu sind: »Woher hat Berlusconi das Geld für sein Fernsehimperium bekommen?« Und: »Warum hat er für zwei Jahre einen Mafiaboss bei sich zu Hause aufgenommen?«

Es ist Fernsehen ohne Filter. Für 20 Minuten. Echte Fragen – und keine Antworten. Denn Berlusconi hat sich diesen Fragen auch in Gerichtsverfahren immer verschlossen. Stattdessen hagelt es Klagen zuhauf seitens der vermeintlich diffamierten Personen, Berlusconi selbst und seiner Firmen. Die Gesamtsumme des geforderten Schadenersatzes beläuft sich auf rund 75 Millionen Euro. Die Anwalts- und Gerichtskosten, die daraus folgen, kann man sich lebhaft vorstellen.

Ende Oktober 2005 stellt die erste Kammer des Tribunals von Rom[14] fest: Travaglios Auftritt in der Sendung von Luttazzi war keine Diffamierung, sondern »erlaubte Kritik und Satire des Verhaltens von Silvio Berlusconi«, der sich geweigert habe, vor Gericht zu ihn betreffenden Strafverfahren« auszusagen. Folglich, so das Gericht, sei die Kritik gerechtfertigt, auch »eine starke, sarkastische und empörte Kritik«. Schließlich habe die Kritik Travaglios »wahre Fakten« benannt. Strafrechtlich ist der Fall eingestellt. Berlusconi wird dazu verurteilt, Travaglio, Luttazzi, der RAI und der Produktionsfirma die Summe von 16 855 Euro an Anwalts- und Gerichtskosten zu erstatten.

Ein Schlag ins Gesicht für Berlusconi, einer der vielen, und ein später Triumph für Travaglio. Denn über vier Jahre hatte der mächtigste Mann Italiens einen kleinen Journalisten in Schach gehalten. Und man kann sicher sein: Die nächste Klage ist schon bereit. Berlusconi weiß, dass er früher oder später verlieren muss. Doch darauf kommt es ihm ja wie gesagt gar nicht an. Mit den Millionenklagen wird ein unerhörter Druck auf Journalisten und Verleger ausgeübt. Sie werden dazu gezwungen, sich für das Gericht gut vorzubereiten. Das kostet viel Zeit – die dann für andere Aufgaben fehlt.

»Erziehe alle, indem du dir einen richtig vornimmst – und dieser eine war eben ich«, sagt Travaglio zu dieser Methode. Der Journalist, der eine sehr einfache Berufsauffassung hat, ist wohl ein weißer Rabe im italienischen Journalismus: »Was soll denn ein Journalist sonst tun, außer den Leuten Fakten mitzuteilen? Da sagen dann auch Kollegen zu mir: ›Mitten im Wahlkampf gehört sich so etwas nicht.‹ Wir wissen, um ein paar Fakten zu benennen, dass Berlusconi bei sich zu Hause für etwa zwei Jahre einen Mafiaboss wohnen hatte, angeblich ein Pferdewächter – aber wann soll man denn, Teufel noch einmal, so etwas sagen, wenn nicht im Wahlkampf? Muss man die Wähler vor der Wahl informieren oder erst hinterher? Ich denke, vorher: In der ganzen Welt werden im Wahlkampf alle Dinge ausgepackt, die man über die Kandidaten weiß. In den USA werden sogar deren Liebhaber hervorgezerrt, um zu sehen, ob einer gelogen hat oder nicht – mir würde es reichen, wenn man statt der Liebhaber die Mafiabosse ins Licht der Öffentlichkeit stellt.

Der Unterschied ist der: Im Ausland hat man doch nie das Glück, im Hause eines Kandidaten einen Mafiaboss zu finden. Ich stelle mir nur vor, dass Bush oder Al Gore erfahren hätten, dass der Gegner den Sohn von Al Capone auf dem eigenen Landsitz für zwei Jahre beschäftigt hätte: Ich nehme an, dass alle dieses Argument im Wahlkampf benutzt hätten, um den Gegner zu vernichten. Bei uns aber hat man vereinbart, dass man über so etwas nicht reden darf.«

Die Führer des Mitte-links-Bündnisses hatten natürlich immer den gleichen Informationsstand des wackeren Travaglio. Doch sie haben diese Informationen nie genutzt, weil sie ganz offenkundig meinen, dass in Fragen der Legalität eine Art Moratorium gelten müsse.

Das ist der Grund, warum Travaglio auch mit der Opposition nicht zimperlich umgeht – sich also jede Chance vermasselt, in der RAI einmal eine schöne eigene Sendung mit Pensionsberechtigung und Kantinen-Essensbons zu bekommen.

Die Führer der Linksparteien, der Opposition, haben bis auf ganz wenige Ausnahmen aufgehört, über die üblen Seiten Berlusconis zu reden, während Berlusconi sie selbst aber weiter mit allen Mitteln fertig macht. Diesem Verhalten haben sich die Medien und sehr, sehr viele Journalisten angepasst. So geht Travaglio überaus kritisch mit seinem Berufsstand ins Gericht: »Im italienischen Journalismus herrscht das Modell der Beschwichtigung, der Unterwürfigkeit vor, und zwar der Journalisten, die der Macht nahe stehen; jedem, der auch nur ein bisschen Macht hat, steht ein Journalist nahe. Das Schlimmste ist es, dass die Leute, weder die Journalisten noch die Leser oder Zuschauer, gar nicht mehr an eine wirklich freie Presse gewöhnt sind.«

Während Travaglio mittlerweile den Job bei *La Repubblica* an den Nagel gehängt hat, auch um den Verlag vor den ständigen Klagen zu bewahren, kam der berühmte Entertainer und Satiriker Daniele Luttazzi auf die nicht kurze Liste der »unerwünschten Personen« im Staatsfernsehen RAI.

Travaglio: »Ich glaube, dass die Pressefreiheit in Italien nicht erst seit heute eingeschränkt ist. Das hat nichts damit zu tun, dass Berlusconi sich auf den Stuhl des Ministerpräsidenten gesetzt hat. Im Journalismus herrschte schon vor Berlusconis Rückkehr an die Macht 2001 das Modell der Beschwichtigung vor.«

Luttazzi kümmerte der Rausschmiss bei der RAI wenig: Er war freier Autor und hat seit dem Anti-Berlusconi-Exploit im Fernsehen in ganz Italien volle Theater auf seinen Tourneen. Grund genug für einen neuen Vorwurf: Er habe den Skandal nur inszeniert, um daraus persönlich Profit zu schlagen.

Luttazzi geht es seitdem wie Dario Fo und Franca Rame, die seit fast vierzig Jahren von der RAI zensiert werden – zu unkontrollierbar war und ist der Mailänder Barde für die RAI-Mächtigen: Selbst nachdem Fo 1997 den Nobelpreis für Literatur bekommen hatte – unter der Regentschaft der Linken, wohlgemerkt –, bekam der brillante Entertainer nicht den Hauch einer Sendung im Staatssender RAI angeboten.

Der andere Tabubrecher des italienischen Staatsfernsehens, Michele Santoro, verlor die Sendung »Raggio Verde«, weil er die unerhörte Chuzpe besessen hatte, einen Monolog Berlusconis mit den Worten zu unterbrechen: »... und wenn Sie nicht wieder zum Thema sprechen, dann schalte ich die Verbindung ab!«[15]

Das war der nie erlebte Mut eines RAI-Angestellten gegenüber dem mächtigsten Mann Italiens. Santoro traute sich – weil er begriff, dass die RAI entweder Flagge zeigt oder langsam versinkt. Versinkt im Sumpf der Minibeförderungen, der Suche nach einer *sistemazione*, einer »Unterbringung«, wie die ruhigen Pöstchen mit sicherem Dauergehalt im Jargon der RAI heißen. Santoro bekam keine Sendung mehr und ging erst einmal als Europarlamentarier für die Opposition nach Straßburg. Das war ein Fehler, wie er schnell bemerkte. Denn damit lieferte er Berlusconi wieder nur neue

Munition gegen die »politisierten Journalisten«, die mit Berlusconi-Kritik politische Karriere machen wollten. Auch wollte Santoro gar kein Politiker werden – zum Glück für die Italiener. Ende Oktober 2005 trat er als Europarlamentarier wieder zurück, in der Hoffnung, in der RAI wieder eine eigene Sendung zu bekommen.

Santoro geht es dabei nicht ums Gehalt – Geld hat er genug verdient. Politisches Fernsehen zu machen ist seine Leidenschaft. Darin unterscheidet er sich von der Masse seiner Journalistenkollegen in der RAI.

Doch diese sind weder berühmt, noch haben oder hatten sie eigene Sendungen. So fragen sie sich: Wenn schon Stars vom Kaliber eines Santoro, eines Luttazzi oder einer Guzzanti so mir nichts, dir nichts aus dem Studio vertrieben werden, wie sieht es dann um uns aus, die Tausenden normalen Redakteure und Regisseure? Wie viel Mut haben diese dann noch, gegen politische Ukasse aufzustehen?

Längst ist die Unterwürfigkeit, die Suche nach einem politischen Schutzpatron, die wichtigste Überlebenstechnik in der RAI geworden.

Die Methoden zu Erlangung der eigenen *sistemazione* sind seit Jahren immer die gleichen. »Klar, hauptsächlich geht es darum, wer treibt's mit wem, wer intrigiert gegen wen, wie werden die Pöstchen verteilt«, meint ein freier RAI-Autor resigniert.

Nicht nur bei Machtwechseln in der Regierung, schon bei leichten Gewichtsverschiebungen in den Regierungskoalitionen ändert sich auch die Lage in der RAI – als sei das Staatsfernsehen der perfekte Seismograph der italienischen Politik. Dabei machen alle mit. Nolens volens. Tänzerinnen, Sekretäre, Aushilfskräfte, Redakteure.

Außerdem merkt der RAI-Autor an: »Wir freien Autoren sind praktisch aus dem Spiel. Die RAI kauft immer mehr TV-Formate fix und fertig aus dem Ausland, bei Endemol, und wir dürfen dann das Licht setzen und die Drehbücher anpassen.

That's all. Und raten Sie mal, warum das alles, wo wir das hier vor Ort billiger und besser machen könnten.« – »Weil beim Rechteeinkauf viel Geld fließt?« – »Sie haben es erraten!«

»Il Panini«: Zensur auf Italienisch

Depressiv bis schlimmer: Das ist die Stimmung im Jahre 2005 nach fast fünf Jahren Berlusconi. Die RAI ist de facto gleichgeschaltet, entpolitisiert. Kochsendungen am Morgen, Gesundheitstipps im Radio, Reisevorschläge am Abend – niemand möchte »irrtümlich« einen Politiker aus dem Regierungslager, sei er scheinbar noch so einflussarm, angreifen – der könnte ja wieder einen wichtigen Mann kennen, und dieser würde dem armen Redakteur dann die Hölle heiß machen. Nein, vor die Alternative gestellt, etwas zu riskieren oder den Mund zu halten, entscheidet sich die Mehrheit für Letzteres.

Der absolute Hit sind die Nachrichten in dieser Art von Fernsehen. Nehmen wir einen Fall. Berlusconi erzählt nach dem Treffen mit Bush am 31. Oktober 2005 in Washington auf einer Pressekonferenz, dass »die amerikanische Regierung einen Sieg der Linken bei den nächsten Wahlen in Italien 2006 fürchte«. Diese Worte hören rund hundert anwesende Journalisten. Die italienische Nachrichtenagentur macht die Meinungsäußerung von Bush sogar zum Anlass einer Eilmeldung. Für Italien sind das *Big News*. Schließlich hat der US-Präsident direkt für Berlusconi Stellung bezogen. Am Ende der Pressekonferenz fragt Vittorio Zucconi, der Korrespondent von *La Repubblica*, noch einmal nach, ob Bush dies wirklich so gesagt habe. Da wird Berlusconi wohl klar, dass er einen kolossalen Bock geschossen hat, korrigiert sich – und sagt nun, dies sei seine Interpretation, nein, Bush habe dies so nicht wörtlich gesagt. Die Agenturen korrigieren die Meldung. Klar bleibt: Berlusconi hat auf internationalem Parkett wieder einmal eine *brutta figura*, eine schlechte Figur, gemacht, aus freien Stücken, aus

Angeberei, aus Überheblichkeit – aus welchem Grund auch immer.

Daran sind die italienischen Journalisten, die ihn auf Reisen begleiten, schon gewöhnt. Doch was erfahren die Italiener davon? Wer keine Meldungen von Nachrichtenagenturen liest oder kein aufmerksamer Tageszeitungsleser ist, erfährt davon nichts.

Das Regimefernsehen, so muss man es wohl nennen, fabriziert am Morgen nach dem Desaster einen Bericht darüber, der es in sich hat, und zwar nach der selbst so definierten »Panini-Technik«, die italienische Fernsehzensurmethode. Und die geht am Beispiel dieses Morgens, am 1. November 2005 im TG1, so vor (*panini* heißt »Brötchen«, und das erklärt die Zensurmethode): Zuerst einmal kommt das Dementi einer Nachricht, die nicht gebracht wurde. Der Bericht über den Vorfall in Washington wird umbenannt in »Polemik um den Besuch Berlusconis«. Zuerst wird der Regierung Raum gegeben, zu erklären, dass nichts passiert ist. Es wird dementiert, dass irgendetwas geschehen sei. Die Worte Berlusconis werden dabei gar nicht zitiert. Dann werden Gesichter von Oppositionspolitikern gezeigt, die der Zuschauer aber bis auf eine Ausnahme nicht im O-Ton hören darf. Den »sprechenden Gesichtern ohne Sprache« wird dabei von der Redaktion ein Text übergesprochen, der einige kritische Worte der Opposition referiert. Wie gesagt, sie selbst dürfen nicht sprechen. Das übernimmt die Berlusconi-treue Redaktion für sie. Was diese Leute wirklich gesagt haben, bekommt nur mit, wer Lippen lesen kann. Wir haben uns diesen Spaß einmal gemacht und mussten feststellen: Natürlich haben die betreffenden Politiker überhaupt nichts zu diesem Fall gesagt – bis auf einen, der wirklich Kritisches äußern durfte über einen Vorfall, der nicht bekannt gemacht worden ist. Der Zuschauer muss also glauben, dass dieser Politiker aus dem hohlen Bauch schwätzt, weil der Bericht ja schon damit angefangen hat, dass es gar nichts Erwähnenswertes gab in Washington.

Dann endet der Bericht mit einer Stellungnahme des Parlamentspräsidenten der Regierungsmehrheit, der Berlusconis Namen keinmal erwähnt und meint, man solle die Außenpolitik doch von inneritalienischen Problemen frei halten. Das könnten Nichtinformierte auch als Kritik an Berlusconi auffassen, aber dann kommt der »Koppheister«, denn Pier Ferdinando Casini, wie der Kammerpräsident von Berlusconis Gnaden heißt, greift nun endlich einen Politiker namentlich an. Und dies ist, das Kaninchen kommt immer am Ende aus dem Hut, der Chef der Opposition, Romano Prodi, der vor einigen Monaten ein Gespräch mit Chirac gehabt habe, und auch da seien danach Inhalte des als vertraulich eingestuften Treffens der Presse gegenüber kolportiert worden. Was das eine mit dem anderen zu tun hat, weiß allein Casini. Natürlich haben sie nichts miteinander zu tun, diese beiden Ereignisse. Aber dem nicht vorinformierten Zuschauer, der den ganzen Vorgang nicht bereits aus den Agenturen, in internationalen Medien übers Internet gelesen und in seiner elementaren Einfachheit begriffen hat, der ist vom Berlusconi-kontrollierten Staatsfernsehen RAI wirklich perfekt desinformiert worden.

Das »Telegiornale Uno« hat die Wahrheit – allerdings technisch nicht sonderlich gekonnt – auf den Kopf gestellt: Die Nachricht wurde unterschlagen. Es gab keinen Bericht aus Washington, es gab auch keinen O-Ton von der Pressekonferenz, aus dem sich der Zuschauer eine eigene Meinung hätte bilden können. Natürlich waren die Aufnahmen vorhanden – die RAI selbst hatte ja alles mitgeschnitten, auch die Agenturen. Davon wurde gezeigt: nichts. Stattdessen beginnt die »Nachricht« mit dem Dementi einer nicht gegebenen Nachricht. Und danach werden Zusammenhänge dargestellt, die so nicht existieren. Im Italien Berlusconis ist diese Technik dermaßen zum Normalfall geworden, dass es zum Volkssport wurde, zu erraten, was denn eigentlich die Nachricht war – die man ja nicht kennt. Das ist wie spiegelverkehrtes Lesen oder das Erraten von Negativbildern. Witzig, aber auch anstrengend. Und nicht der

Sport der großen Masse der Italiener, von denen Berlusconi einmal behauptete – und sich dabei auf ihre Fähigkeit, Werbebotschaften aufzunehmen, bezog –, dass sie das Auffassungsvermögen eines Elfjährigen hätten, eines nicht einmal sonderlich hellen zudem.

So funktioniert die »Panini«-Taktik: außen die Regierung, drinnen die Opposition, aber klein geschnitten und gepökelt, und außen dann wieder die Regierung. Berlusconi – »selbst berichtete Opposition« – Berlusconi: Das ist das tägliche Brötchen der Italiener in den News, die nicht von seinen eigenen Sendern ausgestrahlt werden. Wie es auf seinen Privatkanälen ist – tja, da fehlt dem Brötchen der Belag.

Nun ist der Begriff »Panini-Technik« nicht die böswillige Erfindung kritischer TV-Beobachter, sondern der vom TG1-Chefredakteur Clemente J. Mimun selbst gewählte Name für diese Art von Nachrichtenaufbereitung.

Wir nennen das schlichter »Zensur«.

Das Staatsfernsehen RAI: Unterworfen!

Auflehnen ist zwecklos: Zwar überborden die Redaktionen der RAI an Chefs vom Dienst und Vizes, die haben aber keinerlei eigene Entscheidungsbefugnis. Die Titel sind geblieben, die Unabhängigkeit ist längst weg. Die Zentralisierung hat den einzelnen Redaktionen jede Autonomie genommen. Im Extremfall ist es so, dass sogar einzelne Beiträge nicht einmal mehr innerhalb der Redaktion abgenommen werden, sondern gleich vom höchsten Chef.

Je höher man an die Spitze der RAI geht, desto weniger verstehen die Funktionäre etwas vom Fernsehen. Die RAI-Direktion von 2005 wurde dann auch praktischerweise gleich direkt unter Politikern ausgesucht, damit die Kontrolle übers Fernsehen noch direkter ausgeübt werden kann. Übrigens in bester Gemeinschaft zwischen den beiden größten Oppositionsparteien, Linksdemokraten und *Margherita*, und der Berlusconi-Mehrheit. Weil die Spitzen des Oppositionsbündnisses *l'Unione* und Berlusconi darin übereinstimmen: Das Fernsehen ist zu wichtig, als dass man es den Spezialisten überlassen sollte, den Journalisten und Regisseuren.

So kommt es, dass sich jeder Redakteur, wenn er überleben und nicht aus Ulan Bator Nachrichten übermitteln will, einen politischen Referenten sucht. Karriere wird grundsätzlich nur noch über die politische Seilschaft gemacht, die *cordata*. Jeder braucht eine.

Aufmüpfen ist in der RAI nicht drin, es sei denn, man will den Beruf wechseln. Auch wenn es immer wieder Versuche gab. Am 1. Juni 2005 setzte eine Gruppe von strikt anonym bleibenden RAI-Angestellten einen Webblog mit dem bezeichnenden Titel »Schienadritta« (»gerades Rückgrat«) ins Internet. Ganze vierzehn Tage belieferten die unbekannten RAIler die Seite mit Infos, dann starb die Initiative ab.

Wir dürfen mutmaßen, dass die Autoren aufgeflogen und diszipliniert worden sind. Wie überhaupt es kein Journalist der RAI wagte, mit dem eigenen Namen genannt zu werden. Alles blieb strikt anonym.

Denn Fernsehen kann man in Italien nur bei Mediaset oder bei der RAI machen. Und sonst gar nicht. Bei jedem Machtwechsel passierte es, aber 2001, beim Regierungsantritt Berlusconis, war es so schlimm wie niemals zuvor. Alle offenen Kritiker wurden kaltgestellt, geschasst oder bekamen ihre Verträge nicht mehr verlängert. Es war mehr als das vorher übliche Postengeschiebe – es war eine militärisch durchorganisierte Machtergreifung. Die wenigen, die wider den Stachel löckten, wurden öffentlich gegängelt und entlassen: »Es reichte, einige wenige wie Michele Santoro öffentlich an den Pranger zu stellen, um die Masse zu erziehen«, meinte Travaglio, unabhängiger Journalist und sicher das rote Tuch für Berlusconi – aber auch für die Linksopposition DS.

Über hundert Personen wurden verschoben, »zur Verfügung des Direktors« heißt die schlimmste Maßnahme: Man bekomme das Gehalt weiter, habe noch einen Schreibtisch, auch die Kantinenbons, aber mache kein Fernsehen mehr, erklärt eine RAI-Korrespondentin aus Amerika, die selbst Opfer dieser Maßnahme wurde – seitens der Linken übrigens, als diese 1995 die RAI nach Berlusconis erstem Regierungsintermezzo von sieben Monaten wieder in die Hand bekamen.

»Entweder arbeite ich bei der RAI oder bei Mediaset, oder ich kann zum Hungerlohn Pornos im Hinterhof drehen«, meint auch ein Kameramann, während er gerade versucht, die Falten Berlusconis nicht zu deutlich ins Bild zu rücken, leicht unscharf zu bleiben, denn heute arbeitet er für Mediaset: »Da weiß ich schon, was von mir erwartet wird: keine Einstellung des Chefs von schräg unten, keine Close-ups; das bleibt allein den Chefs der Opposition vorbehalten: wenn die schwitzen und pickelig aussehen, umso besser.«

Ein Anchorman des zweiten RAI-Kanals, dessen Namen lange Jahre für ausgewogene Berichte und die Vermittlung fundierten Wissens stand, erklärte auf die Frage, warum er plötzlich in eine seichte Varietésendung übergewechselt sei, ganz offen: »Nach jedem Interview oder Bericht ruft der Sprecher irgendeiner Partei an: Dem einen war's zu rechts, dem anderen zu links, dem dritten haben wir seiner Meinung nach das Wort abgeschnitten, den vierten überhaupt nicht interviewt; und dann kriege ich immer einen auf den Deckel, von irgendeinem RAI-Funktionär aus der Seilschaft dieser oder jener Partei. Ich war es einfach satt, den Sekundenproporz noch mitzumachen, und habe mir die Haare hochgeföhnt, begonnen, regelmäßig ein Sonnenstudio zu besuchen, und mich ins Bunte abgeseilt – na und? Da nervt dich wenigstens kein Politiker!«

Dass die Zeiten reif für einen Wechsel in der RAI sind, belegte der auch in Deutschland sehr bekannte Sänger Adriano Celentano. In der ersten Ausgabe einer Abendshow im Oktober 2005[16] lud er den geschassten RAI-Moderator Michele Santoro ein. Santoro, den absoluten Publikumsmatador – er allein ist gut für einen Marktanteil von 40 Prozent. Die Reaktion des Publikums war enorm. Santoro und Celentano sprachen über Zensur, über Pressefreiheit und über Berlusconi. Die Zuschauer interessierte das offenkundig. Je länger Santoro und Celentano an jenem Abend sprachen, desto mehr Zuschauer schalteten auf RAI 1 um: Am Ende hatten die beiden einen nationalen Marktanteil von knapp 50 Prozent erreicht! Werte, die vielleicht noch die Fußballnationalmannschaft Italiens im Endspiel gegen Brasilien schaffen würde. Jedes Fitzelchen an Information wird begierig aufgegriffen.

Ein anderes eklatantes Beispiel für den Wind, der Berlusconi nach viereinhalb Jahren »Regime« – so nannten Gomez und Travaglio eins ihrer Enthüllungsbücher[17] – entgegenschlägt, ist der unglaubliche Kinoerfolg, den die beliebteste Comedykünstlerin Italiens, Sabina Guzzanti, mit ihrem satirischen Dokumentarfilm über den eigenen Rausschmiss aus der RAI und die Zensur in Italien gedreht hat und der monatelang in fast hundert Kinos Italiens lief und von über 250 000 Menschen gesehen wurde.

Ihr Fall ist emblematisch: Nach einer satirischen Sendung über Berlusconi – »RaiOt« – am 23. November 2003 darf Sabina Guzzanti nicht mehr in der RAI auftreten, das Programm wird nach der ersten Ausstrahlung ersatzlos gestrichen. Begründung: Mediaset, die Medienfirma Berlusconis, habe eine 20 Millionen Euro schwere Verleumdungsklage gegen die RAI angestrengt, und um die RAI vor weiteren Schadenersatzforderungen zu schützen, müsse das Programm vom Sender.

Die Staatsanwaltschaft von Mailand stellte jedoch fest, dass Sabina Guzzantis Sendung keineswegs »verleumderisch« gewesen sei, sondern gerade in dem Punkt, dass Retequattro »illegal« sende, dem Inhalt nach korrekt und »wahrheitsgemäß«, weil die Behauptung der Künstlerin zwar »außerordentlich stark«, aber durchaus – so der stellvertretende Oberstaatsanwalt von Mailand, Giuliano Turone – wahr sei. Schließlich hätte der italienische Verfassungsgerichtshof in einem Urteil 2002 genau dies festgestellt, dass das gegenwärtige Fernsehsystem in Italien »seinen Ursprung in einer reinen Besetzung der Frequenzen habe, die in keiner Weise dem Prinzip der Erweiterung des Pluralismus« gefolgt sei.[18]

Das geschah Anfang 2004 – und da glaubte Sabina Guzzanti noch, dass sie bald wieder auf Sendung gehen dürfe. Doch Mediaset legte Widerspruch ein. Am 8. Mai 2004 hätte eigentlich endgültig Schluss sein müssen – und Sabina wäre wieder *in onda*, auf Sendung: Das war der Tag, an dem die Mailänder Untersuchungsrichterin Giovanna Verga die Akte endgültig schloss, weil sie keine diffamatorischen Inhalte gegenüber der Firma Berlusconis erkennen konnte.

Die Richterin, man kann es nicht anders sagen, verulkte die Firma Berlusconis dabei regelrecht. In ihrer Show hatte Sabina die Figur einer spanischen Journalistin gespielt, der ein ebenfalls hervorragend imitierter Kommunikationsminister Maurizio Gasparri erklärte, er habe das Mediengesetz natürlich nicht selbst geschrieben, das hätten die Leute von Berlusconis Firma schon für ihn erledigt, er habe sogar echte Probleme, das Gesetz überhaupt zu verstehen, er schliefe immer darüber ein, wenn er versuche, es zu lesen ... Die Richterin befand, dass es doch ein Kompliment für Berlusconis Firma sei, wenn die Komikerin ihm, dem Chef von Berlusconis Firma, unterstelle, er genieße ein so großes Vertrauen des Ministers, dass sich dieser sogar die Gesetze von ihm schreiben lasse.[19]

Halb Italien lachte – aber Sabina Guzzanti hatte ihre Sendung natürlich nicht wieder. Die RAI verweigerte ihrer Superquotenfrau, die auf dem dritten Kanal, der sonst 12 Prozent hat, spielend leicht 30 Prozent Marktanteil gewann, die Rückkehr auf den Bildschirm.

»Danach habe ich mich entschlossen, einen Dokumentarfilm über meinen Fall zu drehen, ›Viva Zapatero!‹, weil es doch klar war, dass Berlusconis Firma Mediaset die RAI grundlos verklagt hatte.«

Dafür interviewte Sabina Guzzanti die Mitglieder der Parlamentskommission, die die so genannte politische Aufsicht über die RAI führt *(commissione di vigilanza)*. Sie fragte diese mehrheitlich von der Mitte-links-Opposition besetzte Kommission, warum denn ihre Sendung weiterhin abgesetzt sei. Sie »berührte mit der Hand«, wie man dazu im Italienischen sagt, dass es im Grunde genommen eine Art großer Koalition zwischen Berlusconi und den meisten Führern der Oppositionsparteien gibt, vor allem der Linkspartei unter Massimo D'Alema, die allesamt keine freie, unkontrollierte Meinungsäußerung im Fernsehen wünschen.

Gerade der Leiter dieser Kontrollkommission über die RAI, Claudio Petruccioli, Parlamentarier der Linkspartei DS, verweigerte Sabina Guzzanti die Rückendeckung der Opposition. Eine Haltung, die nur aus dem Erbe der DS als kommunistischer Partei erklärt werden kann, der eben jede »unkontrollierte« Meinungsäußerung suspekt ist.

»Ich fürchte nicht Berlusconi, ich fürchte den Berlusconi in ihnen«,[20] drängt sich da ein Gedanke des gesellschaftskritischen italienischen Liedermachers Giorgio Gaber auf.

Seit Sommer 2005 ist derselbe Petruccioli zum Präsidenten der RAI ernannt worden, und das mit Billigung Berlusconis, der Sender hat jetzt einen Verwaltungsrat, der nun nur noch aus Politikern besteht. Ein Mann der Linken dient so als Feigenblatt, als nützlicher Idiot Berlusconis, der den Anschein des Pluralismus garantieren soll und der den geschassten kritischen Journalisten die Rückkehr zu eigenen Sendungen verweigert. Allenfalls dürfen sie für ein paar Minuten als »Gast« auftreten – damit richten sie keinen großen Schaden an, der Form ist aber Genüge getan.

Sabina meint, für sie selbst sei diese Zeit des Exils vom Fernsehen eine wichtige persönliche Erfahrung gewesen: »Ich habe etwas beobachten können. Die Verwandlung einer Demokratie. Das habe ich dokumentiert. Diese langsamen, aber stetigen Veränderungsprozesse zu beobachten, die dabei ablaufen, und die Umstände, die diese Veränderung möglich machen – das ist außerordentlich interessant, wenn auch erschreckend. ›Freiheit ist die Freiheit zu sagen, dass zwei plus zwei vier ist. Wenn das gewährt ist, folgt alles andere‹, schreibt Orwell in seinem Roman *1984*. Der Autoritarismus ist die Wurzel allen Übels, der Korruption und der Depression, in der Italien gegenwärtig lebt. Die einzige Medizin dagegen ist die Freiheit.«[21]

KAPITEL 13

Die Sardinien-Connection

Klein Versailles an der Costa Smeralda

Immer wieder ist aus dem Munde Silvio Berlusconis zu vernehmen, seine Heimat sei nicht Arcore, sondern Sardinien. Dort verbringt der italienische Ministerpräsident nahezu jedes seiner Wochenenden: »Wenn ich mich nicht in Sardinien erholt habe, arbeite ich viel schlechter«, verriet er den Journalisten. In seinem kleinen sardischen Imperium ersinnt Berlusconi neue Strategien, lädt Politiker und Finanziers zu sich, ausgewählte Journalisten und Bankiers sowie Staatsmänner wie Tony Blair und Wladimir Putin, die dort bei ihm ein paar Tage Ferien machen.

Berlusconi hat eine starke Verbindung zu Sardinien, stärker noch als seine Bande mit Sizilien. Und die Monumente dieser innigen Neigung prangen weithin sichtbar, ja sie werden von ihm nicht ohne Stolz vorgezeigt: Die schönsten Villen an einem der exklusivsten Ferienorte der Welt, der Costa Smeralda, berühmt für ihr klares Wasser und ihre zerklüfteten Steilhänge, stehen im Besitze Silvio Berlusconis. Er selbst verbringt viel Zeit in der Villa Certosa.

Auf dem Landgut Punta Lada, einem riesigen Besitz in der Provinz Olbia, nur wenige Kilometer vom Jetset-Ferienort Porto Rotondo entfernt, entstand so nach und nach – bei großer behördlicher »Elastizität« in Sachen Baugenehmigung[1] – eine Residenz, die eines Ölscheichs würdig wäre. »Ein Palast, der die architektonischen Traditionen der Villa Pisani in Stra, des Schlosses Chenonceau an der Loire oder der von Kardinal Ippolito II. erbauten Villa d'Este in Tivoli wieder aufnimmt«, schreibt der *Corriere della Sera*.

Was in den siebziger Jahren wenig mehr als ein Landsitz war, mauserte sich mit den Jahren zum Schloss, das eine würdige Kulisse für den nächsten James-Bond-Film abgeben würde. Die »Maßnahmen zur Verbesserung der Wohnqualität« – wie sie der Sprecher »Seiner Majestät«, Paolo Bonaiuti, nennt –, die der Bürger Berlusconi an seinem Besitz vorgenommen hat, rauben einem fürwahr den Atem. Mit Mosaiken gepflasterte, kreisrunde Plätze, lange Reihen von Menhiren aus dem Sortiment veritabler »Antiquitäten«-Händler, Hektar um Hektar perfekter englischer Rasen, der trotz des trockenen Klimas der Costa Smeralda grün leuchtet, Kreuzgänge, Salons, überdachte Swimmingpools und Kunstwerke, wohin das Auge blickt. Eine seiner Schöpfungen erfüllt den Architekten der Villa Certosa, Gianni Gamondi, mit besonderem Stolz: ein Schwimmbad in Form eines Amphitheaters, das von einem Gürtel von mehr als zweitausend Kakteen aus aller Welt gesäumt wird.

Um das, was Berlusconi seinen »botanischen Garten, für den ich eigentlich einen Preis verdient hätte« nennt, um eine weitere Attraktion zu bereichern, ließ er fünfhundert Jahre alte Johannisbrotbäume dorthin versetzen.

Die Villa Certosa bietet 2500 Quadratmeter Wohnfläche. Das Gebäude mit hufeisenförmigem Grundriss liegt inmitten eines 70 000 Quadratmeter großen Parks. Die großen Salons sind gedacht, um illustre Gäste zu beeindrucken: Ihre Ausstattung ist so luxuriös, dass sie einem Märchen aus Tausendundeiner Nacht zu entspringen scheint.

Die Villa verfügt über 26 Zimmer, ein Dutzend Badezimmer, den Nachbau einer Nuraghe, eines für Sardinien typischen prähistorischen Turmbaus, in dem mehrere Gästesuiten untergebracht sind, die natürlich ebenfalls mit jedem erdenklichen Luxus ausgestattet sind.

Dazu gehören zum Beispiel auch Alkoven, die im Stil der Sieneser Freskenmalerei des 14. Jahrhunderts ausgemalt wurden. »Hier aber sind die Frauen nicht flachbrüstig, sondern ganz schön wohlgeformt«, wie der Ministerpräsident zu seinem Kunstwerk meinte. Um genug Licht zu schaffen, wurden die Wände der Alkoven aus Flüssigkristallen angelegt. Auf Knopfdruck verdunkeln sie sich und garantieren so ein Maximum an Intimsphäre.

Aktuell wird ein großes Amphitheater aus Marmor errichtet. (Die tragenden Strukturen sind aus Beton, die gewaltigen Stufen aus Granit. Es soll vierhundert Sitzplätze umfassen und nach dem Muster von Palladios Teatro Olimpico in Vicenza gestaltet werden.) Für die musikalischen oder theatralischen Darbietungen, die den König und seinen Hofstaat erfreuen sollen. Einen Flügel der Villa bewohnen die Sicherheitsleute, die dem Cavaliere auf Schritt und Tritt folgen.

Berlusconi ist großzügig. Und er möchte, dass seine Gäste sich ebenfalls wie Könige fühlen. Daher die vielen Schwimmbäder, Whirlpools und Pools für Thalassotherapie, die von Meerwasser gespeist werden. Der größte Pool ist zweigeteilt und von Rasen umgeben, die kleineren sind in zahlreiche Felsengrotten eingebettet, aus denen sich kleine Wasserfälle ergießen. Ein ausgeklügeltes System von Schwimmbädern, die allmählich zum Meer hinabführen. Selbstverständlich gibt es auch einen künstlichen See, an dessen Ufer man gemütliche Abendspaziergänge macht.

Natürlich darf auch ein Fußballplatz nicht fehlen, falls irgendeine Champions-League-Mannschaft unter den geneigten Blicken Seiner Hoheit Silvio das Leder treten sollte, der ja immerhin Besitzer des ruhmreichen AC Mailand ist. Einem Journalisten, dem Einlass in die Villa Certosa gewährt wurde, erklärte Berlusconi jovial und aufgeräumt: »Jetzt zeige ich Ihnen noch den Platz, an dem einmal die Kirche stehen wird. Dort wird dann jeden Sonntag die Messe gelesen.« Denn Silvio Berlusconi ist ein guter Katholik und lässt keine Gelegenheit aus, um dies unter Beweis zu stellen.

Also macht er sich die Erde untertan und errichtet seinen pompösen Palast mitten in einem Naturschutzgebiet – ohne auf eine Baugenehmigung zu warten. Seine Nichtachtung der Gesetze geht so weit, dass über die Villa Certosa und all ihren Schnickschnack schon ein Fotoband in den Regalen der Buchhandlungen liegt *(Ville esclusive & Resorts)*,[2] obwohl die Stadt Olbia und die Regionalverwaltung immer noch keine Genehmigung erteilt haben.

So etwas sorgt in der Öffentlichkeit natürlich für Diskussionsstoff. Besonders die Erweiterung eines stinkenden Klärschlammbeckens sowie der Bau eines Säulenganges mit WC und Kühlschrank (damit das Kontrollpersonal sich nicht in der prallen Sonne ergehen muss) und eine Amnestie für Bausünder, die Berlusconi erlaubte, zwei Hütten in elegante kleine Villen umzubauen, erregten die Gemüter. In der Folge drangen einige Mitglieder der sardischen Unabhängigkeitsbewegung in die Villa ein, um gegen diese illegalen Aktivitäten zu protestieren.

Auch der direkte Verbindungsgang von der Villa zum Meer, den Berlusconi bauen ließ, stieß auf wenig Gegenliebe beim Volk. Man spricht vom »007-Landungssteg«, von einer unterirdischen Grotte für Jachten und Unterseeboote wie in einem Agentenfilm. Tatsächlich wurde eine futuristische Mole am Strand errichtet, an der VIPs anlanden können, um dann in einem gläsernen Aufzug zur Villa aufzufahren. Der Aufzugsschacht wurde einige Meter tief in die Steilhänge am Meer getrieben.

Die Umweltschützer vom WWF und einige sardische Aktivisten versuchten im Mai 2004, per Boot bis nach Punta Lada vorzudringen, um die Arbeiten an der Mole fotografisch zu dokumentieren; doch sie wurden sofort von den Schnellbooten der Polizei abgedrängt. Ein imposantes Aufgebot von Carabinieri mit Anti-Terror-Ausstattung konnte schließlich die lästigen Protestierer verscheuchen.

Viele Journalisten haben Silvio Berlusconi bzw. seine Vertreter seither gebeten, doch Kopien von den angeblich vorhandenen Baugenehmigungen vorzulegen, welche die sardische Regionalverwaltung jedoch nie ausgestellt hat. Nichts zu machen. Der ausgelöste Wirbel aber war immerhin so groß, dass der Innenminister persönlich, der Sarde Giuseppe Pisanu (ein alter Freund Berlusconis), reagieren musste: Er stellte alles, was mit den Arbeiten an der Villa Certosa zusammenhing, unter Staatsgeheimnis. Was den Skandal allerdings nicht bremste.

Die Baumaßnahmen, so der Kabinettsstaatssekretär Gianni Letta, unterlägen deshalb der Geheimhaltung, weil sie in direktem Zusammenhang mit der Sicherheit und dem Schutz des Staatschefs stünden. Es ginge darum, die »Unversehrtheit unseres Präsidenten und seiner Familie« zu gewährleisten. All dies sei Teil des nationalen Antiterrorprogramms, das Letta ins Leben gerufen hatte. Dem zufolge sei die Villa Certosa der Ort, an den der Ministerpräsident sich in Krisensituationen zurückziehen könne, um von dort aus die Regierungsgeschäfte zu führen, falls es zu Sicherheitsproblemen käme. Diese nachträgliche Rechtfertigung von Arbeiten rein privaten Charakters mit »Erfordernissen der nationalen Sicherheit« stieß vielen Italienern sauer auf.

Doch Berlusconis Minister behaupten nach wie vor, diese Umbauten seien von der Cesis gefordert worden, der Abteilung des Geheimdienstes, die für die persönliche Sicherheit des Staatschefs zuständig ist. Die Villa Certosa sei nun dem Palazzo Chigi gleichgestellt, dem traditionellen Sitz des italienischen Ministerpräsidenten. Diese doch recht merkwürdige Entscheidung gibt der italienischen Öffentlichkeit ebenso zu denken wie so manchen Politikern.

Die Verhängung des Staatsgeheimnisses verhindert nun wirksam, die Frage nach den Baugenehmigungen zu klären. Doch die Staatsanwaltschaft von Tempio Pausania (bei Sassari in Sardinien) gab sich damit nicht zufrieden. Sie hat beim Verfassungsgericht angefragt, ob die Arbeiten in der Villa Certosa nun ausschließlich privaten Charakter haben oder nicht. Mit der Eingabe soll auch überprüft werden, ob das über die Arbeiten verhängte Staatsgeheimnis verfassungskonform ist.

Nun wartet man auf die Entscheidung des Verfassungsgerichts. Und das kann dauern. In der Zwischenzeit wurden die illegalen Bauarbeiten durch eine weitere Amnestie für Bausünder legalisiert, die am 14. Oktober 2004 in Kraft trat – die dritte der Ära Berlusconi. Dank dieses Gesetzes dürfen in ganz Italien Betonklötze, die bis zum 30. September 2004 illegal in der eigentlich geschützten 300-Meter-Zone am Meeresufer errichtet wurden, noch auf Jahrhunderte die Landschaft verschandeln. Und so kann Berlusconi wieder ruhig schlafen und sich seines Palastes an der Costa Smeralda erfreuen.

Berlusconi ist von dem Wunsch besessen, seinen Besitz auf Sardinien ständig zu vergrößern. 2005 kaufte er persönlich 40 000 Quadratmeter Land um seinen Besitz in der Nähe von Porto Rotondo.

Alles rein, alles fein. Nur der Nachbar hat das Nachsehen. Der bekannte sardische Künstler beklagte sich nämlich, Berlusconi habe aus dem schönen Stück Land eine Müllhalde gemacht, auf der der gesamte Aushub der Renovierungsarbeiten der Villa Certosa lande.

In Laufe der Jahre hat Berlusconi nicht nur mit Immobilien spekuliert. Irgendwann beschloss er auch, seine Lieben rund um die Villa Certosa anzusiedeln – natürlich in anderen Villen.

Geschäfte mit Carboni

Die Leidenschaft Silvio Berlusconis für Sardinien reicht weit zurück und weist auch einige dunkle Seiten auf. Tatsächlich interessierte er sich bereits in den siebziger Jahren für die Costa Smeralda. Silvio begreift schnell, dass Olbia, eine kleine Stadt, die von den Sozialisten und der *Democrazia Cristiana* verwaltet wird, ideale Bedingungen bietet, um sich dort anzusiedeln und ins Tourismusgeschäft einzusteigen. Und so beginnt er seine Hamsterkäufe: Land, Land, Land. So viel wie irgend möglich. Eine ganze Heerschar von Maklern wird für ihn tätig. Der wichtigste unter ihnen ist Flavio Carboni, ein Sarde aus Torralba, Mitglied der P2. Ein Unternehmer ohne Kapital, der sich, um Geld aufzutreiben, der Wucherer der Magliana-Banda bedient und den Kassier der Mafia, Pippo Calò, anzapft. Flavio Carboni ist tatsächlich eine recht schillernde Persönlichkeit, die vieles mit Silvio Berlusconi gemein hat.

Auch er ist eher klein von Statur. Wie Berlusconi hat er eine Schwäche für Schuhe mit hohen Absätzen. Wie Berlusconi musste er schon in jungen Jahren Haare lassen. Allerdings trägt Carboni erkennbar ein Toupet, was wesentlich billiger kommt als die regelmäßigen Haarverpflanzungen, denen sich der italienische Ministerpräsident unterzieht. Wie Berlusconi liebt er Luxus und die Zurschaustellung seines Reichtums in Form von Villen, Jachten und schnellen Autos. Wie dieser hält er sich für einen Casanova, selbst wenn es sich bei seinen Eroberungen häufig um käufliche Damen handelt. Wie der Ministerpräsident redet er in einem fort und ergötzt sein wehrloses Publikum mit Scherzen und Schabernack. Er spielt Klavier, wirft mit klugen Zitaten um sich, hat mächtige Freunde im Vatikan und beim Geheimdienst. Wie Berlusconi glaubt er, dass jeder Mensch käuflich ist – alles nur eine Sache des Preises.

Als junger Mann war Carboni Wasserträger des christdemokratischen Abgeordneten seines Heimatdorfes. Seine politischen Paten verschaffen ihm einen kleinen Job im Ministerium, doch Carboni langweilt sich. 1972 wird er Immobilienhändler. Sein politischer Partner ist der christdemokratische Abgeordnete Giuseppe Pisanu (seit 1972 im Parlament), der zuerst mächtiger politischer Sekretär seines berühmten Parteifreundes Benigno Zaccagnini ist, dann Staatssekretär im Finanz- und später im Verteidigungsministerium wird, bevor er zum Fraktionsvize der *Forza Italia* avanciert. Heute ist Pisanu Innenminister in der Regierung Berlusconi.

Wie wir sehen, gibt es zwischen Carboni und Berlusconi viele Berührungspunkte. Kein Wunder, dass die beiden sich mögen. Sie gründen eine De-facto-Gesellschaft mit der Zielsetzung »Immobilienspekulation in Sardinien«. Alles ganz normal, möchte man meinen. Nur dass Flavio Carboni, der die Expansion Berlusconis in Sardinien vorantrieb, heute unter Anklage steht. Man wirft ihm vor, am Mord an Roberto Calvi beteiligt gewesen zu sein.

Sowohl die englischen als auch die italienischen Ermittlungsrichter sind zu dem Schluss gelangt, dass Roberto Calvi ermordet wurde. Und so wurde am 6. Oktober 2005 in Rom der Prozess wegen Mordes an dem Bankier eröffnet. Zu den vier Angeklagten gehört auch der zwielichtige Unternehmer Carboni. Dass es zwischen Berlusconi und dem mutmaßlichen Mörder Calvis Verbindungen gibt, geht aus den Ermittlungsergebnisse mehr oder weniger klar hervor.[3]

Tatsächlich war Flavio Carboni Dreh- und Angelpunkt eines dichten Netzes von Beziehungen zwischen der Magliana-Bande, Mitgliedern der Mafia, Freimaurern und dem Vatikan.

Da wir Licht in dieses Dunkel bringen wollten, haben wir uns nach Montreal begeben, wo Carlo Calvi lebt, der Sohn des »Gottesbankiers«. Carlo Calvi hat zum Mord an seinem Vater umfangreiche Recherchen angestellt. Er hat die professionelle Agentur Kroll engagiert und dafür über 20 Millionen Dollar ausgegeben. Wir haben mit Carlo Calvi über den Mord gesprochen. Und die merkwürdige Geschichte auf Band aufgezeichnet, in der Silvio Berlusconis Name fällt.

Hier eine Kurzfassung von Carlo Calvis Bericht: »Bahamas, Dezember 1976. Es ist Winter, in Italien herrscht eine infernalische Kälte, aber in Nassau ist es angenehm warm. Man kann sogar am Meer spazieren gehen. In North Point, etwa 15 Kilometer von der Hauptstadt der karibischen Insel entfernt, wird gefeiert. Mein Vater, der Präsident des Banco Ambrosiano, empfängt Freunde und Mitarbeiter in seiner Firma. Der Vorstand ist auf Dienstreise und aus Mailand hierher gekommen. Lauter Banker, die trinken, plaudern, lachen und von Zimmer zu Zimmer wandern. Der amerikanische Bischof Paul Casimir

Marcinkus, sofort an seiner athletischen Gestalt erkennbar, stimmt mit sonorem Bass ›Arrivederci Roma‹ an. An einem bestimmten Punkt setzt mein Vater sich von der Gruppe ab, nimmt sein Glas und hakt sich bei mir ein. Ich war damals gerade zwanzig Jahre alt, aber ich weiß noch gut, wie er mir zuflüsterte: ›Wir werden künftig die Fernsehaktivitäten von Silvio Berlusconi finanzieren.‹«[4]

Die Vertreter der römischen Staatsanwaltschaft, die mit dem Calvi-Prozess befasst sind, Luca Testaroli und Maria Monteleone, sind davon überzeugt, dass es sich hierbei um einen Mord mit Mafiahintergrund handelt, und werden darin durch die Aussagen verschiedener Kronzeugen bestärkt. Doch die Staatsanwaltschaft hat nicht nur gegen die vier Hauptverdächtigen im Mordfall Calvi den Prozess eröffnet. Man hat auch die Finanzen des Banco Ambrosiano genau unter die Lupe genommen. Unter anderem die Beziehungen zur Fininvest und die Geschäfte, die das Trio Carboni, Berlusconi und Romano Comincioli (ein ehemaliger Klassenkamerad des Ministerpräsidenten, heute Abgeordneter von *Forza Italia*) seit Ende der siebziger Jahre in Sardinien getätigt hat.

Dabei tritt ein Projekt immer mehr in den Vordergrund: Silvio wollte auf Sardinien eine Siedlung mit Namen »Olbia 2« errichten. Diese Initiative wurde von Flavio Carboni maßgeblich mitgetragen, dem Mann, der Roberto Calvi auf seine letzte Reise nach London schickte.

Um Licht in diese Angelegenheit zu bringen, haben wir uns nach Triest begeben, jener Stadt, in der der »Bankier Gottes« Anfang Juni 1982 auf seiner Flucht Halt machte. In Triest hatten die Immobiliengesellschaften Flavio Carbonis ihren Sitz, mit denen sowohl Calvi als auch Berlusconi zu tun hatten.[5] Das lag daran, dass es in Triest zu jener Zeit noch verschiedene Steuererleichterungen gab.

In Triest haben wir einen Staatsanwalt interviewt, Oliviero Drigani, der zu jener Zeit, also 1982, mit den Ermittlungen im Fall Calvi betraut war. Mit seiner Hartnäckigkeit handelte er sich damals allerhand Probleme ein. Heute ist Drigani in hoher Stellung am Triestiner Gericht tätig. Er erzählt uns: »Als ich begann, im Fall Calvi zu ermitteln, drängte sich mir der Eindruck auf, dass ich es hier mit einer gewaltigen Finanzdachorganisation zu tun hatte, die enorme Summen bewegte. Die ganze Untersuchung, die für einen jungen Staatsanwalt ohnehin schwierig genug war, brachte mir viel Druck von oben ein.«

Im Jahr 1982 wurde in Triest Emilio Pellicani verhaftet, das venezianische »Mädchen für alles«, welches Carbonis Immobilienimperium verwaltete. Die rechte Hand Flavio Carbonis entschied sich für eine enge Zusammenarbeit mit der Justiz.

Am 4. Dezember 1982 ordnet Staatsanwalt Drigani aus Sicherheitsgründen für Emilio Pellicani Untersuchungshaft an. Zunächst wird Pellicani in die Kaserne der Carabinieri in Triest gebracht, später in die Kaserne der Guardia di Finanza. Am darauf folgenden 10. Dezember lässt Drigani dem Häftling eine Schreibmaschine bringen, auf der Pellicani einen Bericht von 53 Seiten (plus sieben Seiten Anhang) tippt. Dieser Bericht ist von minuziöser Genauigkeit und zeugt von bemerkenswerter Detailkenntnis, Einzelheiten, welche die Richter im Übrigen später bestätigt sehen. Die Genauigkeit, mit der Carbonis rechte Hand ein bestimmtes politisches Milieu mit Verbindungen zur Hochfinanz und zum Unternehmertum beschreibt, machen den Bericht zum echten »Hammer«. Zahllose bedeutende Namen finden sich darin: zum Beispiel der von Carlo Caracciolo, dem Herausgeber der »linken« Tageszeitung *La Repubblica*. Silvio Berlusconi wird ebenso erwähnt wie Giulio Andreotti, Roberto Calvi und Monsignore Paul Marcinkus.

Als die Ermittlungsakten von Triest an die Staatsanwaltschaft in Rom bzw. Mailand weitergehen, wurde dieses Dossier teilweise zum Geheimdokument erklärt, da zu einzelnen Punkten die Untersuchungen der Triestiner Staatsanwaltschaft noch nicht abgeschlossen waren. Nicht einmal dem parlamentarischen Untersuchungsausschuss zur Loge Propaganda 2 gelang es, ein vollständiges Dokument zu erhalten. Viele Stellen waren durch Weglassen oder Schwärzen »entschärft« worden. Und so rankten sich bald zahllose Legenden um das »Dossier Pellicani«, das nie zur Gänze veröffentlicht worden ist.

Wir aber haben im Zuge unserer Recherchen Einsicht in das Original nehmen können. Und die Lektüre bestätigte, dass es sich dabei um ein brandheißes Dokument handelt, das zeigt, wie viele Persönlichkeiten, die heute in Italien immer noch eine bedeutende Rolle spielen, bereits in den siebziger und achtziger Jahren in höchst dubiose Geschäfte verwickelt waren, seien es nun Politiker, Unternehmer, Staatsanwälte oder andere hohe Beamte.

Das Dossier beginnt mit folgendem Satz: »Ich habe Flavio Carboni im Dezember 1972 im Hotel Gritti in Venedig kennen gelernt.«[6]

Als Pellicani und Carboni sich begegnen, war der Sarde schon längere Zeit im Immobiliengeschäft tätig. Seine Aktivitäten konzentrierten sich damals auf die Ortschaft Castiglioncello in der Toskana. Doch auch in seiner Heimat Sardinien ist Carboni präsent: So besitzt er zwischen Santa Teresa di Gallura und Castelsardo mehrere Grundstücke, die auf die Gesellschaften Isola Rossa spa und Costa dei Corsi spa eingetragen sind. Zwischen 1972 und 1973 gelingt es Carboni, über seine Gesellschaft Costa delle Ginestre spa weit gespannte Ländereien um Porto Rotondo an der Costa Smeralda aufzukaufen. Die Geschichte um diese Grundstücke zeigt uns exemplarisch, mit welcher Art von Mensch wir es zu tun haben. Besitzer der weitläufigen landwirtschaftlichen Nutzflächen, die nicht bebaut werden dürfen, ist der österreichische Journalist Jas Gawronski mit seiner Familie. Gawronski wird später für Berlusconis Partei *Forza Italia* fürs Europaparlament kandidieren.

Die Familie Gawronski verkauft 450 000 Quadratmeter an Carboni und bekommt umgerechnet 4 Cent pro Quadratmeter, insgesamt also 75 000 Euro – einen geradezu lächerlichen Betrag. Innerhalb weniger Tage erhält Carboni von der Stadt Olbia die Genehmigung, dort Gebäude mit 45 000 Quadratmeter Wohnfläche zu errichten. Immobilienspekulation vom Feinsten also, Gewinn: mehrere Millionen Euro.

Aber damit gibt sich Carboni nicht zufrieden.

Angrenzend an einige Ländereien der Firmen Isola Rossa bzw. Costa dei Corsi in der Gegend um Portoleccio stehen 470 Hektar Land zum Verkauf. Eigentümerin ist die Calderugia spa, eine Schweizer Gesellschaft mit Sitz im Kanton Graubünden. Diese Firma gehört einem Italiener, nämlich Francesco Cravero. Als Mittler tritt Pompeo Locatelli auf, ein Mailänder Geschäftsmann, der Bettino Craxi nahe stehen soll.

Am 26. Februar 1972 unterzeichnet Carboni den Kaufvertrag für die Aktien der Calderugia spa. Damit legt er die Hand auf die gewünschten Ländereien. Der Kaufpreis beträgt 1,1 Milliarden Lire. Der Sarde blättert 100 Millionen vorab hin, den Rest will er in Raten bis zum 30. Mai 1975 zahlen. Der Vertrag sichert ihm die Verfügungsgewalt über das Land mit Bezahlung der ersten Rate, doch Carboni will seinen Verpflichtungen gegenüber Cravero nachkommen, indem er einen Teil der noch nicht bezahlten Ländereien verkauft. Und so überlässt er dem Italo-Schweizer Geschäftsmann Florent Ley Ravello, der für seine Kontakte zum organisierten Verbrechen bekannt ist,[7] 1974 40 Prozent an der Calderugia. Pellicani schreibt in seinem Dossier, Ravello habe auch Anteile an anderen Carboni-Gesellschaften erworben: 15 Prozent an der Costa delle Ginestre, 20 Prozent an der Isola Rossa und der Costa dei Corsi.

Carbonis Geschäfte wurden schon damals mit dem Geld der römischen Unterwelt finanziert. Andererseits verfügte er über Verbindungen zu hochrangigen Finanziers wie Florent Ley Ravello.

»Professor Ravello gehörte zur Crème de la Crème der Finanzwelt. Das hat mich damals sehr beeindruckt«, fährt Pellicani fort. »Als Carboni mich 1973 fragte, ob ich für seine

Unternehmen arbeiten wolle, nahm ich an, auch wenn es im Dezember 1972 zu gewissen Unregelmäßigkeiten wie zum Beispiel geplatzten Schecks gekommen war. Er hatte eine starke Persönlichkeit und konnte die Leute gut überzeugen. Er fand für alles eine Erklärung. Das Problem sei, dass er in die Fänge von Wucherern geraten sei, vor allem Domenico Balducci und Spurio Oberdan.[8] Diese versuchten nun, ihm Schwierigkeiten zu machen. Dabei erzählte er mir, dass er die Ketten der Wucherer bald abwerfen würde. Vor allem bei Balducci hatte er hohe Schulden. Er zahlte 10 Prozent Zinsen, und zwar in Form von Grundstücken in Sardinien und Castiglioncello. Mit den Wucherern scheint er sich Ende 1969 eingelassen zu haben.«

Carboni hatte also Kontakte zur Magliana-Bande geknüpft, der Außenstelle der sizilianischen Mafia in Rom, die ihren Namen vom gleichnamigen Viertel hat. Die Magliana-Bande arbeitete für die Cosa Nostra, aber auch für hochrangige Politiker, ja sogar für Kirchenleute. Als eines der Bandenmitglieder, der Killer Renato De Pedis, einem Rachemord zum Opfer fällt, begrub man ihn in der Kirche Sant'Apollinare des Opus Dei – in Anerkennung seiner Verdienste um die heilige römische Kirche.

Die Ländereien der Carboni-Gesellschaften spielten eine bedeutende Rolle in dem neuen Bebauungsplan, den die Stadt Olbia zu beschließen hatte.

Zu jener Zeit intensivierten sich die Beziehungen zwischen Carboni sowie dem Geschäftsmann und Craxi-Freund Pompeo Locatelli. Im Frühjahr 1974 bietet dieser Carboni ein Grundstück an, das an seine Ländereien angrenzt. Es trägt den Namen Costa Paradiso.

Carboni lässt sich auf eine Reihe komplexer Operationen ein, wobei er stets zwischen Scylla und Charybdis schwebt: dem zweifelhaften Finanzier Florent Rey Ravello und den Wucherern der Magliana-Bande.

In dieser Phase der sardischen Immobiliengeschäfte tritt nun plötzlich Romano Comincioli auf den Plan, der für Silvio Berlusconi schon häufig als Strohmann tätig wurde und später als Kandidat der *Forza Italia* für die Parlamentswahl aufgestellt wurde, um ihn dem Zugriff der Justiz zu entziehen. Gomez und Lillo beschreiben Cominciolis Rolle so: »Bei den Nachforschungen zu den Verbindungen zwischen Carboni und der Mafia stieß die Anti-Mafia-Ermittlungsabteilung DIA auf die sardischen Geschäfte Silvio Berlusconis. Ein Bericht vom 8. April 2003 wirft Licht auf die Beziehungen zwischen dem momentanen Senator Romano Comincioli, dem ehemaligen Klassenkameraden des Cavaliere (der heute Abgeordneter der *Forza Italia* ist) und Flavio Carboni. Dabei richtet sich das Augenmerk der Ermittler im Besonderen auf die Kredite, welche der Banco Ambrosiano der Gesellschaft Prato Verde spa gewährt hat, einer Immobiliengesellschaft, die über Ländereien um Porto Rotondo verfügte und von der Finanzierungsgesellschaft Sofint kontrolliert wurde.«[9]

Comincioli war früher der Chefverkäufer der Edilnord für den Wohnkomplex Milano 2 gewesen. Die Edilnord ist, wir erinnern uns, der Nukleus, aus dem das Berlusconi-Imperium hervorging. 1975 kommt Comincioli in der Gallura an und bringt sofort den Ankauf eines 31-prozentigen Anteils an einer Immobiliengesellschaft Carbonis unter Dach und Fach, der Costa delle Ginestre spa. Das Geld kommt von der Edilnord. Dann wird Comincioli selbst Teilhaber und findet sich so Seite an Seite mit einem bekannten Kriminellen wieder, mit Domenico Balducci, dem Boss der Magliana-Bande, der 1981 ermordet wird. Er hält 15 Prozent an derselben Gesellschaft. Einige Sachverständige sind der Auffassung, Comincioli habe wohl auch Geld für die Mafia gewaschen.[10]

Anfangs geht alles glatt. Carboni und Comincioli machen weitere Geschäfte miteinander. Berlusconis Freund hat in Mailand die Generale Commerciale gegründet, wo er mit Marisa Bosco zusammenarbeitet, einer ehemaligen Immobilienhändlerin von Milano 2, Freundin eines der Besitzer der Banca Rasini. Als Carboni Geld braucht, stellt er einen Antrag bei der Generale Commerciale. »Comincioli, die Bosco und die Generale Commerciale hatten mit Geldverleih zu Wucherzinsen zu tun«, sagt Emilio Pellicani, Carbonis rechte Hand, später vor der Staatsanwaltschaft aus.

Dass Comincioli bei den Sardinien-Geschäften Berlusconis Frontmann ist, wurde mittlerweile juristisch nachgewiesen. Berlusconi selbst musste dies eingestehen. »Meine Beziehungen zu Flavio Carboni wurden von meinem Freund Romano Comincioli gemanagt«, sagt Berlusconi am 27. September 1988 vor dem Gericht in Verona aus. Dies ist ein bedeutendes und offenkundig unumgängliches Eingeständnis.

Wie wir bereits gesehen haben, kauft Comincioli zunächst 31 Prozent der Costa delle Ginestre spa, welche die Ländereien um Porto Rotondo ihr Eigen nennt. 1977 fädelt er ein zweites Projekt ein. Wieder mit dem Geld von Berlusconis Edilnord erwirbt er verschiedene Immobiliengesellschaften, die Eigentümerinnen diverser Grundstücke und Häuser rund um Porto Rotondo sind. Drei dieser Gesellschaften gehen in der Folge in der Fininvest-Gruppe auf. Die Arbeit vor Ort erledigt Flavio Carboni, der seinerseits nun auch Kontakt zur sizilianischen Mafia hält (zu Lorenzo di Gesù, Gaspare Bellino und Pippo Calò), die nach wie vor Interesse daran hat, ihr Geld in den sardischen Immobiliengeschäften zu waschen.

Comincioli kann also mit dem Geld Berlusconis rechnen, Carboni aber muss auf Finanzierung durch Wucherer hoffen, was sein Sekretär Pellicani in seinem Dossier bestätigt: »Trotz seines großen Immobilienvermögens steckt Carboni in ernsthaften Schwierigkeiten, da er von Schulden beinah erdrückt wird und sich darüber hinaus gegen die Trias Ravello, Balducci und Locatelli zur Wehr setzen muss, die ihm immer stärker zusetzen.«

Und so nimmt Carboni Zuflucht zu den Geldverleihern der Magliana-Bande. »Dass Carboni Geld von privaten Verleihern aufgenommen hat, liegt einfach daran, dass keine Bank ihm mehr Kredit gab. Das hatte zwei Gründe: Zum einen platzen regelmäßig seine Wechsel bzw. Schecks. Zum anderen waren all seine Immobilien mit Hypotheken belastet, verpfändet oder konnten aus anderen Gründen nicht zu Geld gemacht werden«, schreibt Pellicani in seinem Bericht.

Also geht Carboni neue Wege. Wie sein großes Vorbild Berlusconi sucht er sein Heil in der Politik und im Verlagswesen. Trotz seiner finanziellen Probleme kauft er einen Mehrheitsanteil an einer sardischen Zeitung. Leider verzeichnet der *Tutto Quotidiano* der Società Editrice Sarda (Sedis) innerhalb weniger Monate enorme Verluste. Carboni nimmt Ravello in das Geschäft mit hinein. Dieser jedoch schafft es, die Verluste innerhalb kürzester Zeit auf etwa 1,2 Milliarden Lire auszuweiten.

Carboni versucht, dem drohenden Bankrott zu entgehen, indem er zusammen mit Comincioli die Sofint (Società Finanziaria Internazionale) aufkauft, die vorher die Cashcow von Florent Ley Ravello war. »Carboni fand einen Käufer, nämlich Romano Comincioli, den Vorstand der Generale Commerciale. Carbonis Vorschlag wurde angenommen. Man unterzeichnete den Vertrag im September 1977«, berichtet Pellicani.

Der offizielle Käufer ist Romano Comincioli, doch hinter diesem steht Silvio Berlusconi.[11] Die Sofint steht in regem Kapitalaustausch mit Gesellschaften wie der Finanziaria Regionale Veneta, Safiorano und Stella Azzurra, die das Gericht von Rom im Urteil vom 8. Februar 1986 als »der Familie von Giuseppe ›Joseph‹ Ganci[12] nahe stehende, im Besitz der Cosa Nostra befindliche Gesellschaften zum Zwecke des internationalen Drogenhandels« bezeichnet.

Irgendwann beginnt der Mailänder Unternehmer und künftige Ministerpräsident, sich persönlich um die Immobilienspekulation in Sardinien zu kümmern.

Pellicani schreibt wörtlich: »Es gab eine Barzahlung von 400

Millionen Lire, die Comincioli für den Verkauf der Carboni-Gesellschaft Poderada spa an die Edilnord von Berlusconi bekam. Die Poderada spa war Eigentümerin eines 2 Hektar großen Geländes mit Genehmigung für eine Intensivbebauung mit 23 000 Kubikmeter umbautem Raum. Eine weitere Zahlung erfolgte durch Abtretungen vonseiten der Generale Commerciale in Höhe von insgesamt 1,425 Milliarden Lire. Die Abtretungserklärung wurde von der Sofint spa unterzeichnet, einer Treuhandgesellschaft, die damals Ravello vertrat und für alle rechtlichen Handlungen der Immobiliengesellschaften verantwortlich war, welche Ländereien um Porto Rotondo besaßen. Für die Gesamtsumme von insgesamt 1,825 Milliarden Lire wurden folgende Güter abgetreten: Su Ratale spa mit Baugenehmigungen für 90 000 Kubikmeter umbauten Raum, Prato Verde spa mit Genehmigungen für Intensivbebauung mit 58 500 Kubikmeter umbauten Raum, Su Pinnone spa, welche Eigentümerin der Büros und des Hauptgebäudes des Konsortiums von Porto Rotondo war.«[13].

Berlusconi überweist das Geld und erhält dafür die Gesellschaften Su Ratale, Su Pinnone und Poderada (die später in die Fininvest integriert werden). Über Comincioli wird Berlusconi 50-prozentiger Teilhaber an einer anderen Carboni-Gesellschaft, der Prato Verde spa, die nach wie vor treuhänderisch von der Sofint verwaltet wird (zusammen mit anderen Gesellschaften des sardischen Geschäftemachers).

»Zu jener Zeit trat Balducci [der Boss der Magliana-Bande] von neuem an Carboni heran. Er schlägt ihm eine politisch-wirtschaftliche Operation in Sizilien vor, genauer gesagt, in Siracusa. Es geht um die Sanierung des historischen Zentrums der Halbinsel Ortigia und den Bau des neuen Hafens von Siracusa.« Ein Spekulationsobjekt, das Jahre später auch das Interesse von Silvio Berlusconi auf sich ziehen wird.[14]

Wir schreiben den Beginn des Jahres 1979. Pellicani schildert, wie er langsam immer skeptischer wurde: »Ich hatte bereits sechs Jahre harter Arbeit hinter mir, in denen ich immer wieder von den Ereignissen überrollt wurde. Meine ständigen Diskussionen mit Carboni fruchteten überhaupt nicht.« Der sardische Geschäftemacher lebt in Saus und Braus, während sein »Mädchen für alles« immer depressiver wird. »Ich trage schwer an dieser Bürde. Mir werden verschiedene Delikte zur Last gelegt, zum Beispiel betrügerischer Bankrott im Zusammenhang mit der Pleite der Vulcanizza, was sogar zur Ausstellung eines Haftbefehls führte. Außerdem liegen noch Anzeigen wegen schweren Betrugs und Scheckbetrugs in Höhe von mehreren Millionen Lire vor.«

Die Prato Verde spa, eine der Schlüsselfirmen bei der von Carboni und Berlusconi initiierten Immobilienspekulation auf Sardinien, ist in vielerlei Hinsicht eine »Risikokapitalgesellschaft«. Comincioli, Berlusconis Strohmann, wird am 30. November 1977 zum alleinigen Geschäftsführer ernannt. Am selben Tag wird der Sitz des Unternehmens von Triest nach Mailand verlegt, und zwar in das Büro eines Diplomkaufmanns, der für Berlusconi tätig ist. Dass hier Comincioli offiziell den Kopf hinhält, erweist sich für Berlusconi spätestens dann als äußerst praktisch, als er erfährt, dass die Prato Verde auch einige wenig salonfähige Teilhaber hat. Einer von ihnen ist Fausto Annibaldi, der bereits juristisch auffällig geworden ist und zur Gruppe der Wucherer gehört, die Carboni in Anspruch genommen hat. Als Annibaldi am 17. Juli 1982 vom Staatsanwalt von Perugia, Domenico Tontoli Montalto, vernommen wird, bestätigt er: »Vom Juli 1980 bis August bzw. September 1986 hielt ich an der Prato Verde spa einen Anteil von 5 Prozent.«

Comincioli ist vom 30. November 1977 bis zum 2. Mai 1981 als Geschäftsführer der Prato Verde tätig. Das Urteil vom 8. Februar 1986 stuft die Beteiligung von Annibaldi an der Prato Verde als »strafrechtlich relevant« ein.[15]

Während Comincioli (für Berlusconi) die Geschäfte der Prato Verde führt, genauer gesagt im Februar bzw. März 1978, nimmt er Kontakt zu Vertretern der Cosa Nostra auf. Carboni trifft mit Domenico Balducci und Ernesto Diotallevi eine Übereinkunft im Hinblick auf die Sanierungsarbeiten in Siracusa, was ihm eine Anzahlung von 450 Millionen Lire einbringt. Doch das Projekt lässt sich nicht verwirklichen, weil die Regionalverwaltung von Sizilien sich dagegen ausspricht. Nun wollen die sizilianischen Teilhaber (die Mafiosi Luigi Faldetta, Lorenzo di Gesù, Gaetano Sansone, Antonio Rotolo und ein gewisser »Mario«, der sich später als Pippo Calò herausstellt) ihre Anzahlung zurück. Mit 250 Millionen Lire Zinsen, versteht sich. Carboni begleicht seine Schuld mit Wechseln über 700 Millionen Lire, die von einer der Fininvest nahe stehenden Gesellschaft, der Mailänder Elbis,[16] auf Comincioli ausgestellt und von diesem indossiert werden. In die Elbis ist Carboni nur wenige Wochen zuvor eingetreten und brachte dabei 138 Millionen Lire Kapital mit. Berlusconi und Comincioli können ihrem Teilhaber also diesen »Gefallen« nicht verweigern.

Romano Comincioli und Silvio Berlusconi waren aber keineswegs nur kurzfristig in die Geschäfte Flavio Carbonis verwickelt. Comincioli und Carboni machen Geschäfte mit Ravello, Calò und anderen Persönlichkeiten mit mafiösem Hintergrund. Der gewissenlose Geschäftsmann aus Sardinien bietet dem Repräsentanten Berlusconis Juwelen aus Diebesgut an, jener wiederum unterzeichnet Schecks an bekannte Kriminelle und hält auf diese Weise seine Kontakte zur römischen Unterwelt aufrecht. Wenn die berüchtigte Magliana-Bande ihre Einkünfte aus dem Drogenhandel, aus Raubüberfällen und Entführungen recyceln kann, indem sie das Geld in Grundstücke, Immobilien- und Baugesellschaften steckt, dann verdankt sie dies unter anderem den Aktivitäten von Flavio Carboni, den Comincioli nach Kräften unterstützt.

Die sardische Immobiliengesellschaft Prato Verde hat traurigen Ruhm erlangt, weil sie letztlich den Anlass für einen Mordanschlag gab. Als der Gesellschaft ein Kreditantrag abgelehnt wurde, versuchte man am 27. April 1982, den Generaldirektor des Banco Ambrosiano, Roberto Rosone, zu töten. Der Killer,

Danilo Abbruciati, fand beim Schusswechsel mit dem Wachpersonal den Tod.

Das einzige »Verbrechen« Rosones war es, der Prato Verde, welche die sardischen Immobiliengeschäfte Carbonis und seiner geheimen Teilhaber managte,[17] einen Kredit zu verweigern. Wir haben Roberto Rosone in Mailand interviewt. Er bestätigte uns, dass der Mordanschlag auf seine Weigerung zurückging, die schmutzigen Geschäfte der Prato Verde spa zu finanzieren.

Den Unterlagen zur Anklagerede im Prozess von Palermo gegen Marcello Dell'Utri kann man jedoch noch weitere gravierende Fakten entnehmen.

In einer Aussage, die Emilio Pellicani am 3. Mai 1999 vor den Staatsanwälten von Palermo machte, bestätigte er das Bild, das er mit seinem Dossier von 1982 gezeichnet hatte. Doch er berichtet außerdem, dass er im Zusammenhang mit den Sardinien-Geschäften auch Marcello Dell'Utri begegnet sei: zum ersten Mal 1976 in den Geschäftsräumen der Generale Commerciale von Romano Comincioli. Dell'Utri, so Pellicani, »trug einen schweren Umhang und einen breitkrempigen Hut. Comincioli nannte ihn ›den Sizilianer‹.«

Dass Dell'Utri auch bei den sardischen Geschäften des Gespanns Berlusconi/Comincioli die Finger im Spiel hatte, wird klar, wenn Pellicani über den Kauf der Villa Punta Lada berichtet, die wir heute als Villa Certosa kennen. Diese Villa wurde ursprünglich von Carboni erworben – und zwar mit Geld von zwei dubiosen Geldverleihern, die Pellicani »Wucherer« nennt, Anton Giulio Lo Prete und Attilio Capra de Carré. Diese liehen Carboni das Geld und verlangten als Sicherheit die vorläufige Übertragung der Villa Lada und der angrenzenden 5 Hektar Ländereien auf die Gesellschaft Cogefin.

Auch dieses Mal schaffte es der Sarde nicht, den Vertrag einzuhalten. »An diesem Punkt trat Marcello Dell'Utri auf den Plan. Er war ein guter Freund Atillio Capra de Carrés und wohnte für etwa zehn bis fünfzehn Tage bei ihm in Porto Cervo.« Dort sprechen die beiden über »die Möglichkeit, diese Villa zu einem günstigen Preis zu erwerben«. Sagt Pellicani vor den Staatsanwälten in Palermo aus.

Die Villa Certosa, die luxuriöse Festung, die dem Ministerpräsidenten »Heim und Burg« ist, wurde also gekauft unter tatkräftiger Mitwirkung zweifelhafter Wucherer, eines rechtskräftig wegen Mafiakontakten Verurteilten (Dell'Utri) sowie eines des Mordes Angeklagten (Carboni).

Ihnen ist es zu verdanken, dass die Villa in Punta Lada schließlich in das Eigentum Silvio Berlusconis übergeht. Pellicani meint: »Wir haben die Villa, die einen Wert von 5 bis 6 Milliarden Lire hatte, für 1,2 Milliarden veräußert, um denselben Preis also, den wir bezahlt hatten, vielleicht ein klein bisschen mehr.«

Pellicani und Carboni zitieren Berlusconi deshalb gar vor Gericht, akzeptieren dann aber einen Vergleich über 800 Millionen. In seinen Aussagen zum Dell'Utri-Prozess steuert Pellicani noch ein paar Details bei: »Ich war bei allen Treffen mit Berlusconi zugegen, das erste ausgenommen. Normalerweise trafen wir uns in der Via Rovani. Dort waren, glaube ich, die Geschäftsräume der Fininvest. Oder in den Räumlichkeiten der Edilnord, die sich – wie mir scheint – im Foro Buonaparte befanden. Das war sozusagen die operative Basis.«

Olbia 2 und die Costa Turchese

Die Trias Carboni-Comincioli-Berlusconi tüftelt ein weiteres Projekt aus: Olbia 2 – eine neu zu errichtende Trabantenstadt. Später wird sich daraus das Projekt »Costa Turchese« entwickeln, das heute den Bau von 385 Villen, zwei Hotels mit je vierhundert Betten, 995 Appartements, davon 120 als Ferienappartements, dreißig Ladenlokalen, einem Einkaufszentrum, einem Golfplatz und achthundert Anlegeplätzen für Boote vorsieht.

Wie kam es zu diesem Projekt? An den Mailänder Treffen zu Olbia 2 nahmen auch Paolo Berlusconi und Vertreter des Stadtrates von Olbia teil: »Der gesamte Stadtrat wurde mit Berlusconis Privatmaschine nach Mailand in die Edilnord eingeflogen. Es wurde gemeinsam zu Abend gegessen. Auch andere Dinge unternahm man.«

Zunächst läuft alles glatt. Dann aber kam es zum Bruch zwischen Carboni und Berlusconi. Pellicano sagt vor den Richtern in Palermo am 3. Mai 1999 Folgendes aus: »Als Carboni wegen der Calvi-Ambrosiano-Sache verhaftet wurde, riss Dottore Silvio Berlusconi alles an sich. Er ließ alle Eigentumsrechte auf sich eintragen und überließ Carboni gar nichts. Ich focht in mehreren Briefen die Rechtmäßigkeit dieses Vorgehens an. Doch Dario Marzorati [der Steuerberater der Fininvest] meinte, dass man Carboni überhaupt nichts zugestehen würde.«

Trotzdem existierte eine De-facto-Gesellschaft, die – so Pellicani – vorsah, dass »45 Prozent an Flavio Carboni gehen sollten, 45 Prozent an Silvio Berlusconi oder dessen Treuhänder und 10 Prozent an Romano Comincioli, der im ganzen Projekt als Zünglein an der Waage fungieren sollte.«

In die Zeit zwischen 1978 und 1979, schreibt Pellicani, fielen die »Vorbereitungen für die Planung von Olbia 2«, einem Projekt, an dem Silvio Berlusconi direkt beteiligt war. Carboni fühlt beim Stadtrat von Olbia und der Regionalverwaltung Sardinien vor, knüpft enge Kontakte mit den Abgeordneten Angelo Roich und Armando Corona, der später einen hohen Rang der Freimaurerloge Grande Oriente d'Italia einnehmen wird. Carboni, der Calvi nacheifert, intensiviert seine Beziehungen zum Verlagswesen und zur Hochfinanz.

»Mittlerweile schreiben wir März 1980. Carboni hat bereits viele Daten zusammengetragen. Er hat Informationen bei den christdemokratischen Politikern der Regionalverwaltung Sardiniens gesammelt und lädt nun Romano Comincioli ein, den Freund und Bekannten von Herrn Silvio Berlusconi, Chef der Edilnord in Mailand, um ihm das Projekt vorzustellen, das sich im Norden oder Süden Olbias realisieren ließe«, schreibt Pellicani auf Seite 19 seines Dossiers. Es folgt eine höchst interessante Passage: »Comincioli, der von dem Projekt begeistert war, informierte sogleich Berlusconi, den er Mitte März im Grand Hotel in Rom trifft. Bei diesem Treffen waren anwesend: Carboni, Comincioli und Silvio Berlusconi.«

Dann fährt der Prokurist fort: »Bei diesem Treffen wurde das Projekt ›Olbia 2‹ aus der Taufe gehoben mit einer anfänglichen Investitionssumme von etwa 7 Milliarden Lire. Außerdem vereinbarte man einen Vor-Ort-Termin in Sardinien, wobei das Gelände für das geplante Projekt in Augenschein genommen werden sollte. Die Besichtigung erfolgte gegen Ende März. Carboni und ich wurden begleitet von Comincioli, Silvio Berlusconi, Fedele Confalonieri, vom künftigen Rechnungsführer De Martini und dem Architekten Ragazzi. Ende des Monats, also am 30. März, ging die erste Finanzierungsrate von Berlusconi in Höhe von 1 Milliarde Lire ein. Nun ging das Abenteuer ›Olbia 2‹ los«, begeistert sich Pellicani auf S. 20 seines Dossiers.

Das ganze Jahr 1980 über bemüht Carboni sich, für Berlusconi Land über seine Gewährsleute aus Olbia zu erwerben. Der Geschäftsmann arbeitet mit vollem Einsatz – auch privat. Er hat eine Familie. Dazu noch seine Freundin, die ihm einen Sohn Diego schenkte. Daneben hat er aber noch »eine neue Nebenfrau«, wie Pellicani schreibt: »Manuela Kleinszig, die Kärntnerin, die ihm künftig sowohl in beruflicher als auch privater Hinsicht zur ständigen Begleiterin wird« – mit der Folge, dass man später auch sie wegen Beihilfe im Mordfall Calvi anklagt.

Carboni schafft es nur mit Mühe, dem finanziellen und politischen Druck standzuhalten. So berichtet Pellicani: »Zwischen 1979 und 1980 veränderte sich mit einem Mal sein Charakter. Er wurde immer unleidlicher, immer gereizter. Vielleicht lag das daran, dass er einen absolut anormalen Lebenswandel führte. Möglicherweise nahm er Drogen. Auf jeden Fall floss immer Geld in Strömen in die Kassen. Häufig hatte ich das Gefühl, es mit einem völlig Unbekannten zu tun zu haben. Fast jeden Abend hatte er irgendwelche Mädchen bei sich. Meine Vorwürfe diesbezüglich stießen nicht gerade auf offene Ohren.«

Die Geschäfte allerdings gehen voran – unter dem wachsamen Auge von Silvio Berlusconi, der mittlerweile das Potenzial Sardiniens erkannt zu haben schien. Pellicani schreibt: »Zwischen März 1980 und Juli 1981 kam viel Geld von Silvio Berlusconi, das für den Landkauf auf Sardinien bestimmt war. Insgesamt waren es wohl 21 Milliarden Lire.«

Erkleckliche Sümmchen also. Doch Carboni schaffte es immer noch, mehr auszugeben, als einzunehmen.

Im Juni 1980 erwirbt er zwei riesige Jachten von 20 und 22 Meter Länge. Außerdem gibt er ein hochseetüchtiges Motorboot von 17 Meter Länge in Auftrag. »Ich wies ihn darauf hin, dass dafür kein Geld da sei, doch er meinte, das sei wichtig für die ›Public Relations‹ [...] Die noblen Wasserfahrzeuge waren gedacht für den Abgeordneten Corona, den Abgeordneten Roich, den Abgeordneten Soddu, den Abgeordneten Pisanu und Dottore Silvio Berlusconi«, schreibt Pellicani.

Das Projekt »Olbia 2« hatte mittlerweile Formen angenommen. »Berlusconi hatte sich ein paar Mal mit dem Stadtrat von Olbia und einigen Vertretern der sardischen Regionalverwaltung getroffen: mit den Abgeordneten Atzori, Roich und Corona. Ende 1980 hatten Carboni, Comincioli und Berlusconi südlich und nördlich von Olbia etwa 1000 Hektar Land erworben oder durch Vorverträge gesichert.«

Pellicani kritisiert in seinem Dossier nicht nur die »leichtfertige Unternehmensführung«, an der »auch Andrea Carboni teilhat«, der die Vatikankontakte hält. Er spricht auch vom »Fluch des Abgrunds«, der Flavio Carboni erneut ereilt, weil er sich »einmal mehr mit Wucherern umgibt«.

Und nicht nur mit Wucherern. Pellicani zitiert Staatsanwälte, Verleger, Politiker und ranghohe Vertreter der Ordnungskräfte. Mit all diesen »Freunden« lassen sich freilich gut Geschäfte machen. Carboni begleicht ein paar Schulden. Dann gelingt es ihm, die Calderugia spa aufzukaufen, um die er sich schon lange bemüht hatte. Doch der Mehrheitsanteil von 60 Prozent bleibt nicht lange in seinen Händen. Zwei Jahre später tauscht er das Aktienpaket gegen den sardischen Grundbesitz der Firma Nova Nuraghe Etablissement, einer Gesellschaft mit Sitz im liechtensteinischen Vaduz. Dieses Land braucht der Sarde, um Teilhaber Berlusconis im Olbia-2-Projekt werden zu können. Aus demselben Grund kauft er 1980, für eigene Rechnung und für die Berlusconis, Hektar um Hektar Land an der Küste. »Diese Akquisition war Teil des Olbia-2-Projekts von Berlusconi«, schreibt Pellicani auf S. 28 seines Dossiers.

Die Verhandlungen mit der Nova Nuraghe begannen in den ersten Monaten des Jahres 1980. Am 13. April 1981 wird der Grundbesitz der Nova Nuraghe mit Urkunde des Notars Zito in Mailand auf eine Gesellschaft Berlusconis übertragen, die Avilla srl. Gomez und Lillo sind der Auffassung,[18] dass die Avilla von Anfang an für das Berlusconi-Projekt »Costa Turchese« verantwortlich war, das »bald von der Stadt Olbia genehmigt werden wird ... 1979 gründen Carboni, Comincioli und Berlusconi eine De-facto-Gesellschaft, um dieses Projekt zum Abschluss zu bringen.«

Comincioli sagt im Prozess in Palermo aus: »Es gab mündliche Absprachen, denen zufolge 45 Prozent der Gesellschaft Berlusconi gehören sollten, 10 Prozent mir und der Rest Carboni.« Berlusconi gründet zwei Gesellschaften, die Avilla und die Aprisella, in die sämtlicher Grundbesitz eingeht, der im Laufe der Zeit im Süden Olbias zwischen Capo Ceraso und dem Stagno delle Tartanelle aufgekauft worden war. Insgesamt hat die Fininvest 21 Milliarden in das Geschäft investiert.

Über die Operation Calderugia-Nova Nuraghe existiert ein Bericht der Abteilung Steuerfahndung der Guardia di Finanza Triest, der das Datum vom 4. Dezember 1982 trägt: »Die beschriebenen Fakten erfüllen außerdem den Tatbestand nach Artikel 416 des Strafgesetzbuches [Bildung einer kriminellen Vereinigung]. Es besteht eine eindeutige und dauerhafte Vereinigung mit kriminellen Zielen, wobei die nötigen Mittel beschafft wurden, um eine unbegrenzte Reihe von Delikten zu begehen.« Schwer wiegende Anklagepunkte.

»Der Erwerb von Aktien der Nova Nuraghe«, erläutert der Bericht der Guardia di Finanza, »wurde von der Tatona srl in Rom getätigt [eine weitere Scheingesellschaft] bzw. von der Sofint, ihrer Mehrheitsaktionärin.« Geschäftsführer beider Gesellschaften war ein gewisser Gennaro Cassella, der – wie Pellicani schreibt – »für Rechnung von Carboni und Berlusconi tätig war.«[19]

Emilio Pellicani macht in seinem Dossier deutlich, dass Berlusconi und seine Männer an den Verhandlungen von Anfang an beteiligt waren, ja dass Berlusconi Carboni das Geld für den Aktienerwerb sogar vorstreckte. »Berlusconi hatte Carboni damals die Gesamtsumme für den Erwerb der Ländereien der Nova Nuraghe Etablissement angewiesen.«

Pellicani zufolge wurde der Vertrag von Cassella unterzeichnet – für seine Auftraggeber. Pellicani bestätigt, dass die Berlusconi-Gruppe (vertreten durch Comincioli, De Martini, einen weiteren Buchhalter namens Foscale und Dario Marzoratii) bei einem Treffen in Mailand sich dagegen aussprach, zu diesem Zweck Schwarzgeld übers Ausland laufen zu lassen. Dies wiederum legt nahe, dass Comincioli und Berlusconi durchaus auf dem Laufenden waren, was die von der Gegenseite gestellten Bedingungen betraf (vertreten durch Feuchtwanger/Vaduz). Berlusconi hätte also wissen können, dass die Ländereien und Aktien einer ausländischen Gesellschaft gehörten. Ebenso, dass diese Gesellschaft eine Bezahlung in Schwarzgeld verlangte und dass dabei die Steuerbehörde in Italien bzw. die oberste Wechselkursbehörde bei der italienischen Zentralbank umgangen werden sollten. Jedenfalls hat er das für die Transaktion notwendige Geld zur Verfügung gestellt, und die auf diese Weise illegal erworbenen Ländereien sind prompt in seinen Besitz übergegangen. Bei Pellicani heißt es: »Im April 1981 wurde mit Urkunde von Notar Zito in Mailand, Piazzale Cadorna 1, das Eigentum an der Nova Nuraghe Etablissement auf die Gesellschaften Berlusconis übertragen.«

Nichtsdestotrotz erklärte ein unter partieller Amnesie leidender Berlusconi im Oktober 1988 vor dem Gericht von Verona, von der Calderugia spa bzw. der Nova Nuraghe, den beiden Gesellschaften, die für seine Projekte in Sardinien zentral waren, noch nie etwas gehört zu haben. Berlusconi wurde von seinen Anwälten sicher gut beraten. Ein Rätsel bleibt es allerdings, weshalb in dieser Sache nur gegen Flavio Carboni, Gennaro Cassella und Emilio Pellicani Anklage erhoben wurde – wegen Verstoßes gegen die Devisenbestimmungen.[20]

Die Unterstützung des »Gottesbankiers«

Aus dem gesamten Pellicani-Dossier geht klar hervor, wie es zur Verwicklung Calvis in die Geschäfte Carbonis und mittelbar auch in die Silvio Berlusconis kam. »Mittlerweile schreiben wir Frühjahr 1981. Die Zusammenarbeit zwischen Berlusconi und Carboni geht weiter. Die beiden sehen sich häufig, sowohl in Rom als auch auf Sardinien. Die Edilnord Progetti nimmt Kontakt mit der Stadt Olbia auf, um ihr Projekt einer Siedlung mit 1,8 Millionen Kubikmeter umbautem Raum zu präsentieren.« Immobilienspekulation im großen Stil also.

Zu jener Zeit treten nun plötzlich Angehörige der Geheimdienste auf den Plan. »Damals, wohl gegen Ende 1980, schließt Carboni Bekanntschaft mit General Giuseppe Santovito, Chef des Militärgeheimdienstes Sismi.« Kurz darauf lernt er Francesco Pazienza kennen, der in viele undurchsichtige Affären der neueren Geschichte Italiens verwickelt ist.

Dieser Zeitraum ist von ganz entscheidender Bedeutung. Carboni und seine Unternehmensgruppe, die ohnehin zu einem großen Teil von Berlusconi finanziert wurde, stecken in Schwierigkeiten. Einer Zeugenaussage zufolge nimmt Carboni schon 1980 Kontakt zu Roberto Calvi auf. Also noch vor dem Sommer 1981, in dem dieser erste Kontakt angeblich stattgefunden haben soll.

Pietro Citti, Geschäftsführer der Sofint (eine der in die Immobilienspekulation auf Sardinien involvierten Aktiengesellschaften, die mit der De-facto-Gesellschaft von Berlusconi, Carboni und Comincioli Geschäfte macht), sagt vor Richter Drigani aus, dass es damals erhebliche Probleme gab: »Man fürchtete, dass die Gesellschaft selbst, die Sofint, Insolvenz anmelden müsse. Flavio Carboni suchte damals finanzstarke Investoren, vor allem in der Lombardei. In der Person Roberto Calvis hatte er den richtigen Mann gefunden. Pellicani teilte mir mit, dass die Probleme der Sofint gelöst seien, weil man einen ›Wohltäter‹ gefunden habe, der die Gesellschaft finanzieren würde. Er nannte unmissverständlich den Namen Roberto Calvi und erklärte mir, Flavio Carboni habe Calvi über den Verleger Carlo Caracciolo, den heutigen Großmeister des Freimaurerordens La Corona, kennen gelernt. Das war im Jahr 1980.«[21]

»Ich bin völlig sicher, dass dies im Jahr 1980 geschehen ist, genauer gesagt im Frühsommer, Anfang Juni. Erst aufgrund der finanziellen Erleichterung, welche das Eingreifen von Calvi bedeutete, war die Sofint in der Lage, zwischen August und September 1980 eine Reihe von wirtschaftlichen Transaktionen einer gewissen Größenordnung vorzunehmen. Dazu gehörten beispielsweise der Erwerb eines Aktienpaketes an der Tageszeitung *La Nuova Sardegna*, die Bewahrung der Alba Cementi spa vor dem Bankrott sowie Kapitalerhöhungen bei verschiedenen Gesellschaften, unter anderem der Sarda Partecipazioni.«

An anderer Stelle seiner Aussage spricht Citti von »einem großen Immobilienprojekt an der Küste des Golfs von Cugnana«. Und über Calvi weiß er zu berichten: »Ich bin mir sicher, dass es Roberto Calvi war, der diesen Milliardenregen auf uns herniedergehen ließ. Flavio Carboni machte mir die oben erwähnte vertrauliche Mitteilung in einer Zeit, in der er äußerst euphorisch wirkte, im Sommer 1980. So sagte er beispielsweise, dass alle Wechsel [der Sofint] bald für immer in den Archiven einer Bank ruhen würden. Pellicani erklärte mir außerdem, dass der Kontakt mit Calvi durch Vermittlung Armando Coronas und Carlo Caracciolos zustande gekommen war.«

Diese Aussage bestätigt Pietro Citti bei einer anderen Vernehmung, die am 10. November 1982 durch den Richter Ferdinando Imposimato erfolgte: »In den Monaten Juni und Juli 1980 lösten sich unsere finanziellen Probleme in Luft auf. Pellicani informierte mich, dass Flavio Carboni sich mit dem Finanzier Roberto Calvi angefreundet habe und dieser Interesse an dem Projekt am Golf von Cugnana zeigte. Von diesem Augenblick an hatten wir keine finanziellen Schwierigkeiten mehr. Energisch widersprechen aber möchte ich dem Eindruck, der Kontakt zwischen Calvi und Carboni sei erst im Jahr 1981 entstanden. Ich weiß, dass deren Bekanntschaft in eine Zeit fiel, als auf die Sofint plötzlich ein Milliardenregen herniederging. Außerdem spielte Carboni an der Seite des Mailänder Bankiers eine viel bedeutendere Rolle innerhalb der Gruppe, als bisher zur Sprache kam. Mit einem Mal begann man innerhalb der Sofint von der Acqua Marcia zu sprechen, einer Gesellschaft, die Pellicani zufolge gerade einen furiosen Neustart hingelegt hatte. Daher bat Pellicani mich, Aktien dieser Gesellschaft zu kaufen. Es hieß damals, dass die Aktien der Acqua Marcia aufgrund eines geheimen Abkommens zwischen der ENI und Roberto Calvi bald durch die Decke gehen würden. Außerdem möchte ich unterstreichen, dass Francesco Pazienza die Beziehungen zwischen Carboni und Calvi stets gefördert hat.«

Citti bestätigt im Übrigen Pellicanis Aussagen: »Pellicani haut keineswegs nur auf den Putz.« Er fügt hinzu, dass in den Taschen des Mafiabosses Giuseppe Di Cristina[22] »von der Sofint ausgestellte Schecks« gefunden wurden. Citti weist darauf hin, dass Pellicani sich der Unterstützung durch die Presse sicher war, »aufgrund seiner direkten Kontakte zu Eugenio Scalfari.[23] Außerdem finanzierte Calvi (vielleicht über Pazienza) viele Tageszeitungen, unter anderen auch die Caracciolos.«[24]

Ebenso wird die Bedeutsamkeit der Beziehungen zwischen Carboni und Berlusconi angesprochen: »Carboni wollte das Geschäft Nova Nuraghe schnell abschließen, weil er bereits Geschäftsbeziehungen zu den Finanzierungsgesellschaften eingegangen war, die später von Silvio Berlusconi und der Fininvest spa abgelöst wurden. Mit diesen wollte Carboni das ehrgeizige urbane Siedlungsprojekt Olbia 2, heute ›Costa Turchese‹, realisieren.«[25]

Auch die von Citti gelieferten Informationen bestätigen also, dass die Immobilienspekulation in Sardinien zu Beginn der achtziger Jahre eine heftige Liquiditätskrise erlebte. Gerade vor diesem Hintergrund gewinnen andere Aussagen Pellicanis eine ganz neue Bedeutung. So berichtet Pellicani auf S. 30 seines Dossiers: »Anlässlich einer Geschäftsreise, die Carboni und Balducci mit den beiden unternahmen, lernte ich sowohl Francesco Pazienza als auch Maurizio Mazzotta [den Assistenten Pazienzas] am römischen Flughafen kennen. Das war im Juni 1981. Carboni berichtete mir, bei der Reise gehe es darum, eine geeignete Villa als Ferienresidenz für den Präsidenten des Banco Ambrosiano, Roberto Calvi, und seine Familie zu finden. Mittlerweile war es zwischen Carboni und Berlusconi zu Unstimmigkeiten gekommen, da Letzterer sich in einem finanziellen Engpass befand. Das lag zum einen daran, dass er für Canale 5 ungeheure Summen brauchte, zum anderen daran, dass der Immobilienverkauf stagnierte, er aber trotzdem gerade die Bica (Beni Immobili Civili Agricoli) erworben hatte, die Immobiliengesellschaft der Familie Bastogi, was bedeutete, dass er auf die Schnelle 50 Milliarden Lire auftreiben musste, die damals von der Banca Popolare di Novara kamen.«[26]

Für Silvio Berlusconi ist dies ein ausgesprochen schwieriger Moment, denn er hat gerade einen enormen Kapitalbedarf, der weit über sein Engagement in Sardinien hinausgeht. Dies ist ein Drahtseilakt. Die kochkomplexe Architektur seines politisch-wirtschaftlichen Imperiums droht unter dem Gewicht der Schulden und der erpresserischen Freundschaften, die er so pflegt, zusammenzubrechen. Er braucht neue Ufer, einen Bankier als Freund, jemanden, der bereit ist, frisches Kapital in seine Unternehmungen zu schießen, ohne deren Praktiken allzu genau auf ihre Gesetzestreue zu überprüfen.

Pellicani beschreibt diesen Moment so: »Zwei Rassepferde [Carboni und Berlusconi], deren unternehmerische Hochzeit hohe Erwartungen geweckt hatte, hielten plötzlich in ihrem Lauf inne. Es kam zu ersten Sticheleien, erste Vorwürfe wurden geäußert. Das Gespenst des Stillstands machte sich bemerkbar [...] In dieser Situation sucht Carboni neue Wege. Über den Staatssekretär im Finanzministerium, den Abgeordneten Pisanu, lernt er Carlo Binetti kennen [den persönlichen Berater des damaligen Finanzministers Nicola Andreatta].«

Drei Dinge sind es also, die ein neues und beunruhigendes Szenario eröffnen, das im Prozess um die Ermordung Roberto Calvis geklärt werden wird: die Liquiditätskrise Silvio Berlusconis, das Erscheinen Calvis und die starken Spannungen zwischen Carboni und Berlusconi.

Wie man Mafiageld wäscht

Auch die von den Staatsanwälten Domenico Gozzo und Antonio Ingoia am 11. Dezember 2004 gehaltene Anklagerede, die letztlich zur Verurteilung Dell'Utris führen wird, fördert neue, beunruhigende Hinweise in Bezug auf die Verbindungen zwischen Carboni und Berlusconi zutage.

Die Staatsanwälte unterstreichen, dass Berlusconi etwa zur selben Zeit, in der er seine Geschäfte in Sardinien vorantreibt, Mitglied der Freimaurerloge P2 wird. Diese Ereignisse nehmen ihren Anfang im Jahr 1978.

»Die Mitgliedschaft in der Loge erlaubt Berlusconi, einige wichtige Kontakte zu knüpfen. Unter anderem mit Flavio Carboni. Carbonis ›Mitgift‹ wiederum sind seine zahlreichen Kontakte zum organisierten Verbrechen. Betrachtet man die zu jener Zeit in Sardinien abgeschlossenen Geschäfte, so stellt man fest, dass zur selben Zeit und über denselben Vermittler sowohl der Unternehmer Berlusconi als auch der Mafiaboss Pippo Calò und die Magliana-Bande handelten. Berlusconi braucht also wieder jemanden, der in der Lage ist, mit Verhandlungspartnern aus dem mafiösen Lager umzugehen.«

Die Staatsanwälte haben zahlreiche Zeugenaussagen zusammengetragen, welche Carbonis Kontakte zur Mafia bestätigen. Darunter zum Beispiel die von Francesco Di Carlo (vom 16. Februar 1998). Er sagt aus, dass die Mafiafamilie Di Gesù »in Gesellschaften investiert hatte, welche Bauprojekte auf Sardinien planten und durchführten. Dabei arbeiteten sie mit Carboni zusammen.«

Noch eindeutiger ist die Aussage des Kronzeugen Antonio Mancini vom 6. Juli 1998. Auf die Frage, welche Unternehmergruppen in Sardinien investierten, antwortet er: »Da kann ich Berlusconi nennen. Davon habe ich bereits ganz zu Anfang, also 1979, im Gefängnis reden hören. Francis Turatello meinte, Berlusconi habe Geld von den Mailändern bekommen, also von der Gruppe um Turatello, Rastelli, Gabriellone und D'Argento. Er hatte Geld genommen und es gewaschen. Geld, das aus Entführungen stammte. Turatello sagte mir, er habe dieses Geld Herrn Berlusconi gegeben, damit dieser es investiere.« Bei den genannten Personen handelt es sich um gefährliche Verbrecher, die mit dem Marseille-Klan in Verbindung stehen.

In Punta Lada standen die Villen von Ernesto Diotallevi und Flavio Carboni. Dort bewegten sich die Mafiamitglieder Calò, Faldetta, Spataro und Milano. Und die Familie Berlusconi. Beim Prozess in Palermo sagt Pellicani aus, dass Paolo Berlusconi »400 bis 500 Hektar an der Costa Turchese« kaufte. Und dass etwa zur selben Zeit das Olbia-2-Geschäft mit Berlusconi abgeschlossen wurde, das man zwischen März 1980 und Ende 1981 entwickelt hatte. Berlusconi habe in dieses Geschäft 21 Milliarden Lire einfließen lassen. Pellicanis Aussagen zufolge gab es eine Absprache, nach der »die Gewinne zu 45 Prozent an Carboni, zu 45 Prozent an Berlusconi und zu 10 Prozent an Comincioli gehen sollten«.

Auch Carboni hat im Prozess in Palermo wichtige Aussagen gemacht: »Mit Diotallevi brachte ich zwei weitere Transaktionen unter Dach und Fach. Bei einer ging es um ein Darlehen, das ich von Filomena Angelini erhalten hatte. Dieses Darlehen erfolgte in Form von Schecks, ausgestellt von einer gewissen Carolina Lucarini. Diese Schecks waren samt und sonders ungedeckt, ich aber diskontierte sie und reichte sie über Romano Comincioli bei der Banca Rasini ein. Die Deckung dieser Schecks sollte über die Auszahlung einer Forderung erfolgen, die ich der Berlusconi-Gruppe gegenüber hatte.« Hier wird deutlich, welche ungewöhnliche Beziehungen zwischen Berlusconi und der Banca Rasini herrschten.

Über die Investition in Ortigia heißt es im Schriftstück der Staatsanwälte: »Dass das investierte Kapital mafiösen Ursprungs war, geht auch aus der Tatsache hervor, dass der Mafiaboss Giuseppe Di Cristina, als er am 30. Mai 1978 in Palermo ermordet wurde, zwei Barschecks bei sich hatte, die auf eine nicht existierende Person ausgestellt waren ...«[27]

In diesem Szenario fungierte die Sofint als Sammelbecken für illegales Kapital aus dem Umfeld der römischen Unterwelt.

Am 27. August 1982 gibt Silvio Berlusconi bei der Vernehmung durch Staatsanwalt Pierluigi Dell'Osso zu, mit Carboni geschäftliche Beziehungen unterhalten zu haben. Dabei bestätigt er: »Was Carboni erworben hat und was dann an Comincioli weitergegeben wurde, hätte ursprünglich Teil der Unternehmensgruppe Carboni werden sollen.«

Die Richter in Palermo meinen dazu: »Am Ende der sardischen Transaktionen besitzt die Berlusconi-Gruppe drei – besser gesagt dreieinhalb – Gesellschaften, die Carboni-Gruppe vier bzw. dreieinhalb und die Gruppe um Calò vier.«

Die Kontakte zwischen Berlusconi, Carboni und Calvi rufen einmal mehr die Geschichte in Erinnerung, die Carlo Calvi erzählt: wie sein Vater Roberto sich bei ihm unterhakte und ihm – in Anwesenheit von Monsignore Marcinkus – zuflüsterte, dass man künftig die Fernsehaktivitäten Silvio Berlusconis finanzieren würde. Und die wütende Reaktion der Fininvest auf die Veröffentlichung dieser Aussage.

Doch diese Information fügt sich auch aus einem anderen Blickwinkel ins Bild, bestätigte Carlo Calvi doch immer wieder, dass sein Vater mit den Sozialisten immer Probleme hatte und quasi »erpresst« wurde. Die wirtschaftlichen Schwierigkeiten Carbonis und Berlusconis, die Pellicani in seinem Dossier erwähnt, werfen ein völlig neues Licht auf bestimmte Ermittlungsergebnisse. Zum ersten Mal taucht diese Frage im Dossier der Staatsanwälte Tescaroli und Monteleone vom 28. Dezember 2004 auf.[28]

Es geht um Geldwäsche. Dieses Thema begegnet uns erneut im Rahmen der Ermittlungen im Fall SME.[29] Dabei geht es um ein Fax von Rechtsanwalt David Mills (siehe Kapitel 14), das angeblich Gespräche mit Berlusconi über Gelder bestätigt, die dieser Craxi (über die panamesische Gesellschaft All Iberian, einer Tochter der Fininvest) habe zukommen lassen.

Der *Corriere della Sera* schreibt: »Gegen Ministerpräsident Silvio Berlusconi wird wegen Bestechung ermittelt, und zwar im Rahmen einer Untersuchung über den An- und Verkauf von TV-Rechten durch die Mediaset. In dieser Sache wird bereits wegen Unterschlagung, Bilanzfälschung und Steuerhinterziehung gegen ihn ermittelt. Den Staatsanwälten Alfredo Robledo und Fabio De Pasquale zufolge hat Berlusconi die Zeugenaussage des britischen Rechtsanwalts David Mills gekauft, der das Offshore-System der Fininvest-Gesellschaften ersonnen hat.«[30] Im Artikel heißt es weiter: »Dieser Teil der Ermittlungen bezieht sich auf Mills, Berlusconi und zwei weitere, deren Identität im Augenblick noch im Dunkeln liegt.« Anscheinend gehen die Anfänge der Beziehungen zwischen Mills und Berlusconi bereits auf den Beginn der achtziger Jahre zurück.[31]

Der Tod Calvis wird geplant

Den übereinstimmenden Aussagen mehrerer Kronzeugen zufolge, die von mehr als einem Staatsanwalt (Almerighi, Tescaroli und Monteleone) für zuverlässig erachtet werden, wurden die Fäden beim Tod Calvis zwischen Mailand und Sardinien gezogen. Diese Zeugen sagten aus, dass im Umfeld der Mafia bereits im Mai 1982 die Möglichkeit in Betracht gezogen wurde, dass Calvi den Vorsitz des Banco Ambrosiano verlieren könnte. Würde man ihn unter Druck setzen, so die allgemein herrschende Annahme, so würde er seine Aktivitäten im Geldwäscheumfeld bald gestehen.

Daraus ergab sich die Notwendigkeit eines stets abrufbereiten Killerkommandos, das Calvi erforderlichenfalls schnellstens aus dem Verkehr ziehen sollte. Giuseppe Cillari pflegte enge Kontakte zu mehreren Mafiabossen. Er sagt aus: »Die Tötung Calvis wurde bereits bei einem Treffen im Mai 1982 im Hause Carbonis auf Sardinien geplant. Außer Carboni waren noch Pazienza, Marcinkus und Casillo anwesend. Ich hatte Casillo nach Sardinien begleitet, nahm aber nicht an der Besprechung teil ... Als Casillo mir später von dem Treffen berichtete, meinte er, sie hätten etwas ›Größeres beschlossen als die Cirillo-Entführung‹. Die Ermordung Calvis wurde meiner Ansicht damals beschlossen, weil Calvi den Vatikan erpressen wollte.«[32]

Ein zweites Treffen fand kurz darauf in Mailand statt. Die beiden mutmaßlichen Killer Casillo und Corrado Iacolare (ein anderer Mafioso, der bald darauf nach Uruguay floh) begaben sich zuerst nach Mailand, dann nach Triest sowie nach Österreich und schließlich nach London. »Ich habe die beiden [Casillo und Iacolare] nach Mailand begleitet und im Hotel Plaza abgesetzt, wo auch ich eine Nacht verbrachte. Dort trafen sie sich mit Alfredo Bono, Antonio Virgilio und Luigi Monti. Mit diesen verabredeten sie sich sodann in London.«[33]

»Casillo hat den Mord an Calvi persönlich ins Werk gesetzt, zusammen mit einem anderen Mafiaangehörigen, Francesco Di Carlo. Dies hat er mir in London mitgeteilt, als ich ihn am Flughafen abholte. Ich weiß, dass Casillo, nach allem, was er mir mitgeteilt hat, Kontakte zu Pippo Calò pflegte«, berichtet Cillari weiter.[34]

Die drei Namen, die er im Zusammenhang mit dem Treffen im Plaza nennt – Bono, Virgilio und Monti –, gehören drei Protagonisten der Milano-Connection, deren Aktivitäten im Rahmen des Dell'Utri-Prozesses im Mittelpunkt der Untersuchungen standen. Diese drei Personen wiederum waren eng mit der Par.Ma.Fid. verbunden.

»Die Par.Ma.Fid. ... hielt verschiedene Unternehmensbeteiligungen, unter anderem an einer Gruppe von Aktiengesellschaften mit ähnlicher Firmierung (Holding Italiana 1, 2, 3 ...). Diese hatten ihren Sitz samt und sonders in Mailand. Ihr gesetzlicher Vertreter war Luigi Foscale [der Onkel Berlusconis]«, schreiben die Staatsanwälte Antonio Gozzo und Domenico Ingoia in ihrer Anklagerede.[35] Natürlich geht es hier um die »Holdings, welche ihrerseits die Fininvest kontrollieren«[36] und von denen bereits die Rede war.

»Die Unternehmer Monti und Virgilio, die mit Giuseppe und Alfredo Bono aus der Familie der Bolognetta in Verbindung standen, benutzten die Par.Ma.Fid., um damit Geld zu waschen«,[37] schreiben die Staatsanwälte aus Palermo. Ein veritables Schauerstück, nicht wahr?

KAPITEL 14

Ärger in London

London, 25. Oktober 1996. An diesem regennassen, stürmischen Freitagnachmittag muss Berlusconi die wohl schlimmste Niederlage seiner bislang so glänzenden Laufbahn hinnehmen. Mit dem Urteilsspruch des Lordrichters Ihrer Majestät am Obersten Gerichtshof Großbritanniens in den neugotischen Royal Courts of Justice, Strand,[1] der verfügt, dass ein umfangreiches Archiv mit äußerst kompromittierendem Material sehr wohl von London an das Büro des Staatsanwalts in Mailand übergeben werden dürfe, wurde Berlusconis Bestreben, seine Einflusssphäre auf den Rest Europas auszudehnen, vermutlich dauerhaft ein Riegel vorgeschoben. Seine Anwälte hatten monatelang versucht, die Überstellung der Dokumente zu verhindern.

Diese Dokumente würden in Italien in vier zermürbenden Prozessen gegen ihn verwendet werden, die sich über mehr als zehn Jahre hinziehen sollten.[2] In diesen Verhandlungen wird man ihm vorwerfen, innerhalb von nur sieben Jahren Schwarzgeldkonten mit 45,7 Millionen Euro gefüllt zu haben.[3] Mit diesem Geld, so wird es heißen, habe er Politiker, Richter und andere einflussreiche Persönlichkeiten bestochen und in Italien sowie in anderen Ländern Medienunternehmen aufgekauft, die er aus kartellrechtlichen Gründen gar nicht hätte erwerben dürfen. Außerdem wird man wegen Steuerhinterziehung im großen Stil gegen ihn Klage erheben.

Ein eleganter britischer Gentleman

Die Dokumente, welche die Existenz eines weltumspannenden Labyrinths von Gesellschaften zur Steuerhinterziehung belegten, waren in den Büros des Rechtsanwalts und Unternehmensberaters David Mills konfisziert worden, dessen Eleganz nur noch von seiner Arroganz übertroffen wurde. Mills ist mit der britischen Kultusministerin Tessa Jowell[4] verheiratet und ein enger persönlicher Freund von Cherie und Tony Blair.[5] Bis Ende 1995[6] war er Seniorpartner in der Kanzlei CMM Corporate Services Limited mit Sitz in Sceptre House, Regent Street 169–173, London. Die Buchstaben »CMM« standen dabei für Carnelutti MacKenzie Mills.[7] MacKenzie ist ein weiterer Name von David Mills, der Name Carnelutti hingegen gehört zu einer renommierten Mailänder Kanzlei, deren Londoner Vertreter David Mills seit 1981 war.[8]

Das Mailänder Büro der Kanzlei Carnelutti pflegte enge Kontakte zum Mafiabankier Michele Sindona. In den frühen siebziger Jahren war Tito Carnelutti, der Seniorpartner der Kanzlei, Präsident eines der wichtigsten Sindona-Unternehmen, der Chesebrough Pounds Italia.[9] In einem Bericht der Mailänder Polizei heißt es, Sindonas Büro in Rom habe dieselbe Adresse wie Carneluttis römische Zweigstelle, nämlich Via Parigi 11.[10] Interessanterweise zeigt Sindonas Offshore-Labyrinth ähnliche Charakteristika wie das, welches David Mills später für Silvio Berlusconi entwerfen sollte.

In dem Urteil, das die Zulässigkeit der Übergabe der in David Mills' Büro vom Serious Fraud Office[11] konfiszierten Dokumente an die italienische Justiz bestätigt, schreibt Lordrichter Brown, dass dem »Antragsteller [Silvio Berlusconi] und weiteren Personen von den italienischen Ermittlungsbehörden zur Last gelegt wird, in einen besonders schweren Fall von Betrug verwickelt zu sein, bei dem mindestens 100 Milliarden Lire (etwa 51 Millionen Pfund Sterling) den Kassen der Fininvest entzogen und für kriminelle Zwecke zur Verfügung gestellt wurden. Gegen Herrn Berlusconi wird bereits wegen Bestechung von Steuerfahndern ermittelt. Außerdem soll er Herrn Craxi, dem früheren italienischen Ministerpräsidenten und Führer der Sozialistischen Partei Italiens, illegale Schenkungen von 10 Milliarden Lire gemacht haben. Diese Zahlungen waren illegal, weil sie nicht vom Vorstand der Fininvest beschlossen worden waren und ohne Beleg erfolgten. Im Zusammenhang mit diesem schweren Betrugsfall wird gegen Herrn Berlusconi und weitere Personen auch noch wegen anderer Delikte ermittelt, vor allem wegen Bilanzfälschung innerhalb der Gesellschaften der Fininvest-Gruppe, wodurch die Herkunft dieser enormen Geldsummen verschleiert wurde.«[12]

Die ermittelnden Staatsanwälte in Italien[13] sind überzeugt, dass diese gewaltigen Vermögensdelikte nur mithilfe des hochkomplexen Netzwerks von Offshore-Gesellschaften und -Holdings möglich war, das David Mills ersonnen hatte. Mills galt schon 1996 als Experte für Offshore-Konstruktionen. Dass er für Berlusconis Fiskalparadies-Imperium verantwortlich zeichnete, machte ihn für seine mächtigen Freunde aus der Labour-Partei allmählich untragbar. Denn 1997 kam Tony Blairs *New Labour* an die Macht.

Am schlimmsten aber traf der Skandal zweifellos David Mills' Schwägerin, die angesehene und ehrenwerte Dame Barbara Mills,[14] die bis 1992 Leiterin des Serious Fraud Office war (das am 15. April 1996 David Mills' Büro durchsuchen ließ), dann Director of Public Prosecutions[15] wurde und somit eine der prestigeträchtigsten Funktionen des britischen Rechtssystems ausübte.

Silvio Berlusconi war sich also ziemlich sicher, dass die guten Verbindungen seines englischen Anwalts genügen würden, das britische Justizsystem ähnlich zu manipulieren, wie er und das Heer seiner teuren Anwälte es in Italien vorexerziert hatten. Als ehemaliger italienischer Ministerpräsident (selbst wenn er dieses Amt zu jener Zeit nur neun Monate lang ausgeübt hatte) kannte er bereits den Führer der Opposition in Großbritannien,

Tony Blair. Sicher war ihm klar, dass Tony Blairs New-Labour-Sozialismus große Ähnlichkeit mit dem System aufwies, das sein alter Freund Bettino Craxi vertreten hatte. Doch vor allem war es seine enge geschäftliche Beziehung zu David Mills, der zum inneren Zirkel von New Labour gehörte, die Berlusconi so sicher machte, dass die aufgehenden Sterne am britischen Polithimmel seine juristischen und ökonomischen Interessen im Vereinigten Königreich würden schützen können.

Daher zögerte er auch nicht, das Rechtshilfeersuchen der Mailänder Staatsanwälte vor einem britischen Gerichtshof anzufechten. Bezeichnenderweise (und sicher auf den Rat von David Mills hin) wählte er Claire Montgomery,[16] um seine Interessen vor Gericht zu vertreten. Montgomery gehörte zu den härtesten und angesehensten Gerichtsanwälten Großbritanniens und vertrat dieselbe Kanzlei, Matrix Chambers, wie Tony Blairs Gattin, Cherie Booth, die ebenfalls eine angesehene Gerichtsanwältin ist. Doch trotz einer Anwältin mit besten Referenzen, trotz seines enormen politischen Rückenwinds, verlor Berlusconi seinen Fall mit Pauken und Trompeten.

Seine Klage gegen die Weitergabe der Dokumente an die Mailänder Staatsanwaltschaft stützte sich in der Hauptsache auf folgende Einwände:

- Die italienischen Staatsanwälte fischten ohne konkrete Beweise im Trüben. Das Rechtshilfeersuchen diene lediglich dem Zweck, an neues Material zu gelangen, um ihn, Berlusconi, weiterer Delikte anzuklagen, für die sie bei ihrer augenblicklichen Aktenlage keine Beweise hätten. Die international gültige Rechtslage aber würde in solch einem Fall die Weitergabe der Dokumente verbieten.[17]

- Die Ermittlungen der Mailänder Staatsanwaltschaft in Bezug auf die Fininvest und ihr Offshore-Imperium seien rein politisch motiviert. Er, Silvio Berlusconi, sei das Opfer politischer Verfolgung[18] durch die Staatsanwälte. Auch in diesem Fall dürfe das Gericht die Weitergabe der Akten nicht zulassen.

Berlusconi verkündet bis heute im Brustton der Überzeugung, dass die Staatsanwälte, die seine wirtschaftlichen Aktivitäten unter die Lupe nehmen, dies aus politischen Gründen täten. Für ihn sind sie alle räudige Kommunisten. Aus diesem Grund nennt er sie auch immer die »Toghe Rosse«, die »Roten Talare« – im Gegensatz zu den schwarzen Talaren, welche in Italien bei Gerichtsverhandlungen getragen werden. Dabei sieht er großzügig darüber hinweg, dass zumindest zwei der Mailänder Staatsanwälte deutliche Sympathien für die politische Rechte zeigen,[19] während die anderen durchweg als konservativ einzustufen sind.

Lordrichter Brown nahm sich der Berlusconi'schen Einlassungen mit geschliffener Brillanz an. Er war davon überzeugt, dass die Mailänder Staatsanwaltschaft keineswegs »im Trüben fische«, sondern einen wohlfundierten Grund für ihr Ersuchen um jene Dokumente hatte: »Bei diesen Ermittlungen geht es, wie sie [die Mailänder Staatsanwaltschaft] glaubhaft ausführt, um einen weit gespannten, vielgestaltigen internationalen Betrugsfall mit Verdachtsmomenten gegen eine beträchtliche Anzahl von Personen, die mit einer noch größeren Anzahl an Gesellschaften zu tun haben. Wenn man darüber hinaus den Stand der Ermittlungen in Betracht zieht, können die Anklagepunkte wohl kaum genauer dargestellt werden als im Rechtshilfeersuchen geschehen. Weit entfernt von simplem ›Fischen‹, wurden exakte Fakten geliefert, die auf ein ausgefeiltes Netzwerk von Überseegesellschaften zum Zwecke der Bilanzfälschung schließen lassen. Man ist der Auffassung, dass die infrage stehenden Dokumente die Beteiligung von CMM bzw. Mr. Mills an diesen Delikten belegen bzw. stützen werden. Kurz gesagt: Das Rechtshilfeersuchen beruht keineswegs, wie der Antragsteller vorbringt, auf vagen oder spekulativen Verdachtsmomenten. Es ist präzise und begründet, wie dies für ein solches Ersuchen unter diesen Umständen üblich ist.«[20]

Mit derselben bewundernswerten Klarheit fegte Lordrichter

Brown das Argument von der angeblichen »politischen Verfolgung« vom Tisch.

Am Ende seiner Urteilsbegründung schreibt er: »Ich glaube nicht einen Augenblick lang, dass es in der Absicht der Staatsanwälte Italiens liegt, die Korruption im öffentlichen und politischen Leben des Landes an den Pranger zu stellen, noch dass der Konflikt, der diesbezüglich zwischen Richtern und Staatsanwälten einerseits sowie Politikern andererseits entstanden ist, die hier vorgetragenen Anklagepunkte in politische transformiert. Wer die Kampagne der italienischen Ermittler als ›politisch motiviert‹ bezeichnet und ihre Untersuchungen gegen Herrn Berlusconi als ›politische Verfolgung‹, treibt bewusst Schindluder mit der Sprache. Ich habe ganz im Gegenteil in diesem Fall den Eindruck gewonnen, dass die italienische Staatsanwaltschaft ihre Unabhängigkeit von der Exekutive unter Beweis stellt und die Politiker aller Parteien gleich behandelt. Die Tatsache, dass die Antragsteller [Silvio Berlusconi und andere] versuchen, sich zu politisch Verfolgten zu erklären, während die fraglichen Delikte gerade zu jener Zeit begangen wurden, als Herr Berlusconi selbst ein politisches Amt ausübte, entbehrt nicht einer gewissen Ironie.

Grundsätzlich aber weise ich die Auffassung des Antragstellers zurück, der zufolge Zahlungen an Politiker oder politische Parteien – ob als Schmiergeld oder als illegale Spende – in Wirklichkeit politische Delikte seien. ... Kurz gesagt: Keines der von den Antragstellern – ob nur für einen Betroffenen oder für alle – vorgebrachten Argumente überzeugt mich, dass die hier vorgetragenen Anklagepunkte in Wirklichkeit politischer Natur sind. Es will mir nicht gelingen, Menschen, die Politiker und Parteien bestechen, als die ›Garibaldis von heute‹ bzw. ›als politische Gefangene‹ zu sehen.

Aus diesem Grund lehne ich auch diesen Einspruch als nicht begründet ab. Der Antrag wird abgelehnt. Die Kosten trägt der Antragsteller.«[21]

Für Silvio Berlusconi kam die Übergabe der Mills-Dokumente an die Mailänder Staatsanwaltschaft einer Katastrophe gleich, eben weil sie mehrere Prozesse nach sich zog, die ihn für die nächsten Jahre auf Trab halten würden. Obwohl er es bislang geschafft hat, wenigstens formell ohne Vorstrafen zu bleiben – da seine Anwälte die Verfahren immer so sehr verschleppten, dass am Ende die Verjährungsregelung griff, was ihn in Italien vor jeder Vorstrafe bewahrt –, so schadeten die skandalösen Details, die in den Verhandlungen ans Licht kamen, seiner Reputation doch enorm – vor allem im Rest Europas.

Nur beim Delikt der Bilanzfälschung würde ihm die damals gültige Verjährungsregelung nicht helfen. Als er 2001 zum zweiten Mal zum Ministerpräsidenten gewählt wurde, war eine seiner ersten Amtshandlungen eine Gesetzesinitiative, die das Delikt der Bilanzfälschung in Italien quasi abschaffte.[22] Es wurde zum Vergehen herabgestuft, das nur bestraft werden konnte, wenn Dritte nachwiesen, dass die Bilanzfälschung ihnen einen echten Vermögensschaden verursacht hatte.

Zur selben Zeit, der Zeit der Enron-Skandale, verschärfte Amerika seine Buchführungsvorschriften enorm und erhöhte das Strafmaß für diesbezügliche Delikte. Als man den italienischen Ministerpräsidenten mit dem Vorwurf konfrontierte, sich ein Gesetz auf den Leib schneidern zu lassen, das ihn und seine Freunde vor Strafe bewahren sollte, antwortete er: »Ich schwöre beim Haupt meiner Kinder, dass dieses Gesetz nicht zu meinem Vorteil oder zu dem meiner Freunde geschaffen wurde.«[23]

Auch das Leben von David Mills wurde durch die Übersendung der Dokumente nach Mailand nicht gerade einfacher. In den ersten drei Prozessen stellte er sich der italienischen Justiz als Zeuge zur Verfügung.[24] Anlass war ein herber Schock. 1995 entdeckte er seine gefälschte Unterschrift auf Verträgen, die auf das Jahr 1994 zurückdatiert worden waren.[25]

Trotz seiner offenkundigen Bereitwilligkeit, sich als Zeuge

zur Verfügung zu stellen, verdächtigt man ihn in Italien, wichtiges Beweismaterial zurückgehalten zu haben. Aus diesem Grund wurde er zusammen mit Berlusconi und anderen Personen angeklagt.[26] Es geht um seine Rolle bei der Schaffung und Betreuung von 64 geheimen Offshore-Gesellschaften, deren Existenz erst in den in London beschlagnahmten Dokumenten ans Licht kam.

Dieses geheime Imperium lässt sich am besten mit den Worten der italienischen Staatsanwaltschaft beschreiben: »Die Fininvest ist eine große italienische Holding aus dem Bereich von Radio, Fernsehen und Werbung«, heißt es dort. »Silvio Berlusconi, bis vor kurzem noch italienischer Ministerpräsident, kontrollierte die Fininvest mithilfe einer Anzahl von weiteren Holdings, an denen er jeweils einen Mehrheitsanteil hielt.[27]

Die Ermittlungen bezüglich der Fininvest haben den Tatbestand des schweren Betrugs ergeben. Mehrere Personen haben im Auftrag Silvio Berlusconis aus verschiedenen Gründen und mit unterschiedlichen Methoden im Geheimen Gelder aus der Fininvest abgezogen. Hierbei wurde auch Schwarzgeld gewaschen.

Teil dieses Betrugsnetzwerkes waren zahlreiche überseeische Gesellschaften mit Sitz in Panama, den britischen Virgin Islands sowie den Kanalinseln. Anfangs wurden diese Gesellschaften von Treuhandgesellschaften in der Schweiz betreut, welche verschiedene finanzielle Transaktionen durchführten.

Wo das Geld, das in die Offshore-Gesellschaften floss, schließlich landete, ist immer noch Gegenstand unserer Ermittlungen. Bislang vermögen wir nur zu sagen, dass ein Teil des Geldes in bar von Schweizer Konten abgehoben wurde. In Bezug auf eine bestimmte Zahlung gibt es Dokumente, die belegen, dass 1991 10 Milliarden Lire (etwa 4 Millionen Pfund Sterling) im Namen einer überseeischen Firma auf ein Konto bei der SBS in Lugano eingezahlt wurden. Diese Summe wurde auf ein Konto der Northern Holding bei der Trade Development Bank im schweizerischen Genf überwiesen. Dieses Konto wird von einer Treuhänderfirma verwaltet, welche Bettino Craxi vertritt, einen italienischen Abgeordneten (das heißt ein Mitglied des Parlaments), der früher Ministerpräsident und Führer der Sozialistischen Partei Italiens war.«

Dann heben die italienischen Staatsanwälte noch hervor: »Die überseeischen Gesellschaften werden mittlerweile unter Mitwirkung von Herrn Mills von der CMM Corporate Services Ltd/Edsaco Ltd verwaltet. Aus diesem Grund gehen wir davon aus, dass sich Dokumente, die unsere Ermittlungen betreffen, in Scepter House [dem Sitz der CMM] bzw. im Besitz von Mr. Mills in der Kanzlei Withers befinden könnten, wo er mittlerweile Partner ist.«

Doch der internationale Skandal, welcher der Entdeckung von Berlusconis Offshore-Imperium folgte, war keineswegs David Mills' einziger Zusammenstoß mit der Justiz und der daraus regelmäßig resultierenden Bekanntheit. Als führender Spezialist für Offshore-Konstruktionen und die damit verbundenen steuerrechtlichen Winkelzüge, die – technisch betrachtet – vollkommen legal sind, war es unvermeidlich, dass die von ihm beratenen Firmen auch einmal das Gesetz übertraten. Was allerdings noch nicht bedeuten muss, dass Mills damit etwas zu tun hat.

»Einige wenige von den Tausenden Klienten, die ich beraten habe, waren gewissen Vorwürfen ausgesetzt. Ich betone ›Vorwürfen‹, denn keiner von ihnen wurde je verurteilt. Es ist einfach nicht fair, davon auszugehen, dass ich, noch weniger meine Frau, aus diesem Grunde in irgendeiner Weise ›vorbelastet‹ sein soll.« So wird David Mills in einem Buch über die Rennsportindustrie[28] zitiert.

Ganz so stimmt das allerdings nicht. Zumindest, was seinen Klienten Silvio Berlusconi betrifft, der im ersten der aufgrund der Mills-Dokumente verhandelten Prozesse wegen Bestechung und Bilanzfälschung zu zwei Jahren und neun Monaten Gefängnis verurteilt wurde.[29] Zugegeben: Das Urteil wurde in der Berufung aufgehoben, weil die Verjährungsregelungen Anwendung fanden, doch der höchste italienische Gerichtshof zeigte sich von seiner Schuld im Wesentlichen überzeugt – trotz der Urteilsaufhebung. Im Abschlussbericht schreiben die Richter, dass die Bezahlung von 21 Milliarden Lire an Bettino Craxi, die illegal über Berlusconis Offshorenetz vorgenommen wurde, »in Italien von den ranghöchsten Mitarbeitern der Fininvest spa organisiert wurde, wobei davon auszugehen ist, dass dies mit dem Einverständnis des Eigners und Präsidenten der Fininvest, Herrn Berlusconi, geschah.«[30]

David Mills, der in Oxford studierte, begann seine Karriere im Verteidigungsministerium, wo es bald hieß, er habe das Zeug, eine Spitzenposition des britischen Staatsapparates zu besetzen. Doch schon wenige Jahre später trat er aus dem Staatsdienst aus und widmete sich dem Rechtswesen. Seine Frau Teresa Jowell, die aktuelle Kultusministerin, lernte er kennen, als sie beide noch Stadtverordnete der Labour Party in London[31] waren.

Mills ist Multimillionär. Er und seine Frau sind ins Herz des britischen Establishments vorgedrungen. So sind sie beispielsweise regelmäßig Gäste des Premierministers und seiner Frau auf deren Landsitz Chequers und empfangen Tony Blair und Familie auch häufig im eigenen Haus. Natürlich hat eine so exponierte Stellung im Rampenlicht auch ihre Schattenseiten, denn durch den engen Kontakt mit dem Zentrum des Labour-Establishments hatten sich die Mills ebenso mit den bekannten Labour-Krankheiten infiziert: dem Hang der Partei zu Filz und fragwürdigen Deals, die schon an Korruption grenzen.

Nach Tony Blairs erdrutschartigem Wahlsieg von 1997 wurde Teresa Jowell, die ihren Wahlkampf mit einer Anti-Raucher-Kampagne geführt hatte, zur Gesundheitsministerin gewählt. Bald darauf ließ sie ihre Idee, die britischen Formel-1-Rennen frei von Werbung für blauen Dunst zu halten, ersatzlos fallen.[32] Etwa zur selben Zeit wurde bekannt, dass Formel-1-Chef Bernie Ecclestone der Labour Party heimlich eine Million Pfund gespendet hatte – unmittelbar nach deren Wahlsieg und kurz bevor sich bei Tessa Jowell dieser interessante Sinneswandel vollzog.[33] Noch pikanter wurde die Sache, als ans Licht kam, dass der Ehemann der Gesundheitsministerin, David Mills, beim Team Benetton – zu jener Zeit eines der größten Rennteams in der Formel 1 – Aufsichtsratsmitglied war und immer noch im Vorstand von Benetton Engineering saß.[34]

Das Bild wurde noch etwas schiefer, als der *Observer* berichtete, Mills versuche, von seinen mächtigen Freunden in der Regierung die Genehmigung zum Verkauf von Jets der British Aerospace im Wert von 200 Millionen Dollar an den Iran zu erwirken, obwohl die USA sich für einen Waffenboykott gegenüber dem Iran stark machten. Das Blatt schrieb, Mills habe bei einer Dinnerparty seine Tischgenossin, die Staatssekretärin im Außenministerium Baroness Elizabeth Symons, um Ratschläge zur Umgehung des amerikanischen Boykottaufrufs gebeten.[35]

Einige Wochen später kam dann die Nachricht, dass David Mills zusammen mit Silvio Berlusconi und Fedele Confalonieri, dem Präsidenten der Mediaset (die Berlusconis Fernsehimperium kontrolliert), vor Gericht gestellt werden würde. Zu den Anklagepunkten gehören unter anderem Steuerhinterziehung und Geldwäsche. Dies könnte ihm, falls er für schuldig befunden wird, eine Gefängnisstrafe von zwölf Jahren eintragen.[36]

Darüber hinaus soll in Mailand gegen ihn wegen Falschaussage gegen Bezahlung vonseiten Berlusconis ermittelt werden. Massive Vorwürfe, die seine Beziehung zu Silvio Berlusconi in einem recht zweifelhaften Licht erscheinen lassen, in das nun auch Tony und Cherie Blair geraten, Berlusconis persönliche Freunde, die im Sommer 2004 auf seine Einladung hin die Ferien in einer der Privatvillen des italienischen Ministerpräsidenten verbrachten und dort – wie der *Guardian* schreibt – echten »Gangsterluxus« genossen.[37]

Als Silvio Berlusconi Massimo Maria Berruti, den ehemaligen Steuerfahnder, bat, Möglichkeiten zu finden, über britische Offshore-Gesellschaften amerikanische Filmrechte zu erwerben,[38] trat dieser sofort in Kontakt mit David Mills, der als Experte auf diesem Gebiet galt.[39]

Auch Berruti war aufgrund seiner früheren Arbeit für die Steuerfahndung sehr versiert in Fragen der »Steuervermeidung« mittels Offshore-Gesellschaften. Er wurde zu einem von Berlusconis engsten Beratern. Allerdings sollte er auch in einige seiner dicksten Skandale verwickelt werden.[40] Im Zusammenhang mit den Geschäften Berlusconis erhielt er eine mehrmonatige Haftstrafe wegen Bestechung.

Doch zu jener Zeit konnte man das Risiko, sich in den Fängen übereifrig herumschnüffelnder Staatsanwälte wiederzufinden, ungestraft vernachlässigen. Damals hatte jeder »gute Beziehungen«, und Silvio Berlusconi hatte die besten. Er konnte ruhig schlafen, durfte er doch stets darauf vertrauen, dass sich jedes juristische Problem lösen ließ. Der Gerichtshof in Rom, auch bekannt als *porto delle nebbie*, »Nebelhafen« (siehe Kapitel 17), stand in dem Ruf, jede Ermittlung, die das politische Establishment Italiens betraf, also die *Democrazia Cristiana* und Craxis Sozialisten, zuverlässig unter Bergen von Akten zu begraben.

Hin und wieder gab es Scherereien mit den überkorrekten Mailändern, doch bevor irgendwelche Ermittlungen in Prozesse ausarten konnten, sorgten Freunde in hoher Stellung dafür, dass der Fall an die Staatsanwaltschaft Rom übergeben wurde und auf diese Weise »im Nebel verschwand«. Einige wenige Staatsanwälte allerdings zeigten Mut und Standvermögen. So auch Gherardo Colombo, der 1981 die finsteren Machenschaften der Freimaurerloge P2 aufdeckte.

Ein anderer war Carlo Palermo, der in der kleinen Stadt Trento im Norden Italiens arbeitete. Auch er erwies sich als außerordentlich beharrlich. Seine Untersuchungen über einen Drogen- und Waffenhandelsring (von 1980 bis 1984) rührten an die Geschäfte Bettino Craxis. Dieser war ein enger Freund Berlusconis und drauf und dran, zum ersten sozialistischen Ministerpräsidenten Italiens gewählt zu werden.

Das Resultat war, dass man Carlo Palermo die Ermittlungen aus der Hand nahm und ihn selbst nach Trapani versetzte, in eine der gefährlichsten Mafiastädte Siziliens. Dort überlebte er wie durch ein Wunder einen Sprengstoffanschlag, bei dem eine Frau und ihre beiden Kinder getötet wurden. Kurz darauf gab er seinen Beruf als Staatsanwalt auf.

In einem Interview mit dem berühmten Ermittlungsrichter Giovanni Falcone bestätigte uns dieser damals, dass es immer noch zu früh und zu gefährlich sei, Untersuchungen auf »die höheren politischen Ebenen« auszudehnen. Falcone ließ sich davon nicht abschrecken. So wurde er am 23. Mai 1992 zusammen mit seiner Frau und seinen Leibwächtern Opfer eines Sprengstoffattentats.

Silvio Berlusconi hatte also guten Grund zu glauben, er und seine Geschäfte seien vor dem (mäßig) wachen Auge des Gesetzes sicher. Schließlich wurde er von seinem mächtigen Freund Bettino Craxi geschützt. Und auch in der ebenso mächtigen Partei der Christdemokraten hatte Berlusconi nicht wenige Freunde.

Der Kaiser ist ja nackt!

Diese behagliche Situation änderte sich 1992, als eine Gruppe Mailänder Staatsanwälte damit anfing, Ermittlungen über die Fälle von Korruption anzustellen, die das Leben in der lombardischen Hauptstadt der achtziger Jahre kennzeichneten. Diese Untersuchungen wurden unter dem Namen »Tangentopoli« bekannt und dehnten sich bald auf ganz Italien aus. Die führenden politischen Parteien, Sozialisten und Christdemokraten, bekamen ernsthafte Probleme, weil ihre Parlamentarier und Führungspersönlichkeiten entweder im Gefängnis saßen oder im Fokus der Ermittler standen. Craxi selbst wurde wegen Korruption verurteilt und floh in seine Ferienvilla im tunesischen Hammamet.

Mit einem Mal stand Silvio Berlusconi im Regen. Fast all seine Beschützer hatten Macht und Amt verloren. Er selbst lief Gefahr, von den Mailänder Richtern in der Luft zerrissen zu werden, begannen diese doch, ihre Nase in seine nicht eben sauberen Geschäfte zu stecken. Diese plötzliche Verwundbarkeit schockierte ihn zutiefst: »Ich habe keine Leichen unter dem Bett versteckt«, beteuerte er im *Corriere della Sera*: »Ich schwöre auf das Haupt meiner Kinder, dass ich nichts über diese Dinge weiß, welche die Staatsanwälte da untersuchen.«[41] Doch der Schreck war ihm offensichtlich in die Glieder gefahren, und dies erklärt zumindest teilweise, weshalb er 1994 den Entschluss fasste, in die Politik zu gehen.

Dass er nicht viel von Staatsanwälten und Richtern hält, erstaunt weiter nicht. So meint er etwa zehn Jahre später zu einem Journalisten: »Die sind ja doppelt verrückt. Zum einen, weil ihr Verhalten verrückt ist, und zum anderen, weil sie im Kopf nicht ganz normal sind. Für diesen Beruf muss man geistig gestört sein bzw. psychische Probleme haben. Wenn Sie solch eine Arbeit tun, dann nur, weil Sie sich vom Rest der Menschheit grundsätzlich unterscheiden.«[42]

Die Ermittlungen der Staatsanwälte der Mani Pulite müssen auch David Mills in Alarmzustand versetzt haben. Silvio Berlusconi war nämlich keineswegs sein einziger Klient in Italien. Er beriet ebenso die Pharmagruppe Marcucci und das Benetton-Formel-1-Team. Bislang war das Offshore-Imperium des italienischen Medienzaren der Aufmerksamkeit der italienischen Justiz entgangen, doch das konnte sich jeden Moment ändern.

Tatsächlich waren 1995 schon zwei Staatsanwälte aus Mailand Berlusconis 64 Scheingesellschaften, die als Fininvest B bekannt wurden, auf der Spur: Francesco Greco und Margherita Taddei. Die ersten Hinweise ergaben sich aus einer Befragung von Marino Bastianini, Rechtsanwalt und Teilhaber von Michele Sindona. Bastianini war auch Teilhaber von Tito Canelutti, dem Seniorpartner der Mailänder Anwaltskanzlei, deren Londoner Vertretung David Mills übernommen hatte.[43]

Es stellte sich heraus, dass Mills am 13. Mai 1988 in St. Helier auf der Kanalinsel Jersey die All Iberian gegründet hatte, eine der wichtigsten Offshore-Gesellschaften Berlusconis. Als Verantwortlicher wurde ein Cousin Berlusconis eingetragen, Giancarlo Foscale, der bei der Fininvest und ihren verborgenen Holdings eine wesentliche Rolle spielte.[44]

Jahrelang leugnete Berlusconi – auch nach der Konfiszierung der Mills-Dokumente –, je etwas von der All Iberian oder der Existenz einer geheimen Offshore-Version der Fininvest gehört zu haben. Noch 1998, als man ihn davon informierte, dass gegen ihn ein Verfahren wegen Bilanzfälschung und Bestechung im Zusammenhang mit seinen Offshore-Firmen eröffnet werden würde, bestritt er deren Existenz.

»Das ist doch verrückt«, sagte er kurz vor der Prozesseröffnung. »Mir wird der Prozess gemacht aufgrund der Annahme, die Fininvest habe ihre Bilanzen gefälscht, weil sie vergaß, eine englische Gesellschaft namens All Iberian darin aufzuführen. Doch ich erkläre hier in aller Öffentlichkeit als Politiker, der seinen Wählern gegenüber verantwortlich ist, dass ich von der Existenz dieser All Iberian nichts weiß. Und ich fordere alle auf, mir das Gegenteil zu beweisen.«[45]

Zu Silvio Berlusconis großem Unglück aber gab es da jemanden, der den Beweis erbringen konnte: David Mills, der sich entschlossen hatte, während der ersten beiden All-Iberian-Prozesse mit der Justiz zusammenzuarbeiten.

Im ersten davon ging es um die 21 Milliarden Lire Schmiergeld, die Berlusconi über die All Iberian auf Bettino Craxis Schweizer Bankkonten hatte einzahlen lassen. Diese recht substanzielle »Schmiere« war als Gegenleistung für Craxis Unterstützung bei der Medienreform von 1990 (»Legge Mammì«) gedacht. In diesem Prozess wurde Berlusconi zu zwei Jahren und neun Monaten Gefängnis verurteilt, gewann jedoch in der Berufung wegen Verjährung.

Dabei ist er selbst von seiner Unschuld und Rechtschaffenheit völlig überzeugt: »Ich kann nur sagen: Würden alle italienischen Unternehmen so geführt wie die Fininvest, gäbe es keine Probleme mit der öffentlichen Moral.« Bei anderer Gelegenheit meinte er: »Ich versichere Ihnen, dass ich keine Angst habe, verhaftet zu werden. Meine Brust ist nicht breit genug, um mir all die Orden und Medaillen anzustecken, die mir für meine Verdienste um Italien eigentlich zustünden.« Und später: »Mich der Korruption zu beschuldigen, ist, als würden Sie Mutter Teresa vor Gericht schleppen, weil eines der Kinder, um die sie sich kümmert, einen Apfel gestohlen hat.«

Beim zweiten All-Iberian-Prozess, der am 7. April 2000 begann, ging es um Bilanzfälschung, ein Delikt, auf das zu Prozessbeginn fünf Jahre Gefängnis standen. Doch im Jahr 2001 wurde Berlusconi mit überwältigender Mehrheit zum Ministerpräsidenten gewählt. Und so sorgte er mit einer der ersten Gesetzesinitiativen seiner Partei dafür, dass Bilanzfälschung heute in Italien wenig mehr als ein Kavaliersdelikt ist.

Nachdem das neue Gesetz in Kraft getreten war, rief der Staatsanwalt im All-Iberian-Prozess, Francesco Greco, den Europäischen Gerichtshof an. Er sollte darüber entscheiden, ob die neue in Italien gültige Regelung mit den juristischen Prinzipien der Europäischen Union übereinstimmte. In der Zwischenzeit wurden die Verhandlungen ausgesetzt.

Am 3. Mai 2005 entschied der Europäische Gerichtshof, dass er nicht berechtigt sei, in die Gesetzgebung eines Mitgliedslandes einzugreifen. Aufgrund dieser Entscheidung wurden Berlusconi und vierzehn Mitangeklagte am 26. September 2005 freigesprochen, da sie nach italienischem Recht gegen kein Gesetz verstoßen hatten.

Doch auch wenn der Europäische Gerichtshof anders entschieden hätte, wäre ein Freispruch unvermeidlich gewesen, denn in der Zwischenzeit war das Delikt, das aufgrund des parlamentarischen Eingriffes mit einem Mal keines mehr war, ohnehin verjährt.

Trotz dieses Freispruchs wurde im zweiten All-Iberian-Prozess zweifelsfrei bewiesen, dass Berlusconi durch Bilanzfälschung mindestens 45,7 Millionen Euro[46] auf Schwarzgeldkonten angesammelt hatte. Und diese Schätzung betrifft nur sieben der insgesamt fünfzehn Jahre, in denen die Fininvest mit den von David Mills geschaffenen 64 Offshore-Gesellschaften operierte. Während jener Zeit erleichterte Berlusconi die offizielle Fininvest um mehrere Millionen Euro. Auf diese Weise gelang es ihm, geringere Einkünfte zu deklarieren und weniger Steuern zu zahlen. Drei Wege beschritt er dabei:

1. Die Offshore-Gesellschaften stellten der Fininvest niemals erfolgte Dienstleistungen in Rechnung. Die Zahlungen der Fininvest flossen auf Schwarzgeldkonten, die Beträge reduzierten das Steueraufkommen des Konzerns.[47]

2. Die Fininvest kaufte über ihre Offshore-Gesellschaften Filmrechte, die sie dann hin und her verschob, wobei der Preis enorm aufgebläht wurde. Die überhöhten Rechnungen reduzierten wieder die Steuerlast des Konzerns, während die Differenz zwischen echtem und buchmäßigem Wert als Schwarzgeld ins Fiskalparadies wanderte. In einem Fall kaufte eine der Offshore-Firmen für ein Butterbrot drei mittelmäßige Filme aus den fünfziger Jahren und verkaufte sie Berlusconis Fininvest für 1 Milliarde Lire.[48]

3. Die Fininvest kaufte zu völlig überhöhten Preisen Aktien der Offshore-Gesellschaften, die gar nicht existierten.[49]

Mit den prall gefüllten Schwarzgeldkassen habe Berlusconi, so heißt es, Richter, Staatsanwälte, Politiker und Verwaltungsbeamte bestochen. Außerdem habe er das Geld zu heimlichen Aktienaufkäufen bei feindlichen Übernahmen anderer Gesellschaften wie der Einzelhandelskette Standa und des Verlagshauses Mondadori benutzt. Darüber hinaus brauchte er das Schwarzgeld auch, um Medienunternehmen über Strohmänner aufzukaufen, weil ihm dies aufgrund der kartellrechtlichen Bestimmungen verboten ist.

Im Fall von Telepiù, eines Pay-TV-Senders, zum Beispiel zwang ihn das italienische Mediengesetz dazu, 90 Prozent seiner Aktien zu verkaufen. Doch mithilfe der All Iberian und anderer Offshore-Gesellschaften schaffte er es, ein System aus Scheinfirmen und Strohmännern auf die Beine zu stellen, das ihm letztlich erlaubte, die Gesellschaft weiterhin zu kontrollieren. Auch hierzu diente seine Schwarzgeldreserve.

Mit ähnlichen Methoden gelang es ihm, 52 Prozent der spanischen Telecinco zu kaufen, obwohl das spanische Mediengesetz vorschreibt, dass ein einzelner Medienunternehmer nie mehr als 25 Prozent der Anteile eines Unternehmens halten darf. Doch die spanischen Behörden bekamen von der Aktion schnell Wind, und Baltasar Garzon, einer der berühmtesten Korruptionsermittler Spaniens, erwirkte einen internationalen Haftbefehl gegen Silvio Berlusconi. Berlusconi aber war Europaabgeordneter und erfreute sich deshalb auf europäischer Ebene parlamentarischer Immunität. Nun erwog die spanische Regierung einen Antrag ans Europaparlament, um ebenjene Immunität aufzuheben.[50]

Doch obwohl Berlusconi die Schwächen des italienischen Justizsystems perfekt zu seinen Gunsten zu nutzen weiß, obwohl er ständig Gesetze verabschieden lässt, die seinen Spielraum noch vergrößern, gibt es in Mailand immer noch Staatsanwälte, die nicht nachlassen in ihrem Bemühen, ihn für die Verbrechen, die er ihrer Auffassung nach begangen hat, zur Rechenschaft zu ziehen.

Zwei dieser mutigen Männer und Frauen, Fabio De Pasquale und Alfredo Robledo, stellten David Mills wegen Steuerhinterziehung und Geldwäsche unter Anklage.[51] Diese beiden Anklagepunkte könnten ihm zwölf Jahre Gefängnis einbringen. Auch Berlusconi und mehrere Mitarbeiter der Fininvest bzw. Mediaset (darunter auch der Mediaset-Präsident Fedele Confalonieri) müssen sich nun – zusammen mit Mills – wegen des Vorwurfs der Steuerhinterziehung verantworten.

Mills wird zur Last gelegt, zwei Offshore-Gesellschaften für Berlusconis Kinder aus erster Ehe, Marina und Pier Silvio, gegründet zu haben. Diese Gesellschaften waren auf den An- und Verkauf von Filmrechten spezialisiert. Durch überhöhte Rechnungen sparte die Fininvest Steuern in Höhe von 60 Millionen Euro.[52] Das Beispiel Al Capone macht offensichtlich Schule.

Das Geld kam ausschließlich Berlusconis Kindern zugute. Mills gestand, ein Papier verfasst zu haben, in dem die Konstruktion beschrieben wurde. Der italienische Ministerpräsident sei in diesem Dokument als »X« bezeichnet. In dem Papier heißt es, die praktische Handhabung der Gesellschaften unterliege der Zustimmung von »X«, also Silvio Berlusconi.

So beschreibt Mills den Moment, in dem man ihn bat, diese Gesellschaften für Berlusconis Kinder zu gründen: »Es geschah auf einem wichtigen Treffen in Mailand. Ich glaube, das Haus gehörte Berlusconi. Jedenfalls war es eine Villa mit einem wunderschönen Garten und einer Bibliothek auf zwei Ebenen. Livio Gironi, der Finanzmanager der Fininvest, war es, der mich bat, die beiden Gesellschaften zu gründen. Ziel war, einen Teil von Berlusconis Privatvermögen auf seine Kinder aus erster Ehe zu übertragen. Ich setzte das Papier nach den Anweisungen von Gironi auf, der mir sagte, dass all dies streng vertraulich sei, weshalb man eine ausländische Bank einschalten müsse. Er unterstrich nochmals, dass die Kinder Nutznießer sein sollten, das Management aber nach wie vor in den

Händen von Silvio Berlusconi liegen würde, der im Dokument mit ›X‹ bezeichnet wurde.«[53]

Mills ist zutiefst empört über die Anklage, der er sich in Mailand gegenübersieht. Im Februar 2005 gab er dem *Guardian* ein Interview: »Beim ersten Anklagepunkt [Beihilfe zur und Ermöglichung von Steuerhinterziehung] geht es um dieselben Vorgänge, die bereits in den vorhergehenden Prozessen verhandelt wurden. Ich arbeitete mehrere Jahre als Anwalt für verschiedene Unternehmen Berlusconis. Ich habe bei diesen Prozessen ausgesagt, und der Gerichtshof bestätigte jedes Mal, dass die Staatsanwaltschaft meine Rolle als englischer Unternehmensberater, der für das Fehlverhalten anderer nicht verantwortlich sei, richtig eingeschätzt habe.[54] Mich nun aufgrund derselben Fakten noch einmal unter Anklage zu stellen, ist ungerecht und wäre in Großbritannien unmöglich.

Der zweite Anklagepunkt umfasst Bewegungen auf bestimmten Bankkonten. Die Staatsanwaltschaft weiß, dass ich solche Bewegungen nie mit meiner Unterschrift veranlasst habe und dass ich keinerlei Kenntnis hatte, welche Transaktionen mithilfe dieser Konten stattfanden. Noch hatte ich die Möglichkeit, dies in Erfahrung zu bringen. Die Anklage ist deshalb vollkommen unbegründet; und ich erwarte, dass sie fallen gelassen wird, noch bevor der Prozess beginnt.«[55]

KAPITEL 15

Leo & Silvio – Eine Hand wäscht die andere

In diesem Kapitel wird erzählt, wie man es – erfolgreich – schaffen kann, die Mediengesetze halb Europas auszuhebeln. Das Rezept ist einfach: Man nehme einen gut dosierten Einsatz von Treuhändern in Schweizer und Liechtensteiner Briefkastenfirmen (die dürfen, wie wir gesehen haben, niemals in diesen Geschichten fehlen), gieße darüber eine feine Glasur aus der Einfältigkeit von regionalen Medienwächtern, untätigen Justizverwaltungen, und fertig ist der Meinungseinheitskuchen – eben nicht nur in Italien, nein, auch in Deutschland, das sich dem »italienischen Modell« so sehr überlegen fühlt.

Es ist eine Geschichte, die ihren Ursprung diesmal nicht in Mailand nimmt, sondern in München, einen südlichen Abstecher nach Madrid macht, um dann am Ende, nach den nötigen Stippvisiten in den Finanzparadiesen dieser Welt, hauptsächlich aber im Fürstentum zwischen der Schweiz und Österreich, wieder in Mailand landet – und dabei auch einen Generationensprung vollzieht. Denn am Ende geht es nicht mehr nur um die Väter, sondern auch schon um die Kinder: Marina und Pier Silvio Berlusconi.

Doch fangen wir mit der Geschichte in München an, Mitte der achtziger Jahre. Beflügelt vom Aufbruch des privaten Fernsehens in Deutschland, es kommt fast ein Jahrzehnt später als das italienische, gründet der Unternehmer Wolfgang Fischer am 1. Januar 1984 einen kleinen Sender namens »musicbox«, der von den Videoclips der Musiclabels lebt und bei Jugendlichen recht beliebt ist – eine Abwechslung im Einheitsbrei des miefigen öffentlich-rechtlichen Fernsehens. Es ist ein reiner

Musiksender. Am Betreiber, der Kabel Media Programmgesellschaft mbH, München (KMP), beteiligt sich zunächst auch der Kölner DuMont-Verlag, der sich aber schon 1985 aus dem TV-Geschäft wieder zurückzieht.

Neuer Partner Fischers wird der ehemalige Kirch-Manager Herbert Kloiber mit seinem Unternehmen Tele München GmbH: Kloiber will aus dem Musikspartensender ein jugendorientiertes Vollprogramm machen. Dazu aber braucht man Programme, Spielfilme – eine enorme Bibliothek. Kloiber sucht nach einem potenten Partner und trifft auf Berlusconi, der gerade auf Einkaufstour in Europa ist.

Berlusconis Brückenkopf in Deutschland: Tele 5

1987 steigt Berlusconi mit 45 Prozent Anteil an der KMP in das Unternehmen ein.

Der Münchner Sender wird in »Tele 5« umbenannt, in Anlehnung an Berlusconis ersten Sender in Mailand, Canale 5. In Frankreich betrieb Berlusconi bereits einen Sender, »le Cinque«, in Spanien sollte es auch »Telecinco« werden – die Fünf war Berlusconis Glückszahl, wenigstens glaubte der Mailänder, dass ihm die Fünf auch in Deutschland Glück bringen werde.[1]

Kloiber behielt 45 Prozent der Anteile an Tele 5, der Gründer und Geschäftsführer Fischer 10 Prozent.

In Verkennung der rechtlichen Gepflogenheiten in Deutschland beginnen die Italiener kaum nach ihrem Einstieg bei Tele 5 aber nun die »italienische Methode« anzuwenden: Sie suchen überall in Deutschland nach freien Frequenzen, die sie zu besetzen gedenken, und rechnen der Post dann vor, wo überall sie doch terrestrisch senden könnten.

In Italien hatte diese Taktik bei der Expansion der Berlusconi-Sender bestens funktioniert. Die Deutsche Post hingegen war ungleich hartköpfiger. Ohne vorherige Lizenzerteilung war da gar nichts zu machen. Außerdem waren die freien Frequenzen in den Bundesländern schon meist unter den deutschen Sendern nach regionalen Kriterien aufgeteilt. Dazu kam, dass viele der so genannten freien Frequenzen, die Berlusconis Spürhunde mit ihren Frequenzmessgeräten »fanden«, in Wirklichkeit gar nicht frei waren, sondern für die Bundeswehr oder die Alliierten reservierte Frequenzbereiche waren oder gar von Sendern aus den Nachbarländern genutzt wurden – Einwände, denen Berlusconi sich in seiner Heimat nicht stellen musste, weil sie keine direkten Nachbarn hat, deren Frequenzen stören könnten, vor allem aber, weil es die Praxis in Italien gezeigt hatte, dass Berlusconis Frequenzeroberungen am Ende immer nachträglich doch noch legalisiert worden waren.

Doch Deutschland war nicht Italien, und Berlusconi war niemand, der deutschen Beamten Respekt oder gar Angst einflößen konnte.

Das strenge Korsett von Regeln und Gesetzen und der Unwille der Politik, sich seinem Willen unterzuordnen, ließen Berlusconi schnell das Interesse an seinem deutschen Spielzeug verlieren. Schon 1989 verkaufte er 24 Prozent der Anteile an der KMP an die Compagnie Luxemburgeoise de Telediffusion SA (CLT), größter Anteilseigner bei RTL. Berlusconi selbst blieb mit einem Anteil von 21 Prozent Minderheitseigentümer bei der KMP. Den Fuß in der Tür wollte er behalten, schließlich war der deutsche Markt der größte in Europa, aber die Verantwortung für den Sender, die hatte er nun nicht mehr. Im darauf folgenden Jahr änderten sich schon wieder die Eigentumsverhältnisse bei KMP. Der Axel Springer Verlag wurde mit 29 Prozent größter Anteilseigner.

All dies Hin und Her war der Identität des Senders sicherlich abträglich, es blieb bei geringen Zuschauerquoten. Dann war die Reihe wieder an der CLT, die nun feststellte, dass man der RTL-Plus-Partnerin Ufa Film und Fernsehen GmbH schlechterdings per Vertragsklausel verbieten konnte, sich am neuen Sender Vox zu beteiligen (damals noch nicht zur Senderfamilie RTL-CLT Bertelsmann gehörig), wenn man selbst am Konkurrenzsender Tele 5 beteiligt war. Also verkaufte die CLT ihren Anteil an Berlusconi zurück, der nun wieder auf 41 Prozent der Anteile saß, und an Springer, der auf 33 Prozent hochging, Kloiber behielt seine 26 Prozent.

Nun aber traten die Aufsichtsbehörden in guter Absicht auf den Plan: Springer sollte, weil ebenfalls an Sat.1 beteiligt, seinen Anteile auf weniger als 25 Prozent verringern. Das schrieb der damalige Rundfunkstaatsvertrag aus Gründen des Antitrusts vor. Nun konnte Kirch einsteigen. Kloiber verkaufte ebenfalls (zwischen den beiden herrschten alte Animositäten).

Sofort wurde klar: Der Minderheitsaktionär Kirch war derjenige, der bei Tele 5 in Wirklichkeit das Kommando hatte: Tele 5 und ProSieben wurden gemeinsam vermarktet, und Berlusconi, der doch sonst jede Entscheidung in »seinen« Sendern persönlich überwachte, ließ sich im Aufsichtsrat vom Kirch-Anwalt Joachim Theye vertreten. Das mutete schon seltsam an, dass sich ein Aktionär, der 33,5 Prozent des Kapitals sein Eigen nennt, mehr als Kirchs Anteil mithin, vom kleineren Aktionär vertreten lässt.

Schon damals kamen Zweifel darüber auf, ob die Eigentumsverhältnisse bei Tele 5 wirklich so lägen, wie es die Eigner der zuständigen »Kommission zur Ermittlung der Konzentration im Medienbereich (KEK)« mitgeteilt hatten. Und wie sehr begründet die Zweifel an den tatsächlichen Macht- und Besitzverhältnissen bei Tele 5, dann Deutsches Sport-Fernsehen (DSF), sind, sollte sich aus den Ermittlungen der Mailänder Staatsanwaltschaft ergeben, die einige Jahre später zu ganz anderen Schlussfolgerungen kommt, was die Eigentumsverhältnisse bei Tele 5/DSF anbetrifft, als die Meldungen an die KEK zum Inhalt hatten.[2]

Die offizielle Verteilung der Anteile bei Tele 5 stellte sich den deutschen Medienbehörden nach der Verringerung der Springer-Anteile nun wie folgt dar: Springer hielt 24,9 Prozent, Berlusconi 33,5 Prozent und die Taurus Vermögensverwaltung

GmbH & Co KG, ein Unternehmen der Kirch-Gruppe, 24 Prozent.

Für die restlichen 17,1 Prozent trat eine Treuhandfirma aus Hamburg auf: die NBBG (sic), die Neue Medien Beteiligungs-Gesellschaft mbH.

Doch nun platzte den Medienaufsehern der Kragen. Das war zu viel des Frechen. Die NBBG bestand aus einem Notar und einer Bank, von denen alle vermuteten, dass dahinter entweder Kirch oder Springer stünde, von denen keiner mehr als eine Minderheitsbeteiligung von weniger als 25 Prozent beim Sender Tele 5 übernehmen durfte – wegen der damals gültigen Verflechtungsregeln, die sich am Besitz von TV-Sendern orientierten und nicht an den Marktanteilen, wie es das Gesetz ab 1997 vorschrieb.

Die Anteile der NBBG lagen bei der Diligentia Beteiligungs-Gesellschaft, einer Tochter der Hamburger Berenberg Bank, sowie beim Hamburger Notar Frank Beckmann.

Wolf-Dieter Ring, der verärgerte Präsident der Bayerischen Landesmedienzentrale (BLM), vermutete, dass es sich hier um den geheimen Mitgesellschafter Springer handelte, und ging in die Offensive. Erbost erklärte er: »Diligentia heißt nicht Intelligenzija«, und verlangte in einem Brief vom 22. Juni 1992 eine eidesstattliche Erklärung von der KMP, dass es weder Stimmrechtsbindungen noch Treuhandverhältnisse mit Dritten gäbe. Die eidesstattliche Erklärung kam nicht, sondern gewundene Erklärungen über die eventuelle Weitergabe der Aktien an Springer, das bestärkte die Vermutung des bayerischen Medienwächters, dass Springer über die Hamburger Treuhänder einen ihm nicht erlaubten Anteil verschleiern würde.[3]

Die Treuhandfirma und der Notar in Hamburg gaben auf, der Anteil von 17,1 Prozent wurde an den Schweizer Verleger Ringier übergeben – einen alten Geschäftspartner von Leo Kirch. Dagegen war nichts einzuwenden, jeder Verleger war besser als ein Notar und eine Treuhandfirma.

Damit ergab sich bei dem Sender, der ab dem 1. Januar 1993

»Deutsches Sport-Fernsehen« hieß, folgende Beteiligungsstruktur: Rete Invest Holding sa (Berlusconi) 33,5 Prozent, Axel Springer Verlags AG 24,9 Prozent, Taurus Vermögensverwaltungs GmbH (Kirch-Gruppe) 24,5 Prozent und Ringier AG 17,1 Prozent.[4]

Die BLM erteilte der Münchener Gesellschaft für Kabel-Kommunikation (MGK) mit Bescheid vom 28. Dezember 1992 eine Sendegenehmigung für das DSF ab dem 1. Januar 1993: Da klage man noch über die langsame Bürokratie, sogar über die Weihnachtstage wurde in den bayerischen Amtsstuben geschafft!

Doch die Berliner Medienwächter ließen sich davon nicht beeindrucken. Sie vermuteten hinter Ringier den neuen Strohmann Kirchs, konnten es aber nicht direkt beweisen. Dass Berlusconis Beteiligung hier die Kriterien der Treuhänderschaft erfüllen sollte, wie es die Mailänder Staatsanwaltschaft nach Durchsicht der Akten der Schweizer Firmen Berlusconis schloss – auf diesen Verdacht wären die Berliner Medienwächter damals nie gekommen.

Sie sahen die Meinungsvielfalt gefährdet, weil »bundesweit verbreiteter privater Rundfunk von der jeweilig zuständigen Landesmedienanstalt nur dann zugelassen werden dürfe, wenn die Voraussetzungen des § 21 RfStV – die Sicherung der Meinungsvielfalt – nachgewiesen sei«.[5] Die Gründe, warum sie im DSF eine unzulässige Konzentration von Meinungsmacht weit über die Grenzen des damaligen Rundfunkstaatsvertrages hinaus sahen, waren vielfältig; und wie wir im Nachhinein erfahren haben, auch alle berechtigt: Aus den vielfältig unmittelbaren Verbindungen zwischen den Veranstaltern ProSieben, Kabelkanal und DSF (zum Beispiel Filmaustausch, Kooperation in den Bereichen Technik, Sendeabwicklung und Werbezeitvermarktung somit Ergebnisabfuhr ...) ergebe sich eine Verflechtung auf der Veranstalterebene, die die Annahme von verbundenen Unternehmen rechtfertige ...«[6] Es bestünden nicht widerlegte Annahmegründe dafür, dass der Kirch-Gruppe neben den Programmen von DSF auch die weiteren Programme Sat.1, ProSieben, Kabelkanal und Premiere nach Paragraph 21 RfStV zuzurechnen seien und dadurch die zulässige Programmhöchstzahl weiter überschritten werde.

Hans Hege, der Chef der Berliner Medienanstalt, sah im Februar 1995 neben diesen konkreten innerdeutschen Problemen vor allem aber auch den internationalen Hintergrund als Ursache für die Klage gegen das DSF. Für ihn gab es dringende Gründe, sich die wahren Beteiligungsverhältnisse bei dem bayerischen Sender anzuschauen, wogegen sich die Bayern aber vehement sperrten. Von den Medienwächtern beauftragte Wirtschaftsprüfer erhielten keinen Zutritt: »Das DSF weigert sich, seine wahren Beteiligungsverhältnisse offen zu legen. Aus meiner Sicht gibt es Hinweise dafür, dass wir es hier mit einem internationalen Kartell zur Umgehung von Konzentrationsbestimmungen zu tun haben, an dem neben der Kirch-Gruppe auch Berlusconi und die südafrikanische Rupert-Gruppe beteiligt sind.«[7]

Prophetische Worte. Später, als nicht mehr der Freund in der Bayerischen Staatskanzlei, sondern der Freund im Bundeskanzleramt die Sache richten sollte, als Notbremse gegen die richterlichen Entscheidungen quer durch die ganze bundesdeutsche Justiz, kamen die wahren Eigentumsverhältnisse auch ans Tageslicht: als Kirch'sches Eigentum. Ruck, zuck wurden die wahren Verhältnisse legalisiert – und die zwischengeschalteten Treuhänderfirmen verschwanden über Nacht.

Doch noch sind wir nicht so weit.

Die Berliner Medienwächter waren zwar nicht einverstanden, das Genehmigungsverfahren war über Nacht und ohne Prüfung wesentlicher Bereiche abgelaufen, wie die – bayerischen – Verwaltungsrichter schon wenige Monate später monieren sollten,[8] doch der Sender geht »on air«. Es beginnt der Teil der Geschichte, den man die normative Kraft des Faktischen nennen sollte. Die Akten sind dabei voll der – mit dem Wissen von 2006 – nur komisch zu nennenden Details. Wie etwa die »Einlassung«, so heißt der Einwand ja im Juristendeutsch, der Kirch-Gruppe, die da gegenüber dem Verwaltungsgericht München behauptet hat, »der neue Sender DSF stehe nicht unter dem beherrschenden Einfluss der Kirch-Gruppe«.[9]

Das ist Teil der Geschichte, wie es Kirch gelang, sein Medienimperium aufzubauen. Und auch wenn es heute keine Kirch-Gruppe mehr gibt, die Lektion ist immer noch gültig: wie man nämlich die Gesetze umgehen, die Richter veräppeln und die Öffentlichkeit hinters Licht führen kann. Doch kehren wir wieder ins Jahr 1993 zurück.

Seit dem 1. Januar 1993 wurde das Programm unter dem Namen »DSF« als bundesweites Fernsehspartenprogramm über Satellit verbreitet und bereichsweise auch in das Kabelnetz eingespeist oder terrestrisch ausgestrahlt.

Geschäftsführer Donald P. T. McLoughlin schloss mit der 100-prozentigen ProSieben-Tochter Media-Gruppe München (MGM) Werbeforschungs- und Vermarktungs-GmbH einen Vertrag ab, nach dem die Sendeplanung von DSF täglich mit der MGM abgestimmt werden sollte. Außerdem erhielt die MGM die weltweite Vermarktung der Werbung.

Ein Grund mehr natürlich für die kritischen Medienwächter der anderen Bundesländer, eine veranstalterische Verflechtung zwischen DSF und Kirch zu vermuten. Doch der bayerische Medienmogul konnte sich bei der »Operation Chuzpe« sicher fühlen, denn er wusste zumindest die bajuwarische Politik hinter sich.

Der Ministerpräsident höchstpersönlich griff zu Schreiber und Papier, um dem Landsmann die Lizenz zu erhalten, und schrieb »im Namen der Bayrischen Staatsregierung« eine vierzehnseitige Widerrede gegen die Beschwerde der Berliner Medienwächter, die die Lizenzerteilung durch die Bayerische Landesmedienanstalt für unrechtmäßig gehalten hatten.[10] Eine Lizenz, die der Chef der Bayerischen Landeszentrale für Neue

Medien, Wolf Dieter Ring, erteilt hatte: »Wir sind der Auffassung, dass wir das genau geprüft haben und dass die Forderungen auch erfüllt worden sind. Und es ist so kompliziert, diese Vorgänge sind auch juristisch so kompliziert, dass man das nicht auf die Schnelle einfach behaupten kann. Das muss man sich genauer angucken.«

Der Bayerische Verwaltungsgerichtshof hatte tatsächlich genau hingeschaut und befand dagegen, die Begründung der bayerischen Medienwächter für die DSF-Lizenz sei nicht nachvollziehbar. »Nichts sagend« lautete das Urteil der Richter und: »Mit derartigen inhaltsleeren und pauschalen Wendungen kann ein Verwaltungsakt nicht begründet werden.«[11]

Wir vergaßen ein Detail. Wolf Dieter Ring war, bevor er oberster Medienwächter in Bayern wurde, »Medienexperte« in der Staatskanzlei von Edmund Stoiber.

Der Grund für das »Übersehen« der gesetzlichen Regeln zur Medienkonzentration war politisch durchaus kein Geheimnis. Hans Hege, Medienanstalt Berlin-Brandenburg: »Die Bayerische Medienanstalt wollte damit das Unternehmen Kirch fördern, das ja auch Arbeitsplätze schafft und investiert in Bayern, und hat deswegen nicht so genau hingeschaut, ob die Konzentrationsgrenzen eingehalten werden. Damals durfte Herr Kirch, nach den seinerzeit geltenden Regelungen, ja nicht so viele Fernsehprogramme veranstalten und hat sich darüber hinweggesetzt. Wir haben dagegen geklagt, weil wir meinen, dass Regeln eingehalten werden müssen.«[12]

Ein Sender ohne Lizenz on air

Unbestritten gab es Programmplanungsverflechtungen zwischen ProSieben und DSF, zwischen der Kirch-Gruppe und dem neuen Spartensender. Gegen die erteilte Sendegenehmigung durch die Bayern legte die Medienanstalt Berlin-Brandenburg MABB am 18. Januar 1993[13] Widerspruch beim Bayerischen Verwaltungsgericht München ein.[14] Bayern gegen den Rest Deutschlands mit der Hoffnung, nicht erst in Berlin, sondern schon in Bayern einen objektiven Richter zu finden.

Die Direktorenkonferenz der Landesmedienanstalten hatte schwere Bedenken erhoben, und Berlin hatte, eingedenk der gemeinsamen Bedenken, Klage erhoben: Die Genehmigung erfolgte ohne die notwendige Abstimmung (§ 30 Abs. 2 RfStV 1992) mit den übrigen Landesmedienanstalten in der Direktorenkonferenz der Landesmedienanstalten (DLM) und ohne Ermittlung der Verflechtungen der Kirch-Gruppe zur Prüfung der Sicherung der Meinungsvielfalt nach § 21 RfStV 1992.

Mit diesem Schritt sollte eine vierjährige juristische Auseinandersetzung beginnen, die Kirch beinah nicht nur die Sendelizenz für das DSF hätte kosten, sondern, wenn den Richtern der »italienische Sachverhalt« bekannt gewesen wäre, wohl auch zum Verlust aller Sendelizenzen der Kirch-Gruppe führen können.

Doch zum Glück für Kirch und zum Unglück für die Meinungs- und Medienvielfalt in Deutschland blieben die Erkenntnisse der Mailänder Staatsanwaltschaft in Deutschland in den entscheidenden Jahren bis Ende 1997 unbekannt. Denn dann hätten die Richter in Deutschland die Dokumente aus Mailand in Händen gehalten, die für die Mailänder Steuerfahnder nur einen Schluss zuließen: dass Berlusconi im DSF Treuhänder für Kirch war, dass die Kirch-Gruppe von Anfang an die absolute Mehrheit beim DSF hielt. »Wenn wir das damals gewusst hätten, ja dann hätten wir die Klagen sicher schneller gewinnen können, und dem DSF wäre sicher schnell die Lizenz entzogen worden«,[15] meinte die Justiziarin der Berliner Medienanstalt, als sie Einsicht in die Mailänder Akten genommen hatte.

Ein solcher Entzug hätte vermutlich noch weitere Folgen gehabt. Die Verschleierung der wahren Eigentumsverhältnisse beim DSF zum Zwecke der Umgehung der Konzentrationsgrenzen hätte unter Umständen zum Verlust aller Sendelizenzen der Kirch-Gruppe geführt, wie es der Medienrechtsexperte Peter Spörlein einschätzte.[16]

Die Medienwächter aus Berlin klagten gegen die Lizenzerteilung, Gründe hatten sie ja genug. Im Laufe des Jahres kam es zu mehreren Entscheidungen der angerufenen Gerichtsbarkeit. Am 1. Februar 1993 ordnete die BLM die sofortige Vollziehung der Genehmigung für das Deutsche Sportfernsehen an – auf die Bayerische Landesmedienzentrale konnte man sich verlassen. Als der Verdacht auf Treuhänderschaft noch gegen eine Hamburger Bank und einen Hamburger Notar gerichtet war, der mutmaßlich Springer vertreten hat – warum sollte sich nicht auch Kirch einen Hamburger Notar nehmen können? –, schoss der Chef der BLM noch scharf gegen die vermuteten Treuhänder (Diligentia sei nicht Intelligenzija, siehe oben). Doch nun, wo es um den bayerischen Fernsehhelden Kirch ging, wurde mit anderem Maße gemessen.

Trotz des Sofortvollzuges durch die Bayern wird das DSF nicht in das Berliner Kabelnetz eingespeist. Im April 1993 räumt die BLM ein, dass es zu klärende Grundfragen der Konzentrationsprüfung bundesweiter Fernsehveranstalter gibt, und erwarte, dass die beteiligten Unternehmen alle Fakten auf den Tisch legen. Doch dazu wird es nie kommen – Kirch kann daran kein Interesse haben.

Nichts ist so dauerhaft wie das Provisorium, urteilte einst der römische Dichter und Philosoph Ennio Flaiano. Ein Spruch, der auch im Bundesland nördlich der Alpen gilt. Das Deutsche Sport-Fernsehen bleibt weiter auf Sendung, obgleich es schwere Bedenken gegen die Rechtmäßigkeit seiner Sendeerlaubnis gibt.

Doch nicht nur in Berlin gibt es einen Richter, auch in Bayern ist die Justiz unabhängig: Am 19. Mai 1994 hebt das Bayerische Verwaltungsgericht München die Sendeerlaubnis für den DSF auf. Die bajuwarischen Medienwächter aber halten ihre schützende Hand weiterhin über der Kreation von Stoiber-Intimus Kirch, und am 20. Februar 1995 hebt der Bayerische

Verfassungsgerichtshof den Beschluss des Verwaltungsgerichts wieder auf. Doch am 19. April 1995 erklärte der Bayerische Verwaltungsgerichtshof die DSF-Zulassung erneut für rechtswidrig.

Nun geht der Fall auf die Bundesebene: Durch ein rechtskräftiges Urteil vom 19. März 1997 weist das Bundesverwaltungsgericht die Revisionen der BLM und des DSF gegen das Urteil des Bayerischen Verwaltungsgerichtshofes vom 19. April 1995 zurück, die den Genehmigungsbescheid der BLM aufgehoben hatten.

Zum ersten Mal wurde damit die Sendeerlaubnis eines Fernsehveranstalters rechtskräftig aufgehoben. Seit über vier Jahren hatte das DSF mit einer Lizenz gesendet, die nicht hätte ausgestellt werden dürfen: Das darf man mit Fug und Recht »italienische Verhältnisse« nennen!

Das DSF musste nun einen neuen Antrag auf Zulassung stellen. Doch im letzten Augenblick rettet die neue Gesetzeslage das DSF vor dem Abschalten:

Am 1. Januar 1997 tritt ein veränderter Rundfunkstaatsvertrag in Kraft. Für die Konzentrationsermittlung, mithin für die Frage, ob das Deutsche Sport-Fernsehen eine Lizenz bekommen konnte, war jetzt die neue Kommission zur Ermittlung der Konzentration im Medienbereich (KEK) zuständig.

In dem Beschluss der KEK heißt es nun dazu: »Der von der Bayerischen Landeszentrale für neue Medien (BLM) mit Schreiben vom 26. 05. 1997 zur Beurteilung durch die KEK vorgelegten (vorläufig genehmigten) Neuzulassung von DSF stehen Gründe der Sicherung der Meinungsvielfalt im Fernsehen nicht entgegen.«

Das DSF bekommt eine »Übergangsgenehmigung«, eine dauerhaft provisorische Lizenz. Dieser Beschluss konnte unter der veränderten Rechtslage nicht anders ausfallen, da vorherrschende Meinungsmacht im Paragraph 26 Absatz 1 RfStV 1997 nunmehr bei einem gemessenen Zuschaueranteil von 30 Prozent angenommen wurde und nicht von der Anzahl der Beteiligungen an einzelnen Programmanbietern abhängig war.

Deshalb war es möglich, dass zum Jahreswechsel 1996/97 die Anteile der Springer AG in Höhe von 24,9 Prozent an die Taurus Vermögensverwaltungs GmbH (Kirch-Gruppe) abgetreten und Anfang 1997 auch die 17,1 Prozent der Ringier AG (Rincovision AG) am DSF an die Taurus übertragen wurden. Sodann erfolgte Ende 1997 die Übernahme der 33,5 Prozent DSF-Anteile der Rete Invest Holding sa (Berlusconi) durch die Taurus.

Nun haben, dank Kohls maßgeblichem Druck und der Zustimmung auch der von der SPD regierten Bundesländer, die Treuhändermohren ihre Schuldigkeit getan und können, mit Dank und Gruß verabschiedet, den Weg beim DSF freiräumen und den einzig wahren Eigentümer an die Oberfläche treten lassen.

Denn der wahre Mehrheitseigner der Firma DSF war von 1993 bis 1997 immer Leo Kirch, Silvio Berlusconi war im Falle des Engagements beim DSF mutmaßlich nur ein Treuhänder für Kirch. So lange, wie die Mediengesetze in Deutschland Kirch eine Mehrheitsbeteiligung verboten, musste Berlusconi die Anteile für den Freund halten. Diesen Schluss ziehen die Mailänder Staatsanwälte aus der Entdeckung der Geldflüsse zwischen Treuhandfirmen in der Schweiz und Liechtenstein, die sie mit großer Sicherheit jeweils Berlusconi und Kirch zurechnen.

Die Firmengruppe »B«

Um zu verstehen, wieso die Mailänder Ermittler zu diesem Schluss gekommen sind, machen wir einen Schauplatzwechsel: Seit 1994 ermittelt der Mailänder Staatsanwalt Francesco Greco gegen Berlusconis Firma Fininvest wegen des Verdachts auf Bilanzfälschung (Strafverfahren Nr. 735/96/21). Was die Staatsanwaltschaft damals noch nicht weiß: Im Sommer 1994 gönnt sich der seit Mai frisch gebackene Ministerpräsident Italiens Silvio Berlusconi keine Pause, sondern schafft die Grundlagen für die Operation »Familienschatz im Ausland«, wie es die Staatsanwälte und Fahnder intern nennen. Und Ausland heißt hier ein wirklich sicheres Ausland, die Bahamas. Wie Francesco Greco und seine Kollegen Alfredo Robledo und Fabio de Robledo rekonstruiert haben,[17] bringt Paolo Del Bue, Aktionär der Tessiner Bank Arner, von 1992 bis zum Juli 1994 Koffer mit 103 Milliarden Lire in Cash von einer Luganer Bank, wo sie auf zwei Konten lagerten, in die Bahamas, zu zwei mysteriösen Firmen, der Century One und der Universal One.

Erst im Februar 2005 soll die Öffentlichkeit erfahren, wem diese beiden Firmen gehören: Dahinter verbergen sich die Kinder aus Berlusconis erster Ehe, Marina und ihr Bruder Pier Silvio.

Auf die erste Spur der karibischen Firmen ist die Mailänder Staatsanwaltschaft 1996 gestoßen, als die italienischen Steuerfahnder bei der Durchsuchung der Londoner Anwaltskanzlei von David Mills Aktenberge von Firmen entdecken, die sie sofort Berlusconi zurechnen können. Es sind über sechzig Firmen in allen Finanzparadiesen der Welt, die intern »Group B« genannt werden. Im Auftrag der Staatsanwaltschaft untersucht die Consulting Firma KPMG die Akten und entwirrt das Firmengeflecht.

Am 12. Januar 1998, ein Jahr nach der Änderung des Rundfunkstaatsvertrages in Deutschland, tritt der Erfinder des parallelen Firmenimperiums »Group B« der Berlusconi-Firma Fininvest vor Gericht in Mailand auf und sagt aus.

Der Staatsanwalt Francesco Greco, ein groß gewachsener Mann, grau meliert, mit breiten Schultern, einem ovalen Gesicht und sehr leiser, aber bestimmter Stimme, hat Mills davon überzeugt, dass es besser sei auszusagen. Und Mills sagt aus. Greco erklärt dem Gericht: »Nun sind endlich die Dokumente aus der Schweiz im Rahmen der Rechtshilfe gekommen, und diese ergänzen andere, die am 9. Dezember 1997 aus London kamen, [gegen deren Auslieferung nach Mailand sich die Anwälte Berlusconis, wie im vorigen Kapitel geschildert, händeringend gewehrt haben]. So kann man nun ein genaues Bild dieser ganzen Firmen zeichnen«, erklärt Greco und gibt das Wort an Mills weiter.

Mills, über fünfzehn Jahre der Vertrauensanwalt Berlusconis für alle Fragen der Offshore-Firmen, erzählt bereitwillig,[18] wie er im Auftrage der Fininvest 25 verschiedene Firmen der »Group B« schuf, die er selbst als »halb legal« definierte. Er erklärt das System: »Legale Firmen, die in der konsolidierten Bilanz der Fininvest auftauchten, waren die ›Group A‹. Die anderen, die ich gründete, waren die ›Group B‹. Es waren *confidential societies* in Offshore-Ländern. Bis 1988 gab es auch in England noch die Möglichkeit, solche Offshore-Firmen direkt zu gründen. Es begann 1983/84, mit den Channel Islands, Bahamas, den Virgin Islands.

Ich bekam die Anweisungen von Fininvest-Managern fast immer von Candia Camaggi und Giorgio Vanoni. [Diese haben die Aussagen von Mills bestätigt.] Nach 1988 ging das nicht mehr in England, also gründete ich eine parallele Firma zur Anwaltskanzlei in London, die CMM, und diese leitete dann die Gründung dieser Firmen in den Steuerparadiesen der Welt.«

Zum Sinn und Zweck befragt, sagt Mills: »Es waren Firmen, die ihren Nutzen darin hatten, dass man das Mediengesetz Italiens, Deutschlands und Spaniens umgehen konnte, damit man die Personen, die investierten, verbergen konnte, so haben mir das die Fininvest-Manager Vanoni und Messina erklärt.«

Später sagt er (all das wurde vor Gericht auch auf Video aufgezeichnet): »In der B-Group war die All Iberian die zentrale Kompensationsstelle aller Firmen, die geheime Schatzkammer der Fininvest.«

Alle Firmen der »Group B« wurden natürlich nicht in den Bilanzen von Fininvest und Mediaset erwähnt, daraus ergab sich unmittelbar die Anklage der Falschbilanzierung und Steuerhinterziehung, in der Anklage von Robledo und De Pasquale im Februar 2005 kommt auch die Anklage wegen Geldwäsche hinzu.

Der Schaden, der sich für den italienischen Steuerzahler aus der Verringerung der steuerlich zu veranlagenden Einnahmen ergibt, beträgt laut eines Gutachtens der Steuerberater Vincenzo Miceli und Raffaele Di Landro, Dottori Commercialisti Associati (DCA), für die Jahre 1994 bis 1999 ganze 124 787,76 Milliarden Lire.

Mills, der große Deus ex Machina der »Group B«, der Herr über ein Briefkastenimperium von Berlusconis Gnaden, hatte dabei selbst nicht geringe Probleme mit den Auftraggebern in Mailand. Als Staatsanwalt Greco ihm Unterlagen von Schweizer Briefkastenfirmen vorlegt, auf denen seine Unterschrift groß und deutlich prangt, verliert auch der Londoner Gatte der britischen Kommunikationsministerin die *self-control:* »Aber das ist doch gar nicht meine Unterschrift, das ist nicht meine«, und dann bemerkt er auch noch, dass die Verträge, die er angeblich unterschrieben hat, zurückdatiert worden seien.

Selbst die Unterschrift ihres besten Mannes fälschten seine Auftraggeber – das ist das Ergebnis der Vernehmungen in Mailand.

Die Persimon AG in Liechtenstein

Mills ist es auch, der dann Kirch ins Spiel bringt. Und der Bericht von KPMG zitiert ihn ausführlich: »Seit dem 12. 12. 1991 hat die Principal Finance, eine Firma der Group B Berlusconis, von der Persimon AG, einer Firma mit Sitz in Vaduz, Liechtenstein, die zur Gruppe Kirch gehört, Finanzierungen erhalten. Diese Mittel wurden über die S.B.F. [Silvio Berlusconi Finanziaria, Sitz in Luxemburg Group A] an die ›Rete Invest Holding‹ AG weitergereicht [Firma im Eigentum von Silvio Berlusconi, Group A] ... Diese wiederum ist Anteilseignerin bei der K.M.P. GmbH und benutzt diese Mittel sowohl zum Ausgleich der Betriebsverluste dieses Senders als auch zum An- und Verkauf von Aktien desselben Senders.«[19]

Auch der Berlusconi-Manager Alfredo Messina bestätigt vor der Staatsanwaltschaft[20], dass die Firma Persimon AG im Interesse Kirchs auch in der Telepiù-Frage eingeschaltet wird. »Telepiù« hießen die drei italienischen Pay-TV-Sender, an denen laut italienischem Mediengesetz Berlusconi nicht mehr als 10 Prozent Anteil halten durfte, weil er die Obergrenzen schon erreicht hatte. Also suchte Berlusconi sich »Freunde«, die die anderen 90 Prozent der Anteile für ihn halten würden. Natürlich hatten diese Freunde keine Lust, die Anlaufverluste bei Telepiù und die sonstigen Kosten eines Senders zu tragen, mit dem sie nichts am Hut hatten. Es war also nur korrekt, dass Berlusconi seinen Strohmännern diese Kosten zu ersetzen hatte.

Dasselbe Problem stellte sich auch für Leo Kirch beim Sender DSF. Wie gesagt verbot ihm dort das deutsche Mediengesetz eine Beteiligung über 25 Prozent. Auch hier erwarteten die Strohmänner natürlich, dass Kirch ihnen die Kosten für den defizitären Betrieb ersetzte.

Die Aussagen der Manager Berlusconis waren eindeutig und übereinstimmend. Im Teil »Frage Telepiù« erläutert Alfredo Messina in Übereinstimmung mit den Aussagen von Mills, dass die vermeintlichen Mitinhaber der italienischen Pay-TV-Sender Telepiù von Berlusconi verlangten, für die Kosten ihres Gefallensengagements finanziell von Anfang an entlastet zu werden: »Sowohl die Deutschen [Gruppe Kirch, vorher namentlich erwähnt] als auch die BIL [Bank in Luxemburg] wünschten, vollkommen finanziert zu werden ... Deswegen haben wir ... der Gruppe Kirch 220 Milliarden Lire ausgeschüttet ... Die Finanzierung erfolgte über die Firmen [noch zu B. gehörig] All Iberian, Catwell, die ihrerseits wieder von der Principal Finance finanziert wurden, teilweise von der Persimon AG, teilweise von der Natoma.«[21]

Die KPMG schreibt auf derselben Seite im Bericht an die

Staatsanwaltschaft, dass sie zwar keine eigenen Erkenntnisse über eine Verbindung zwischen der Gruppe Kirch und der Firma Persimon AG in Vaduz habe. Es handele sich ihren Erkenntnissen nach aber um eine Treuhandfirma, die am 16. September 1991 in Vaduz mit einem Kapital von 50 000 Schweizer Franken gegründet worden sei und von den Treuhändern Gebhard Hoch und Walter Nuener verwaltet werden würde.

Aus dem Bericht der KPMG geht weiter hervor, dass die Persimon AG allein in den Jahren 1991 bis 1993 an All Iberian und Principal Finance (PF) die Summe von 255 Millionen DM gezahlt habe. Davon hat Principal Finance 44 Millionen DM rückerstattet, weitere 150 Millionen DM durch die Weitergabe eines Kredites von PF an die Persimon AG in Höhe von 150 Millionen DM abgelöst, was aber bedeutet, dass nun nicht mehr PF das Geld Persimon schuldet, sondern die Schatzkammer der Fininvest, die Firma All Iberian.

Dieser selbe Kredit taucht dann in der Fußnote 4, Seite 248 des R&S-Berichtes zum betreffenden Jahr der staatlichen Investitionsbank Mediobanca, deren Berichte in Italien als absolute Referenz betrachtet werden, über die konsolidierte Bilanz der Fininvest wieder auf, und zwar als »Verzicht der Rückerstattung des Kredites von 150 Millionen DM seitens der Persimon AG gegenüber der »R.I.H.« (Berlusconis Onshore in Luxemburg).[22]

Die Experten von der KPMG schreiben weiter: »Diese Summe war von der Fininvest 1992 der Persimon AG überschrieben worden und von dieser 1995 wieder zurückerstattet worden, an der Stelle hat dann auch eine finanzielle Kompensation der Bilanzpositionen stattgefunden, weil die Persimon AG darauf verzichtet hat, diesen Kredit einzufordern. Im Juni 1996 hat sich die Summe dieses Debits auf 520 Milliarden Lire erhöht, vor allem aufgrund der Übernahme eines Kredites von der Natoma, Ltd., in Höhe von 165 Milliarden Lire, die diese gegenüber der All Iberian hatte. Demgegenüber hat die Gruppe Fininvest der Natoma Forderungen gegenüber Firmen weitergereicht, mit der die Natoma, Ltd., regelmäßig direkte oder indirekte kommerzielle Verbindungen hatte. Im zweiten Semester 1996 sind so 280 Milliarden Lire einkassiert worden, und die Gruppe Kirch hat die Stelle der All Iberian als Schuldner übernommen, mit der Verpflichtung, die Kredite vollständig bis zum 31. März 1997 zurückzuzahlen.«[23]

Der Umstand, dass die Persimon AG im Interesse und für Rechnung von Kirch handelt, wird noch deutlicher auf der Seite 252 des R&S-Berichtes von 1995. Dort heißt es in der Fußnote 1: »Es gibt einen Vertrag zwischen der Persimon AG vom Dezember 1995 und der R.I.H., aufgrund dessen Erstere ab dem 1. Januar 1997 das Recht hat, die Beteiligung der R.I.H. am Deutschen Sport-Fernsehen zu verkaufen, und wonach die R.I.H. ab dem 1. Januar 1999 das Recht hat, ihre Beteiligung am DSF an die Persimon AG zu verkaufen, zu einem Preis, der dem Netto-Investment der R.I.H. zum Zeitpunkt des 31. Dezember 1995 entspricht, zirka 88 Millionen DM, plus eventuell weitere bezahlte Summen.«[24]

Unter der Überschrift »Finanzierung Persimon« schreibt der Staatsanwalt Greco in seinem Bericht, der Mills vorgelegt wird: »Es handelt sich um eine komplexe Operation, die zum Gebiet der Beziehungen zwischen der Fininvest und der Gruppe Kirch gehört, der die Persimon als ›verborgene‹ Gesellschaft angehört.«[25] Die Persimon hat die Principal Finance seit 1991 finanziert, damit eine von ihr kontrollierte Firma, die R.I.H., eine Beteiligung beim DSF erwerbe. Es handele sich demnach um eine Treuhänderschaft ähnlich derjenigen, die von Kirch zugunsten der Fininvest bei der Telepiù ausgeübt wurde, zum Zwecke der Umgehung der deutschen Mediengesetzgebung.

Im selben Jahr 1991 findet eine erste Kompensation statt, zum Ausgleich der erhaltenen Finanzierungen überlässt die Principal Finance einen Teil ihrer Kredite der All Iberian. Dass diese Beziehungen zur Persimon AG recht verborgen sind, erkennt man in der konsolidierten Bilanz der Fininvest von 1995, die eine seltsame Plusvalenz von 150 Milliarden Lire aufweist, die ihrerseits durch den Verzicht seitens der Persimon AG auf die Rückzahlung eines gewährten Kredites in Höhe von 150 Milliarden Lire durch die Fininvest-Gruppe entsteht.

Wie wir wissen, wurde der Vertrag zwischen Berlusconi und Kirchs Firmen in der Schweiz und in Liechtenstein, den der Bericht von Mediobanca 1995 erwähnt (ein »Call and Put«), auch erfüllt. Nur übernahm eben nicht die vermeintliche Eigentümerin Persimon AG mit Sitz in Vaduz den Anteil der R.I.H., sondern gleich direkt der Eigentümer der Persimon AG, die Gruppe Kirch: Das Medienrecht in Deutschland hatte sich geändert, also war die Treuhänderschaft Berlusconis für Kirch nicht mehr nötig.

Die Medien melden den Verkauf der DSF-Anteile von Berlusconis Onshore-Firma R.I.H. an die Liechtensteiner Firma Persimon AG, in den deutschen Büchern der Medienanstalten taucht diese aber gar nicht auf, sondern gleich Kirch.

Interessant ist an der Firma Persimon AG aber noch etwas anderes: Sie wurde am 26. September 1991 von den gleichen Treuhändern gegründet, Nuener und Hoch, wie eine andere Firma, die im Gegensatz zur Persimon den Münchner Steuerfahndern schon länger bekannt war: die Firma Rocks AG. Diese wurde am 27. Dezember 1989 gegründet und war in den Fall des Medienpaketverkaufs von Kirch an Beisheim verwickelt, bei dem Kirch von der Staatsanwaltschaft München verdächtigt wurde, eine erhebliche Summe von geschätzten 1 Milliarde Mark am deutschen Fiskus vorbei in Liechtenstein geparkt zu haben[26] – bei der Firma Rocks AG, die nominell einem Tessiner Müllunternehmer namens Günter Kiss gehören sollte – er selbst erklärte sich jedenfalls als der wahre Eigentümer. Witzig dabei war, dass Kiss in dem Selbsterklärungsbrief an den Kirch-Anwalt Theye vom 1. April 1996 nicht einmal den Namen der Firma, die ihm doch gehören sollte, richtig schreiben konnte: Er nannte sie »Rockx« AG. Nun denn, falls er den Namen auch nur am Telefon gehört haben sollte, kann so ein kleiner Irrtum schon mal unterlaufen.[27]

Die Persimon AG wurde am 26. Februar 1998 durch Beschluss ihrer Gesellschafter aufgelöst – der Mohr hatte wieder einmal seine Schuldigkeit getan, niemand musste mehr Eigentumsverhältnisse in Deutschland verschleiern.

In Italien wurde deswegen auch niemals ein Verfahren gegen Kirch angestrengt. Zwar habe er zu Anfang mutmaßlich an der Verschleierung der Eigentumsverhältnisse bei den italienischen Pay-TV-Sendern mitgeholfen, später dann aber echte Anteile von Berlusconi übernommen. Auf die direkte Frage, warum Kirch denn nicht wenigstens in Mailand vernommen worden sei wie die anderen Strohmänner des italienischen Pay-TVs, sagte uns Francesco Greco nur ganz direkt, viel Feind sei nicht viel Ehr', die Mailänder Staatsanwaltschaft sei schon genug belastet mit den Verfahren gegen die Schuldigen im eigenen Lande, und für Italien seien die möglichen Taten Kirchs ein zu geringer Straftatbestand, heute natürlich auch längst verjährt, sodass die Mühe sich nicht lohne.

So bleibt der Eindruck, dass Berlusconi beim Deutschen Sport-Fernsehen Strohmann Kirchs gewesen ist: ein Verdacht, der bei den damaligen Medienwächtern, insbesondere bei der federführenden Berliner Medienanstalt, nicht aufgekommen war, wie man uns dort erklärte. Alle hätte man verdächtigt, aber nicht Berlusconi. Doch die Schweizer Unterlagen im Mailänder Prozess um die geheimen Firmen der »Group B« sprechen da eine andere Sprache. Sie sagen aus, dass Kirch die Kosten Berlusconis beim DSF mit einer Summe von knapp 200 Millionen DM hat ersetzen müssen.[28]

Der Fall Tele Cinco

Im gleichen Zusammenhang mit den Schweizer Firmen der »Group B« stehen die Eigentumsverhältnisse beim spanischen Fernsehen Tele Cinco.

Die spanischen Ermittlungen gegen Silvio Berlusconi begannen am 23. Juli 1997 und endeten mit dessen Wiederwahl zum Regierungschef am 13. Mai 2001.[29] Im Mai 2001 verjährten die Straftaten, die Staatsanwalt Baltazar Garzón entdeckt hatte. Die Verjährung wurde erreicht, weil Garzón, wie seine italienischen und Schweizer Kollegen, immer wieder mithilfe von juristischen Tricks gestoppt wurde, juristische Tricks, angewandt durch die Rechtsregierung in Madrid und durch die Präsidentin des Europäischen Parlamentes, die EVP-Angehörige Nicole Fontaine. 1997 eröffnet Garzón eine Ermittlungsakte gegen Berlusconi und gegen Marcello Dell'Utri, den Präsidenten von Publiespaña, sowie gegen weitere dreißig Angestellte der Fininvest. Sie werden der Steuerhinterziehung von 59 Milliarden Lire angeklagt, ihnen wird ebenfalls vorgeworfen, dass sie gemeinschaftlich die spanische Antitrustregel verletzt haben, die Berlusconi nur die Möglichkeit gab, 25 Prozent von Tele Cinco zu besitzen, den 1989 entstandenen Sender. In Wirklichkeit, so ermittelt es die Steuerfahndung Spaniens, die Fiscalia, kontrolliert Berlusconi aber 86 Prozent des Senders.

Der Vorwurf der Spanier lautet, illegal die Mehrheitsquote des Finanziers Javier de la Rosa gekauft zu haben, und zwar über die Treuhänderschaft der BIL, einer Bank in Luxemburg. Die Fininvest-Manager wurden angeklagt, Tele Cinco illegal Liquidität entzogen zu haben, insgesamt 130 Milliarden Lire. Die anderen Aktionäre von Tele Cinco waren die spanische Blindenvereinigung l'Once und eben Leo Kirch. Staatsanwalt Carlos Castresana eröffnete dann noch ein weiteres Verfahren wegen illegaler Parteienfinanzierung zugunsten der Spanischen Volkspartei (*Partido Popular* [PP]) und der spanischen Sozialisten (*Partido Socialista Obrero Español* [PSOE]).

Castresana warf den Managern vor, die Politiker bezahlt zu haben, um eine Amnestie im Parlament zu bewirken, welche die von den Fininvest-Managern im Interesse Berlusconis begangenen Straftaten auslöschen sollte – Vorwürfe, die im Kleinen ein Spiegelbild der italienischen Lage waren. Mit Tele Cinco schien Berlusconi nicht nur ein armseliges Unterschichtenfernsehen exportiert zu haben, sondern ebenso das Modell, wie man sich TV-Lizenzen dauerhaft erwerben kann, auch gegen den Buchstaben des Gesetzes.

All diese Anklagen waren aus den Unterlagen der Mailänder Staatsanwaltschaft entstanden – immerhin, im Gegensatz zu der Münchner Staatsanwaltschaft, die die Akten niemals auch nur zur Kenntnis genommen und offenkundig immer weggehört und -gelesen hatte, wenn der Name Kirch in Verbindung mit Gerichtsverfahren in Mailand über die Nachrichtenticker lief, hatten die Madrider Ermittler ihre Hausaufgaben gemacht: Zwischen 1995 und 1996 kamen drei verschiedene Ermittlergruppen nach Mailand und bestätigten den Verdacht auf Steuerhinterziehung bei den spanischen Firmen Gestevisión, Publiespaña und Telefuturo, alle drei verbunden mit der italienisch-spanischen TV-Firma Tele 5. Ein Jahr war vergangen, als Staatsanwalt Garzón die spanischen Steuerbehörden um Nachricht über die Ermittlungen bat, doch was er bekam, war die Mitteilung, dass diese wegen der Verjährung der Straftaten eingestellt worden wären. Im selben Jahr, 1997, schrieb Garzón dem zuständigen Postminister und fragte nach, warum dem Sender Tele Cinco nicht, wie es das Gesetz vorgeschrieben hätte, die Lizenz entzogen worden sei. Aber nichts geschah. Viermal versuchte Garzón, Berlusconi anzuhören, dies gelang aber nur einmal, im Juli 1998, für 60 Minuten kam Berlusconi tatsächlich ins Büro nach Madrid. Danach machte Berlusconi sich über den Staatsanwalt mit den Worten »Der Ausflug ist beendet, wir kehren nach Rom zurück« lustig und meinte, die spanische Ermittlung sei ein »in Mailand vorbereitetes Paket, das man freundlicherweise den spanischen Kollegen geschickt« habe. Die Steuerhinterziehung ginge ihn und die Fininvest nichts an, in Spanien würde seine Firma sich allein um die Werbung und die Bereitstellung von Programmen kümmern. Die Steuern würden die anderen Gesellschafter bei Tele Cinco bezahlen.

Das war schon eine seltsame Auffassung, denn die Ermittlungen hatten ergeben, dass Berlusconi 86 Prozent der Anteile an Tele Cinco hielt. Nachdem Berlusconi das Gericht verlassen hatte, »um die Anklageschrift zu studieren«, wie er behauptete, ging er aber nicht ins Hotel, um die Akten zu lesen, sondern mit dem damaligen Ministerpräsidenten José María Aznar, seinem politischen Freund, zum Essen.

Berlusconis damaligem Mitgesellschafter bei Tele Cinco, dem Chef der reichen Blindenorganisation Spaniens l'Once, Miguel Duran, war es nicht so gut ergangen: Er hatte wegen der Steuerhinterziehung den Weg ins Gefängnis antreten müssen und war nur nach Zahlung einer Kaution aus der U-Haft entlassen worden.

Nach der Wahl Berlusconis ins Europäische Parlament bat Garzón das oberste spanische Gericht, den Kassationshof, um die Aufhebung der Immunität als Europarlamentarier. Das spanische Gericht schickte die Unterlagen an die spanische Vertretung des Europaparlaments in Madrid. Die fanden, die Übermittlung sei in einer formal nicht korrekten Weise geschehen, und schickten die Unterlagen wieder an das oberste spanische Gericht zurück. Am 28. August 2000 bat die damalige EU-Parlamentspräsidentin Nicole Fontaine die spanische Regierung um eine Erklärung darüber, ob das spanische Kassationsgericht überhaupt berechtigt sei, dem europäischen Parlament direkt ein Paket mit den Unterlagen zu schicken.

In Erinnerung an die Erfahrung mit der italienischen Justiz möchte man sagen: Winkeladvokaten und Rechtsverdreher unter sich.

In der Zwischenzeit waren die gesamten Unterlagen verschwunden. Wie man später entdeckte, lagerten sie angeblich in einer Schublade der spanischen Vertretung des Europaparlaments in Brüssel. Auf Nachfragen, wieso man die Unterlagen verschlampt habe, antwortete das spanische Außenministerium mit dem Kommentar: »Ningún comentario.«

Sechs Monate später, am 20. Februar 2001, erhebt die Regierung Aznar ihrerseits plötzlich Vorwürfe gegen das spanische Kassationsgericht, und der Außenminister, Josep Piqué, verlangt eine Erklärung. Seiner Auffassung nach wäre der korrekte bürokratische Weg derjenige über das Justizministerium gewesen, welches die Anfrage an das Außenministerium und dieses wiederum an das Europaparlament weitergegeben hätte. Ja, so hätte man es machen sollen. In der Zwischenzeit ist auch herausgekommen, dass die Unterlagen des Kassationsgerichtshofes mit der Anklageschrift von Staatsanwalt Garzón gar nicht in Brüssel »zwischengelagert« waren, sondern im Außenministerium in Madrid. Garzón unternimmt einen letzten Versuch: Er fragt beim italienischen Parlament an und bittet um die Aufhebung der parlamentarischen Immunität von Marcello Dell'Utri. Daraufhin antwortet die Firma Berlusconis fast empört: »Warum hat er mit dieser Anfrage so lange gewartet?«

Ja, warum wohl.

In der Zwischenzeit ist die jüngste Anklageschrift der Mailänder Staatsanwaltschaft fertig geworden – und per Doppelseite im *Corriere della Sera* veröffentlicht worden. Demnach haben Silvio Berlusconi, Fedele Confalonieri und eine Reihe von Managern vermittels aufgeblähter Rechnungen eine Schwarzkasse von geschätzten 170 Millionen Dollar in der Schweiz geschaffen. Die Vorwürfe Steuerhinterziehung und Bilanzfälschung beziehen sich dabei auf die Zeit von 1999 bis 2002.

Für die vierzigjährige Tochter Berlusconis, Marina, geht es, wie für ihren Bruder Pier Silvio, um eine harte Anklage: Ihnen wirft man in Mailand Geldwäsche vor.[30] Die »Zarin« genannte Erbin, seit dem Jahr 2005 auch Vizepräsidentin der Fininvest-

Holding[31] und Präsidentin der Verlagsholding Mondadori, ist nun tief in das Verfahren verwickelt. Und in dieser Rolle wird sie von den Staatsanwälten in Mailand als eine der Hauptverantwortlichen für die Bilanzfälschung, Steuerhinterziehung und auch für die Geldwäsche angesehen.

Das nennt man einen echten Generationenvertrag ...

KAPITEL 16

Abgeordnete, Delinquenten und Winkeladvokaten

Wer sind die Abgeordneten des italienischen Parlaments, die Abgeordneten der Partei von Silvio Berlusconi, die sich über fünf Jahre über weite Strecken ihrer Parlamentsarbeit mit dem Schutz der Privatinteressen ihres Chefs beschäftigen mussten, die das Rechtssystem Italiens in seinen Fundamenten auf den Kopf gestellt haben? Wer sind diese Leute, die offensichtlich nie ein Zweifel an der Richtigkeit ihres Tuns geplagt hat, die alle Entscheidungen in Treue fest »durchgestimmt« haben?

Dazu greifen wir einen Musterfall auf: einen Mann, der wohl nirgendwo sonst auf der Welt in einem demokratisch gewählten Parlament säße, entweder, weil seine Partei ihn nie aufgestellt hätte, oder, falls er doch gewählt worden wäre, weil ihn das Parlament dann sicher bald wieder ausgestoßen hätte. Es ist die Geschichte eines Mannes, der im Augenblick seiner Wahl ins italienische Abgeordnetenhaus *la Camera* im Jahr 2001 zur Verbüßung einer rechtskräftig gewordenen Haftstrafe von sechs Jahren und sechs Monaten wegen Bestechlichkeit verhaftet wird, dennoch seinen Sitz nicht verliert, sondern von seiner eigenen Fraktion, der größten im Parlament und zugleich Partei des Regierungschefs, auf Biegen und Brechen verteidigt wird. Und zwar erfolgreich. Ein Blick auf diesen Fall ist ein weiterer Blick ins Italien von Silvio Berlusconi.

Es ist die Geschichte eines Abgeordnetenhäftlings,[1] der Haftverschonung bekommt, weil er angeblich schwer krank ist und die Strafe deswegen im Hausarrest verbüßen darf, eine in Italien übliche Form des Justizvollzugs gerade für ältere oder sieche Delinquenten. So lenkt unser »Held« dann die Geschicke Italiens zunächst schriftlich aus dem Hausarrest mit, dann als tageweiser Freigänger.

Für seine Karriere in der Partei des Ministerpräsidenten ist das kein Hinderungsgrund. Im Gegenteil, seit dem 8. Oktober 2003 ist er auch noch ehrenwertes Mitglied des Verteidigungsausschusses, sozusagen aus der Ferne. Nach Aussagen des Wahlausschussvorsitzenden Antonello Soro hat er sich bis zum Sommer 2003 noch nicht einmal im Parlament blicken lassen. Auf die Frage »Wie treten Sie denn in Kontakt mit ihm?« antwortet Soro mit einem Schulterzucken: »Per Brief, immer schriftlich. Persönlich ist er noch nie vor den Ausschuss getreten.«[2]

Mit dem Verteidigungsausschuss ist es nicht getan. Seine Partei *Forza Italia* hält offenbar noch größere Stücke auf ihn, denn anders lassen sich die Promotionen nicht erklären. Ab dem 31. Januar 2005 wird der gute Mann sogar noch Mitglied der parlamentarischen Delegation Italiens bei der Nato-Versammlung: Die Regierung ernennt ihn gar zum Stellvertreter des Staatssekretärs Giovan Battista Caligiuri bei der Versammlung.[3] Ein »Ehrenwerter« (»Onorevole«), wie der offizielle Titel für die Abgeordneten in Italien heißt, den seine Partei, die Regierung Italiens, für würdig genug hält, das Land nach außen zu vertreten.

Das Problem mit diesem »Onorevole« ist, dass er selbst nach dem italienischen Gesetz weder das Recht hätte, Zeitsoldat, noch, Beamter zu werden. Vom Tribunal in Mailand wurden ihm am 20. Oktober 2005 offiziell bis zum Jahr 2009 die Bürgerrechte aberkannt. Es ist ein Mann, der das italienische Volk repräsentiert, obgleich er weder das aktive noch das passive Wahlrecht besitzt, ja nicht einmal den Gemeinderat von Cernusco sul Naviglio mitwählen dürfte, dem kleinem Örtchen im Süden von Mailand, inmitten der Reissümpfe gelegen, dessen Bürgermeister er einst war.

»Il Professore«, mächtigster Mann der Lombardei

Die offizielle Kriminalgeschichte des »Onorevole« Gianstefano Frigerio, so heißt der Mann, um den es geht, beginnt 1992.[4] Frigerio war damals ein mächtiger Mann bei den Christdemokraten in Norditalien. Sein Büro in der Via Nirone im Herzen Mailands war neben dem Büro von Sozialistenchef Bettino Craxi an der Piazza Duomo einer der wichtigsten Orte Mailands, in denen die Bestechungsgelder, die *tangenti*, eingesammelt wurden. An der Piazza del Duomo gab man den Obolus für die Sozialisten ab, in der Via Nirone übergaben die Unternehmer ihre geldgespickten Briefumschlägchen *(bustarelle)* für die Christdemokraten dem Helden dieser Geschichte. Und das war sein wichtigster Job über Jahre: den Parteiapparat am Laufen zu halten, die Schmiergelder einzukassieren.

Der Mann mit dem Spitznamen »il Professore« – er war einst Lehrer gewesen – liebte das schöne Leben. Neben der Leidenschaft, die Werke des heiligen Augustinus neu zu übersetzen, frönte der »Professor« dem guten Essen in edlen Speisetempeln Mailands wie dem »Savini«. Er gönnte sich den Luxus, mal eben nach New York zu fliegen, wenn dort gerade eine bedeutende Ausstellung eröffnet wurde. »Seiner langen Weekends wegen wurde er allseits beneidet«, sagte der ebenfalls in die Bestechungsskandale in Mailand verwickelte Roberto Mongini vor den Mailänder Staatsanwälten aus, »er entspannte sich regelmäßig von Freitag bis Montag in Santa Margherita.« Die Dreitagewoche reichte offenbar, um die Bestechungsgelder für die Christdemokraten einzukassieren. Der Mann war gut, das Geld floss, Probleme gab es nie.

Das erste Mal wurde Frigerio am 6. Mai 1992 verhaftet, direkt vor dem Hotel d'Inghilterra in Rom. Er war ein »Opfer« der Ermittlungen der Mani Pulite gegen die Korruption. Überall in Mailand wurden Unternehmer und Politiker festgenommen. Das ganze Netz der Bestechung flog auf, und mit ihm Frigerio, der wie die Spinne in der Mitte dieses Netzes saß.

Zwei Tage vor seiner Verhaftung hatte Frigerio noch eine letzte Karte ausgespielt: Er forderte die Abschaffung des Straftatbestandes der illegalen Parteienfinanzierung und die Wiedereinführung der Immunität für Parlamentarier. Insbesondere die »Handlungen zum Schaden der öffentlichen Verwaltung« sollten in Zukunft straffrei werden ...

Man kann sich des Eindrucks nicht erwehren, dass er von seiner bevorstehenden Verhaftung etwas geahnt haben muss. Doch es reichte nicht mehr für ein Gesetz, das die eigenen Straftaten straffrei stellen sollte. Die Idee war exzellent, aber um einige Jahre ihrer Zeit voraus – wenig später sollte jemand anders die Sache wieder aufgreifen. Frigerio half das in jenem Augenblick nicht mehr.

Also nahmen die Steuerpolizisten der Guardia di Finanza den ehemals mächtigsten Mann der Lombardei, den Kassier der *Democrazia Italiana* (DC), nach Mailand mit, wo er unter Anklage wegen Bestechlichkeit drei Monate im Stadtgefängnis San Vittore einsaß. Es sollte nicht sein letzter Besuch im Knast sein. Nur fünf Monate später kam er schon wieder ins Gefängnis von San Vittore, diesmal wegen der Bestechungsgelder, die er für die Beeinflussung des Regionalplans zur Müllbeseitigung in der Lombardei kassiert hatte. Er wurde dann noch ein drittes Mal eingebuchtet, und zwar im Jahr 1993. Da ging es um seine Rolle als Großkassier der illegalen Parteispenden für die Christdemokraten.

Ab Juli 1992 war Frigerio geständig. Wer redete, konnte auf Strafnachlass hoffen: »Wir hatten einen monatlichen Finanzbedarf von 20 bis 25 Millionen Lire, aber anlässlich von Wahlkämpfen wurden das auch schon mal 2 Milliarden Lire.«

Die Familie Berlusconi war einer der Wohltäter der Christdemokraten. Paolo, der jüngere Bruder Silvios, der sich wie ein Blitzableiter immer wieder die Schuld für Korruption und Bestechung auch von Firmen, die seinem Bruder Silvio gehören, auflud, bekannte sich schnell der illegalen Parteienfinanzierung schuldig: »In der Wahlkampagne 1992 habe ich dem Parteisekretär der lombardischen Christdemokraten die Summe von 150 Millionen Lire überreicht.«[5] Der Empfänger dieser Parteispende war Frigerio. Das Geld zahlte ein Angestellter der Berlusconi-Firma Fininvest aus, ein gewisser Sergio Roncucci. Es war derselbe Sergio Roncucci, der dem Berlusconi-kritischen Autor Giovanni Ruggeri einen Blankoscheck vor die Nase hielt, wenn dieser nur zusammen mit seinem Koautor Mario Guarino das erste Enthüllungsbuch *Berlusconi. Inchiesta sul Signor TV*, zurückziehen würde (siehe Kapitel 12). Auch Roncucci machte 1992 übrigens einmal kurz die Bekanntschaft mit den Mailänder Schließern: wegen des Vorwurfs aktiver Bestechung. Es ging dabei um Gelder, die die Fininvest bezahlt hatte, um die Baugenehmigungen für Müllkippen und Golfplätze zu erhalten.

War es nun die gemeinsame Erfahrung als Häftlinge in San Vittore, waren es die guten alten Beziehungen zwischen Bestecher und Bestochenem, der Kontakt zwischen Fininvest-Mann Roncucci und Ex-DCler Frigerio sollte mit dem Ende des korrupten Parteienregimes aus Sozialisten und Christdemokraten nicht beendet sein. Im Gegenteil, Frigerio sollte wichtiger werden denn je. Davon gleich mehr.

Kehren wir zuerst noch einmal zurück in die Geschichte des Abgeordneten, der Italien ab dem Jahr 2001 aus der Gefangenschaft mitregiert hat.

Die Zahlungen Berlusconis an Frigerio Anfang der neunziger Jahre waren keineswegs nur eine »illegale Parteienspende«, wie es Frigerio zu seiner Verteidigung natürlich sofort erklärte – darauf stand die geringste Strafe. Nein, das Geld von Berlusconi und vielen anderen Unternehmern floss so reichlich, weil es etwas anderes im Tausch gab: Baugenehmigungen, Staatsaufträge – seitens der jeweiligen Verwaltung, die fast überall in Italien von den Christdemokraten dominiert wurde. Also waren es keine Parteispenden, sondern der Straftatbestand hieß in Wirklichkeit, so lautete deswegen je nach der Position des Beteiligten auch immer die Anklage der Staatsanwaltschaft Mailand, aktive Bestechung oder Bestechlichkeit. Und dafür sind die Strafen eben nicht so milde wie für illegale Parteifinanzierung. Wer sponserte als Unternehmer schon illegal eine Partei mit Millionenbeträgen, wenn er dafür nichts bekam? Bruder Paolo Berlusconi gab die Zahlung zu – es ging um den Erhalt einer Genehmigung für den Betrieb einer Riesenmüllkippe in Cerro Maggiore, wie die Staatsanwälte den Tatbestand in ihrer Anklageschrift formulierten.[6]

Die Zeiten waren damals so: Nichts ging, wenn zuvor nicht Bargeld in die Parteikassen – auch direkt an die Bonzen – geflossen war. Dafür gab es einen regelrechten Verteilerschlüssel. Alle Regierungsparteien waren daran im Verhältnis ihrer Wählerstärke beteiligt, in Mailand auch die oppositionelle KPI. Sie bekam weniger, aber ganz unbedacht blieben auch die Kommunisten nicht.

Die Christdemokraten und Sozialisten verschwanden nach dem Aufdecken dieses kapillaren parasitären Systems in ganz Italien von der politischen Bühne. Der Grund: Sie waren als die beiden größten Regierungsparteien die Hauptempfänger der *tangenti*, ebenjener Bestechungsgelder, und damit wirklich unwählbar geworden. Mit der DC und der PSI *(Partito Socialista Italiano)* verschwanden über Nacht auch noch drei weitere Kleinstparteien, Republikaner, Liberale und Sozialdemokraten, es überlebte allein die Opposition.

Die Parteien des Korruptionsregimes, das in Italien schnell »Tangentopoli« benannt wurde, frei übersetzt »die Stadt der Korruption«, entschieden bis 1992 über alles – und fühlten sich nicht zu Unrecht als die absoluten Herren des Landes. Sie benahmen sich wie Straßenräuber: Alles, was ihnen nützlich sein konnte, wurde einkassiert, nicht nur Bargeld. Der einzige Unterschied zu den Briganten des Mittelalters war wohl, dass sie keine Jungfrauen mehr raubten. Die lombardischen Christdemokraten nahmen aber dafür auch Waren, die mehr Wert haben als unberührte Edeldamen: Neben dem Cash bekam die *Democrazia Cristiana* von der Fininvest »in natura« auch Wahlspots auf den Berlusconi-Sendern, so stellten es jedenfalls die Staatsanwälte von Mailand fest.

Einer der Ankläger, die damals die Ermittlungen gegen Frigerio führten, war Antonio Di Pietro,[7] der noch heute die Symbolfigur des Kampfes gegen die Korruption in der Politik ist: »Ich kenne Gianstefano Frigerio sehr wohl, er war, wenn ich es einmal so sagen darf, einer meiner ›Kunden‹ in den zahlreichen Prozessen in Mailand, bei denen es um Bestechung und Korruption ging. Er war eine zentrale Figur im System der Parteienkorruption. Wir warfen ihm illegale Parteifinanzierung und Bestechlichkeit vor – ich war übrigens der Ankläger in seinem Prozess. Er wurde in drei verschiedenen Prozessen zu insgesamt mehr als sechs Jahren Haft verurteilt.«[8]

Ende 1993 schien das korrupte Parteienregime untergegangen zu sein, und die Opposition unter Führung der KPI fühlte sich schon als sicherer Sieger der kommenden Parlamentswahlen im Jahr 1994. Auch einige kommunistische Protagonisten waren in die Skandale verwickelt gewesen, selbst gegen den damaligen KPI-Politiker und heutigen Parteichef der Linksdemokraten (*Democratici di Sinistra* [DS]) Massimo D'Alema nahm die Staatsanwaltschaft von Bari Ermittlungen auf, weil er einen Scheck über 20 Millionen Lire von Klinikchef Francesco Cavallari entgegengenommen hatte, einem Mann mit Kontakten zur örtlichen Mafia. Doch D'Alema entging einem Verfahren wegen Bestechlichkeit, weil es wegen Verjährung eingestellt wurde. So blieb D'Alemas Weste juristisch gesehen rein. Andere KPI-Funktionäre hatten nicht so viel Glück, aber im Gesamtbild waren die Korruptionsfälle unter den Oppositionspolitikern Randerscheinungen. Die von den Kommunisten erwartete Machtübernahme bei den Wahlen von 1994 schien also nicht mehr aufzuhalten.

Für Berlusconi ging es nun nicht mehr darum, eine TV-Sendelizenz zu erhaschen, eine Betriebsgenehmigung herübergeschoben zu bekommen oder eine öde Müllkippe betreiben zu dürfen. All das hatte er schon zur Genüge. Nein, nun ging es um das ganze Land. Nun galt es, das Errungene überhaupt behalten zu dürfen.

Entweder die Kommunisten oder ich, dies war die dramatische Wahl, vor die sich Berlusconi gestellt sah. Denn mit ihm, dem Freund des alten Regimes, dem vielfach von Craxi begünstigten Tycoon, überdies schon einmal Mitglied der bei den Linken verhassten Geheimloge P2 des Großmeisters und bekennenden Altfaschisten Licio Gelli – mit so einem würden die Kommunisten an der Macht sicher kurzen Prozess machen, musste Berlusconi befürchten: Sie würden ihm alles abnehmen, die Sendelizenzen einziehen, und er würde, so mag er befürchtet haben, ins tunesische Exil zu seinem Freund Bettino Craxi fliehen müssen, der mit dieser Angst Berlusconis Scherze trieb. Bei einem Besuch in seiner Festungsvilla in Hammamet meinte er, als der Blick auf das unbebaute Nachbargrundstück fiel: »Das habe ich für meinen Freund Silvio reservieren lassen, sollte er aus Italien fliehen müssen!«[9]

Diese Schicksalsstunde Berlusconis war zugleich der Beginn des Wiederaufstiegs von Frigerio. Kaum aus der Untersuchungshaft entlassen, wurde er von Berlusconis Leuten kontaktiert. Seine Erfahrung als Parteiorganisator war nun Gold wert. Denn gerade sein alter Freund und Knastbruder Sergio Roncucci, »der Mann mit dem Scheckbuch«, so erzählt es die Legende der »Azzurri«-Boys, des treuesten Kreises der Berlusconi-Manager, hatte den Auftrag bekommen, eine neue Partei für Berlusconi aus dem Boden zu stampfen, und zwar in kürzester Zeit.

Dass Sergio Roncucci sich mit dem Aufbau der neuen Partei beschäftigen sollte, war auch kein Zufall. Er war selbst schon einmal Regionalpolitiker im Mailänder Hinterland gewesen, hatte aber schon zu Zeiten der Bauspekulation Berlusconis die Seiten gewechselt und war direkt in dessen Dienste getreten.

Die politische Lage war glasklar. Die Truppen mussten gesammelt, Offiziere rekrutiert werden. Einer, der nicht General der neuen Berlusconi-Partei werden wollte, erinnert sich: »Nach dem politischen Ende von Silvios Schutzherrn Bettino Craxi entschloss sich Berlusconi, sein eigener Schutzpatron zu werden, selbst in die Politik zu gehen: Ich muss mich jetzt selbst beschützen, sagte er uns«,[10] erzählte Indro Montanelli, jahrelanger Chefredakteur der Berlusconi-Zeitung *Il Giornale*, von seinen Treffen mit Berlusconi. Altgediente Politiker aus den Reihen der Sozialisten und der Christdemokraten sollten den Parteiapparat aufbauen, die Logistik würde dann von Marcello Dell'Utri gestellt, der landauf, landab unter den Werbezeitverkäufern von Publitalia um Neumitglieder für die *Forza Italia* warb. Alles Leute, die wussten, wie man seinen Zeitgenossen etwas verkauft.

Dem hoch angesehenen Chefredakteur Indro Montanelli war die Rolle des politischen Einpeitschers zugedacht – die er aber nicht übernehmen wollte. Er gedachte seine Zeitung *Il Giornale* auf ihrem konservativ-antikommunistischen Kurs zu halten, wollte den Versuch des *Cavaliere* Berlusconi auch gern mit Wohlwollen betrachten, sich aber nicht direkt einspannen lassen. Das habe er schon einmal gemacht, daraus habe er gelernt. Nein, danke. Dafür musste er den Sessel räumen. Denn Berlusconi brauchte die volle mediale Macht in seinen Händen hinter sich, sonst würde das Experiment »in acht Monaten Regierungschef werden« nicht klappen.

Montanelli: »Ich riet Berlusconi sogar ehrlichen Herzens ab, sagte voraus: ›Stellen Sie sich das einmal vor ...‹«, und da lacht er lauthals auf, denn als Montanelli dies erzählt, ist Berlusconi schon Regierungschef, »... sagte also voraus, er würde scheitern. Aber wie Sie wissen, war ich ein schlechter Prophet.«

Wie man sich nur täuschen könne, meinte der Doyen des konservativen italienischen Journalismus, der entgegen seiner eigenen politischen Grundhaltung am Ende seiner Lebenstage sogar dazu aufrief, die Mitte-links-Koalitionen zu wählen, und das Land aufforderte, die Herrschaft Berlusconis wie eine Krankheit zu akzeptieren: Nur wer die »Berlusconitis« gehabt habe, könne auch davon geheilt werden. Nun denn, nach diesen Worten sind gut zehn Jahre vergangen – Italien ist aber noch nicht rekonvaleszent.

Montanelli war also nicht mit von der Partie. Was soll's, sagten sich die Organisatoren oder *Forza Italia*. Dann wird sich das hauseigene Fernsehen eben mehr ins Zeug legen müssen. Doch wie stampft man innerhalb weniger Monate eine Partei aus dem Boden? Indem man sich erfahrene Parteimanager wie ebenjenen Gianstefano Frigerio holt, die wissen, wie das geht. Der wird also – ungeachtet der zahlreichen damals noch offenen Strafverfahren und der ständigen Angst, wieder ins Gefängnis gehen zu müssen – Mitgründer der *Forza Italia*.

In einem Anflug von Scham bleibt Frigerio zuerst im Hintergrund – er schreibt 1993 am Statut der Partei zwar mit, übernimmt aber zunächst keine offiziellen Ämter. Doch schon bald ist die Schamfrist vorbei. 1995 bekommt er die öffentliche Anerkennung seiner Arbeit für die Partei Berlusconis: Er wird Leiter deren »Think-Tanks«, des *Centro Studi* – eine Aufgabe im Herzen des Berlusconi-Imperiums. Noch ein weiterer Dank sollte ihn erwarten: die Rückkehr auf die politische Bühne.

Doch die Vergangenheit verfolgt Frigerio. Seine Einlassungen vor Gericht, die unvermeidlichen Eingeständnisse angesichts von meist für den Angeklagten aussichtslosen Beweislagen, führen zu Dutzenden Prozessen gegen ihn. In einigen Fällen kommt ihm das gütige italienische Gesetz der Verjährung entgegen, aber in dreien entkommt er der Justiz nicht: Diese durchlaufen alle drei Instanzen, werden bestätigt, sind nicht verjährt und werden 2001 rechtskräftig, kurz vor der Neuwahl des Parlaments, bei der Frigerio den Preis für so viel Treue einkassieren und Abgeordneter des nationalen Parlamentes werden soll.

Der Coup gelingt, aber Frigerio schafft den traurigen Rekord, am ersten Tag als Abgeordneter zur Verbüßung seiner Haftstrafe von den Carabinieri abgeführt zu werden. So schnell war das in der italienischen Geschichte noch nie gegangen.

Der ehemalige Staatsanwalt Antonio Di Pietro kann es einfach nicht fassen, dass ein der Korruption und Bestechlichkeit überführter und rechtskräftig verurteilter Mann gleich ihm ein Volksvertreter Italiens ist. »In jedem anderen Land würde man einen solchen Politiker nach Hause schicken, schon aus moralischen Gründen, doch nicht bei uns: Nach der Verurteilung stellte Silvio Berlusconi ihn 2001 in einem Wahlkreis als Kandidaten auf, in dem niemand ihn und seine Geschichte kannte, in Apulien, sehr weit weg von Mailand, wo er kaum mehr gewählt worden wäre.«[11]

Der Trick war kindereinfach: Frigerio hatte sich den Wählern in Apulien mit einem anderen Vornamen präsentiert, Carlo Frigerio anstatt Gianstefano. Ganz legal, auch diesen Namen trägt er nämlich. Eigentlich hätte nun der Wahlausschuss des Parlaments unter Vorsitz von Antonello Soro dessen Einzug noch verhindern können, wenn schon nicht begründet durch ein explizites Gesetz, welches rechtskräftig verurteilten Straftätern die Wandlung zum Volksvertreter versperrt, dann doch wohl mindestens zum Schutze der Würde des Parlaments. Doch nichts dergleichen geschah.

»Wir haben lange beraten, aber die Mehrheit des Ausschusses hat anders befunden, so konnte Frigerio sein Abgeordnetenmandat behalten«,[12] erzählt uns ein bedauernder Ausschussvorsitzender Soro. Und ein anderer, der nachgerückt wäre, wurde um sein Mandat betrogen.

Di Pietro setzte auf die Parlamentswahlen in Italien im Frühjahr 2006. Dann sei er mit Sicherheit wieder Abgeordneter in Rom und könne ein Gesetz vorschlagen, welches Fälle wie die von Frigerio verhindern solle: »Es wäre ganz simpel, Fälle wie diesen, die eines Parlaments völlig unwürdig sind, zu verhindern. Man muss einfach ein Gesetz mit zwei Paragraphen machen. Erstens: Wer schon verurteilt wurde, darf gar nicht als Kandidat aufgestellt werden. Und zweitens: Personen, die wegen einer schweren Anklage vor Gericht stehen, dürfen keine Regierungsverantwortung übernehmen.«

Eigentlich ganz einfach, aber mit einer Parlamentsmehrheit von Berlusconi-treuen Abgeordneten ist das nicht durchzusetzen.

Marco Travaglio, Italiens unbequemster Journalist und erklärter Erzfeind des alten Korruptionsregimes, nimmt kein Blatt vor den Mund: »Als Italiener schäme ich mich für diese Leute, die uns repräsentieren. Anständige Menschen, die im Parlament sitzen, müssten sich doch schämen, dass neben ihnen auf der Bank Delinquenten sitzen, und sie müssten von diesen fordern, dass sie das Parlament nicht mehr besuchen, damit die einfachen Leute nicht immer glauben, dass die Politiker doch alle gleich sind.«[13]

Doch wie gesagt, im Italien Berlusconis sind das keine Argumente, über die die Medien des Landes diskutieren, über die das Parlament berät. Die Mehrheit in Berlusconis im Jahr 2001 gewähltem Parlament ist erdrückend, und auch wenn die große Mehrheit der Abgeordneten keineswegs Probleme mit der Justiz hatte, so ist kein Gesetz wie jenes von Di Pietro vorgeschlagene Parlamentsverbot für wegen schwerer Verbrechen Vorbestrafter verabschiedet worden. Wer verhinderte das? Waren es die neunzig Abgeordneten, fast alle davon in den Reihen der *Forza Italia*, die schon einmal Probleme mit der Justiz hatten oder noch laufende Verfahren haben? Nein, keineswegs. Es war auch eine untätige Opposition, die die Dinge so hinnahm, wie sie waren.

So schmückte sich Italien von 2001 bis 2006 mit einem Abgeordneten, der die ersten zweieinhalb Jahre überhaupt keinen Fuß ins Parlament setzte und danach bis August 2004 nicht mehr als vier Tage im Monat Freigang hatte – als »Resozialisierungsmaßnahme« ...

Aber gab es nicht einmal ein altrömisches Motto, das da lautete: »Nicht nur Cäsar, sondern auch die Frau Cäsars muss über jeden Verdacht erhaben sein«?

Der Abgeordnete Cäsar und die Richterkorruption

A proposito Cäsar: Da wären wir schon beim nächsten Fall eines Abgeordneten der italienischen Republik, dessen Wahl und Verbleiben im Parlament als eine der offenen Wunden der italienischen Demokratie angesehen wird. Es geht um Cesare Previti, den langjährigen Anwalt Berlusconis und ehemaligen Verteidigungsminister Italiens 1994. Seine Strafverfahren halten das Parlament seit Jahren in Atem. Im Vergleich zu ihm ist Gianstefano Frigerio, der Kassier aus Mailand, noch ein kleiner Fisch.

Der Anwalt Cesare Previti muss sich der schlimmsten Vorwürfe erwehren, die gegen jemand erhoben werden, der als Anwalt ein Organ der allgemeinen Rechtspflege ist: des Kaufs und Verkaufs von Urteilen.[14] Cesare Previti wurde am 29. April 2003 vom Gericht in Mailand in erster Instanz zu elf Jahren Haft wegen Richterbestechung in den Fällen IMI-SIR und »Lodo Mondadori«[15] verurteilt. Im Urteil der nächsthöheren Instanz des Appellationsgerichtshofes von Mailand vom 22. Mai 2005 wurde die Strafe auf sieben Jahre reduziert, weil er im Fall »Lodo Mondadori« mit der Formel des »Mangels an Beweisen« nicht mehr für schuldig angesehen wurde, genauso wie seine Mitangeklagten. Die Staatsanwaltschaft und der Angeklagte haben Berufung eingelegt, die Entscheidung ist also noch offen.

In einem weiteren Fall der Richterkorruption, bei dem es um den Verkauf der Lebensmittelkette SME-IRI ging, wurde Cesare Previti am 22. November 2003 zu fünf Jahren Haft verurteilt. Im Dezember 2005 hätte der Appellationsgerichtshof das entscheiden sollen, was bis zur Drucklegung dieses Buches im Frühjahr 2006 allerdings noch nicht geschehen war. Im Jahr 2006 wird der Kassationsgerichtshof sowohl über die Fälle »IMI-SIR« als auch über den Fall »SME-IRI« das endgültige Wort sprechen. Die Zeit drängt für Cesare Previti, um das Gefängnis noch zu umgehen. Denn im Falle einer rechtskräftigen Strafe könnte er nur den Weg seines Parteifreunds Frigerio gehen und darum bitten, die Haft im Hausarrest abzusitzen. Mit definitiven Urteilen auf dem Buckel schützt ihn auch sein Parlamentsmandat nicht mehr – wie bisher vor der Untersuchungshaft.

Die Richterkorruption hatte verschiedene Ziele – wir fassen das Bild, welches das Gericht von Mailand in den Dokumenten gesehen hat, zusammen. Denn dies sei festgestellt: Alle Korruptionsprozesse waren ausschließlich auf Dokumente gestützt. Es hat keinen einzigen Reuigen gegeben, sondern nur Dokumente oder Abhörprotokolle. Es handelt sich also um Ergebnisse klassischer Polizeiarbeit.

Im Fall »SME-IRI« diente die Bestechung der Unterstützung der politischen Ziele Bettino Craxis, des politischen Schutzherrn von Silvio Berlusconi.

Der Hintergrund war dieser: Es ist einsichtig, dass Berlusconi in den achtziger Jahren alles für seinen Schutzpatron Craxi zu tun bereit war. Der hatte ihm gerade das Fernsehen »wieder angeschaltet«, die Richter in den einzelnen Regionen, die »Pretori«, die wegen der – effektiv – mangelnden nationalen Sendelizenzen seine Sender einfach abgeschaltet hatten, per Eildekret ausgehebelt. Also kam Berlusconis Dank an Craxi von Herzen. Craxi hatte nun einen persönlichen Intimfeind, [...] den Turiner Unternehmer Carlo De Benedetti. De Benedetti war als Manager bei Fiat groß geworden, machte sich dann aber selbständig. Er galt über Jahre als »Raider«, als ein Mann, der gern andere Unternehmen schluckte. Nun gehörte es aber bis Anfang der neunziger Jahre zum System der italienischen Politik, dass die herrschenden Parteien in alle unternehmerischen Entscheidungen hineinregierten und niemand von allein, ohne Genehmigung der herrschenden Parteien und ohne an sie einen Obolus zu entrichten, »Raider« werden konnte.

Der Staat selbst war der größte Unternehmer, die Hälfte der börsennotierten Unternehmen gehörte ihm. Die Parteien, die den Staat wie die Parasiten besetzt hatten, sahen ihre vornehmlichste Aufgabe darin, ihre Leute an den Spitzenpositionen der Firmen zu platzieren, und jede größere unternehmerische Entscheidung musste von den Parteien der römischen Regierung »genehmigt« werden. Die formale Handhabe dazu hatten die Regierungsparteien, denn der dicke Wust aus Genehmigungen, die jedes Unternehmen seitens der staatlichen Verwaltung brauchte, machte die Firmen den Parteien an der Macht gegenüber völlig hilflos. Entweder gab man nach, oder man war aus dem Geschäft. So mussten die Unternehmen nicht selten abgehalfterte Funktionäre zu fürstlichen Gehältern unterbringen, und bei jedem Anlass gingen die *bustarelle* über den Tisch.

Die Unternehmen hatten die Regeln akzeptiert und zahlten, unter sich schimpfte man zwar darüber, aber zu etwas war dieser Pakt zwischen Gebern und Nehmern ja auch nützlich: Über Jahrzehnte konnte man sich unliebsame Konkurrenz vom Hals halten. Ein Musterbeispiel für die Haltung der Unternehmen war Fiat: Deren Chef Agnelli war »grundsätzlich regierungstreu«, wie er die Haltung seines Hauses definierte. Im Gegenzug bekam Fiat über Dekaden die Abschottung des Marktes vor der ausländischen Konkurrenz garantiert. Im Jahr 2005 haben die Regeln der Europäischen Union diesen Closed Shop Italy aufgelöst – mit der Folge, dass der Fiat-Konzern in der Heimat nur noch einen Marktanteil von knapp 25 Prozent hat: verglichen mit den 60 bis 70 Prozent der goldenen sechziger und siebziger Jahre ein Absturz sondergleichen.

Der Turiner Unternehmer Carlo De Benedetti versuchte in den achtziger Jahren, ins Geschäft der Privatisierungen der großen Staatsunternehmen zu kommen. Doch er gehörte nicht zum »Freundeskreis Craxi«, also war es ihm verwehrt, Teile des Lebensmittelkonzerns SME zu übernehmen.

Am 19. Juli 1986 beginnt die Schlacht um den Konzern, und drei Jahre später soll sie zuungunsten De Benedettis ausgehen. Es ist eine Schlacht vor den Gerichten Italiens, die am Ende gegen den Turiner Unternehmer entscheiden.

Der Verdacht, dass dabei nicht alles mit rechten Dingen zugegangen sein muss, geht den Ermittlern aus Mailand im Juli 1995 auf, als die damalige Verlobte des *Forza-Italia*-Abgeordneten und Fininvest-Anwalts Vittorio Dotti vor der Staatsanwältin Ilda Boccassini eine sehr merkwürdige Geschichte erzählt. Kaum hat sie angefangen zu reden, bekommt sie zum eigenen Schutz einen »Code«namen: »Zeuge Omega«. Sie fängt an zu erzählen:[16] Von einem Abendessen zum anderen, immer in eleganten Clubs und Restaurants in Mailand oder in Rom, sei sie eine direkte Zeugin der Beziehungen zwischen Berlusconis Firma Fininvest und dem römischen Chef der Untersuchungsrichter (GIP) Renato Squillante geworden, einem Mann mit besten Kontakten in Rom: Übrigens war Squillante einer der Gründerväter der linksdemokratischen Richtervereinigung Magistratura Democratica. Umso ungenierter konnte er agieren. Dass ausgerechnet er ein Meister der Korruption sein sollte, mochte keiner glauben.

»Eines Tages«, gibt die »Zeugin Omega« zu Protokoll, »ging ich ins Bad und kam dabei an einem Zimmer vorbei, wo ich Previti, Squillante und den Anwalt Attilio Pacifico [aus der Kanzlei Previti] zusammen sitzen sah. Neben ihnen, auf einem Tisch, lag ein Haufen Geld. Ich entschuldigte mich für das Eindringen, aber mir wurde gesagt: ›Komm rein, Stefania, komm rein.‹ Previti bot Squillante Geld an, und der nahm es.« Eine Erzählung, die von Cesare Previti immer für unwahr erklärt worden ist. Dann erinnert sich »Omega« noch an eine andere Szene der direkten Geldübergabe, die im elitärsten Ruderverein Roms stattfand, dem Circolo Canottieri. Dort habe sie wieder gesehen, so berichtet es Stefania Ariosto,[17] dass Berlusconis Anwalt Cesare Previti dem römischen Richter Squillante einen Umschlag mit Geld gegeben habe.

Die Staatsanwälte überprüfen die Aussagen der Zeugin, stellen Lücken, Unvollständiges fest, können aber auch viele Umstände bestätigen. Sicher, allein aufgrund einer Denunziation wird niemand festgenommen. Also beginnen die Ermittlungen, die Suche nach Beweisen. Am Ende hat sich der Abgrund geöffnet, und die Aussagen der Zeugin »Omega« spielen in der Beweisführung überhaupt keine Rolle mehr, weil man die Geldflüsse nun in den Kontobewegungen nachvollziehen kann: Das sind unwiderlegbare Fakten.[18]

Der Prozess um die Richterbestechung im Falle des Lebensmittelkonzerns »SME« begann am 9. März 2000. Die Angeklagten waren neben dem Richter die Anwälte Cesare Previti, Attilio Pacifico und auch Silvio Berlusconi wegen Beihilfe zur Richterbestechung. Die Verteidigung wurde geleitet von den Anwälten Niccolò Ghedini, Gaetano Pecorella und Michele Saponara – sie sollten 2001 allesamt auch Abgeordnete für Berlusconis Partei *Forza Italia* werden.

Aus den ersten Aussagen der Zeugin »Omega« sind 182 Aktenordner geworden, die von den Kontoauszügen aus der Schweiz bis zu den Akten aus dem Büro des Richters Squillante alles enthalten. Die Rolle des Richters Squillante war dabei die eines »Verteilers« der Korruptionsgelder an die jeweilig zuständigen Richter ...

Der Justiz so lange ein Bein stellen, bis sie liegen bleibt

Wie die Verteidiger von Cesare Previti und Silvio Berlusconi versuchen, den Prozess in die Länge zu ziehen, Beweismittel zu entwerten oder die Hälse ihrer Schutzbefohlenen aus der Schlinge zu ziehen, sei nun an wenigen Beispielen erzählt. Die ganze Fülle ihres anwaltlichen Könnens darzustellen, hätte wohl alle Seiten dieses Buches benötigt. Wohlgemerkt: Die Handelnden sind Abgeordnete des italienischen Volkes, sie sollten dem gesamten Volke zum Dienste verpflichtet sein. Sollten. Schauen wir uns ihr Wirken im Interesse des Volkes an:[19]

Noch im Februar 1999 schlägt der Berlusconi-Previti-Anwalt und *Forza-Italia*-Abgeordnete Gaetano Pecorella eine Gesetzesänderung vor, der gemäß »Angeklagte, die 65 Jahre oder älter und nicht vorbestraft sind, eine verringerte Strafe« bekommen sollten. Ein Gesetz wie auf den Leib geschneidert für Berlusconi – und auch für Previti. Doch 1999 bildet noch die Mitte-links-Koalition die Regierung, aus dem Vorschlag wird kein Gesetz.

Im Jahr 2002 aber ist der Angeklagte in diesem Prozess an der Macht, und da wird der Vorschlag von seinen eigenen Anwälten – die auch Abgeordnete seiner Partei sind – wieder aufgegriffen und am 29. November 2005 tatsächlich nach dreijährigen, sehr hitzigen Diskussionen vom Parlament verabschiedet.

Am 12. Mai 1999 verlangen die Anwälte, alle Dokumente, die von den Schweizer Gerichten gekommen seien und die nicht auf jeder einzelnen Seite einen Stempel trügen, der die Authentizität nachweise, für ungültig zu erklären. Dieser Antrag würde sämtliche Kontoauszüge der Konten von Previti, Squillante und den anderen aus der Schweiz, das Hauptbeweismittel, ungültig machen. Ein schöner Trick. Denn die Unterlagen der Rechtshilfe aus der Schweiz kommen den Normen des internationalen Rechts gemäß in versiegelten Containern, die als Ganzes von der verschickenden Dienststelle für authentisch erklärt werden, aber nicht mit einem Stempel auf jedem einzelnen Auszug beglaubigt wurden. Im Herbst 2001 beschließt Berlusconi, frisch an der Regierung, diesen Antrag seiner Anwälte zu einer Norm des italienischen Staates zu erheben. Doch die Gerichte Italiens weigern sich, die Berlusconi-Norm anzuwenden. Sie widerspräche in krasser Weise den internationalen Abkommen, deren Gültigkeit Italien anerkannt habe. Auch die Schweiz protestiert gegen die Verletzung der internationalen Gepflogenheiten und droht ganz offen, die Zusammenarbeit mit Italien einzustellen. Das wäre an sich kein Problem für Silvio Berlusconi, aber die Gerichte haben die neu von seiner Regierung aufgestellten Regeln für offen verfassungswidrig erklärt, wenden sie einfach nicht an und machen entsprechend der alten Praxis weiter. Der Prozess kann fortgesetzt werden.

Am 14. Dezember 2001 greift wieder die tausendmal geübte Verzögerungstaktik: Die Anwälte Pecorella und Ghedini haben sich dem landesweiten Anwaltsstreik angeschlossen. Die Anwälte Italiens streiken gegen die Politik der Regierung Berlusconi, und die Advokaten Berlusconis lassen keine Gelegenheit ungenutzt verstreichen: Sie streiken gegen sich selbst, gegen Normen, die sie als Politiker im Parlament unterstützen – mit dem Erfolg, dass der Prozesstag nicht stattfinden kann. Kein Trick wird ausgelassen. Schließlich wissen sie eines: Die Uhr der Verjährung tickt und tickt und tickt. Im Gegensatz etwa zum deutschen Strafrecht, in dem ein laufender Prozess die Verjährung hemmt, läuft sie in Italien fröhlich weiter. Gibt es eine bessere Ausgangslage für einen Angeklagten, der zudem noch selbst die Verjährungsfristen bestimmen kann?

Noch ist der Prozess nicht endgültig gewonnen, noch droht die Schande für Berlusconi. Am 31. Dezember 2001 kommt der Justizminister zum entscheidenden Schlag: Einer der Richter des Kollegiums, welches über Berlusconi und seinen Anwalt zu Gericht sitzt, Guido Brambilla, wird per Ministerbeschluss versetzt. Damit würde der Prozess vorläufig beendet sein. Ein neuer Richter müsste sich einlesen, die Angeklagten hätten mindestens ein Jahr Zeit gewonnen – dank der Eroberung des Justizministeriums durch einen Berlusconi-treuen Ingenieur der *Lega Nord*, Roberto Castelli.

Die obersten Richter von Mailand entscheiden anders – sie haben das Recht dazu, Richter Brambilla bleibt im SME-Prozess. Kaum ist klar, dass es weitergeht, beantragen die Anwälte Berlusconis am 1. März 2002, dass der Prozess aus Mailand nach Brescia verlegt werden müsse, sie würden um die körperliche Unversehrtheit der Angeklagten fürchten. Das Klima in Mailand sei gegen die Angeklagten aufgeheizt worden. Am 30. Mai entscheidet das oberste Gericht Italiens, der Kassationshof, dass diese Furcht nicht begründet ist – der Prozess kann wieder aufgenommen werden. Immerhin, drei Monate sind herausgeschunden worden. Am 1. Juli 2003 legt der Senator Melchiorre Cirami[20] einen Gesetzesvorschlag vor, welcher den Angeklagten weit größere Möglichkeiten gäbe, einen Gerichtshof als befangen abzulehnen. Am 10. Oktober wird das Gesetz »Cirami« vom Parlament beschlossen. Die Verlegung wird noch rechtzeitig beantragt, aber zurückgewiesen.

Besonders peinlich für Silvio Berlusconi ist es, dass die Generalstaatsanwaltschaft Italiens in Person von Domenico Salvemini,[21] er vertritt im Prozess die Rechtsinteressen der italienischen Regierung, die Verurteilung des eigenen Regierungschefs zu einer Milliarde Euro Strafe verlangt, »weil die Übergabe der Gelder die Korruption beweise«.[22] Auf den Widerspruch Berlusconi/Angeklagter-Berlusconi/Regierungschef hin angesprochen, meinte Salvemini nur lapidar: »Ich vertrete hier den Vorsitz des Regierungsrates Italiens, ein Staatsamt, also ein juristisches Subjekt, und das ist immer von der Person des Amtsträgers zu unterscheiden.«

Die Niederlage

Am 22. November 2003 dann werden Cesare Previti zu fünf und Attilio Pacifico zu vier Jahren Haft verurteilt, Renato Squillante bekommt die höchste Haftstrafe, acht Jahre. Die Korruption sei zweifelsfrei festgestellt, auch wenn sie im Falle »SME« nicht ausreichend bewiesen sei, aber in jedem Falle sei richtig, so meinen die Richter, dass die Beziehungen der drei nur mit einem Wort zu definieren sei: Kauf und Verkauf von Urteilen.

Der Angeklagte Berlusconi ist noch kurz vor der Urteilsverkündung aus dem Prozess »ausgeschieden«, sozusagen auf Eis gelegt worden, weil ein eigens für Berlusconi von seiner Parlamentsmehrheit geschaffenes Gesetz, das so genannte »Lodo Schifani«, alle Prozesse gegen die fünf höchsten Repräsentanten des Staates für die Dauer ihres Mandats ausgesetzt hat.[23]

Der einzige Begünstigte des »Lodo Schifani« ist, unschwer zu erraten, Silvio Berlusconi. Keiner der anderen vier höchsten Würdenträger des italienischen Staates hat überhaupt nur einen offenen Strafprozess laufen. In Italien wird es dann auch das erste Gesetz der Serie »Rettet Berlusconi und Previti« genannt. Ein klassischeres »Ad-personam«-Gesetz kann es kaum geben. Aber dieses Parlament ist eben stets zu Diensten, wenn der Chef es braucht. Und er braucht es oft.

Das Gesetz »Lodo Schifani« hat aber kein langes Leben. Die Justiz zeigt sich unbotmäßiger als geplant. Am 13. Dezember desselben Jahres kippt die Consulta, das Verfassungsgericht, das Gesetz als verfassungswidrig. Das war nicht gut, doch hatte es einen wichtigen Zweck erfüllt. Previti war verurteilt worden, Berlusconis Weste aber war – juristisch gesehen – erst einmal rein geblieben. Gut für Berlusconi: Die Verjährungsuhr tickt weiter, im Land der Justiz für die Reichen, Mächtigen, der Leute mit vielen Anwälten und noch mehr Geld.

Am 10. Dezember 2004 wird dann auch das Urteil gegen Silvio Berlusconi gesprochen. Es geht aus wie erwünscht, für den Angeklagten. Im Falle der Richterkorruption um den Verkauf des Lebensmittelkonzerns SME wird Berlusconi freigesprochen, im Falle der Richterkorruption des »Lodo Mondadori«, der vom gleichen Personenkreis organisiert worden war und dessen Fall deswegen mit dem Fall »SME« zu einem einzigen Prozess zusammengelegt worden war, wird der Vorgang der Bestechung als wahr anerkannt, aber für Berlusconi ist der Fall verjährt. Schuldig, aber der irdischen Justiz auf italienischem Boden entzogen.

Der ehemalige *La-Repubblica*-Reporter und heutige Buchautor Marco Travaglio hat die Prozesse gegen Previti und Berlusconi über Jahre beobachtet. »Es sind nach Meinung der Mailänder Staatsanwaltschaft Urteile, die zum Kilopreis« gekauft worden seien, urteilt Travaglio salopp,[24] aber deutlich. Wie sollte man es auch anders sagen? Gekauft von Cesare Previti und zwei weiteren befreundeten Anwälten.

»Berlusconi soll, so sagen es die Anklageschriften aus, in zwei von drei Fällen der Auftraggeber dieser Korruption gewesen sein. Berlusconi wollte den Mondadori-Verlag für sich haben und verhindern, dass sein direkter Konkurrent Carlo De Benedetti ihn bekam, und bezahlte deswegen laut Anklage die Richter, die ihm dann den Verlag auch per Urteil zuerkannten.«[25]

In der Tat: Heute ist Silvio Berlusconi Eigentümer von Mondadori. Dann wollte er wiederum in Konkurrenz mit De Benedetti den Lebensmittelkonzern SME kaufen, der aber schon einen Vorkaufvertrag mit dem Staatskonzern IRI hatte, welcher noch der Eigentümer war. Berlusconi stellte schnell eine Käufergruppe zusammen, erhob Einwand, und das Gericht entschied – für Berlusconi: laut Anklage alles gekaufte Urteile.

»Unter den vielen tausend Dokumenten, die die Staatsanwälte vorgelegt haben, ist meiner Meinung nach ein unwiderruflicher Beweis: Entweder ist dieses Dokument eine Fälschung – und das hat bisher niemand behauptet –, oder es ist ein hundertprozentiger Beweis: Denn es sind Bankunterlagen, die belegen, dass von einem Konto mit Namen ›Ferrido‹, das vom persönlichen Geldverwalter Silvio Berlusconis, Giuseppino Scabini, in einer Bank eröffnet wurde, dass also von diesem Konto im März 1991 die Summe von 434 000,70 Dollar auf ein Konto von Cesare Previti bei der Darier Hentsch Bank in Genf überwiesen wurde. Von diesem Konto sind dann jene Gelder auf dem Konto ›Rovena‹ von Renato Squillante angekommen.«[26, 27]

Die drei Konten waren wie kommunizierende Röhren miteinander verbunden: das Konto Fininvest, das Konto Previti und das Konto Squillante. Und das kann nur eines bedeuten. Der Geldfluss ist völlig direkt, ohne Zwischenstationen, und Previti hat bis heute keine Erklärung dafür abgegeben, warum ein römischer Anwalt wie er, der die Interessen einer Firma aus Mailand wie der Fininvest vertritt, die Prozesse in Rom laufen hatte, einen römischen Richter bezahlte, der sich in der gleichen Zeit auch mit diesen Prozessen beschäftigt hat.

Begünstiger im Fall »Lodo Mondadori«, des Schlichtungsurteils in der gerichtlichen Auseinandersetzung zwischen Silvio Berlusconi und Carlo De Benedetti um die Eigentumsrechte am größten italienischen Verlag, war Silvio Berlusconi. Zwar hatten die Erben Cristina Formenton Mondadori und ihre Kinder Luca, Pietro, Silvia und Mattia am 21. Dezember 1988 sich schriftlich zum Verkauf ihrer Kontrollmehrheit an Carlo De Benedetti verpflichtet, aber dann änderten sie ihre Meinung und wollten lieber an Silvio Berlusconi verkaufen.

Das wundersame Urteil

Ein Gerichtsurteil, das an ein Wunder grenzt: Der Richter Vittorio Metta – einer der Namen, die auf den Empfängerlisten der Zahlungen am häufigsten auftauchen – schreibt die Begründung, ohne die das Urteil nicht gültig wird, innerhalb einer Rekordzeit für Juristen: in nur fünf Tagen fix und fertig zur Veröffentlichung. Sonst brauchen geprüfte Juristen dafür drei bis sechs Monate. Schließlich sollen Urteile ja hieb- und stichfest sein. Es sind 168 in feinstem Juristenitalienisch ziselierte Seiten, die gerade noch rechtzeitig eintreffen. Die fein daherkommen, aber deutliche Schönheitsfehler haben. Die Richterkollegen von 2003 haben den superschnellen Urteilsspruch genau unter die Lupe genommen und schwerste juristische Mängel festgestellt,[28] so wie sie einem unterlaufen, wenn man in höchster Eile ein Urteil nach vorgefertigten Versatzstückchen zusammenschustern muss. Den Richtern kommt sogar der

Verdacht, ihr korrupter Kollege habe die Akten nicht einmal ordentlich gelesen, so wenig und so schlecht geht er auf die Gegenseite ein. Für das Gericht von 2003 steht es zweifelsfrei fest: Das war ein gekauftes Urteil. Doch die Zeit drängte. Eine Woche später, und die Fristen des Schiedsgerichtes wären abgelaufen, Mondadori wäre doch noch an De Benedetti übergeben worden. Was für ein Glück. Pech für Metta und Previti und deren Freunde ist nur, dass die Sache noch herauskam.

Berlusconi kann das einerlei sein. Dank des nach aller Dokumentenlage offenkundig gekauften Schiedsurteils »Lodo Mondadori« erlangte er die Kontrolle über den größten Verlag Italiens – und ein weiterer Schritt hin zur totalen Meinungskontrolle im Lande war vollbracht. Eine wichtige Voraussetzung, um drei Jahre später in die Politik gehen zu können: mit dem vollen Rückenwind der medialen Macht.

KAPITEL 17
Das System der Richterkorruption

Der Korruptions-Weltrekord

Bei den Fällen »SME« und beim Schiedsurteil »Mondadori« ging es auch um Vorgänge, die die direkten Interessen von Silvio Berlusconi berührten. Im Fall des »Lodo Mondadori« war Silvio Berlusconi der direkte Nutznießer der richterlichen Entscheidung, der Erzgegner Carlo De Benedetti der Verlierer.

Der Fall der größten Korruptionszahlung in der Geschichte Italiens ist dagegen eine Geschichte, in der das Personal an Richtern und Anwälten zwar im Großen und Ganzen dasselbe ist, nur die Hauptbegünstigen andere sind.

Wie wir an mehreren Stellen erläutert haben, waren drei Liechtensteiner Briefkastenfirmen, die Brittener Anstalt, die Wootz Anstalt und die Manlands Financière mit Sitz in Eschen, Mauren und Schaan, bedeutende Aktionäre der Banca Rasini. Und deren Prokurist war wie gesagt bis zu seiner Pensionierung im Jahre 1973 der Vater von Silvio Berlusconi. Sie hatten eine Kontrollposition inne, ohne ihr Placet geschah nichts in der Banca Rasini unter Berlusconis Leitung.

Bemerkenswert ist nun aber darüber hinaus, dass diese Firmen nach dem Ausscheiden von Luigi Berlusconi aus der Banca Rasini und dem Ende Michele Sindonas als Bankier 1976 eine Geschäftsumwandlung erlebten, und zwar von der »Anstalt« in eine »Aktiengesellschaft«. Am Ende der Kette lässt sich der Besitz der drei Liechtensteiner Firmen eindeutig zuordnen: Sie alle gehören Felice Rovelli, dem Erben des bankrotten Chemieunternehmers Nino Rovelli, der mithilfe Cesare Previtis, des persönlichen Anwalts von Silvio Berlusconi, den italienischen Staat um netto 670 Milliarden Lire erleichterte.

Eine Bank, die Berlusconis Aufstieg von der ersten Stunde an finanziell begleitet hat, erweist sich nach einer Reihe von Übergaben der Kontrolle, nachvollziehbar durch die Wechsel der Treuhänder, als nahezu hundertprozentig kontrolliert von der Familie Rovelli – derselben Familie, die wiederum Nutznießer eines gigantischen Betrugs zulasten des italienischen Staates wurde. Das sind ein paar Zufälle zu viel.

Es wird Aufgabe der italienischen Justiz sein, dieses Knäuel zu entwirren, zu begreifen, ob es dabei eine Kompensation von Interessen, ob es ein Do ut des gegeben hat. Eine solche Vermutung drängt sich auf und wäre aus den hier vorgelegten Zusammenhängen durchaus denkbar, ist aber bislang nicht gerichtsfest bewiesen.

Kehren wir zum »großen Betrug« zurück, den die Justiz Italiens bereits in zwei Instanzen als erwiesen angesehen hat. Tribunal und Appellationsgericht von Mailand haben die Beweisführung der Staatsanwaltschaft für korrekt angesehen. Offen ist zum Zeitpunkt der Drucklegung dieses Buches nur noch die Bestätigung durch das Kassationsgericht in Rom, welches nicht mehr in die Beweisaufnahme eintreten darf, sondern die Urteile auf die Einhaltung der allgemeinen Rechtsnormen und logische Konsistenz überprüft: Deswegen sagt man auch, die beiden ersten Gerichtsinstanzen sind die des »Inhalts«, die dritte ist die Überprüfung der korrekten Form. Es ist dies ein überaus umständlicher und langwieriger Weg, aber in Italien Tradition. Geschickte Anwälte schaffen es regelmäßig, die gerichtliche Auseinandersetzung vom ersten bis zum letzten Tag des Gesamtverfahrens auf gut sieben Jahre hinauszuzögern. Wenn man dazu bedenkt, dass Berlusconi mit seiner Rechtsreform vom November 2005 die Verjährungsfristen für die meisten der »White-Collar«-Verbrechen von zuvor fünfzehn auf sieben Jahre herabgesetzt hat, dann ist die Dramatik der Lage klar.

Im Falle des »großen Betrugs« ist Silvio Berlusconi niemals ein Verdächtiger gewesen. Auch waren die Summen, die bei den Verfahren mit ihm flossen, ungleich geringer. Nach den

Erkenntnissen des Mailänder Gerichts wurden nicht mehr als zusammen 2 732 862 Dollar überwiesen. Sie kamen von Berlusconis Firma Fininvest und gingen auf das Konto »Mercier« von Cesare Previti, von dort wurden dann 15 000 Milliarden Lire auf das Konto »Careliza« von Anwalt Giovanni Acampora überwiesen und weiter 400 000 Millionen Lire in bar an Richter Vittorio Metta.

Das waren Peanuts, verglichen mit den Summen, um die es im Fall IMI-SIR nun geht: 10,016 Prozent der netto beim italienischen Staat unrechtmäßig abkassierten Summe von 678 334 053 670 Lire sollen am Ende bei der Gemengelage aus korrupten Richtern und Anwälten landen, so hat das Gericht die Kontobewegungen zwischen Italien und der Schweiz haarfein rekonstruiert. Da gehen auf Cesare Previtis Konto 21 Milliarden Lire ein, 13 Milliarden Lire bei Giovanni Acampora und 33 Milliarden Lire bei Attilio Pacifico – zusammen fast 68 Milliarden Lire, in Euro umgerechnet etwa 34 Millionen Euro.

Im Vergleich zu Straftaten dieser Dimensionen erscheinen die Delikte Bestechlichkeit und illegale Parteienfinanzierung unseres Helden aus dem vorigen Kapitel, Frigerio, geradezu als Kavaliersdelikte. Dass ein Anwalt, jahrelang persönlicher Berater Berlusconis, zusammen mit einer Reihe von weiteren seiner Kollegen und einigen der höchsten Richter des Landes wegen eines so schweren Delikts verurteilt wurde und nicht sofort seinen Rücktritt von allen politischen Ämtern angeboten hat, ist in einer Demokratie für Abgeordnete einer Partei, die sich wie die *Forza Italia* als Erbin der großen christdemokratischen Tradition ansieht und innerhalb Europas Mitglied der Union der Europäischen Volksparteien ist, fürwahr unfassbar. Dass hier kein Druck seitens der Schwesterparteien ausgeübt wurde, ebenso.

Unnötig zu sagen, dass kein italienischer Fernsehsender, weder staatlich noch privat, weder groß noch klein, auch nur eine einzige Reportage über die eben beschriebenen Fälle zeigte.

Richtig ist natürlich, dass alle Beschuldigten, auch die bereits in zwei Instanzen verurteilten Angeklagten, bis zur rechtskräftigen Wirksamkeit der Urteile als unschuldig zu gelten haben. So hat Previti immer wieder Berufung eingelegt. Doch juristisch befindet er sich in einer fast aussichtslosen Lage: Vier Verurteilungen wegen Richterkorruption hat er schon erlitten. Zweimal wurde er vom Tribunal verurteilt, und nach der zweiten Entscheidung des Appellationsgerichts von Mailand am 2. Dezember 2005 ist er auch bereits zweimal vom jeweiligen Appellationsgericht – der Berufungsinstanz – verurteilt worden.

»Das ist eine geplante Hinrichtung«, kommentierte Previti nach dem Urteil in der Berufung (Fall SME) am 2. Dezember 2005. »Ich werde weitermachen, um zu beweisen, dass das System der italienischen Justiz tot ist.«[1]

Zeit gewinnen, Zeit gewinnen!

Die Prozessführung des Anwalts, der über Jahre mit allen Mitteln versucht hat, das Verfahren in Mailand in die Länge zu ziehen, hat bei jedem unabhängigen Beobachter den Schluss nahe gelegt, dass es ihm niemals um ein schnelles Urteil gegangen ist, welches die von ihm beteuerte Unschuld sofort festgestellt hätte, sondern darum, Zeit zu gewinnen, um die Verjährung der Straftaten zu bewirken und auf diese Weise durch die Maschen des Gesetzes zu huschen.

Der kluge Cesare Previti, Sohn des Anwaltes Umberto Previti, Gründers der Berlusconi-Firma Fininvest, begeht mit dieser Verteidigungsstrategie keinen Rechtsbruch. Er nutzt nur die Schlupflöcher der geltenden Gesetze so gut aus, wie er kann. Da er ein Meister seines Fachs ist, als Anwalt in Rom berühmt dafür, auch verzweifelte Fälle auf glückliche Weise zum Erfolg zu bringen, weiß er genau, was er tun muss.

Während das deutsche Recht (Paragraphen 78 ff. BGB) bei einer Strafe von mehr als zehn Jahren Haft wie bei Previti eine

Verjährungsfrist ab Beginn der Tat von 25 Jahren festlegt, ist das italienische Strafrecht milder: Es galten fünfzehn Jahre in diesem Falle – vor der Gesetzesänderung durch Berlusconis und Previtis Mehrheit im Parlament, die diese Fristen Ende November 2005 auf sieben Jahre herabsetzen sollte. Geradezu eine Aufforderung an betuchte Zeitgenossen mit krimineller Energie und vielen Anwälten ist aber das Fehlen einer Rechtsnorm wie im deutschen Strafrecht, nämlich der so genannten Verjährungsunterbrechung (Paragraph 78c StGB) bei laufender Rechtsverfolgung. Es ist die direkte Einladung, den Prozess so lange dauern zu lassen, bis auch eine rechtsgefährliche Straftat verjährt ist, besonders wenn die skrupellosen Nabobs vielleicht noch in der Lage sind, die ohnehin schon kürzeren Verjährungsfristen noch einmal für sich zu verkürzen, weil sie über die Parlamentsmehrheit verfügen. Wiederholungstäter der einfacheren Art, Straßenkriminelle, Einbrecher und ähnliche Delinquenten werden mit der ganzen Härte des Gesetzes getroffen. Nach Schätzungen des italienischen Selbstverwaltungsrates der Justiz (CSM)[2] muss damit gerechnet werden, dass die Anzahl der Häftlinge, die ihre Strafe hinter Gittern abbüßen, um rund 20 000 auf dann über 80 000 Insassen der »Vaterländischen Galeeren«, wie die Gefängnisse im Italienischen wohl in Erinnerung an die altrömischen Zeiten auch genannt werden, anwachsen würde. Diejenigen aber, die es schaffen, die Verjährungsfristen mit aufwendiger Herumprozessiererei zu erreichen, dürfen sich dann freuen.

So haben auch die Protagonisten dieses gigantischen Justizskandals um die Entschädigungszahlung der staatlichen IMI-Bank an die Erben des bankrotten Chemieunternehmers Nino Rovelli sicherlich nicht die Hoffnung aufgegeben, dass auch sie noch in den Genuss der Verjährung kommen werden.

Der Mann im Mittelpunkt des Skandals ist ebenjener ehemalige Verteidigungsminister Italiens in Berlusconis erster Regierung 1994 und Vertrauensanwalt Cesare Previti. Er wurde in erster Instanz und in der Berufung in Mailand für den unzweifelhaften größten Betrugsfall zuungunsten des Staates und für die größte jemals vor Gericht festgestellte Korruptionszahlung in der Geschichte Italiens verurteilt. Nur so erklärt sich auch das enorme Strafmaß gegen Previti von elf Jahren Haft in der ersten Instanz, sieben Jahre im Berufungsprozess.

Der Fall beginnt 1982. Die Erben des Chemieunternehmers Nino Rovelli, der 1982 Bankrott gemacht hat, sind vier Kinder und seine Witwe. Auf der Anklagebank landen sollen der Sohn Felice Rovelli und die Witwe Nino Rovellis, Primarosa Battistella.

Es war der Überweisungsbeleg aus dem Jahre 1994 über 240 Millionen Lire von Felice Rovelli auf ein Konto des römischen Anwalts Attilio Pacifico, rechte Hand von Cesare Previti, der den Stein ins Rollen brachte. Gefunden hatten ihn Mitglieder der Spezialeinheit der Polizei zur Bekämpfung der Wirtschaftskriminalität, SCO, bei einer Durchsuchung am 12. März 1996 im Büro des Anwalts Attilio Pacifico. Schnell wird den Ermittlern klar, dass es um etwas sehr Großes geht. Um was, wird bald deutlich.

Machen wir noch einen Sprung zurück in der Zeit – in Italien muss man ein gutes Gedächtnis und ein noch besseres Archiv haben, um das Land zu verstehen. Werfen wir einen Blick in die Geheimnisse der römischen Richterkorruption, wie sie aus den Dokumenten des Prozesses sichtbar geworden ist.

Anfang der achtziger Jahre macht der Chemie-Industrielle Nino Rovelli Pleite. Er kommandierte ein kleines Firmenimperium um die SIR-Rumianca. Am Ende klafft ein Loch von 3500 Milliarden Lire in der Firmenkasse. Rovelli, zeitlebens ein großzügiger Spender für die Parteiströmung von Giulio Andreotti innerhalb der *Democrazia Cristiana*, macht für seinen Niedergang das staatseigene IMI (Istituto Mobiliare Italiano) verantwortlich, welches ihm entgegen der Absprachen die Kredite gesperrt und somit in den Ruin getrieben habe.

1986 urteilt das Gericht von Rom zugunsten Nino Rovellis. Schauen wir darauf, wie das erste, für Rovelli günstige, Urteil zustande kommt und wer es fällt. Der römische Richter Filippo Verde ist ein guter Freund von Cesare Previti. Attilio Pacifico ist Anwaltskollege im Büro Previti und der Mann, der den Richter Verde aushält, ihm teure Handys schenkt, Hotels bezahlt und immer wieder ein paar hundert Millionen Lire auf dessen Konto (Master 811) in der Schweiz überweist. Die Beisitzerin vor Gericht mit Namen Aida Campolongo gilt als treue Parteigängerin von Richter Verde, der zweite Beisitzer ist ein ehemaliges Mitglied der Geheimloge P2 und unterhält ein Auslandskonto in Monte Carlo, auf das zumindest eine Zahlung von 200 Millionen Lire durch Pacifico erfolgte, wie die Ermittlungen ergaben, wenngleich der kausale Zusammenhang mit der Entscheidung des Gerichts nicht bewiesen werden konnte. Es bleibt in jedem Fall jedoch ein seltsamer Umstand, dass ein Richter des römischen Gerichts Geld von einem Anwalt am gleichen Tribunal erhält und dann über Fälle mitentscheidet, die dieser Anwalt vertreten wird. Doch das ist noch längst nicht alles, es ist erst der Anfang.

Der Nebelhafen

Das Zivilgericht hatte Rovelli also in der ersten Instanz Recht gegeben, nun liegt die Entscheidung über die Höhe der Entschädigung 1989 bei einem anderen Richter, Carlo Minniti. Der steht auf keiner Payroll und ist kein Mitglied des Freundeskreises Previti. Er studiert die Unterlagen und kann nur mit Bedauern feststellen, dass sich seine Richterkollegen wohl vertan haben müssen, und entscheidet, dass gar kein Anspruch auf Entschädigung vorliegt, dass das erste Urteil ein Irrtum war. Doch dann passiert etwas Seltsames, in diesem Gerichtshof von Rom, der sich in Italiens Justiz den Beinamen *porto delle nebbie*, »Nebelhafen«, verdient hat: weil man genau weiß, wann eine Klage »im ›Hafen‹ eingereicht« wurde, aber man dann nie mehr erfahren wird, was aus ihr geworden ist. Weil sie eben im dichten Nebel des römischen Gerichts verschwindet.

Doch zurück zur wenig erbaulichen Geschichte darüber, wie man in Rom Urteile kaufen kann, nacherzählt aus den Akten der Mailänder Staatsanwältin Ilda Boccassini. Der wackere Richter Minniti hat sich also entschlossen, den Fall wieder neu aufzurollen. Denn das Urteil seiner Kollegen hielte keiner Überprüfung stand. Doch am Vortage des Gerichtstermins ruft ihn plötzlich Carlo Sammarco zu sich, der Präsident des Appellationsgerichtshofes von Rom, obgleich dieser überhaupt nicht mit dem Fall befasst ist. Schließlich sind wir hier juristisch noch auf einer Ebene tiefer angesiedelt. Sammarco ist auch keineswegs der Vorgesetzte von Minniti. Doch Sammarco befragt ihn direkt, wie er am Folgetag urteilen wolle. Minniti versteht nicht, warum Sammarco ihn das fragt, denkt sich aber nichts dabei und erzählt seinem höherrangigen Kollegen treuselig, wie er entscheiden wolle: gegen Rovelli.

Nun passiert das Seltsame. Am 4. April morgens ist alles bereit zur Gerichtsverhandlung, als Minniti einen dringenden Anruf aus dem Justizministerium bekommt. Er müsse unbedingt an einer Sitzung über den Bau von neuen Gefängnissen teilnehmen, und die Sitzung sei unaufschiebbar. Minniti bittet eine junge Kollegin, ihn für einen Augenblick zu vertreten, er müsse ins Ministerium. Die »Sitzung« dort stellt sich als »heiße Luft« heraus, es passiert rein gar nichts, es wird noch nicht einmal ein Sitzungsprotokoll erstellt. Minniti rennt daraufhin zurück ins Gericht an der Piazzale Clodio und stellt fest, dass die junge Kollegin keineswegs auf ihn gewartet, sondern schnell entschieden hat: auf 670 Milliarden Lire Entschädigung für Nino Rovelli.

Und wer ist die junge Kollegin, die sich da eilfertig an die Stelle von Richter Minniti gesetzt und, seine Anweisungen missachtend, den Fall ruck, zuck entschieden hat? Man mag es kaum fassen. Das ist Aida Campolongo, die bereits am für Rovelli günstigen Urteil des Zivilgerichts als Beisitzerin mitgewirkt hatte. Nun legt sie auch noch die Höhe des Schadenersatzes fest – übrigens genau die Summe, die später, Jahre später, ausgezahlt werden soll. Kafka bräuchte heutzutage nur als Gerichtsreporter in Rom zu arbeiten, da müsste er seine Phantasie nicht mehr bemühen.

Der Funktionär aus dem Justizministerium, der Richter Minniti so dringend aus dem Gericht abberufen hat, war der Vorsitzende Richter aus dem Zivilgericht Filippo Verde. Der war in der Zwischenzeit Kabinettschef beim Justizminister Giuliano Vassalli geworden: ein Mann, den wir in den Akten des Gerichts als Zahlungsempfänger in der Schweiz wiederfinden.

Das staatliche IMI, eine Bank zur Förderung der Industrie, mag ja manche Sünden auf sich geladen haben, darunter die, Rovellis defizitäre Firmen überhaupt jemals unterstützt zu haben. Aber deren Direktoren haben es 1990 schon begriffen, dass sie den Erben von Nino Rovelli, er stirbt im Jahre 1990, nicht 670 Milliarden Lire Steuergelder hinterherwerfen dürfen. Also geht das IMI – der italienische Staat mithin – in die Berufung und bekommt in den beiden nächsthöheren Berufungsinstanzen Recht. Doch die Seltsamkeiten hören nicht auf. So nimmt der römische Appellationsgerichtshof im November 1990 das Urteil der ihm übergeordneten Instanz, des Kassationsgerichts, nicht zur Kenntnis und urteilt, dass den Erben von Nino Rovelli die Entschädigung von nunmehr rund 1000 Milliarden Lire zustehen würde. Und wer schreibt dieses Urteil? Ein Richter, Vittorio Metta, enger Freund von Giovanni Acampora, der bereits das Urteil in der Auseinandersetzung um das Eigentum am Verlagshaus Mondadori zugunsten von Silvio Berlusconi geschrieben hat – hier berühren sich die beiden Fälle von Richterbestechung, wie die Judizes in Mailand deutlich unterstrichen haben.

Wir erinnern uns, Metta war der Richter mit der schnellen Hand, der es geschafft hatte, ein Urteil in Rekordzeit von wenigen Tagen zu verfassen, mit dem Erfolg, dass das Verlagshaus

Mondadori doch noch in die Hände von Berlusconi übergeben werden musste. Einer, der natürlich auch sein braves Schweizer Konto hatte. Ein Richter, der kurz nach der Urteilsverkündung in den Ruhestand geht. Ein goldener Ruhestand: Kaum ist er außer Dienst, bekommt er einen Beratervertrag beim Büro von Silvio Berlusconis bestem Anwalt – bei Cesare Previti. 100 Millionen Lire pro Jahr kassiert er. Endlich ganz legal.

Doch die Staatsbank IMI lässt immer noch nicht locker. Wieder wendet sie sich an den Kassationsgerichtshof. Und hier passieren nun Dinge, die sich kein Krimiautor ausdenken dürfte. So unglaublich an den Haaren herbeigezogen lesen sie sich. Dabei ist all das wirklich passiert.

Die Anwälte der Firma SIR-Rumianca (der Familie Rovelli) verlangen vom Sekretariat des Kassationsgerichtshofes eine Kopie aller Unterlagen des Falls. Das sind Zehntausende Seiten. Obwohl sie bereits alle Akten haben. Was soll das also? Neue Umstände sind ja nicht hinzugekommen. Dann stellen sie einen sehr seltsamen Antrag: Das Gericht möge genauestens prüfen, ob auch wirklich allen Unterlagen, allen Zehntausenden Seiten, ein kleines Zettelchen der Gegenpartei, also der Anwälte der beklagten Staatsbank IMI, beigefügt wäre, welches aus formalen Gründen nötig ist, die so genannte Prokura für den laufenden Streit: *procura speziale at litem.*

Das ist eine sehr seltsame Anfrage. Bei diesen Zettelchen handelt es sich um Blätter, die der Anwalt in einem Verfahren den Unterlagen hinzufügt und die vom Auftraggeber der Klage unterschrieben werden als Beweis dafür, dass der Anwalt auch wirklich den Auftrag des Klienten hat. Eben dessen »Prokura«. Was sollte diese Anfrage, was sollte das? Es war doch klar, dass die Anwälte des IMI in dessen Auftrag handelten! Schließlich dauerte die gesamte Klage schon über zehn Jahre – die Anwälte und alle Parteien im Streit waren einander bekannt.

Natürlich gab es einen Hintersinn. Was so sinnlos daherkam wie ein Trick, um eine Woche Zeit zu gewinnen – denn so lange würde es dauern, bis mehrere Bedienstete des Kassationsgerichtes alle Seiten überprüft hätten –, war ein echter Torpedo für das ganze Urteil. Es war der letzte, verzweifelte, wenn auch gut gezielte Kunstgriff, um den Erben von Nino Rovelli doch noch zum Sieg über den Staat zu verhelfen – und die Staatskasse um netto 670 Milliarden Lire zu erleichtern.

Dem Antrag der Anwälte von Felice Rovelli und seinen Miterben muss natürlich stattgegeben werden, und so kontrollieren die ebenso verwunderten Richter am Kassationsgerichtshof diese kleinen Zettelchen am Rande der Akten. Merkwürdig, die Anwälte der Rovelli müssen es geahnt haben: Da fehlen nicht wenige dieser Zettelchen.

So verliert der Staat wieder eine Runde, und die Rovelli gewinnen.

Die Staatsbank gibt sich noch nicht geschlagen. Die betrogenen Anwälte erstatten Anzeige gegen unbekannt wegen der verschwundenen Unterlagen. Eigentlich sind die verschwundenen Zettelchen an allen Unterlagen eine belanglose Formalität – in diesem Falle aber haben sie den Wert eines nach dem geltenden Recht in Italien hochexplosiven *cavillo*, wie auf Italienisch die juristische Haarspalterei heißt, welche nach den sehr formalen Normen der Strafprozessordnung den ganzen Fall zum Einsturz bringen kann.

Das Ringen im Kassationsgerichtshof geht dann noch bis zum 27. Mai 1993 weiter, nach dem ausgebooteten Richter Minniti werden auch die unabhängigen Richter Montanari, Visco, Scanzano und Corda aus den jeweiligen Kollegien gedrängt: Previti hat überall Freunde. Sobald sich ein für die Rovelli-Erben ungünstiges Richterkollegium gebildet hat, wird es mit dem einen oder anderen Vorwand torpediert. Das Kassationsgericht entscheidet gegen den Staat, für die Rovelli.

Doch die Rettung in letzter Minute naht: Am 31. Mai 1993 taucht wie durch ein Wunder, es wird anonym per Post zugeschickt, die verloren geglaubte *procura speziale at litem*, die den ganzen Reigen im Kassationsgerichtshof verursacht hat, plötzlich wieder auf. Zwei der vier beisitzenden Richter sind für die

Wiederaufnahme des Falls, zwei dagegen. Der Vorsitzende Richter entscheidet dagegen. Der Fall ist geschlossen, der Staat wird zur Kasse gebeten.

Am 13. Januar 1994 zahlt das IMI – der italienische Staat – die unerhörte Summe von 1000 Milliarden Lire aus. Abzüglich Steuern verbleiben den Erben Rovellis rund 670 Milliarden Lire, die sie sich in die Schweiz überweisen lassen. Genau die Summe, die schon in der ersten Instanz von der Beisitzerin des ersten Prozesses festgelegt worden war.

Wie kommen die drei Anwälte dazu, das Geld einzukassieren? Gibt es einen Vertrag zwischen den Rovelli, Previti, Acampora und Pacifico? Nein, diesen Beweis gibt es nicht. Es war eine Ehrensache unter Männern – und einer Witwe. Noch auf dem Sterbebett hatte Nino Rovelli seiner Frau Primarosa Battistella den Auftrag gegeben, im Falle eines guten Ausgangs der Klage dem Anwalt Pacifico und dessen Kollegen 10 Prozent des Gewinns auszuschütten. Das sei die Abmachung gewesen. Die Witwe kennt die Anwälte nicht einmal, aber pacta sunt servanda, unter Ehrenmännern.

Nach dem Begräbnis nehmen Sohn Felice Rovelli und seine Mutter Kontakt zu Anwalt Pacifico auf, und der sagt den beiden, wie viel jeder zu bekommen habe. So sei es abgemacht. Und so passiert es auch. Nachdem sie kassiert haben, zahlen die Erben, ohne mit der Wimper zu zucken. Wieso? Offiziell waren die Professoren Mario Are und Michele Giorgianni die Anwälte der Rovelli. Auch sie wurden natürlich bezahlt, auch sie steuer»frei« im Ausland. Aber sie erhielten sehr viel weniger als das Trio der Strippenzieher im Hintergrund.

Weder Previti noch Acampora oder Pacifico haben die Korruption gestanden. Previti behauptete, die Gelder für anwaltliche Leistungen erhalten zu haben. Ja, es sei Steuerhinterziehung, die habe er begangen. Aber nicht mehr. Die wäre natürlich längst verjährt. Sowohl das Tribunal als auch der Appellationsgerichtshof glaubten ihm diese Ausrede nicht. Wenn man bedenkt, dass Berlusconi diesen Mann 1994 zuerst zum italienischen Justizminister machen wollte, nur das Veto des damaligen Staatspräsidenten hatte ihn daran gehindert, dann kann jedem Verfechter des Rechtsstaats nur »blümerant« werden – vor allem auch angesichts der Tatsache, dass dieser Mann ein glühender Anhänger Mussolinis ist.

Auch die Anwälte Acampora und Pacifico erklären die Einzahlungen mit Anwaltsleistungen. Ohne jedoch konkret werden zu können. Natürlich haben die betroffenen Richter Squillante, Verde und Metta ebenfalls jegliche Verwicklung weit von sich gewiesen. Während die Gerichte mit Metta und Verde milder umgingen und sie im Appellationsgerichtshof aus dem Verfahren ausschieden, blieben die Richter weiterhin von der Schwere der Schuld und der zentralen Rolle Squillantes überzeugt.

Über zehn Jahre nachdem die Rovelli-Erben die Riesenentschädigung von 670 Milliarden Lire einkassiert haben, hat der italienische Staat einen ersten Schritt unternommen, sich das Geld wieder zurückzuholen. Eine Folge der Entscheidung des Gerichts vom 29. April 2003 ist es, dass dem Rechtsnachfolger der geschädigten IMI-Bank, das Bankinstitut San Polo, eine Entschädigung in der Höhe von 516 Millionen Euro zugesprochen wurde, zahlbar seitens der Rovelli-Erben und des Anwalts Cesare Previti. So hat das Zivilgericht von Monza, zuständig für die Entschädigung, am 8. Dezember 2004 die gesamten Aktien der Schweizer Banca Commerciale aus Lugano beschlagnahmen lassen. Die Beschlagnahme durch die IMI-Bank zum Schutze des Kreditanspruchs sei gerechtfertigt, schrieb das Gericht in Monza, weil die Witwe Rovelli, Primarosa, ihre Aktien an der Bank aus Lugano zu 100 Prozent an ihre Kinder Osca, Anna Rita und Angela Ursula verschenkt hatte. Auf diese Weise wären die Gläubiger leer ausgegangen. Das Gericht befand, dass die Rovelli-Witwe so »einen erheblichen Teil ihres Vermögens« entziehen wolle zugunsten der drei Kinder, die nicht als Angeklagte im Prozess auftreten mussten.

Silvio Berlusconi hat der Kontrolle der Medien geradezu manisch seine Aufmerksamkeit gewidmet. Umso größer war sein Ärger, als er nach der Regierungsübernahme im Jahr 2001 immer wieder von Ferruccio de Bortoli, dem Chefredakteur der damals größten Tageszeitung Italiens, des *Corriere della Sera*, kritisch unter Beschuss genommen wurde. Sehr höflich, sehr distinguiert, aber eben nicht wohlwollend. De Bortoli war dem *Cavaliere* ein Dorn im Auge.

Und für de Bortoli war der Interessenkonflikt zwischen einem Regierungschef und seinen Anwälten, die im Parlament Gesetze einbringen, deren erster Nutznießer der Regierungschef ist, ein Stein ständigen Anstoßes. Am 31. Juli 2001 schrieb de Bortoli einen Leitkommentar, in dem er Berlusconi aufforderte, »die Bürger von dem unangenehmen Eindruck zu befreien, dass das Parlament nur als Instrument gegen die Justiz benutzt wird«. Möge er doch bitte die »ehrwürdigen Winkeladvokaten« in die bitter nötigen Ferien schicken, denn sie schienen mehr um ihre Anwaltshonorare bemüht zu sein als um die Geschicke des Landes.[3]

Obgleich de Bortoli niemanden bei Namen genannt hatte, sondern nur ganz allgemein von »ehrwürdigen Winkeladvokaten« sprach, protestierten zwei der Anwälte Berlusconis und gleichzeitige Parlamentarier, Cesare Previti und Niccolò Ghedini, sofort und verklagten de Bortoli wegen Verleumdung. Wieso haben sie sich in der Beschreibung de Bortolis wiedererkannt? Das fragte sich jeder.

Für die Herren schlug die mäßige, noch freundlich als Ratschlag an Berlusconi verpackte Kritik schon weit über die Stränge. Mit Dauerbriefen, Beschwerden, immer wieder abwechselnd auch mit freundlichen Einladungen zum Nachgeben vom Typ »Und wann gehen wir einmal zusammen essen?«, wie Previti an de Bortoli schrieb, der natürlich sehr »unrömisch« mit Mailänder Stolz antwortete: »Mit Ihnen sicher niemals …«, gab Chefredakteur Ferruccio de Bortoli, ermüdet vom Klima des Guerillakampfes gegen ihn, nach einem enormen Abnutzungskrieg von fast zwei Jahren Dauer auf. Die Eigentümer des *Corriere della Sera* sind verschiedene Großunternehmer Norditaliens, die es nicht wagen mögen, gegen den Mächtigsten unter ihnen aufzustehen.

Nachdem de Bortoli begriffen hatte, dass er allein stand, reichte er am 29. Mai 2003 den Rücktritt ein. Die alte Garde der gestandenen Journalisten im *Corriere della Sera*, immer das Flaggschiff des italienischen Journalismus, ist entsetzt. Ein großer Schriftsteller und Journalist wie Corrado Stajano verlässt aus Protest den *Corrierone*, den großen Kurier, wie ihn die Kollegen immer liebevoll nannten: »Ich trete zurück aus Protest gegen die Arroganz der Regierung und ihrer Minister, aus Protest gegen die unterwürfigen Eigentümer, gegen die Gleichgültigkeit, gegen die Einmischungen, die von oben kommen und die Gift für den unabhängigen Journalismus sind.«[4] Sollte wieder eine neue Zeit des Niedergangs begonnen haben wie Ende der siebziger Jahre, als Männer der P2-Loge de facto den *Corriere* beherrschten, als die Aktienmehrheit im Vatikan bei Erzbischof Casimir Marcinkus gelandet war?

Den Premier im Regierungspalast Chigi in Rom hat's nicht gekümmert. Mit Sicherheit. Hauptsache, die im Jahre 2005 nach *La Repubblica* zweitgrößte Tageszeitung Italiens, ein Blatt, das für Italiens Unternehmerschaft absolut meinungsbildend ist, war nicht mehr auf offen kritischem Kurs. Wieder ein Ziel abgehakt.

Vom Rechtsstaat zu den Gesetzen ad personam … und ad cadaverem

Nach fast fünf Jahren an der Macht hat sich nichts so sehr verändert wie der italienische Rechtsstaat. Der Jurist Franco Cordero nannte dies die Umwandlung »des italienischen Staates in den Kleinkrämerladen eines Mannes«. Das Rechtssystem Berlusconis hat die Grundfesten des Rechtsstaates erschüttert, grundsätzlich zugunsten des Regierungschefs und seiner Freunde. Das neue italienische Recht ist ein Codex ad divum Berlusconem. »Es hat noch niemals ein demokratisches Land gegeben, in dem es eine so dichte Vermischung zwischen wirtschaftlicher und politischer Macht gegeben hat wie in Italien seit 2001«, schreibt Professor Fabio Armao in einem analytischen Buch über die Versprechen der Regierung Berlusconi.[5]

Doch nicht nur die großen Gesetze wie die um die Verjährung oder die deutliche Verringerung der Strafmaße bei Bilanzfälschung haben den enormen Rückenwind im Parlament gehabt, Berlusconi hat wie ein antiker Kaiser alle Aspekte seiner Interessen im Auge gehabt: Per Dekret wurde seine Privatvilla »La Certosa« in Sardinien, alle Villen, die er sonst wo besitzt, die seiner Familienangehörigen und die seiner Mitarbeiter, vor allen sonstigen polizeilichen Ermittlungen mit einer undurchdringlichen Mauer geschützt – für sie gilt nun das Staatsgeheimnis.

Außerdem hat Berlusconi nicht nur Gesetze ad personam, sondern, wie in Rom gescherzt wird, auch ad cadaverem erlassen: Die seinem Leichnam »nützliche« Gesetzesänderung betrifft die Möglichkeit, sich auch im eigenen Garten begraben zu lassen, eine Änderung des Code Napoléon, nach dem dies seit zweihundert Jahren verboten war, wie wir in Kapitel 6 erzählten.

Ganz ungewöhnlich ist auch eine der selten betrachteten Gesetzesänderungen, die mit dem Vermerk »eilbedürftig und schnell« durchs Parlament gejagt wurden, welcher dem Gesetz den Vorrang vor anderen bei der Beratung garantiert. Dabei ging es diesmal nicht um Probleme mit der Justiz, sondern ganz einfach um Einfuhrbestimmungen für Skorpione und Spinnen nach Italien. Warum dies nun wieder? Auf den Gängen des Parlaments kann man auch dafür eine Erklärung hören: Berlusconi hat eine Spinnenphobie. Also war dies ein dringendes Problem.

Silvio Berlusconi hat offiziell keine Vorstrafen. In keinem Register der Welt, also auch nicht im italienischen, stehen Daten über Ermittlungen, Einstellungen wegen Mangels an Beweisen, Amnestien, Verjährungen.

Dort steht nicht die Verurteilung vor dem Appellationsgericht von Venedig wegen einer Falschaussage unter Eid vor ebendiesem Gerichtshof, wegen der Mitgliedschaft in der Geheimloge P2. Das Urteil von 1990 wurde annulliert, weil die Generalamnestie von 1989 noch wirkte und Berlusconi nicht freiwillig auf ihr Wirken verzichtete.

Dort steht nicht, dass Silvio Berlusconi in Mailand erstinstanzlich wegen der Bestechung von Angehörigen der Steuerpolizei verurteilt worden ist, um die Kontrollen bei vier seiner Firmen »weicher« zu machen. Das Berufungsgericht erkannte »allgemein mildernde Umstände« an, wodurch drei der vier Korruptionsfälle sofort verjährten, für den übrig gebliebenen Fall der Kontrollen bei der Firma Telepiù wurde Berlusconi dann aus Mangel an Beweisen freigesprochen – in dubio pro Silvio.[6]

Dort steht nicht, dass Silvio Berlusconi die größte (nachgewiesene) illegale Parteienfinanzierung veranlasst hat, deren Zahlung auch in keiner Weise von einem Gericht angezweifelt wurde. Berlusconi zahlte 21 Milliarden Lire über die Konten der geheimen Schweizer Auslandsfirma All Iberian. In erster Instanz wurde Berlusconi dafür zu zwei Jahren und vier Monaten Haft verurteilt. In der Berufung stellte man das Verfahren wegen der mittlerweile erfolgten Verjährung ein. Der Zahlungsempfänger Bettino Craxi wurde in diesem Falle zu vier Jahren Haft verurteilt.

Dort steht nicht, dass Berlusconi im Zusammenhang mit der Gründung zahlreicher Firmen in Finanzparadiesen der ganzen Welt in Mailand der Bilanzfälschung seiner Firma Fininvest angeklagt wurde.[7]

Dort steht nicht der so genannte Fall All Iberian 3. Dabei geht es um die Ermittlungen, die ihren Ausgangspunkt immer von der gleichnamigen Firma in der Schweiz genommen haben, nun aber das weltweite Netzwerk der Berlusconi'schen Briefkastenfirmen betreffen, die so genannte »Group B«, wie bereits ausführlich im Kapitel 14 und auch 15 behandelt.

Dort steht nicht, dass Berlusconi dem Fußballverein Torino Calcio, dem kleineren Konkurrenten des AS Turin, 6 Milliarden Lire in Schwarz gezahlt hat, um den Transfer des Spielers Luigi Lentini zum Berlusconi-Club AS Milan zu ermöglichen. Der Fall wurde wegen Verjährung eingestellt.

Dort steht nicht, dass Berlusconi »nicht rechtskonforme Handlungen« beim Kauf der Kinokette Medusa unternommen hat, derentwegen er von der Staatsanwaltschaft Mailand angeklagt und in erster Instanz zu einem Jahr und vier Monaten Haft verurteilt worden ist. In der Berufung wurde der Fall wegen Verjährung durch Anerkennung der allgemein mildernden Umstände eingestellt.

Dort steht nicht, dass er auch im Zusammenhang des Kaufs vom Gelände der Villa von Macherio – dort leben heute seine zweite Frau Veronica Laria und ihre drei Kinder – wegen fiskalischer Ungereimtheiten angeklagt wurde. Der Prozess wurde eingestellt.

Dort steht nicht der Fall um das Schiedsurteil »Mondadori«, wie bereits ausführlich erläutert wurde. Berlusconi erhielt aus Mangel an Beweisen einen Freispruch.

Dort steht natürlich auch nicht der Fall der Richterbestechung »SME«, in dem Berlusconi wegen Verjährung auch nicht, wie seine Mitangeklagten, in erster Instanz, verurteilt wird.

Dort steht nicht, dass die Staatsanwaltschaft Rom gegen Berlusconi ermittelt hat, weil er verdächtigt wurde, in seiner Funktion als Regierungschef ein Kartell zwischen dem Staatsfernsehen RAI, unter direkter Regierungskontrolle, und dem Privatfernsehen in seinem Besitz, Mediaset, begünstigt zu haben – zum Zwecke der gemeinsamen Aufteilung der Werbegelder im Fernsehen. Das Verfahren wurde wegen Mangels an Beweisen eingestellt.

Dort steht nicht, dass die Staatsanwaltschaft von Caltanissetta auch gegen Silvio Berlusconi wegen der politischen Beteiligung an der Bombenwelle in Italien von 1992/93 ermittelt hat. Die Bomben waren von Angehörigen der sizilianischen Mafia gelegt worden. In den Ermittlungen ging es um die Verbindungen der Cosa Nostra zu Politikern auf nationaler Ebene. Sie haben zu einer Reihe von interessanten Erkenntnissen über die durchaus vorhandenen Kontakte zwischen Mafiabossen und Politikern geführt. Für eine Anklage aber waren die Beweise zu dünn, das Verfahren gegen Berlusconi wurde eingestellt.

Dort steht nicht, dass gegen Silvio Berlusconi in Spanien ermittelt wurde. Zusammen mit Marcello Dell'Utri wurde ihm dort vom Madrider Untersuchungsrichter Baltasar Garzón Real vorgeworfen, die Regeln der spanischen Anti-Trust-Gesetze bei der Gründung des spanischen TV-Ablegers Telecinco verletzt zu haben ...

Die Rettung naht: Hollywood protestiert

Bald dürften alle Rechtsprobleme Berlusconis und seines Anwalts Previti beendet sein. Am 28. November 2005 verabschiedete das italienische Parlament ein Gesetz (Ex-Cirielli), welches die Strafmaße und die Verjährungen neu regelt. Begünstigt wären, man mag es kaum glauben, Silvio Berlusconi und Cesare Previti. Es ist damit zu rechnen, dass alle Prozesse gegen die beiden beendet sein dürften, sobald das Gesetz in Kraft tritt. Dazu ist nach der italienischen Verfassung die Unterschrift des Staatspräsidenten nötig, der als scharfer Kritiker des

Gesetzes gilt, weil es eben ein echtes Zweiklassenrecht schafft. Der Staatspräsident kann die Unterschrift verweigern, wenn er dringende Gründe hat, dass das Gesetz verfassungswidrig ist. Dann muss das Gesetz zur erneuten Beratung zurück ins Parlament. Das Parlament muss den Anmerkungen des Staatspräsidenten Folge leisten, wie das genau aussieht, ist aber nicht vorgeschrieben. Nach der erneuten Verabschiedung kann sich der Staatspräsident der Unterschrift nicht mehr entziehen.

An Kritik aus Italien ist Berlusconi gewöhnt. Aber dass Hollywood und die größten Softwarehersteller vereint gegen ein italienisches Gesetz protestieren – nämlich genau dieses –, das hatte es noch nicht gegeben in den Beziehungen zu den USA, dem Land seines Freundes George W. Bush.

Die MPAA, die größte Vereinigung der Kinoproduzenten, schrieb einen geharnischten Protestbrief an den italienischen Botschafter in Washington, Giovanni Castellaneta. Dem Protest schlossen sich die Musikindustrie und die Softwarefirmen der USA an.

In dem Brief wird das Gesetz »Ex-Cirielli«, in Italien eher »Rettet-Berlusconi-und-Previti-Gesetz« genannt, scharf kritisiert, weil es die Strafen für die Softwarediebe und Fälscher auf nachlässige Weise reduziere, wenn die verkürzten Verjährungsfristen viele Prozesse platzen ließen.

Im Brief heißt es, man sei empört, dass Delinquenten nun volle Straffreiheit bekämen, dies würde nur noch weiter zu Straftaten jener Art ermuntern.

Es sei noch einmal wiederholt: Hier geht es nicht um Briefkastenfirmen im Ausland, Richterbestechung oder Bilanzfälschung. Der US-Unterhaltungsindustrie geht es um den Diebstahl an ihrem Gewinn bringenden geistigen Eigentum, dem das neue italienische Gesetz Vorschub leisten würde.

Unterzeichnet ist der Protestbrief von Dan Glickman, dem Präsidenten der MPAA, der Firmen wie Walt Disney, Sony, Metro-Goldwyn-Mayer, Paramount, Twentieth Century Fox und Warner Bros. angehören. Für die Musikindustrie protestiert

David Israelite, Boss der NMPA, die achthundert Firmen vertritt, darunter auch Kolosse wie EMI. Seitens der Computerindustrie protestiert die »Business Software Alliance«, in der Apple, Avid, Cysco Systems, Dell, IBM und Intel zusammengeschlossen sind.

Viele Feinde auf der Welt für die eigene Freiheit!

Dabei wäre all das gar nicht passiert, also Silvio Berlusconi als Abgeordneter, Silvio Berlusconi als Regierungschef, Silvio Berlusconi als Retter seiner selbst wie dereinst Baron von Münchhausen.

Wie das?

Eine Zeitreise zurück ans Kriegsende, um Vater Luigi Berlusconi davon zu überzeugen, in der Schweiz zu bleiben, dort eine Existenz als Almbauer zu gründen, um dem Schicksal zu entgehen, Prokurist der Banca Rasini zu werden, den Aufstieg des Sohnes zu finanzieren und so alles auszulösen?

Keineswegs. Es wäre so einfach gewesen. Sogar heute ginge das noch – wenn man nur ein gültiges italienisches Gesetz von 1957 anwendete. Hätte anwenden wollen.

Der Paragraph 10 des Gesetzes Nummer 361 über die Wählbarkeit von Staatsbürgern vom 30. März 1957[8] erklärt, dass diejenigen »unwählbar sind, die entweder direkt oder als Vertreter von Firmen mit dem Staat in vertraglichen Beziehungen stehen, Konzessionen des Staates haben, die einen erheblichen wirtschaftlichen Umfang« einnehmen.

Nun steht nichts weniger zur Diskussion, als dass Silvio Berlusconi der Eigentümer der Fininvest ist, oder zumindest der gesetzliche Repräsentant der Firma, dass die Firma Fininvest die Medienfirma Mediaset kontrolliert und dass Mediaset über ausgedehnte TV-Konzessionen des Staates verfügt – das sind die Sendelizenzen, die Bettino Craxi Berlusconi einst per Dekret zugesprochen hatte und die dieser seitdem in Händen hält.

1996 bittet ein Komitee unter Leitung des emeritierten Wirtschaftsprofessors Paolo Sylos-Labini die Mitte-links-Mehrheit im damaligen Parlament darum, diese makroskopische Verletzung des geltenden Rechts dadurch zu heilen, dass Silvio Berlusconi der Parlamentssitz aberkannt werde.

Dazu müsste die Parlamentsmehrheit aber ein Privileg der Parlamentarier brechen, das sich aus dem Artikel 66 der italienischen Verfassung ergibt und das einst die Unabhängigkeit des Parlaments schützen sollte: dass sie nämlich nach der geltenden Rechtslage allein darüber entscheiden dürfen, ob ein Kandidat korrekt gewählt worden ist, also ohne Wahlfälschung, um es explizit zu sagen, oder ob ein Kandidat vielleicht gar nicht die Voraussetzungen hatte, ins Parlament gewählt zu werden. Oder ob Italien nicht so verfahren sollte wie viele andere Länder Europas, in denen die normalen Gerichte darüber entscheiden, ob eine Wahl rechtmäßig abgelaufen ist oder nicht.

Das Komitee Sylos-Labini bereitete dem Parlament also ein Problem, dessen rechtzeitige Lösung dieses Kapitel der meisten Inhalte beraubt hätte: Die Bestechungen wären Bestechungen geblieben, aber es wären keine Fälle gewesen, die das Parlament über Jahre in Atem gehalten hätten. Es hätte keinen Fall Frigerio und auch keinen Fall Berlusconi und auch keine beleidigten Winkeladvokaten gegeben, weil diese mutmaßlich gar keinen Grund gesehen hätten, ihre teure Zeit im Parlament zu verschwenden.

Leider reagierte die Mitte-links-Mehrheit des italienischen Parlaments von 1996 bis 2001 nicht auf die drängenden Appelle von Sylos-Labini.

Mit großer Erbitterung stellt der alte Professor für Wirtschaftslehre, eine Koryphäe auf seinem Gebiet, fest, dass die Linksdemokraten Berlusconi politisch legitimiert und direkt zu seinem Erfolg beigetragen haben. Und es sei ihnen ins politische Stammbuch geschrieben, dass die Millionen Stimmen, die Berlusconi bekommen habe, in einer Demokratie niemals die Verletzung von Gesetzen rechtfertigen könnten.

Jeder reagiert auf seine Weise. Dem Schweigen der Medien setzte Beppe Grillo, der Genueser Politsatiriker mit der Freude an der deutlichen Sprache, etwas entgegen. Seine Theaterauftritte sind immer ausverkauft, aber auch er steht auf der Liste der nicht im Fernsehen Vorzeigbaren. Jener Beppo Grillo veröffentlichte im November 2005 im *International Herald Tribune* unter dem Titel »Sauberes Parlament« eine Liste mit den Namen von 23 Parlamentariern, deren Urteile bereits rechtskräftig geworden waren. Einer von ihnen protestierte, weil er sich zu Unrecht auf der Liste fand, seine Steuerstrafsache sei schon vor fünf Jahren mit einem bloßen Bußgeld geendet, er sei nicht vorbestraft. Die anderen 22 haben sich nicht gemeldet.

Hier eine Aufstellung der Straftaten (Auswahl): Begünstigung der Bestechung von Steuerfahndern, versuchte Korruption, Korruption, betrügerischer Bankrott, falsche Erklärung gegenüber der Staatsanwaltschaft, illegale Parteienfinanzierung, Steuerhinterziehung, Fälschung von Rechnungen, Betrug zum Schaden des Arbeitsministeriums, Bestechlichkeit in mehreren Fällen, Umweltvergiftung und Fälschung amtlicher Unterlagen, schwer wiegende Diffamierung, Widerstand gegen die Staatsgewalt, Amtsmissbrauch, erschwerter Betrug zum Schaden des Kulturministeriums, Amtsmissbrauch zum Zwecke der Genehmigung illegaler Schwarzbauten, Fälschung von Dokumenten, Schwarzbauen.

Es sind unter anderen betroffen ein Politiker der Linksdemokraten, ein Politiker der *Union Valdotaine-DS*, ein Politiker der *Margherita*, aber vor allem Abgeordnete der Regierungsmehrheit: ein Politiker der winzigen Republikanischen Partei, ein Politiker einer der sozialistischen Nachfolgeparteien *Nuovo PSI*, zwei der *Lega Nord*, zwei der DC-Nachfolgepartei im Bündnis mit Berlusconi, UDC, und ganze dreizehn aus den Reihen der Partei des Regierungschefs Silvio Berlusconi.

Das nennt man ein ehrenwertes Parlament.

KAPITEL 18

Mit Gottes Segen ins 3. Jahrtausend

Silvios Comeback

Nach seinem Rücktritt von 1994 bereitet Berlusconi sich – allseits von den Ermittlungen der Staatsanwälte bedrängt – auf seine große politische Revanche vor, den Entscheidungskampf. Er weiß wie gesagt nur zu gut, dass er den Tiger reiten muss, wenn dieser ihn nicht fressen soll. Er braucht die politische Macht, um Gesetze zu machen, die ihn und seine Getreuen, die sein heimliches Imperium geschaffen haben, vor dem Zugriff der Justiz retten.

So versucht er im Jahr 2000, wieder eine Mitte-rechts-Koalition zu zimmern, die bei den Wahlen am 13. Mai 2001 antreten soll. Und schon sieht er sich erneut mit den Forderungen der Kirche konfrontiert, der großen »Akteurin«, welche hinter den Kulissen die italienische Politik mitbestimmt. Im Februar 2000 lehnt Kardinal Camillo Ruini zum Beispiel die Aufnahme des *Partito Radicale*[1] in die Mitte-rechts-Koalition ab, weil diese Partei ihm zu wenig christlich orientiert ist.

Rocco Buttiglione, mittlerweile zum Führer der *Cristiani-Democratici Uniti* aufgestiegen (der Nachfolgepartei des *Partito Popolare* bzw. der *Democrazia Cristiana*), verkündet in einem Interview mit der Zeitschrift *Messaggero* von seinem Telefongespräch mit dem Chef der italienischen Bischofskonferenz: »Es gibt einen Kampf um Prinzipien, welchen die katholische Kirche Italiens seit Jahren führt, vor allem im Kampf gegen die hedonistische und radikalliberale Wandlung der italienischen Gesellschaft. Der Kardinal macht sich eben Gedanken und möchte verstehen, wohin die Entwicklung geht.«[2]

Der Journalist hakt nach, ob der ranghohe Vertreter des italienischen Klerus auch in Arcore angerufen habe, bei Silvio Berlusconi, um ihm seine Meinung über den Zusammenschluss mit den Radikalen darzulegen. »Natürlich«, antwortet Buttiglione seelenruhig.

Viele italienische Politiker nehmen der Kirche diese Parteinahme übel. So kritisiert die Radikalliberale Emma Bonino: »Ruini befindet sich auf einem neuen Kreuzzug, der Politik und Religion unzulässig vermischt. Dies ist eine Schande für unser Land.«

Doch der Philosoph und Papstfreund Buttiglione gibt sich keineswegs beschämt und schlägt im Gegenteil vor, man möge doch endlich das Gesetz über die Abtreibung modifizieren. Die Kirche applaudiert. »Wenn wir uns auf die Erfahrungen der letzten zwanzig Jahre versteifen, verstellen wir uns den Blick für künftige Entwicklungen. Der Staat sollte bei der Gesetzgebung die moralische Reifung einer Kultur berücksichtigen. Die Statistiken zeigen nämlich, dass die Abtreibungen zurückgehen«, gibt Ruinis rechte Hand, Monsignor Rino Fisichella, in einem Interview in der *Repubblica* vom 14. Juni 2001 Schützenhilfe.

Tatsächlich ist es im Italien des 3. Jahrtausends, das immer mehr ins Mittelalter zurückfällt, recht schwierig geworden, diese schmerzlichste aller Entscheidungen zu treffen. Denn beim Schwangerschaftsabbruch sind wir wieder vielfach bei den Engelmacherinnen der vierziger Jahre angelangt.

Rino Fisichella, Bischof und rechte Hand Kardinal Ruinis, findet trotzdem Lob für Buttigliones Vorschlag: »Ein echter Schritt nach vorn«, kommentiert er diesen in einem Interview, »der die vorbeugenden Maßnahmen des Abtreibungsgesetzes wieder sicherstellt. Jedes unterbrochene Leben ist ein Unglück. Daher ist es wichtig, alles zu tun, um das Drama der Schwangerschaftsunterbrechung zu verhindern.«[3]

Der Wahltag rückt näher. Berlusconi hat eine beispiellose Medienkampagne entfesselt. Diese und die Zerwürfnisse des linken Lagers bringen ihn am 13. Mai 2001 erneut auf den

Stuhl des Ministerpräsidenten. Er hat die große Schlacht gewonnen. Nun ist er wirklich »Chef« von ganz Italien. Er kann das Land nach seinem Gusto verändern, nach seinen Plänen und seiner höchstpersönlichen Interessenlage.

Sobald er Ministerpräsident ist, löst er die Wechsel ein, die er dem Vatikan gegeben hat. Am 3. Juli 2001 befindet er sich zur Audienz bei Papst Johannes Paul II. und verspricht konkrete Schritte hinsichtlich der Abtreibung, der Wiedereinsetzung der Familie als zentraler Institution der italienischen Gesellschaft und – der Finanzierung katholischer Schulen. Sofort eröffnet die Kirche das Sperrfeuer gegen jeden Versuch, auch Menschen, die ohne Trauschein zusammenleben, mit gewissen juristischen Rechten auszustatten, vor allem, wenn es sich um homosexuelle Paare handelt.

Dann wird Johannes Paul II. noch deutlicher. Er verlangt ein Gesetz zur finanziellen Gleichstellung von konfessionellen und staatlichen Schulen. Kardinal Ruini schiebt sogleich konkrete Zahlen nach: Ideal wären 2000 Euro für jeden Schüler einer katholischen Schule. Eine enorme Zahl, denn wenn man die Daten des Statistischen Bundesamtes in Italien zugrunde legt, haben die katholischen Institute 1,16 Millionen Schüler. 691 000 in den Kindergärten, 212 000 in der Grundschule, 72 000 in der Mittelstufe und 187 000 in der Oberstufe.

Doch Silvio, der Fromme, hat damit kein Problem: Für die Kirche ist immer Geld da. Diese Lektion hat er von Michele Sindona und Roberto Calvi gelernt.

Die zweite Regierung Berlusconi schlingert durch die Legislaturperiode wie ein sinkendes Schiff. Die italienische Wirtschaft tritt in eine der längsten Krisenperioden der Nachkriegszeit ein. Die Rechtsstaatlichkeit Italiens wird immer stärker ausgehöhlt. Silvio, der Fromme, kann für das Land, das im internationalen Vergleich immer schneller abdriftet, ob es sich nun um das Maß an Pressefreiheit oder um Innovation und Forschung handelt, keine Wunder wirken.

Überall zeigen sich die Zeichen des Niedergangs. Am 21. Mai

2002 wird der Kardinal von Neapel, Michele Giordano, wegen illegaler Baumaßnahmen zu vier Monaten Haft (auf Bewährung) verurteilt. Zuvor war gegen Giordano wegen Mitgliedschaft in einer kriminellen Vereinigung zum Zwecke des Wuchers und Unterschlagung ermittelt worden. Die Ermittlungen wurden eingestellt, doch ein übler Nachgeschmack bleibt. Am 1. August 2002 wird das Gesetz »Cirami« verabschiedet, das dem Angeklagten erlaubt, ein Verfahren wegen Befangenheit der Richter an einen anderen Ort zu verlegen. Dazu genügt ein »begründeter Verdacht«. Wieder ein Gesetz, das exakt auf die Bedürfnisse des Ministerpräsidenten und seiner Entourage zugeschnitten ist.

Ein Aufschrei geht durch die Öffentlichkeit. Wie reagiert Berlusconi? Er »säubert« die staatliche Fernsehanstalt RAI von so renommierten Journalisten und Fernsehleuten wie Michele Santoro, Daniele Luttazzi und Enzo Biagi, die sich ihre Meinung nicht diktieren ließen. Am 10. Juli 2002 verabschiedet das Parlament ein Gesetz, das der Königsfamilie der Savoyer die Rückkehr nach Italien erlaubt. Diese waren wegen ihrer historischen Verantwortung im Zusammenhang mit dem Aufkommen des Faschismus und der Verabschiedung der Rassengesetze aus Italien verbannt worden. Ende des Jahres wird Viktor Emanuel von Savoyen in allen Ehren im Vatikan empfangen. Niemand scheint sich mehr daran zu erinnern, dass derselbe Viktor Emanuel in den Gewässern um die Isola di Cavallo (Korsika) unter nie geklärten Umständen auf einen deutschen Touristen namens Dirk Hammer schoss, der in seinem Boot schlief. Der junge Mann starb drei Monate später. Viktor Emanuel nämlich verbrachte einen Großteil seines unglaublich schweren Exils auf seiner Jacht, die um die Isola di Cavallo kreiste. Möglicherweise handelt es sich ja um einen Unfall, doch anlässlich der Feiern zur »Heimkehr« der Savoyer wäre es zumindest angebracht, sich dieses jungen Toten zu erinnern.

Der konservative Rollback in Italien schreitet mit Höchstgeschwindigkeit voran. Am 6. Oktober 2002 nahmen 300 000 Gläubige an den Feierlichkeiten zur Heiligsprechung einer höchst fragwürdigen Gestalt teil. Es handelt sich um den Franco-Freund Escrivà de Balaguer, den Gründer des Opus Dei. In vorderster Front finden sich nicht nur Männer wie Silvio Berlusconi und die politischen Erben des italienischen Faschismus, sondern auch die Führer der Linken wie zum Beispiel der ehemalige Ministerpräsident Massimo D'Alema und der Bürgermeister von Rom, Francesco Rutelli.

Das Land wird mit harter Hand umgebaut. Am 30. Oktober 2002 annulliert das Kassationsgericht die Verurteilung Corrado Carnevales, des »Urteilstöters«.

Europa und die anderen Industrieländer beginnen allmählich, Italien als »Risikogebiet« einzustufen, in das man besser nicht investiert. Am 30. Oktober 2002 zieht General Motors ihr Beteiligungsangebot an der Fiat zurück, die von einem gigantischen Schuldenberg nahezu erdrückt wird.

Am 5. November 2002 wird das Cirami-Gesetz verabschiedet und sorgt dafür, dass die Verhandlungen im Prozess IMI-SIR-Mondadori ausgesetzt werden.

Am 25. November 2002 verweigert Berlusconi die Aussage im Prozess gegen seinen »Helfershelfer« Marcello Dell'Utri. Dabei beruft er sich auf das Recht der Aussageverweigerung, weil gegen ihn in diesem Zusammenhang ebenfalls ermittelt worden sei, auch wenn die Ermittlungen längst eingestellt wurden.

Am 14. Januar 2003 ernennt Staatspräsident Ciampi Emilio Colombo zum Senator auf Lebenszeit. Von ihm heißt es kurz darauf, dass er starken Gebrauch von Kokain macht. Das Kassationsgericht entscheidet, dass die Prozesse SME und IMI-SIR-Mondadori bei den Richtern in Mailand verbleiben (das Cirami-Gesetz also hier keine Anwendung findet). Am 13. Februar 2003 wird das Verfahren gegen Ministerpräsident Berlusconi wegen Bilanzfälschung eingestellt, weil verjährt.

Für eines aber hat Silvio immer Zeit, wie sehr ihm seine Geschäfte und Prozesse auch zu schaffen machen: den Vatikan. Im Februar 2003 erhebt sich die Diskussion über die europäische Verfassung. Berlusconi verspricht, dass die Präambel der europäischen Verfassung einige Zeilen über die christlichen Wurzeln Europas enthalten wird. Am 4. März 2003 begibt der Ministerpräsident sich zur Audienz bei Papst Johannes Paul II.

Der Vatikan jubelt: »Italien wird sich dafür einsetzen, dass die künftige Verfassung sich an den spirituellen Werten Europas orientiert und die Freiheit der Kirche sowie das Kirchenstatut garantiert«,[4] verkündet der Staatssekretär im Vatikan, Kardinal Angelo Sodano. Darauf kann er bauen, weil er diesbezüglich eindeutige Signale von den höchsten Autoritäten im Staat erhalten hat: bei den Feierlichkeiten zum Jahrestag der Unterzeichnung der Lateranverträge. Sodano schafft es, dass die Inhaber der höchsten Staatsämter auf seine Wünsche eingehen: Staatspräsident Carlo Azeglio Ciampi, die Präsidenten von Parlament und Senat, Pierferdinando Casini und Marcello Pera, der Ministerpräsident sowie der damalige Außenminister Franco Frattini.

Silvio gibt wirklich sein Bestes. Mit polnischer Unterstützung versucht er, einen Text absegnen zu lassen, der die Macht der Kirche auch im Europa der 25 sichert. Nur das gottlose Beharren auf einer Trennung von Kirche und Staat seitens der anderen EU-Mitgliedsstaaten verhindert, dass die europäische Verfassung ein Triumph der Christenheit wird.

Doch die zweite Regierung Berlusconi bleibt dem Vatikan gegenüber im Kniefall. Am 23. Oktober 2003 nimmt Berlusconi an einem Frühstück teil, das die italienische Botschaft im Vatikan für die sechs neuen italienischen Kardinäle ausrichtet, die zwei Tage zuvor vom Papst ernannt wurden.[5] Begleitet wird der Ministerpräsident von seinem Vize Gianfranco Fini und vom Minister für EU-Angelegenheiten Rocco Buttiglione. Außerdem nimmt noch Kardinal Sodano teil. Die sechs neu ernannten Kardinäle sind: Ennio Antonelli, Tarcisio Bertone, Attilio Nicora, Francesco Marchisano, Angelo Scola und Renato Martino. Mit ihnen diskutiert Silvio, der Fromme, huldvoll über Politik, Wirtschaft und die internationale Lage. Tatsächlich aber ziehen sich über dem zweiten Mandat des »Beinahe-Kardinals« düstere Wolken zusammen.

Krieg im Irak? Silvio macht mit

Im April 2003 schickt Berlusconi in einem Akt reinsten Kadavergehorsams gegenüber seinem großen Freund George W. Bush und in offener Missachtung der Vereinten Nationen italienische Truppen in den Irak. Dort nehmen sie an einem Krieg teil, der sich bald als langwierige Besatzung herausstellen wird. Für die italienische Öffentlichkeit ist dies eine Zeit enormer Belastung, sieht sie doch Tag für Tag ihre Soldaten in einem sinnlosen Krieg fallen. Doch obwohl der Vatikan »offiziell« gegen den Krieg ist, lässt er es an Unterstützung für Silvio Berlusconi nicht fehlen. Der Heilige Stuhl äußert sich in dieser Hinsicht sehr vorsichtig: Kein einziger Appell zum Abzug der Truppen erfolgt. Nun gerät der Vatikan selbst in Bedrängnis: von außen durch den Druck Amerikas, von innen durch Berlusconi, der mit massiven Mitteln gegen den islamischen Terrorismus vorgehen möchte. Innerhalb weniger Monate wird die Position des Vatikans abgeschwächt – vom prophetischen Pazifismus Johannes Pauls II. zu den weit weniger klaren Positionen des Kardinals Josef Ratzinger, der in einem Brief an den Präsidenten des italienischen Senats, den Freimaurer Marcello Pera, schreibt: »Einig sind wir uns über die Tatsache, dass ein Pazifismus, der keine Werte mehr als verteidigenswert anerkennt und jeder Sache den gleichen Wert zumisst, als unchristlich abzulehnen ist. Ein derartiges ›Für-den-Frieden-Sein‹ ist in Wahrheit nichts anderes als Anarchie. Und in der Anarchie gehen die Grundlagen der Freiheit verloren. Denn dort, wo jeder Recht hat, hat am Ende keiner mehr

Recht.«[6] Eine wenig kompromissbereite Haltung, die auf den großen Zusammenstoß von Kulturen und Religionen in geradezu militanter Weise reagiert.

Sogar als am 12. November 2003 28 Menschen, darunter neunzehn Italiener, bei einem Attentat getötet werden, unterstützt der Vatikan Berlusconis Haltung weiterhin. Bei seiner Predigt zum Staatstrauerakt nimmt Kardinal Ruini die Haltung des Feldkaplans ein, statt sich in klaren Worten gegen den Krieg und für die Heimkehr der Soldaten auszusprechen: »Nach dem Attentat von Nassiriya wird der Terrorismus nicht die Oberhand behalten. Wir werden ihm mit Mut und Energie entgegentreten.«[7] Berlusconi, hier an vorderster Front, erhält so Gelegenheit, mehrmals mit dem Kopf zu nicken.

Diese Worte des Kardinals erregen allenthalben Kritik. »Heute wird die Wahrheit sogar von den Kirchenoberen vernebelt, verschwiegen oder gar geleugnet. Habt ihr gehört, was Kardinal Ruini auf der Trauerfeier für die Opfer von Nassiriya gesagt hat? Ab einem bestimmten Punkt war mir nicht mehr klar, ob ich einem Vertreter der Kirche zuhöre oder einem Oberhaupt der italienischen Armee«,[8] meinte Don Nazareno Galullo, ein junger Priester aus Apulien. Und fügt hinzu: »Truppen werden gesegnet. Doch auch wenn wir sie schönfärberisch ›Streitkräfte für den Frieden‹ nennen, so handelt es sich doch immer noch um Militär, das Waffen benutzt. Ich weiß nicht, ob Jesus dies akzeptiert hätte. Ich als Christ jedenfalls kann keine Armee segnen, auch wenn sie angeblich dem Frieden dient. Eine Armee zu segnen, bedeutet, den Krieg zu segnen.«

Auch die italienische Politik findet klare Worte für Kardinal Ruinis Haltung: »Es ist nicht Aufgabe des Kardinals, über den Krieg im Irak zu sprechen. Diese Entscheidung ist Sache des Parlaments und nicht der italienischen Bischofskonferenz«,[9] protestiert ein Abgeordneter der Linksdemokraten, Pietro Folena. »Für die irakischen Opfer des Attentats hatte er nicht ein Wort übrig. Heute Morgen haben viele Gläubige sich gefragt:

›Was tun wir eigentlich im Irak?‹«, fährt Folena fort. Seiner Ansicht nach trägt die eigentliche Verantwortung die Regierung, weil sie Truppen dorthin entsandt hat.

Nicht einmal als die spanische Regierung unter Zapatero den Abzug der spanischen Soldaten ankündigt, findet der Vatikan Worte, um Berlusconi zum Einlenken zu bewegen. Silvio, der Fromme, und der große amerikanische Bruder brauchen Schützenhilfe. Ihnen gilt es jetzt beizustehen. Und die schwierigen Zeiten im zweiten Mandat Berlusconis haben gerade erst begonnen.

Langsame Abwärtsdrift

Am 29. April 2003 wird der langjährige Anwalt Berlusconis, Cesare Previti, im Prozess IMI-SIR/Lodo Mondadori verurteilt. Nur wenige Tage später aber haben Silvio, der Fromme, und der Vatikan Grund zur Freude, denn ihr gemeinsamer Freund Giulio Andreotti wird in letzter Instanz freigesprochen. Eine weitere gute Nachricht erreicht Berlusconi am 16. Mai 2003: Das Verfahren gegen ihn wird vom SME-Prozess abgetrennt.

Dies gibt ihm neuen Schwung. Er erhöht den Druck auf Zeitungen und Fernsehen, die Berichterstattung über seine Prozesse einzuschränken bzw. ganz einzustellen. Am 29. Mai 2003 gibt der Leiter des *Corriere della Sera*, Ferruccio de Bortoli, auf Druck der Berlusconi-Anwälte seine Stellung auf. Am 18. Juni 2003 winkt Berlusconis parlamentarische Mehrheit ein Gesetz durch, das den Inhabern der fünf höchsten Staatsämter Immunität garantiert. So schafft Berlusconi es zunächst, einen in Mailand gegen ihn anstehenden Prozess zu blockieren. Die Staatsanwälte wenden sich an den Verfassungsgerichtshof, der überprüfen soll, ob das Gesetz der italienischen Verfassung entspricht. Als Reaktion schickt der Justizminister, Roberto Castelli, seine Inspektoren aus, die die gesamte Ermittlung, welche von den Staatsanwälten Gherardo Colombo und Ilda Bocassini[10] geführt wurde, bis aufs i-Tüpfelchen überprüfen sollen. Am 24. Juli schlägt der *Lega*-Abgeordnete Castelli erneut zu: Er blockiert die Rechtshilfeersuchen, welche die Mailänder Staatsanwaltschaft an die Behörden in den USA richteten. Es geht dabei um eine andere Ermittlung gegen Berlusconi. Diese wird von den Staatsanwälten Alfredo Robledo und Fabio De Pasquale geleitet und hat die Aufklärung sämtlicher Vorgänge um den Erwerb von Fernsehrechten im Ausland vonseiten der Mediaset zum Ziel. Nach Auskunft der Staatsanwälte verbirgt sich dahinter der Versuch, Steuerhinterziehung und Geldwäsche zu verschleiern.

Der August bricht an und mit ihm die Ferienzeit. Berlusconi zeigt sich generös und lässt vom Parlament einen Straferlass absegnen. Es kommen neuntausend Strafgefangene frei, die »mindere« Delikte begangen haben.

Diese Serie von Ereignissen könnte durchaus den Widerspruch einer Institution erregen, die für sich den Primat in Fragen der Moral reklamiert. Der Vatikan lässt sich davon nicht beeindrucken. Seine Beziehungen zu Silvio Berlusconi sind von keinem Wölkchen getrübt. Der Schmusekurs geht weiter. Berlusconi steigt daraus hervor wie aus einem Jungbrunnen.

Am 4. September 2003 tönt der Ministerpräsident, man müsse »verrückt sein«, um Staatsanwalt zu werden. Richter gar seien ein Berufsstand, der massiv an »psychischen Schäden« leide.

Am 11. September 2003 gelangen Teile eines von ihm gegebenen Interviews an die Öffentlichkeit, in dem er seiner festen Überzeugung Ausdruck verleiht, Mussolini habe nie Menschen töten lassen, sondern sie nur zum Urlaubmachen an die Landesgrenzen verschickt.

Am 30. Oktober 2003 wird Andreotti im Fall Pecorelli, in dem es um die Ermordung eines kritischen Journalisten ging, freigesprochen. Am 7. November verkünden 1500 Wissenschaftler, dass sie Italien verlassen wollen, weil man von den in der Forschung gezahlten Hungerlöhnen nicht mehr leben könne. Der Parmalat-Skandal wird aufgedeckt. Die Verantwortung

Antonio Fazios, des Zentralbankgouverneurs, am Zusammenbruch der Firma, die über Jahre hinweg ihre Bilanzen gefälscht hat, ist unbestreitbar. Tausende geschädigter Kleinsparer flehen die Regierung um Hilfe an. Doch Silvio Berlusconi hat in diesem Augenblick alle Hände voll zu tun. Er muss das Gasparri-Gesetz über die neuen digitalen Fernsehfrequenzen durchs Parlament peitschen. Dieses Gesetz soll die Vorherrschaft von Mediaset über Jahre hinaus sichern.

Der Vatikan sieht zu und schweigt. Nicht umsonst, wie man bald darauf sehen wird. Denn am 11. Dezember 2003 veranstaltet die Regierung eine Volksabstimmung zu einem neuen Gesetz. Dieses verbietet die künstliche Befruchtung, wenn der Same nicht vom männlichen Partner stammt. Im Übrigen soll die künstliche Befruchtung nur dann erlaubt sein, wenn das Paar verheiratet ist oder zusammenlebt. Dies bedeutet, dass Tausende italienischer Paare sich demnächst an Kliniken im Ausland wenden müssen, wenn sie ein Kind möchten. In der Zwischenzeit steht schon der nächste Finanzskandal an: der Zusammenbruch der Nahrungsmittelgruppe Cirio. Doch weder Antonio Fazio noch Silvio Berlusconi lassen sich davon rühren. Das Problem ist einfach nicht ihres. Am Ende zählt ja nur, dass die beteiligten Banken keinen Schaden nehmen. Die Kleinsparer müssen sich eben damit abfinden.

Langsam, aber sicher gerät Italien in schwieriges Fahrwasser. Experten sehen gewisse Parallelen mit Argentinien, das kurz zuvor den Staatsbankrott erklärte und die Zinszahlungen auf seine internationalen Anleihen einstellte. Doch auch jetzt scheint es in Berlusconis Augen nur ein wirkliches Problem zu geben: seine eigenen Interessen und die des Vatikans zu schützen.

Am 27. Februar 2004 bläst der *Lega*-Chef Umberto Bossi, den Berlusconis Millionenklagen in ein treues Schoßhündchen des Cavaliere verwandelt haben,[11] erneut zum Angriff auf die Kirchenabgabe, die jährlich 500 Millionen Euro in die Kassen der Kirche spült. Bossi erklärt, die Kardinäle sollten »sich um die Seelen kümmern, nicht ums Geld«. Sancta simplicitas! Berlusconi verordnet ihm einen Maulkorb. In vielen Kirchen Italiens werden Messen gelesen, die den Zorn Gottes herabbeschwören sollen. Im Vatikan ist man erbost, und nur wenige Tage später sendet Gott persönlich seinen Bannstrahl: Der Chef der *Lega Nord* erleidet einen schweren Herzinfarkt, gefolgt von einem unleugbaren Hirnschaden. Und so bleibt die einzige vatikankritische politische Strömung hinter Berlusconi führerlos, ist Bossi doch für Monate ans Bett gefesselt. (Tatsächlich wird er sich nicht mehr vollständig erholen.) Eine beeindruckende Demonstration des lateinischen Grundsatzes *extra ecclesiam nulla salus* – außerhalb der Kirche gibt es kein Heil.

Am 24. März 2004 wird das Gasparri-Gesetz verabschiedet, das die Machtverhältnisse im italienischen Fernsehen weiter zementiert.

Grund zum Feiern, wäre da nicht jene traurige Begebenheit vom 27. April 2004. An diesem Tag wird ein lieber und frommer Freund des Opus Dei, Marcello Dell'Utri, wegen versuchter Erpressung verurteilt. Die antiklerikalen, linken Richter sind wieder am Werk. Doch allmählich scheint auch dem Volk etwas zu dämmern. Bei den Europawahlen vom 12./13. Juni 2004 gehen 37 Sitze an die Mitte-links-Parteien und nur 36 an die Koalition Berlusconis. Bei den Kommunalwahlen ergeht es Silvio sogar noch schlechter: 38 Landkreise fallen an das Mitte-links-Bündnis, die Mitte-rechts-Koalition um den Ministerpräsidenten erobert nur drei Gemeinden.

Am 3. Juli 2004 aber macht Berlusconi dem Vatikan ein nobles Geschenk: den Kopf eines seiner engsten Mitarbeiter. Der Wirtschaftsminister Giulio Tremonti wird zum Bauernopfer, hat er doch gewagt, sich gegen das Opus Dei und seinen treuen Fahnenträger Antonio Fazio zu stellen. Dieser hätte, so Tremonti, in den Insolvenzfällen Cirio und Parmalat seine Aufsichtspflicht vernachlässigt. Wo höhere Kräfte walten, müssen die minderen weichen. Tremonti tritt zurück. Am 13. Juli 2004 zeigt Berlusconi, dass er mittlerweile sämtliche Bedenken in den Wind schlägt. Er lässt ein Gesetz über den Interessenkonflikt zwischen Regierungsamt und Unternehmerfunktion verabschieden. Dieses Gesetz ist ein Hohn, erlaubt es ihm doch, auch weiterhin Eigentümer von Mediaset zu bleiben, wenn er nur aufhört, sich höchstpersönlich direkt um die Geschäftsführung zu kümmern.

Und bald hat Berlusconi wieder Gelegenheit, eine Ergebenheitsadresse an den Vatikan zu richten: Die Regierung bestimmt Rocco Buttiglione, den bescheidenen Philosophen und Papstfreund, zum Europakommissar für Justiz, Sicherheit und bürgerliche Freiheitsrechte. Statt sich jedoch zu freuen und den Mund zu halten, fühlt Herr Buttiglione sich aufgerufen, den Europäern aufs Butterbrot zu streichen, wie die Kirche zur Homosexualität steht. Er persönlich akzeptiere die Homosexuellen ja, doch jeder Gläubige müsse wissen, dass Homosexuelle Sünder seien. Buttigliones freimütige Äußerungen lösen in Europa einen Skandal aus. Berlusconis Parteifreunde und die Herren im Vatikan überbieten sich geradezu in Rechtfertigungen für den tollpatschig agierenden Buttiglione. Man stellt ihn als heiligen Sebastian hin, durchbohrt von den Pfeilen der Gottlosen und Freidenker. Am 11. Oktober 2004 lehnt das Europaparlamant Buttiglione als Kommissar ab. An seine Stelle tritt der Außenminister Franco Frattini.

Am 16. August 2004 tritt San Silvio nach einer Haartransplantation seinen Urlaub an. Er verbringt ihn mit Cherie und Tony Blair in der Villa Certosa. Am 12. Oktober 2004 erhält der Mafioso Giovanni Brusca (hundertfacher Mörder, der unter anderem Santino Di Matteo, den Sohn eines seiner Mafiawidersacher, in Säure auflöste) Freigang, weil er so brav mit der Justiz zusammengearbeitet hat.

Am 1. Oktober verabschiedet das Parlament das Gesetz zur »Devolution«. Von nun an wird der Ministerpräsident vom Volk gewählt und muss nicht mehr das Vertrauen von Senat und Parlament besitzen.

Das Thema »europäische Verfassung« rückt wieder auf die Tagesordnung. Der Vatikan wird langsam nervös, weil in der Präambel die christlichen Wurzeln Europas nicht verankert sind. Berlusconi hat geblufft, als er behauptete, er habe eine »Lösung parat«, welche die anderen europäischen Länder überzeugen würde. Am 29. Oktober wird die Verfassung von den 25 Ländern Europas ratifiziert, doch in der Präambel verzichtet man auf die Referenz aufs Christentum. Der Papst wettert. Berlusconi verspielt einiges von seinem Kredit.

Und der Vatikan muss – in Tischgemeinschaft mit Silvio – weitere Kröten schlucken. Am 2. November 2004 wird gegen den Präsidenten der Region Sizilien, Salvatore Cuffaro von Berlusconis Partei *Forza Italia*, Anklage erhoben. Es geht um Ermittlungen, die einen »Maulwurf« in der Anti-Mafia-Ermittlungsbehörde Direzione Distrettuale Antimafia (DDA) enttarnen sollen. Dem Stellvertreter des heiligen Silvio in Sizilien werden ein paar recht unangenehme Dinge zur Last gelegt: Man hält ihn für einen Mafioso.

Am 1. Dezember 2004 verabschiedet das Parlament eine umstrittene Dienstrechtsreform für das italienische Justizsystem: Wer Staatsanwalt war, kann nicht mehr Richter werden, und umgekehrt. Außerdem müssen Anwärter künftig einen »Psycho-Verhaltenstest« über sich ergehen lassen. Am 10. Dezember 2004 kommt es zum Urteilsspruch in dem abgetrennten SME-Verfahren. In Hinblick auf die SME wird Berlusconi freigesprochen. Was jedoch die Bestechung von Richter Renato Squillante betrifft, sind es wieder einmal die Verjährungsregeln, die ihn vor einer Vorstrafe bewahren.

Am 11. Dezember ein weiterer harter Schlag: Das Gericht in Palermo verurteilt seinen Getreuen, Marcello Dell'Utri, zu neun Jahren Haft wegen Beihilfe für eine kriminelle Vereinigung mafiösen Charakters. Am 16. Dezember 2004 weigert Staatspräsident Ciampi sich, das Gesetz zur Reform der juristischen Laufbahn zu unterzeichnen. Er hält es für nicht akzeptabel und weist es zur erneuten Diskussion ans Parlament zurück. Das

Jahr endet mit einem Missklang: Am 31. Dezember 2004 wird Berlusconi in Rom auf der Piazza Navona angegriffen. Ein junger Arbeiter wirft ihm ein Stativ an den Kopf. Die Bischofskonferenz verurteilt den »Gewaltakt, der eine deutliche Antwort der Justiz verlangt«, aufs schärfste. Einmal mehr zeige sich, welch exzessive Spannungen zurzeit in der Politik herrschten.[12]

Im Jahr 2005 verzeichnet Italien eine beträchtliche Zunahme an Mafiadelikten. Doch auch jetzt ist Regel Nummer eins: »Bloß nicht darüber sprechen.« Am 16. Januar protestiert der Präsident der Region Sizilien, Salvatore Cuffaro, zusammen mit anderen Vertretern des Berlusconi'schen Regierungsbündnisses gegen eine Sendung von RAI 3. Der »Report« hatte Sizilien und die Mafia zum Thema. Cuffaro empört sich, der Beitrag, in dem es um die erneute Ausweitung des Systems der Schutzgeldzahlungen sowie um die Eröffnung der Hauptverhandlung gegen Cuffaro selbst ging, habe die Sizilianer verunglimpft.

Der oberste Mafiajäger Italiens, Pier Luigi Vigna, informiert die Öffentlichkeit im Januar, dass der Jahresumsatz der vier Mafia-Organisationen des Südens (Cosa Nostra, Camorra, 'Ndrangheta und Sacra Corona Unita) sich auf etwa 100 Milliarden Euro beläuft: 59 Milliarden Euro aus dem Drogenhandel, 17,5 Milliarden aus Ausschreibungen der öffentlichen Hand, 13,5 Milliarden aus Wucher und Erpressung, 5 Milliarden aus Prostitution und Menschenhandel sowie 4,5 Milliarden aus dem Waffenhandel.

Solche Daten scheinen die Regierung Berlusconi nicht weiter zu beunruhigen. Man hat anderes zu tun. Am 26. Januar 2005 unterzeichnen der Minister für Kulturgüter, Giuliano Urbani, und der Vorsitzende der italienischen Bischofskonferenz, Kardinal Ruini, die dritte Vereinbarung über den Schutz der im Kirchenbesitz befindlichen Kulturgüter von religiösem Interesse. Ganz konkret geht es hier um die nötigen Gelder für die Erhaltung, Bewertung und Nutznießung dieser Güter.

Am 18. Februar 2005 verkündet Silvio Berlusconi anlässlich der Feiern zum Jahrestag der Unterzeichnung der Lateranverträge, die Kontakte zum Vatikan seien noch nie so gut gewesen.[13]

Die Mafia bleibt währenddessen unangetastet. Am 1. März 2005 erfahren die Italiener, dass der Boss der Cosa Nostra, Bernardo Provenzano (der sich seit 1963 erfolgreich vor den Behörden verbirgt), in einer Klinik in Marseille operiert wurde – unter einem Decknamen, der ihm erlaubte, sogar die in solchen Fällen vorgesehene Rückerstattung vom nationalen Gesundheitssystem zu kassieren. Man redet von Dokumenten, in denen einem gewissen »Gaspare Troia« die Notwendigkeit bescheinigt wird, sich im Ausland einem chirurgischen Eingriff zu unterziehen. Unter diesem Namen reist Provenzano nach Frankreich und lässt sich dort operieren. Am 16. Februar 2004 stellt die Klinik Gaspare Troia auf dem Formular E111 der staatlichen Krankenkasse in Palermo die Rechnung aus, die ihn zur Kostenerstattung berechtigt.

Der Gesundheitsminister Girolamo Sirchia streitet alles ab. Er selbst wird wenig später in Ermittlungen um Schmiergeldzahlungen vonseiten einer internationalen Pharmafirma verwickelt.

Die Verbrechensserie der Mafia füllt die Titelseiten der Tageszeitungen. Am 3. März 2005 wird gegen den Regionalabgeordneten der UDC,[14] Vincenzo Lo Giudice, ein Verfahren vor dem Gericht in Palermo eröffnet. Er steht nicht allein: Dreizehn Mitangeklagte (Politiker, Unternehmer, Beamte und Angestellte öffentlicher Einrichtungen) aus den Provinzen Caltanissetta und Agrigento wurden am 29. März 2004 im Rahmen der Operation »Alta Mafia« verhaftet. Die Anklage lautet auf Begünstigung von mafianahen Unternehmen bei öffentlichen Ausschreibungen.

Berlusconi und der Vatikan sind derweil damit beschäftigt, den Jahrestag der Unterzeichnung der Lateranverträge zu feiern: »Die Beziehungen zwischen Kirche und Staat, die in den Konkordatsverträgen vom 11. Februar 1929 und 1984 festgeschrieben wurden, werden auch vom Entwurf zur europäischen Verfassung gestärkt, der in Rom am 29. Oktober 2004 unterzeichnet wurde«, jubelt der *Osservatore Romano.* Die Tageszeitung des Vatikans hebt besonders Artikel 52 des Entwurfs hervor, in dem es heißt, dass die EU die bisherigen Entscheidungen der Mitgliedsstaaten im Hinblick auf nationales Recht, Kirche sowie religiöse Institutionen respektiert und sich kein Urteil darüber anmaßt. Klartext: Wehe, wenn jemand an unsere Privilegien rührt! In den Beziehungen zwischen Kirche und Staat herrscht eitel Sonnenschein.

»Der Dialog zwischen Kirche und Staat in Italien ist in gewisser Hinsicht beispielhaft«, meint Monsignore Giovanni Lajolo, »Außenminister« des Vatikans, bei einem Interview gegenüber dem katholischen Privatsender *Telepace.* Erhabene Worte am Vorabend der Feierlichkeiten, welche die Spitzen der italienischen Gesellschaft mit den ranghöchsten Mitgliedern des Vatikans vereint sieht. Auf das »Geheimnis« der Verträge angesprochen, antwortet Monsignore Lajolo frank und frei: »Das Geheimnis? Nun ja: ›Klare Verhältnisse, gute Freunde‹, würde ich sagen.«

In so viel traute Innigkeit fließt ein Wermutstropfen, als am 13. März 2005 in Nocera Superiore (Salerno) der Stadtrat der *Forza Italia,* Alessandro Martorelli, verhaftet wird. Man wirft ihm vor, seinen »Kollegen« von der *Alleanza Nazionale,* Giuseppe Fabbricatore, beseitigt haben zu lassen. Grund: dessen allzu heftige Begehrlichkeit im Hinblick auf bestimmte öffentliche Ausschreibungen.

Doch solcher Kleinkram kümmert einen Silvio Berlusconi nicht. Am 29. März 2005 zeigt Mediaset im Vatikan eine Vorschau auf das Fernsehereignis des Jahres: »Karol – ein Mann wird Papst«. Der Film soll auf Canale 5 ausgestrahlt werden. Mediaset konnte bei der Produktion von Anfang an mit der tatkräftigen Unterstützung des Vatikans rechnen. So wurden die Dreharbeiten vom Verantwortlichen für die Sektion Polen im

»Außenministerium« des Vatikans, Don Pawel Ptasnik, begleitet. Er hatte auch das letzte Buch von Papst Johannes Paul II. herausgegeben: *Erinnerung und Identität.*

Achttausend Einladungen für die Vorabpräsentation in der Aula Paul VI. gehen hinaus. Mediaset designt zusammen mit der Präfektur des Heiligen Stuhls die Einladungen: satinierter Karton mit dem Bild von Pjotr Adamczyk, der Karol Wojtyla verkörpert. Die Präfektur reserviert dreitausend Einladungen für sich, die durchweg an die Spitzen in Politik, Unternehmertum und institutionellem Leben gehen. Und Berlusconi frohlockt: »Noch nie wurde eine Mediaset-Produktion vorab im Vatikan gezeigt. Noch nie gab es bei einer Vorpremiere achttausend Gäste.«

In der wirklichen Welt nimmt unterdessen die Kriminalität weiter zu. Hier nur einige Beispiele für viele Fälle: Am 30. März 2005 wird bekannt, dass die Geldwäscheermittlungen der palermitanischen Staatsanwaltschaft gegen Massimo Ciancimino, den Sohn des ehemaligen Bürgermeisters von Palermo, Gianni Lapis, Professor für Steuerrecht, und Padre Giuseppe Bucaro nun auch auf den Referenten für den Haushalt der Region, Salvatore Cintola, ausgeweitet werden mussten. Eine Telefonabhörung hatte ergeben, dass Lapis ihm einen Umschlag mit 25 000 Euro überreicht hatte. Der Referent gibt an, es handle sich um ein Darlehen, das er in der Folge zurückgezahlt habe.

Am 1. April muss die Staatsanwaltschaft Palermo wegen Überschreitung von Ermittlungsfristen ihre Untersuchungen gegen Salvatore Cuffaro wegen Begünstigung der Mafia einstellen. Auf ähnliche Weise ziehen einige andere Lokalgrößen im Süden ihren Hals aus der Schlinge. Der Parlamentsabgeordnete der UDC Saverio Romano, der Rechtsanwalt Salvatore Priola und der Unternehmer Michele Aiello. Gegen Aiello und einige andere der ins Visier der Staatsanwaltschaft Geratenen (darunter auch Cuffaro) wird jedoch in anderen Verfahren Anklage erhoben.

Am 23. Mai setzt das Berufungsgericht in Mailand die elfjährige Haftstrafe von Cesare Previti, zu der er im Fall IMI-SIR wegen Bestechung der Richter Metta und Squillante verurteilt worden war, von elf auf sieben Jahre herab. Im Fall Mondadori wird Previti freigesprochen. Damit wurde gleichzeitig die Schadenersatzforderung von Carlo De Benedetti hinfällig, die das Gericht in erster Instanz für begründet erklärt hatte.

Am 8. Juni 2005 sagt im Prozess gegen Salvatore Cuffaro, den Präsidenten der Region Sizilien, der Kronzeuge Angelo Siino aus. Dieser erinnert sich, dass ihn im Jahr 1991 Politiker der *Democrazia Cristiana* um den ehemaligen Landwirtschaftsminister Calogero Mannino aufsuchten, um ihn um Stimmen zu bitten. Auch Cuffaro sei dabei gewesen. Siino lehnte ab, weil er bereits für den Kandidaten von Salvo Lima arbeitete. Cuffaro bestätigt den Vorfall, gibt aber an, nicht gewusst zu haben, dass Siino ein Mitglied der Mafia gewesen sei.

Die allgemeine Zunahme der Kriminalität scheint auch vor dem Staat nicht Halt zu machen. Am 13. Juni 2005 wird in Mailand ein Verfahren gegen elf Mitglieder einer Spezialeinheit der Carabinieri eröffnet, darunter ein General, Giampaolo Ganzer, Kommandant der Spezialeinheit; ein Oberst, Mauro Obino, ehemaliger Angehöriger der Spezialeinheit und zu jener Zeit Chef der Abteilung »Organisierte Kriminalität« des Inlandsgeheimdienstes Sisde; ein Hauptmann, sieben Unteroffiziere und ein Soldat mit Auszeichnung. Im Antrag auf Anklageerhebung des Staatsanwaltes, dem der Ermittlungsrichter schließlich stattgibt, heißt es, die Angeklagten hätten innerhalb der Spezialeinheit der Carabinieri einen schwungvollen Handel mit Heroin, Kokain und Haschisch betrieben.

Die Rechtsstaatlichkeit in Italien scheint in sich zusammenzubrechen. Am 18. Juli 2005 erhält der Präsident der Handelskammer von Palermo, Vincenzo Chiriaco, Morddrohungen. Der Unternehmer hatte es gewagt, in Palermo die erste Anlaufstelle für Schutzgeld- und Wuchergeschädigte einzurichten, in der die Opfer rechtlichen, psychologischen und verwaltungstechnischen Beistand erhalten.

Am 16. Oktober 2005 wird in Locri in der Provinz Reggio Calabria der Vizepräsident der Region Kalabrien und Abgeordnete des Mitte-links-Bündnisses, Francesco Fortugno, mit mehreren Gewehrschüssen ermordet. Der 54-jährige Fortugno war verheiratet und hinterlässt zwei Kinder. Er hatte gerade sein zweites Mandat als Gemeinderat errungen. Als Arzt war er spezialisiert auf Rechtsmedizin und allgemeine Chirurgie. Er war Chefarzt am örtlichen Krankenhaus und Professor an der Fakultät für Medizin der Universität von Catanzaro.

Dieses Attentat erschüttert ganz Italien, doch Berlusconi lässt sich nicht einmal bei der Beerdigung blicken. Er schickt ein Telegramm. Vielleicht hat er Angst vor den Pfiffen, die ihn in der Kirche eventuell empfangen hätten. Die Familie ist empört, die Bevölkerung ebenfalls. Die jungen Leute in Locri und Kalabrien gehen auf die Straße. Sie tragen Transparente, auf denen steht: »Bringt uns ruhig alle um!«

Der neue Präsident der Region, Agazio Loiero, erhält ebenfalls Drohungen. Er meint: »Berlusconi hätte zur Beerdigung kommen müssen. Es wäre seine Pflicht als Staatschef und Politiker gewesen, den Bürgern von Kalabrien ein Zeichen zu geben.«

Der Showdown

Doch die erneute Welle von Mafiakriminalität, das Klima langsamen moralischen Verfalls und die maßgeschneiderten Berlusconi-Gesetze beginnen allmählich, das Image des Ministerpräsidenten anzukratzen. Einen ersten, massiven Schuss vor den Bug erhält er bei den Regionalwahlen vom 3. bis 4. April 2005. Ein schrecklicher Schlag für ihn: zwölf italienische Regionen fallen dem Mitte-links-Bündnis zu, nur zwei (Lombardei und Veneto) bleiben seiner Koalition erhalten. Angesichts einer derartigen Schlappe wären andere politische Führer vielleicht zurückgetreten. Silvio aber wittert Wahlbetrug. Eine so abenteuerliche Behauptung, dass nur der *Osservatore Romano* sie ohne bissigen Kommentar druckt. Dieser bringt die Erklärungen des Ministerpräsidenten in voller Länge, während er auf die »harten und sarkastischen Reaktionen der Opposition« mit ebenjenen Worten nur kurz hinweist.

Silvio, der Fromme, steckt in Schwierigkeiten. Doch gilt sein ganzer Einsatz – neben seinen diversen Verfahren – den Forderungen des Vatikans, die immer oberste Priorität haben. Der Vorschuss, den der Heilige Stuhl Berlusconi beim Irakkrieg gewährte, wird nun rückzahlbar. Die Diskussion um die künstliche Befruchtung droht Italien erneut in zwei Lager zu spalten. Die Kirche fordert mit aller Macht, dass diese »unnatürliche« Art der Fortpflanzung abgeschafft wird. Natürlich ist dies nur ein erster Schritt, um am Ende Hand an das Gesetz Nr. 194 zu legen, das die freie Abtreibung in Italien regelt.

Am 12. und 13. Juni 2005 kommt es zur Volksabstimmung.[15] Berlusconi ruft seine Abgeordneten auf, »nach ihrem Gewissen« abzustimmen. Seine Koalitionsbrüder allerdings stellen sich hinter die Worte von Kardinal Ruini, der dazu aufruft, alle Möglichkeiten zu nutzen, um das Berlusconi-Gesetz unverändert zu lassen.[16]

Der Generalsekretär der Bischofskonferenz, Monsignore Giuseppe Betori, empfiehlt hingegen, das Gesetz in dieser Form scheitern zu lassen. Dieser Rat spaltet die Katholiken, unabhängig davon, welchem politischen Lager sie angehören. Damit stellt Betori sich gegen Ruini und gegen Ratzinger. Als Berlusconi Ruinis Partei ergreift und theologisch neokonservative Positionen vertritt, wird er am 23. September 2005 bei einer Rede vor den Studenten der Universität Siena ausgepfiffen: »Das verletzt mich wirklich sehr. Offenkundig sind diese Studenten keine Liberalen, denn Liberale respektieren die Meinung anderer, auch wenn sie sich von der eigenen unterscheidet.«

Staatspräsident Ciampi versucht wenigstens ansatzweise, die Notbremse zu ziehen. Bei einem Besuch Benedikts XVI. im

Quirinalpalast unterstreicht er, dass auch der italienische Staat grundsätzlich unabhängig von der Kirche ist. Doch er hat die Rechnung ohne den Wirt gemacht. Der Papst weist auf die moralische Überlegenheit der Kirche über die Prinzipien der weltlichen Macht hin. Berlusconi zeigt sich natürlich »in vollkommener Übereinstimmung« mit dem Papst, was den Schutz des ungeborenen Lebens betrifft, und lässt nichts unversucht, sich den neuen Inhaber des Heiligen Stuhls geneigt zu machen. Denn tatsächlich kommt es im rechten Lager immer häufiger zu Spannungen. Man diskutiert die Frage der Bündnistreue erneut recht kontrovers und wagt schon mal, Berlusconis Kandidatur für den Posten des Ministerpräsidenten anzuzweifeln. Seine diesbezüglichen Äußerungen (am 24. Juni 2005: »Nun, eines Tages wird man wohl für mich einen Nachfolger finden müssen«) lassen vermuten, dass König Silvio seinen Thronerben gerne selbst bestimmen würde, damit seine Interessen auch dann noch gewahrt bleiben, wenn er nicht mehr an der Macht sein sollte. Einer seiner Pläne sah zum Beispiel vor, sich unmittelbar vor den Wahlen im April 2006 aus der Politik zurückzuziehen, sollten die Umfrageergebnisse negativ ausfallen, und einen jüngeren, weniger von Skandalen belasteten Mann zum Zug kommen zu lassen. Angesichts seiner unleugbaren politischen Probleme hat man im Vatikan ebenfalls daran gedacht, an seiner statt unter Umständen Pierferdinando Casini zu favorisieren. Casini ist ein ehemaliger Abgeordneter der *Democrazia Cristiana*, der heute – nach der Trennung von seiner ersten Frau – mit der Tochter von Gaetano Caltagirone liiert ist, der sich seinerseits ins Zeitungswesen eingekauft hat. Die beiden haben eine Tochter. Sobald er seine neue Lebensgefährtin offiziell zu seiner kirchlich angetrauten Gattin gemacht hat, kann er sich des Segens vom Vatikan für seine Zukunft als Führer des Mitte-rechts-Bündnisses sicher sein. Fehlt nur noch die Annullierung der ersten Ehe durch die Rota Romana, die Gerichtsbarkeit des Heiligen Stuhls ...

Sollte diese Strategie aufgehen, bliebe Berlusconi dennoch

der bei weitem mächtigste Mann Italiens. Zum einen besitzt er ein ungeheures Vermögen, zum anderen ein enormes Medienimperium. Beides erlaubt ihm, die Positionen der politischen Rechten noch auf Jahre hinaus zu bestimmen.

Wichtig ist nur, dass der Vatikan seine Pläne absegnet. Daher der aktuelle Schmusekurs, der mitunter zu grotesken Auswüchsen führt. So zum Beispiel am 10. Februar 2005, als man anlässlich des Jahrestags der Unterzeichnung der Lateranverträge gleichzeitig das Andenken Pius' XI., Benito Mussolinis und Bettino Craxis ehrt.[17] Doch was zählt schon der Anschein, wenn es um Geld geht?

Berlusconi müht sich redlich um das Wohlwollen des neuen Papstes. Und so lässt er am 9. Oktober 2005 den Senat ein neues Gesetz unterzeichnen, das den schönfärberischen Namen »Aktionsplan für wirtschaftliche Entwicklung« trägt. Das Gesetz befreit sämtliche kirchlichen Organisationen von der Grundsteuer. Und obwohl es im Parlament auf Widerspruch stößt, weil es den aktuellen Sparplänen zur Einhaltung der Maastricht-Kennzahlen zuwiderläuft, wird es von Berlusconis Mehrheit abgesegnet.

Auch dieses Gesetz spaltet die Italiener in zwei Lager. Einer seiner Kritiker meint, dass solche Geldgeschenke in Zeiten, in denen die Bürger Italiens doch kräftig zur Kasse gebeten werden, wohl nicht angebracht seien. »Eine weitere Morgengabe für die Bischofskonferenz. Diese zeigt sich einmal mehr weniger besorgt um das Seelenheil ihrer Gläubigen als um die Bilanz ihrer höchst irdischen Güter«, meint Gavino Angius, der Führer der Opposition im Senat.

Für das Milliardengeschenk gibt es jedoch einen konkreten Anlass. Am 8. März 2004 fällte das Kassationsgericht ein rechtskräftiges Urteil, das eine religiöse Institution zur Zahlung der Grundsteuer verurteilt. Die von den Schwestern des Heiligen Herzens von Aquila geleitete Einrichtung zur Altenpflege hatte sich bislang geweigert, Grundsteuer zu zahlen, weil diese ja für religiöse Institutionen nicht gelte. Die Richter jedoch hatten die bis dato gültige Rechtsnorm ganz richtig dahin gehend interpretiert, dass dies nur für Institutionen gelte, die keine wirtschaftlichen Aktivitäten ausübten. Und die Schwestern vom Heiligen Herzen verlangten von ihren Senioren ganz normales Kostgeld. Dieses Urteil aber brachte alle konfessionellen Einrichtungen in Bedrängnis, da die Kommunen bislang häufig ein Auge zudrückten. Also rief man den Vatikan zu Hilfe, der sich an den Ministerpräsidenten persönlich wandte.

Und dieser ließ während der Sommerferien 2005 auf Sardinien ein Gesetz ausarbeiten, das seine Mehrheit dann in einer Blitzaktion verabschiedete. Die neue Regelung ist gesetzeswidrig. Sie läuft dem Urteil des Kassationsgerichts zuwider und verletzt die Normen der Lateranverträge, in denen die fiskalischen Pflichten und Freiheiten der Kirche dem italienischen Staat gegenüber genau festgelegt sind. Die Belastung der Kommunen durch den Wegfall der kirchlichen Grundsteuer wird auf 2,4 Milliarden Euro geschätzt. Rechnet man die bis zum Urteil des Kassationsgerichts aufgelaufenen Steuerschulden hinzu, kommt man für 2006 auf einen Einnahmeausfall von insgesamt 6 Milliarden Euro.

Am Hofe des Opus Dei

Im Herbst 2005 kommt der Skandal um Antonio Fazio, den Notenbankchef, ins Rollen. Damit aber hat Silvio ein Problem, denn nun stehen die beiden großen Organisationen, denen er sich seit jeher zugehörig fühlt, zum ersten Mal im klaren Gegensatz zueinander: die Freimaurer und das Opus Dei. Doch die Kirche verfügt nach Schätzung von Experten in Italien über ein Wählerpotenzial von 2 bis 3 Prozent der Stimmen. Und diese wenigen Prozentzahlen könnten entscheidend sein, wenn der Vorsprung bei den Wahlen 2006 knapp wird. In diesem Fall also könnte der Vatikan das Zünglein an der Waage spielen.

Viele Anhänger der Freimaurerlogen kritisierten den Stil Antonio Fazios, des treuen Mitglieds des Opus Dei. Der erste Zusammenstoß zwischen beiden Lagern erfolgte zwischen Fazio und dem Wirtschaftsminister Domenico Siniscalco. So bringt Siniscalco zur ersten Sitzung der Regierungsmitglieder nach den Ferien Ende August 167 Zeitungsausschnitte aus der *Financial Times* mit, in denen Fazio kritisch beleuchtet wird. Doch Siniscalco wird am Vorabend des IWF-Treffens in Washington zum Rücktritt gezwungen. Die erste Schlacht also hat Fazio gewonnen. Der Sturz seines Gegenspielers, der sich nicht auf die schützende Hand Berlusconis verlassen konnte, wird im Vatikan befriedigt aufgenommen. Berlusconi hätte nur zu gern stattdessen den Notenbankchef geopfert, doch er fürchtete nicht zu Unrecht, auf der schwarzen Liste des Opus Dei und des mächtigen Kardinals Ruini zu landen.

Die Schlacht um Fazios Rücktritt hinterlässt auch bei den Linken Spuren. Die Abhöraktionen der Polizei, deren Protokolle wie durch ein Wunder in die Medien geraten, zeigen nämlich, dass unter Umständen auch Leute aus dem Mitte-links-Lager in seltsame Transaktionen verwickelt sind.

Die Linke in Italien beugt sich dem Diktat der Kirche und verzichtet auf jedes echte Modernisierungsprojekt. Als im Spätsommer 2005 in der Basilika von Santa Maria Maggiore der fünfzigste Jahrestag der Priesterweihe von Monsignore Javier Echevarria gefeiert wird, des Opus-Dei-Leiters, versammeln sich dort Politiker jeglicher Couleur: der christdemokratische Parlamentspräsident Pierferdinando Casini, der Landwirtschaftsminister der faschistischen *Alleanza Nazionale* Gianni Alemanno, der Senator auf Lebenszeit Giulio Andreotti sowie der Linksdemokrat Walter Veltroni. Der Einzige, der sich der ungeheuren Macht des Opus Dei nicht beugt, ist der ehemalige Staatspräsident Francesco Cossiga. In einem offenen Brief an Silvio Berlusconi schreibt er, im Fall Fazio sei man »wirklich auf der untersten Stufe der Leiter angekommen, politisch und institutionell«. Das schreckliche Schauspiel von Inkonsequenz, Ohnmacht und hoffnungslosem Ehrgeiz, das die italienische Regierung darbiete, habe diesen Fall zuerst in eine Komödie, dann in eine Farce und schließlich in ein Drama verwandelt, das – so fürchte er – bald zur klassisch-italienischen Tragödie ausarten werde.

Irgendwann aber nutzt Antonio Fazio auch die Protektion von höchster Stelle nichts mehr: Am 19. Dezember 2005 tritt er zurück.

Wieder einmal wurde die Glaubwürdigkeit Italiens in der Welt schwer erschüttert: Selten hat ein Skandal sich so desaströs auf die weltweite Einschätzung des Landes und seiner Institutionen ausgewirkt.

NACHWORT

Was Berlusconi für Europa bedeutet

Die Geburt eines neuen Paradigmas

Die Nachforschungen über den italienischen Ministerpräsidenten, die wir für dieses Buch angestellt haben, verfolgen einen bestimmten Zweck. Sie sollen ein Licht auf die Gefahren werfen, welchen die noch relativ jungen Demokratien Europas ausgesetzt sind, die sich noch keineswegs zur »europäischen Demokratie« entwickelt haben. Gefahren, die von Vertretern der neuen Eliten ausgehen, die sich zunehmend ihrer gesamtgesellschaftlichen Verantwortung entziehen. Eine neue Klasse von »Heuschrecken«, die sich über alle demokratischen Kontrollen und Regeln stellen, weil sie mit neuen Methoden in einem neuen Raum operieren, dem der Europäischen Union, der noch keine überstaatlichen Kontrollmechanismen und keine wirksamen Sanktionen gefunden hat.

Die Einflusssphäre dieser neuen Generation von »Herrschern« über Wirtschaft, Finanzen und Politik beschränkt sich nicht auf das Europa der 25. Nicht minder aktiv sind sie wie in Großbritannien vor allem in Russland.[1] Hier tut sich eine ganz andere Art von »drittem Weg« auf, der von Analytikern, Massenmedien, Gewerkschaften und anderen Institutionen des sozialen, religiösen und kulturellen Lebens immer noch massiv unterschätzt wird.

Dabei sprechen wir hier nicht von der »neuen Rechten«, die einen kaum verhohlenen Faschismus propagiert, obwohl auch dies kein Grund zur Entwarnung sein dürfte, vor allem in Ländern wie Italien oder Deutschland, die einen hohen Preis dafür zahlen mussten, dass sie innerhalb ihrer Grenzen Regime an die Macht kommen ließen, welche Millionen Menschen den

Tod brachten. Was sich hier abzeichnet, ist sehr viel subtiler, sehr viel weniger greifbar – und sehr viel globaler. Wir erleben die Geburt eines völlig neuen Phänomens, einer Ideologie, die auf maximalen Einfluss bei minimaler Verantwortung zielt.

Diese Logik ist grenzüberschreitend und profitiert von den enormen Chancen, die im heiklen Prozess der europäischen Einigung mit all seinen Widersprüchen liegen. Die neuen Eliten haben sehr wohl begriffen, was das Ende des Nationalstaats bedeutet. Und sie verstehen es, die Bruchstellen des neuen europäischen Raumes für sich zu nutzen, der immer größer, aber auch immer zersplitterter und immer konturloser wird. Eine neue Grauzone, die all jenen Freiräume eröffnet, welche Fernsehen, Zeitungen, Banken, Versicherungen, Meinungsforschungsinstitute, Werbeagenturen, Parteien, politische Strömungen und vieles mehr kontrollieren.

Seit dem Sturz des Faschismus 1945 gilt es als ausgemacht, dass der Westen demokratisch organisiert ist. Dass die Prinzipien und Regeln, auf die man sich geeinigt hat, nicht infrage gestellt werden. Doch die Realität ist eine andere. Neue und komplexe Formen der Manipulation höhlen die Demokratie von innen her aus. Und es sind Menschen wie Berlusconi bzw. seine Stellvertreter, die sich als Meister dieser Manipulationsmethoden erweisen. Man bezeichnet diese neuen Eliten ein wenig zu simpel als »neue Rechte«, als seien sie nur eine weiterentwickelte Spielart des konservativen Denkens, das sich mal mehr, mal weniger rüde bzw. »menschenfreundlich« geriert.

Bei genauerer Betrachtung merkt man schnell, dass die neuen Eliten nicht unbedingt das sind, was man politisch als »rechts« bezeichnet. Oder zumindest nicht im klassischen, »ideologischen« Sinn, der die Konservativen als leidenschaftliche Verteidiger des Status quo, als Befürworter eines starken Staates und einer absoluten Gesetzestreue kennt, in der die Besitzenden früherer Zeiten die beste Garantie auf Festschreibung der bestehenden Verhältnisse sahen. Wir sollten nicht vergessen, dass Silvio Berlusconi im Schatten des reformierten

Sozialismus eines Craxi groß geworden ist. Tony Blair ist ein renommierter Vertreter der neuen Linken, und Putin ist der Erbe eines Sozialismus, der die gescheiterten Ideale der Sowjetunion wiederbeleben möchte. Der ehemalige deutsche Bundeskanzler, Gerhard Schröder, hat offensichtlich keine Probleme damit, für ein Unternehmen zu arbeiten, das von den Männern Putins kontrolliert wird, der früher Chef der KGB-Spione in Deutschland war und heute als Präsident eine absolute und ans Totalitäre grenzende Kontrolle über Politik, Wirtschaft und Medien ausübt, die im Übrigen große Ähnlichkeit mit der Herrschaft seines italienischen Freundes im eigenen Land hat.[2]

In Europa gibt es mittlerweile eine neue Linke, die in Geschäfte mit Leuten wie dem Medienmogul Rupert Murdoch verwickelt ist, welcher dem englischsprachigen Journalismus den Garaus gemacht hat. Diese neue Linke gibt sich größte Mühe, Banken und Versicherungsgesellschaften unter ihre Kontrolle zu bekommen. Und sie unterhält geschäftliche Beziehungen zu korrupten Bankiers, wie der Journalist John Burnes nachweisen konnte.[3]

Das aber lässt nur einen Schluss zu: Die klassische Unterscheidung zwischen »rechts« und »links« in der Politik funktioniert nicht mehr. Wir brauchen neue Kategorien. Denn mit Berlusconi und seinen Klonen ist tatsächlich ein Regime maximalen Einflusses bei minimaler Verantwortung entstanden. Ein neues Paradigma also, in dem sich Elemente des Raubtierkapitalismus, wie sie für die postmoderne Phase der westlichen Wirtschaft typisch sind (zum Beispiel Einsatz der Medien, kreative Buchführung, Internationalisierung, Abbau der arbeitsrechtlichen Schutzbestimmungen), mit messianischen Komponenten und Pseudowerten mischen. Die totale Abwesenheit von ethischen Normen, die Zerstörung jeglicher Moral, auf der einst Sozialpakte geschlossen wurden, wird heute selbst zur Norm, zum Grundwert eines neuen Systems, ja einer neuen Ära, eines neuen Menschenbildes. Die moderne und hypertechnologische Version von Machiavellis *Fürsten*, der im Vergleich mit den neuen Eliten nachgerade als Liberaler durchgeht.

Prototypen dieser neuen Führer der Heuschreckenklasse, seien sie nun Unternehmer, Finanziers, Politiker oder Medienzaren, finden sich in allen europäischen Ländern.

Doch eines muss man Silvio Berlusconi zugestehen: Er ist – wie unsere Recherchen gezeigt haben – zweifellos der erfolgreichste und damit auch der bedrohlichste Vertreter der neuen Machteliten, deren Schatten über Europa fällt.

Umstrittene Persönlichkeiten wie Jörg Haider, Jean-Marie Le Pen, Pim Fortuyn und Umberto Bossi erscheinen auf der europäischen Bühne und lösen mit ihren extremistischen, häufig rassistischen Positionen Empörung aus, meist aber bleibt der Zuspruch zu ihren Positionen auf das neofaschistische Umfeld beschränkt. Unternehmer wie Leo Kirch werden zu Protagonisten spektakulärer Firmenzusammenbrüche in sensiblen Bereichen. Ehemalige Bürokraten wie Anatoly Chubais, als Minister in Russland für Privatisierungen zuständig, gehören plötzlich zu den reichsten Männern ihres Landes, doch sie haben keine neuen Normen geschaffen, die prädiktatorisch wirken.

Auch Frankreich wurde von großen Skandalen erschüttert (zum Beispiel von der Affäre um den ehemaligen Bürgermeister von Grenoble, Alain Carignon, der bei der Privatisierung der Wasserversorgung Schmiergelder genommen hatte). Dasselbe gilt für Spanien.[4] Nichts aber kommt dem gleich, was Berlusconi zuwege gebracht hat.

Die neuen Grenzen des Kapitalismus

Mit einer Skrupellosigkeit ohnegleichen hat Silvio Berlusconi gezeigt, dass der Raubtierkapitalismus noch über sich hinauswachsen kann, dass er seine Maßlosigkeit immer höher schraubt. Berlusconis Negativbeispiel stellt sogar die Räuberbarone der angelsächsischen Finanzwelt in den Schatten.

Wie unsere Recherchen – die ausschließlich auf Justizdokumenten und anderen zuverlässigen Quellen beruhen – gezeigt haben, lehrt Berlusconi ganz Europa, dass man, so im Säckel Geldnot herrscht, keine Hemmungen haben darf, sich mit zwielichtigen Gestalten einzulassen. Dabei gerieten diese guten Leute nicht erst nachträglich ins Visier der Ermittler, sondern standen seit jeher im Verdacht, den einen oder anderen Fleck auf ihrer Weste zu haben. Berlusconis Beispiel zeigt, wie es im Urteil von Palermo steht, dass man sogar mit der Mafia »reden«, ja mit ihr leben kann. Dass man, wenn man nicht gleich mit ihr zusammenarbeitet, sie zumindest als Geldgeber akzeptieren kann, wie die Kronzeugen dies im Prozess gegen Marcello Dell'Utri aussagten. Dass man mit den Bossen der Cosa Nostra »Gipfeltreffen« abhalten kann!

Und Silvio Berlusconi hat noch mehr geleistet. Allen Medienzaren Europas hat er vorexerziert, wie man sich, wenn man in Schwierigkeiten steckt, aus dem Nichts eine politische Hausmacht schafft, indem man auf die eigenen Fernsehsender und Zeitschriften baut. Wie man eine Partei gründet, die Wahlen gewinnt und das Land regiert.

Wenn dies in Italien – fünfzig Jahre nach dem Zusammenbruch des Faschismus – möglich ist, warum dann nicht auch in Deutschland, Russland oder Polen? Wer über die nötigen finanziellen und medialen Mittel verfügt, kann (da es keine wirksamen Kontrollmechanismen auf europäischer Ebene gibt) politische Strömungen erzeugen, Parteien gründen und Wahlen gewinnen oder zumindest massiv beeinflussen.

Der nächste Schritt, und auch hier ist Berlusconi Lehrmeister der Gattung »europäische Wanderheuschrecke«, besteht darin, die klassische Gewaltenteilung der liberalen Demokratien aufzuweichen, die strikte Trennung von Legislative, Judikative und Exekutive. Das Justizwesen lässt sich mit einer nachhaltigen Kampagne zu seiner Delegitimation ausschalten. Dabei werden ehrliche Richter und Staatsanwälte isoliert (und fallweise von Mafiakillern exekutiert), unehrliche gekauft.

Berlusconi handelt nach dem Grundsatz, dass alles seinen Preis hat, man muss nur herausfinden, wie hoch er ist. Hierin hat er es zur Meisterschaft gebracht und die schlimmsten Krankheiten des amerikanischen Legalismus in Europa eingeschleppt. In Amerika kann noch der übelste Verbrecher freigesprochen werden, wenn er nur eine Armee von Anwälten zu seiner Verteidigung bereit hat.

Und wenn Anwälte und »befreundete« Richter nicht mehr ausreichen, kann man immer noch das Recht ändern. Man kann sich Gesetze auf den Leib schneidern lassen, die langsam, aber sicher die Normen des Rechtsstaates unterminieren und die Bürger glauben machen, nun sei alles erlaubt. Jan Zielonka, Professor für europäische Politik am renommierten St. Antony's College in Oxford, hält den Schaden, den Europa dabei nimmt, für gravierend, da dieses Verhalten in einem Augenblick kommt, in dem die Europäische Union ihren Neumitgliedern vermitteln muss, dass sie ihr Rechtssystem demokratischer und transparenter gestalten müssen. Angesichts solcher Fälle wirken diese Bemühungen wie pure Heuchelei, ein schlechtes Beispiel auch für jene Staaten, die der Union beitreten wollen und deren demokratisches System noch nicht gefestigt sei. Europa könne nicht wollen, dass die neuen Mitgliedsstaaten, deren Rechtsstaatlichkeit immer noch zu wünschen übrig lässt, einem so schlechten Beispiel folgen.

Doch genau das wird geschehen. Aus diesem Grund kämpft Berlusconi ja stets an vorderster Front für die »Erweiterung« Europas und setzt sich für jedes Land ein, das Interesse an der EU zeigt. Eine Linie, die sich für die europäische Verfassung als tödlich erweisen wird und die keineswegs zufällig ist, sondern vielmehr mit der amerikanischen Regierung abgesprochen scheint. Denn die Amerikaner haben ein vitales Interesse an einem schwachen Europa ohne gemeinsame Gesetze – ein ideales Eroberungsziel für US-Konzerne. Nur so lassen sich die stets wiederkehrenden Äußerungen Berlusconis deuten, nach denen die Aufnahme von Putins Russland, das keineswegs den demokratischen Standards der EU folgt, die Lösung aller europäischen Probleme wäre.

Silvio Berlusconi, der gezeigt hat, wie sich ein ganzes Justizsystem aushebeln lässt, spielt auch europaweit den Lehrmeister, wenn es um die Zerstörung der Glaubwürdigkeit all jener Institutionen geht, welche die wirtschaftlichen und finanziellen Aktivitäten der ökonomisch Handelnden ihrer Kontrolle unterwerfen, Institutionen, die für das Funktionieren jedes gesunden Marktes lebenswichtig sind. Es genügt ja, feindliche Übernahmen auf dem Bankensektor mit illegalen Mitteln zu begünstigen, ohne selbst einzugreifen. Es reicht aus, auf die Zentralbank Druck auszuüben, damit »Freunde unserer Freunde« alles aufkaufen. Und diesen Druck noch ein wenig auszuweiten, sodass bei Privatisierungen »die üblichen Verdächtigen« auffällig häufig Berücksichtigung finden. Natürlich ist es auch nützlich, wenn man das Delikt der Bilanzfälschung aus dem Strafgesetzbuch entfernt. Oder – für ein paar Euro Steuermehreinnahmen – das illegal ins Ausland gebrachte Kapital straffrei zurückfließen zu lassen. Nötigenfalls kann man auch Amnestien für Steuersünder erlassen. Oder für Bausünder, deren Hinterlassenschaft die Landschaft Italiens für immer verschandelt hat. Alles ist möglich, kein Problem. Man muss es nur versuchen. Man muss die Bereitschaft zum zivilen Ungehorsam eines Volkes auf die Probe stellen. In Italien ist die Neigung zum zivilen Widerstand ohnehin nicht sehr ausgeprägt,[5] aber auch im Rest Europas trifft man ihn heute nicht mehr mit absoluter Sicherheit an.

In den Massenmedien ist das Spiel sogar noch viel einfacher. Hier reicht es schon, wenn man – dank einiger maßgeschneiderter Gesetze – jene Sender besitzt, welche 90 Prozent des Werbeetats auf sich vereinen. Die öffentlich-rechtlichen Sender lassen sich dann mithilfe der politischen Macht kontrollieren. Nein, es ist wirklich nicht schwierig. Diesbezüglich existieren nämlich in der Europäischen Union noch keine gemeinsamen Regelungen.[6] Allein ausreichendes Kapital ist hier vonnöten. Paul Ginsborg,[7] ein englischer Historiker, meint gar, wenn Italien sich heute für die EU qualifizieren müsse, würde das Land durchfallen – wegen der hohen De-facto-Konzentration im Medienbereich und weil erst kürzlich festgestellt wurde, dass Italien im Hinblick auf den Grad der im Land herrschenden Pressefreiheit unter allen Ländern der Welt nur Platz 77 einnimmt.[8]

Eine Herausforderung für Benedikt XVI.

In Großbritannien und den Vereinigten Staaten werden Status und Rolle des Großkapitals im Staat offiziell anerkannt und kontrolliert, zum Beispiel durch die Registrierungspflicht für Lobbyisten und Pressure Groups. Viele europäische Länder aber verbergen die Diktatur des Kapitals hinter dem dichten Vorhang der Heuchelei. Doch die politischen Parteien befinden sich mittlerweile in der Krise, und die Macht der Parlamente wird immer stärker eingeschränkt. Die Institutionen stürzen der Reihe nach in sich zusammen. Die Zeit der Konsenspolitik ist angebrochen, deren lebendiger Ausdruck Gestalten wie Berlusconi oder Blair sind. Sie nahm ihren Aufschwung in den achtziger Jahren, als der Kapitalismus all seine Schlachten gewonnen hatte, vor allem die gegen den real existierenden Sozialismus. Berlusconis Aufstieg fällt in ebenjene Jahre. Er ist wie kein anderer das Produkt dieser Zeit, ihr schillerndster Epigone. Doch ihm werden andere folgen, und nicht nur in Italien, wenn es kein ethisches Erwachen der Bürger gibt.

Doch ebendas ist der Punkt, der zu Bedenken Anlass gibt. Denn wie diese Untersuchung gezeigt hat, ist die Besorgnis erregende Machtzunahme Berlusconis und der damit einhergehende schleichende Verfall der Moral nur selten Gegenstand des zivilen Widerstands vonseiten der Bevölkerung geworden, weder in Italien noch im Rest Europas. Jene Stimmen, die sich

– aus welchem politischen Lager auch immer – erhoben, um seine rücksichtslosen Methoden oder seine grundlegend antidemokratische Einstellung anzuprangern, wurden zum Schweigen verurteilt, zur Bedeutungslosigkeit. Sie wurden öffentlich mundtot gemacht. Wie zu Zeiten des Faschismus und der Nazi-Herrschaft hat der Wunsch nach einem »starken Mann«, der Wunsch nach einfachen Lösungen für komplexe Probleme, katastrophale Folgen, wie der *Economist* schreibt.[9] Doch der wirtschaftliche Ruin Italiens wiegt weniger schwer als das Krebsgeschwür des »Systems Berlusconi«, das sich über ganz Europa ausbreiten konnte: Macht heiligt die Mittel – um jeden Preis.

Wie wir zeigen konnten, hat die Kirche Silvio Berlusconi von Anfang an Pate gestanden. Sie hat ihn ins gut geölte vatikanische Finanzsystem aufgenommen, ein Unternehmen mit gigantischen Umsätzen und enormen Reserven an Offshore-Kapital und geheimen Industriebeteiligungen, das sich auch skrupelloser Bankiers wie Roberto Calvi bediente oder Mafia-Finanziers wie Michele Sindona. Ihnen folgten reputierlichere Gestalten mit weniger augenfälligen Neigungen zur Kriminalität – wie Gianpiero Fiorani,[10] der Bankier, der den italienischen Zentralbanker Antonio Fazio »am liebsten auf die Stirn küssen würde«.

Mit Berlusconi unterstützt die Kirche nicht nur einen Mann, der nachweisbar Kontakte zur Mafia hatte, sondern macht auch politisch eine Rolle rückwärts, die Erinnerungen an jene Zeit wachruft, in welcher der Faschismus sich in Europa Bahn brach.

Der Zynismus, mit dem ranghohe Vatikanmitglieder Berlusconis Aufstieg zur europäischen Bedrohung zusehen, hat Ähnlichkeit mit der Gleichgültigkeit eines Pius XII. gegenüber den Nazis. Ist es ein Zufall, dass er der Schöpfer jenes korrupten Finanzsystems des Vatikans ist, das heute noch besteht?

Die friedliche Koexistenz der römischen Kirche mit den Formen der Macht findet mit Berlusconi einen weiteren unrühmlichen Höhepunkt. Das Papsttum Johannes Pauls II. hat sich in seinem leidenschaftlichen Kampf gegen den Kommunismus auf riskante finanzielle Transaktionen eingelassen[11] und Silvio Berlusconi mit seinem manifesten Reaganismus als willkommenen Alliierten akzeptiert. Auch wenn dieser mit schwer wiegenden Anklagen vonseiten der Justiz konfrontiert war, hat der Vatikan ihm seine Unterstützung nie entzogen. Und dafür lukrative Gegenleistungen eingefordert. Er hat einem Unternehmer den Rücken gestärkt und ihn über Treuhandgesellschaften finanziert, der Mitglied der berüchtigten Freimaurerloge P2 war, die in aller Welt für ihre schmutzigen Transaktionen und ihren Plan zum politischen Umbau des Landes berühmt wurde. Einen ehemaligen Freimaurer also, der weder durch seinen Lebensstil (als geschiedener und wieder verheirateter Vater) noch durch seine persönlichen Überzeugungen (»Bitte keine Kreuze und andere Todessymbole in meiner Krypta!«) jemals Nähe zu den Geboten der katholischen Kirche zeigte.

Licio Gelli, der Chef der P2, hatte einen wahnwitzigen Plan zur Abschaffung der Demokratie ausgeheckt, den Berlusconi Punkt für Punkt ins Werk gesetzt hat. Wie meinte Gelli doch: »Er müsste mir eigentlich Lizenzgebühr zahlen!«

Dem Götzen des Geldes wird jeder moralische Skrupel bereitwillig geopfert.

Unter der Führung Johannes Pauls II. hat die Kirche eine reaktionäre Wendung vollzogen, die sektenähnliche Strömungen wie das Opus Dei an die Macht gespült hat. Dort wird eine neue Elite von Machttechnokraten wie Antonio Fazio herangezogen, den das Gericht vom Mailand beschuldigt, über Fiorani und seine »kriminelle Vereinigung« stets schützend die Hand gehalten zu haben.

In unseren Recherchen sind wir der Frage nachgegangen, ob und wie der Aufstieg Berlusconis zu einem kircheninternen Machtkampf passt, der am Ende von Opus Dei gewonnen wurde, sodass letztlich eine »Kirche in der Kirche« entstand. Eine These, für die vieles spricht und Berlusconi zum Teil eines größeren Szenarios werden lässt. Wir haben versucht, auch diese Facette des Berlusconi-Bildes mit Fakten zu untermauern. Unsere Recherchen gestalteten sich schwierig, sahen sie sich doch mit den mäandernden Geldströmen der italienischen Hochfinanz konfrontiert, mit den finsteren Machenschaften der Mafia und Organisationen wie dem Opus Dei, das die Geheimniskrämerei zum Prinzip erhoben hat und sich noch heute weigert, die Namen seiner Mitglieder offen zu legen.

Doch all dies war nötig, um den roten Faden zu finden, der die Geschichte Berlusconis mit der Calvis und Sindonas verbindet, um Zusammenhänge mit anderen Ereignissen der jüngeren Geschichte herauszuarbeiten, deren Protagonisten und Umfeld die Ereignisse der Vergangenheit zu wiederholen scheinen.

All dies war unumgänglich, um zu begreifen, wie eine Macht wie die Kirche direkt auf einen Bereich einwirkt, den man eigentlich als kirchenfremd betrachten würde, nämlich die Hochfinanz. Und umgekehrt natürlich.

Das Bindeglied dieser wechselseitigen Beeinflussung war der unaufhaltsame Vormarsch des ultrakapitalistischen Opus Dei, das aus seiner ökonomischen Stärke keinen Hehl macht. Natürlich blieb dieser Vormarsch nicht ohne Auswirkungen. Tatsächlich markiert er eine historische Zäsur, die eben in die Jahre des Aufstiegs von Silvio Berlusconi und der Affäre Calvi/Sindona fällt. 1982, in dem Jahr, in dem der »Gottesbankier« Calvi stirbt, erhält das Opus Dei den Status einer Personalprälatur, einer kirchlichen Struktur mit besonderen Vollmachten. Und man munkelt hinter vorgehaltener Hand, dass dahinter ein Pakt stehe, dem zufolge die Banken des Opus Dei jene 250 Millionen Dollar aufbrachten, die nötig waren, um die Vatikanbank damals vor der Insolvenz zu bewahren.

Es ist jedenfalls ein Fakt, dass der Aufstieg Berlusconis und die vom Opus Dei betriebene konservative Neuorientierung der Kirche zur selben Zeit vonstatten gehen. Das Opus Dei, das in seinen Reihen so umstrittene Gestalten wie Marcello Dell' Utri und Antonio Fazio hat, ist fest entschlossen, die Macht zu übernehmen: in der Wirtschaft, im Finanzwesen und im Kommunikationssektor.

Denn obwohl der Nachfolger von Bischof Marcinkus als Chef der Vatikanbank, Professor Angelo Caloia, die Vatikanfinanzen saniert hat, findet sie sich auch in jüngerer Zeit immer wieder in recht unerforschliche Situationen verwickelt.

Was den Fall Berlusconi aber noch viel beunruhigender macht, ist die Vorstellung, dass die Kirche sich nicht nur als moralische Kraft begreift, sondern ihre Finger auch beim Knüpfen wirtschaftlicher, finanzieller und industrieller Kontakte im Spiel hat. Was gestern noch einer recht zweifelhaften Nähe zu noch zweifelhafteren Gestalten geschuldet war, geht heute auf die doppelte Loyalität von Bank- und Regierungsbeamten gegenüber Organisationen wie dem Opus Dei zurück.

Nimmt man jedoch an, dass mit dem Auftreten Berlusconis die Allianz zwischen Kirche und Großkapital historisch und theologisch zementiert wird, dann sehen wir uns einem echten und tief greifenden moralischen Verfall gegenüber, der uns die prophetischen Worte von Pier Paolo Pasolini ins Gedächtnis ruft. Er sprach von der »Liquidation der Kirche« durch eine »Macht, die das Evangelium zur Farce macht und ohne großes Federlesen alles daransetzt, um es auf reine Folklore zu reduzieren«. Ein Beobachter des Vatikans, Giancarlo Zizola, schreibt dazu: »Was Pasolini nicht voraussehen konnte – er schrieb im Jahr 1974 –, war die Tatsache, dass diese Liquidation schließlich von Männern ins Werk gesetzt werden würde, die dem kirchlichen System angehören, und nicht von außen kommen würde ... Traurigerweise ist dies der Anfang vom Ende.«[12]

Das war sozusagen der Schlüssel zu unserem Verständnis der Geschichte um Silvio Berlusconi. Vor diesem Hintergrund gingen wir den einzelnen Spuren nach, die sich bei unseren Recherchen allmählich herauskristallisierten, und versuchten, jene Kräfte zu identifizieren, welche den ökonomischen Aufstieg des Unternehmers und Politikers gefördert hatten.

Das Mosaik unserer Rechercheergebnisse ergab am Ende noch eine zweite, ebenso beunruhigende geistige Strömung, die mit der ersten in engem Zusammenhang steht: Während sich im Vatikan der Einfluss des Opus Dei verstärkt, gerät die italienische Gesellschaft immer stärker unter die Knute eines kriminellen Kapitalismus, welcher auch Geschäfte mit der Mafia nicht mehr scheut.

Dieser perverse »Quantensprung«, der sichtbar wird, sobald man die jüngere Geschichte mit den heute vorhandenen Instrumenten analysiert, ereignet sich in ebenjenen Jahren, in denen die wundersame Geschichte vom Finanzgenie Berlusconi spielt, und zwar vor einer bestimmten politischen und finanziellen Kulisse, die Berlusconi auf den Leib geschneidert scheint. Das Italienbild, das unsere Recherchen zeichnen, ist mehr als düster. Sie zeigen das Land als Experimentallabor für jegliche Art der Wirtschaftskriminalität. Es bleibt die bittere Erkenntnis, dass die Möglichkeiten, der Ausbreitung organisierter Wirtschaftskriminalität wirksam Einhalt zu gebieten, mittlerweile mehr als beschränkt sind.

Dies umso mehr, da die Wirtschaft mit ihren rücksichtslosen Durchsetzungsmechanismen eng verbandelt ist mit – wie Zizola schreibt – einer »Kirchenmacht, die von der Säkularisierung mittlerweile völlig entheiligt ist«. Diese unheilige Allianz stellt ein Problem von beträchtlicher Größenordnung für die Zivilgesellschaft dar.

Vor diesem Hintergrund erhebt sich im Vatikan nun ein neuer Einflussfaktor: Benedikt XVI., früher Kardinal Josef Ratzinger. Dem Papst deutschen Ursprungs obliegt heute die Pflicht, sich dem moralischen Verfall entgegenzustemmen, den Berlusconi und Konsorten über Italien und Europa gebracht haben.

Ratzingers Wahl wurde vom Opus Dei stark unterstützt.

Dementsprechend künden die ersten Schritte seines Papsttums nicht gerade von einer Abwendung des Vatikans von Silvio Berlusconi. Der italienische Ministerpräsident erfreut sich wie eh und je der vollen Unterstützung durch die Kurie, die bei Wahlen immer noch einen enormen Einfluss hat.

In der Anfangszeit von Ratzingers Papstmandat schien sich die Kirche jedenfalls mehr um die Befreiung von der Grundsteuer zu sorgen (denn sie besitzt ein gewaltiges Immobilienvermögen) als um das Abrücken von den Prinzipien der Rechtsstaatlichkeit, zu dem ausgerechnet jenes Land gezwungen wird, das das Zentrum der Christenheit beherbergt. Der Vatikan ist offensichtlich entschlossen, die Ausrichtung der berlusconianischen Politik zu nutzen, um der Zivilgesellschaft seine Vorstellungen in so delikaten Fragen wie Abtreibung, Scheidung, künstliche Befruchtung und Zusammenleben ohne Trauschein aufzuzwingen.[13]

Papst Benedikt XVI. äußert sich nicht zu der Tatsache, dass die Mafia mittlerweile in weiten Teilen Italiens unangefochten herrscht, dass sie ihre Krallen längst ins legale Wirtschaftssystem geschlagen hat. Er widmet sich lieber seinen Edikten zum Ausschluss Homosexueller vom Priesteramt. Er konzentriert sich gleichsam auf die »inneren Angelegenheiten« der Kirche.

Kein Wort über Korruption, über fehlende Moral, keine Stellungnahme zu den Machenschaften des superkatholischen Zentralbankgouverneurs, der Geschäftspartner eines Bankiers ist, den man mittlerweile wegen Bildung einer kriminellen Vereinigung und Geldwäsche verhaftet hat.

Stattdessen lässt er den »Falken« in der Kurie wie Kardinal Ruini freie Hand.[14] Sogar das unumstrittene Bekenntnis zum Frieden durch Johannes Paul II. wird preisgegeben. So verkündet Kardinal Renato Martino in seiner Botschaft zum internationalen Friedenstag: »Meiner Ansicht nach sollten ausländische Militäreinheiten im Irak stationiert bleiben, bis das Land eine demokratische Struktur angenommen hat.«[15]

Die Allianz zwischen Vatikan und Berlusconi – ein nützliches Instrument bei der Wiederherstellung der neuen irdischen Macht der römischen Kirche – war noch nie so stark. Doch mittlerweile wenden sich zahlreiche Katholiken von einer Kirche ab, die sich für die Machenschaften der Hochfinanz hergibt, ja, die nicht einmal mehr einen von der UNO nicht autorisierten Krieg verurteilt, weil er einem Land »die Demokratie bringen soll«.

Und so ähnelt Josef Ratzinger immer mehr der Figur des Vikars, den der deutsche Dramatiker Rolf Hochhuth in seinem Stück über Pius XII. zeichnet.[16] Pius XII. wandte sich nicht gegen die Deportation und Ausrottung der Juden durch die Nazis, nicht einmal, wenn sie direkt vor seiner Haustür stattfand.[17]

In »Amen«, dem mutigen Film von Costa Gavras, der den Stoff des Hochhuth-Stückes aufnimmt, gibt es eine Figur – einen zynischen, schlauen Nazi –, die sich nach dem Zusammenbruch des Faschismus mithilfe des Vatikans nach Argentinien retten kann.[18]

Hoffen wir also, dass Silvio Berlusconi, dem guten Katholiken, am Ende nicht Ähnliches widerfährt. Und dass der Papst aus Deutschland dem Spuk der Schlau- und Schlauestberger in seinem Wirkungskreis ein Ende setzt. Dass er die »päpstliche Familie« von Leuten frei hält, die nicht würdig sind, ihr Handwerk in der Nähe des Heiligen Vaters zu betreiben.

Anhang

Dramatis Personae (eine Auswahl)

Acampora, Giovanni Geboren am 16. März 1945 in Bari. Anwalt. Wurde angeklagt, im Fall Mondadori die Richter bestochen zu haben, um ein für Silvio Berlusconi günstiges Urteil zu erwirken. Das große Verlagshaus Mondadori war von Carlo De Benedetti erworben worden. Die Richter jedoch hatten den Verkauf für ungültig erklärt. Silvio Berlusconi wurden »mildernde Umstände« zuerkannt, weshalb man ihn nur wegen »einfacher Bestechung« anklagte, ein Delikt, das unter die Verjährungsfrist fällt, ergo keine Vorstrafe für Silvio Berlusconi.

Andreotti, Giulio Geboren am 14. Januar 1919 in Rom. Einer der bekanntesten Politiker Italiens, der die politische Szene in den letzten fünfzig Jahren beherrschte: Er war siebenmal Ministerpräsident, achtmal Verteidigungsminister, fünfmal Außenminister, zweimal Finanzminister, Haushaltsminister, Industrieminister, je einmal Schatzminister und Innenminister. Seit 1945 war er ständig Abgeordneter des italienischen Parlaments, trotzdem wurde er nie Generalsekretär seiner Partei, der *Democrazia Cristiana.* 1991 ist er gerade mit der Regierungsneubildung befasst, als der Skandal um Tangentopoli ihn erfasst. Gegen Andreotti wird nicht wegen Bestechung ermittelt, doch Mitte der neunziger Jahre wird er angeklagt: in Perugia und in Palermo. Die Staatsanwälte in Umbrien glauben, er habe den Journalisten Mino Pecorelli beseitigen lassen, den Leiter der Zeitschrift OP *(Osservatore Politico)*. Dieser wurde am 20. März 1979 ermordet. Angeblich hat er Andreotti erpresst. Am 30. Oktober 2003 wird Andreotti vom Kassationsgericht rechtskräftig von diesem Vorwurf freigesprochen. Außerdem stellt das Kassationsgericht das Verfahren gegen den Politiker wegen seiner Kontakte zur Mafia ein, derentwegen er im Vorfeld in zweiter Instanz verurteilt worden war. Die Richter halten es für erwiesen, dass der Senator auf Lebenszeit Giulio Andreotti zwar vor 1980 Kontakte zur Mafia gehabt und dass er sich zweimal mit dem Superboss Stefano Bontate getroffen habe. Doch diese Delikte seien nun mittlerweile verjährt und daher nicht mehr straffähig.

Ariosto, Stefania Geboren am 28. Juli 1949. Ehemalige Lebensgefährtin eines Berlusconi-Anwalts. Ariosto wurde zur Omega-Zeugin, deren Aussage die Ermittlungen zur Richterbestechung von Cesare Previti und anderen ins Rollen brachte. Im ersten Halbjahr 1995 wurde Ariosto von der Guardia di Finanza in Mailand vernommen. Man fragte sie, ob sie über ihren Lebenspartner Vittorio Dotti – zu jener Zeit Anwalt Berlusconis – je in den Genuss von Geldern gekommen sei, die von den berühmten »Inhaber-Sparbüchern Silvio Berlusconis« stammten. Sie war es, die zum ersten Mal darüber sprach, dass Cesare Previti, ein anderer Anwalt Berlusconis, den Ermittlungsrichtern in Rom Geld übergeben habe. Natürlich wurde Stefania Ariosto in der Folge Ziel einer Schmutzkampagne seitens der Berlusconi-Medien, die sie aber tapfer durchstand.

Batliner, Herbert Prof. Dr. iur., Dr. rer. oec., Dr. h. c., geboren am 26. Dezember 1928, Vater von vier Kindern. Eröffnete 1954 eine Anwaltskanzlei in Vaduz, Liechtenstein, die zur bekanntesten Anlaufstelle für ausländische Geldanleger bei Treuhandfirmen im Fürstentum werden sollte. Von 1975 bis 1985 ist Batliner Präsident bzw. Vizepräsident des Fürstlich Liechtensteinischen Staatsgerichtshofes (Verfassungsgericht). 1994 ernennt ihn Papst Johannes Paul II. zum Rat der Päpstlichen Akademie der Sozialwissenschaften. Später bekleidet er das Amt des Präsidenten. Batliner trägt den Titel »Ehrenmann Seiner Heiligkeit«, das ist die höchste Ehrung für einen Laien im Vatikan. Außerdem ist er Träger zahlreicher weiterer Orden und Ehrenzeichen.

Berlusconi, Maria Elvira (Marina) Geboren in Mailand am 10. August 1966. Erstes Kind von Silvio Berlusconi. Tritt schon in jungen Jahren in seine Firmengruppe ein, interessiert sich seit jeher für die Unternehmensführung. Im Juli 1996 wird sie Vizepräsidentin der Fininvest spa, was sie bis zum Oktober 2005 bleibt, als sie zur Präsidentin der Fininvest-Holding ernannt wird. Ab Februar 2003 ist sie Präsidentin der Arnoldo Mondadori Editore spa. Außerdem sitzt sie im Aufsichtsrat der Mediaset spa, der Mediolanum spa, der Medusa spa und der 21 Investimenti spa.

Berlusconi, Paolo Geboren am 6. Dezember 1949 in Mailand. Der jüngere Bruder von Silvio. Als Berlusconi gezwungen ist, die Führung der Tageszeitung *Il Giornale* (die einige Jahre lang von Indro Montanelli geleitet wurde) abzugeben, die ihm seit Mitte der siebziger Jahre gehört, vertraut er sie seinem Bruder an. Auf diese Weise umgeht er den Interessenkonflikt, der sich nach dem 1990 verabschiedeten Gesetz ergibt, wenn jemand gleichzeitig Tageszeitungen, Zeitschriften und Fernsehsender besitzt. Von diesem Moment an ist Paolo Berlusconi der Zeitungsmann der Familie und unterstützt als solcher stets *Forza Italia,* die Partei seines Bruders. Auch Paolo Berlusconi war in zahlreiche Ermittlungen verwickelt, vor allem im Zusammenhang mit der von Antonio Di Pietro geleiteten Untersuchung über die Auslandskonten des Sozialistenführers Bettino Craxi.

Berlusconi, Pier Silvio Geboren am 28. April 1969 in Mailand. Sammelt 1992 erste berufliche Erfahrungen im Marketing der Publitalia (dem Werbevermarkter der Mediaset-Gruppe). Später geht er zum Fernsehsender Italia 1, wo er neue Programme für junge Zuschauer entwirft. Von 1995 an übernimmt er anspruchsvollere Aufgaben bei den drei Sendern der Mediaset, wo er die Programmpolitik mitbestimmt. Im November 1996 wird er Verantwortlicher für die Programmkoordinierung der Mediaset-Sender, 1999 Vize-Generaldirektor für die Programminhalte der RTI (Reti Televisive Italiane: Canale 5, Italia 1 und Rete 4) und stellvertretender Vorsitzender des Aufsichtsrats der RTI spa und der Mediatrade spa. Seit April 2000 ist er Vizepräsident der Mediaset-Gruppe, außerdem Präsident und Geschäftsführer der RTI. Daneben sitzt er im Aufsichtsrat aller größeren Gesellschaften der Fininvest-Gruppe.

Berlusconi, Silvio Geboren in Mailand am 29. September 1935. Seit dem 5. Januar 1977 Vorsitzender des Aufsichtsrats der Firmen Italcantiere und Edilnord Progetti. Am 28. April 1977 tritt er in den Aufsichtsrat der Società Europea Edizioni ein, der Herausgeberin der Zeitschrift *Il Giornale.* Präsident der Fininvest vom 8. Juni 1978 bis zum Oktober 2005. Präsident des Finanzdienstleisters Programma Italia. Von 1980 an ist er Vorsitzender des Aufsichtsrats der Publitalia. Am 30. Oktober 1981 tritt er in den Aufsichtsrat der Holding Italiana Prima ein. Im Januar 1994 gibt er bekannt, dass er sich von nun an der Politik widmen werde. Er gründet die Partei *Forza Italia.* Bei den Wahlen 1994 erreicht *Forza Italia* mehr als 20 Prozent der Stimmen, Berlusconi wird zum ersten Mal Ministerpräsident, muss jedoch nach wenigen Monaten zurücktreten. 2001 erringt er das Amt des Ministerpräsidenten ein zweites Mal. Schätzungen von *Forbes* und der *Financial Times* weisen ihn als den reichsten Mann Italiens aus, den viertmächtigsten Mann der Welt nach Bill Gates, Rupert Murdoch und George Soros. Logischerweise ist er damit auch der mächtigste Mann Europas. Er war in 93 Ermittlungsverfahren der Justiz verwickelt, in mehreren Fällen wurde Anklage erhoben.

Berruti, Massimo Maria Geboren am 1. Mai 1949 in Lagnonegro (bei Potenza). Universitätsabschluss in Jura. Rechtsanwalt. Ehemaliger Steuerfahnder der Guardia di Finanza, der Berlusconi 1979 anlässlich einer Steuerprüfung kennen lernt. Verlässt die Guardia di Finanza und beginnt, für die Berlusconi-Gruppe zu arbeiten. Arbeitet als Unternehmensanwalt für die Fininvest (Auslandsgesellschaften, Spielerverträge des AC Mailand, steuerrechtliche Fragen). 1985 wird er zum ersten Mal verhaftet, dann aber wieder auf freien Fuß gesetzt. 1994 wandert er im Zusammenhang mit Bestechungszahlungen an die Guardia di Finanza zum zweiten Mal ins Gefängnis. Er wurde in der ersten und zweiten Instanz wegen Begünstigung Berlusconis zu acht Monaten Haft verurteilt. Zieht jedoch bald darauf als Abgeordneter der *Forza Italia* ins Parlament ein. Er ist Vorsitzender des Aufsichtsrats der Co.Fi.l., eines Berlusconi-Unternehmens, das schließlich in der Mondadori-Gruppe aufging.

Bondi, Sandro Geboren am 14. Mai 1959 in Fivizzano in der toskanischen Gemeinde Massa Carrara. Generalsekretär der *Forza Italia* und seit 26. Mai 2001 auch Abgeordneter. Hat Philosophie studiert. Seine politische Karriere beginnt in der Kommunistischen Partei. Mit nur dreißig Jahren wird er kommunistischer Bürgermeister von Fivizzano. Der Architekt des Berlusconi-Mausoleums, Pietro Casella, stellt ihn dem Unternehmer vor. Die Begegnung bewegt Bondi zutiefst, sofort lässt er seine kommunistischen Ideale sausen. Heute gilt er als größter Bewunderer des Ministerpräsidenten und äußert immer wieder peinliche Sätze wie: »Verzeihen Sie, Herr Präsident, wenn ich in Ihrer Gegenwart das Wort ergreife ...«

Bossi, Umberto Geboren am 19. September 1942 in Cassano Magnago in der Provinz Varese. Anfang der achtziger Jahre gibt er das Medizinstudium auf und gründet die *Lega Lombarda*, die später zur *Lega Nord* wird, deren Generalsekretär er heute ist. Er wird zum Senator gewählt, und in der zweiten Regierung Berlusconi bekleidet er das Amt des Ministers für institutionelle Reformen. Am 5. Januar 1994 gesteht Bossi im Prozess Enimont ein, von der Montedison Schwarzgeld-Parteispenden erhalten zu haben. Der Kassationsgerichtshof verurteilt ihn rechtskräftig zu acht Monaten Haft wegen Verletzung des Gesetzes gegen illegale Parteienfinanzierung. Am 11. März 2004 erleidet Bossi einen schweren Herzinfarkt sowie einen Gehirnschlag. Trotz seiner gesundheitlichen Probleme kandidiert er im Juni 2004 für das Europäische Parlament. In seiner Region erhält er 275 000 Stimmen, zehntausend im Rest Italiens. Für den Sitz in Straßburg gibt er das Abgeordnetenmandat im italienischen Parlament sowie seinen Ministerposten auf.

Brancher, Aldo Geboren am 30. Mai 1943 in Trichiana bei Belluno. Lebt in Bardolino bei Verona. Ehemaliger Priester. Manager der Berlusconi-Gruppe, Politiker. Staatsanwalt Antonio Di Pietro verhaftet ihn 1993 wegen einer Geldsumme, die an den Gesundheitsminister Francesco De Lorenzo geflossen ist. In erster Instanz wird er zu zwei Jahren und acht Monaten Haft verurteilt. Vom Delikt der Bilanzfälschung wird er freigesprochen, das Verfahren wegen der Bestechung De Lorenzos wird am Ende wegen Verjährung eingestellt. Aldo Brancher gehört zu den Topmanagern der Publitalia und der Fininvest. Im Mai 2001 Abgeordneter für die *Forza Italia*. 2005 gerät er im Sog der Ermittlungen um den Fall der Banca Antonveneta und deren Zuschlag an die Banca Popolare di Lodi durch Antonio Fazio erneut ins Visier der Ermittler.

Buttiglione, Rocco Geboren am 6. Juni 1948 in Gallipoli bei Lecce. Studiert Jura in Turin und Rom. An der Freien Universität San Pio V im Rom lehrt er Politikwissenschaften. Seit 2002 ist er Mitglied der UDC *(Unione dei Democratici Cristiani e Democratici di Centro)*. In den verschiedenen Regierungen Berlusconis bekleidete er das Amt des Ministers für die Kontakte zur EU bzw. des Ministers für Kulturgüter. 2004 nominiert José Manuel Barroso, Präsident der EU-Kommission, ihn für das Amt des Vizepräsidenten der EU-Kommission und als Kommissar für Justiz, Freiheit und Sicherheit. Als Buttiglione jedoch seine Ansichten über Homosexuelle, Paare ohne Trauschein und allein erziehende Väter bzw. Mütter äußert, bringt er damit das gesamte Europäische Parlament gegen sich auf. Er war ein enger Freund von Johannes Paul II. und diente diesem als politischer Berater.

Calvi, Roberto Roberto Calvi, der am 17. Juni 1982 ermordet unter der Blackfriar's Bridge in London aufgefunden wurde, war der Chef der größten katholischen Privatbank Italiens, Banco Ambrosiano. Zu den wichtigsten Aktionären der Bank gehörte die Vatikanbank unter ihrem damaligen Leiter Erzbischof Paul Casimir Marcinkus. Zusammen gründeten sie in den siebziger Jahren Hunderte von Briefkastenfirmen in allen Finanzparadiesen der Welt, in der Schweiz, Luxemburg, auf den Bahamas und anderen Oasen Lateinamerikas. Im Rahmen des betrügerischen Bankrotts der Bank Calvis wurden von der italienischen Justiz auch Haftbefehle gegen Marcinkus und seine Mitstreiter der Vatikanbank IOR (Istituto per le Opere di Religione) erlassen, die aber aufgrund des enormen politischen Drucks auf die Mailänder Justiz aufgehoben wurden. Die skrupellosen Geschäfte des Duos Calvi–Marcinkus beschäftigen die italienische Justiz bis in diese Tage, denn erst im Oktober 2005 wurde in Rom der Mordprozess Calvi eröffnet, bei dem es natürlich auch um die Motive dieses politischen Mordes am »Bankier Gottes« geht. Ein Mord, begangen von Mafiakillern, ein Auftragsmord.

Caponnetto, Antonio Geboren am 5. September 1920 in Caltanissetta, gestorben am 6. Dezember 2002 in Florenz. Trat 1954 ins Richteramt ein. 1983, als die Cosa Nostra Rocco Chinnici, den damaligen Chef der Ermittlungseinheit in Palermo, ermordete, ließ Caponnetto sich auf dessen Posten versetzen. Dort gründete er die Anti-Mafia-Ermittlungseinheit. Ziel war, sich einen Überblick über sämtliche Mafiadelikte zu verschaffen, um ein besseres Verständnis vom Vorgehen der organisierten Kriminalität zu gewinnen. In sein Team berief Caponnetto die Ermittlungsrichter Giovanni Falcone, Paolo Borsellino, Giuseppe Di Lello und Leonardo Guarnotta. Ihre Arbeit führte zum ersten großen Prozess gegen die Cosa Nostra, bei dem sich Mafiagrößen wie Tommaso Buscetta zur Zusammenarbeit mit der Justiz entschlossen. 1990 ging er in Pension, nachdem man ihm den Ehrentitel des stellvertretenden Präsidenten des Kassationsgerichts verliehen hatte. Doch seinen Kampf gegen die organisierte Kriminalität führte er trotz seiner gesundheitlichen Probleme bis zu seinem Tod weiter.

Castelli, Roberto Geboren am 12. Juli 1946 in Lecco. Seit 2001 Justizminister der Regierung Berlusconi. 1971 Universitätsabschluss in Maschinenbau am Polytechnikum in Mailand, Weiterbildung in England und den USA. 1986 Eintritt in die *Lega Lombarda*. Aktives Mitglied seit

1987. 1992 für die nunmehr in *Lega Nord* umbenannte Partei als Abgeordneter ins Parlament gewählt. Zwischen 2001 und 2006 führt er gehorsam das juristische Programm Silvio Berlusconis aus und baut das italienische Justizsystem auf eine Art und Weise um, welche die Mehrheit der italienischen Juristen für schlicht verfassungswidrig hält. Darüber hat der Verfassungsgerichtshof, die Consulta, noch zu entscheiden. Unter Castellis Regie tritt eine Reihe von Gesetzen in Kraft, die Berlusconi in seinen verschiedenen Prozessen vor einer Verurteilung bewahren, entweder weil das Delikt als solches abgeschafft wird oder weil die Verjährungsfristen entsprechend verkürzt werden. Castelli schickt jenen Staatsanwälten und Ermittlungsrichtern, die sich mit Berlusconis wirtschaftlich-finanziellen Aktivitäten befassen, mit schöner Regelmäßigkeit »Inspektoren« auf den Hals.

Confalonieri, Fedele Geboren am 6. August 1937 in Mailand. Wächst zusammen mit Berlusconi im Viertel »Isola Garibaldi« auf und wird sein treuester Freund. Beide teilen dieselben Leidenschaften: für den AC Mailand und die Musik. Confalonieri studiert Jura und macht seine Abschlussarbeit über die Anti-Trust-Gesetzgebung. Nach dem Studium trennen sich die Wege der Freunde für kurze Zeit. Berlusconi gründet die Cantieri Riuniti Milanesi und baut Häuser. Seine erste Wohnung verkauft er an Confalonieris Mutter. Auch »Fidel«, wie Berlusconi ihn liebevoll nennt, macht sich selbständig, hat damit aber keinen Erfolg. Er kehrt zu seinem Freund zurück, und das Duo erweist sich bald als sehr schlagkräftig. Die Jahre, in denen die Siedlungen Milano 2 und Milano 3 entstehen, sehen Confalonieri stets an Berlusconis Seite. Er wird seine rechte Hand und sein engster Berater. Er ist Präsident der Mediaset spa, an der Berlusconi die Mehrheit hält, außerdem Aufsichtsratsmitglied der Arnoldo Mondadori spa und der Tageszeitung *Il Giornale*.

Craxi, Bettino Geboren am 24. Februar 1934 in Mailand. Sohn eines sizilianischen Anwalts, der in den Norden Italiens übersiedelte. Wird am 16. Juli 1976 zum Generalsekretär der Sozialistischen Partei Italiens gewählt. Vom 1. August 1983 bis zum 3. März 1987 war er italienischer Ministerpräsident. Als solcher unterzeichnet er am 18. Februar 1984 die Änderung der Konkordatsverträge zwischen dem italienischen Staat und dem Vatikan, mit der eine Kirchenabgabe von 8 Promille des Einkommens eingeführt sowie Spenden an den Klerus für steuerfrei erklärt werden. Am 20. Oktober 1984 unterzeichnet er ein Rundfunkgesetz, das die bislang illegal betriebenen nationalen Fernsehsender seines Protegés Berlusconi mit einem Schlag legalisiert. Der Skandal erschüttert ganz Italien. Das Gesetz wird als verfassungswidrig abgelehnt. Also präsentiert Craxi einen zweiten Gesetzesentwurf und droht seinen Koalitionspartnern mit vorgezogenen Wahlen, wenn sie diesen nicht abnicken. Im Februar 1985 tritt das Gesetz in Kraft, nachdem die Regierung die Vertrauensfrage gestellt hat. So entsteht in Italien das Fernseh-Duopol aus staatlichem Fernsehen (RAI) und Berlusconi-Sendern. 1989 wird Craxi zum persönlichen Vertreter des Generalsekretärs der Vereinten Nationen ernannt. Am 15. Dezember 1992 wird er zum ersten Mal in die Ermittlungen der Mani-Pulite-Staatsanwälte verwickelt. Skandal folgt auf Skandal. Als 1994 ein Haftbefehl gegen ihn ausgestellt wird, entzieht er sich der Justiz durch Flucht nach Tunesien, wo er im Jahr 2000 stirbt.

D'Alema, Massimo Geboren am 20. April 1949 in Rom. Präsident der Partei der Linksdemokraten, *Democratici di Sinistra* (DS). Philosophiestudium an der Universität Pisa. D'Alema hat sich in der Kommunistischen Partei von ganz unten nach oben gearbeitet. Im Alter von vierzehn Jahren schreibt er sich in die Jugendsektion der Partei ein. 1968 tritt er in die Kommunistische Partei Italiens, den PCI, ein. 1975 wird er Generalsekretär der Jugendsektion. Dabei stand er stets im Konkurrenzkampf mit dem damaligen Generalsekretär des PCI, Achille Occhetto, und dem künftigen Bürgermeister von Rom, Walter Veltroni. 1996 leitet D'Alema die »Bicamerale«, eine Kommission aus den zwei Kammern des Parlaments, welche die Verfassung Italiens reformieren sollte. D'Alema sucht die Verständigung mit dem bei den Wahlen von 1996 besiegten Berlusconi, trägt dadurch aber nur zu dessen politischer Wiedergeburt bei. 1998 tritt D'Alema an die Stelle des Wahlsiegers von 1996, Romano Prodi, bleibt aber nur etwa ein Jahr lang Regierungschef. Nach einer verheerenden Schlappe bei den Regionalwahlen tritt er 1999 zurück. D'Alema genießt in der DS zwar höchste Wertschätzung, wird vom Wähler jedoch weniger akzeptiert, weil er als kalter Technokrat erscheint.

De Benedetti, Carlo Geboren am 14. November 1934 in Turin. Bekannter italienischer Unternehmer und Erzfeind Silvio Berlusconis. Studiert am Polytechnikum in Turin. 1958 macht er seinen Ingenieursabschluss in Elektrotechnik. 1959 tritt er ins Familienunternehmen ein, die Compagnia Italiana Tubi Metallici Flessibili. De Benedetti baut den

Familienbetrieb um und macht die Gilardini-Gruppe daraus, deren Präsident und Geschäftsführer er von 1972 bis 1976 ist. Über die Unternehmensgruppe CIR-Cofide kontrolliert De Benedetti die Verlagsgruppe *L'Espresso*, die im italienischen Mediensektor führend ist. Sie gibt die Tageszeitung *La Repubblica* und die Wochenzeitung *L'Espresso* heraus. In der Schlacht um die Verlagsgruppe Mondadori macht er sich Berlusconi zum Feind. Berlusconi gewinnt, aber nur, weil seine Anwälte die Richter bestechen, die entscheiden, dass De Benedetti Mondadori nicht kaufen darf. Zumindest ist dies die Auffassung der Richter im darauf folgenden Prozess gegen den Berlusconi-Anwalt Previti – und zwar in erster und zweiter Instanz. Das Urteil in der dritten Instanz wird für das Frühjahr 2006 erwartet.

Dell'Utri, Marcello Geboren am 1. September 1941 in Palermo. 1961 geht er nach Mailand, um Jura zu studieren. Dort lernt er Silvio Berlusconi kennen. 1964, im Alter von 23 Jahren, beginnt er für diesen als Privatsekretär zu arbeiten. Berlusconi sponsert die kleine Fußballmannschaft Dell'Utris. 1965 geht Dell'Utri nach Rom, wo er in einem Wohnheim des Opus Dei Sportdirektor wird. 1967 kehrt er nach Palermo zurück und wird beim Athletic Club Bacigalupo ebenfalls als Sportdirektor tätig. In dieser Zeit lernt er, eigenen Aussagen zufolge, die Mafiabosse Vittorio Mangano und Gaetano Cinà (der mit den Superbossen Stefano Bontate und Mimmo Teresi verwandt ist) kennen. 1974 kehrt er auf Aufforderung Silvio Berlusconis nach Mailand zurück, um für die Edilnord zu arbeiten. Außerdem wird er erneut als Privatsekretär Berlusconis tätig. Am 7. Juli 1974 bringt er Vittorio Mangano in Berlusconis Villa in Arcore. Mangano wird später ein hohes Tier im Klan der Porta Nuova in Palermo. Als dieser bei Berlusconi seinen Dienst als »Stallmeister« antritt, ist er behördlicherseits bereits als kriminell bekannt. Zu Beginn der achtziger Jahre tritt Dell'Utri in die Publitalia 80 ein, die Werbevermarktungsgesellschaft der Fininvest. Er gehört zu den Mitbegründern der *Forza Italia*. 1995 wird er in Turin unter der Anschuldigung verhaftet, im Zusammenhang mit der Untersuchung zu den Schwarzgeldkonten der Publitalia Beweise vernichtet zu haben. Im April 1995, während er in Turin wegen Steuerbetrugs und Ausstellung falscher Rechnungen verurteilt wird und man in Palermo wegen Mafiakontakten gegen ihn ermittelt, wird Dell'Utri Abgeordneter der *Forza Italia* im Parlament. In Turin wird er rechtsgültig zu zwei Jahren Haft verurteilt. In Palermo spricht man ihn am 11. Dezember 2004 in erster Instanz wegen Beihilfe für eine kriminelle Vereinigung mafiösen Charakters schuldig. Der Richter verhängt eine Haftstrafe von neun Jahren.

Di Pietro, Antonio Geboren am 2. Oktober 1950 in Montenero di Bisaccia bei Campobasso. Er ist die Symbolfigur der unter den Stichworten »Mani Pulite« bzw. »Tangentopoli« berühmt gewordenen Ermittlungen. Als er nach seiner Tätigkeit als Staatsanwalt in Mailand in die Politik ging, wurde er zum Ziel einer massiven Schmutzkampagne vonseiten der Berlusconi-Medien. Seine Kritiker werfen ihm vor, ein ganzes politisches System ohne Not zerstört zu haben. Seine Ermittlungen führten zur Verhaftung des Sozialisten Mario Chiesa und schließlich auch zur Anklage gegen Bettino Craxi. Am Ende der Mani-Pulite-Untersuchungen sind mehr als dreitausend Personen in die Ermittlungen verwickelt. Es geht dabei um Schmiergelder in Milliardenhöhe. Auf den Straßen und Plätzen Italiens wird Di Pietro gefeiert. Kurz zuvor hatte Ministerpräsident Berlusconi ihm noch – vergeblich – den Posten des Innenministers angeboten. 2005 schließt Di Pietro sich der Mitte-links-Opposition an.

Fazio, Antonio Geboren am 11. Oktober 1936 in Alvito bei Frosinone. Wirtschaftswissenschaftler. Gouverneur der italienischen Zentralbank von 1993 bis 2005. Rücktritt am 19. Dezember 2005 nach dem Skandal um den Verkauf der Banca Antonveneta an die Banca Popolare di Lodi (BPL), der durch die Enthüllungen von Gianpiero Fiorani ins Rollen kam, den ehemaligen Chef der BPL.

Fini, Gianfranco Geboren am 3. Januar 1952 in Bologna. Präsident und Führer der *Alleanza Nazionale*, der Nachfolgepartei des *Movimento Sociale Italiano*. In der zweiten Regierung Berlusconi war er von 2001 bis 2005 Stellvertretender Ministerpräsident. Im November 2004 wurde er von Berlusconi zum Außenminister ernannt, nachdem sein Vorgänger im Amt, Franco Frattini, Rocco Buttiglione in der Europäischen Kommission ersetzt hatte.

Fo, Dario Geboren am 24. März 1926 in einer Familie, in der der Antifaschismus Tradition ist. Sein Vater ist Bahnhofsvorsteher, seine Mutter Bäuerin. Die Familie lebt in einem kleinen Dorf in der Lombardei, Leggiuno-Sangiamo. Dario Fo geht schon in jungen Jahren nach Mailand und besucht dort die Kunstakademie. Dann studiert er Architektur am Polytechnikum, geht aber vor seinem Abschluss ab. Im späteren Leben allerdings erhält er mehrere Universitätsabschlüsse honoris causa. Seine Arbeit am Theater ist gekennzeichnet vom Element der Improvisation. Er erfindet Geschichten, die er selbst darstellt. Er arbeitete an verschiedenen Theatern, gründete 1959 ein eigenes Ensemble und machte dabei immer politisches Theater in dem Sinne, dass er Menschen zum Nachdenken über ihre Lebenssituation ermuntert und die Machthaber vorführt. Seine kritische Haltung hatte zur Folge, dass er fünfzehn Jahre lang keine Sendung mehr für die RAI machen durfte. 1997 erhielt er für seine Theaterproduktionen den Nobelpreis für Literatur.

Frigerio, Gianstefano Geboren am 4. Dezember 1939 in Cernusco sul Naviglio. Universitätsabschluss in Geisteswissenschaften. In seiner Abgeordnetenbiographie erklärt er sich zum Universitätsprofessor. Niemand versinnbildlicht den neuen »Abgeordneten mit Vorstrafenregister« besser als er, ist er doch mittlerweile wegen verschiedener Korruptionsdelikte zu mehr als sechs Jahren Haft verurteilt worden. Seine ersten Jahre als Abgeordneter verbrachte er unter Hausarrest im eigenen Domizil. Diese Form der Haft gestand man ihm aus gesundheitlichen Gründen zu. Seine Probleme gingen scheinbar jedoch nie so weit, dass er sein Mandat für die *Forza Italia* aufgegeben hätte.

Gasparri, Maurizio Geboren am 18. Juli 1956 in Rom. Von 2001 bis 2005 Kommunikationsminister der Regierung Berlusconi. Das Gesetz, das Berlusconi erlaubt, den Medienmarkt zu kontrollieren (statt, wie es das bislang gültige Gesetz verlangt hätte, einen Fernsehsender zu verkaufen), trägt seinen Namen. Gasparri ist einer der engsten Mitarbeiter von Gianfranco Fini, dem Führer der postfaschistischen *Alleanza Nazionale*, mit dem er seit den frühen siebziger Jahren befreundet ist. Und er gehört zu den überzeugtesten Vertretern rechten Gedankenguts in der Regierung Berlusconi. Trotzdem hat er sich zusammen mit Fini vom *Movimento Sociale Italiano* gelöst, das 1946 von den Faschisten der Republik Salò begründet worden war, und sich der neuen Partei *Alleanza Nazionale* angeschlossen.

Gelli, Licio Geboren am 21. April 1919 in Pistoia. Großmeister der mächtigen Freimaurerloge Propaganda 2, kurz P2. Diese Funktion füllte er auch noch aus, nachdem die P2 im Jahr 1976 aus dem offiziellen Umfeld der Freimaurerei verbannt worden war. Darüber hinaus war Gelli Mitglied des Malteserordens. In der Schweiz und in Frankreich verbüßte er Haftstrafen. Augenblicklich lebt er unter Hausarrest in der Toskana. Zur Zeit der faschistischen Herrschaft in Italien machte Celli sich als Mitglied der *Camicie Nere* (Schwarzhemden) einen Namen, eine Einheit, die Mussolini zur Unterstützung Francos nach Spanien schickte. Später wurde er Verbindungsoffizier zum Dritten Reich Hitlers, wo er mit Hermann Göring zu tun bekam. 1981 förderte eine polizeiliche Durchsuchung seiner Villa eine Liste von hochrangigen Amts- und Mandatsträgern zutage, die alle zur P2 gehörten. Unter anderen fanden sich Namen von Unternehmern wie dem künftigen Ministerpräsidenten Silvio Berlusconi, Politikern und einflussreichen Persönlichkeiten wie Viktor Emanuel von Savoyen. Der Name Gelli taucht in den Ermittlungen zur Ermordung Roberto Calvis immer wieder auf.

Guzzanti, Sabina Geboren am 25. Juli 1963 in Rom. Gilt als leuchtender Stern am Comedy- und Satirehimmel. Studium der Schauspielkunst in Rom. Tochter des bekannten Politkommentators und Journalisten Paolo Guzzanti, der – nach kurzem Flirt mit der Linken – heute Berlusconi Schützenhilfe gibt. In ihrer Satireshow auf RAI 3 spielte Guzzanti darauf an, dass einer der Berlusconi-Sender (Rete 4) nicht rechtmäßig sende. Daraufhin wurde sie von den Verantwortlichen geschasst. Nun hat sie ihre eigene Fernsehshow auf einem reinen Satellitenkanal.

Letta, Gianni Geboren am 15. April 1935 in Avezzano bei Aquila. Journalist und Politiker der *Forza Italia*, enger Berater von Silvio Berlusconi. Jurastudium. Nach jahrelanger Tätigkeit als Rechtsanwalt entscheidet er sich, Journalist zu werden. Von 1973 bis 1987 war er Leiter der römischen Tageszeitung *Il Tempo*. Dann ging er als Manager und Journalist zur Fininvest. Parteimitglied wurde er schon bei der Gründung von *Forza Italia*. Berlusconi berief ihn 1994 als Kabinettsstaatssekretär. Bei seiner Wiederwahl trug er Letta das Amt ein zweites Mal an. Dieser nahm an und füllt es bis heute aus.

Mangano, Vittorio Geboren am 18. August 1940 in Palermo. Mangano erlangte als »Mafiaboss in Berlusconis Diensten« zweifelhafte Berühmtheit. Er kam aus dem Klan der Porta Nuova (zu dem auch der Mafiakassier Pippo Calò und der Kronzeuge Tommaso Buscetta gehörten). Schon zu Beginn der siebziger Jahre kümmert er sich um die Geschäfte der Cosa Nostra in Mailand. 1967 stuft ihn die Polizei als »gefährliches Individuum« ein. Er wird dreimal verhaftet und sammelt mehrere

Anzeigen bzw. Verurteilungen, unter anderem wegen Scheckbetrugs, Hehlerei, Gewalttätigkeit und versuchter Erpressung. Sein ansehnliches Vorstrafenregister zieht bald die Aufmerksamkeit Stefano Bontates auf sich. Seine Eleganz, sein gutes Benehmen und seine schnelle Auffassungsgabe machen ihn zur besten Wahl für den Posten des Verbindungsmannes zwischen Mafia und lombardischem Unternehmertum. Mangano knüpft ein recht dichtes Netz an Beziehungen. Dabei hilft ihm Marcello Dell'Utri, ein enger Freund von Silvio Berlusconi. Als Berlusconi Entführungsdrohungen erhält, garantiert Dell'Utri für seine Sicherheit und setzt ihm einen Beschützer ins Haus: Mangano. Dieser zieht in der Villa in Arcore ein, die Berlusconi eben erworben hat. Mangano kontrollierte die Villa, kümmerte sich um die Pferde und aß zusammen mit den illustren Gästen des Jungunternehmers. Dabei sorgte er für die Sicherheit der Kinder aus erster Ehe, Marina und Pier Silvio. Am 23. Juli 2000 stirbt Mangano an Leberkrebs.

Mills, David Mackenzie Geboren am 31. Mai 1944 in Oxted. Mills entwirft für Berlusconi ein Imperium aus Offshore-Scheinfirmen und bleibt jahrelang der Anwalt, dem Berlusconi am meisten Vertrauen schenkt. Mills lebt in London und ist mit Tessa Jowell verheiratet, Tony Blairs Ministerin für Kultur, Medien und Sport. Auch sie steht dem Opus Dei nahe. Anfangs tritt Mills nur als Zeuge in den Berlusconi-Prozessen wegen Bilanzfälschung auf. Seit 2005 wissen die Ermittler, dass Mills es war, der Berlusconis Schattenimperium entwarf. Nun geht man davon aus, dass Mills von Berlusconi mit viel Geld zur Falschaussage im All-Iberian-Prozess bewegt wurde. Im Zusammenhang mit den Prozessen um das Schwarzgeld der Fininvest ist David Mills auch wegen Geldwäsche angeklagt.

Montanelli, Indro Geboren am 22. April 1909 in Fucecchio, gestorben am 22. Juli 2001. In jungen Jahren studiert er Jura und Politikwissenschaft, bevor er nach Paris geht, um dort beim *Paris Soir* eine Karriere als Journalist einzuschlagen. Er wuchs unter dem Einfluss des Faschismus auf und schloss sich einem italienischen Bataillon an, das in Eritrea operierte. Als die Deutschen Danzig überfallen, befindet Montanelli sich in Deutschland und interviewt Adolf Hitler persönlich. Wieder in Italien, schließt er sich den Partisanen an und wird 1944 wegen antifaschistischer Umtriebe verhaftet und von den Nazis zum Tode verurteilt. Wie durch ein Wunder kann seine Mutter ihn vor der Erschießung bewahren. Jahrelang arbeitet der konservative Montanelli für den *Corriere della Sera*. Als ihm dieser zu »fortschrittlich« wird, gründet er mit einigen seiner früheren Kollegen die Tageszeitung *Il Giornale*. Am 2. Juni 1977 verüben die Roten Brigaden ein Attentat auf ihn. Dann kauft Silvio Berlusconi Montanellis Zeitung auf, die in die roten Zahlen geraten war. Die beiden verstehen sich glänzend, bis Berlusconi 1993/94 verkündet, in die Politik zu gehen. Nun beginnt er, Druck auf Montanelli auszuüben, dem dieser sich nicht beugt. Montanelli geht, gründet eine andere Zeitschrift, *La Voce*, die jedoch 1995 eingestellt werden muss. Seitdem schreibt Montanelli wieder für den *Corriere della Sera* und beleuchtet in seinen Artikeln die Aktivitäten Berlusconis sehr kritisch. So sagte er den Italienern vor der Wahl 2001 den Sieg Berlusconis voraus. Die Viruskrankheit der Berlusconitis würde wie ein Impfstoff wirken. Nach schlimmer Erkrankung würden sie für immer dagegen immun werden.

Pacifico, Attilio Geboren am 13. April 1933 in Avellino. Rechtsanwalt. War in den SME-Fall verwickelt, bei dem der Urteilsspruch des römischen Gerichts wegen Bestechung der Richter Renato Squillante und Filippo Verde angezweifelt wurde. Angeklagt wurden neben Pacifico Silvio Berlusconi, Cesare Previti, Renato Squillante und Filippo Verde. Letzterer aber wurde freigesprochen.

Pera, Marcello Geboren am 28. Januar 1943. Senatspräsident und Professor für Wissenschaftsphilosophie an der Universität von Pisa. Obwohl er ein bekennender Freimaurer ist, ließ er an seiner Loyalität gegenüber der katholischen Kirche nie Zweifel aufkommen. Zusammen mit Kardinal Josef Ratzinger schrieb er: *Ohne Wurzeln. Der Relativismus und die Krise der europäischen Kultur*, Augsburg 2005.

Pisanu, Giuseppe Geboren am 2. Januar 1937 in Ittiri bei Sassari. Beginnt seine politische Karriere in der *Democrazia Cristiana*. 1994 wechselt er zur *Forza Italia* und wird für diese 1994, 1996 und 2001 zum Abgeordneten gewählt. In der Folge Fraktionsvorsitzender der Partei. Seit dem 3. Juli 2002 Innenminister. Sein Name wird in den achtziger Jahren im Zusammenhang mit dem Zusammenbruch des Banco Ambrosiano mehrfach genannt.

Possa, Guido Geboren am 15. Januar 1937. Enger Freund Silvio Berlusconis aus den Tagen am Salesianerkolleg in der Via Copernico. Verheiratet, vier Kinder, lebt in Segrate. Universitätsabschluss in Maschinenbau und Elektrotechnik am Polytechnikum von Mailand. Nach seiner Pensionierung tritt er 1988 in die Fininvest ein, zuerst als Verantwortlicher für die Vorstandsassistenz, dann als Direktor der Abteilung »Entwicklung«. 1996 zieht er als Abgeordneter der *Forza Italia* ins Parlament ein. Im Mai 2001 wird er stellvertretender Bildungs- und Forschungsminister.

Previti, Cesare Geboren am 21. Oktober 1934 in Reggio Calabria. Anwalt und Berater Silvio Berlusconis. Trat in die *Forza Italia* ein, wurde 1994, 1996 und 2001 zum Abgeordneten gewählt. War in der ersten Regierung Berlusconi Verteidigungsminister. Gegen ihn wurde im Zusammenhang mit dem SME-Fall wegen Bestechung von Richtern und Staatsanwälten ermittelt. Im November 2003 wird er in erster Instanz zu fünf Jahren Haft verurteilt. (Die Staatsanwaltschaft hatte elf Jahre beantragt.) Am 2. Dezember 2005 wird Senator Previti vom Mailänder Berufungsgericht in dieser Sache zu fünf Jahren Haft verurteilt.

Sindona, Michele Geboren am 8. Mai 1920 in Patti bei Messina. Arbeitet als Transportunternehmer, bevor er in Mailand eine Unternehmensberatung eröffnet. Universitätsabschluss in Jura, später tätig als Anwalt. Anfang der fünziger Jahre Vertrauensmann der Mafiabosse aus Sizilien und Amerika, für die er Geldwäsche-Transaktionen organisiert. 1974 feiert man ihn zusammen mit Giulio Andreotti als »Retter der Lira«. Im selben Jahr allerdings beginnen seine Probleme: Am 10. Mai gerät die von ihm geleitete Franklin Bank in Schieflage. Am 28. September muss die von ihm geführte Banca Privata Italiana Insolvenz anmelden. Der damalige Schatzminister Ugo La Malfa weigert sich, eine Kapitalerhöhung für die Finambro, die Finanzierungsgesellschaft der Sindona-Gruppe, zu unterschreiben. Im Oktober wird Sindona wegen Bilanzfälschung verhaftet und flieht in die USA. 1976 wird er in New York verhaftet, nach Zahlung einer Kaution von einer halben Milliarde Lire jedoch wieder freigelassen. Die Öffentlichkeit erfährt, dass Sindona nach der Landung der Alliierten für die Amerikaner gearbeitet hat – und zwar auf Empfehlung des Mafiabosses Lucky Luciano. Am 22. März 1986 stirbt Sindona im Gefängnis von Voghera, weil man seinen Kaffee vergiftet hat. Der sizilianische Geschäftemacher mit den engen Kontakten zur Mafia und P2 gilt als Kapitalexporteur Nummer eins für die Vatikanbank. Kurz vor seinem Tod war er wegen der Ermordung des Anwalts Ambrosoli zu lebenslanger Haft verurteilt worden. Sindona hatte Ambrosoli am 12. Juli 1979 von seinem amerikanischen Auftragskiller William Aricò töten lassen.

Squillante, Renato Geboren am 15. April 1925 in Neapel. Richter am römischen Gericht. Geriet ins Visier der Staatsanwälte im Zusammenhang mit dem Verkauf des Lebensmittelkonzerns SME, bei dem er Berlusconi begünstigte. Am 12. März 1996 wird er wegen passiver Bestechung verhaftet, letztendlich aber nur unter Hausarrest gestellt. Im Laufe des Verfahrens legte er sein Richteramt nieder.

Travaglio, Marco Geboren 1964 in Turin. Seine journalistische Karriere begann er bei einer katholischen Zeitschrift namens *Il Nostro Tempo*. Er arbeitete mit Indro Montanelli beim *Giornale* zusammen. Als dieser nach Auseinandersetzungen mit dem Aufkäufer des *Giornale*, Berlusconi, eine neue Zeitschrift *La Voce* gründete, folgte Travaglio seinem Mentor. Heute arbeitet er für *La Repubblica, L'Espresso* und *Micromega*. In der *Unità* hat er eine eigene Kolumne, »Bananas«, in der er die politisch-juristische Entwicklung des Landes kommentiert. Immer wieder veröffentlicht er Untersuchungsergebnisse der Anti-Korruptions-Ermittlungen. Über die Mani Pulite und Silvio Berlusconi hat er mehrere Bücher geschrieben. Eines seiner Werke, das der Frage nachgeht, woher Silvio Berlusconi das Anfangskapital für sein Unternehmen nahm, wurde in der Show »Satyricon« vorgestellt. Dies kostete den Moderator, den bekannten Daniele Luttazzi, seinen Job bei der RAI, die mittlerweile weitgehend von Berlusconis Partei kontrolliert wird.

Vespa, Bruno Geboren am 27. Mai 1944 in Aquila. Er gehört zweifellos zu den bekanntesten Gestalten der italienischen Medienwelt. Seine Karriere als Journalist begann in der Redaktion des *Tempo* in Aquila. Mit achtzehn Jahren begann er dann, für die staatliche Fernsehanstalt RAI zu arbeiten. Seine Politsendung »Porta a Porta« gehört seit Jahren zu den erfolgreichsten dieses Formats. Berühmt wurde er mit der Erklärung, jeder Journalist der RAI brauche eine »Referenzgröße«, womit er meinte, er müsse einen politischen Paten haben. Vespa erklärte, bei ihm sei dies jahrelang die *Democrazia Cristiana* gewesen. Nach der Auflösung der alten Parteien blieb Vespa »regierungstreu«: Wenn die Linke an der Macht war, zeigte er sich links. Seit Berlusconi regiert, ist Vespa für Berlusconi. Und so wurde er zum Symbol der Widersprüche und Grenzen des italienischen Journalismus.

Bibliographie

AA.VV., *La grande truffa. Previti, Berlusconi e l'eredità Casati Stampa*, Mailand 1998

Almerighi, Mario, *I banchieri di Dio*, Rom 2002

Armao, Fabio, *Il Governo Berlusconi. Le Parole, i Fatti, i Rischi*, Bari/Rom 2002

Barbacetto, Gianni, *B. Tutte le carte del presidente*, Mailand 2004

Barbacetto, Gianni, Gomez, Peter, u. Travaglio, Marco, *Mani Pulite. La vera storia – da Mario Chiesa a Silvio Berlusconi*, Rom 2002

Berlusconi, Silvio, *L'Italia che ho in mente*, Mondadori, Mailand 2000

—, *Una Storia Italiana*, Mailand 2001

—, *Discorsi per la democrazia*, Mailand 2001

Bellavite-Pellegrini, Carlo, *Storia del Banco Ambrosiano. Fondazione, Ascesa e Dissesto 1896–1982*, Rom/Bari 2002

Bocca, Giorgio, *Piccolo Cesare*, Mailand 2002

Caccavale, Michele, *Il grande inganno*, Mailand 1997

Cederna, Camilla, »Serve una città? Chiama Berlusconi«, in *Il meglio di Camilla Cederna*, Mailand 1987

Cicconi, Umberto, *Segreti e misfatti – Gli ultimi vent'anni con Craxi*, Rom 2000

Corbi, Alessandro, u. Criscuoli, Piero, *Berlusconate*, Rom 2003

Cordero Franco, *Le strane regole del signor B.*, Mailand 2003

Corrias, Pino, Gramellini, Massimo, u. Maltese, Curzio, *1994 Colpo Grosso*, Mailand 1994

Dalla Chiesa, Nando, *La fantastica storia di Silvio Berlusconi. Dell'uomo che portò il Paese in guerra senza avere fatto il servizio militare*, Mailand 2004

D'Anna, Stefano, u. Moncalvo, Gigi, *Berlusconi in Concert*, London 1994

D'Aubert, François, *L'Argent Sale*, Paris 1993

Deaglio, Enrico, *Besame mucho*, Mailand 1995

De Angeli Floriano, *Berlusconi 1. Biblioteca e Centro Documentazione ‹Mafia connection›*, Gropello Cairoli 1993

Direzione Distrettuale Antimafia, *L'onore di Dell'Utri*, Mailand 1997

Discepoli di Verità, *All'ombra del papa infermo. Giovanni Paolo II nelle spire della nomenklatura vaticana*, Mailand 2001

Dossier Dell'Utri (Dokumente des Palermo-Prozesses), Mailand 2005

Farinotti, Pino, *I maghi del canale*, Mailand 1985

Ferrari, Giorgio, *Il padrone del diavolo*, Mailand 1990
Fiori, Giuseppe, *Il venditore – Storia di Silvio Berlusconi e della Finivest*, Mailand, Neuauflage 2004
Fiorini, Florio, *Dall'ENI alla Sasea, alla prigione*, Bergamo 1977
Forconi, Augusta, *Parola di Cavaliere*, Rom 1997
Fracassi, Claudio, u. Gambino, Michele, *Sua Emittenza. Una biografia non autorizzata*, Rom 1993
Froio Felice, *Il Cavaliere incantatore*, Bari 2003
Galli, Giancarlo, *Enrico Mattei: petrolio e complotto italiano*, Mailand 2005
Gambino Michele, *Il Cavaliere B.*, Lecce 2001
Ginsborg, Paul, *Berlusconi – Politisches Modell der Zukunft oder italienischer Sonderweg?*, Berlin 2005
Gomez, Peter, u. Travaglio, Marco, *L'amico degli amici*, Mailand 2005
—, *Regime*, Mailand 2004
—, *Lo chiamavano Impunità*, Rom 2003
Grasso, Aldo, *Al paese dei Berlusconi*, Turin 1993
Guarino, Mario, *L'Orgia del Potere*, Bari 2005
—, *Fratello P2 1816, l'epopea piduista di Silvio Berlusconi*, Mailand 2001
—, *I mercanti del Vaticano*, Mailand 1998
Guarino, Mario, u. Ruggeri, Giovanni, *Berlusconi. Inchiesta sul Signor TV*, Mailand 1994
Hess, Henner, *Mafia – Ursprung, Macht und Mythos*, Freiburg 1993
Howard, Anthony, *Countdown to a Grand Prix*, London 1984
Lamothe, Lee, u. Nicaso, Antonio, *Bloodlines*, New York 2001
Lane, David, *L'Ombra del Potere*, Bari/Rom 2005
Lehner, Giancarlo, *La strategia del ragno: Scalfaro, Berlusconi e il Pool*, Mailand 1996
Madron, Paolo, *Le gesta del Cavaliere*, Mailand 1994
Ori, Angielo Silvio, *Banca Padrona*, Mailand 1974
Orlando, Federico, *Lo Stato sono io*, Rom 2002
Palermo, Carlo, *Il quarto livello*, Rom 2002
Petrini, Roberto, *Il grande bluff: perchè non va l'economia di Berlusconi*, Rom/Bari 2002
Pinotti, Ferruccio, *Poteri Forti. La morte di Calvi e lo scandalo dell'Ambrosiano*, Mailand 2005
Prospero, Michele, *Lo Stato in appalto*, Lecce 2003
Romano, Sergio, *Libera Chiesa, Libero Stato? Il Vaticano e l'Italia da Pio IX a Benedetto XVI*, Mailand 2005
Rügemer, Werner, *Grüezi – bei welchen Verbrechen dürfen wir behilflich*

sein? Die Schweiz als logistisches Zentrum der internationalen Wirtschaftskriminalität, Heilbronn 1999
Ruggeri Giovanni, *Berlusconi. Gli affari del Presidente*, Mailand 1995
Ruggeri, Giovanni, u. Guarino, Mario, *Berlusconi. Inchiesta sul Signor TV*, Mailand 1994 (1987; dt.: *Berlusconi, Showmaster der Macht*, Berlin 1994)
Santoro, Franco, *Mafia di Regime. I documenti dell'affare Sindona*, Agenzia Nazionale Informazione Politiche ed Economiche 1978
Sisti, Leo, u. Gomez, Peter, *L'intoccabile. Berlusconi e Cosa Nostra*, Mailand 1997
Stajano, Corrado, *Un eroe borghese*, Turin 1991
Sylos-Labini, Paolo, *Berlusconi e gli anticorpi*, Bari 2003
Tosches, Nick, *Il mistero Sindona*, Mailand 1986
—, *Dossier Sindona*, Mailand 2005
Tranfaglia, Nicola, *La resistibile ascesa di Silvio B.: dieci anni alle prese con la corte dei miracoli*, Mailand 2004
Travaglio Marco, *Berluscomiche*, Turin 2005
—, *Bananas*, Turin 2003
—, *Manuale del perfetto impunito*, Turin 2000
—, *Il Pollaio delle Libertà*, Florenz 1995
Travaglio, Marco, u. Gomez, Peter, *L'amico degli amici*, Mailand 2005
—, *Bravi ragazzi*, Rom 2003
—, *Lo chiamavano Impunità*, Rom 2003
—, *La Repubblica delle banane*, Rom 2001
Travaglio, Marco, u. Veltri, Elio, *L'odore dei soldi*, Rom 2001
Tribunale di Mailand e Roma, *Le mazzette della Fininvest*, Mailand 1996
Vespa, Bruno, *Storia d'Italia da Mussolini a Berlusconi: 1943: l'arresto del Duce, 2005: la sfida di Prodi*, Rom/Mailand 2005
—, *La grande muraglia: l'Italia di Berlusconi, l'Italia dei girotondini*, Rom/Mailand 2002
Vietina, Stefano, *Silvano Pontello. Biografia a più voci di un banchiere-imprenditore*, Venedig 2004

Aktionäre der Banca Rasini am 14. Dezember 1973 (siehe Kapitel 5)

Aktionär	*Geburtsort*	*Geburtsdatum*	*Aktien*
Azzaretto, Giuseppe	Misilmeri	10. 01. 09	219 725 000
Baldoni, Rosolino	Rom	27. 03. 10	2 000 000
Azzaretto, Dario	Mailand	31. 08. 41	15 050 000
Rasini, Mario	Mailand	04. 08. 05	25 000
Spadacini, Mino	Mailand	19. 10. 07	25 000
Burckhardt, Anna, Witwe Locatelli	Mailand	28. 08. 89	4 100 000
Rivolta, Maria Giuseppina	Mailand	02. 03. 36	2 150 000
Crugnola, Ernesto	Mailand	05. 01. 08	1 500 000
Crugnola, Romilda, in Lanfranconi	Mailand	19. 11. 08	1 500 000
Vecchio, Gerosa Piera	Mailand	08. 01. 04	650 000
Sommaruga, Pier Luigi	Mailand	11. 06. 33	250 000
Sommaruga, Isidoro	Mailand	12. 06. 37	350 000
Levi, Silvera Anna	Nova	14. 10. 13	125 000
Turkheimer, Massimo	Mailand	06. 01. 31	675 000
Turkheimer, Cesare	Mailand	21. 06. 28	650 000
Lombardo, Laura, in Turkheimer	Mailand	24. 09. 34	975 000
Adorno, Nelly Maria, in Turkheimer	Mailand	18. 02. 38	1 050 000
Wootz Anstalt	Eschen		37 500 000
Brittener Anstalt	Mauren		76 650 000
Manlands Financière S.A.	Schaan		131 250 000
Padana Partecipazioni spa	Mailand		253 800 000

Gesellschaften der Finivest (siehe Kapitel 8)

Nach der Methode der Interessenzusammenführung bewertete Gesellschaften

Firmenbezeichnung	*Sitz*	*Währung*	*Stammkapital in Mio. Lire*	*Besitz-anteil*
Muttergesellschaft				
Fininvest spa	Mailand	Lire	400 000	
Kino und Unterhaltung				
Reteitalia spa	Mailand	Lire	100 000	100,00 %
Reteitalia Production spa	Rom	Lire	1000	99,99 %
Reteitalia Ltd	London	Lire	1000	90,00 %
Olympia spa	Segrate (MI)	Lire	500	99,99 %
Il Teatro Manzoni spa	Mailand	Lire	500	99,99 %
G.R.T. – Gestioni Radio Televisive spa	Mailand	Lire	300	99,99 %
Finsimac spa	Mailand	Lire	500	99,99 %
Medusa Distribuzione spa	Rom	Lire	500	99,99 %
Cinema 5 spa	Rom	Lire	5000	99,98 %
Cinema 5 Gestione spa	Rom	Lire	1000	50,99 %
Mediolanum Sport spa	Mailand	Lire	3000	99,99 %
Leopard Communications Ltd	London	US-$	1000*	100,00 %
Libra Communications Ltd	London	US-$	1000*	100,00 %
Libra UK Communications Ltd	London	US-$	1000*	100,00 %
Lion Communications Ltd	Malta	US-$	10 000*	100,00 %
News and Sport Television Ltd	London	US-$	1000*	100,00 %
News and Sport Time Ltd	Malta	US-$	10 000*	100,00 %
Reteinvest Holding sa Luxemburg sa	Luxemburg	DM	25	100,00 %

* Um die Optionsrechte bereinigte Zahlen.

Firmenbezeichnung	*Sitz*	*Währung*	*Stammkapital in Mio. Lire*	*Besitz-anteil*
Reteuropa N V	Niederländische Antillen	US-$	6000*	100,00 %
Reteuropa B. V.	Amsterdam	HFL	3	100,00 %
Scanemore Ltd	Malta	US-$	2000*	100,00 %
Sport Image International Ltd	Britische Virgin Islands	US-$	50 000*	100,00 %
Principal Comunications Ltd	Britische Virgin Islands	US-$	50 000*	100,00 %
Silberco Espana sa	Madrid	Pts	25	100,00 %
Fernsehen				
Reti Televisive Italiane spa	Rom	Lire	109 022	99,84 %
Rete 10 srl	Mailand	Lire	100 000	97,72 %
Canale 5 Music srl	Mailand	Lire	20	99,83 %
Ediciones Musicales Cinco sa	Madrid	Pts	10	99,87 %
R.T.I. Music srl	Mailand	Lire	30	99,85 %
Tele Torino spa	Torino	Lire	750	97,15 %
Teleuropa spa	Napoli	Lire	769	99,46 %
Elettronica Industriale spa	Lissone (MI)	Lire	10 000	99,84 %
Video Time spa	Mailand	Lire	100 000	85,59 %
Finmedia srl	Mailand	Lire	3700	85,34 %
Werbung				
Pubblitalia 80 spa	Mailand	Lire	9500	99,99 %
Mediolanum GmbH	München	DM	50 000*	99,99 %
Promoservice Italia srl	Segrate (MI)	Lire	1500	99,99 %
Publierope International Ltd	London	US-$	1	99,99 %
A. ME.R. srl	Mailand	Lire	30	99,99 %

* Um die Optionsrechte bereinigte Zahlen.

Firmenbezeichnung	*Sitz*	*Währung*	*Stammkapital in Mio. Lire*	*Besitz-anteil*
Rete 2000 spa	Mailand	Lire	3000	99,79 %
Publiespana SA	Madrid	Pts	100	67,00 %

Verlagswesen

Gruppo A.M.E.	Mailand	Lire	95 932	87,72 %
Silvio Berlusconi Holding Editoriale spa	Mailand	Lire	1000	49,00 %
Silvio Berlusconi Editore spa	Mailand	Lire	30 000	24,01 %
SORIT spa – Soc. Rotocalcografica Italiana spa	Melzo (MI)	Lire	500	24,76 %
Fied spa	Mailand	Lire	800	11,74 %
Editrice Penta srl	Mailand	Lire	30	24,76 %

Versicherungen und Finanzprodukte

Fininvest Italia spa	Mailand	Lire	100 000	99,99 %
Gestioni Estere spa	Segrate (MI)	Lire	4000	50,00 %
Gestioni Internazionali spa	Segrate (MI)	Lire	5000	50,00 %
Mediolanum Commissionaria spa	Mailand	Lire	3300	84,99 %
Mediolanum Borsa SIM P.A.	Mailand	Lire	1800	84,91 %
Mediolanum Consulenza SIM P.A.	Mailand	Lire	1200	84,99 %
Vacanze Italia spa	Mailand	Lire	1000	50,00 %
Brokers Five srl	Mailand	Lire	200	54,99 %
Programma Italia spa	Segrate (MI)	Lire	5000	50,00 %
Programma Italia Investimenti SIM P.A.	Segrate (MI)	Lire	7000	50,00 %
Fininvest Fiduciaria spa	Segrate (MI)	Lire	1000	84,99 %
Gestione Fondi Fininvest spa	Segrate (MI)	Lire	10 000	84,99 %
Mediolanum Assicurazioni spa	Mailand	Lire	30 000	87,49 %
Mediolanum Vita spa	Mailand	Lire	63 000	87,49 %

Firmenbezeichnung	*Sitz*	*Währung*	*Stammkapital in Mio. Lire*	*Besitzanteil*
Aram spa	Mailand	Lire	10 549	99,99 %
Ambrosiana Vita spa	Mailand	Lire	40 000	87,49 %
Großhandel				
Gruppo Standa	Rozzano-Milanofiori	Lire	55 350	64,77 %
Progetto Trade srl	Mailand	Lire	2000	75,28 %
Dienstleistung und andere Geschäftszweige				
Istifi spa	Mailand	Lire	18 000	99,99 %
Five Viaggi srl	Segrate (MI)	Lire	90	99,99 %
Bonomi e Pagani – BOPA srl	Mailand	Lire	90	99,99 %
Immobilare Briseide spa	Mailand	Lire	200	99,98 %
Fininvest Servizi spa	Segrate (MI)	Lire	9500	100,00 %
Alba Servizi Aerotrasporti	Mailand	Lire	500	100,00 %
Fininvest Service sa	Massagno, Schweiz	sfr	1	100,00 %
Parking Milano 2	Mailand	Lire	2000	100,00 %
Isim – Italiana Sviluppo e Investimenti Mobilari spa	Mailand	Lire	7000	99,00 %
Essetici srl (Servizi Teatrali e Cinematogr. srl)	Mailand	Lire	50	99,01 %
Five International srl	Mailand	Lire	1000	99,01 %
Fininvest Comunicazioni srl	Mailand	Lire	2000	100,00 %
Istifi Espana sa	Madrid	Pts	100	100,00 %
Principal Finance Ltd	Britische Virgin Islands	US-$	10	100,00 %
Consorzio Aeromobili Fininvest (Cafin)	Mailand	Lire	1000	100,00 %
Consorzio Elicotteri Fininvest (Cefin)	Mailand	Lire	1000	99,95 %

Firmenbezeichnung	Sitz	Währung	Stammkapital in Mio. Lire	Besitzanteil
Finedim Italia spa	Mailand	Lire	10 000	99,99 %
Resid Immobiliari srl	Mailand	Lire	30	50,00 %
Infrastrutture Immobiliari spa	Mailand	Lire	400	99,98 %
Immobilare Verrocchio II srl	Segrate (MI)	Lire	30	99,99 %
Immobiliare Perseo srl	Mailand	Lire	30	99,98 %
Alighieri srl	Mailand	Lire	20	99,99 %
Immobiliare Carbonolo spa	Mailand	Lire	330	99,99 %
Immobiliare Coriasco spa	Mailand	Lire	2200	99,99 %
Immobiliare Buonaparte I srl	Mailand	Lire	1000	99,99 %
Renoncino srl	Segrate (MI)	Lire	70	99,99 %
Immobiliare Idra spa	Mailand	Lire	10 000	100,00 %
Anfri Immobiliare srl	Mailand	Lire	200	100,00 %
Egeo 82 srl	Mailand	Lire	20	100,00 %
Jonio 82 srl	Mailand	Lire	20	100,00 %
E.I.S. srl	Sesto San Giovanni (MI)	Lire	90	50,00 %
Silvio Berlusconi Finanziaria S.A.	Luxemburg	Lire	100 000	100,00 %

Nach der Nettokapitalmethode bewertete Gesellschaften

Kino und Unterhaltung

Dania Film srl	Rom	Lire	30	33,00 %
Delta srl	Mailand	Lire	2000	25,49 %
Esercizio Schermi Italiani srl	Rom	Lire	40	25,00 %
Mach 3 Video spa	Mailand	Lire	3000	46,69 %
Penta America Communications Inc	Los Angeles, Kalifornien	US-$	10 000*	50,00 %

* Um die Optionsrechte bereinigte Zahlen.

Firmenbezeichnung	*Sitz*	*Währung*	*Stammkapital in Mio. Lire*	*Besitz-anteil*
Penta Entertainment Ltd	Niederländische Antillen	US-$	1 100 000*	50,00 %
Penta International Ltd	Malta	US-$	10 000*	50,00 %
Penta America Pictures Ltd	Los Angeles, Kalifornien	US-$	1	50,00 %
Penta (UK) International Ltd	London	US-$	250 000*	50,00 %
Pentadistribuzione srl	Rom	Lire	100	50,00 %
Pentafilm spa	Rom	Lire	20 000	50,00 %
Pentavideo srl	Mailand	Lire	90	50,00 %
Quinta Communications S.A.	Nevilly sur Seine	Fr	130	50,00 %
Safin Communications spa	Rom	Lire	1000	48,99 %
Tricorn S.A.	Paris	Fr	3	33,33 %
Fernsehen				
Europe 5 S.A. in Liquidation	Paris	Fr	46	99,98 %
Europe 5 S.A.	Paris	Fr	170	40,00 %
Gestevision S.A.	Madrid	Pts	10	24,96 %
KMP Kabel Media Programmgesellschaft mbH	München	DM	1	33,50 %
Pentafilm Music srl	Rom	Lire	90	50,00 %
Radio e Reti srl	Mailand	Lire	20	45,00 %
Videotecnica srl in liquidazione	Mailand	Lire	20	100,00 %
Verlagswesen				
Saire srl	Mailand	Lire	90	6,00 %
S.A.G.E. – Seregni Az. Grafica ed Editoriale spa	Mailand	Lire	250	12,01 %
S.E.L. – Società Editrice Lombarda spa	Mailand	Lire	250	12,01 %

* Um die Optionsrechte bereinigte Zahlen.

Firmenbezeichnung	*Sitz*	*Währung*	*Stammkapital in Mio. Lire*	*Besitzanteil*
S.G.N. – Società Grafica Novarese spa	Mailand	Lire	800	12,01 %
S.I.E.S. – Società Italiana Editrice Stampatrice spa	Mailand	Lire	1000	12,01 %

Versicherungen und Finanzprodukte

Assofin spa	Mailand	Lire	500	99,99 %
Centro Commerciale Milano 3 srl	Mailand	Lire	90	99,99 %
Immobiliare Lurate Caccivio srl	Mailand	Lire	90	99,99 %

Dienstleistungen und andere Geschäftszweige

Eis Progetti srl	Sesto San Giovanni (MI)	Lire	20	50,00 %
Eis Roma srl	Sesto San Giovanni (MI)	Lire	20	40,00 %
Fingross srl (Finanziaria Grossisti di Partecipazioni)	Rom	Lire	4200	20,00 %
G. & G. Electric srl	Sesto San Giovanni (MI)	Lire	90	25,50 %
H & A Motivation spa	Mailand	Lire	1200	20,00 %
Industrie Alimentari Riunite spa	Mailand	Lire	300	50,00 %
Mediolanum Factor spa	Mailand	Lire	2000	49,00 %
Mondadori Factor spa	Mailand	Lire	2000	24,99 %
Nuove Iniziative Romane srl in liq.	Mailand	Lire	20	50,00 %
S.E.L. srl	Sesto San Giovanni (MI)	Lire	21	25,50 %

Firmenbezeichnung	Sitz	Währung	Stammkapital in Mio. Lire	Besitz-anteil
Nach der Anschaffungswertmethode bewertete Gesellschaften				
Kino und Unterhaltung				
Amatori Rugby Milano Mediolanum srl	Mailand	Lire	200	98,44 %
Gestione Impianti Milan srl	Segrate (MI)	Lire	30	99,99 %
Hockey Club Devils Mediolanum Milano srl	Mailand	Lire	560	99,79 %
Hockey Club Diavoli Mediolanum Milano srl	Como	Lire	70	99,70 %
Milan A.C. spa	Mailand	Lire	48 000	99,91 %
Pallavolo Mediolanum Gonzaga Milano srl	Mailand	Lire	500	99,77 %
Principal Network Ltd	London	Lst	50 000*	100,00 %
Savoy Pictures Entertainment Inc	New York	US-$	139 000*	5,00 %
Simac S.A. in liq.	Paris	Fr	1 500 000*	92,79 %
Fernsehen				
Auditel srl	Mailand	Lire	60	26,49 %
Mach 5 Disco spa	Mailand	Lire	3000	55,39 %
Radio Five srl	Segrate (MI)	Lire	30	99,83 %
RTI USA Inc	Delaware, USA	US-$	50 000*	99,84 %
Tele Orione 1	Mailand	Lire	30	99,83 %
Fininvest Ltd	London	Lst	1000*	100,00 %
Silvio Berlusconi Entertainment Ltd	London	Lst	500 000*	100,00 %

* Um die Optionsrechte bereinigte Zahlen.

Firmenbezeichnung	*Sitz*	*Währung*	*Stammkapital in Mio. Lire*	*Besitz-anteil*
Verlagswesen				
Società Europea di Edizioni spa	Mailand	Lire	4800	6,83 %
S.T.S. - Società Tipografica Siciliana spa	Catania	Lire	3000	4,71 %
Versicherungen und Finanzprodukte				
Euromobiliare spa	Mailand	Lire	35 261	4,29 %
Europa Invest S.A.	Luxemburg	ECU	125 000*	7,00 %
Futura Finanziaria srl	Mailand	Lire	30	99,98 %
Dienstleistungen und andere Geschäftszweige				
Bull Ltd	Britische Virgin Islands	US-$	1000*	54,00 %
Cantieri Riuniti Milanesi spa	Mailand	Lire	100 000	18,04 %
Consortium spa	Mailand	Lire	2000	18,77 %
Euroloterie S A	Luxemburg	Fr Lux	12	54,00 %
Euroloterie Gibiltar Ltd	Gibiltar	Lst	1200	54,00 %
Europa Agency Ltd	Malta	US-$	1620	54,00 %
Finintel spa	Mailand	Lire	2000	49,00 %
N.T.S. srl - Nuove Tecnologie di Sicurezza	Sesto San Giovanni (MI)	Lire	90	16,47 %
Unitel spa	Mailand	Lire	1200	36,75 %
Werbung				
Grandi Eventi srl	Mailand	Lire	20	99,79 %

Quelle: Ruggeri/Guarino, *Berlusconi. Inchiesta sul Signor TV*, a. a. O.

* Um die Optionsrechte bereinigte Zahlen.

Dank

Eine investigative Recherche in Buchform zu bringen, ist eine große gemeinsame Anstrengung: Ein besonderer Dank gebührt Dalbert Hallenstein, einem engagierten Journalisten, der zusammen mit uns das Konzept entworfen, an vielen Recherchen teilgenommen und mitgeschrieben hat.

Ein solches Buch stützt sich auf weit mehr Personen als nur die Autoren selbst. Ein wichtiger Fundus der Arbeit waren natürlich die vielen Interviews, die wir die letzten Jahre im Rahmen anderer Arbeiten zum Thema Berlusconi geführt haben. An dieser Stelle sei hervorgehoben dem WDR-Redakteur Heribert Blondiau gedankt, mit dessen Zusammenarbeit einige schöne und wichtige Interviews im Rahmen des ARD-Films »Silvio Berlusconi, ein Doppelleben« entstanden sind, aus denen wir zitieren. Nicht denkbar ist ein Buch über Berlusconi ohne die vielen Gesprächspartner in Gerichtsarchiven und Justizverwaltungen.

Eine besondere Erwähnung verdient auch Professor Francesco Paolo Giuffrida, ein mutiger Funktionär der italienischen Nationalbank, der als Sachverständiger der Staatsanwaltschaft von Palermo die Geldströme im Firmengeflecht Berlusconis akribisch untersucht hat und dessen Rat wir immer wieder gesucht haben.

An dieser Stelle sei auch vielen Interviewpartnern gedankt, die uns sehr geholfen haben, das Bild von Silvio Berlusconi zu erhellen. Weit über die einzelnen Gespräche hinaus haben sie mitgearbeitet, haben niemals den Humor verloren, auch nicht angesichts einer wirklich dramatischen Situation für die Pressefreiheit in Italien: Dabei denken wir nicht nur an Dario Fo, mit dem Interviews zu führen keine Arbeit, vielmehr das reinste Vergnügen ist, sondern auch an die zahlreichen anderen Bühnenkünstler, Satiriker und Komödianten im besten neapolitanischen Sinne des Wortes, die ihre Meinung über viele Jahre zwar nicht mehr im Fernsehen ausdrücken durften, sich aber trotzdem nicht gebeugt haben, wie Sabina und Corrado Guzzanti.

Auch den Kollegen Marco Travaglio, Peter Gomez, Mario Guarino, Giovanni Ruggeri, Gianni Barbacetto, Enrico Deaglio, Claudio Fracassi, Michele Gambino, David Lane und Steve Scherer sei für Rat und Hinweise gedankt.

Dulcis in fundo: Ohne unseren Verleger Gerhard Riemann würden Sie dies Buch heute nicht in Händen halten, wir danken ihm für den Mut, das Thema anzupacken, und für den Durchhaltewillen, der Übersetzerin Elisabeth Liebl für den enormen Einsatz sowie die treffenden Übersetzungen der italienischen und englischen Kapitel und unserem Lektor Ralf Lay für die Geduld und den Überblick, den er nie verloren hat: Er war der gute Geist, der die Fäden zusammenhielt, der Geduld mit den Autoren mit der Genauigkeit eines Zisterziensers verband, wie es das italienische Sprichwort sagt.

Last but not least wollen wir unseren eigenen Familienangehörigen, besonders den Kleinen, Oliviero, Matthias, Anna und Caterina, sowie den Freunden und Mitarbeitern für die Ruhe und Gelassenheit danken, mit denen sie unsere Schreibarbeit verständnisvoll begleitet haben.

Udo Gümpel – Ferruccio Pinotti

Anmerkungen

KAPITEL 1
Silvio Berlusconi – Die Legende

1 Interview von Udo Gümpel mit der Milchfrau Silvio Berlusconis am 4. Juli 2001 in Mailand.
2 Zitiert nach: www.tgfin.it/tgfin/articoli/articolo229241.shtml.
3 *Sunday Times* vom 18. April 2004.
4 Interview von Udo Gümpel mit Licio Gelli am 7. Mai 1994 in der Villa Wanda.
5 Interview von Udo Gümpel mit Guido Possa am 5. Juli 2001 in Mailand.
6 Ruggeri, Giovanni, u. Guarino, Mario, *Berlusconi. Inchiesta sul Signor TV*, Mailand 21994. (1987; dt. Berlusconi, *Showmaster der Macht*, Berlin 1994).
7 Fracassi, Claudio, u. Gambino, Michele, *Sua Emittenza. Una biografia non autorizzata*, Rom 1993.
8 Ruggeri/Guarino, a. a. O.
9 Die Finanzierungsgesellschaft für Residenzen AG aus Lugano, die Aktiengesellschaft für Immobilienlagen in Residenzzentren AG aus Lugano, Cofigen Sa di Lugano, Eti Holding AG aus Chiasso.
10 Interview von Udo Gümpel mit Giovanni Ruggeri am 14. August 2001.
11 Fondo di Previdenza dei Dirigenti Commerciali.
12 Guarino, Marco, *L'orgia del Potere*, Bari 2005.
13 Mitgliedsnummer von Ferruccio De Lorenzo in der P2: E.16.77.
14 Mitgliedsnummer von General Raffaele Giudice in der P2: 1634.
15 Gegründet als »Telemilano« am 16. April 1973 bei Notar Adele Ricevuti, Gründer sind zwei Strohmänner: Giacomo Properzi, Bankangestellter, und Franco Giannelli, Werbemanager, Gründungskapital: 900 000 Lire (nach Ruggeri/Guarino, Berlusconi, a. a. O., S. 67).
16 Wie Berlusconi selbst die Rechtslage im Medienbereich zum eigenen Vorteil gestaltet und wie ihm die Mitte-links-Regierungen Italiens dabei tatkräftig geholfen haben, beschreiben wir in dem Abschnitt »Der Don Qijote aus der römischen Vorstadt« zu Anfang von Kapitel 11.
17 Violante im O-Ton aus dem Parlament zitiert nach: »Viva Zapatero!«, Film von Sabina Guzzanti, Rom 2005.
18 Ruggeri, Giovanni, *Berlusconi. Gli Affari del Presidente*, Mailand 1994, S. 42.
19 Ebenda und Interview von Udo Gümpel mit der Gräfin Emilia Bonzi del Pozzo am 29. Juni 2001 in Mailand.
20 Bill Emmott, interviewt von Sabina Guzzanti, a. a. O.
21 Daniele Luttazzi, interviewt von Sabina Guzzanti, a. a. O.
22 Interview von Claudio Sabelli Fioretti am 13. März 2003, zitiert nach www.sabellifioretti.com/interviste/archives/2003/03/sandro_bondi_se.html.

23 Silvio Berlusconi vor der Versammlung der Koordinatoren der *Forza Italia*, zitiert nach *Libero* vom 7. März 2001.
24 *La Stampa* vom 22. Juli 1994.
25 Interview von Udo Gümpel mit Gigi Moncalvo am 8. Juli 2001 in Mailand.
26 Am 18. März 2005 in Genf veröffentlicht (www.italian.it/isf/home810.htm).
27 *Reporter Associati*, 21. März 2005, zitiert nach www.italian.it.
28 Interview von Sabina Guzzanti mit Enzo Biagi, Film »Viva Zapatero!«.
29 Zitiert nach *L'Espresso* vom 28. Februar 2002.
30 Interview von Udo Gümpel mit Dario Fo am 16. August 2003 in Mailand.
31 www.telestreet.it.
32 Nachrichtenagentur Ansa, Meldung vom 7. März 2001.
33 Aus der Parteizeitung der *Lega Nord, La Padania*, vom 19. August 1998.
34 *L'Avvenire* vom 8. Januar 1994.
35 *Provvedimento del Garante* Nr. 350, 22. Januar 1992.
36 *La Repubblica* vom 9. Januar 1994, S. 11.
37 *La Repubblica* vom 13. Juli 2005.
38 Persönliche Information von David Lane, 29. Oktober 2005, vgl. auch sein Buch: *L'Ombra del Potere*, Bari/Rom 2005.
39 Ruggeri/Guarino, a. a. O.
40 Reg. Gen. Cassazione 2136/93, Urteil Nr. 577.
41 Urteil des Appellationsgerichts von Venedig, 1. Sektion, Gerichtspräsident Giovanni Battista Stigliamo.
42 *La Repubblica* vom 15. November 2005.
43 »Onorevole«: in Italien offizielle Anrede für einen Abgeordneten.
44 Reg. Gen., Urteil Nr. 97 215/89.
45 *La Repubblica* vom 21. April 1998.

KAPITEL 2
Ein Mann der Familie und der Kirche *oder* Silvio, der brave Katholik

1 D'Anna, Stefano, und Moncalvo, Gigi, *Berlusconi in Concert*, London 1994, S. 367.
2 Siehe dazu auch Pinotti, Ferruccio, *Poteri Forti. La Morte di Calvi e lo Scandalo dell'Ambrosiano*, Mailand 2005.
3 Lane, a. a. O., S. 52f.
4 Fiori, Giuseppe, *Il venditore – Storia di Silvio Berlusconi e della Fininvest*, Mailand (Neuauflage) 2004, S. 22.
5 Ruggeri/Guarino, a. a. O., S. 19.
6 Ibidem, S. 18.
7 Ibidem.
8 Ibidem, S. 20f.
9 Procura della Repubblica di Palermo, Direzione Distrettuale Antimafia, *Ak-*

ten zur Eröffnung des Hauptverfahrens gegen Marcello Dell'Utri wegen Mitgliedschaft in einer kriminellen Vereinigung mafiösen Charakters, Mailand 1997, S. 14–17.

10 Artikel vom April 1977. Siehe Cederna, Camilla, »Serve una città? Chiama Berlusconi«, in *Il meglio di Camilla Cederna,* Mailand 1987, S. 456–460.

11 Auf diesen Umstand weist das italienische Magazin *L'Espresso* vom 10. Januar 2002 hin.

12 Diese Information gab Ignazio Torre, ehemaliger Angestellter der Banca Rasini und später der Banca Popolare in Lodi, den Autoren in einem persönlichen Gespräch.

13 Guarino schreibt darüber in *L'Orgia del Potere,* a. a. O., S. 51; siehe auch Kapitel 10.

14 Siehe Ruggeri, a. a. O., S. 22.

15 Viele Jahre später richtete der türkische Mörder Ali Agca, der wegen des Attentats auf Papst Johannes Paul II. zu einer Zuchthausstrafe verurteilt worden war, an Kardinal Oddi folgende Zeilen: »Ich muss zugeben, dass ihr vom Vatikan mir Angst macht: Ihr könntet mich wohl eines Tages töten, direkt oder indirekt.«

16 Interviewaufnahme der Autoren mit Nando Cito, vorgenommen von Dalbert Hallenstein in der Via Maiocchi 25, Mailand, am 13. August 2005.

17 Die Cupola ist eine »Dachorganisation« der sizilianischen Mafia.

18 Ruggeri, a. a. O., S. 25.

19 Die Legende will es, dass das Interview-Buch, das seine zweite Frau zusammen mit der Journalistin Maria Latella schrieb, auf Drängen Berlusconis entstanden sei, denn mittlerweile munkelte die Öffentlichkeit in Italien längst über die Beziehungen zwischen Veronica Lario und dem charismatischen Politiker der Linken. Berlusconi habe, so heißt es, den Klatsch im Keim ersticken wollen, indem er seine Frau dazu zwang, sich ironisch von den Gerüchten zu distanzieren.

20 Siehe zum Beispiel: Ravera, Lidia, »La scelta di Veronica«, in *L'Unità* vom 8. April 2005.

21 Ruggeri/Guarino, a. a. O.

KAPITEL 3
Die Vatikan-Connection

1 Moncalvo/D'Anna, a. a. O., S. 367f.

2 Siehe dazu Sergio Romanos Buch *Libera Chiesa. Libero Stato? Il Vaticano e l'Italia da Pio IX a Benedetto XVI,* Mailand 2005, hier vor allem das Kapitel »Un'Italia più debole, una Chiesa più forte«, S. 133–146.

3 Gomez, Peter, u. Travaglio, Marco, *L'amico degli amici,* Mailand 2005, S. 505.

4 Ibidem, S. 471.

5 Der Abgeordnete der *Democrazia Cristiana,* Salvo Lima, war die Kontaktper-

son zwischen Andreotti und der Mafia. Er wurde am 12. März 1992 »hingerichtet«, weil die Cosa Nostra ihn nicht mehr für vertrauenswürdig hielt.

6 Gomez/Travaglio, a. a. O., S. 487.

7 Pressemeldung der Agentur Ansa vom 16. Oktober 1993.

8 Meldung der Presseagentur Ansa vom 10. Februar 1994: »*Forza Italia* – Cardinale Oddi vede con favore accordo con Fini«.

9 Veröffentlicht am 6. April 1994.

10 Heute kann jeder italienische Staatsbürger acht Promille seines Verdienstes an die katholische Kirche oder andere religiöse Organisationen abführen. Diese »Erfindung« bringt der Kirche seit ihrer Einführung etwa 500 Millionen Euro pro Jahr.

11 Administratio Patrimonii Sedis Apostolicae, der die Verwaltung der Güter des Heiligen Stuhls obliegt.

12 Meldung der Presseagentur Ansa vom 20. Mai 1994.

13 Das Gesetz Nr. 186 vom 18. Juli 2003 legt fest, dass katholische Religionslehrer zwar von der Kirche ausgewählt, aber vom Staat bezahlt werden.

14 Meldung der Presseagentur Ansa vom 6. Juli 1994: »Religione: cardinale Oddi su comunione a Berlusconi«.

15 Meldung der Presseagentur Ansa vom 22. Juli 1994.

16 Mitteilung der Presseagentur Ansa vom 22. November 1994, »Tangenti a Milano: Berlusconi–Tettamanzi«.

17 Mitteilung der Presseagentur Ansa vom 20. Dezember 1994.

18 In der politischen Rundfunksendung »Radio Anch'io« vom 9. März 1995.

19 Der *Polo delle libertà* ist Berlusconis erstes Parteienbündnis aus *Forza Italia, Alleanza Nazionale, CCD, Lega Nord* und *Unione di Centro.*

20 Mitteilung der Presseagentur Ansa vom 9. März 1995.

21 Während einer Dienstreise nach Brasilien geben die Mailänder Staatsanwälte Saverio Borrelli und Gherardo Colombo eine Erklärung an die Presse ab, in der sie über die »mangelnde Unterstützung der höchsten Kirchenfunktionäre für die Mailänder Staatsanwaltschaft« im Rahmen der Untersuchungen zu den Mani Pulite sprechen.

22 Meldung der Presseagentur Ansa vom 9. Januar 1996, »Mafia, processo Mandatari: difesa cita Berlusconi e Andreotti«.

23 Mitteilung der Presseagentur Ansa vom 30. Oktober 1999, »Scuola – la prova di forza della Chiesa italiana«. In der Mitteilung heißt es: »Aus den Lautsprechern ertönen Jazz, Gospelsongs und Kirchenmusik. Als um elf Uhr vormittags das Papamobil mit Johannes Paul II. an Bord vorfährt, singt die Menge feierlich: ›Die Himmel sprechen‹ und ›Du bist unser bester Freund‹.«

KAPITEL 4

Du sollst deinen Vater ehren

1 Henner Hess ist Professor für Kriminologie an der Universität Utrecht und hat eine exzellente Studie über das Phänomen Mafia geschrieben: *Mafia – Ursprung, Macht und Mythos*, Freiburg 1993.

2 Leonardo Sciascia, in *Il Globo* vom 24. Juli 1982.

3 Geboren 1910 in Mailand als Rosa Bossi.

4 Geboren 1908 in Saronno.

5 Berlusconi, Silvio, *Una Storia Italiana*, Mailand 2001.

6 Ibidem, S. 65.

7 Ibidem, S. 7f.

8 Ori, Angiolo Silvio, *Banca Padrona*, Mailand 1974.

9 Ibidem, S. 8.

10 Guarino, Mario, *L'Orgia del Potere*, Bari 2005, S. 21.

11 Berlusconi, a. a. O., S. 8. Siehe auch Stajano, Corrado, das Vorwort zu Fiori, a. a. O., S. 10. Außerdem Guarino, a. a. O., S. 31.

12 Direzione Investigativa Antimafia (DIA), Zentrale Palermo, Akten zum Strafverfahren Nr. 6031/94 R. G. N. R., S. 543.

13 Berlusconi, a. a. O., S. 8.

14 Geboren 1910 in Misilmeri.

15 Guarino, a. a. O., S. 22.

16 Angiolo Silvio Ori schreibt: »Die Familie Rasini hat dem brutalen Werben der Finanzinvestoren nachgegeben, welche beharrlich die Eröffnung neuer Filialen blockiert haben, da sie nahezu jeden Preis bezahlen würden, um endlich Zutritt zum Bankgeschäft zu erhalten«, in: *Banca Padrona*, a. a. O.

17 Siehe Archiv des *Il Giornale di Sicilia*.

18 Romano, Francesco, *La Madrice di Misilmeri*, privat veröffentlicht 1970, S. 657.

19 Eugenio Ajroldi di Robbiate, Pressesprecher des Souveränen Ritter- und Hospitalordens vom Hl. Johannes zu Jerusalem, hat die Zugehörigkeit von Azzaretto zum Orden in einem Brief bestätigt: »Sehr geehrter Herr Gümpel, ich kann Ihnen bestätigen, dass Ritter Giuseppe Azzaretto ein Mitglied des Malteserordens war. Am 21. Juni 1941 wurde er zum Magistralritter des Großen Kreuzes ernannt. Leider können wir Ihnen keine weiter gehenden Auskünfte geben, denn die Akten über die Ordensmitglieder sind hundert Jahre lang nur für ihre Verwandten einsehbar. Erst nach Ablauf dieses Zeitraums werden sie veröffentlicht.«

20 Administratio Patrimonii Sedis Apostolicae, der die Verwaltung der Güter des Heiligen Stuhls obliegt.

21 Siehe dazu Guarino, Mario, *I mercanti del Vaticano*, Mailand 1998, S. 60–70. Die Untersuchungsrichter, welche die Ermittlungen gegen Mandalari leiteten, sind der Auffassung, dieser habe nicht nur die Geschäfte der Mafiagruppe aus Corleone geführt, sondern auch seine Beziehungen zu Angehö-

rigen der Mafia bzw. der Freimaurerlogen spielen lassen, um den Kandidaten von Berlusconis Partei *Forza Italia* bei den Wahlen 1994 ein besseres Abschneiden zu ermöglichen.

22 Siehe die Archive des Standesamtes der Gemeinde Misilmeri.

23 Romano, Francesco, a. a. O., S. 657.

24 Ibidem.

25 Aus Gesprächen mit Einwohnern von Misilmeri.

26 Siehe Guarino, *L'Orgia del Potere*, a. a. O., S. 22.

27 Direzione Investigative Antimafia (DIA), Zentrale Palermo, Akten zum Strafverfahren Nr. 6031/94 R. G. N. R. 1974 war Giuseppe Azzaretto immer noch Präsident der Elettrocarbonium und Vizepräsident der italienischen Siemens-Tochter Elettra, darüber hinaus Vizepräsident von Monti & Martini sowie Vizepräsident von Hoechst Italien.

28 Ibidem.

29 Direzione Investigative Antimafia (DIA), Zentrale Palermo, Akten zum Strafverfahren Nr. 6031/94 R. G. N. R., S. 35–37.

30 Im Januar 1977 schreibt Sindona einen Brief an Ministerpräsident Giulio Andreotti, den er dem Rechtsanwalt Mario Ungaro anvertraut. Auszug: »Zumindest in Italien sollten Sie etwas unternehmen, genauer gesagt: die italienische Bundesbank zur Ersetzung Ambrosolis anhalten; den Untersuchungsrichter und den Staatsanwalt, die nach drei Jahren Ermittlungen außer dem Haftbefehl immer noch keine konkreten Maßnahmen vorzuweisen haben, zur Mäßigung anhalten; eine Lösung für die Banca Privata Italiana finden und die entsprechenden Leute dergestalt beeinflussen, dass sie den Verdacht auf betrügerischen Bankrott fallen lassen.«

31 Mitteilung der Presseagentur Ansa vom 21. März 1984.

32 Kardinal Giovanni Battista Nasalli, 1872–1952.

33 Siehe Guarino, *L'Orgia del Potere*, a. a. O., S. 23.

34 Das Berufungsgericht unterstrich, dass Giulio Andreotti tatsächlich Verbindungen zur Mafia gepflegt und diese für seine politische Karriere eingesetzt hatte.

35 Siehe dazu den Brief der Baronin Maria Giuseppina Cordopatri in *La Padania* vom 26. April 1998 im Artikel von Max Parisi.

36 Da Baronin Cordopatri sich bei Mafiaprozessen als Zeugin der Anklage zur Verfügung gestellt hatte, erhielt sie zahlreiche Drohungen.

37 Direzione Investigative Antimafia (DIA), Zentrale Palermo, Akten zum Strafverfahren Nr. 6031/94 R. G. N. R., S. 29.

38 Bericht 0500/C. A. S. der Criminalpol vom 13. April 1981.

39 Siehe dazu die Prozessakten zum Verfahren Nr. 1621/85 des Mailänder Gerichts gegen Luigi Monti, S. 3290–4555.

40 Mehrere Milliarden Lire auf den Konten und Depots bei der Banca Rasini wären sicherlich konfisziert worden, wäre da nicht der Präsident der Ersten Kammer des Kassationsgerichts (oberste Berufungsinstanz) gewesen, Corrado Carnevale. Der »Urteilstöter«, wie man ihn nannte, brachte die ge-

samte Anklage gegen Monti und Virgilio zu Fall und entschied, dass sämtliche beweglichen und unbeweglichen Güter ihren Eigentümern zurückzugeben seien.

41 Dt. *Geschäfte mit dem Vatikan. Die Affäre Sindona*, München 1987.

42 Fracassi/Gambino, a. a. O. Auf Seite 3 erwähnen die beiden Autoren einen nicht näher bezeichneten Polizeibericht aus den sechziger Jahren, in dem die Banca Rasini damals schon der Geldwäsche verdächtigt wurde.

43 Siehe dazu die Prozessakten zum Verfahren Nr. 1621/85 des Mailänder Gerichts gegen Luigi Monti.

44 Bericht 0500/C. A. S. der Criminalpol vom 13. April 1981.

45 Fiori, a. a. O., S. 28f.

46 Ruggeri/Guarini, a. a. O., S. 35.

47 Bericht des Nucleo Regionale di Polizia Tributaria della Guardia di Finanza di Milano vom 5. Mai 1982.

48 Zum Beispiel beim Verkauf der Villa La Giuggiola in der Provinz Como an die Firma Drei-Star-Hemden-Trust in Vaduz.

49 Diese Information stammt aus einem Buch, das sich mit dem Prozess Sindona beschäftigt: Santoro, Franco, *Mafia di Regime. I documenti dell'affare Sindona*, Agenzia Nazionale Informazioni Politiche ed Economiche, 1978

50 Siehe Guarino, *L'Orgia del Potere*, a. a. O., S. 26.

51 Die Untersuchung wurde von Francesco Giuffrida geleitet, einem ranghohen Direktor der italienischen Zentralbank.

52 Fiori, a. a. O., S. 41.

53 Guarino, *L'Orgia del Potere*, a. a. O., S. 28.

54 Fiori, a. a. O., S. 35.

55 Direzione Investigativa Antimafia (DIA), Zentrale Palermo, Akten zum Strafverfahren Nr. 6031/94 R. G. N. R., S. 473.

56 www.societacivile.it, dort: Catalogo dei Parlamentari.

57 Siehe Guarino, *L'Orgia del Potere*, a. a. O., S. 150.

58 Interview der Autoren mit Nando Cito, a. a. O.

59 Unter www.jewishvirtuallibrary.org/jsource/biography/Leon_Recanati.html finden Sie die genaueren Einzelheiten.

60 Fracassi/Gambani, a. a. O., S. 5. Ebenso Ruggeri, a. a. O., S. 31.

61 Fiori, a. a. O., S. 32f.

62 Turani, Giuseppe, Beilage zu *Uomini & Business* vom September 1994, S. 43f.

63 Siehe Moncalvo/D'Anna, a. a. O., S. 22ff.

64 Graziani, A., *L'economia italiana dal 1945 ad oggi*, S. 85, zitiert nach www.romacivica.net.

65 In den späten Fünfzigern begann die Mafia in Sizilien, sich zu »diversifizieren«: Die traditionellen Betätigungsfelder wie Zigarettenschmuggel, Prostitution und Erpressung warfen nicht mehr genug ab. Hinzu kamen der Heroin- und Kokainhandel. Gerade die Geldwäsche wurde durch die diversen Kontakte der einzelnen Familien nach Südamerika, in die USA und Kanada enorm erleichtert. Siehe Fracassi/Gambino, a. a. O., und Ruggeri, a. a. O.

66 Blickman, Tom, *The Rothschilds of the Mafia on Aruba, Transnational Organized Crime,* Bd. 3, Nr. 2, Sommer 1997, S. 5: »Den Ermittlungen der amerikanischen Drug Enforcement Administration zufolge war die Familie seit den vierziger Jahren am Schmuggel von Heroin in die USA beteiligt.«

67 Siehe Prozessakten zum Verfahren Nr. 1621/85 des Mailänder Gerichts gegen Luigi Monti. Siehe auch den Polizeibericht der Criminalpol Nr. 0500/C. A. S. vom 13. April 1981.

68 Guarino, *L'Orgia del Potere,* a. a. O., S. 31.

69 Die Finanzierungsgesellschaft für Residenzen AG, die für das Brugherio-Projekt gegründet wurde, und die Aktiengesellschaft für Immobilienanlagen, die das Projekt Milano 2 managte, wurden beide aufgelöst.

70 Guarino, *L'Orgia del Potere,* a. a. O., S. 31ff.

71 Siehe Fiori, a. a. O., S. 36.

72 Aktionär der Cofigen SA.

73 Ruggeri, a. a. O., S. 33. So hatten Licio Gelli und Tito Tettamanti beispielsweise denselben Anwalt.

74 Ibidem, S. 82–90.

75 In diesem Falle der Eti AG Holding.

76 Ruggeri, a. a. O., S. 35.

77 Ibidem.

78 Strafverfahren Nr. 6031/94.

79 Am Corso Indipendenza 20. Das Gespräch fand am 4. Juli 2005 statt.

80 Nach einer Mitteilung der Presseagentur Ansa vom 23. Oktober 1991, »Banche, proprietà: 15 istituti all'esame di Bankitalia«.

81 Biondani, Paolo, »IMI-SIR. I magistrati – azioni donate per non risarcire la corruzione«, in *Corriere della Sera* vom 9. Dezember 2004.

82 Siehe die Akten des Strafverfahrens gegen Marcello Dell'Utri, a. a. O., S. 353.

83 1973 brauchte Sindona unbedingt Geld und versuchte, sich mit Hilfe der Operation Finambro solches zu beschaffen. Die Finambro, eine »seiner« Gesellschaften, beschloss schnell nacheinander mehrere Kapitalerhöhungen: zuerst auf 500 Millionen Lire, dann auf 20 Milliarden und schließlich auf 160 Milliarden. Woher das Geld kam? Nick Tosches zufolge hatte Sindona 200 Millionen Dollar zu investieren, deren Ursprung unbekannt ist. Um diese Gelder zu »waschen«, werden zahllose Scheinfirmen gegründet, die auf Strohmänner und kleine Kreditinstitute laufen, deren Kapitaldecke so blitzschnell zunimmt.

84 Die Anklagerede und die Prozessakten zum Strafverfahren gegen Dell'Utri finden Sie im *Dossier Dell'Utri,* Mailand 2005, S. 826.

85 Siehe dazu die Bilanz der Bank aus dem Jahr 1998. Folgende Firmen werden von der Bank kontrolliert: Padana partecipazioni spa, Padana Immobili spa, BPR srl, Padana Finservice spa, Padana Berti sim, Agos sim, Agos Gestioni Patrimoniali sim, Italfortune International Advisor SA.

86 Die Bank aus Belpasso wird in die Banca Mercantile Italiana aufgenommen, die von der Beteiligungsgesellschaft Padana Partecipazioni kontrolliert

wird. Diese wiederum ist aus dem Besitz der Banca Rasini in den der Banca Popolare di Lodi übergegangen.

87 So berichtet die Zeitschrift *L'Adige* in Trento am 4. Juni 2004 über einen Korruptionsskandal in Peru. Interessant ist, dass an den Peru-Geschäften immer auch italienische »Berater« beteiligt sind.

88 Bezeichnung für den durch die Mani-Pulite-Ermittlungen ins Rollen gebrachten Skandal um die in Italien gezahlten Schmiergelder.

89 In einem Artikel der Zeitschrift *Il Riformista* vom 16. Dezember 2004 heißt es, dass im Bericht der Rechnungsprüfer der CrediEuronord bereits auf Unregelmäßigkeiten in Bezug auf die Finanzlage der Bank hingewiesen wurde, die Sparer aber hätten davon nichts erfahren.

90 Im Juli 2003 übernimmt Italien die EU-Ratspräsidentschaft. In der Eröffnungssitzung des Europaparlaments beleidigt Silvio Berlusconi den Abgeordneten der deutschen Sozialdemokraten Martin Schulz, weil dieser gewagt hatte, ihm zwei Fragen zu stellen, mit den Worten: »Ich werde Sie für eine Rolle als Aufseher im Konzentrationslager vorschlagen.« Damit nicht genug, dehnt er seine Anwürfe auf das gesamte Europaparlament aus: »Ihr seid doch alle nur Demokratietouristen.« Die gesamte europäische Presse sowie die Regierungschefs Europas protestieren. Kurz darauf jedoch meldet sich Stefano Stefani, Staatssekretär für Tourismus, zu Wort und meint, die Deutschen seien ja ohnehin für ihren Bierkonsum und ihre Rülpswettbewerbe berühmt. Daraus ergeben sich nun diplomatische Verwicklungen. Stefani tritt zurück. Berlusconi ist gar gezwungen, sich beim deutschen Kanzler Schröder zu entschuldigen.

91 Die Namensänderung wurde am 29. April 2005 offiziell bekannt gegeben.

92 Vietina, Stefano, *Silvano Pontello. Biografia a più voci di un banchiere-imprenditore*, Venedig 2004.

93 Ruta, Carlo, »Segreti di banca«, in *L'Antonveneta dai ‹miracoli› del Nord-Est agli intrighi siciliani*, auf www.leinchieste.com, 2004.

94 Die Bank aus Lodi ist Hauptaktionärin von Cartesio Sim, einer Firma, die für den Kommissionshandel an der Börse zugelassen ist. Zu weiteren 30 Prozent ist die Familie Magnoni beteiligt, deren Oberhäupter zu jener Zeit die Brüder Giorgio und Ruggero sind – enge Verwandte von Michele Sindona.

95 Nuzzi, Gianluigi, Artikel in *Il Giornale* vom 6. Dezember 2005.

96 Siehe *L'Espresso* vom 16. Juni 2005.

97 Vinci, Elsa, »Ricucci indagato a Roma – alla Consob gli atti su aggiotaggio«, in *La Repubblica* vom 31. August 2005.

98 Pons, Giovanni, u. Puledda, Vittoria, Artikel in *La Repubblica* vom 5. Oktober 2005.

99 Gianfranco Boni, Giulio Marmont und Fabio Conti.

100 Roncone, Fabrizio, »BPI – conto di D'Alema per pagare un leasing«, in *Corriere della Sera* vom 21. Dezember 2005.

101 Aus einem vom Gericht abgehörten Telefongespräch vom 12. Juli 2005.

KAPITEL 5

Die »Bankiers Gottes« und das Finanzparadies Liechtenstein

1 OP *(Osservatore Politico)* vom 1. Februar 1975, zitiert nach »Memoriale Pecorelli«, Franca Mangiavacca, International E.I.L.E.S., Rom 1996.

2 Dokument über Sindona, veröffentlicht im OP *(Osservatore Politico)* vom 16. Mai 1975: Ministerium des Inneren, Interpol, 16. November 1967, Prot. 123/516404, gerichtet an das Polizeipräsidium von Mailand (Questura):
»Betrifft: Drogenhandel zwischen Italien und den USA.
Porco Danieli und andere.
Die amerikanische Polizei ermittelt über einen Ring von Drogenhändlern zwischen den USA und Italien. In diesen Drogenhandel sollen die amerikanischen Staatsbürger Porco Danieli, Ernest Gengarella und der italienische Staatsbürger Michele Sindona, geboren in Patti am 8. 5. 1920, wohnhaft in Mailand, Via Turani, und Via Wolf, verwickelt sein. Es wird darum gebeten, die entsprechend notwendigen Ermittlungen einzuleiten und die Ergebnisse hierüber mitzuteilen. Der Polizeichef Dr. V. De Stefano.«
Am 31. Januar 1968 kommt die Antwort der Polizei von Mailand auf die Interpol-Anfrage (zitiert nach: OP, 16. Mai 1975, Protokoll Nr. 306571 des Polizeipräsidiums von Mailand [Questura]), die ans Innenministerium geschickt wird, mit einem geheimen Einschreiben an die Generaldirektion der Polizei: »... Der amerikanische Staatsbürger Porco Daniel Antony, geboren in Pittsburgh (PA) am 7. 11. 1922, Träger des amerikanischen Passes Nr. B/513151, ausgestellt in Washington am 21. 6. 1961, ist den Ermittlungen zufolge mehrfach im Hotel Palace an der Piazza della Repubblica abgestiegen, das letzte Mal nächtigte er dort vom 12. bis zum 16. 10. 1967. Aus den angestellten Ermittlungen hat sich ergeben, dass der Betreffende enge und wiederholte Geschäftsbeziehungen mit dem Anwalt Michele Sindona hat ... Die Beziehungen der beiden gehen auf das Jahr 1960 zurück, als beide Vorstandsmitglieder der Aktiengesellschaft Fonderie Acciaierie Milanesi SpA mit Sitz in Mailand, in der Via Nevesa 1, waren, deren Geschäftsführer und danach Generaldirektor Ing. Vio Rolf war ... Zum gegenwärtigen Zeitpunkt der Ermittlungen können wir nicht bestätigen, dass die beiden Personen in den benannten Drogenhandel zwischen den USA und Italien verwickelt sind. Dennoch sind weitere Ermittlungen im Gange, von deren Ausgang wir Sie unverzüglich informieren werden.« Unterschrieben vom späteren Polizeichef und damaligen Polizeipräsidenten von Mailand, Giuseppe Parlato.

3 Gesetz vom 22. Mai 1980, n. 204, und vom 23. Juni 1984, Abschlussbericht der Untersuchungskommission der VIII. Legislaturperiode des italienischen Parlaments, Dokument XXIII n. 2. sexies, Rom 1982.

4 Am 12. und 13. Mai 1974 entschied sich eine große Mehrheit der Italiener für die Beibehaltung des Rechts auf Scheidung, gegen den ausdrücklichen Willen der katholischen Kirche und entgegen der Wahlkampagne der DC.

5 Die Staatsanwaltschaft beschlagnahmte bei Sindona die Unterlagen von verschiedenen Firmen aus Liechtenstein und Luxemburg. Darunter Dokumente der Huberti Holding SA aus Luxemburg, einer Tochter der gleichnamigen Holding aus Vaduz und der Polidar AG in Mauren, Liechtenstein, sowie der Usiris AG in Triesen. Die Briefe, die man bei Sindona fand, waren Vollmachten, mit denen der Firmenverwalter Carlo Pagnamenta den Anwalt der Christdemokraten Raffello Scarpitti zum Generalbevollmächtigten der Polidar AG ernannte und den DC-Abgeordneten Filippo Micheli für die gleiche Funktion in der Usiris AG ernannte. Zitiert nach dem Abschlussbericht der Untersuchungskommission der VIII. Legislaturperiode des italienischen Parlaments (a. a. O.).

6 Am 30. Mai 1976 wird der palermitanische Mafiaboss Giuseppe di Cristina, Boss der Familie von Riesi, ermordet aufgefunden. In seinen Taschen finden sich zahlreiche Schecks, die zu Sindona und Andreotti führen.

7 Marcinkus verlässt Rom erst 1990, als Johannes Paul II. ein neues Statut für das IOR promulgiert und Caloia ins Amt kommt.

8 Galli, Giancarlo, *Finanza bianca. La Chiesa, i soldi, il potere*, Mailand 2004.

9 Mitglied des Malteserordens SMOM seit dem 21. Juni 1941, trug Azzaretto den Rang des Cavaliere Gran Croce di Grazia Magistrale. Es ist dies der zweitniedrigste von sechs Ranggruppen bei den Malteser-Ordensrittern. Mitteilung von E. Ajrolid di Robbiate, Ufficio di Communicazione SMOM.

10 DIA Centro Operativo di Palermo, Procedimento Penale Nr. 6031/94 R.G.N.R.

11 Rügemer, Werner, *Grüezi – bei welchen Verbrechen dürfen wir behilflich sein? Die Schweiz als logistisches Zentrum der internationalen Wirtschaftskriminalität*, Heilbronn 1999.

12 Die Zusammenarbeit der Schweizer Regierung bei der Bekämpfung der Geldwäsche geht mittlerweile so weit, dass die Schweizer Bankenvereinigung die Gesetzesanpassung als zu weitgehend kritisiert. Die Schweiz schieße mit der Umsetzung der vierzig Empfehlungen der OECD-Arbeitsgruppe gegen Geldwäscherei, Financial Action Task Force (FATF), übers Ziel hinaus, sagte Urs Roth, Geschäftsleiter der Schweizerischen Bankiervereinigung (SBVg), 2005 auf der Jahresmedienkonferenz in Zürich (zitiert nach: www.moneycab.com/de/home/business/mcpress2005_1/w10/050310_bankiervereinigung_kritisiert_geldw.html).

13 Mitteilung der Bundesregierung auf eine kleine Anfrage der PDS-Fraktion, Antwort (Drucksache 14/7960) auf eine kleine Anfrage der PDS-Fraktion (Drucksache 14/7739) in der 14. Wahlperiode; OECD-Liste unter: www.fatf-gafi.org/dataoecd/41/26/34988035.pdf.

14 Bericht der OECD-Task Force FATF-GAFI vom. 2. Juli 2004: www.oecd.org/dataoecd/3/52/33922473.pdf.

15 Siehe dazu Bundesfinanzhof, Urteil vom 26. April 2001, VR 50/99 und folgende.

16 *Bloomberg Markets Magazine* vom 1. Juni 2001.

17 *Liechtensteiner Volksblatt* vom 25. Oktober 2004.

18 Ibidem.

19 »International Monetary Fund, Offshore Financial Centers, 25. Februar 2005: www.imf.org/external/np/pp/eng/2005/022505.pdf.

20 Siehe dazu Bundesfinanzhof, Urteil vom 26. April 2001, a. a. O.

21 Ibidem.

22 Workshop »Offshore-Zentren sind nicht mehr kontrollierbar«, zitiert nach: http://ww1.transparency.org/working_papers/pieth/pieth_interview.de.html.

23 Mitteilung auf der Pressekonferenz nach dem Besuch am 6. und 7. April 2005 in Liechtenstein.

24 Vgl. Tosches, Nick, *Dossier Sindona*, Mailand 2005.

25 Aktenauszug des Landgerichts Liechtenstein, Öffentlichkeitsregisteramt, Eingangsstempel vom 4. Juli 1974.

26 Auszug aus den Akten des Liechtensteiner Handelsregisters bezüglich der Wootz Anstalt:

»Die Wootz Anstalt mit Sitz in Schaan wird am 27. Oktober 1971 gegründet, und am 21. Dezember wird der Antrag dem Landgericht weitergereicht und publiziert.

Das eingezahlte Kapital beträgt 100 000 sfr, voll einbezahlt und nicht in Anteile zerlegt.

Verwaltungsrat ist Dr. Gian Morselli, Villa al Lago, Melide, Tessin, geboren 1919, italienischer Staatsbürger, mit Einzelzeichnungsrecht, dazu Engelbert Schreiber, Kirchstr. 775, Vaduz, mit Kollektivzeichnungsrecht.

Die Repräsentanz wird von Schreiber übernommen.

Die Einzahlung des Kapitals bestätigt die Liechtensteinische Landesbank am 22. Dezember 1971.«

Das Statut ist wie gehabt und unterscheidet sich nicht in wesentlichen Punkten von denen der Brittener und der Manlands Financière SA. Am 4. Juli 1973 demissionieren die Herren Morselli und Engelbert Schreiber, an ihre Stelle im Verwaltungsrat treten Dr. Amilcare Berra, Montagnola, Tessin, und Dr. Dr. Herbert Batliner, dazu übernimmt die Prokurationsanstalt von Batliner die Repräsentanz.

27 Vgl. hierzu und zu den weiteren genannten Daten *Die Weltwoche*, Ausgabe 2/2002; www.weltwoche.ch/artikel/?AssetID=1396&CategoryID=60.

28 Vgl. Rügemer, a. a. O.

29 Helmut Kohl im Gespräch mit Roger de Weck, *Die Zeit* 6/2000. Aber die Medien – und nicht nur sie – hätten die Proportionen verloren. Kohl gibt zu bedenken: Die 1,5 bis 2 Millionen Mark in bar, die er als Vorsitzender der Bundespartei zwischen 1993 und 1998 entgegennahm – im Jahr etwa 300 000 Mark –, seien wenig im Verhältnis zu den laufenden Ausgaben von jährlich 50 Millionen Mark und den noch höheren Kosten für Wahlkämpfe. Anders als andere Politiker habe er sich nie persönliche Vorteile verschafft; alles war für die Partei ... Nie habe er Geld in der Schweiz oder in Liechten-

stein gehabt. Den großen Vaduzer Treuhänder Herbert Batliner, sagt Kohl, kenne er nicht etwa von angeblichen Geschäften mit der CDU, sondern weil man sich sommers sehe: Kohls Urlaubsgemeinde St. Gilgen liegt unweit von Salzburg, Batliners zweiter Heimat.

30 Bericht der Anti-Mafia-Polizei DIA, Centro Investigativo Palermo, Prozess gegen Dell'Utri, italienische Strafprozess-Nr. 6031/94 R.G.N.R.

31 Der Prozess IMI-SIR beginnt im Jahr 1982: Der in zweifelhaftem Ruf stehende Chemieunternehmer Nino Rovelli zitiert das Istituto Mobiliare Italiano (IMI) in Rom vor Gericht, weil es angeblich eine Vereinbarung aus dem Jahr 1979 zur Sanierung seines Chemiekonzerns SIR Rumianca nicht eingehalten habe (siehe auch Kapitel 17).

32 Bischof Marcinkus stellte Roberto Calvi zwischen August und September 1981 mehrere Schreiben aus, in denen er bestätigt, dass die Vatikanbank hinter diversen Gesellschaften panamaischen Ursprungs steht, die beim Banco Ambrosiano hoch verschuldet waren.

33 Der Stein kam ins Rollen durch die Insolvenz des Banco Ambrosiano, die am 25. August 1982 vom Mailänder Gericht festgestellt wurde. Das Urteil wurde in der zweiten Instanz am 27. Dezember 1985 bestätigt und wurde rechtsgültig mit dem Urteil des Kassationsgerichts vom 7. Juli 1988.

34 Der Finanzier und Großindustrielle Mateos erhielt durch Protektion von Opus-Dei-Mitgliedern in Finanzwesen und Regierung hohe Kredite ohne Sicherheiten, was jedoch erst offenbar wurde, nachdem sein Firmenimperium zusammengebrochen war. 1989 wurde Ruiz als Abgeordneter einer rechtsextremen Partei ins Europaparlament gewählt (A. d. Ü.; Quelle: www.bornpower.de/opus/rumasa.htm).

35 Siehe Guarino, *L'Orgia del Potere*, a. a. O., S. 37–47.

36 Ibidem, S. 42.

37 *La Repubblica* vom 13. Oktober 2002.

38 Die Autoren Franco Giustolosi, Peter Gomez und Leo Sisti haben zu diesem Thema recherchiert und ihre Ergebnisse am 25. Oktober 2002 im *Espresso* veröffentlicht.

39 Dass es zwischen Berlusconi und Calvi Beziehungen gab, wurde von der Fininvest-Gruppe stets geleugnet. Andererseits war es gerade die Fininvest, die mithilfe ihrer Tochter Penta-Film dafür sorgte, dass »I Banchieri di Dio« (»Die Bankiers Gottes«), ein mutiger Film von Giuseppe Ferrara, kein allzu breites Publikum fand. Giuseppe Ferrara hat zum entsprechenden Buch von Mario Almerighi (*I banchieri di Dio*, Rom 2002) ein Nachwort verfasst, in dem es heißt: »Ist es wohl paranoid zu glauben, dass das Drehbuch zu meinem Film auf Craxis Schreibtisch landete? Ich weiß nicht. Doch die Berlusconi-Seite der Penta-Film widersetzte sich dem Projekt, sodass sich am Ende auch der Produzent Cecchi Gori zurückzog.« (»Un clamoroso caso di censura politica«, S. 202.)

40 Siehe dazu auch den Artikel von Peter Gomez und Marco Lillo in *Micromega* Nr. 3 vom Juli/August 2004: »Der Bankier Gottes und der Gesalbte des

Herrn. Zu den Beziehungen zwischen Ministerpräsident Berlusconi, Innenminister Pisanu und der rechten Hand Calvis, Flavio Carboni ... Der sardische Geschäftsmann [Carboni] wird wegen Beihilfe zum Mord an Bankier Calvi angeklagt ... Zur Rolle der Mafia und der möglichen Geldwäsche in der Vatikanbank: Was für eine Überraschung ... Alle Hintergründe der Untersuchung zum Mord unter der Londoner Blackfriar's Bridge«, S. 39–47.

41 Filippo Leoni war einer der engsten Mitarbeiter von Roberto Calvi. Er war Generaldirektor der Banco Ambrosiano Holding (Luxemburg) und Vorstandsmitglied des Banco Ambrosiano Andino (Peru).

42 Angelo Costa war Vorstandsmitglied des Banco Ambrosiano Andino. Er gehört zu jenen hochrangigen Managern, die Calvi bei seinen geheimen Machenschaften unterstützten.

43 Die Belrosa hatte von der Manic Kredite über zirka 72 Millionen Dollar erhalten, sodass die Gesellschaft schließlich beim Banco Ambrosiano mit 88 Millionen Dollar in der Kreide stand, als dieser Insolvenz anmelden musste. Natürlich wurden die Kredite nie zurückgezahlt.

44 Die Capitalfin wurde 1971 von der Banca Nazionale di Lavoro gegründet. Mitbeteiligt waren die ENI, die Montedison und das Istituto Finanziario Italiano (IFI). Siehe dazu Bellavite-Pellegrini, Carlo, *Storia del Banco Ambrosiano. Fondazione, Ascesa e Dissesto 1896–1982,* Rom/Bari 2002, S. 698.

45 Ibidem, S. 712.

46 Siehe dazu Marinetti, Marina, »Il patrimonio di Pietro. Rapporto sullo Stato più ricco del mondo«, in *Panorama Economy* Nr. 2 vom Januar 2004, S. 10–24.

47 Ibidem.

48 Siehe dazu die Monatszeitung *Gente Money* vom Dezember 2003.

49 Ein Exemplar des Gutachtens wird in Luxemburg aufbewahrt, wo die Holding des Banco Ambrosiano offiziell ihren Sitz hat. Die zweite ist bei Touche & Ross hinterlegt (jetzt: Deloitte & Touche). Beide Ausgaben des Prüfberichtes sind auch heute, nach über zwanzig Jahren, für niemanden zugänglich.

50 Guarino, *L'Orgia del Potere,* a .a. O., S. 32f.

51 Tatsächlich benutzte Manager Pino Berlini die Fidinam und die mit ihr verbundene Bank, die Banca della Svizzera Italiana, um die enorm hohen Bestechungssummen im Fall Enimont zu verschleiern. Fidinam und BSI sind außerdem mit der Merchant Bank von Cragnotti & Partner verknüpft, gegen die in der Affäre Enimont ebenfalls ermittelt wird. Außerdem tauchen die beiden noch in einer anderen polizeilichen Ermittlung auf, nämlich im Fall Kolbrunner, in den auch Claudio Martelli verwickelt ist.

52 Es geht hier um eine umfangreiche Finanzierung, die vom Banco Ambrosiano als Kapitalspritze für das Verlagshaus Rizzoli (Herausgeber des *Corriere della Sera*) vorgesehen war. Leider konnte das Geld nicht ausgezahlt werden, weil es ins Ausland gebracht und nie zurückgegeben wurde.

53 Discepoli di Verità (Schüler der Wahrheit), *All'ombra del papa infermo. Giovanni Paolo II nelle spire della nomenklatura vaticana,* Mailand 2001, S. 122.

KAPITEL 6

Der Napoleon aus Arcore

1 »Ritter der Arbeit«, ein Ehrentitel, der ihm 1976 für den Aufbau von Milano 2 verliehen wurde.

2 Interview von Udo Gümpel mit Antonio Nava, bis 2004 Bürgermeister von Arcore, am 11. Juni 2003 in Arcore.

3 Ruggeri, *Berlusconi. Gli affari del Presidente*, a. a. O.

4 Ibidem.

5 Ibidem.

6 Interview von Udo Gümpel mit Curzio Maltese am 6. Juni 2003 in Rom.

7 Interview von Claudio Sabelli Fioretti mit Sandro Bondi.

8 Interview von Udo Gümpel mit Pietro Cascella am 12. Juni 2003 in Fivizzano.

9 Interview von Udo Gümpel mit Indro Montanelli am 28. April 1994 in Mailand.

10 Interview mit Pietro Cascella, a. a. O.

KAPITEL 7

Die Milano-Connection

1 Nicht von ungefähr titelte die Zeitschrift *L'Espresso* einst »Capitale corrotta, nazione infetta« – »Korrupte Hauptstadt, infiziertes Land«.

2 Siehe dazu die Geschichte des Verlagshauses Rizzoli und des *Corriere della Sera* in: Mazzuca, Alberto, *La Erre verde. Ascesa e declino dell'impero Rizzoli. Storia di una dinastia italiana e della guerra per il ‹Corriere›*, Mailand 1991.

3 Dalla Chiesa, Nando, *La fantastica storia di Silvio Berlusconi. Dell'uomo che portò il Paese in guerra senza avere fatto il servizio militare*, Mailand 2004.

4 Im Hinblick auf die Ermittlungen von Antonio Fiori siehe Barbacetto, Gianni, *B. Tutte le carte del presidente*, Mailand 2004, S. 337f.; u. Guarino, *L'Orgia del Potere*, a. a. O., S. 162f.

5 Siehe den Bericht über den Dell'Utri-Prozess im *Corriere della Sera* vom 23. November 2000, S. 9.

6 Die sechziger Jahre sind für die Mafia eine harte Zeit. Zum einen führen die inneren Differenzen zu einem blutigen Bandenkrieg, zum anderen ist sie harten Repressionen vonseiten des Staates ausgesetzt, die in zwei Prozessen gipfeln, welche heute noch nach der Zahl ihrer Angeklagten benannt werden: der Prozess »114« und der »117«.

7 Akten der Staatsanwaltschaft Palermo, Direzione Distrettuale Antimafia, in: *L'onore di Dell'Utri*, Mailand 1997, S. 14. Interessant ist in diesem Zusammenhang auch, dass sowohl Michele Sindona, der die Rasini-Bank als »Mafiabank« bezeichnete, als auch der einflussreiche Mafiaboss Stefano Bontate (wie Berlusconi) zu den Freimaurern gehörten.

8 Almerighi, a. a. O., S. 187.
9 Akten zum Strafverfahren gegen Dell'Utri, a. a. O., S. 353.
10 Ibidem, S. 8.
11 *Dossier Dell'Utri*, a. a. O, S. 6.
12 Travaglio, Marco, »Dell'Utri – una vita per la mafia«, in *Micromega* Nr. 3, 2004, S. 82.
13 Guarino, *L'Orgia del Potere*, a. a. O., S. 143.
14 D'Anna/Moncalvo, a. a. O., S. 225.
15 Guarino, *L'Orgia del Potere*, a. a. O., S. 144.
16 Meldung der Carabinieri aus Arcore an die Digos (Spezialeinheit der Polizei) in Mailand, 28. Januar 1976.
17 Guarino, *L'Orgia del Potere*, a. a. O., S. 148.
18 Siehe die Einleitung von Barbacetto zu den veröffentlichten Akten des Dell' Utri-Prozesses: *Dossier Dell'Utri*, a. a. O., S. 6.
19 Aussage vom 20. Juni 1996 vor den Staatsanwälten der Procura di Palermo.
20 Ermittlungsbericht Nr. 0500/C.A.S./Criminalpol »über das organisierte Verbrechen in Mailand und der Lombardei, das mit anderen Regionen Italiens eng zusammenarbeitet, vor allem mit den Organisationen in Sizilien und Kalabrien bzw. mit der Cosa Nostra in Amerika« (hier S. 6).
21 Siehe dazu die Akten der Repubblica di Palermo, Direzione Distrettuale Antimafia, in: *L'onore di Dell'Utri*, a. a. O., S. 31.
22 Fracassi/Gambino, a. a. O.
23 Rechtsextremisten zündeten eine Bombe im Hauptbahnhof von Bologna. 85 Menschen starben, 200 wurden verletzt.

KAPITEL 8
In den Klauen der Cosa Nostra

1 Die Anklageschrift, welche schließlich zur Verurteilung Marcello Dell'Utris führte, umfasst mehrere tausend Seiten. Um alle Fakten und Beweise vorzutragen, waren vom 5. April bis zum 8. Juni 2004 sechzehn Sitzungen nötig. Die Prozessakten wurden sodann von den Kaos Edizioni veröffentlicht: *Dossier Dell'Utri*, a. a. O. Auch Gomez/Travaglio verwerten sie in ihrem Buch *L'amico degli amici*, a. a. O.
2 *Dossier Dell'Utri*, a. a. O., S. 36f.
3 Ibidem, S. 41ff.
4 Diese Richter waren Leonardo Guarnotta (Vorsitzender), Giuseppe Sgadari und Gabriella Di Marco (Beisitzer).
5 *Dossier Dell'Utri*, a. a. O., S. 53.
6 Zwischen 1976 und 1980 drängeln sich die Mafiosi geradezu vor den Pforten der Freimaurerlogen. Die Cosa Nostra hat den Freimaurern einiges zu bieten: zunächst die eigene höchst effiziente Kriegsmaschinerie, dann aber auch eine Karte, die in der Politik alles sticht: Geld. Die Freimaurer ihrer-

seits öffnen den Bossen legale Kanäle, um ihr Geld zu recyceln und zu investieren, dazu noch die politischen Kontakte, um große Geschäfte abzuschließen, und Verbindungen zu den richtigen Richtern, die den einen oder anderen Prozess »wieder hinbiegen« können. In den achtziger Jahren florieren die Freimaurerlogen. Allein in Palermo entstehen nach der Camea die Armando Diaz und die Normanni di Sicilia. In ganz Sizilien gab es 170 Logen.

7 Siehe Fiori, a. a. O., S. 191.

8 Guarino, *L'Orgia del Potere*, a. a. O., S. 221.

9 Interview von Udo Gümpel mit Giovanni Ruggeri am 16. Mai 2005.

10 »Die Richter in Palermo betrachten die Par.Ma.Fid. als Instrument, mithilfe dessen Antonio Virgilio im Auftrag der Mafiabosse Giuseppe und Alfredo Bono das Geld der Cosa Nostra gewaschen hat«, siehe *Dossier Dell'Utri*, a. a. O., S. 8.

11 Zitiert in Fiori, a. a. O., S. 191.

12 Die Ermittlungen begannen bereits 1994. Das Ermittlungsverfahren trägt die Nummer 6031/94.

13 Lane, a. a. O., S. 80f.

14 Entscheidung Nr. 350 vom 22. Januar 1992, veröffentlicht im Journal des Hauses 1–2/1992.

15 KEK-Programmliste 2003, Potsdam, 1. Juli 2003.

16 Direzione Investigativa Antimafia, Zentrale Palermo, Akten zum Strafverfahren Nr. 6031/94.

17 Gomez/Travaglio, a. a. O., S. 16.

KAPITEL 9
Die Venezuela-Connection

1 Fiori, a. a. O. S. 69.

2 Der umstrittene Politiker der *Democrazia Cristiana* (1953–1983) war Baustadtrat und Bürgermeister von Palermo, bevor er zu Beginn der neunziger Jahre wegen Korruption und Zusammenarbeit mit der Mafia zu acht Jahren Haft verurteilt wurde.

3 Barbacetto, a. a. O., S. 34f.

4 Ibidem, S. 35.

5 Siehe Akten zum Dell'Utri-Prozess, *Dossier Dell'Utri*, a. a. O., S. 152.

6 Guarino, *L'Orgia del Potere*, a. a. O., S. 12.

7 Ibidem, S. 161.

8 Guarino, *L'orgia del Potere*, a. a. O., S. 170; siehe auch *Corriere della Sera* vom 12. März 1999.

9 Siehe die Akten zum Dell'Utri-Prozess in *Dossier Dell'Utri*, a. a. O., S. 152.

10 Siehe Akten zum Dell'Utri-Prozess in *Dossier Dell'Utri*, a. a. O., S. 151

11 Guarino, *L'Orgia del Potere*, a. a. O., S. 207.

12 Ibidem, S. 162.
13 Siehe Akten zum Dell'Utri-Prozess in *Dossier Dell'Utri*, a. a. O., S. 129.
14 Siehe Ruggeri/Guarino, a. a. O., S. 109.
15 Siehe die Akten zum Dell'Utri-Prozess in *Dossier Dell'Utri*, a. a. O., S. 149.
16 Akten der Staatsanwaltschaft Mailand, Direzione Distrettuale Antimafia, veröffentlicht in *L'onore di Dell'Utri*, a. a. O., S. 188.
17 Ibidem, S. 189.
18 Ibidem, S. 193.
19 Reti Televisive Italiane managt die Berlusconi-Sender Canale 5, Italia 1 und Retequattro.
20 Guarino, *L'Orgia del Potere*, a. a. O., S. 163.
21 So wurden 1992 die beiden Richter Giovanni Falcone und Paolo Borsellino getötet, weil sie einigen hochrangigen Mafiamitgliedern gefährlich wurden. Auf die Verabschiedung der neuen, schärferen Anti-Mafia-Gesetze reagierte die Cosa Nostra 1993 mit Autobomben in Florenz, Mailand und Rom. Dabei wurden zehn Menschen getötet und die Galerie der Uffizien schwer beschädigt (A. d. Ü.).

KAPITEL 10
Die Nahost-Connection

1 Fedele Confalonieri selbst erklärte im Dell'Utri-Prozess, dass der Sicherheitschef »ein gewisser Tiraboschi« gewesen sei. Damit meint er vielleicht Stefano Tiraboschi, der nach dem Attentat von Bologna zuerst in den Libanon und dann nach London ging. Die englische Regierung weigert sich, ihn an Italien auszuliefern.
2 Ruggeri/Guarino, a. a. O., S. 21.
3 Guarino, *L'Orgia del Potere*, a. a. O., S. 51f.
4 Ibidem.
5 Zu diesen gehört der Libanese Antony Gabriel Tannoury »der aufgrund von amerikanischen und italienischen Ermittlungsergebnissen seit den siebziger, achtziger Jahren als Drogen- und Waffenhändler bekannt ist«. Siehe dazu das Buch von Staatsanwalt Carlo Palermo, *Il quarto livello*, Rom 2002, S. 59 u. 73.
6 Diesbezüglich hat Ferrucio Pinotti Staatsanwalt Palermo, den die Mafia schon mehrfach zu töten versuchte, interviewt. Palermo hat als Staatsanwalt, früher in Trient, später in Trapani, einige der heikelsten Untersuchungen der achtziger Jahre geleitet, in denen es um Drogen- und Waffenhandel, um Mafia und korrupte Politiker ging.
7 Enrico Mattei war Präsident der ENI, der »Ente Petrolifero Italiano«, dem damals größten italienischen Energieversorger. Er starb am 27. Oktober 1962 unter mysteriösen Umständen bei einem Flugzeugunglück. Der Fall wurde Gegenstand von staatsanwaltlichen Ermittlungen, weil man an ein

Attentat vonseiten der Mafia glaubte, welche sich für die Interessen der großen Ölkonzerne Amerikas einsetzte.

8 Das sind die großen amerikanischen Ölkonzerne. Über die Beziehungen zwischen Graziano Verzotto und Enrico Mattei siehe das Buch von Giancarlo Galli, *Enrico Mattei: petrolio e complotto italiano*, Mailand 2005, S. 207ff. u. 211ff.

9 Verzotto überlässt Paretti eine Hotelkette in Sizilien.

10 Siehe D'Aubert, François, *L'Argent Sale*, Paris 1993, S. 51–65.

11 Durch den italoamerikanischen Killer William Aricò.

12 Der ganze Brief findet sich in Stajano, Corrado, *Un eroe borghese*, Turin 1991, S. 102f.

13 Gespräch von Ferruccio Pinotti und Dalbert Hallenstein mit Rechtsanwalt Umberto Ambrosoli am 2. Dezember 2005 in Mailand.

14 Meldung der Presseagentur Ansa vom 25. November 1982: *Traffico d'armi: retroscena da Beirut.*

15 Im Vorstand dieser Bank saß zum Beispiel Alessandro Mennini, Sohn Luigi Menninis, eines leitenden Angestellten der Vatikanbank, der Marcinkus bei seinen wagemutigen Operationen half. Siehe dazu das Urteil des Kassationsgerichts Nr. 8327 vom 14. Juli 1998.

16 Nach einer Meldung der Presseagentur Ansa vom 5. November 1988 mit der Überschrift »Svizzera: ricliclati 2000 Miliardi di Narcodollari« wurde die Schweiz in den achtziger Jahren zum Schauplatz einer der größten Geldwäscheaktionen aller Zeiten. Der Skandal wurde offenbar, als drei Banken sowie der Mann der damaligen Justizministerin Elisabeth Kopp, Hans Kopp, in Ermittlungen verwickelt wurden, welche die Politik und die Finanzwelt der Schweiz erschütterten. Die Untersuchung wurde von der Staatsanwaltschaft von Bellinzona im Tessin geführt. Erste Verdachtsmomente waren aufgekommen, als man 1987 100 Kilo Morphin fand und sieben Personen verhaftete, darunter die italienischen Staatsbürger Nicola Giulietti und Mario Pasculli in Mailand sowie Gaetano Petraglia in Lugano. Als man den Weg der Drogen zu den Hintermännern verfolgte, stellte sich heraus, dass die entdeckte Menge nur die Spitze des Eisbergs war. Man kam einem gigantischen Drogennetz auf die Spur, das sich vom Libanon über die Türkei nach Europa erstreckte.

17 Über das Verschwinden der beiden hängte Ministerpräsident Bettino Craxi 1984 das Mäntelchen »Staatsgeheimnis«. (Es ging um die Beziehungen zwischen Italien und der PLO.) Das Staatsgeheimnis gilt heute noch – ein typisch italienischer Skandal.

18 Siehe Cicconi, Umberto, *Segreti e misfatti: gli ultimi vent'anni con Craxi*, Rom 2000, S. 31.

19 Die Journalisten Peter Gomez und Marco Travaglio recherchierten diese und andere Affären für ihr Buch *Lo chiamavano Impunità*, das 2003 in Rom erschienen ist und eine Vielzahl juristischer Dokumente präsentiert.

20 Näheres dazu finden Sie in Kapitel 17.

21 Fracassi und Gambino schreiben: »Das gesamte Aktienpaket wird zu 100 Prozent von der Luxemburger Filiale der Discount Bank Overseas Limited gehalten... Die Teilhaber der Discount Bank sind zahlreich und über die ganze Welt verteilt: So haben ihren Wohnsitz in den USA Morton P. Jijman und Raphael Recanati, in Frankreich Jean-François Charrey und Henri Klein, in Griechenland Maurice Nissim und Elia Molho, in Mailand Henry Cohen, Aaron Benatoff und Franco Santini, in Israel Oudi Recanati und Joseph Assaraf, in der Schweiz Jean-Pierre Cottie. Dieser ist Direktor der Schweizer Filiale der Discount Bank und Mitglied des Vorstands der Privat Credit Bank. Diese wird bei der Entstehung des Berlusconi-Imperiums eine bedeutende Rolle spielen.« Die Discount Bank jedenfalls erhöhte das Stammkapital der Edilnord auf 2 Milliarden Lire »zur Gänze gezeichnet und eingezahlt vom Schweizer Teilhaber am 22. Juli 1975« (Fracassi/Gambino, a. a. O.).

22 Siehe Meldung der Presseagentur Ansa vom 15. Dezember 1989: »Mafia – operazione internazionale per narcotraffico«.

23 Am 23. Mai 1992 um 17.56 Uhr fährt der Wagen des Richters Giovanni Falcone bei Capaci, einem sizilianischen Dorf, über eine Bombe mit 500 Kilogramm Sprengstoff. Im Wagen des Richters sterben: er selbst, seine Ehefrau Francesca Morvillo sowie die Leibwächter Antonio Montinaro, Rocco Di Cillo und Vito Schifani. Nicht einmal zwei Monate später ermordet die Mafia einen weiteren Richter, der es wagte, sich ihr in den Weg zu stellen: Am 19. Juli 1992 wird Paolo Borsellino, Kollege und Freund Falcones, von einer Autobombe in Palermo getötet.

24 Auf Aruba, der Insel vor der venezolanischen Küste, haben verschiedene Offshore-Gesellschaften des Berlusconi-Imperiums ihren Sitz.

25 Siehe dazu den Artikel von Tom Blickman, »The Rothschilds of the Mafia on Aruba«, in: *Transnational Organized Crime*, Bd. 3, Nr. 2, Sommer 1997, S. 5.

26 In einem Artikel der *Jerusalem Post* vom 30. Dezember 2001 heißt es, dass die französischen Behörden gegen die Discount Bank wegen Verdachts auf »money laundering« ermitteln. Ein Artikel vom 10. November 2001 im *Corriere Canadese* weist darauf hin, dass Alfonso Caruana am 3. Juni 1986 befohlen hat, von seinem Konto bei der Discount Bank (Nr. 12/3085/9) 1 Milliarde Dollar auf ein Konto bei einer Bank in Limassol, Zypern, zu überweisen. (Kanada ist eine der Hauptoperationsbasen der Caruana-Cuntrera für den Drogenhandel in Amerika.)

27 In einer Meldung der Presseagentur Ansa vom 15. Dezember heißt es, dass Alfonso Caruana insgesamt 33 Millionen Dollar von vier verschiedenen Banken auf die Konten der Discount Bank, Filiale Lugano, überwiesen hat.

28 Dossier der Staatsanwälte Luca Tescaroli und Maria Monteleone im Zusammenhang mit dem Prozess zum Mord an Roberto Calvi, Rom, 28. Dezember 2004, S. 47f.

29 Siehe dazu: Silver, Vernon, u. Trabattoni, Alina, »Murdoch, Al Waleed, Ber-

lusconi Do Deals With Tarak Ben Ammar«, in *Bloomberg Markets Magazine* vom 28. Juli 2003.

30 Ibidem.

31 Craxi starb 2000 in Hammamet. Er hat sich dem Zugriff der italienischen Justiz zeit seines Lebens entzogen.

32 Berlusconi und Tarak Ben Ammar wurden in dieser Angelegenheit nicht richterlich verurteilt.

33 Silver/Trabattoni, a. a. O.

34 Interessanterweise gab es um zwei Aktienpakete der Generali-Versicherung (203 785 bzw. 230 478 Aktien) bereits einige Jahre vorher Probleme. Damals waren der libanesische Händler Antony Gabriel Tannoury und der sozialistische Finanzier Florio Fiorini (damals Direktor der ENI) in den Fall verwickelt. Fiorini trägt den Beinamen »der Wäscher« und steht in engem Kontakt zu Silvio Berlusconi. Siehe dazu das Buch von Staatsanwalt Carlo Palermo, *Il quarto livello*, a. a. O., S. 75, und die Memoiren von Florio Fiorini, *Dall'ENI alla Sasea, alla prigione*, Bergamo 1977.

35 Silver/Trabattoni, a. a. O.

36 Sunseri, Nino, »Vendere Mediaset? Il piano che piace a Silvio«, in *Libero* vom 23. August 2005.

37 Meldung der Presseagentur Ansa vom 13. April 2005: »Mediaset: Fininvest cede il 17 %, operazione da 2 miliardi di euro«.

38 Die Platzierung wurde von der Handelsbank JP Morgan vorgenommen.

39 Giraudi ist Fleischfabrikant, dessen Firma ihren Sitz in Monte Carlo hat. Den Staatsanwälten zufolge hat er geschickt 23 Millionen Dollar über die Redmont Trading und andere Scheinfirmen verschoben und dabei eine Provision von 2 Millionen Euro eingestrichen.

40 Die Ermittlung schloss sich einer vorausgehenden Untersuchung an, die – dank der Reform Berlusconis, welche die Verjährungsfristen bei Bilanzfälschungsdelikten drastisch verkürzte – wegen der überschrittenen Verjährungsfrist ins Leere lief. Es ging dabei um 1550 Milliarden Lire Schwarzgeld der Fininvest.

41 Die Mailänder Staatsanwaltschaft geht davon aus, dass diese Gesellschaft eine Mittlerrolle spielte, die jener der Universal One und der Century One entsprach, also vor allem dazu diente, die Preise aufzublähen. Und die Taschen des Cavaliere zu füllen. In den Büros der Paramount in Los Angeles wurde ein Schreiben gefunden, das Agrama eindeutig belastet. In diesem Schreiben sollen die Absprachen festgehalten sein, die bezüglich des Steuerbetrugs durch den Filmrechtehandel getroffen wurden.

42 Silvia Cavanna war lange Zeit Assistentin Carlo Bernasconis, der für die Silvio Berlusconi Communications verantwortlich war. Bernasconi starb 2001.

43 Bislang konnte noch nicht belegt werden, dass Marina und Pier Silvio über die auf ihren Namen lautenden Konten auch tatsächlich verfügt haben. Derartige Dispositionen wurden von einem Treuhänder Berlusconis, dem Bankier Paolo Del Bue, vorgenommen.

KAPITEL 11

Silvios Welt

1 Interview von Udo Gümpel mit Francesco Di Stefano im Oktober 2005 in Rom.

2 Aus *Dario Fo & Franca Rame News*, »Il C@C@O della domenica«, zitiert nach: www.alcatraz.it/redazione/news/show_news_p.php3?NewsID=1778.

3 Sabina Guzzanti, Film »Viva Zapatero!«, Rom 2005.

4 Interview mit Di Stefano, a. a. O.

5 Die erforderlichen Voraussetzungen für die Vergabe der nationalen Fernsehlizenzen lagen für die drei Telepiù-Sender nicht vor. Obwohl es anfangs nur neun staatlich genehmigte Sender geben sollte, wurden 1992 durch Einwirkung des Telekommunikationsministers auf einmal zwölf daraus. Auf diese Weise erhielten die Telepiù-Sender schließlich doch die staatliche Genehmigung.

6 Dazu schreibt der *Espresso* vom 7. Oktober 1994: »Offiziell heißt es, Telepiù sei am 20. Oktober 1990 in Mailand als Gesellschaft mit beschränkter Haftung gegründet worden und habe von der Fininvest jene Unternehmen erworben, welche schon vorher die freien Frequenzen besetzt hatten. Das Anfangskapital von 10 Milliarden Lire sei aufgebracht worden von der RTI (Teil der Fininvest-Gruppe) und weiteren neun Gesellschaftern, die durchweg Freunde von Silvio Berlusconi sind: die Filmproduzenten Mario und Vittorio Cecchi Gori, die Verleger Leonardo Mondadori, Pietro Boroli sowie Luca und Pietro Formenton, der Mineralwasserkönig Bruno Mentasti, der Erdölindustrielle Massimo Moratti, der Immobilienhändler Renato Della Valle, der Finanzier Marco Rasini und Luigi Koelliker.«

7 Das Gesetz Mammì, benannt nach Oscar Mammì, Gesetz Nr. 223 vom 6. August 1990, regelte das italienische Mediensystem und war nach den Dekreten von Craxi von 1985 die erste Gesamtregelung der Fernseh- und Rundfunksender Italiens. Es war eine Reaktion auf die Abschaltung einiger Berlusconi-Networks durch regionale Richter in Turin, Rom und Pescara im Oktober 1984 wegen der illegalen nationalen Ausstrahlung über Hochfrequenzbrücken, die das Verbot gesamtitalienischer Ausstrahlung durch Privatsender und somit das nationale Monopol des Staatsfernsehens RAI unterliefen (vgl. Kohl, Christiane, »Mächtige Freunde des Staates«, in *Süddeutsche Zeitung* vom 23. Juli 2003, S. 2).

8 DDL Gasparri, Artikel 20 Absatz 5 u. Artikel 23 Absatz 1.

9 Interview mit Di Stefano, a. a. O.

10 Interview von Udo Gümpel mit Dario Fo am 16. August 2003 in Mailand.

11 Interview mit Di Stefano, a. a. O.

12 Entschließung des Europarates 1387 (2004).

13 3846/05 vom 19. Juli 2005, sechste Sektion des Staatsrates.

14 DM, 28. Juli 1999.

15 Interview mit Boris Johnson und Nicolas Farrell, *The Spectator* vom 4. September 2003.
16 Interview von Udo Gümpel mit Emilio Fede am 22. November 2001 in Mailand.
17 »Ja, *presidente*, ja, ja. So machen wir es ...«
18 Nach *Broadcast & Video* vom 4. November 2004 (Nr. 298), S. 4, hat Publitalia 80 einen Marktanteil von 62 Prozent des gesamten Werbeaufkommens in italienischen Fernsehsendern erreicht.
19 Interview von Udo Gümpel mit Bebo Martinotti am 16. Juli 2001 in Mailand.
20 *La Repubblica* vom 17. Mai 2000.
21 Interview von Udo Gümpel mit Gigi Moncalvo am 8. Juli 2001 in Mailand.

KAPITEL 12
Karotte und Knüppel

1 *Il Mattino* vom 25. und 26. September 1986.
2 Ruggeri/Guarino, a. a. O.
3 www.osservatoriosullalegalita.org/05/inchieste/003campoli.htm.
4 *L'Europeo* vom 20. September 1993.
5 Interview von Udo Gümpel mit Giovanni Ruggeri am 16. Mai 2005.
6 Richter: Giorgio Caimmi, Beisitzer Fabio De Pasquale.
7 Richter Paolo Carfi, Beisitzer Fabio De Pasquale und Claudio Gittaredi.
8 *Il Manifesto* vom 18. November 1988.
9 Richterkollegium Guido Guasco, Giuseppe Ciufo, Guido Letti, Alfonso Malinconico, Carlo Cognetti.
10 Interview mit Ruggeri, a. a. O.
11 Ibidem.
12 Interview von Udo Gümpel mit Marco Travaglio am 5. Mai 2003 in Mailand.
13 Travaglio, Marco, u. Veltri, Elio, *L'odore dei soldi*, Rom 2001.
14 www.osservatoriosullalegalita.org, 20. Oktober 2005.
15 Sendung »Raggio Verde« vom 19. März 2001, RAI 2.
16 Sendung »Rockpolitik« vom 21. Oktober 2005, RAI 1.
17 Gomez, Peter, u. Travaglio, Marco, *Regime*, Mailand 2004.
18 *La Repubblica* vom 31. Januar 2004.
19 *News* vom 8. Mai 2004, zitiert nach www.articolo21.com.news.
20 Giorgio Gaber, 8. September 2005, zitiert nach www.carovanaperlacostituzione.it, 12. September 2005.
21 Interview von Udo Gümpel mit Sabina Guzzanti am 13. September 2005 in Rom.

KAPITEL 13

Die Sardinien-Connection

1 Laut Gian Antonio Stella vom Magazin des *Corriere della Sera*.

2 Hg. von Archideos, Fotografien von Giancarlo Gardin, Texte von Isabella Brega und Marco Biagi.

3 Siehe dazu auch den Artikel von Peter Gomez und Marco Lillo in *Micromega* Nr. 3 vom Juli/August 2004: »Der Bankier Gottes und der Gesalbte des Herrn. Zu den Beziehungen zwischen Ministerpräsident Berlusconi, Innenminister Pisanu und der rechten Hand Calvis, Flavio Carboni ... Der sardische Geschäftsmann [Carboni] wird wegen Beihilfe zum Mord an Bankier Calvi angeklagt ... Zur Rolle der Mafia und der möglichen Geldwäsche in der Vatikanbank: Was für eine Überraschung ... Alle Hintergründe der Untersuchung zum Mord unter der Londoner Blackfriar's Bridge«, S. 39–47.

4 Auf diese Zusammenhänge und die Beziehungen zwischen Carboni, Berlusconi und Calvi nehmen auch Franco Giustolosi, Peter Gomez und Leo Sisti in ihrem Artikel im *Espresso* vom 25. Oktober 2002 Bezug.

5 Hier ein Auszug aus dem Artikel von Giustolosi, Gomez und Sisti (ibidem): »In den frühen siebziger Jahren war Flavio Carboni ein Immobilienhändler mit viel Initiative, aber wenig Kapital. In Rom nimmt er Kontakt zur Magliana-Bande auf, welche damals für Pippo Calò arbeitete, einen bekannten Boss der Cosa Nostra. Als die Region zwischen Olbia und Porto Rotondo entwickelt werden soll, bittet Carboni seine Freunde aus Verbrecherkreisen um Geld. Mitte der siebziger Jahre erwirbt der Geschäftemacher dann Hektar um Hektar Land, um dieses an verschiedene Unternehmen zu verkaufen. An diesem Punkt werden auch die Sizilianer aktiv, die sich den Mafia-Bauunternehmern Luigi Faldetta und Gaspare Bellino anschließen. Letzterer wiederum ist ein guter Freund Vittorio Manganos, des ›Stallknechtes‹ in der Berlusconi-Villa in Arcore. Der Klan setzt dazu Kapital von der Magliana-Bande ein, aber auch Gelder von Calò und dem ehemaligen Mafiaboss Caccamo Lorenzo di Gesù ... Zur selben Zeit erwirbt auch Berlusconi Land von Carboni. Mittler sind dabei die Unternehmen Poderada (das von Romano Comincioli geleitet wird) und Su Ratale (geleitet vom versierten Strohmann Walter Donati). Auch für die Prato Verde interessiert Berlusconi sich, eine Immobiliengesellschaft, die mit 7 Milliarden Lire vom Banco Ambrosiano finanziert wurde. Diese Gesellschaft wird einige Zeit von Comincioli geführt, geht aber dann Bankrott.«

6 Dossier »Pellicani«, Gericht von Triest.

7 Richter Mario Almerighi, Autor des Buches *I banchieri di Dio* (Rom 2002), ist davon überzeugt, dass Ravello mit dem Mafiaboss Pippo Calò und dem Chef der Magliana-Bande, Domenico Balducci, zusammenarbeitete (S. 89 u. 103). Auch Carlo Calvi kennt Florent Ley Ravello: »[Beim aktuellen Prozess] geht es auch um die Ermittlungen Tescarolis zu den Anfängen der Fin-

invest. Der *Espresso* stellt in seinem Artikel eine Verbindung zu Carboni und den ersten Immobilienprojekten bei Porto Rotondo her. Doch in Wirklichkeit war es der Italo-Schweizer Ley Ravello, der diese Projekte initiierte... Die Fininvest schreibt in ihrer Gegendarstellung ...: ›Wir leugnen nicht, was Carlo Calvi sagt, sondern nur das, was Sie in Ihrem Artikel dem hinzufügen.‹ Das Ganze beginnt also mit Ravello, den ich in der Schweiz etwa 1971 kennen gelernt habe. Wenn man die frühen Immobiliengeschäfte der Fininvest rekonstruieren will, führt kein Weg an Ley Ravello vorbei.«

8 Beide gehören zu den »Führungskräften« der Magliana-Bande.

9 Gomez/Lillo, a. a. O., S. 39–47.

10 Siehe Barbacetto, a. a. O., S. 60: »Romano Comincioli, Schulkamerad, Manager und Strohmann von Silvio Berlusconi, stand in Kontakt mit Gaspare Gambino, einem sizilianischen Unternehmer, der Pippo Calò nahe stand, dem Vertreter der Cosa Nostra in Rom.«

11 1977 steht Berlusconi in der Liste der Steuerzahler Mailands an siebter Stelle mit einem steuerpflichtigen Einkommen von 304 Millionen Lire, noch vor den Vertretern des Finanzadels: Anna Bonomi Bolchini, den Erdölmagnaten Angelo Moratti und Attilio Monti, dem Bankier Roberto Calvi, dem Präsidenten der Montedison Eugenio Cefis sowie dem Verlagschef Andrea Rizzoli.

12 Ein »Mann von Ehre« aus San Giuseppe Jato, gegen den Giovanni Falcone im Rahmen der Untersuchungen zur »Pizza-Connection« ermittelte, siehe dazu: Lamothe, Lee, u. Nicaso, Antonio, *Bloodlines*, New York 2001.

13 Dossier »Pellicani«, a. a. O., S. 14.

14 Es geht um die Sanierung und die Umwidmung der ehemaligen Bourbonen-Festung auf der Halbinsel Ortigia in Siracusa. Am 23. Juli 2004 erhält die Provinzverwaltung von Siracusa einen Projektvorschlag von einer Gesellschaft (die angeblich Berlusconi nahe stehen soll), welche das Gebäude in ein Hotel umwandeln möchte.

15 Gomez und Lillo schreiben in *Micromega* (a. a. O.): »Bei seinen Besuchen Carbonis in Porto Rotondo lernte der Senator der *Forza Italia* auch die Bosse der Magliana-Bande kennen. Und hält bald Schecks in Händen, die mehr als heiß sind.«

16 Sie hatte ihren Sitz im Büro des Fininvest-Managers Dario Marzorati (am 12. November 1969 von dem aus Messina stammenden Antonino Franciò und einigen bekannten Strohmännern Berlusconis gegründet).

17 Dossier »Pellicani«, a. a. O., S. 19.

18 Siehe Gomez/Lillo, in *Micromega*, a. a. O.

19 Vgl. Dossier »Pellicani«, a. a. O., S. 28.

20 Das Pellicani-Dossier geht an den parlamentarischen Untersuchungsausschuss zur P2, wobei einige Seiten geschwärzt sind, weil sie dem von der Triestiner Staatsanwaltschaft verhängten »Ermittlungsgeheimnis« unterliegen. Am 24. Februar 1983 wird Pellicani vor den Ausschuss geladen und erläutert: »Diese Seiten betreffen den Verstoß gegen die Devisenbestimmun-

gen im Zusammenhang mit der Calderugia, der Nova Nuraghe und Berlusconi.« Ein Teil der Triestiner Ermittlungen gegen Carboni, Cassella und Pellicani wurde quasi ausgeklammert, da die Untersuchungen in eine andere Richtung führten. Übrig blieben die Devisendelikte, die im Eilverfahren verhandelt werden sollten. Trotzdem kam es erst sechs Jahre später zur Eröffnung der Hauptverhandlung – auf diese Weise profitierten die Angeklagten noch von den 1988 beschlossenen Erleichterungen bei der Bestrafung von Devisendelikten.

21 Vernehmungsprotokoll vom 7. Dezember 1982, das dem Richter Oliviero Drigani und dem Triestiner Gericht vorgelegt wurde.

22 Der Mafiaboss entschloss sich nach einem blutigen Bandenkrieg zur Zusammenarbeit mit der Justiz. Einige Vernehmungen zeigten, dass von ihm »brandheißes« Material zu erwarten war. Während die Staatsanwälte noch nach Fakten suchten, welche die Aussagen De Cristinas erhärten sollten, wurde er am 30. Mai 1978 an einer Autobushaltestelle in Palermo von einem Killerkommando der Mafia erschossen.

23 Gründer der Tageszeitung *La Repubblica*, die er bis 1996 leitete.

24 Die eben genannte *La Repubblica*.

25 Siehe dazu Gomez/Lillo in *Micromega* a. a. O., S. 43–45.

26 Berlusconi erwirbt die Bica für eine Gesamtsumme von 61 Milliarden Lire.

27 Prozessakten zum Dell'Utri-Prozess *(Dossier Dell'Utri)*, a. a. O., S. 242.

28 Siehe Akten zum Strafverfahren Nr. 13034/95 RG Noti.

29 Vgl. Ferrarella, Luigi, u. Guastella, Giuseppe, im *Corriere della Sera* vom 24. März 2005: »Mills log auch die englischen Richter an; die Staatsanwälte von Mailand: ›Es gibt ein Fax, das die Gespräche Berlusconis über die Gelder für Craxi belegt‹« (siehe auch Kapitel 17).

30 *Corriere della Sera* vom 22. März 2005. Darüber hinaus werde »im Rahmen der Mediaset-Untersuchung gegen Marina und Pier Silvio [Berlusconi] wegen Geldwäsche und Hehlerei« ermittelt.

31 In John Burnes' Artikel »The Sewer not the Sewage? David Mills, Berlusconi and New Labour«, der im Sommer 2003 im *Lobster Magazine* (Bd. 45) erschien, heißt es, dass David Mills, Anwalt und Unternehmensberater mit Geheimdienstkontakten, »in der Zeit, als Roberto Calvi unter der Blackfriar's Bridge zu Tode kam«, die Berlusconi-Gruppe in Großbritannien vertreten habe.

32 Siehe dazu Almerighi, a. a. O., S. 190.

33 Almerighi, a. a. O., S. 187.

34 Ibidem, S. 188.

35 Akten zum Strafverfahren gegen Marcello Dell'Utri, a. a. O., S. 353.

36 Ibidem, S. 8.

37 Ibidem, S. 354.

KAPITEL 14

Ärger in London

1 Regina vs. The Secretary of State for the Home Department, Ex Parte Fininvest spa, CO-1540-96, S. 12 (dt. Die Königin vs. den Innenminister im Fall Fininvest spa).

2 1996 bis 1998: Prozess wegen Bestechung der Guardia di Finanza; 1998: All-Iberian-Prozess 1, in dem es um Gelder für Bettino Craxi ging; 2000: All-Iberian-Prozess 2 wegen Bilanzfälschung, aus dem Berlusconi nur deshalb ohne Verurteilung hervorging, weil seine eigene Regierung die Verjährungsfristen bei Bilanzfälschungsdelikten drastisch verkürzt hatte; 2005: In Mailand steht ein Prozess gegen Berlusconi und David Mills an, in dem wegen Steuerhinterziehung und Geldwäsche verhandelt wird.

3 Was aus einem 800-seitigen Bericht der Wirtschaftsprüfungsgesellschaft KPMG hervorgeht, der am 6. April 2001 von der Mailänder Staatsanwaltschaft in Auftrag gegeben wurde. Die Prüfung bezog sich auf die Aktivitäten sämtlicher Gesellschaften (auch offshore), welche von der Fininvest zwischen 1989 und 1996 kontrolliert wurden.

4 Vgl. www.culture.gov.uk/about_dcms/ministers/Tessa_Jowell.htm.

5 Siehe Antony Barnett, Redakteur für »Public Affairs«, im *Observer* vom 2. Januar 2005.

6 Siehe Guarino, *L'Orgia del Potere*, a. a. O., S. 286.

7 Regina vs. The Secretary of State for the Home Department, a. a. O., S. 12.

8 Burnes, a. a. O., S. 3.

9 Ibidem.

10 Ibidem.

11 Sonderabteilung des britischen Justizsystems für schwere Betrugsfälle, das direkt dem Justizminister untersteht.

12 Regina vs. The Secretary of State for the Home Department, a. a. O., S. 5.

13 Francesco Greco und Margherita Taddei.

14 Siehe www.competition-commission.org.uk/our_peop/members/all_members/biogs/barbaramills.htm.

15 Der Director of Public Prosecutions ist der oberste Ankläger im britischen Justizsystem und entspricht dem deutschen Generalstaatsanwalt.

16 Regina vs. The Secretary of State for the Home Department, a. a. O., S. 1.

17 Ibidem.

18 Ibidem.

19 Dazu gehören der gefürchtete Staatsanwalt Piercamillo Davigo, der dem rechten Flügel der Vereinigung der Staatsanwälte angehört, sowie Paolo Borsellino, der am 19. Juli 1992 zusammen mit seinen Leibwächtern von der Mafia beseitigt wurde.

20 Regina vs. The Secretary of State for the Home Department, a. a. O., S. 12.

21 Ibidem.

22 Am 3. Oktober 2001.

23 In *La Stampa* vom 20. Oktober 2001.
24 Guarino, *L'Orgia del Potere*, a. a. O.
25 Siehe *L'Espresso* vom 23. Januar 1997.
26 Siehe Seite 4 der Anklageschrift, die am 4. Juli 2005 als Extrabeilage zum *Corriere della Sera* erschien.
27 Siehe das Rechtshilfeersuchen der Mailänder Staatsanwaltschaft in der Sache Regina vs. The Secretary of State for the Home Department, a. a. O., S. 10f.
28 Howard, Anthony, *Countdown to a Grand Prix*, London 1984.
29 Siehe www.societacivile.it/primopiano/articoli_pp/berlusconi/processi.html.
30 Rechtskräftiges Urteil des italienischen Kassationsgerichts vom 22. November 2000.
31 Burnes, a. a. O.
32 Siehe www.culture.gov.uk/about_dcms/ministers/Tessa_Jowell.htm.
33 Siehe http://news.bbc.co.uk/1/hi/uk_politics/937232.stm.
34 Siehe *British Medical Journal* vom 15. November 1997, http://bmj.bmjjournals.com/cgi/content/full/315/7118/1251.
35 Siehe Barnett, Antony, »Minister's advice on Iran jet deal«, in *The Observer* vom 9. Januar 2005.
36 Siehe Seite 4 der Anklageschrift, die am 4. Juli 2005 als Extrabeilage zum *Corriere della Sera* erschien.
37 Porter, Henry, in *The Guardian* vom 17. August 2004.
38 Siehe Guarino, *L'Orgia del Potere*, a. a. O.
39 In der *London Times* vom 27. April 2005 heißt es, Dokumente im Companies House, dem zentralen Handelsregister für Publikumsgesellschaften in Großbritannien, zeigten, dass Herr Mills im März 1980 die Gesellschaft Reteitalia gründete, ein Unternehmen der Fininvest-Gruppe, die Berlusconi gehöre.
40 Bestechung der Guardia di Finanza im Lentini-Prozess und im Fall Mondadori.
41 *Corriere della Sera* vom 22. Mai 1996.
42 Mitteilung der Presseagentur Ansa vom 4. September 2003.
43 Siehe Guarino, *L'Orgia del Potere*, a. a. O.
44 Ibidem.
45 *Corriere della Sera* vom 20. Februar 1998.
46 Siehe den KPMG-Bericht, Anmerkung 3 dieses Kapitels.
47 Ibidem.
48 Ibidem.
49 Ibidem.
50 Siehe *El Mundo* vom 6. April 2001 und *La Repubblica* vom 30. April 2001.
51 Siehe *Corriere della Sera* vom 3. Juli 2005, vierseitige Beilage der Mailänder Staatsanwaltschaft, in der die Anklagen gegen Mills, Berlusconi und vierzehn Angestellte der Fininvest erläutert werden.
52 Siehe Hooper, John, in *The Guardian* vom 24. Februar 2005.

53 Siehe Biondani, Paolo, in *Corriere della Sera* vom 23. Februar 2005.

54 Siehe Hooper, John, a. a. O.

55 Ibidem.

KAPITEL 15

Leo & Silvio – Eine Hand wäscht die andere

1 Zur Geschichte des Deutschen Sport-Fernsehens siehe die Synopse unter: http://chronik.tele5.de/chronik/chronik_i.htm.
Und siehe zur gesamten Chronik: http://chronik.tele5.de/tele5-stars/tele5er_memories/jochen_ kroehne.htm.
Zur Chronik von Tele 5 bis zur Überführung in das DSF siehe: www.tele5-chronik.de/, zusammengestellt von Stefan Köneke (1999– 2005).

2 Eine Treuhänderschaft von Silvio Berlusconi für den Freund und Geschäftspartner Leo Kirch wird von der Staatsanwaltschaft Mailand aufgrund der Mittelflüsse und Anteilsübergaben vermutet, gestützt wird dies auf Gutachten der KPMG Audit srl Forensic Accounting, Mailand, Bericht vom 31. Mai 1999, im Rahmen des Strafverfahrens 735/96/21 wegen Bilanzfälschung gegen Silvio Berlusconi und andere.

3 Vgl. Frank Beckmann, Informationsdienst Genios Wirtschaftsdatenbank, Verlagsgruppe Handelsblatt, 11. September 1992.

4 Siehe Synopse der Eigentumsverhältnisse beim DSF und Vorläufer Tele 5 des Bayerischen Verwaltungsgerichtshofs vom 19. Juni 1995, »Tatbestand«, S. 4.

5 Az M 4 K 93.198, zitiert nach: Urteil des Bayerischen Verwaltungsgerichtes, S. 4.

6 Ibidem.

7 Interview mit Hans Hege in der *Berliner Zeitung* vom 20. Februar 1995, S. 29.

8 Siehe Az M 4 K 93.198, Bayerisches Verwaltungsgericht.

9 Az M 3 S 93.124, Urteilsbegründung, S. 5.

10 Brief des bayerischen Ministerpräsidenten, Aktenzeichen AII2.3-11040-2787-1, gerichtet an den Vorsitzenden des Ersten Senates und Präsidenten des Bundesverfassungsgerichtes Dr. Roman Herzog, Antwort auf das Schreiben der Berliner Medienwächter vom 13. Dezember 1993.

11 Az 25 CS 93.483 u. Az 25 CS 93 756.

12 ARD-Sendung »Monitor« Nr. 487 vom 14. Februar 2002.

13 Az M 3 K 93.198.

14 Eingangsstempel des Klageschreibens beim Bayerischen Verwaltungsgericht: 1. Februar 1993 per Fax, per Dokument am 9. Februar 1993, Az M 3 S 93.124.

15 Persönliche Mitteilung von Ingeborg Zahrnt an Udo Gümpel aus Anlass der Akteneinsicht in Berlin, 15. März 1999.

16 Persönliche Mitteilung von Peter Spörlein an Udo Gümpel vom 1. April 2004.

17 Rekonstruktion der Anklage zitiert nach Gomez, Peter, u. Sisti, Leo, »Die Schwarzgelder von Silvio Berlusconi«, in *L'Espresso* vom 15. April 2005, zitiert nach www.espressonline.it/eol/free/jsp/detail.jsp?type=cs u. www.temporis.biz/ni_fondineri-silvio.htm.

18 Aussageprotokoll vom 3. Dezember 1996 in den Räumen der Steuerpolizei von Mailand, vor den Staatsanwälten Margherita Taddei und Francesco Greco, Verfahren 735/96/21 und 842/95/21.

19 Zitiert nach Anlage 3, Seite 1/32 im Rechenschaftsbericht der KPMG (Anlage 1.P.S.).

20 Verhör durch den Mailänder Staatsanwalt Francesco Greco am 17. Mai 1996 (Protokoll).

21 Verhörprotokoll von Alfredo Messina im Rahmen der Ermittlungen wegen Bilanzfälschung; Reg.-Nr. 735/96/21, Staatsanwaltschaft Mailand, aufgenommen am 27. Mai 1996 in Mailand.

22 Diese 150 Millionen DM stehen auch in der Fininvest-Bilanz auf Seite 251, Fußnote 5, und zwar als Kredit von R.I.H. an die All Iberian, Ltd.

23 KPMG Forensic Audit srl, 31. Mai 1999.

24 Jährlicher Zustandsbericht der Forschungsabteilung R&S von Mediobanca. Bericht veröffentlicht 1996 bezüglich des Jahres 1995.

25 Protokoll der Anhörung von David Mackenzie, Donald Mills, Mailänder Staatsanwaltschaft, Nr. 735/96/21 und 842/95/21.

26 Presseberichten zufolge wurde Anfang Juli 1998 das gegen Leo Kirch 1995 eingeleitete Ermittlungsverfahren wegen des Verdachts der Steuerhinterziehung in Höhe von 400 Millionen DM durch die Staatsanwaltschaft München I eingestellt (Az 309 Js 25574/95). Die Justiz habe keine Belege gefunden, die darauf hinwiesen, dass Leo Kirch jemals Anteilseigner der Rocks AG in Vaduz/Liechtenstein gewesen sei. Die Rocks AG gehöre vielmehr dem Unternehmer Günter Kiss (»Endstation Liechtenstein«, in *Süddeutsche Zeitung* vom 23. Juli 1998, S. 15).

27 Brief von Günter H. Kiss mit Anlagevermerk vom 1. April 1996 an den Kirch-Manager Dr. J. Theye in Bremen.

28 Es sind dies die Abschätzungen der KPMG, a. a. O.

29 Nacherzählt vom spanischen *El-Periódoco*-Korrespondenten in Italien Rossend Domenech in www.diario.it.

30 Der Richter (GUP) Fabio Paparella ließ die Vorladung für alle Beschuldigten im Fall »Ermittlung Mediaset« am 6. Mai 2005 per Anzeige im *Corriere della Sera* veröffentlichen, zum Preis von 180 000 Euro, um auf jeden Fall zu vermeiden, dass es, wie sehr oft geschehen, zu langwierigen Verzögerungen bei der Prozesseröffnung kommen kann, weil einer der zahlreichen Beschuldigten nicht termingerecht eingeladen worden ist. Das Strafprozessrecht erlaubt neben den direkten Vorladungen durch die Gerichtsdiener auch solche »allgemeinen Bekanntmachungen«, der *Corriere* ist sicherlich

zusammen mit *La Repubblica* die meistgelesene Zeitung. Berlusconi und Anwalt Mills wurden Ende November 2005 von der Staatsanwaltschaft für den 3. Dezember 2005 als Beschuldigte vorgeladen, in einem Verfahren, bei dem »Marina und Pier Silvio Berlusconi Nutznießer zweier Firmen unter der Kontrolle von Silvio Berlusconi waren«, es geht dabei um Century One und Universal One.

31 Die Holding der Familie Berlusconi, zitiert nach http://bv.diesis.it/226/bev226.htm.

KAPITEL 16

Abgeordnete, Delinquenten und Winkeladvokaten

1 Es hat andere Häftlinge gegeben, die in Italien zu Abgeordneten gewählt wurden, wie Toni Negri, auf den Listen der Radikalen. Dabei wurde die Haftstrafe den Wählern aber nicht verschwiegen, sondern war Teil einer politischen Kampagne für die Abschaffung der Straftatbestände, derentwegen der Gefangene verurteilt worden war, ganz anders als im Fall, der hier zur Sprache kommt.

2 Interview von Udo Gümpel mit dem Wahlausschussvorsitzenden Antonello Soro am 22. Juli 2003 in Rom.

3 Selbstdarstellung des Abgeordneten Frigerio: www.camera.it/chiosco.asp?position=Deputati\La%20Scheda%20Personale&cp=1&content=deputati/Composizione/01.camera/nuovacomposizione/framedeputato.asp?Deputato=0d300418.

4 Die folgende »Vita criminalis« des Abgeordneten Frigerio findet sich unter: Micromega 2004, zitiert nach: www.societacivile.it/focus/articoli_focus/mani_pulite.html.

5 *Corriere della Sera* vom 31. Mai 1994.

6 Ibidem.

7 Di Pietro trat 1993 als Staatsanwalt zurück und gründete eine eigene Partei, *Italia dei Valori*, »Italien der Werte«, für die er seit 2004 im Europaparlament sitzt.

8 Interview von Udo Gümpel mit Antonio Di Pietro am 10. Juni 2003 in Rom.

9 *Die Woche* Nr. 31 vom 28. Juli 1994.

10 Interview von Udo Gümpel mit Indro Montanelli im Dezember 1993 in Mailand.

11 Interview von Udo Gümpel mit Antonio Di Pietro am 10. Juni 2003 in Rom.

12 Interview mit Antonello Soro, a. a. O.

13 Interview von Udo Gümpel mit Marco Travaglio am 13. September 2005 in Mailand.

14 Piercamillo Davigo, ehemals Staatsanwalt in Mailand, heute Richter am Appellationsgerichtshof von Mailand, zitiert am 30. Oktober 2005 nach www.carovanaperlacostituzione.it/menu/sesn1/ricca5a30.

15 Ein »Lodo« ist ein Schiedsurteil. Das »Lodo Mondadori« war das Schiedsgerichtsurteil der römischen Justiz, welches das Eigentum an dem größten italienischen Verlag Mondadori am Ende Silvio Berlusconi zusprach. Die Staatsanwaltschaft von Mailand war davon überzeugt, dass dieses Schiedsurteil gekauft worden war, und erhob Anklage wegen Richterkorruption. Begünstigter des »Lodo Mondadori« war Silvio Berlusconi, der die Kontrolle über den Mondadori-Verlag gewann. Geschädigter war der Unternehmer De Benedetti.

16 Die Geschichte des Falls IMI-SIR nach der Zusammenfassung von Marco Travaglio, *L'Unità* vom 29. April 2003, zitiert nach www.unita.it/index.asp?topic_tipo=&topic_id=25370.

17 Stefania Ariosto erzählt die Geschichte selber unter dem Titel »Der Löwe und die Gazelle«, in: www.wordtheque.com/pls/wordtc/new_wordtheque.w6_context.more_context?parola=0&n_words=1&v_document_code=64804&v_sequencer=488109&lingua=it.

18 Siehe dazu auch www.rainews24.rai.it/ran24/speciali/irisme/processo.htm.

19 Das folgende anwaltliche Wirken pro Berlusconi wurde zusammengefasst im *L'Espresso* vom 25. Februar 2002, zitiert nach www.berlusconisilvio.com/processi11.htm, unter dem Titel »Rechtliche Fußangeln sollen Previti und Freunde vor den Ermittlungen von Ilda Boccassini retten«.

20 In der XIV. Legislaturperiode für die politisch rechtsorientierte christdemokratische Nachfolgepartei UDC in Sizilien gewählt worden.

21 *La Repubblica* vom 19. November 2003.

22 Ibidem.

23 Das so genannte »Lodo Schifani« war nicht, wie der Name irrtümlich nahe legt, ein regelrechtes Schiedsurteil wie das »Lodo Mondadori«, sondern ein vom Parlament verabschiedetes Gesetz (Nr. 140/03), vorgeschlagen vom *Forza-Italia*-Abgeordneten Renato Schifani.

24 Interview von Udo Gümpel mit Marco Travaglio am 13. September 2005 in Rom.

25 Ibidem.

26 Ibidem.

27 Urteil des Tribunals von Mailand vom 9. August 2003 in den Fällen »IMI-SIR« und »Lodo Mondadori«, veröffentlicht als PDF bei www.magistraturademocratica.it.

28 Siehe den Kommentar des Richterkollegiums dazu unter: Fall IMI-SIR, www.magistraturademocratica.it.

KAPITEL 17

Das System der Richterkorruption

1 *La Repubblica* vom 3. Dezember 2005.

2 *La Repubblica* vom 29. November 2005.

3 Gomez/Travaglio, *Regime*, a. a. O.

4 Erklärung von Corrado Stajano gegenüber Udo Gümpel.

5 Armao, Fabio, *Il Governo Berlusconi. Le Parole, i Fatti, i Rischi*, Bari/Rom 2002.

6 Italienisches Strafgesetz, Artikel 530, Absatz 2.

7 In Italien als Fall »All Iberian 2« bekannt, weil er aus der Aktenkenntnis des ersten Falls um die Schweizer Briefkastenfirma All Iberian entstanden ist.

8 DPR, 30. März 1957, n. 361, Artikel 10 Absatz 1.

KAPITEL 18

Mit Gottes Segen ins 3. Jahrtausend

1 Die »radikale Partei« unter der Führung von Marco Pannella und Emma Bonino repräsentiert eine liberaldemokratische Strömung, die sich zum Beispiel für Ehescheidung und Abtreibung einsetzt.

2 Mitteilung der Presseagentur Ansa vom 23. Februar 2000, »Intesa coi Radicali: Ruini è preoccupato«.

3 *La Repubblica* vom 14. Juni 2001.

4 Mitteilung der Presseagentur Ansa vom 18. Februar 2003: »UE: cardinale Sodano, Italia si batterà per valori cristiani«.

5 Mitteilung der Presseagentur Ansa vom 23. Oktober 2003: »Concistoro: Berlusconi a colazione con neo-cardinali«.

6 Josef Ratzinger war zu jener Zeit noch Präfekt der Glaubenskongregation.

7 Mitteilung der Presseagentur Ansa vom 18. November 2003: »Iraq, funerali: Ruini dice no a terrorismo, premier annuisce«.

8 Don Galullo hat eine Internetseite eingerichtet: www.vangelogiovane.it.

9 Mitteilung der Presseagentur Ansa vom 18. November 2003: »Iraq, Folena: non è compito di Ruini parlare della missione«.

10 Bald darauf gab es keine Ermittlung mehr. Der Consiglio Superiore della Magistratura, das Aufsichtsorgan der Staatsanwaltschaft, bestätigte jedoch die vollkommene Korrektheit der vorgenommenen Ermittlungen.

11 Zumindest wird er so in den Karikaturen des *Corriere della Sera* dargestellt: ein Hündchen, das Berlusconi an der Leine führt. Vor ihrem gemeinsamen politischen Abenteuer nannte Bossi Berlusconi den »Vertreter der Mafia im Norden«, woraufhin Berlusconi Schadenersatzklagen gegen Bossi anstrengte, die erst niedergeschlagen wurden, als die beiden eine Koalition eingingen.

12 Mitteilung der Presseagentur Ansa vom 17. Januar 2005, »CEI, Ruini: aggressione a Berlusconi indica eccessiva tensione«.

13 Mitteilung der Presseagentur Ansa vom 18. Februar 2005: »Italia-Vaticano – Berlusconi: grandissima sintonia con Sodano«.

14 *Unione dei Democratici Cristiani e di Centro*, Nachfolgepartei der *Democrazia Cristiana* (A. d. Ü.).

15 Dabei werden dem italienischen Volk vier Fragen vorgelegt: 1) Dürfen Embryos zu Forschungszwecken verwendet werden, wenn es um die Heilung neuer Krankheiten geht? 2) Darf bei der künstlichen Befruchtung mehr als ein Embryo geschaffen werden? 3) Haben Frauen ein Recht auf künstliche Befruchtung? 4) Soll die »heterologe Befruchtung«, also Samen- und Eispenden, erlaubt werden?

16 Es geht um ein Gesetz der Regierung Berlusconi, das Gesetz Nr. 40 vom 19. Februar 2004, das die »heterologe Befruchtung« verbietet und die künstliche Befruchtung sehr viel schwieriger zugänglich macht.

17 Der Grund für die Ehrung: Pius XI. unterzeichnete die Lateranverträge 1929 zusammen mit Mussolini. Craxi aber unterzeichnete die Abänderung des Konkordats 1984.

NACHWORT
Was Berlusconi für Europa bedeutet

1 Es ist kein Zufall, dass politische Führer wie Wladimir Putin und Tony Blair immer wieder ihre Bewunderung für Silvio Berlusconi ausdrücken, verkörpert dieser doch das neue Bild eines Herrschers, der Politik, Hochfinanz, Geschäft, Massenmedien und Populismus aufs vorteilhafteste zu verquicken weiß.

2 Schröder geriet im Dezember 2005 in Deutschland in die öffentliche Kritik, weil er einen Posten als Aufsichtsratsvorsitzender beim Gaspipeline-Konsortium der russischen Gazprom in der Ostsee übernehmen wollte. So berichtete die *Leipziger Volkszeitung* unter Berufung auf Gazprom-Kreise, Schröder könne bei einem Engagement als Aufsichtsratschef der Pipelinegesellschaft mit Aufwandsentschädigungen von jährlich brutto bis zu 1,5 Millionen Euro rechnen. Der Deutschland-Chef von Gazprom, Hans-Joachim Gornig, sagte im Berliner *Tagesspiegel* zur Frage der Vergütung, dass in vergleichbaren Fällen rund 6500 Euro gezahlt würden. Allerdings müsse dies für die Pipelinegesellschaft kein Maßstab sein. »Die russische Gasindustrie orientiert sich bei ihren Gehältern verstärkt an weltweiten Konkurrenten, zum Beispiel in den USA«, sagte Gornig (zitiert nach www.n-tv.de/613268.html).

3 Siehe Burnes' Artikel »The Sewer not the Sewage?«, a. a. O.

4 Siehe Singer, Daniel, »The Stench of Corruption: Letter From Europe«, in *The Nation* vom 2. Januar 1995.

5 Siehe dazu Colombo, Furio, »La lunga linea grigia«, in *L'Unità* vom 12. Dezember 2005.

6 Siehe dazu Israely, Jeff, im *Time Magazine* vom 7. Juli 2003: »Mario Segni, ein konservativer italienischer EU-Abgeordneter und Berlusconi-Gegner, hat eine Gesetzesvorlage zur Beschränkung der Medienkonzentration eingebracht.« Segni meint: »Berlusconi stellt eine Herausforderung für Europa und die ganze Welt dar, denn die Frage ist doch, ob es eine Demokratie ohne Schutz der Meinungsfreiheit und des Informationspluralismus geben kann.«

7 Siehe Ginsborg, Paul, *Berlusconi. Politisches Modell der Zukunft oder italienischer Sonderweg?*, Berlin 2005.

8 Freedom House, Jahresbericht 2005 über die Pressefreiheit.

9 Siehe »Addio Dolce Vita. A special report on Italy«, in *The Economist* vom 26. November 2005.

10 Siehe Kapitel 4.

11 Pinotti, a. a. O.

12 Brief vom 12. Januar 1988 von Giancarlo Zizola an den Regisseur Giuseppe Ferrara (der den Film »Die Bankiers Gottes« gedreht hatte), zitiert nach Almerighi, Mario, a. a. O., S. 208–210.

13 Dabei steht der »Interventismus« der katholischen Kirche unter Papst Ratzinger in seltsamem Gegensatz zu den Schriften des Kardinals Josef Ratzinger, der etwa in *Werte im Umbruch der Zeiten*, Freiburg 2005, S. 65f., die Christen dazu aufruft, es den Patriarchen des Alten Testamentes gleichzutun, für die es da hieß: »Ihr seid hinzugetreten zum Berge Zion und zur Stadt des lebendigen Gottes, dem himmlischen Jerusalem ... Für die Christen gilt demnach wieder, was von den Patriarchen Israels gesagt wurde: Sie sind Fremdlinge und Mitwohner, denn nach dem künftigen Vaterland streben sie ...« – »Solche Texte«, schreibt Ratzinger weiter, »hat man seit langem nicht gerne zitiert, weil sie den Menschen der Erde zu entfremden und ihn von seinem innerweltlichen, auch politischen Auftrag, abzuhalten scheinen ... In Wahrheit ist es gerade diese ›eschatologische‹ Haltung, die dem Staat sein eigenes Recht garantiert und zugleich dem Absolutismus wehrt, indem sie die Grenzen sowohl des Staates wie der Kirche aufzeigt. Denn wo diese Grundhaltung eingenommen wird, da weiß die Kirche, dass sie hier nicht selbst Staat sein kann. Da weiß sie, dass das endgültige Staatswesen anderswo ist und dass sie nicht auf Erden den Gottesstaat aufrichten kann. Sie respektiert den irdischen Staat als eine eigene Ordnung der geschichtlichen Zeit, mit ihren Rechten und Gesetzen, die sie anerkennt.«

14 Siehe Israely, Jeff, »The Cardinal's Virtues – Camillo Cardinal Ruini is not shy about pushing Church doctrine onto the Italian political agenda«, in *Time Magazine* vom 12. Dezember 2005.

15 Siehe »Il Vaticano e l'Iraq: Trupe fino alla democrazia?«, in *Corriere della Sera* vom 14. Dezember 2005.

16 Rolf Hochhuth tauschte sich über dieses Thema intensiv mit Theodor W. Adorno aus, der die Auffassung vertrat, nach dem Holocaust könne man

keine Literatur mehr schreiben. Aus dieser intellektuellen Auseinandersetzung entstanden zwei Texte: »Die Rettung des Menschen« von Hochhuth, der in einem Band zu Ehren des großen marxistischen Literaturwissenschaftlers Georg Lukács veröffentlicht wurde. Und »Ein offener Brief an Rolf Hochhuth«, den Adorno an seinen Gesprächspartner richtete. Er findet sich in Adorno, Theodor W., *Noten zur Literatur*, Frankfurt 51991.

17 Das Stück »Der Stellvertreter« erzählt die Geschichte eines deutschen SS-Offiziers namens Kurt Gerstein, der die Judenvernichtung im Vatikan publik machen will. Doch der Nuntius von Berlin hört ihm nicht zu. Nur der junge Jesuitenpater lässt sich beeindrucken und reist nach Rom, wo er durch die Verbindungen seines im Vatikan beschäftigten Vaters zu Pius XII. vordringt – vergeblich. Beide Figuren, die – aus so unterschiedlichen Lagern kommend – dem Judenmord mit Entsetzen begegnen, werden schließlich ermordet.

18 Das Plakat zu diesem Film, das von Oliviero Toscani entworfen wurde, rief einen Skandal hervor: Darauf überlagert das Hakenkreuz das Kreuz der christlichen Kirchen. Siehe Levantesi, Alessandra, in *La Stampa* vom 8. April 2002.

Register